陕西省考古研究院田野考古报告　第94号

宝鸡郭家崖考古发掘报告

陕西省考古研究院
宝鸡市考古研究所　编著

科学出版社
北京

内 容 简 介

郭家崖墓地地处秦岭北麓的渭河南岸台地上，是一处规模较大、沿革时间长、保存较好的东周秦及汉唐墓葬群，也是近年来继凤翔孙家南头之后在汧渭之会有关东周秦墓葬的重要发现。对该墓地122座墓葬的发掘工作分别于2011年和2017年两次完成，这批墓葬对研究秦人社会聚落形态、秦戎关系、墓葬习俗、历史沿革以及古代秦岭南北文化交流与传播提供了重要的考古信息。

本书适合考古学、历史学、民俗学等相关学科的研究者参考与阅读。

图书在版编目（CIP）数据

宝鸡郭家崖考古发掘报告／陕西省考古研究院，宝鸡市考古研究所编著．—北京：科学出版社，2021.10

ISBN 978-7-03-070001-8

Ⅰ. ①宝…　Ⅱ. ①陕…　②宝…　Ⅲ. ①墓葬（考古）—发掘报告—宝鸡—秦代　Ⅳ. ①K878.85

中国版本图书馆CIP数据核字（2021）第203037号

责任编辑：王琳玮／责任校对：邹慧卿
责任印制：肖　兴／封面设计：北京美光设计制版有限公司

科学出版社 出版
北京东黄城根北街16号
邮政编码：100717
http://www.sciencep.com

中国科学院印刷厂 印刷

科学出版社发行　各地新华书店经销

*

2021年10月第　一　版　开本：889×1194　1/16
2021年10月第一次印刷　印张：20 1/4　插页：50
字数：580 000

定价：328.00元

（如有印装质量问题，我社负责调换）

目　　录

插图目录

插表目录

彩版目录

第一章 概　况

第一节 地 理 环 境

宝鸡市地处陕西省关中平原西部，东连咸阳和杨凌示范区，南接汉中，西北与甘肃省的天水和平凉毗邻。秦岭南屏，渭水中流，关陇西阻北横，渭北平原沃野，总面积18120平方千米。具有南、西、北三面环山，以渭河为中轴向东拓展，呈尖角开口槽形的特点。山、川、塬兼备，约为“六山一水三分田”。

由于渭河及其众多支流的不断侵蚀冲积和地壳的间歇性变动，在盆地中形成了不对称的河谷阶地平原和众多的黄土台塬分布[①]。而沉积深厚的黄土乃是渭水流域最有意义的地理条件。《禹贡》辨九州之土，以“雍州黄壤为上上”，说明包括关中平原在内的雍州土地自古就是最肥沃的。渭河北岸的黄土台塬东西延伸，连绵不断，渭河南岸的黄土台塬断续分布，呈阶梯状或倾斜的盾状由秦岭北麓向渭河平原缓倾。自宝鸡峡口向东，渭河阶地由西向东逐渐扩大。渭水流域的关中平原介于秦岭与黄土高原之间，地质构造上南北都有巨大的断裂，以致中部相对凹陷，形成了一个地堑式的构造盆地，其中广泛分布着深厚的黄土。

宝鸡属暖温带半湿润气候区，全年的气候变化受制于季风环流，冷暖干湿、四季分明。冬季干冷少雪，夏季炎热干燥和温热多雨交替出现，春季升温迅速而气候多变，秋季降温快多连阴雨。光、热、水资源较丰，年日照1860～2250小时，年平均气温7.6～12.9℃。年平均降水量在590～900毫米，是关中地区降水量最多的地区。肥沃的土壤和丰富的水资源，加上勤劳的古代先民，造就了连绵不断的古文化。

郭家崖墓地位于宝鸡市南部的高新区郭家崖村西（图一），海拔621米，地理坐标为东经107°11′，北纬34°20′，在茵香河与渭河东夹角的5米高崖上，处于渭河南岸、秦岭北麓的低山残塬坡地。墓地南至西（安）宝（鸡）南线，东、北、西至高崖边沿，地势西高东低。天玺路（俗称高新零号路）从墓地中部南北穿过，站在这里，向东高新区繁荣昌盛，向西茵香河涓涓溪流、石鼓山雄伟壮观，中华石鼓阁和宝鸡青铜器博物院两座标志性建筑映入眼帘，向北汤汤渭水源远流长、西府风貌魅力宝鸡，向南鸡峰山层峦叠嶂奇峰孤耸、秦岭山脉绵延壮阔巍巍中天。

---

① 庞德谦：《试论地理环境在周族兴起中的作用》，《宝鸡师院学报（哲学社会科学版）》1989年第4期。

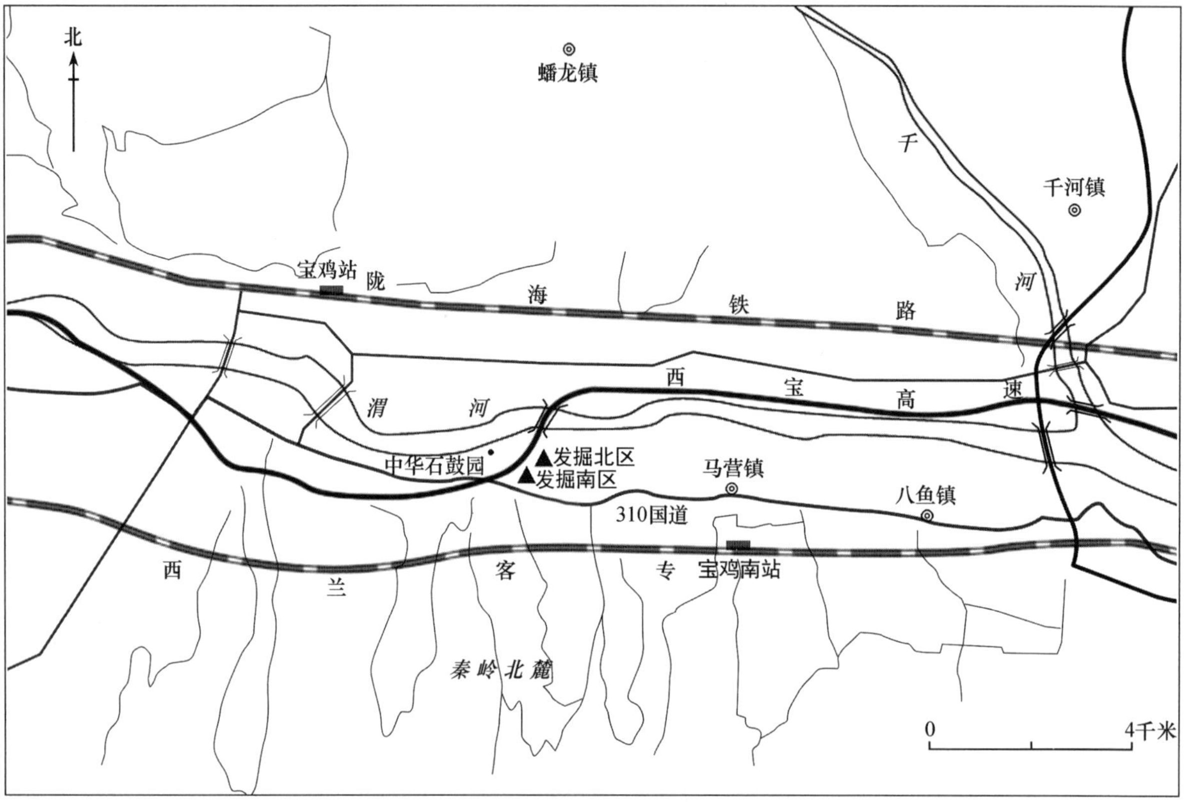

图一　宝鸡郭家崖墓地发掘地点位置示意图

第二节　历史及相关考古学文化背景

郭家崖墓地附近古文化遗址分布密集，有李家窑、沙家湾、殿村、石嘴头、各达下、安家窑、凉泉堡、南湾、湾东、凉泉西南、西村北、旭光、窑院、斜沟、温泉、范家寨等遗址、永清堡、旭光、朴西等墓地，时代序列上自新石器时代以来，商、周、春秋、战国、汉等各时期，均有人类于此繁衍生息，其历史悠远绵长不言而喻。对郭家崖墓地的考古发掘与资料整理工作有助于对宝鸡的历史沿革研究工作进一步深化。

宝鸡历史悠久，文化灿烂，被誉为“炎帝故里、周秦文明发祥地、青铜器之乡，佛骨圣地”。

这里分布着距今7000～5000多年的关桃园、北首岭、福临堡、姜城堡、石嘴头等新石器时代遗址，其中关桃园遗址发现的前仰韶文化遗存最早距今约7800年[①]。

姜姓部族最早的活动地区。《国语·晋语》云：“炎帝以姜水成，……炎帝为姜。”《水经注·渭水》说：“岐水又东迳姜氏城南，为姜水。”宝鸡是炎帝及其姜炎文化的发祥地。

宝鸡为周秦文化发祥地和畿辅要枢，这里有周原遗址、周公庙遗址、石鼓山墓地、雍城遗址、血池遗址、西山遗址、下站遗址等大量的周秦时期古遗址，为研究周秦文化提供了强有力

① 陕西省考古研究院、宝鸡市考古工作队：《宝鸡关桃园》，文物出版社，2007年。

的支撑。在周秦古都的废墟下，尤以青铜器的出土最为著名，自汉代以来在宝鸡发现的周秦青铜器数以万计，“青铜器之乡”名副其实。

“明修栈道，暗度陈仓”中的“陈仓”，是宝鸡的古称。在宝鸡地区的褒斜道①、陈仓故道②，是古代关中地区通往汉中、巴蜀的主要通道。唐至德二年（757年）因“石鸡啼鸣”之祥瑞改称“陈仓”为“宝鸡”。

唐王朝的皇家寺院法门寺，八位皇帝七迎佛骨，盛极一时。1981年法门寺塔在秋雨中半壁倾斜，1986～1987年，塔基下的千年神秘地宫经考古发掘清理，目前世界现存唯一的佛指舍利重现于世。

宝鸡历史遗迹众多，文化积淀深厚，是中华民族重要的发祥地之一。

第三节　发掘工作经过

郭家崖村原来属于宝鸡市的东南郊区，土地多为农耕所用。随着宝鸡市区的东扩、城市化建设的发展，土地逐步被城市建设占用。村西的郭家崖墓地先后经历两次配合基本建设考古发掘（彩版一，1）。

2011年3～5月，为配合天玺台住宅小区建设，宝鸡市考古研究所对建设用地进行了考古钻探，对勘探发现的墓葬进行发掘，共清理出墓葬82座，其中1座年代不详。出土器物243件（组）。

2017年11月至2018年2月，为配合高新小学建设，陕西省考古研究院与宝鸡市考古研究所联合组队，对建设用地发现的文化遗存进行了发掘。共清理古墓葬40座，出土器物114件（组）。

两次发掘以现今的天玺路为界，第一次发掘区域位于路西南，第二次发掘区域位于路东北。从地理位置和环境看，二者均属于渭河南岸一级台地，距离较近，两次发掘遗迹最近者距离约100米；再依据发掘遗迹的时代及文化内涵来看，其均为东周时期秦墓和汉唐时期墓葬，文化面貌相同；因此可以断定这两次发掘区域的同时期墓葬在当时应属于同一墓区。据此，我们将其命名为郭家崖墓地。

郭家崖墓地发掘清理墓葬共计122座，出土器物共计357件（组）。为便于资料整理和报告编写，我们把2011年发掘地点称为南区，墓葬编号前加“南”的拼音首字母“N”；2017年发掘区称为北区，墓葬编号前加“北”的拼音首字母“B”。

---

① 宝鸡市考古研究所：《褒斜道——陈仓古道调查报告之一》，科学出版社，2019年。

② 宝鸡市考古研究所：《故道——陈仓古道调查报告之二》，科学出版社，2019年。

第二章　北区墓地

郭家崖墓地北区共清理墓葬40座，其中战国时期秦墓37座、汉代墓葬2座、唐代墓葬1座（图二；彩版一，2）。

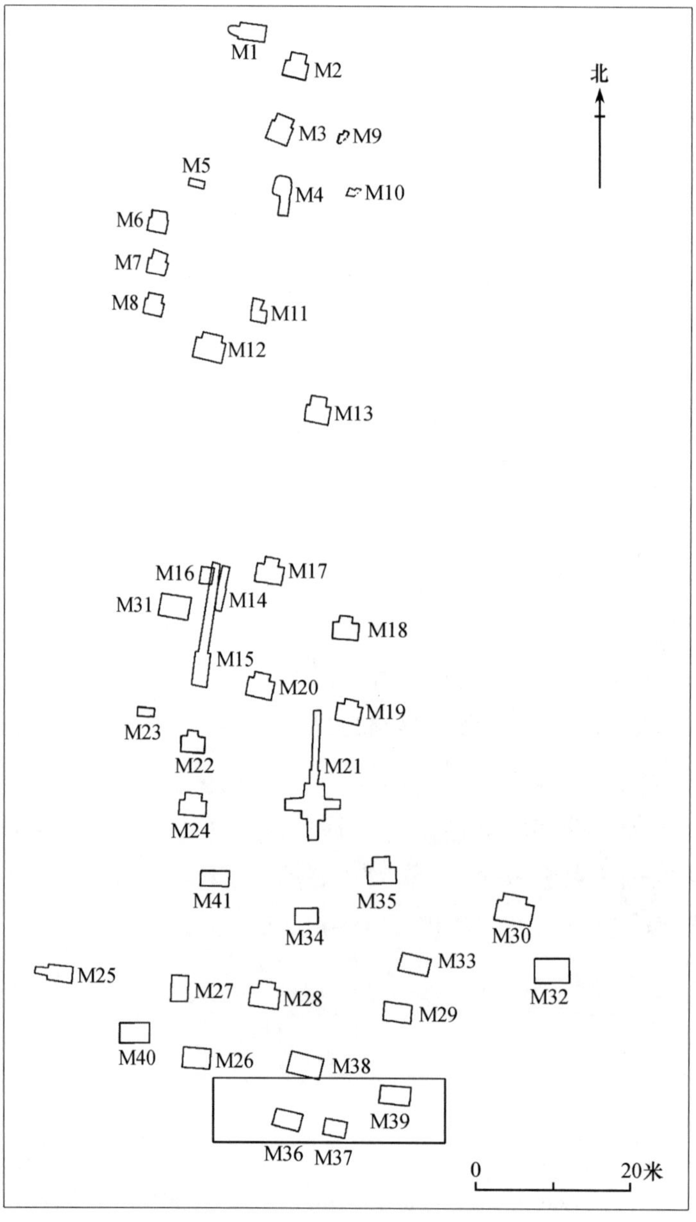

图二　郭家崖北区墓葬分布平面图

第一节　秦　　墓

郭家崖墓地北区清理战国时期秦墓37座，除M27为南北向外，其他均为东西向，墓葬之间无叠压打破关系。墓葬上部在建设单位平整土地时，遭到破坏导致墓葬开口层位不详，幸墓圹下部及墓室保存尚好。

依据墓葬形制的差异可分为A、B型。A型为竖穴墓，呈长方形竖穴土圹式，15座，约占墓葬总数的41%；B型为洞室墓，由长方形土圹墓道和洞室两部分组成，22座，约占总数的59%。37座秦墓中设有壁龛的墓葬27座，约占73%。

一、墓葬分述

（一）A型

15座，分别为BM5、BM23、BM26、BM27、BM29、BM31、BM32、BM33、BM34、BM36、BM37、BM38、BM39、BM40、BM41。

根据葬具的不同可分为Aa、Ab、Ac三亚型。Aa型墓葬葬具为一棺一椁，Ab型葬具为一棺，Ac型葬具为瓮棺。

1. Aa型

12座，分别为BM26、BM27、BM29、BM31、BM32、BM33、BM34、BM37、BM38、BM39、BM40、BM41。占竖穴墓总数的80%。

（1）北区二十六号墓（BM26）

1）墓葬形制

方向295°，平面呈长方形。土圹四壁斜直，口大底小，表面较为光滑，未见工具修整痕迹。现上口长3.6、宽2.56、残深1.61米。墓内填黄褐色五花土，经过夯打，夯层在0.1米左右。墓道东壁偏北、北壁偏东处各有一平面呈长方形脚窝，形制、大小相同，脚窝长0.2、高0.1、进深0.14米。墓葬下部有生土二层台，东宽0.62、西宽0.6、南宽0.58、北宽0.64、高0.99米。墓室西壁偏北处底部有头龛，平面呈长方形，长0.66、高0.54、进深0.44米（图三；彩版一一，1）。

依据二层台边沿及其内壁残留痕迹、墓室底部痕迹等判定，葬具为一棺一椁，均为木质，且腐朽不存。

木椁自上而下依次为盖板、木框架、侧板。长2.18、宽1.17、高0.99米。

在二层台的南、北边沿发现有木板槽及腐朽痕迹，呈南北向依次分布，应是铺设一层木盖板，构成木椁顶部的椁盖。东、西部盖板长1.7、宽0.1米，厚度不详；中部盖板腐朽严重，长1.36米，宽度、厚度不详。盖板数目不详。

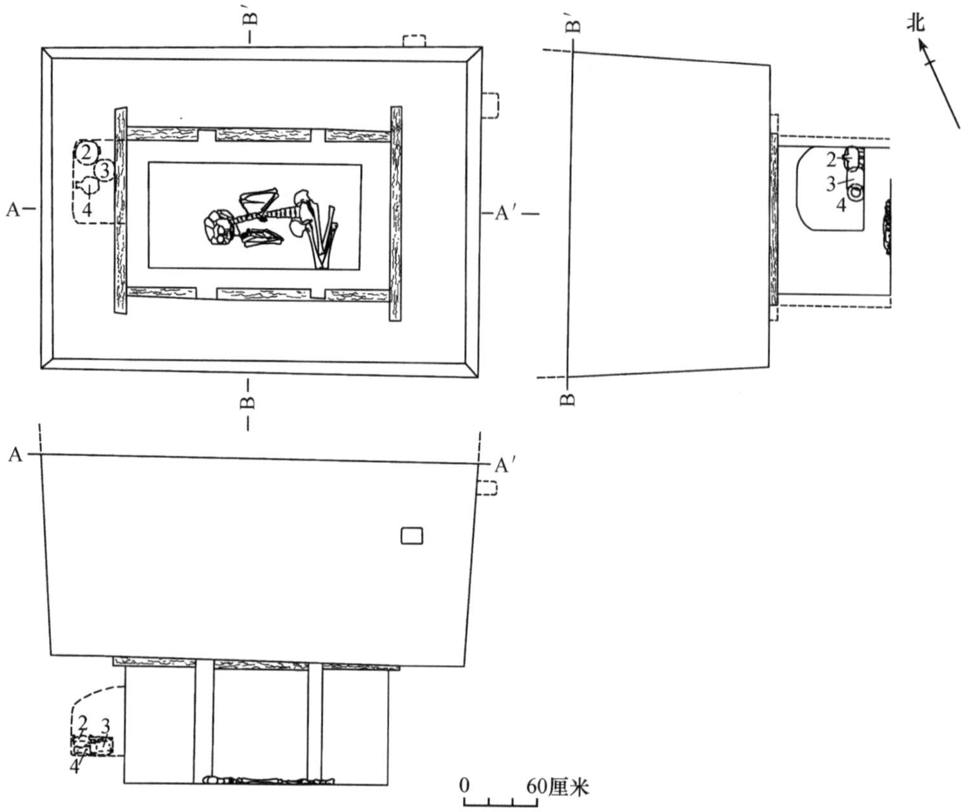

图三　BM26平、剖面图

1. 铁锸（填土内）　2. 陶鼎　3. 陶釜　4. 陶壶

二层台四边沿残留的沟槽，呈“井”字形，东、西端长出，应为上部木框。二层台下部的墓室底部四边亦残留沟槽，呈长方形，应为下部木框。二层台南、北两壁中部等距离对应分布各两道和四角隅的竖直沟槽，应为连接上部和下部框架的立柱。高0.91、宽0.14、进深0.08米。由此，盖板下存在一个木制的框架结构，由上部木框、下部木框和立柱三部分组成。残留的沟槽截面均呈长方形，边长约为14厘米×8厘米，可见木椁框架是采用截面为长方形的木条制作而成。自二层台南、北壁中间立柱痕迹判断，木框与立柱连接方式应为榫卯结构。

从二层台四侧壁表面残存痕迹与侧壁的相对齐整来看，木框架内四周有木侧板。可未见板灰，应是材质较薄所致。

椁室内置木棺一具。依据腐朽痕迹判断，长1.73、宽0.83，高度不详。木棺底部铺有一层厚约3厘米的草木灰。

棺内人骨一具，由于墓室上部坍塌导致骨骼局部破碎，保存相对稍好。仰身屈肢葬式，头向西，面朝上，双臂弯曲抱于胸前，下肢向南曲折，蜷曲特甚。骨壁薄，耻骨下角大，推测为女性。

2）随葬器物

出土随葬器物4件。陶鼎、陶壶、陶釜置于头龛内，1件铁锸位于墓室填土内北壁偏西处。

陶鼎　1件。BM26：2，泥质灰陶。浅半球形器盖。子母口内敛，深腹，圜底，三锥足。

口沿外对称双附耳，板状外撇。上腹饰两道凹弦纹。盖顶、腹部有明显轮制痕迹。高18.2、盖径17.8、口径15.8厘米（图四，1；彩版四五，1）。

陶壶 1件。BM26：4，泥质灰陶。小侈口，窄平沿，长颈细束，斜肩，鼓腹下垂，平底。颈中部起一道凸棱。肩部饰两道凹弦纹。颈、肩、腹部有明显轮制痕迹。通高23、口径6、腹径19.4、底径10.4厘米（图四，2；彩版五〇，3）。

陶釜 1件。BM26：3，夹砂红陶。侈口，尖唇，束颈，球形腹，圜底。除口沿、颈部抹光外，其余部位饰粗绳纹。通高13.1、口径14.5厘米（图四，3；彩版四七，6）。

铁锸 1件。BM26：1，铁质。双面刃，正中三角形空槽。表面锈蚀严重。高6.05、长14厘米（图四，4）。

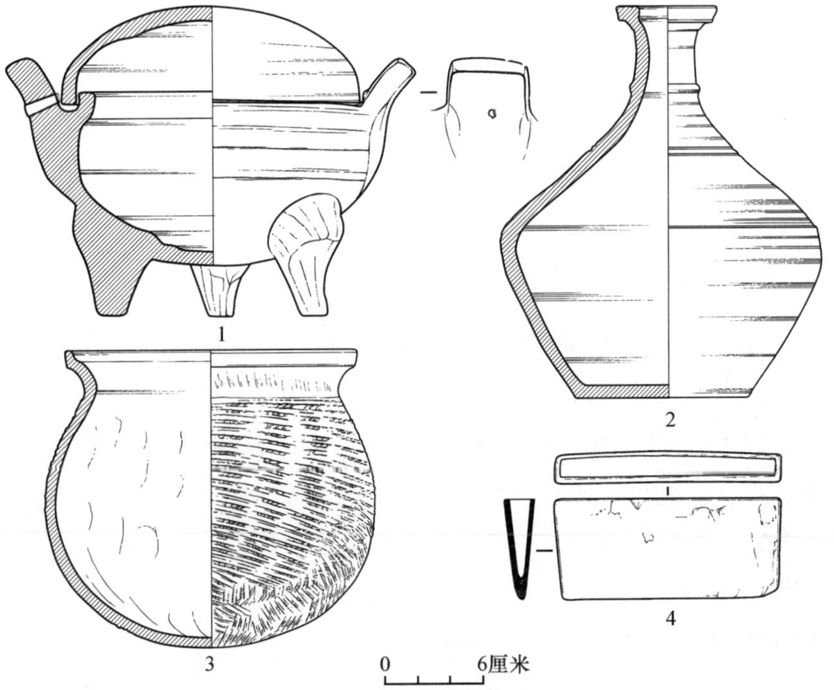

图四 BM26出土器物

1. 陶鼎（BM26：2） 2. 陶壶（BM26：4） 3. 陶釜（BM26：3） 4. 铁锸（BM26：1）

（2）北区二十七号墓（BM27）

1）墓葬形制

方向6°，平面略呈长方形。土圹四壁斜直平整，口大底小，表面光滑，未见工具修整痕迹。现上口长3.14、宽2.06、残深0.78米。墓内填黄褐色五花土，有夯筑痕迹。墓底有生土二层台，东宽0.38、西宽0.36、南宽0.48、北宽0.39米。墓室北壁偏西处有一头龛，平面略呈圆角长方形，高0.52、宽0.4、进深0.3米。头龛内发现零碎动物骨，初判为鸡骨（图五；彩版一一，2）。

依据墓底部形制和木质腐朽后板灰痕迹判断，葬具为一棺一椁。木椁上部有呈东西向分布的盖板，数目不详，宽度不详。可判每块盖板长2.06、宽0.09米。椁室内置木棺一具，长1.7、宽0.7米，高度不详。底部铺有一层厚约3厘米的草木灰。

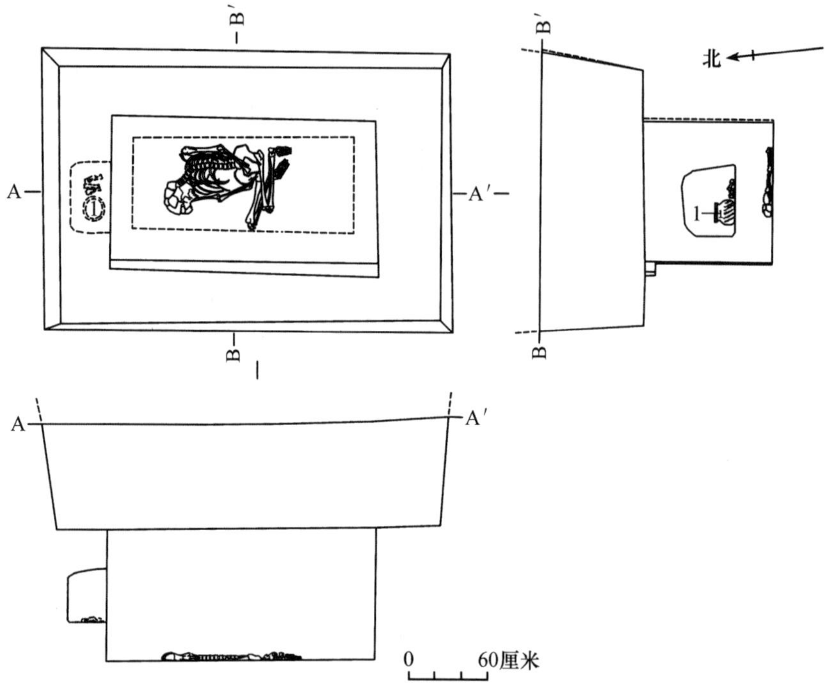

图五　BM27平、剖面图
1. 陶釜

棺内人骨一具，保存较差。仰身屈肢葬式，头向北，面朝西，两手抱于腹部，下肢向西曲折，蜷曲特甚。颅骨呈碎片，可辨部分额骨、顶骨、枕骨及两侧颞骨、上颌骨。牙齿存左侧M2、M3，右侧下颌Ⅰ1、C、P1、P2、M1、M2、M3，两侧锁骨肩峰端破损。存两侧肩胛骨的肩胛冈和关节盂部位。肋骨多残断，可辨左侧4根、右侧6根，均无第一肋。胸骨柄残块。脊椎多椎体及椎弓残块，仅第1～4颈椎完好。左右侧髂骨和坐骨，不见耻骨。两侧肱骨肱骨头缺失，左右桡骨完好，左侧尺骨完好，右侧尺骨茎突破损。两侧股骨远端关节残损，两侧胫骨下端，两侧腓骨仅中部骨干。两侧髌骨、手骨可见两侧钩骨、手舟骨，右侧月骨和三角骨；右侧第1、2、3、4节掌骨，第2、5节近节指骨，左侧第2、3、4节掌骨及第2、4节近节指骨。足骨存两侧跟骨、骰骨、中间楔骨、内侧楔骨和外侧楔骨、跖骨和第一近节趾骨，左侧距骨和足舟骨左右下颌M1齿质扩大连成一片，磨耗Ⅳ级；M2齿质点暴露，磨耗Ⅳ级。根据牙齿判断，年龄应在35～40岁。颅骨骨壁较薄，乳突小，下颌角大，枕外隆突不显，应为女性。病理检测：左侧上颌C、P1齿根暴露2毫米以上，可能为牙周炎；右侧下颌M2颊侧中龋；左侧第一远节跖骨上下关节内侧骨赘；胫骨下端关节内侧有一宽约1厘米的增生。

2）随葬器物

出土陶釜1件，位于头龛内。

陶釜　1件。BM27：1，夹砂红陶。侈口，尖唇，束颈，鼓肩，球形腹，圜底。上腹部饰竖向细绳纹，下腹部及底部饰横向和交错粗篮纹，有明显烟炱。通高12.6、口径15.5厘米（图六；彩版四八，1）。

（3）北区二十九号墓（BM29）

1）墓葬形制

方向为275°，平面呈长方形。墓葬四壁斜直，口大底小，表面经修整铲平，较为光滑。现上口长3.7、宽2.3、残深1.6米。墓底部有生土二层台，东宽0.58、西宽0.6、南宽0.6、北宽0.64米。墓室西壁中部有一头龛，平面呈长方形，长0.63、高0.43、进深0.28米（图七；彩版一二，2）。

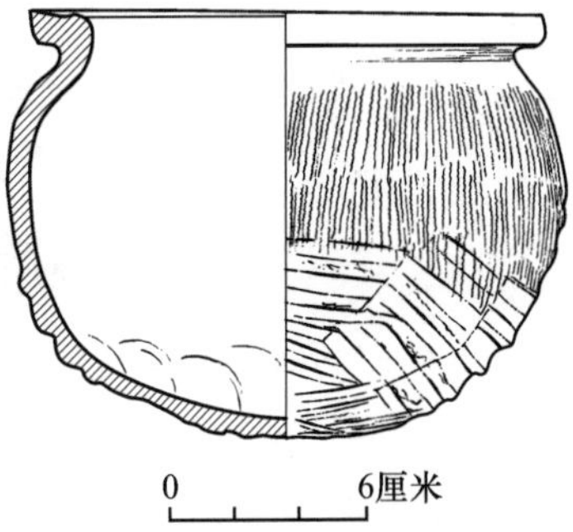

图六　BM27出土陶釜（BM27：1）

葬具为一棺一椁，皆木质，腐朽无存。

依据木椁腐朽残留痕迹判断，椁的形制与BM26的木椁形制相似，为框架式结构，由盖板、框架、侧板三部分组成。

在二层台边沿椁室顶部四周有盖板痕迹，南北向铺设一层。东西长2.6、南北宽1.2、厚0.08米。由盖板腐朽后形成的盖板槽痕迹判断每块盖板长1.2、厚0.08米，宽度不详。盖板数目不详。

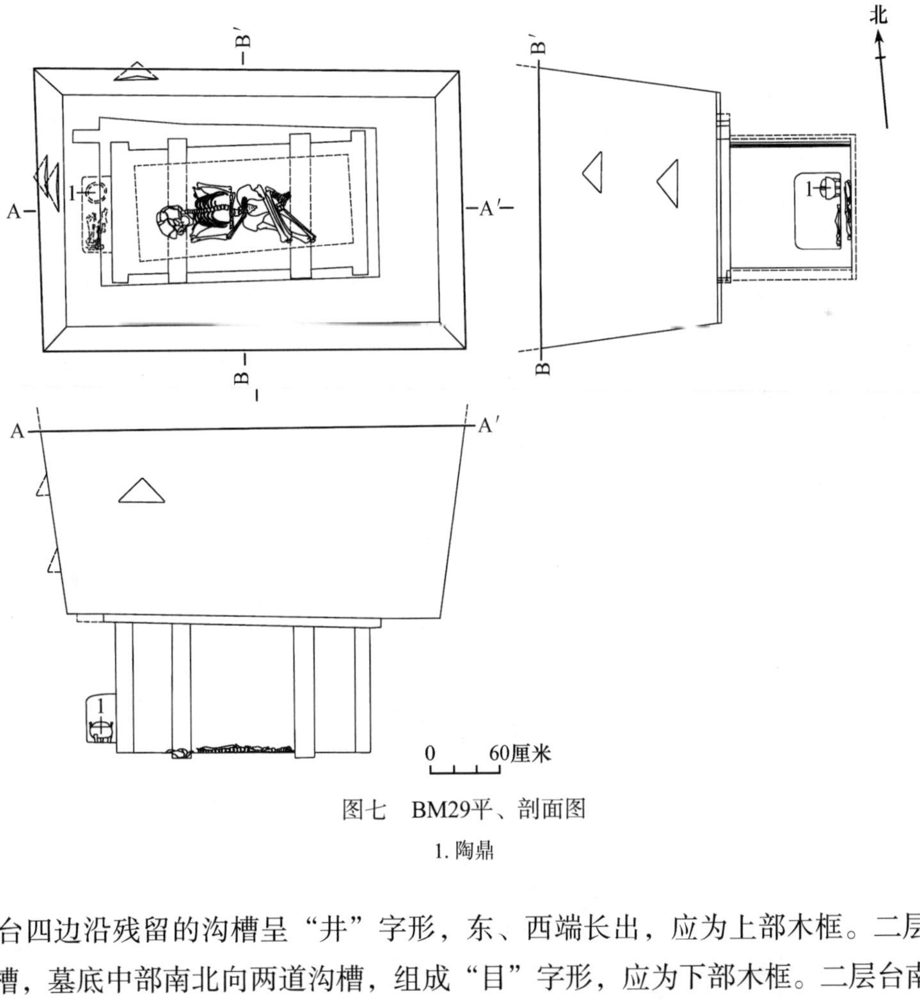

图七　BM29平、剖面图

1. 陶鼎

二层台四边沿残留的沟槽呈“井”字形，东、西端长出，应为上部木框。二层台底部四边残留沟槽，墓底中部南北向两道沟槽，组成“目”字形，应为下部木框。二层台南、北两壁中部等距离对应分布各两道沟槽与墓室底部两道沟槽相接，二层台四角亦有竖直沟槽，应为连接上部和下部框架的立柱。高1.1、宽0.12、进深0.08米。由此，盖板下存在一个木制的框架结构，由上部木框、下部木框和立柱三部分组成。残留的沟槽截面均呈长方形，边长约为12厘米×8厘米，可见木椁框架是采用截面为长方形的木条制作而成。自二层台南、北壁中间立柱痕迹判断，木框与立柱连接方式应为榫卯结构。

从二层台四侧壁表面残存痕迹与侧壁的相对齐整来看，木框架内四周有木侧板。可未见板灰，应是板材较薄所致。

椁室内置木棺一具。依据腐朽痕迹判断，长1.8、宽0.76米，高度不详。底部铺有一层厚约2厘米的草木灰。

棺内人骨一具，保存状况较好，仰身屈肢，头向西，面朝南，两手抱于腹部，下肢均向南曲折，蜷曲特甚。颅骨破损，可见枕骨颞骨残片，未见牙齿，下颌断裂可拼合。中轴骨保存较差，均呈渣状存在。骨盆残，耻骨联合面缺失。肢骨中保存有两侧肱骨中部骨干，右侧尺骨近端部分，左右股骨中部骨干，左侧胫骨近端干部分，右侧胫骨远端部分。坐骨大切迹宽而浅，应为女性。综合下颌齿槽愈合情况看，为中老年。经病理检测：左右侧Ⅰ1、Ⅰ2、C齿槽处有根尖脓肿现象，其余下颌齿槽均已愈合；胸椎残块有压缩性骨折现象。

2）随葬器物

出土陶鼎1件，位于头龛北侧，鼎旁散乱置放一堆动物骨骼。

陶鼎　1件。BM29∶1，泥质灰陶。浅半球形器盖，中部凸起呈泡状。子母口内敛，深腹，圜底，三锥足。口沿外对称双附耳，板状外撇。盖顶部有一道凹弦纹。口沿上有一道凹槽。体表有轮制痕迹。高15.3、口径12.64、盖径16厘米（图八；彩版四五，3）。

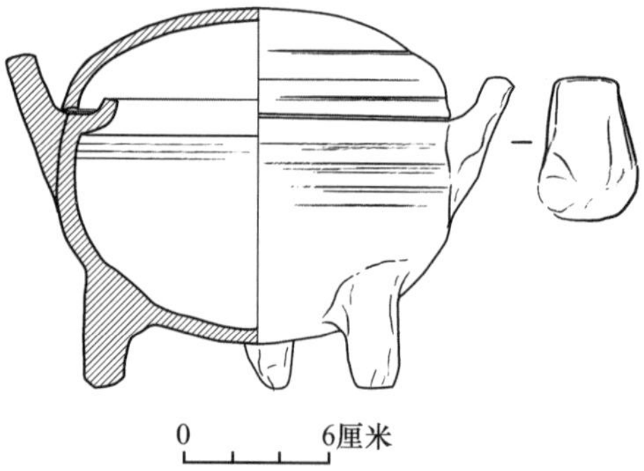

图八　BM29出土陶鼎（BM29∶1）

（4）北区三十一号墓（BM31）

1）墓葬形制

方向281°，平面呈长方形。墓道壁面斜直，表面平整，较为光滑，壁面留有明显白色灰状钙质痕迹。口大底小。现墓口长4.01、宽2.68、残深1.34米。墓葬下部有生土二层台，东宽0.65、西宽0.6、南宽0.57、北宽0.58米。二层台西壁中部有头龛，平面呈长方形，高0.42、长0.65、进深0.41米。龛内放置随葬器物，发现有动物骨骼（图九；彩版一三，2）。

依据二层台各壁残留痕迹及墓室底部痕迹等判定，葬具为一棺一椁，均为木质，且腐朽不存。

木椁二层台以内，长2.54、宽1.32、高1.09米。二层台南、北两壁中部对应分布一道竖直沟槽，形制相同，大小差异，高1.09、进深0.13米。北侧沟槽宽0.22、南侧枋木槽宽0.1米。二层台四角各有一道竖直斜向外撇沟槽，形制相同，大小稍有差异，高1.09、宽0.11、进深0.21米。此6道沟槽的形成应是木椁立柱腐朽后留下的痕迹。沟槽横截面均略呈长方形，可见木椁立柱是长方形木条。

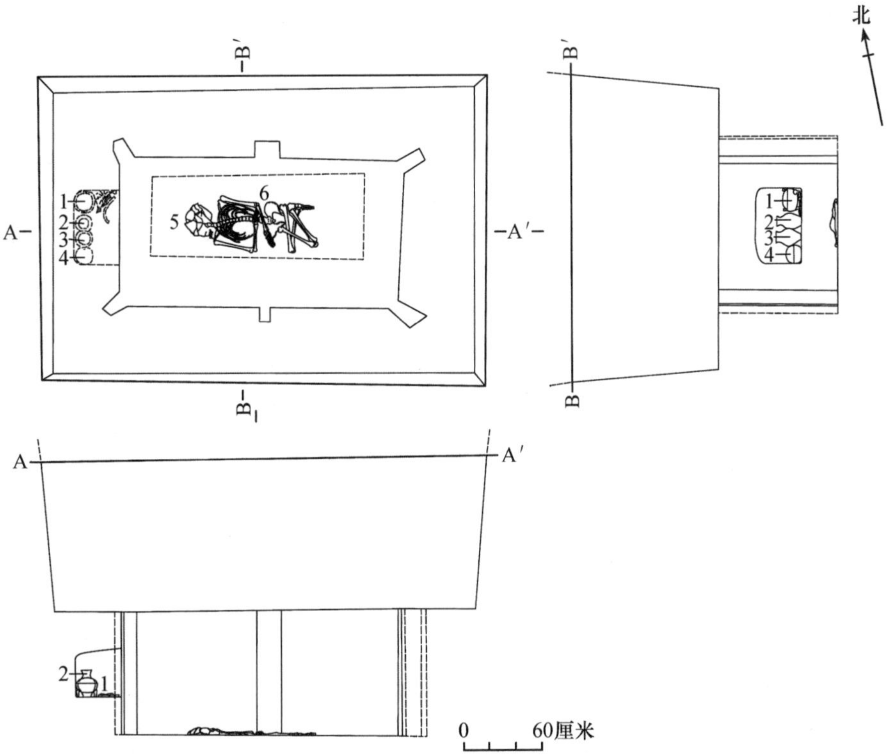

图九 BM31平、剖面图

1. 陶鼎 2、3. 陶壶 4. 陶盒 5. 鹿角器 6. 玉璧（在盆骨下）

木棺置于木椁内偏北，长1.92、宽0.76米，高度不详。底部铺有一层厚约4厘米的草木灰。

棺内人骨一具，骨骼破碎严重，应是墓室顶部塌陷所致。头向西，面朝南，仰身屈肢，曲臂抱于腹部，下肢向南曲折，蜷曲特甚。上颌牙齿2颗，为左侧上颌M1、M2，磨耗Ⅲ～Ⅳ级，推测年龄当在40岁左右，性别不明。

2）随葬器物

出土随葬器物6件。陶鼎1、陶壶2、陶盒1均置于头龛内，鹿角器于墓主人头骨西侧，玉璧位于墓主人盆骨下方。

陶鼎 1件。BM31：1，泥质灰陶。弧形盖，顶部较平。子母口内敛，深腹，圜底，三锥足外撇。口沿外对称双附耳，板状外撇。沿上一周凹槽与盖契合。通高14.3、口径14.3、盖径16厘米（图一〇，1；彩版四五，4）。

陶壶 2件。均为泥质灰陶。BM31：2，侈口烧制变形，方唇，束颈，圆肩，深腹外鼓，平底内凹。肩部饰两道凹弦纹，腹部上、下各饰两道凹弦纹。通高23.6、口径9.6～10.8、腹径17.6、底径9.6厘米（图一〇，3；彩版五〇，4）。BM31：3，侈口，尖唇，细颈长束，圆肩，深腹外鼓，平底内凹。颈部起两道凸棱。腹部上、下各饰两道凹弦纹。下腹部有刮削痕迹。通高23.4、口径8.4、腹径16、底径9.4厘米（图一〇，2；彩版四九，1）。

陶盒 1件。BM31：4，泥质灰陶。弧形盖，正中圆形捉手。子母口内敛，方唇，下腹内收，平底，假圈足。通高16.8、口径10、底径9.4厘米（图一〇，4；彩版五二，4）。

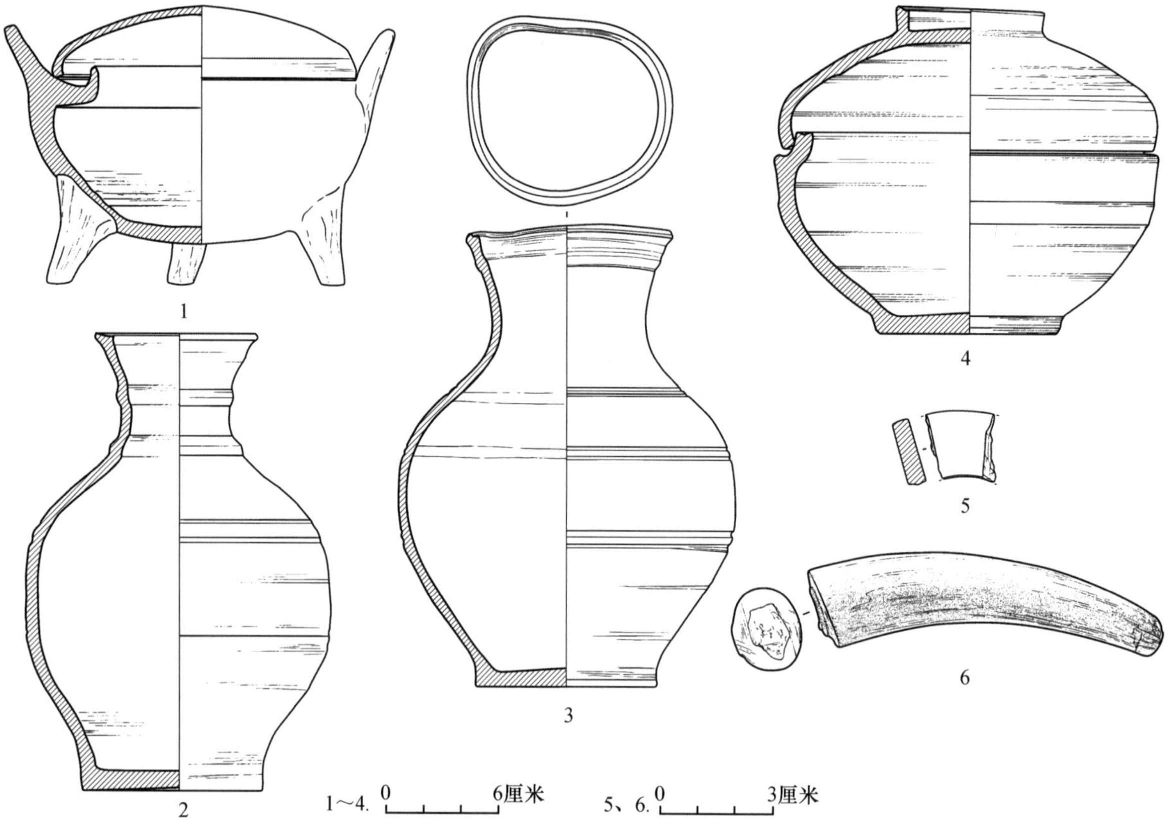

图一〇　BM31出土器物

1. 陶鼎（BM31：1）　2、3. 陶壶（BM31：3、BM31：2）

4. 陶盒（BM31：4）　5. 玉璧（BM31：6）　6. 鹿角器（BM31：5）

鹿角器　1件。BM31：5，角质。圆锥状，体呈弧形。大端口外为利器切割，中间呈折断痕。长9.35、大端直径1.8～2.18厘米（图一〇，6；彩版五五，4）。

玉璧　1件。BM31：6，玉质。残余少部分。残长2、肉宽1.9、厚0.4厘米（图一〇，5）。

（5）北区三十二号墓（BM32）

1）墓葬形制

方向272°，平面呈长方形。墓葬四壁面斜直，表面较为光滑，未见工具修整痕迹。口大底小。现上口长3.9、宽2.6、残深2.1米。墓内填黄褐色五花土，部分填土有夯筑痕迹。墓道东壁偏南有脚窝两个，南壁偏东有脚窝一个，形状相同，均呈三角形，大小相近，高0.18、宽0.4、进深0.1米。墓葬下部有生土二层台，东宽0.6、西宽0.58、南宽0.68、北宽0.62米。二层台西壁中部设一头龛，平面呈长方形。高0.46、长0.66、进深0.3米。龛内放置随葬品，发现少量动物骨骼（图一一；彩版一四，1）。

依据二层台内墓室现存迹象，葬具为一棺一椁，皆为木质，腐朽无存。

木椁位于二层台以内，长2.48、宽1.36、高1.1米。由盖板、框架、侧板三部分组成。

二层台边沿残留木椁顶部盖板痕迹和上部框架痕迹。盖板为南北向横铺于上部框架之上，东西长2.6、南北宽1.5米，厚度不详。上部框架呈“井”字形，东、西两端长出。从残留的长

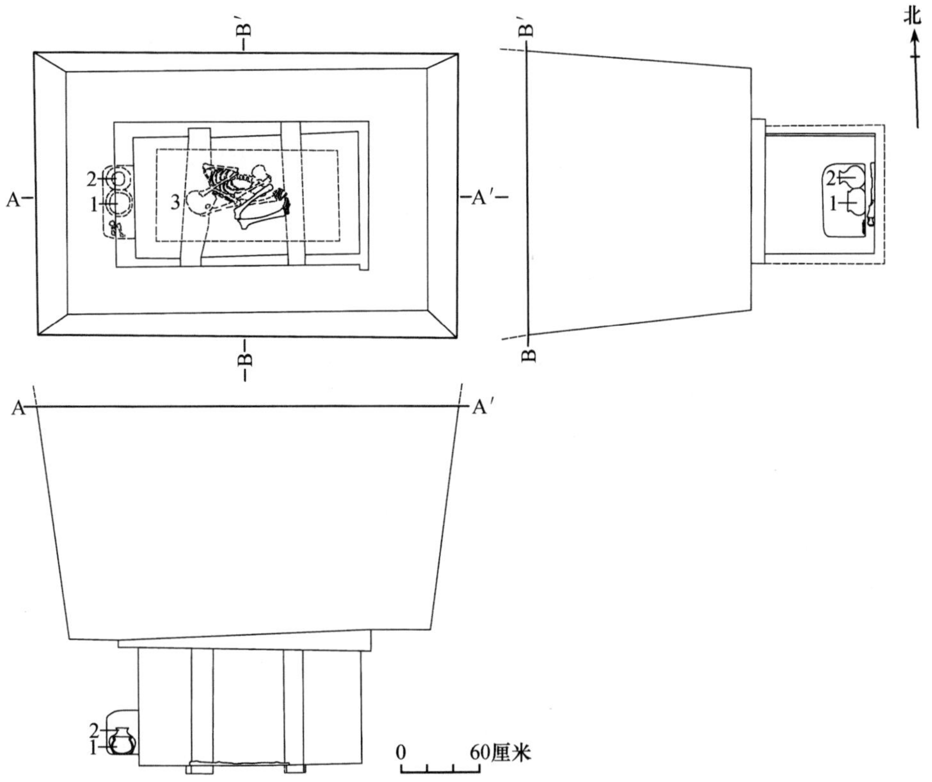

图一一　BM32平、剖面图

1. 陶鍪　2. 陶罐　3. 铜带钩

方形沟槽看，框架木料厚约8厘米。二层台南、北壁各有两道竖直沟槽对应分布，为立柱腐朽后残留。立柱形制相同，大小相近，高1.1、宽0.2、进深0.1米。4根立柱与上部框架相接构成木椁框架结构。依据二层台四侧壁迹象，在立柱内和上部框架下有侧板，现腐朽不存。

椁内置一棺，平面呈长方形，长1.7、宽0.8米，高度不详。底部铺有一层厚约2厘米的草木灰。

棺内人骨一具，部分腐朽呈粉状。侧身屈肢葬式，头向西，面朝南，下肢弯曲向南折于腹部。

2）随葬器物

出土随葬器物3件。陶罐、陶鍪均位于头龛内，铜带钩位于棺内西南角。

陶罐　1件。BM32∶2，泥质灰陶。侈口，方唇，束颈，斜肩，鼓腹，平底。肩、腹部饰竖向和斜向细绳纹，底外中部饰交错细绳纹。下腹部有修整痕。通高22.6、口径10.6、腹径22.6、底径14厘米（图一二，1；彩版五二，3）。

陶鍪　1件。BM32∶1，夹砂红陶。侈口，尖唇，束颈，深腹下垂，圜底。颈部外接一环形耳。肩、腹部饰横向交错细绳纹。外表有烟炱。通高15.4、口径12.2厘米（图一二，2；彩版五二，5）。

铜带钩　1件。BM32∶3，铜质。“S”形，背部中有圆纽。钩首饰兽首纹。通长13.7厘米（图一二，3；彩版五四，4）。

（6）北区三十三号墓（BM33）

1）墓葬形制

方向282°，平面略呈长方形。四壁斜直，经修整较光滑，未见工具痕。口大底小。现上

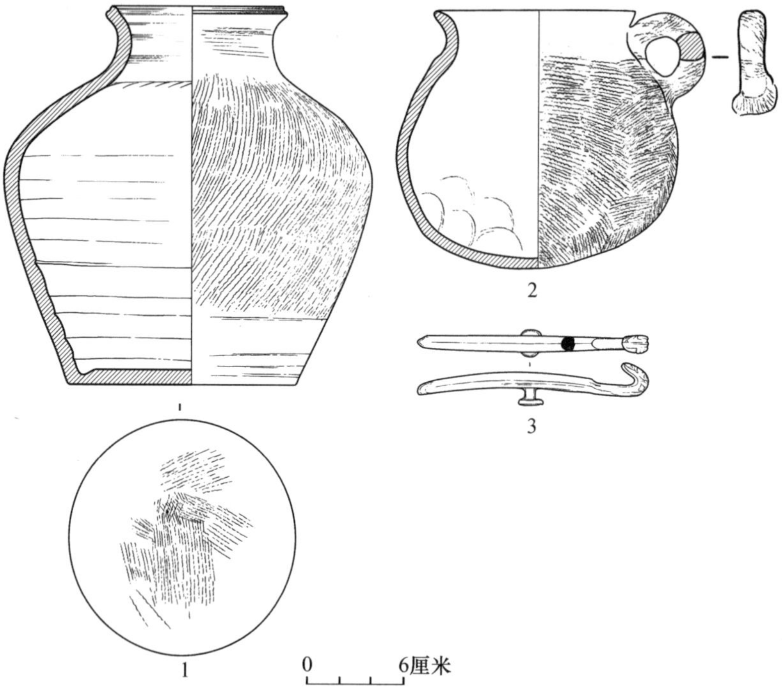

图一二　BM32出土器物

1. 陶罐（BM32：2）　2. 陶鍪（BM32：1）　3. 铜带钩（BM32：3）

口长3.62、宽2.12、残深0.94米。填土为坚硬的五花夯土，有夯筑痕迹。墓葬下部有生土二层台，东宽0.4、西宽0.42、南宽0.3、北宽0.4米。二层台西壁中部有一头龛，平面呈长方形，高0.35、宽0.36、进深0.24米。龛内放置随葬品，发现动物骨骼（图一三；彩版一四，2）。

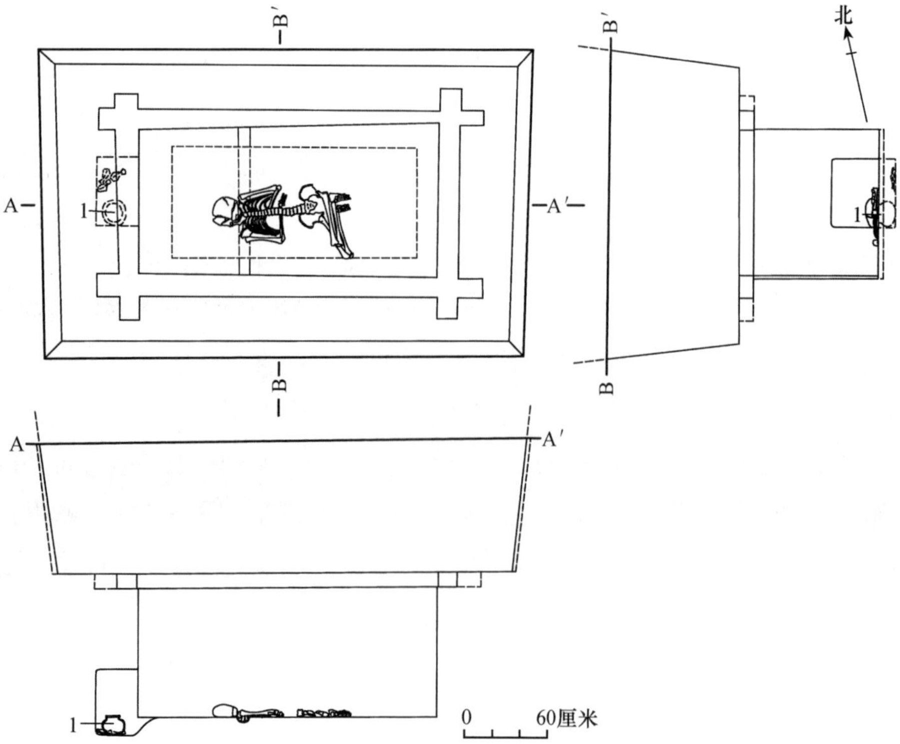

图一三　BM33平、剖面图

1. 陶釜

依据二层台内墓室现存迹象，葬具为一棺一椁，皆为木质，腐朽无存。

木椁位于二层台以内，长2.14、宽1、高1.04米。

二层台边沿残留木椁顶部盖板痕迹和上部框架痕迹。盖板为南北向横铺于上部框架之上，东西长2.6、南北宽1.5米，厚度不详。上部框架呈“井”字形，四端长出，南北宽1.64、东西长2.7米。由残留的长方形沟槽看，框架木料厚约8厘米。

椁内置一棺，平面呈长方形，长1.7、宽0.74米，高度不详。底部铺有一层厚约2厘米的草木灰。

棺内人骨一具，骨骼保存状况较好。仰身屈肢葬式，头向西，面朝南，上肢弯曲向南折于腹部，下肢向南曲折，蜷曲特甚。颅骨破损，存变形的大块额骨、顶骨，其余可辨枕骨、颞骨。牙齿存两侧上颌C，左侧下颌P1、P2、M1、M2、M3。锁骨关节处略残，两侧肩胛骨肩甲冈和关节盂完整。右侧肋骨4根、左侧肋骨8根，均存第一肋，其余残损。胸椎和腰椎数目全，但骨质保存较差，颈椎可见5节。两侧髂骨和坐骨相对完好，存两侧耻骨联合部。两侧肱骨完好，左右侧尺骨和桡骨仅见上端关节。左侧股骨和胫骨下端关节残损，右侧股骨和胫骨较完整。足骨可见左侧第2、3、4跖骨，右第4跖骨。牙齿存两侧上颌C，左侧下颌P1、P2、M1、M2、M3。耻骨联合面腹侧缘上缘破损，联合面凹陷，联合面卵圆形扩张。下颌M1齿质点扩大连成一片，磨耗Ⅳ级，综合判断年龄30～35岁。坐骨大切迹宽而浅，髋骨耳状面呈“C”形，耻骨联合部方形，耻骨下角大，应为女性。病理检测：左侧下颌M2远中邻面龋齿；T9T12黄纵韧带骨化；L4椎体上关节面唇样增生，椎体下关节面左侧骨赘；L5椎体上关节面唇样增生。

2）随葬器物

出土陶釜1件，位于头龛内南侧。

陶釜　1件。BM33∶1，夹砂红陶。侈口，尖唇，卷沿，束颈，溜肩，深腹外鼓，圜底。口沿、颈部抹光，肩、腹部饰横向粗绳纹，底部饰交错粗绳纹。通高13.6、口径13.2厘米（图一四；彩版四八，3）。

（7）北区三十四号墓（BM34）

1）墓葬形制

方向为273°，平面呈长方形。长2.64、宽2、残深仅0.26米。墓内填黄褐色五花土。下部有生土二层台，东宽0.28、西宽0.43、南宽0.42、北宽0.39米。在二层台西壁、东壁各有壁龛一个。西壁龛内发现零碎动物骨，初判为鸡骨。西壁龛长0.37、高0.33、进深0.36米。东壁龛内空无一物，长0.45、高0.6、进深0.35米（图一五；彩版一五，1）。

依据墓室内残留迹象可判葬具为一棺一椁，皆木质，现腐朽无存。墓室长1.95、宽1.05、高1.05米。

二层台北壁边沿及侧壁上残留木头腐朽后的白色板灰，可判椁室顶部存在盖板、侧壁存在侧板。二层台南、北边沿可见木椁上部结构腐朽残留的沟槽，呈平行状。沟槽长2.45、宽0.07米，墓底中部残留沟槽，应为木椁底部结构。沟槽长1.05、宽0.07米。

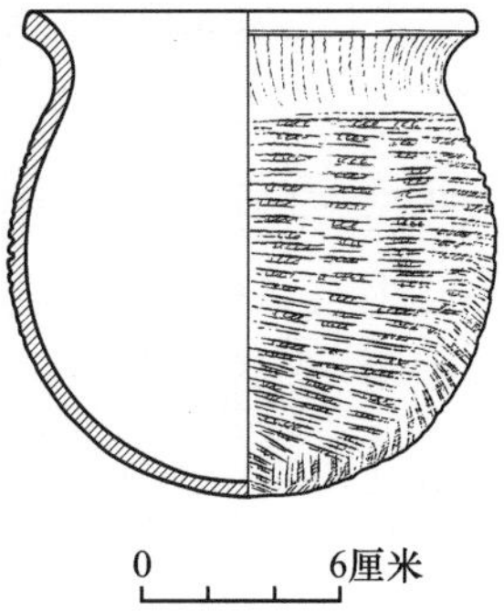

图一四　BM33出土陶釜
（BM33∶1）

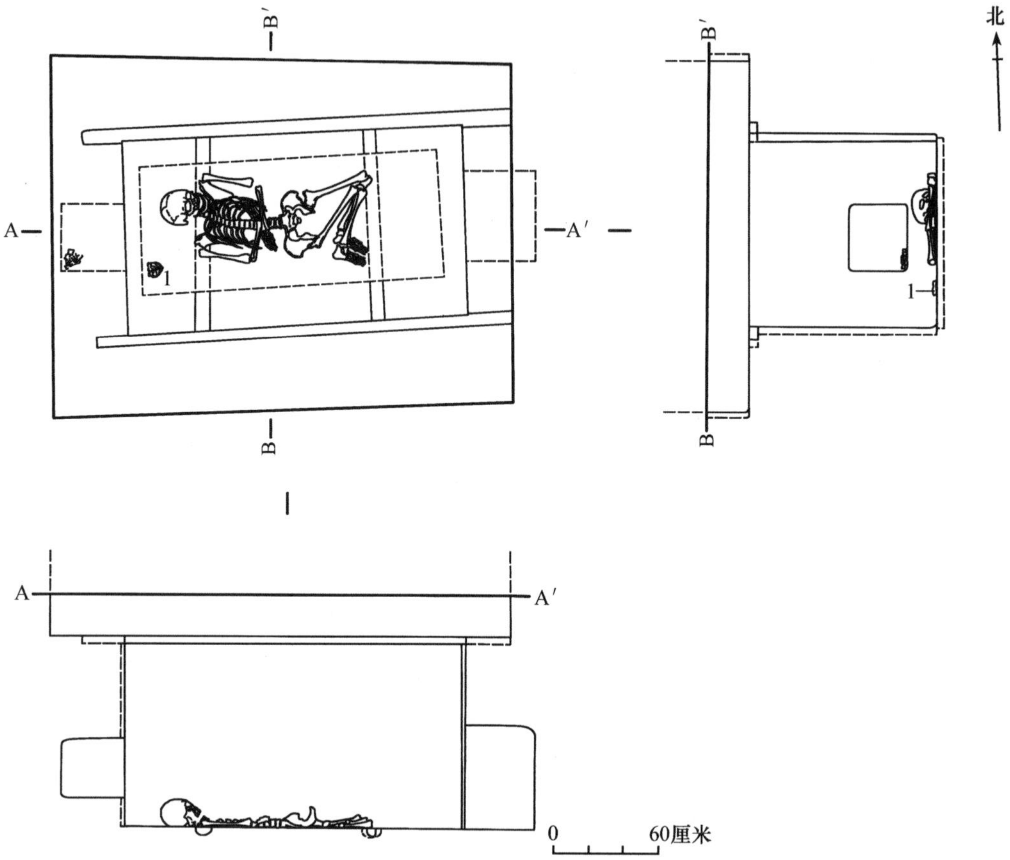

图一五　BM34平、剖面图

1. 铁器

椁内置一棺，长1.73、宽0.7米，高度不详。木棺底部铺有一层0.03米的草木灰。

棺内人骨一具，保存完好。仰身屈肢葬式，头向西，面朝上，两手抱于腹部，下肢向北曲折，蜷曲特甚。坐骨大切迹宽而浅，应为女性。耻骨联合面显示为27～28岁。

2）随葬器物

在棺内西南角发现铁器残片1件，锈蚀、破碎严重，无法辨其型。

（8）北区三十七号墓（BM37）

1）墓葬形制

方向为286°，平面呈长方形。墓道四壁面斜直，表面较为平整光滑，未见工具痕迹。呈口大底小，口长2.73、宽1.8、残深0.72米。填土为坚硬的五花夯土，部分填土有夯筑痕迹。墓底部有生土二层台，东宽0.32、西宽0.3、南宽0.25、北宽0.28米。二层台西壁中部有一头龛，龛顶部与二层台平齐，平面呈长方形，长0.42、高0.24、进深0.34米。龛内放置随葬器物，发现少量动物骨（图一六；彩版一六，2）。

由墓室内迹象判断葬具为一棺一椁，皆为木质，现腐朽无存。墓室长1.8、宽0.96、高0.36米。木椁腐朽后痕迹全无。墓底可见一棺，长1.5、宽0.6米，高度不详。棺底铺有一层厚约2厘米的草木灰。

棺内人骨一具，保存较好。仰身屈肢葬式，头向西，面朝南，两手抱于腹部，下肢向南

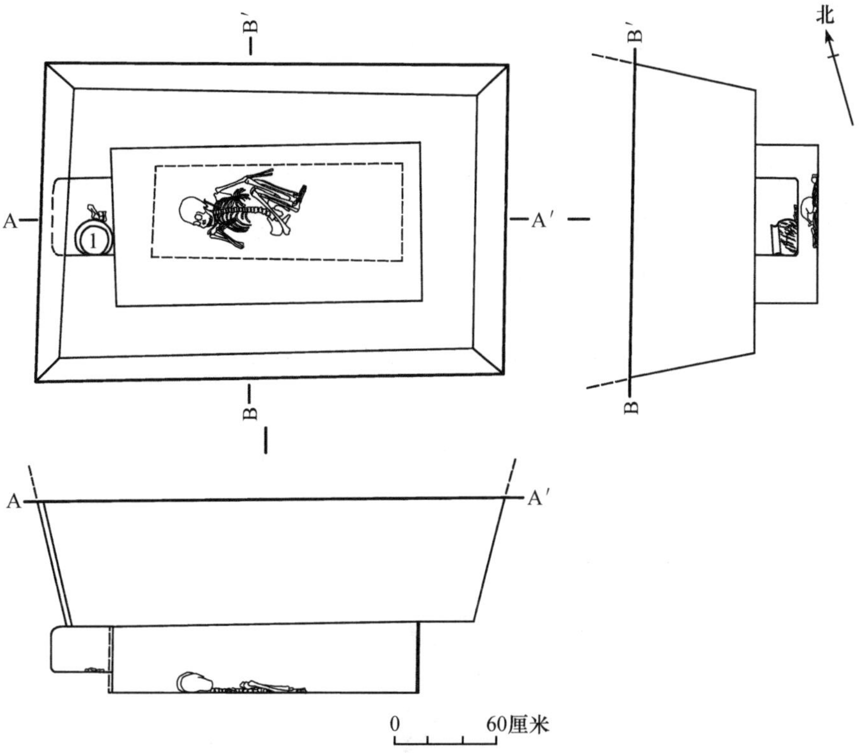

图一六　BM37平、剖面图

1. 陶釜

曲折，蜷曲特甚。由耻骨联合面周缘完全形成，背侧缘波浪状起伏。右侧下颌M1质点轻微暴露，磨耗Ⅲ级，耻骨联合部方形，坐骨大切迹宽而浅等特征综合判断其为35～39岁女性。

2）随葬器物

出土陶釜1件，置于头龛南侧。

陶釜　1件。BM37：1，夹砂红陶。侈口，卷沿，方唇，束颈，球形腹，圜底。颈部竖向绳纹抹光，腹部饰横向和交错绳纹。通高14.8、口径16厘米（图一七；彩版四八，4）。

（9）北区三十八号墓（BM38）

1）墓葬形制

方向288°，平面呈长方形。墓壁四面斜直，表面平整光滑。口大底小。现开口长3.66、宽2.54、残深0.72米。墓内填黄褐色五花土。墓葬下部有生土二层台，东宽0.58、西宽0.47、南宽0.58、北宽0.6米。二层台西壁偏南处有一头龛，平面略呈长方形，长0.6、高0.4、进深0.36米。头龛底部高于墓室底0.24米。龛内摆放随葬器物，亦发现零碎动物骨，初步判断为鸡骨（图一八；彩版一七）。

由二层台侧壁迹象和墓室内迹象判断，葬具为一棺一椁，皆为木质，已腐朽不存。椁室长2.42、宽1.15、高1.25米。

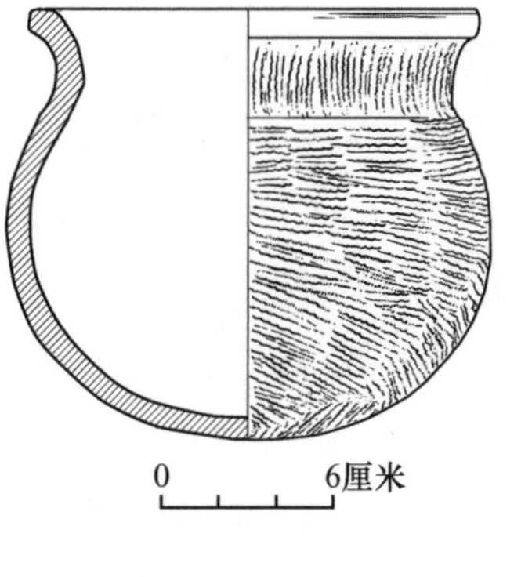

图一七　BM37出土陶釜

（BM37：1）

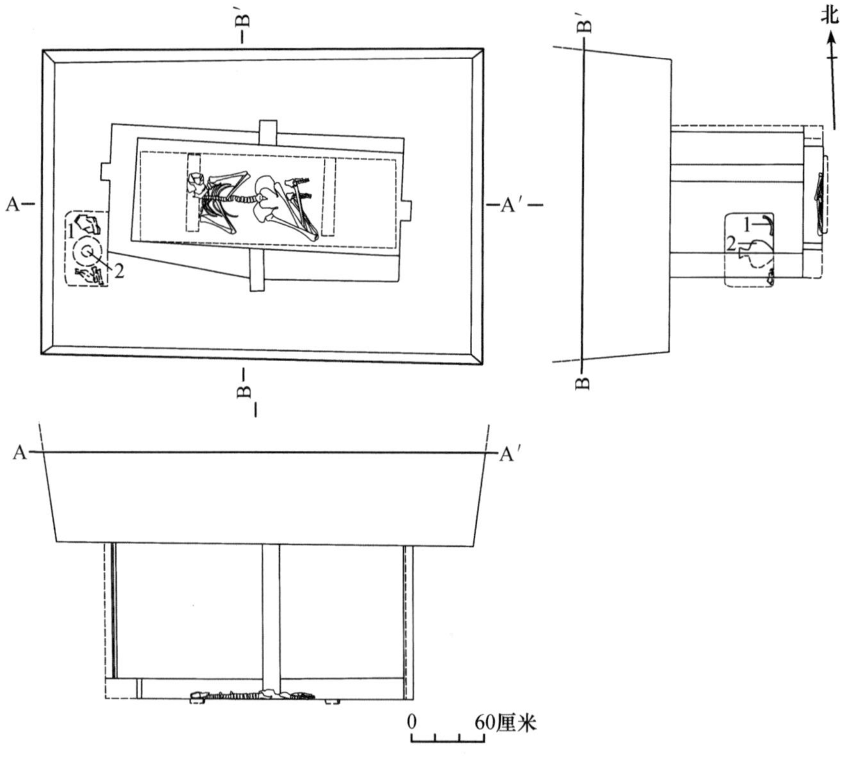

图一八　BM38平、剖面图

1. 陶釜　2. 陶壶

二层台边沿处可见木椁上部框架痕迹，盖板痕迹不明显。四侧壁中间可见木质立柱腐朽残留的竖直沟槽，形状大小相近，高1.26、宽0.14、进深0.09米。南、北立柱沟槽与墓底沟槽相接，应是立柱与椁底结构相接。椁底沟槽长0.62、宽0.1、深0.04米。二层台侧壁零星可见白色板灰，应为侧板痕迹。

椁内置一棺，长2.14、宽0.7米，高度不详。棺底部可见两道木板支垫腐朽留下的沟槽，长2.22、宽0.84、深0.16米。

棺内人骨一具，部分骨骼保存较差。仰身屈肢葬式，头向西，面朝北，两手抱于胸部，下肢向南曲折，蜷曲特甚。墓主人颅骨相对完好，右侧颞骨掉落，基底部缺失。左右锁骨完好，左侧肋骨8根，右侧肋骨8根，两侧肩胛骨、关节盂部分，胸骨体2块7节颈椎完好，12节胸椎和5节腰椎多椎体。左右髂骨、坐骨和耻骨未融合。骶骨3节。左右肱骨、股骨相对完好。右侧尺骨、桡骨完好。右侧胫骨腓骨骨干下半部破损。见肱骨头、股骨下部关节和胫骨上下关节。左右髌骨。手骨见掌骨2根。右侧跖骨全，左侧第2跖骨不见。肱骨头、股骨下端、胫骨上下端均未愈合。上颌左右侧P2正在萌出，上颌左侧C未完全萌出，上颌右侧C已经萌出。下颌左右侧P2未萌出，下颌M2未萌出但釉质已经形成，年龄应在10～12岁。性别不明。

2）随葬器物

出土陶壶、陶釜各1件，位于头龛内。

陶壶　1件。BM38：2，泥质灰陶。小口微侈，尖唇，束细颈，斜肩，鼓腹，平底稍内凹。颈部起一道凸棱。腹部上、下饰各两道凹弦纹。通高22.5、口径9、腹径19.8、圈足高1、底径10.6厘米（图一九，1；彩版五〇，5）。

陶釜　1件。BM38：1，夹砂红陶。敛口，尖圆唇，束颈，深腹，圜底。颈部竖向绳纹抹光，腹部饰绳纹，底部有横抹纹和大麻点纹。底部有烟炱痕迹。做工较粗糙。通高18.8、口径16厘米（图一九，2；彩版四八，5）。

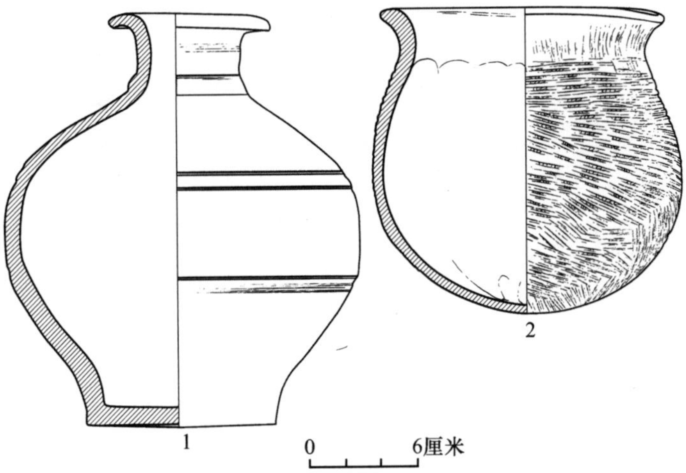

图一九　BM38出土陶器

1. 壶（BM38：2）　2. 釜（BM38：1）

（10）北区三十九号墓（BM39）

1）墓葬形制

方向276°，平面呈长方形。墓壁四面斜直，表面平整，较为光滑，留有白色痕迹。口大底小。上口长3.51、宽2.3、残深1米。墓内填黄褐色五花土。墓葬中部有一椭圆形盗洞自上而下直至墓底。墓下部有生土二层台，东宽0.54、西宽0.54、南宽0.4、北宽0.48米。二层台西壁偏北处有一头龛，平面略呈长方形，长0.42、高0.46、进深0.46米。随葬器物放置于龛内（图二〇）。

由墓室内迹象判定，葬具为一棺一椁，皆为木质，现腐朽无存。墓室长2.17、宽1.22、深1.14米。

二层台边沿残留盖板痕迹、上部木框架腐朽后的沟槽。上部框架呈“井”字形，四端两两相交长出。南北长2.56、东西宽1.62米。沟槽东西长0.12、南北宽0.11米。二层台南、北两壁各等距离分布2根木立柱腐朽后的竖直沟槽，东、西两壁中间各有1根木立柱腐朽后的竖直沟槽，且南北、东西对应。沟槽形状大小相近，高1.1、宽0.16、进深0.05米。

椁内置一棺，长1.74、宽0.68米，高度不详。棺底铺有一层厚约3厘米的草木灰。

棺内未发现人骨，葬式等皆不明。

2）随葬器物

出土陶壶、陶釜各1件，位于头龛内。

陶壶　1件。BM39：2，泥质灰陶。侈口，方唇，束颈，斜肩，深鼓腹，假圈足，平底。颈部饰一道凹弦纹，腹部上、下各饰两道凹弦纹，器表可见轮制痕迹。通高19.4、口径9.8、腹

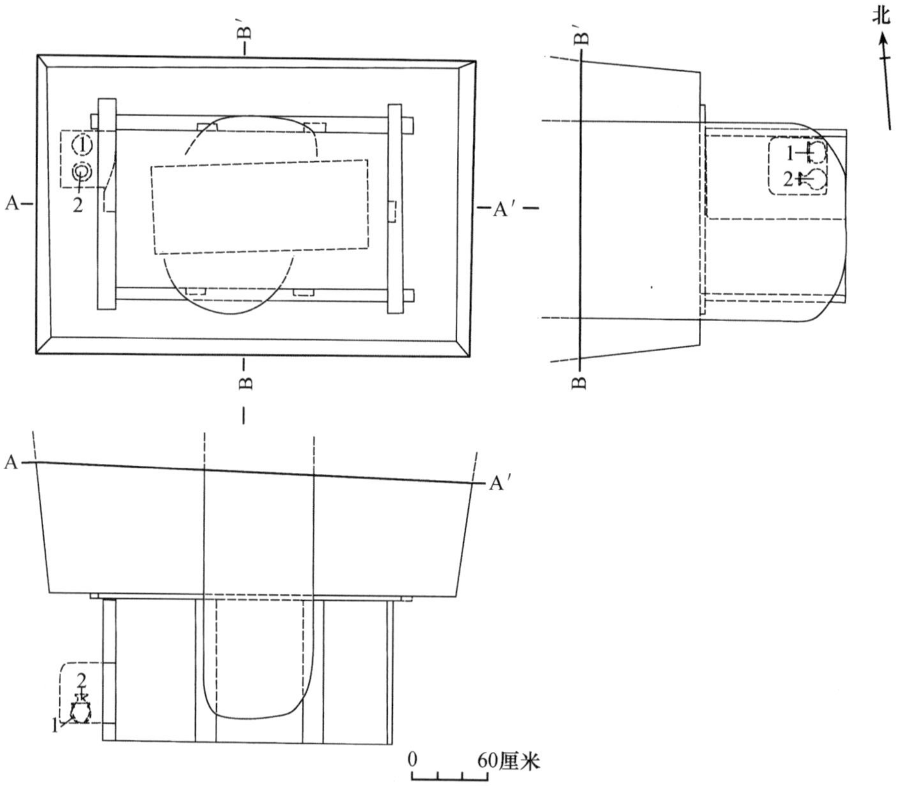

图二〇　BM39平、剖面图

1. 陶釜　2. 陶壶

径18、底径11厘米（图二一，1；彩版五〇，6）。

陶釜　1件。BM39∶1，夹砂红陶。侈口，圆唇，束颈，深腹近直，圜底。颈部抹光，腹部饰横向和交错绳纹。底部大麻点纹，有烟炱痕迹。通高12.8、口径13.2～14.8厘米（图二一，2；彩版四八，6）。

（11）北区四十号墓（BM40）

1）墓葬形制

方向273°，平面呈长方形。墓圹四壁竖直，口长3.62、宽2.53、残深0.38米。墓内黄褐色五花土。下部生土二层台东宽0.68、西宽0.44、南宽0.6、北宽0.6米。二层台西壁偏南部设一头龛，平面呈长方形，长0.47、高0.35、进深0.29米。龛内摆放随葬器物，发现少量动物骨骼（图二二；彩版一八，1）。

由二层台以内迹象判断，葬具为一棺一椁，皆为木质，现腐朽不存。椁室长2.41、宽1.1、高1.09米。

二层台边沿“井”字形沟槽，为木椁上部框架腐朽残留。框架东西长2.8、南北宽1.5米。沟槽宽0.11、深0.05米。该框架上部中部盖板依稀可见其分隔痕迹，盖板数目不详。盖板长1.35米，宽度不详。南、北两侧壁各等距离分布立柱腐朽后的沟槽2个，两两相对，形制大小相近，高1.09、宽0.12、进深0.1米。与棺下部南北向两道地栿腐朽后的沟槽相接，长1.28、宽0.13米。南北竖直东、西两侧壁中央对称分布立柱腐朽沟槽各1个，形状大小相近，高1.1、宽0.16、进深0.05米。

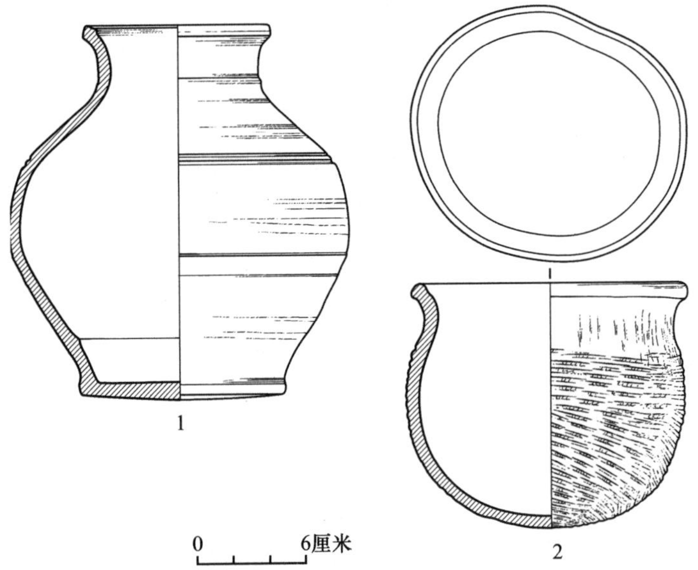

图二一 BM39出土陶器

1. 壶（BM39：2） 2. 釜（BM39：1）

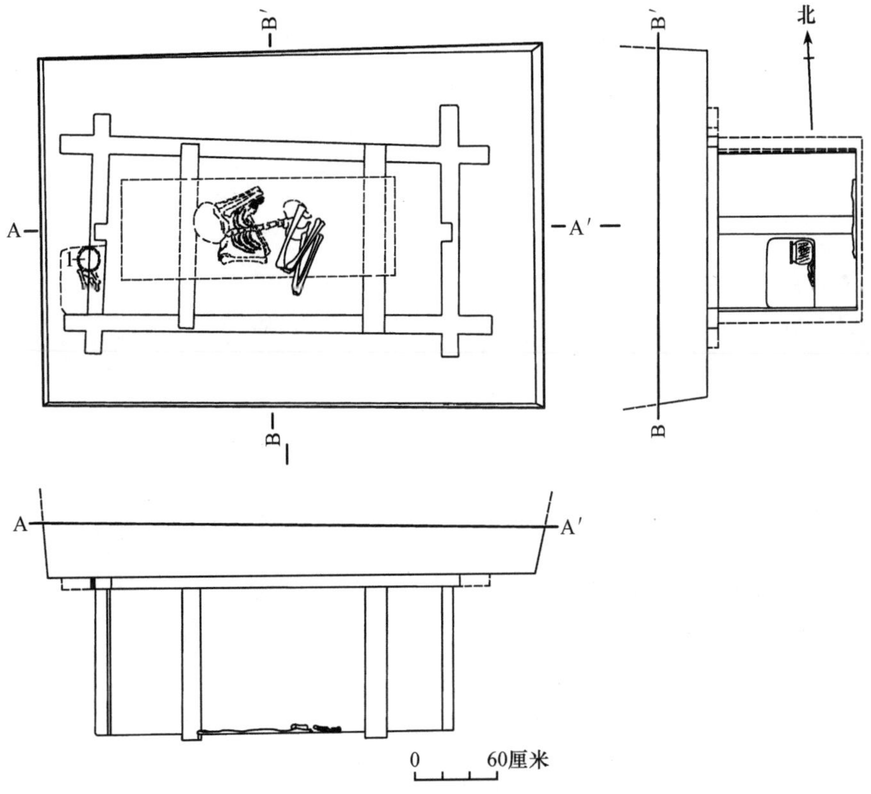

图二二 BM40平、剖面图

1. 陶釜

棺置于椁内，长1.96、宽0.69米，高度不详。底部铺有一层厚约3厘米的草木灰。

棺内人骨一具，由于上部坍塌导致上身骨骼几成粉末。仰身屈肢葬式，头向西，面朝上，两手抱于腹部，下肢向南曲折。由于朽坏严重，仅能推断其疑似男性成年个体。

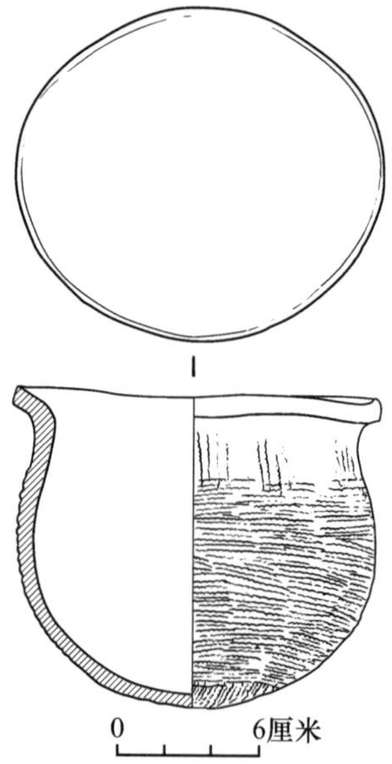

图二三　BM40出土陶釜
（BM40：1）

2）随葬器物

出土陶釜1件，位于头龛内北侧。

陶釜　1件。BM40：1，夹砂灰陶。侈口，尖唇，束颈，深腹微直，圜底。颈部饰竖绳纹抹光，腹部饰横绳纹，底部有大麻点纹。通高12.8、口径15.4厘米（图二三；彩版四五，6）。

（12）北区四十一号墓（BM41）

1）墓葬形制

方向为270°，平面呈长方形。墓葬土圹四壁被建设时破坏不存，仅剩余墓葬下部墓室部分。长2.32、宽1.3、深1.19米。

由墓室内迹象判断，葬具一棺一椁，皆为木质，现腐朽不存。

椁室四壁面平整，人为加工痕迹明显。由南、北两侧壁等距离分布有两两相对木质立柱腐朽后残留的4个竖直沟槽，东、西两侧壁中央对称分布有2个。沟槽内有木灰痕迹，形制、大小略有差异，高1.19、宽0.25、深0.16米。椁室西北角下部有头龛，平面略呈弧形直角。西部长0.52、高0.42、进深0.46米，北部长0.45、高0.42、进深0.39米。龛内摆放随葬器物（图二四；彩版一八，2）。

棺位于椁内，平面呈长方形，长1.9、宽0.8米，高度不详。底部铺有一层厚约2厘米的草木灰。

棺内人骨一具，保存较差。据骨骼腐朽痕迹判断，仰身屈肢葬式，头向西，面朝北，下肢向北曲折。

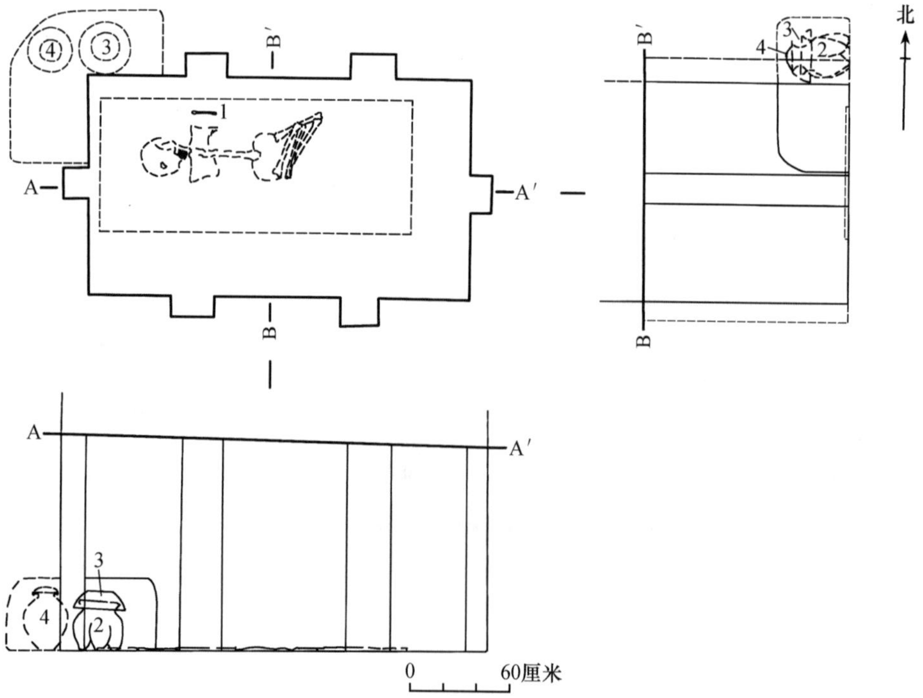

图二四　BM41平、剖面图

1. 铜带钩　2. 陶鬲　3. 陶盆　4. 陶壶

2）随葬器物

共出土随葬品4件，陶鬲、陶盆、陶壶各1件位于头龛内北侧，陶盆覆盖于陶鬲之上。1件铜带钩位于墓主肩部北侧。

陶鬲　1件。BM41∶2，夹砂红陶。直口微外撇，方唇，高领，微鼓腹，三乳状袋足，横截面呈椭圆形，三扁足，足尖外撇。领、肩部外附对称双耳，与口沿平齐。通体饰竖向绳纹。通高17.9、口径14厘米（图二五，3；彩版五一，4）。

陶盆　1件。BM41∶3，泥质灰陶。敞口，窄平沿，束颈，弧腹下收，平底。高9、口径21.2、底径7.6厘米（图二五，1；彩版五二，6）。

陶壶　1件。BM41∶4，泥质灰陶。侈口，方唇，束颈，斜肩，鼓腹，假圈足，平底内凹。颈部有两道凹弦纹。腹上、下各饰两道凹弦纹。通高33、口径12、腹径20、圈足高1、底径12.8厘米（图二五，4；彩版五一，1）。

铜带钩　1件。BM41∶1，铜质。钩体"S"形，钩首自然弯曲，尾端呈蛇首状，背中间有圆纽。长6.2、纽高0.4厘米（图二五，2；彩版五四，5）。

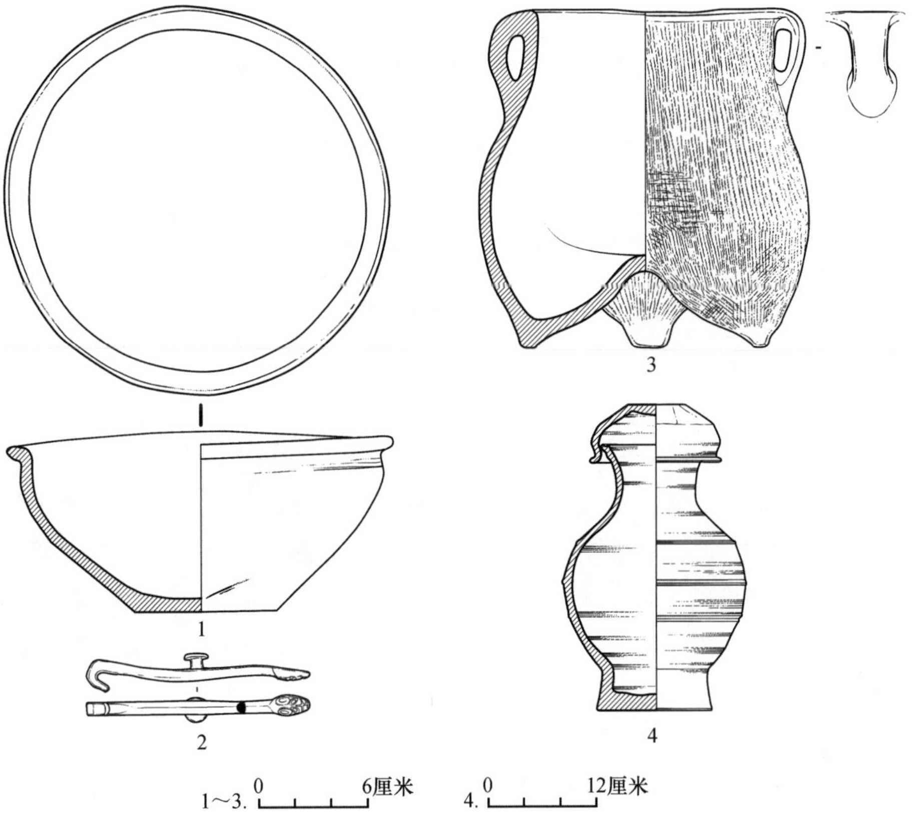

图二五　BM41出土器物

1. 陶盆（BM41∶3）　2. 铜带钩（BM41∶1）　3. 陶鬲（BM41∶2）　4. 陶壶（BM41∶4）

2. Ab型

共2座，分别为BM5、BM23。占竖穴墓的13%。

（1）北区五号墓（BM5）

1）墓葬形制

方向283°，平面略呈长方形。长2、宽0.93、残深0.5米（图二六）。

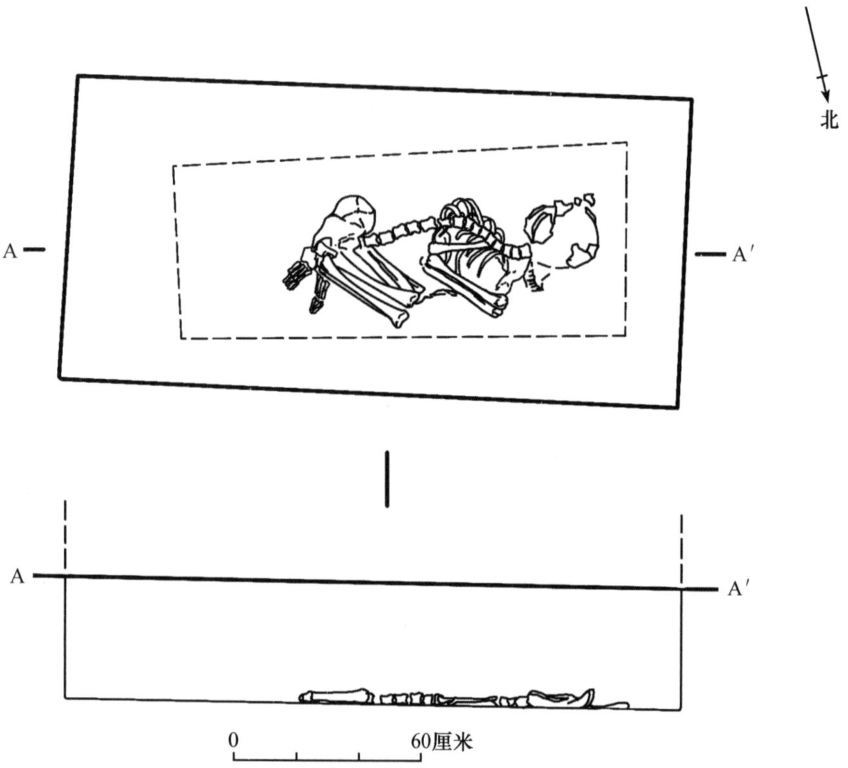

图二六　BM5平、剖面图

由墓葬底部迹象判断，葬具为一棺，木质已腐朽。平面呈长方形，长1.42、宽0.57米，高度不详。底部铺有一层厚约2厘米的草木灰。

棺内人骨一具，保存一般。仰身屈肢葬式，头向西，面朝北，上肢交叉于腰部，下肢向北曲折。颅骨较残破，可见顶骨、左右颞骨以及颅基底部残片，不可拼合。上颌仅存左侧部分残块，牙齿2颗：左侧Ⅰ2、C。中轴骨骼保存较差，仅少量胸椎残块，具体数量不明。骨盆残。肢骨保存较差，均呈渣状，无明显病理可观察。可见右侧第1跖骨，左侧第3跖骨联合面下角尖锐，背侧缘扩张，45～50岁。坐骨大切迹宽，耻骨下角大，应为女性。病理检测：右侧第一跖骨上有轻微跪距面现象。

2）随葬器物

无随葬器物。

（2）北区二十三号墓（BM23）

1）墓葬形制

方向为276°，平面呈长方形。长1.74、宽0.89、残深1.18米。墓葬四壁竖直平整，部分区域留有白色钙质痕迹。墓圹下部西壁、紧贴北壁设一头龛，平面呈长方形，长0.35、高0.35、进深0.25米。龛内摆放随葬器物（图二七；彩版九，2）。

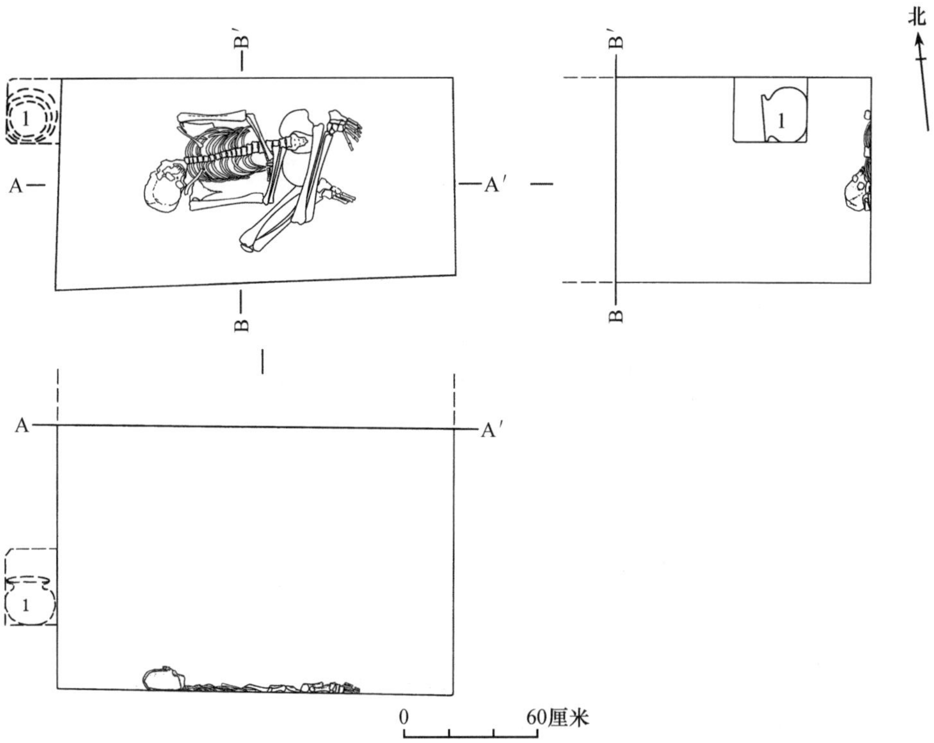

图二七　BM23平、剖面图
1. 陶釜

由墓底迹象判断，葬具为一棺，木质已朽，仅残留少量板灰，棺的尺寸不明。

棺内人骨一具，保存稍好。仰身屈肢葬式，头向西，面朝上，两臂弯曲抱于腹部，下肢向南曲折，蜷曲特甚。颅骨面颅和脑颅在颧骨额突处脱落，无法黏合。右侧颞骨残破，鼻骨缺失，颅基底部破损。下颌完好，下颌牙齿保存完整。颈椎第1～6节，10节胸椎，腰椎完好。肋骨左右各8根。两侧肩胛骨完好。两侧髂骨、坐骨和耻骨破损。可见骶骨不见肢骨、手骨和足骨。肢骨未发育完全。耻骨联合面残，但仍可观察出隆嵴未消失。髂嵴未完全融合。骶骨未融合。耻骨联合部呈三角形，坐骨大切迹窄而深，下颌角外翻，前额倾斜，男性，14～17岁。

2）随葬器物

出土陶釜1件，位于头龛内。

陶釜　1件。BM23：1，夹砂红陶。侈口，窄沿，方唇，束颈，深球腹，圜底。口沿、颈部抹光，腹部饰竖绳纹，底部饰横向粗绳纹。有明显烟炱。通高18.8、口径16.2厘米（图二八；彩版四七，3）。

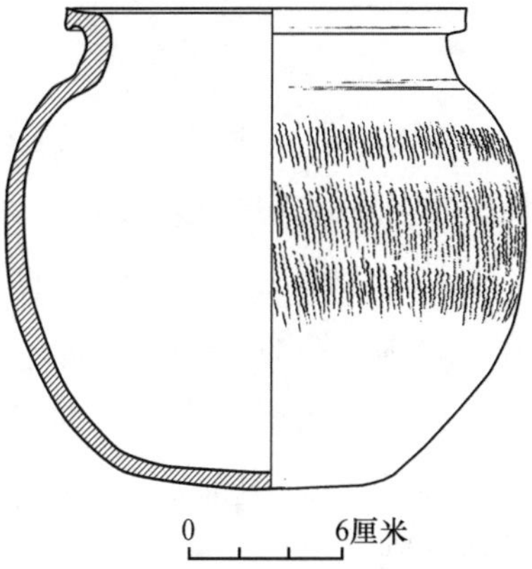

图二八　BM23出土陶釜（BM23：1）

3. Ac型

仅1座，为BM36。约占竖穴墓的7%。

北区三十六号墓（BM36）

1）墓葬形制

方向284°，平面呈长方形。墓圹四壁竖直，光滑平整，明显经过修整。口大底小。口长2.59、宽1.95米，底长2.34、宽1.74米，残深0.93米（图二九；彩版一六，1）。

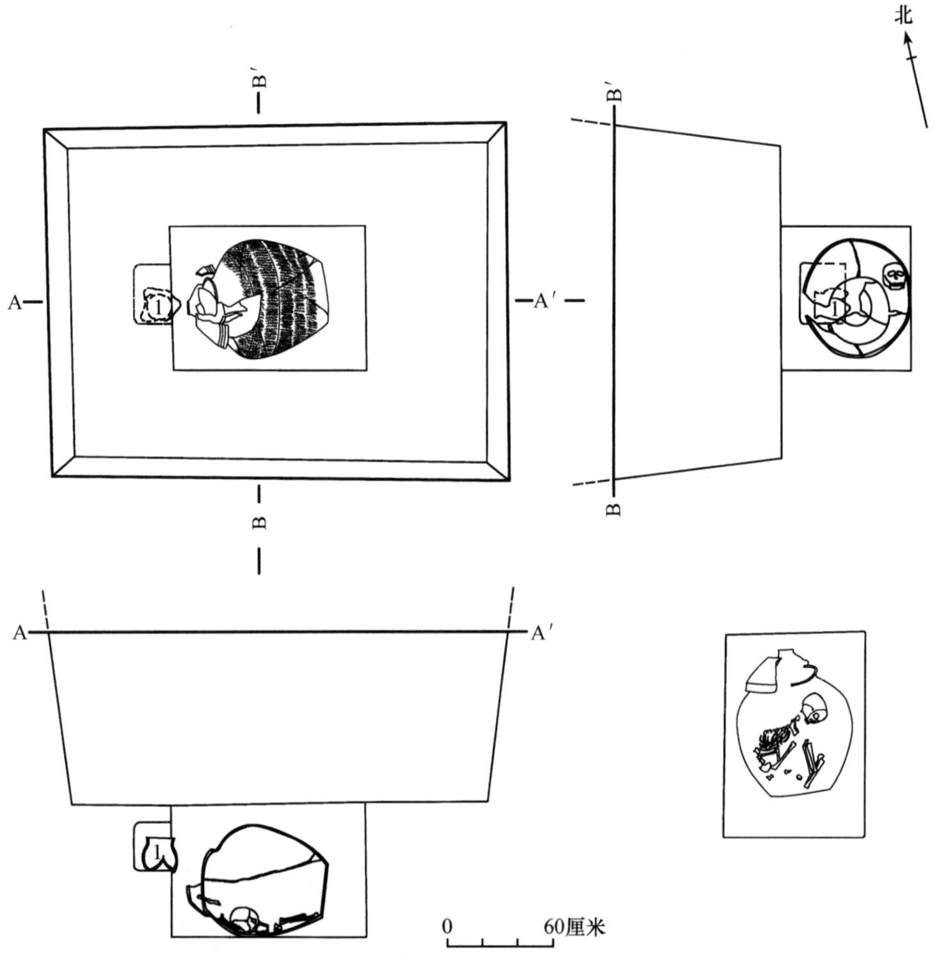

图二九　BM36平、剖面图

1. 陶鬲

墓室位于墓底中央，长1.1、宽0.79、深0.72米。壁龛位于墓室西壁中部，平面呈长方形，长0.32、高0.27、进深0.21米。龛内摆放随葬器物。

墓室中部为一器形硕大的瓮棺葬具。陶瓮东西向倾倒，已破碎。口部位于西侧，瓮口上覆盖一陶钵，外饰绳纹。高78、口径32、腹径64、底径34厘米。

瓮内有人骨一具，蜷曲状，头向西，面朝上。所有骨骼细小。两侧上下颌乳M1未脱落。恒M1未萌出，但釉质已萌出。下颌中间骨缝未完全消失。年龄应为3～5岁。年龄较小，无法判断性别。

2）随葬器物

出土陶鬲1件，位于头龛内。

陶鬲　1件。BM36：1，夹砂红陶。直口微外撇，方唇，高领，三乳状袋足，横截面呈椭圆形，三足扁平，足尖外撇。领部对称附双耳，与口沿平齐。领、腹部饰竖绳纹，足部抹光。器表有烟炱。通高20.4、口径15厘米（图三〇；彩版五一，3）。

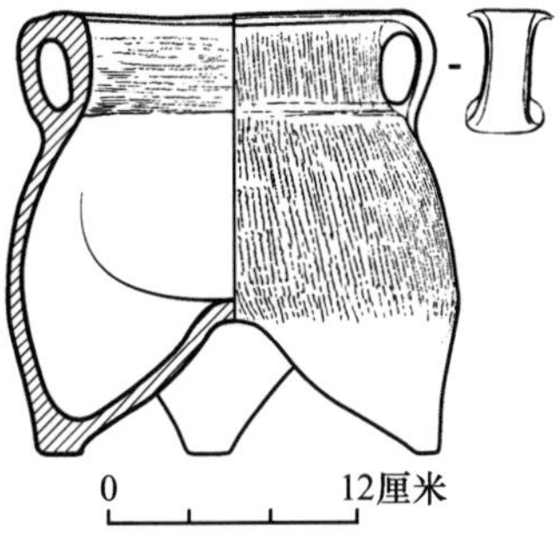

图三〇　BM36出土陶鬲
（BM36：1）

（二）B型

22座，分别为BM1、BM2、BM3、BM6、BM7、BM8、BM9、BM10、BM11、BM12、BM13、BM16、BM17、BM18、BM19、BM20、BM22、BM24、BM25、BM28、BM30、BM35。

根据土洞墓室的位置不同可分为Ba、Bb亚型。Ba为偏洞室、Bb为直线洞室。

1. Ba型

20座，分别为BM2、BM3、BM6、BM7、BM8、BM9、BM10、BM11、BM12、BM13、BM16、BM17、BM18、BM19、BM20、BM22、BM24、BM28、BM30、BM35。占洞室墓的91%。

（1）北区二号墓（BM2）

1）墓葬形制

方向为284°，由墓道、洞室两部分组成（图三一；彩版二，2）。

墓道平面呈长方形，口大底小，上口长3.06、宽2米，底长2.88、宽1.76米，残深0.6米。墓壁斜直平整。墓内填土为五花土，有夯筑痕迹。

洞室位于墓道北壁下部向北，顶部残缺。平面呈东西向长方形，长2.1、进深1.05、残高0.66米。洞室壁面竖直光滑，底部较为平整，与墓道底部在同一平面。由洞室口两侧槽痕判断，洞室口有一道木板封门，木板现腐朽不存，可见腐朽后残留的槽痕。两侧形制大小相近，残高0.62、宽0.04、进深0.08米。

由洞室底部迹象判断，葬具为一棺，木质，已腐朽成灰状。平面呈长方形，长1.88、宽0.8米，高度不详。底部铺有一层厚约2厘米的草木灰。棺底部有南北向两道圆形垫木槽延伸至墓道，形制大小相近，长1.35、径0.1米。

棺内有人骨一具，保存较差，但仍可辨认其葬式为仰身屈肢，头向西，面向南。左侧下颌M1磨耗Ⅱ级，下颌角小，髁突较大，肢骨粗壮，综合以上特征推断其年龄在20～25岁，疑似男性。

2）随葬器物

出土随葬器物2件，铜带钩位于墓主腰部，贝壳位于头骨上部。

铜带钩　1件。BM2：1，青铜质。“S”状，鸭首形钩，曲长颈，扁圆形钩体，背部有圆纽、纽柱。长5.6、纽高0.9厘米（图三二，3；彩版五三，2）。

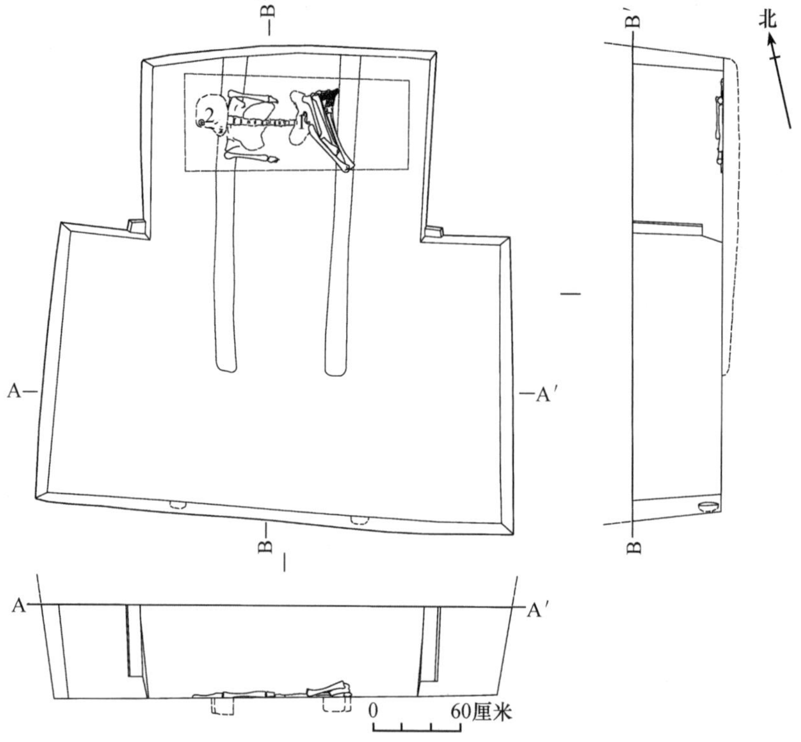

图三一　BM2平、剖面图

1. 铜带钩　2. 贝壳

贝壳　1件（现分开成两页）。BM2∶2，扇形，边缘有残缺。长5.08～5.35厘米（图三二，1、2；彩版五五，6）。

（2）北区三号墓（BM3）

1）墓葬形制

方向为295°，由墓道、洞室两部分组成（图三三）。

墓道平面呈长方形。口大底小，上口长2.86、宽2.45米，底长2.6、宽2.25米，残深1米。墓壁斜直平整，未见工具修整痕迹，墓道底部较为平整。填土为五花土，有夯筑痕迹。

洞室位于墓道北侧，顶部残缺不明。平面呈长方形。长2.4、宽1、残高1米。内壁面竖直光滑，底部较为平整，与墓道底在同一平面。由洞室口两侧残留槽痕可见有木板封门，长2.37米。封门木板皆已腐朽，仅留两侧槽痕。形制大小相近，残高0.82、宽0.07、进深0.08米。

由墓室内迹象看，葬具为一棺，木质已朽，平面为长方形。长1.88、宽约0.8米，高度不详。底部铺一层厚约2厘米的草木灰。

棺下、洞室底有两道圆形垫木槽向外延伸至墓道，形制大小相近，长2.3、径0.14米。

棺内人骨一具，保存较差，但葬式清晰可辨，仰身屈肢葬式，头向西，面朝北，下肢向北曲折。该个体坐骨大切迹宽而浅，耻骨联合面显示其为60～70岁女性。

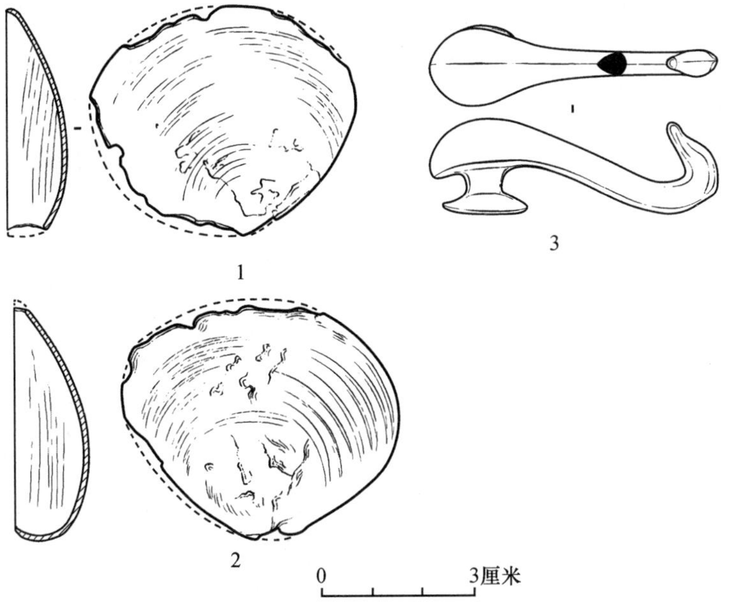

图三二　BM2出土器物

1、2. 贝壳（BM2：2-1、BM2：2-2）　3. 铜带钩（BM2：1）

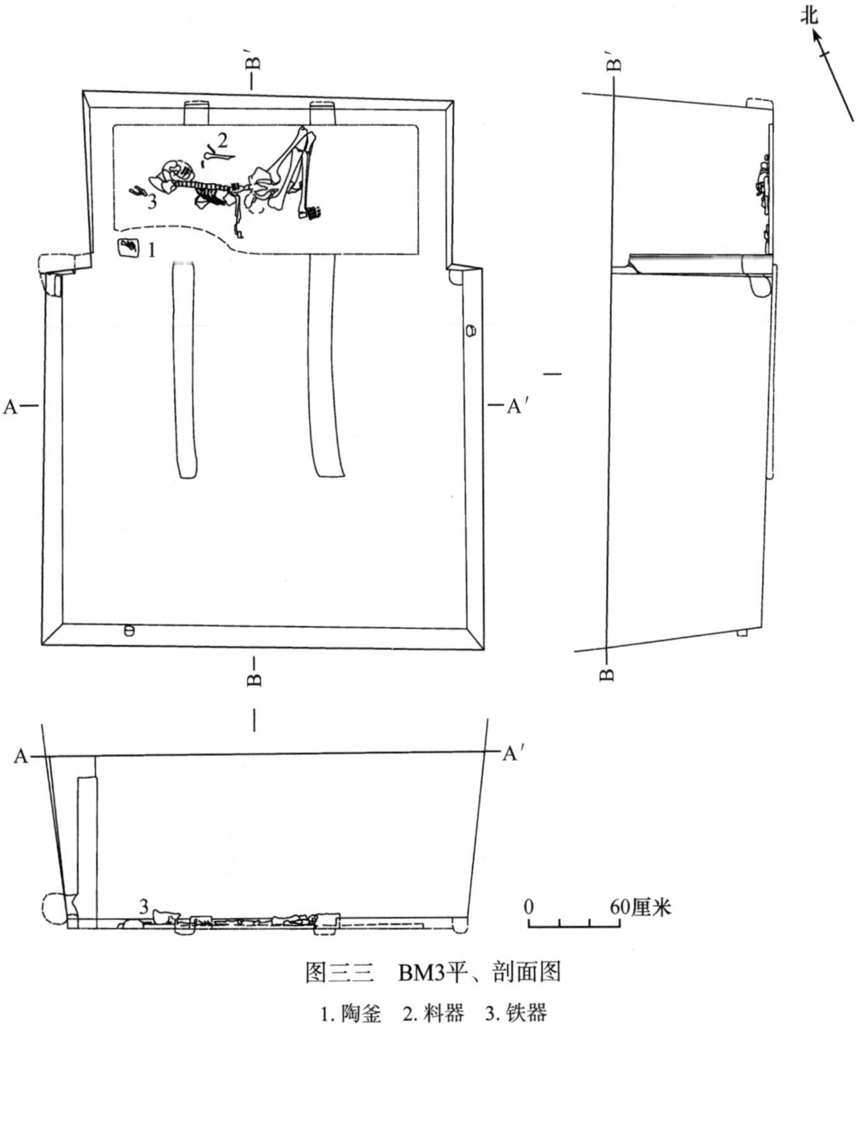

图三三　BM3平、剖面图

1. 陶釜　2. 料器　3. 铁器

2）随葬器物

出土随葬器物3件，陶釜位于洞室西侧，料器位于墓室北侧墓主人腕部，铁器位于头骨西部。

陶釜　1件。BM3：1，夹砂红陶。侈口，卷唇，束颈，溜肩，下腹外鼓，球形圜底。颈部竖绳纹抹光，腹、底部饰横向粗绳纹，有烟炱痕迹。通高16.8、口径16.6厘米（图三四，1；彩版四五，5）。

料器　1件。BM3：2，料质。乳白色棒状，表面粗糙。长4.85、径0.8厘米（图三四，2）。

铁器　1件。BM3：3，铁质。锈蚀严重，器形不可辨。

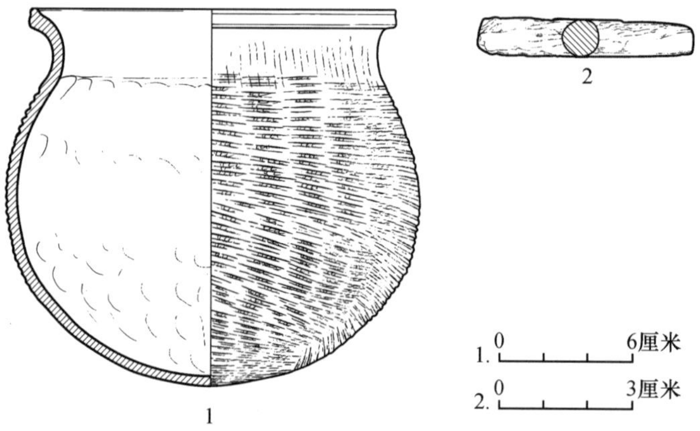

图三四　BM3出土器物

1. 陶釜（BM3：1）　2. 料器（BM3：2）

（3）北区六号墓（BM6）

1）墓葬形制

方向280°。由墓道、洞室组成（图三五；彩版三，1）。

墓道平面呈长方形，口大底小，上口长2.48、宽1.55米，底长2.39、宽1.48米，残深0.43米。壁面斜直光整，底部较为平整。

洞室位于墓道北侧，顶部残缺，平面呈长方形。长2.05、宽0.95、残高0.41米。洞室壁面竖直光滑，底部较为平整。

依据洞室内迹象，葬具为木质单棺，现腐朽成灰状。平面呈长方形，长1.7、宽0.82米，高度不详。底部铺有一层厚约1厘米的草木灰。

棺内有人骨一具，保存较差，但其葬式可辨，仰身屈肢，头向西，面朝北，双手抱于腹部，下肢向南曲折。左右侧下颌M1、M2磨耗Ⅱ级，坐骨大切迹宽而浅，髋骨耳状面倾斜。综合判断，该个体应为20～25岁女性。

棺下、洞室底有两个圆形垫木槽向外延伸至墓道，形制大小相近，长1.78、宽0.08、直径0.1米。

2）随葬器物

出土陶釜1件，置于墓室东侧。

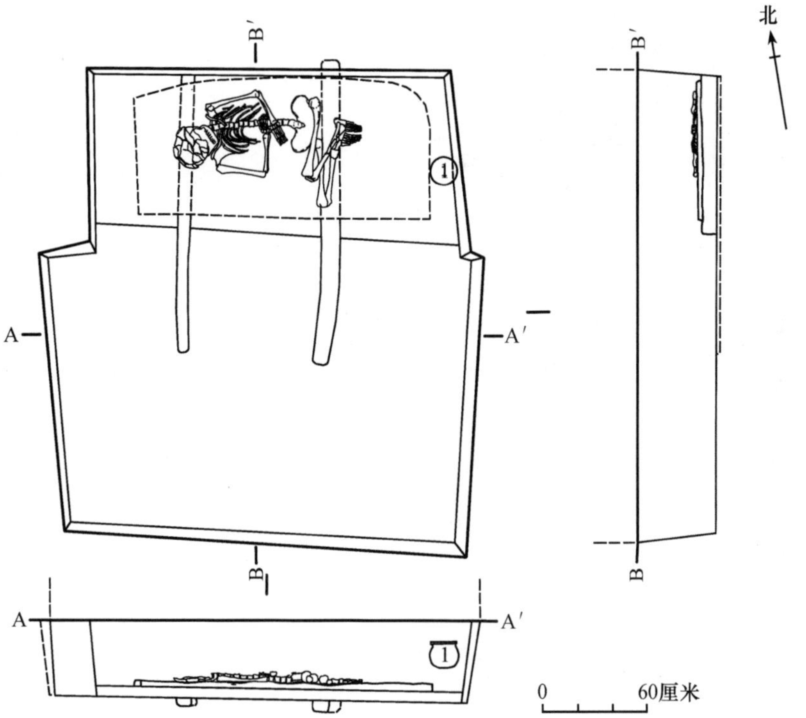

图三五　BM6平、剖面图

1. 陶釜

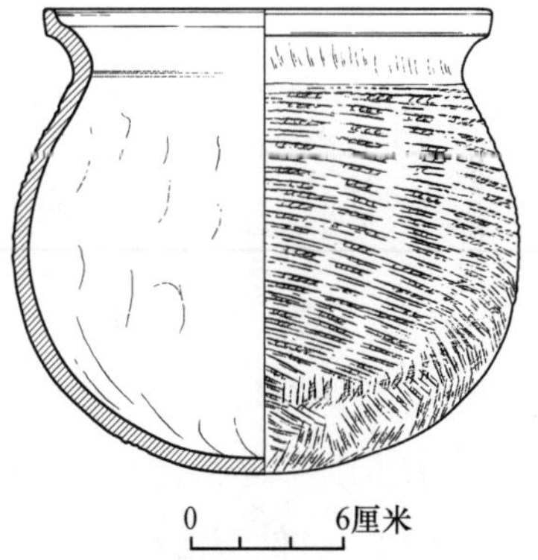

图三六　BM6出土陶釜（BM6：1）

陶釜　1件。BM6：1，夹砂红陶。侈口，圆唇，束颈，溜肩，下腹外鼓，球形圜底。颈部抹光，腹、底部饰横向、斜向和交错粗绳纹。底部少许烟炱痕迹。通高17.6、口径17厘米（图三六）。

（4）北区七号墓（BM7）

1）墓葬形制

方向为284°。由墓道、洞室组成（图三七；彩版三，2）。

墓道平面呈长方形，口大底小，上口长2.5、宽1.81米，底长2.36、宽1.58米，残深0.26米。墓道四壁经修整铲平，表面斜直光滑，底部较为平整。

洞室位于墓道北侧，顶部残缺，底部较为平整。平面亦呈长方形。长2.03、宽1.1、残高0.34米。洞室口两侧发现封门槽痕迹，可判断封门长2.3米。两侧封门槽形制大小相近，宽0.1、进深0.14、残高0.33米。

依据洞室底部迹象判定，葬具为木质单棺，已朽成灰状，平面呈长方形。长1.68、宽0.68米，高度不详。底部铺有一层厚约2厘米的草木灰。棺下、洞室底有两道圆形垫木槽向外延伸至墓道，长1、宽0.1、径0.1米。

棺内有人骨一具，保存较差，其葬式为仰身屈肢，头向西，面朝北，右臂平放在腰部，下肢向北曲折。耻骨下角大， 骶骨短宽，耻骨腹侧缘即将形成。左侧下颌M1、M2磨耗均为Ⅱ

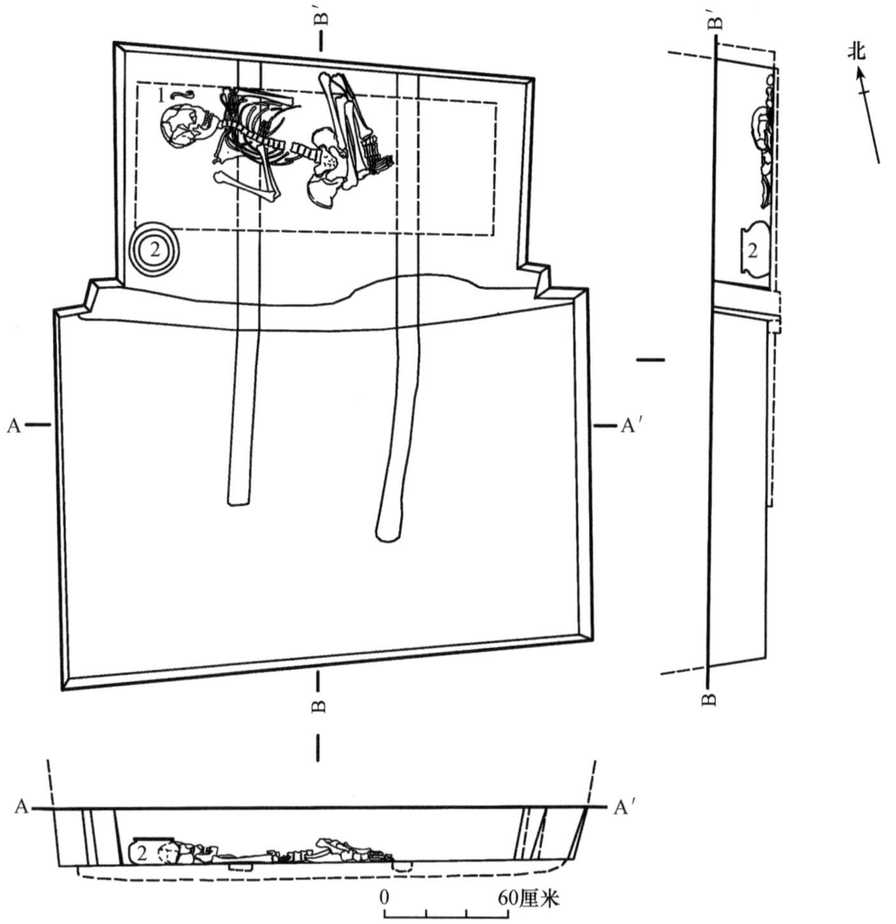

图三七　BM7平、剖面图

1. 铜带钩　2. 陶釜

级，右侧下颌M1磨耗Ⅲ级，M2、M3磨耗Ⅱ级，综合判断该个体应为27～29岁女性。

2）随葬器物

出土随葬器物2件，陶釜1件位于洞室西南部，铜带钩1件位于墓主颅骨北侧。

陶釜　1件。BM7：2，泥质灰陶。侈口，方唇，束颈，鼓腹，圜底。腹部饰斜向细绳纹，下腹、底部饰多圈粗绳纹。高16、口径20.8厘米（图三八，1；彩版四六，1）。

铜带钩　1件。BM7：1，青铜质。体呈“S”形，鸭嘴形钩首，长曲颈，钩体表面起棱，背部圆纽和纽柱。长4.8、纽高0.9厘米（图三八，2；彩版五三，3）。

（5）北区八号墓（BM8）

1）墓葬形制

方向281°。由墓道、洞室两部分组成（图三九；彩版四）。

墓道平面呈长方形，呈口大底小状，上口长2.66、宽1.86米，底长2.62、宽1.8米，残深0.54米。墓壁面斜直平整，内填五花土，有夯筑痕迹。

墓室位于墓道北侧，东西向，土洞，上部残缺。残余壁面竖直平整，底部较为平整，东宽西窄。长2.04、东宽1.01、西宽0.84、残高0.46米。西壁设头龛，平面呈南北向长方形，长0.4、

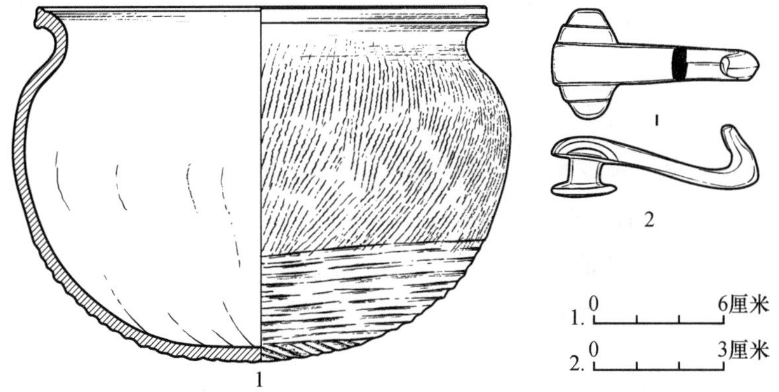

图三八　BM7出土器物

1. 陶釜（BM7：2）　2. 铜带钩（BM7：1）

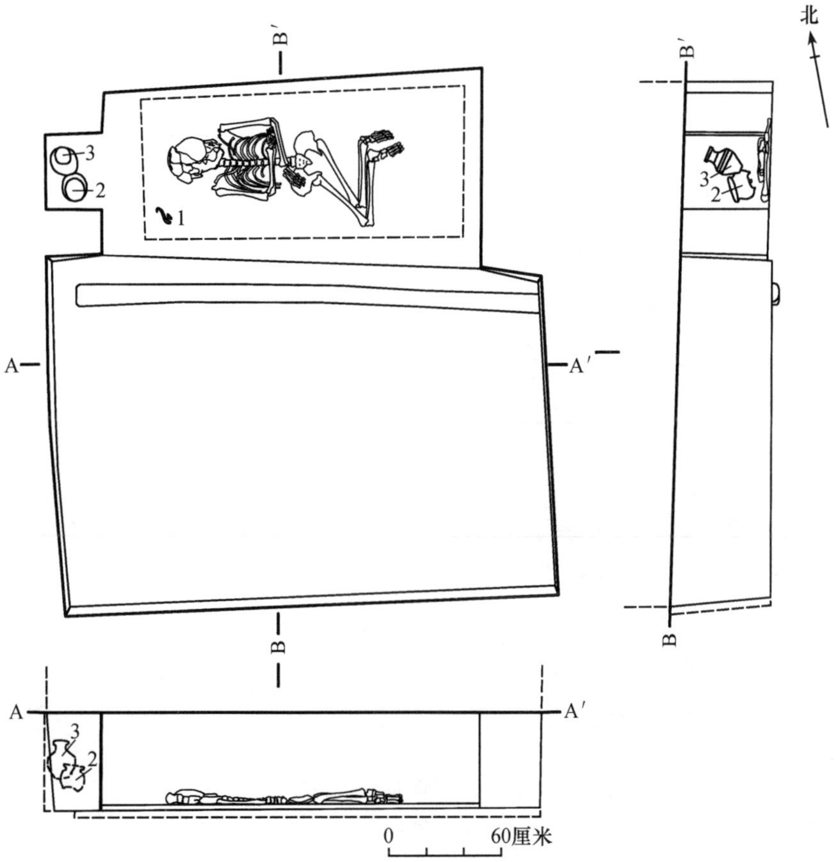

图三九　BM8平、剖面图

1. 铜带钩　2. 陶鬲　3. 陶壶

进深0.3、残高0.45米，底部较为平整，龛内放置随葬器物。在墓道底部、墓室口之外发现一道槽痕，应为墓道、墓室之间的木板封门，木板腐朽后残留的槽痕。长2.5、宽0.1、进深0.04米。

由墓室底部痕迹判断，葬具为木质单棺，已腐朽成灰状，平面呈长方形。长1.73、宽0.88米，高度不详。棺底部铺有一层厚约2厘米的草木灰。

棺内有人骨一具，保存较差，但其葬式可辨，仰身屈肢，头向西，面朝北，双手抱于腹部，下肢向南曲折。根据耻骨联合面唇缘形成，腹侧面萎缩，眶上缘锐利，眉弓不显，鼻根浅，乳突小，枕外隆突不发达，下颌角大，坐骨大切迹宽等特征综合判断，该个体应为50岁左右女性。

2）随葬器物

出土随葬器物3件，陶鬲、陶壶各1件位于头龛内，铜带钩1件位于头骨西南。

陶鬲　1件。BM8：2，夹砂褐陶，残少许。侈口，卷沿，尖唇，束领，鼓腹，弧形裆部，三足较矮。腹外饰绳纹，底部麻点纹。通高13.5、口径14.4厘米（图四〇，2；彩版五一，2）。

陶壶　1件。BM8：3，泥质灰陶。直口微侈，尖唇，粗颈长束，斜肩，深鼓腹，平底。颈部有两道凸弦。腹上、下各饰两道凸弦纹。口径10.7、腹径15.5、底径7.6、通高21.4厘米（图四〇，1；彩版四九，2）。

铜带钩　1件。BM8：1，青铜质。保存完整。“S”状，鸭嘴形钩首，曲长颈，椭圆形钩体。正面中部呈三角棱状，背部有钉柱。长5.4厘米（图四〇，3；彩版五三，4）。

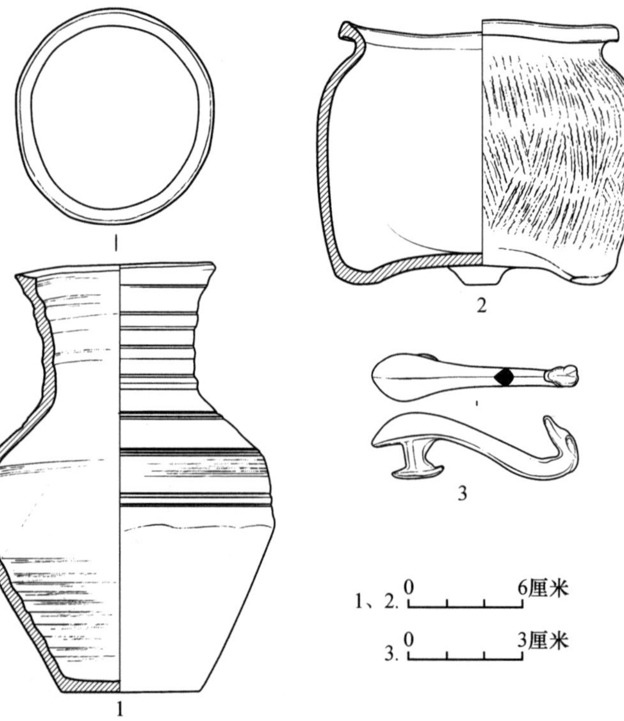

图四〇　BM8出土器物

1. 陶壶（BM8：3）　2. 陶鬲（BM8：2）　3. 铜带钩（BM8：1）

（6）北区九号墓（BM9）

1）墓葬形制

方向297°。墓葬东部不存，残留西部。由墓道、洞室两部分组成（图四一）。

墓道西壁斜直平整，未见工具修整痕迹，五花填土，底部较为平整。呈口大底小状，上口残长0.35、宽0.91、残深1.15米。

洞室位于墓道北侧，土洞，上部及东部残缺。洞室内壁面竖直光滑，墓室底部较为平整。残长1.18、宽0.91、残高0.99米。洞室西壁底部北侧设一头龛，平面呈长方形，龛内放置陶器随葬品，高0.34、长0.68、进深0.3米。

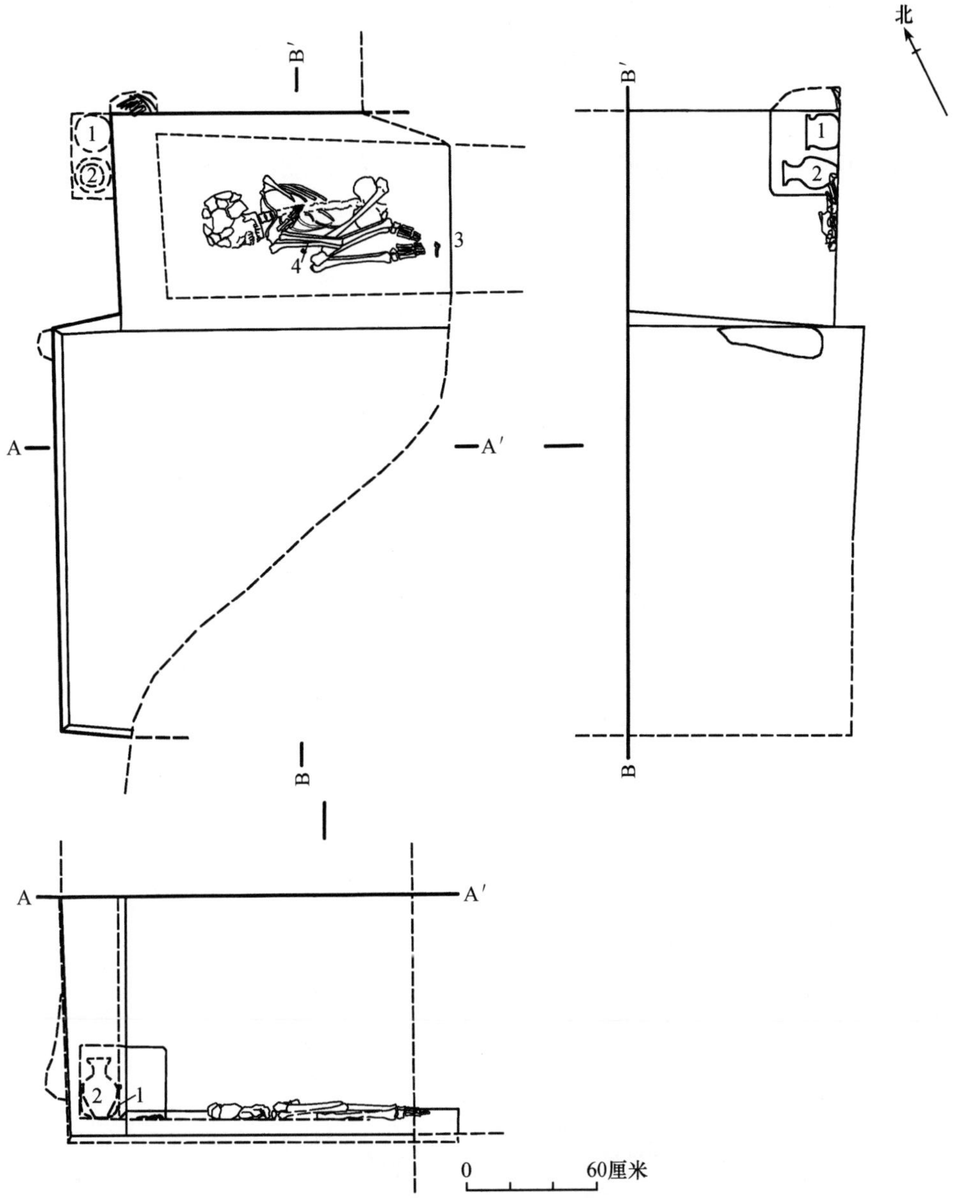

图四一　BM9平、剖面图

1. 陶釜　2. 陶壶　3. 铜带钩　4. 绿松石串饰

由洞室底部痕迹判断，葬具为木质单棺，已腐朽呈灰状，残长1.4、宽0.68米，高度不详。木棺底部铺有一层厚约2厘米的草木灰。

棺内有人骨一具，保存较差，但其葬式可辨，侧身屈肢，头向西，面朝南，双手抱于胸前，下肢向南曲折。根据坐骨大切迹宽而浅，上颌左侧M1、M2磨耗Ⅴ级等特征综合判断：该个体应为50～60岁女性。

2）随葬器物

出土随葬器物5件，陶壶、陶釜位于墓室头龛内，铜带钩位于墓主人足部东侧，绿松石串饰位于墓主人南侧手腕部。

陶壶　1件。BM9：2，泥质灰陶。微侈口，方唇，粗颈长束，斜肩，鼓腹，平底。颈部三道凸棱，肩部两道凹弦纹，腹上、下各饰两道凹弦纹。通高22、口径10.1、腹径15.6、底径7.4厘米（图四二，1；彩版四九，3）。

陶釜　1件。BM9：1，夹砂灰陶。侈口，卷沿，尖唇，束颈，球腹，圜底。颈部绳纹抹光，腹部饰竖向和交错绳纹，内壁指压纹，底部饰手指横抹纹，且有烟炱痕迹。高13.7、口径17厘米（图四二，2；彩版四六，2）。

铜带钩　1件。BM9：3，青铜质。“S”形，鸭嘴形钩首，曲颈，龟背状钩体，背面接纽柱、圆形纽。钩体表面饰云纹。长4.9厘米（图四二，5；彩版五三，5）。

绿松石串饰　1组2枚。均为矮柱状，中空，截面呈圆环状。BM9：4，高0.9、外径0.75、内径0.4厘米（图四二，3；彩版五五，5）；BM9：5，高0.9、外径0.74～0.85、内径0.4厘米（图四二，4；彩版五五，3）。

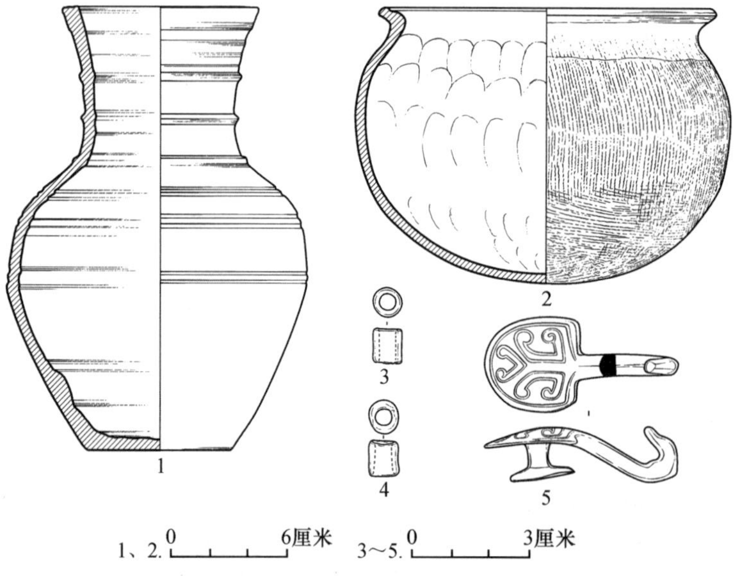

图四二　BM9出土器物

1. 陶壶（BM9：2）　2. 陶釜（BM9：1）　3、4. 绿松石串饰（BM9：4、BM9：5）　5. 铜带钩（BM9：3）

（7）北区十号墓（BM10）

1）墓葬形制

方向为287°。由墓道、洞室两部分组成（图四三）。

墓道残缺，依据残留西北角情况判断为东西向。西侧近洞室壁面平整，墓道长度不明，底部较为平整。残宽1.8、残深1.12米。

洞室位于墓道西侧，土洞式，上部残缺，平面呈东西向梯形。内壁面竖直光滑，墓室底部较为平整。长1.88、北宽1.82、南宽1.52、残高1.12米。

由洞室墓底迹象判断，葬具为一木棺，已腐朽呈灰状，平面为长方形。长1.6、宽约0.58

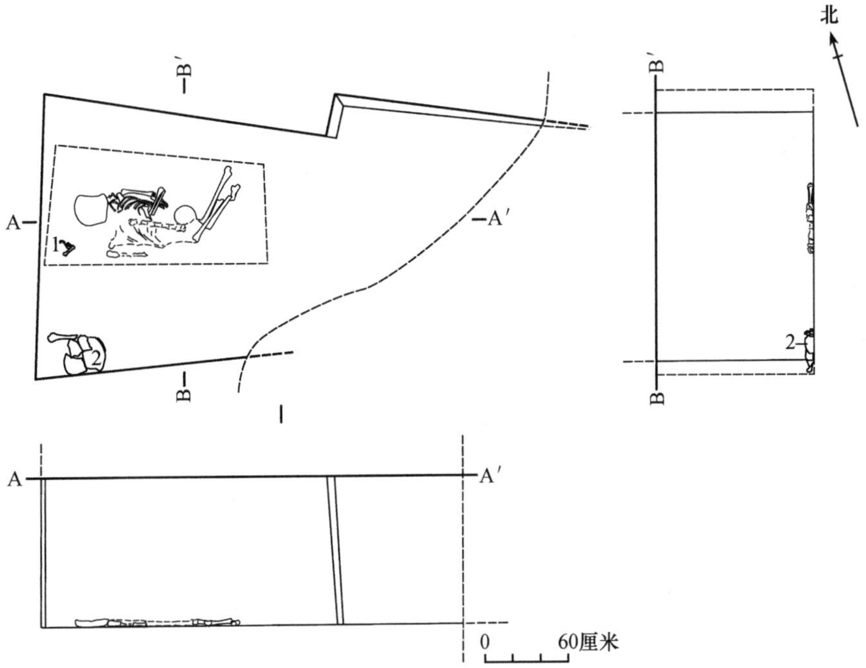

图四三　BM10平、剖面图

1. 铜带钩　2. 陶釜

米，高度不详。木棺底部铺有一层厚约2厘米的草木灰。

棺内有人骨一具，保存较差，但其葬式可辨，仰身屈肢，头向西，面朝北，上肢位于腰部两侧，下肢向北曲折。根据下颌M1质点扩大连成一片，肢骨肢骺线已愈合，坐肢大切迹深，下颌角小，乳突中等等特征综合判断：该个体应为40岁左右男性。

2）随葬器物

出土随葬器物2件，1件陶釜位于墓室西南角，1件铜带钩位于墓主颅骨西南侧20厘米处。

陶釜　1件。BM10：2，夹砂红陶。残。侈口，卷沿，圆唇，束颈，球形腹，圜底。颈部抹光，腹、底部饰横向和交错绳纹。底部烟炱痕迹明显。高13.6、口径15.6厘米（图四四，1；彩版四六，3）。

铜带钩　1件。BM10：1，青铜质。“S”形，鸭首形钩，曲长颈，椭圆形钩体，北部接圆形纽。钩体表面正中起三角棱。长14厘米（图四四，2；彩版五三，6）。

（8）北区十一号墓（BM11）

1）墓葬形制

方向288°。由墓道、洞室两部分组成（图四五；彩版五，1）。

墓道平面呈长方形，口大底小，墓壁斜直平整，未见工具修整痕迹，五花夯土，夯窝痕迹可见，底部较为平整。上口长2.05、宽1.31米，底长1.9、宽1.24米，残深0.45米。

洞室位于墓道北侧，土洞式，顶部残。洞室东、西两壁与墓道东、西壁成直线。壁面竖直光滑，墓室底部较为平整。长2、宽1.13、残高0.36米。

墓道东、西两壁与洞室口各有一个竖直的凹槽，形制大小一致，残高0.45、宽0.15、进深

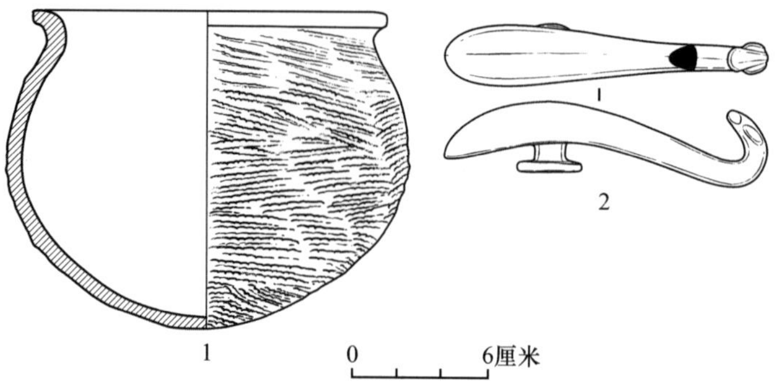

图四四　BM10出土器物

1. 陶釜（BM10：2）　2. 铜带钩（BM10：1）

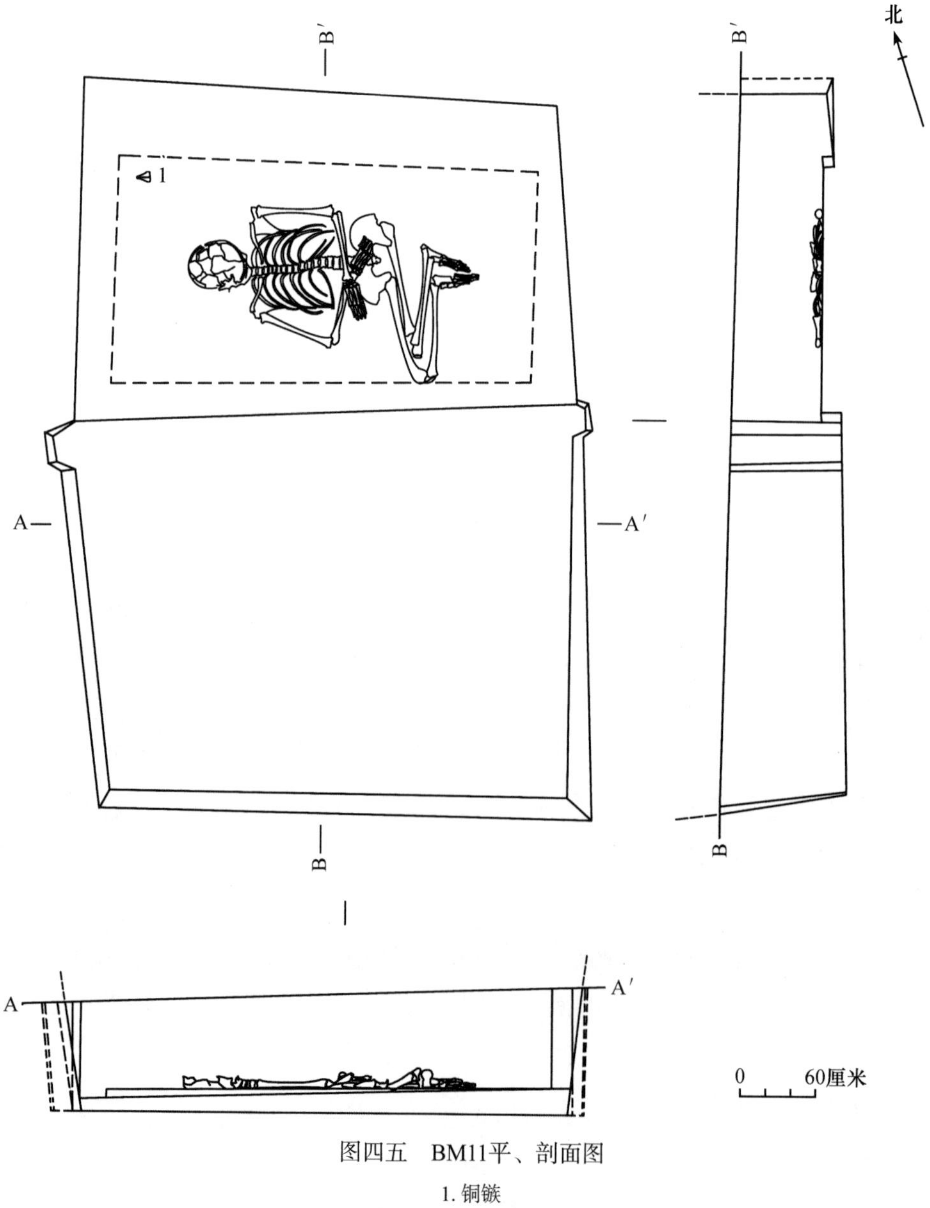

图四五　BM11平、剖面图

1. 铜镞

0.1米。应是墓道与洞室之间有一道封门，木质封门板腐朽后仅留凹槽。封门长2.1、残高0.45米。

由洞室底部迹象判断，葬具为一具木棺，已朽，平面为长方形。长1.74、宽0.85米，高度不详。木棺底部铺有一层厚约1厘米的草木灰。

棺内有人骨一具，保存较差，但其葬式可辨，仰身屈肢，头向西，面朝北，两手抱于腹部，下肢向南曲折。该个体坐骨大切迹窄而深，骨盆厚重，左侧下颌M1磨耗Ⅱ级，M2磨耗Ⅱ～Ⅲ级。耻联合面下未形成，背侧缘形成，应为20～23岁男性。

2）随葬器物

仅出土一件铜镞，位于墓主人头部西北侧西部。

铜镞　1件。BM11∶1，青铜质。残甚，余镞头部分。尖锋，三面刃，横截面呈三角形。残长1.87厘米（图四六；彩版五五，1）。

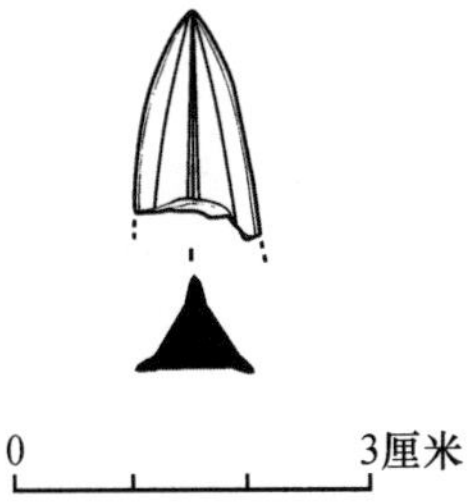

图四六　BM11出土铜镞（BM11∶1）

（9）北区十二号墓（BM12）

1）墓葬形制

方向为286°，由墓道、洞室两部分组成（图四七；彩版五，2）。

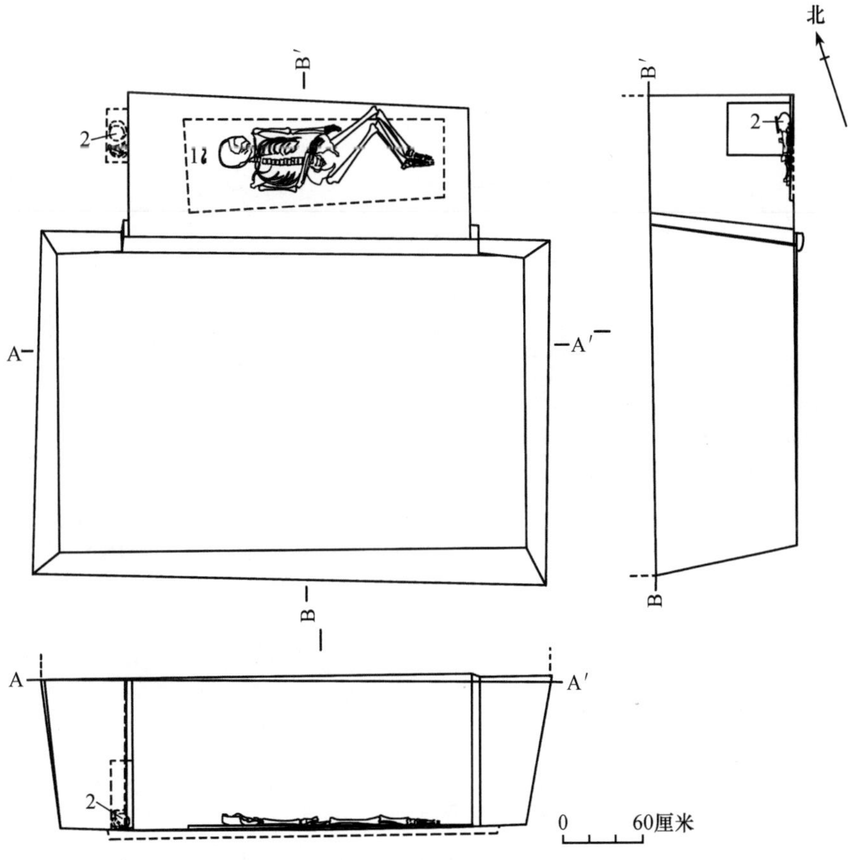

图四七　BM12平、剖面图

1. 铜带钩　2. 陶釜

墓道平面呈长方形，口大底小，墓壁斜直平整，未见工具修整痕迹。五花夯土，比较坚硬，可见夯窝痕迹。墓道底部较为平整。上口长3.85、宽2.5米，底长3.74、宽2.38米，残深1.18米。

洞室位于墓道北侧，土洞式，顶部残缺。洞室壁面竖直光滑，底部较为平整。长2.3、宽1.02、残高1.1米。洞室西壁底部有一头龛，高0.45、宽0.38、进深0.2米。龛内摆放随葬陶器。

墓道与洞室口两侧各有一凹槽，形制大小一致。残高1.08、宽0.07、进深0.1米。由此凹槽可知，墓道与洞室之间有一道木质封门，由于封门腐朽而留下凹槽。封门长3.58、残高1.08米。

由洞室底部迹象判断，葬具为一木棺，已朽成灰，平面呈长方形。长1.9、宽0.6米，高度不详。木棺底部铺有一层厚约2厘米的草木灰。

棺内有人骨一具，保存较差，但其葬式可辨，仰身屈肢，头向西，面朝北，右前臂置于腰部，左臂伸展，下肢向北曲折。耻骨联合面卵圆形向后扩张，骶骨上关节面较大，坐骨大切迹窄而深，耻骨联合部呈三角形，耻骨结节圆钝近耻骨联合部，枕外隆突中显。综合推断该个体应为年龄应30～35岁男性。

2）随葬器物

出土随葬器物2件，陶釜1件位于墓室头龛内北部，铜带钩1件位于墓主颅骨西南部20厘米处。

陶釜　1件。BM12：2，夹砂灰褐陶。侈口，斜沿，方唇，束颈，球形腹，圜底。颈部抹光，上腹部饰竖绳纹，下腹、底部饰交错绳纹，有明显烟炱。高12.5、口径11.6厘米（图四八，1；彩版四六，4）。

铜带钩　1件。BM12：1，青铜质。“S”形，鸭首形钩，曲长颈，椭圆形钩体，背部接圆形纽。长5.2厘米（图四八，2；彩版五四，1）。

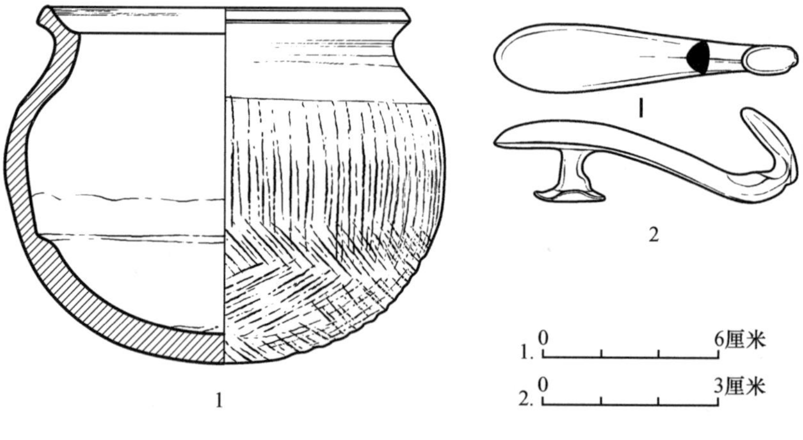

图四八　BM12出土器物

1. 陶釜（BM12：2）　2. 铜带钩（BM12：1）

（10）北区十三号墓（BM13）

1）墓葬形制

方向为280°。由墓道、洞室两部分组成（图四九；彩版六）。

墓道平面呈东西向长方形，墓道上部残缺，南壁、西壁不存。保留墓壁斜直平整，未见工具修整痕迹。五花夯土，比较坚硬。墓道底部较为平整。长2.9、宽2.28、残深1.18米。靠近墓

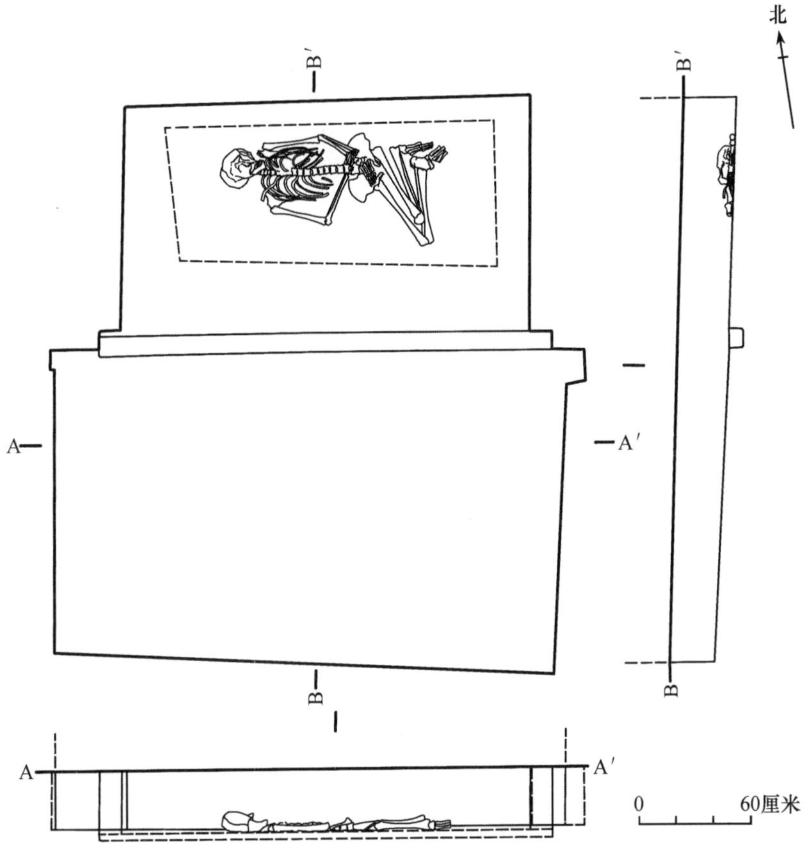

图四九　BM13平、剖面图

道东壁、南壁、西壁有一圈生土二层台，宽0.38、高0.3米。

洞室位于墓道北侧，应为土洞式，顶部残缺，平面亦呈东西向长方形。内壁面竖直光滑，底部较为平整。长2.15、宽1.28、残高1.1米。

墓道北壁下部、洞室口两侧各有一凹槽，可判定洞室外有一道木质封门，封门腐朽后可见残留此凹槽。封门长2.32、残高1.11米。墓道北壁下凹槽内残留少量朽木灰痕迹。长2.32、宽0.07、深0.1米。两侧凹槽内亦残留少量朽木灰痕迹。高1.11、宽0.06、进深0.1米。

由洞室底部痕迹可见该墓葬具为一木棺，已朽成灰状，平面呈长方形。长1.75、宽0.9米，高度不详。棺底部铺有一层厚约2厘米的草木灰。

棺内有人骨一具，保存较差，但其葬式可辨，仰身屈肢，头向西，面朝北，上肢骨抱于腰部，下肢向北曲折。左侧上颌M1磨耗Ⅲ级，右侧上颌P1、P2磨耗严重。耻联合下周缘已经形成，坐骨大切迹宽而浅，耳前沟发育深，耻骨下角大。眉弓不显，乳突小，应为30～40岁女性。

2）随葬器物

该墓未发现有随葬器物。

（11）北区十六号墓（BM16）

1）墓葬形制

方向为275。由墓道、洞室两部分组成（图五〇；彩版七，1）。

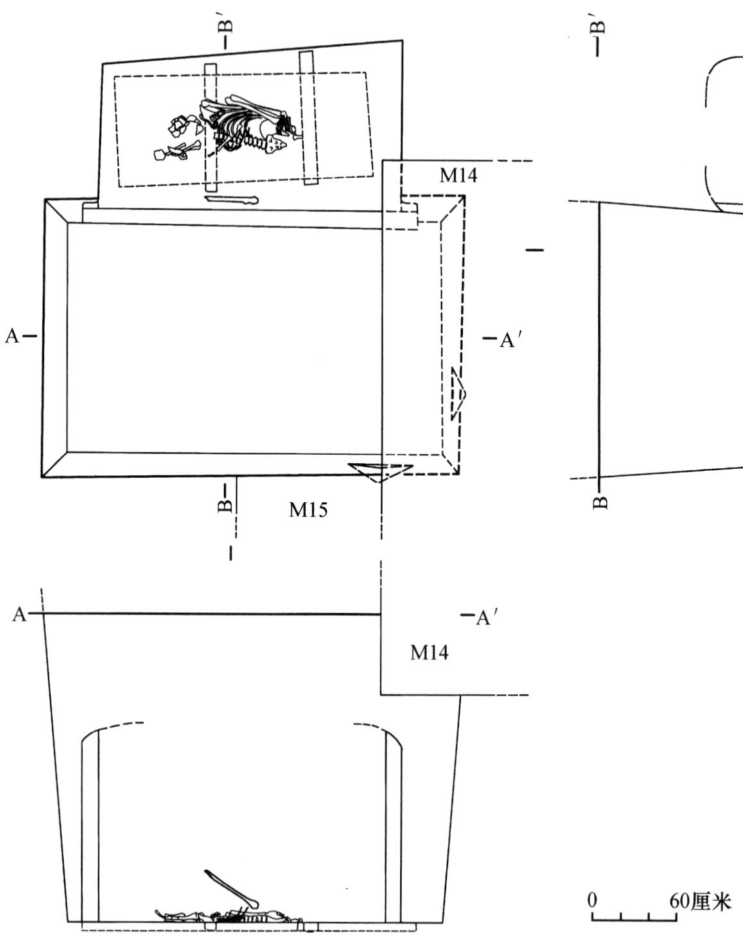

图五〇　BM16平、剖面图

墓道平面呈长方形，口大底小。墓壁斜直平整，未见工具修整痕迹。五花夯土，比较坚硬。现口长3.02、宽1.96米，底长2.72、宽1.62米，残深2.16米。在墓道东壁南部、南壁东部发现三角形脚窝，形制相似，大小差异。东壁脚窝长0.36、高0.15、进深0.14米，南壁脚窝长0.41、高0.23、进深0.14米。

洞室位于墓道北侧，拱形土洞式，平面呈长方形，长2.18、宽0.99、残高1.4米。

墓道北壁下部与洞室口两侧发现有凹槽，应为墓道和洞室口之间有一道木质封门，封门腐朽后残留凹槽。封门长2.41、残高1.33米。墓道北壁底部凹槽长2.41、宽0.12、深0.06米。洞室口两侧凹槽形制大小相近，高1.33、宽0.05、进深0.1米。

由洞室底部迹象看该墓葬具为一具木棺，已朽成灰状，平面为长方形，长1.84、宽0.78米，高度不详。木棺底部铺有一层厚约2厘米的草木灰。木棺下方有两个垫木槽，槽内残留少量朽木灰，由圆形木槽可判断垫木应为圆木。

木棺内有人骨一具，保存较差，腐朽严重，颅骨残缺，仅从其身体的其他部分推断，该个体为仰身屈肢，头向西，一下肢向北曲折，另一下肢仅残留股骨部分，远离躯干骨，疑为二次葬。左侧下颌M1、M2磨耗Ⅱ～Ⅲ级。推测为25～30岁男性。

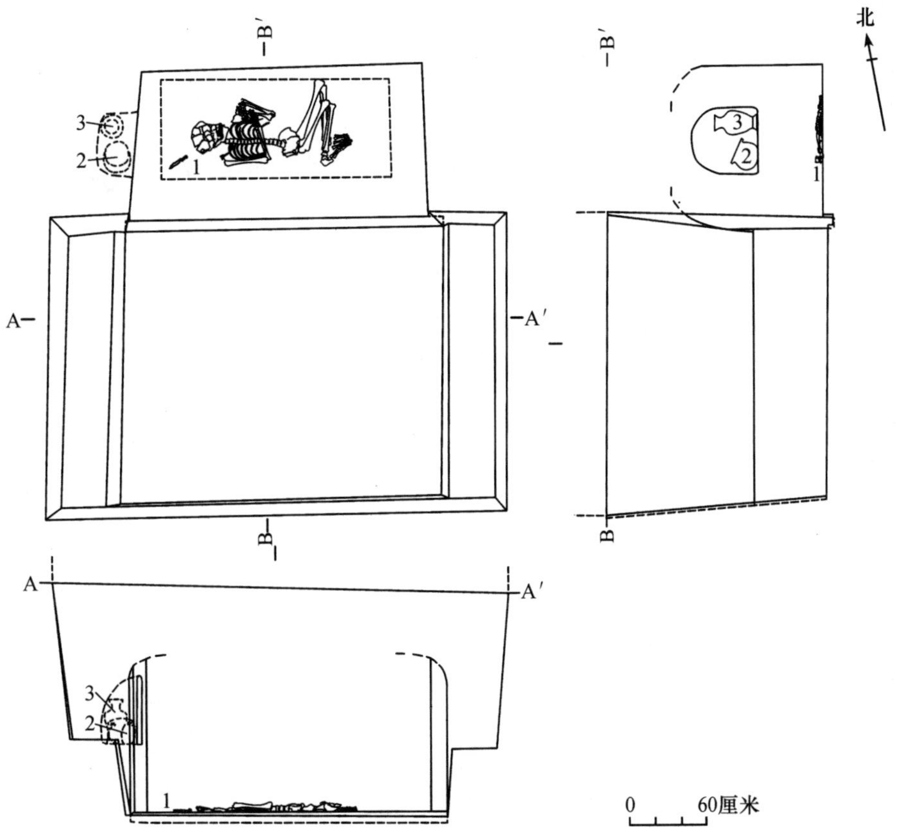

图五一　BM17平、剖面图

1. 铁器　2. 陶釜　3. 陶壶

2）随葬器物

该墓未发现随葬器物。

（12）北区十七号墓（BM17）

1）墓葬形制

方向为281°。由墓道、洞室两部分组成（图五一；彩版七，2）。

墓道平面呈长方形，口大底小，壁面斜直平整，未见工具修整痕迹。内填五花夯土，比较坚硬。现口长3.44、宽2.24米，底长2.32、宽2.05米，残深1.8米。墓道底部平整，东、西两侧各有一道南北向生土二层台。东二层台长2.05、宽0.35米，西二层台长2.07、宽0.33米，高0.58米。

洞室位于墓道北侧，拱形土洞式，顶部残，底部较为平整。长2.07、宽1.08、残高1.22米。墓室西壁设有一头龛，平面呈长方形，长0.5、高0.45、进深0.27米。龛内摆放随葬陶器。

在墓道北壁下部、洞室口两侧发现凹槽，应是墓道与洞室口之间有一道木质封门，封门腐朽后仅留凹槽。封门长2.16、残高0.78米。洞室口两侧封门槽痕迹形制、大小相近，宽0.08、深0.06米。

由洞室底部迹象判断该墓葬具为一木棺，已朽成灰，平面为长方形，长1.73、宽0.7米，高度不详。棺底部铺有一层厚约2厘米的草木灰。

棺内有人骨一具，保存较差，但葬式可辨，仰身屈肢，头向西，仰面朝上，双手抱于胸前，下肢向北曲折。由于该个体颅骨仅存颞骨残片，不见牙齿。骨盆残缺。仅能根据其左侧乳突较大，坐骨大切迹窄而深等特征，推断其为男性成年个体。

2）随葬器物

出土随葬器物3件，陶壶、陶釜各1件位于头龛内，铁器1件位于墓主头部西南侧。

陶壶　1件。BM17：3，泥质灰陶。侈口，尖唇，束颈，圆肩，鼓腹，平底。腹上、中、下各饰两道凸弦纹。通高24、口径10.6、腹径17.2、底径9.2厘米（图五二，1；彩版四九，4）。

陶釜　1件。BM17：2，夹砂灰陶。侈口，卷沿，尖唇，束颈，垂腹，圜底。腹部饰竖绳纹，底部有手指横抹纹。通高11.2、口径14.5厘米（图五二，2；彩版四六，5）。

铁器　1件。BM17：1，铁质。锈蚀严重，器形不明。扁平长条状。长15、宽0.9～2厘米（图五二，3）。

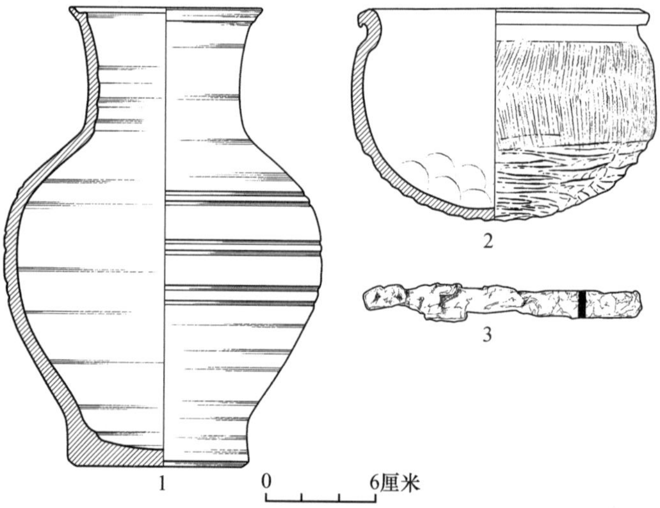

图五二　BM17出土器物

1. 陶壶（BM17：3）　2. 陶釜（BM17：2）　3. 铁器（BM17：1）

（13）北区十八号墓（BM18）

1）墓葬形制

墓葬方向为278°。由墓道、洞室两部分组成（图五三）。

墓道平面呈长方形，口大底小，上口长3.74、宽2.18米，底长2.79、宽1.94米，残深1.72米。墓壁斜直平整，未见工具修整痕迹。五花夯土，比较坚硬。墓道底部较为平整。墓道东、西两侧各有一道二层台，东侧长1.95、宽0.3、高0.5米，西侧长1.96、宽0.22、高0.47米。

洞室位于墓道北侧，拱形土洞式，顶部残缺。室内壁面竖直光滑，墓室底部较为平整。长2.18、宽1.22、残高1.35米。西壁偏北处设一头龛，平面呈长方形，长0.56、高0.51、进深0.25米。头龛底部高于墓室底部0.69米。头龛内摆放随葬陶器，且发现零碎动物骨，初判为鸡骨。

墓道北壁下部、洞室口两侧各有一道凹槽，应是在墓道和洞室间有一道木质封门，由于封门腐朽残留有凹槽。封门长2.78、残高1.28米。墓道北壁下方凹槽长2.78、宽0.11、深0.06米。洞室口东侧凹槽残高1.28、宽0.08、进深0.08米，西侧凹槽残高1.28、宽0.13、进深0.12米。

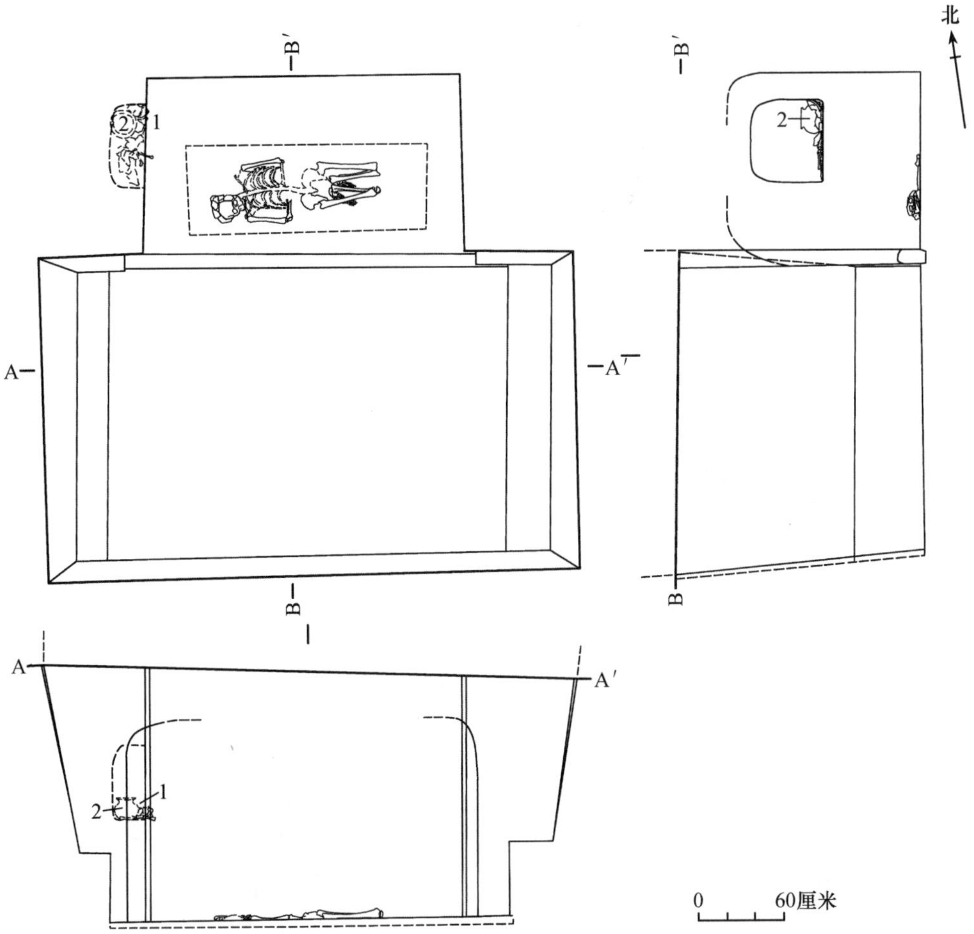

图五三 BM18平、剖面图

1. 陶壶 2. 陶釜

由洞室底部迹象判断，葬具为一木棺，已朽成灰，平面呈长方形，长1.66、宽0.66米，高度不详。木棺底部铺有一层厚约2厘米的草木灰。

棺内有人骨一具，保存较差，但葬式可辨，仰身屈肢，头向西，面朝南，双手抱于腹部，下肢向西曲折，双脚位于盆骨下方。该个体颅骨保存较差，无下颌及牙齿，骨盆残，髂骨翼较薄。疑似女性成年个体，年龄不详。

2）随葬器物

出土随葬品2件，陶壶、陶釜各1件，均置于头龛内。

陶壶 1件。BM18：1，泥质灰陶。侈口，尖唇，束颈，斜肩，深腹，平底。腹上、下各饰两道凹弦纹。通高24.4、口径10.2、腹径17.8、底径10.8厘米（图五四，1；彩版四九，5）。

陶釜 1件。BM18：2，夹砂灰陶。侈口，卷沿，方唇，束颈，溜肩，下腹外鼓，圜底。口沿、颈部抹光，腹、底部饰横向和交错粗绳纹。通高13、口径13.2、腹径14厘米（图五四，2；彩版四六，6）。

（14）北区十九号墓（BM19）

1）墓葬形制

方向为283°。由墓道、洞室两部分组成（图五五；彩版八，1）。

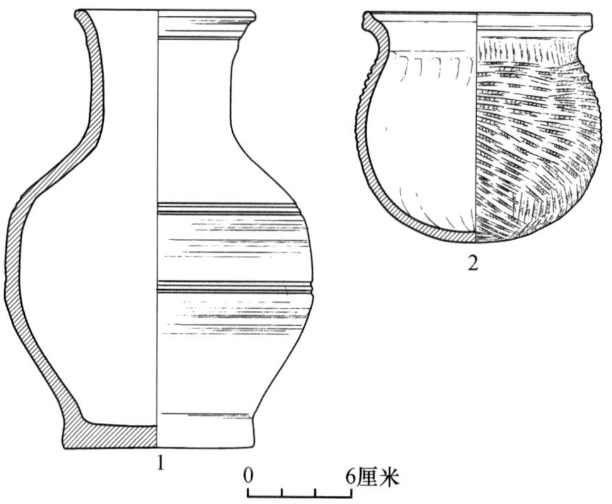

图五四　BM18出土陶器

1. 壶（BM18：1）　2. 釜（BM18：2）

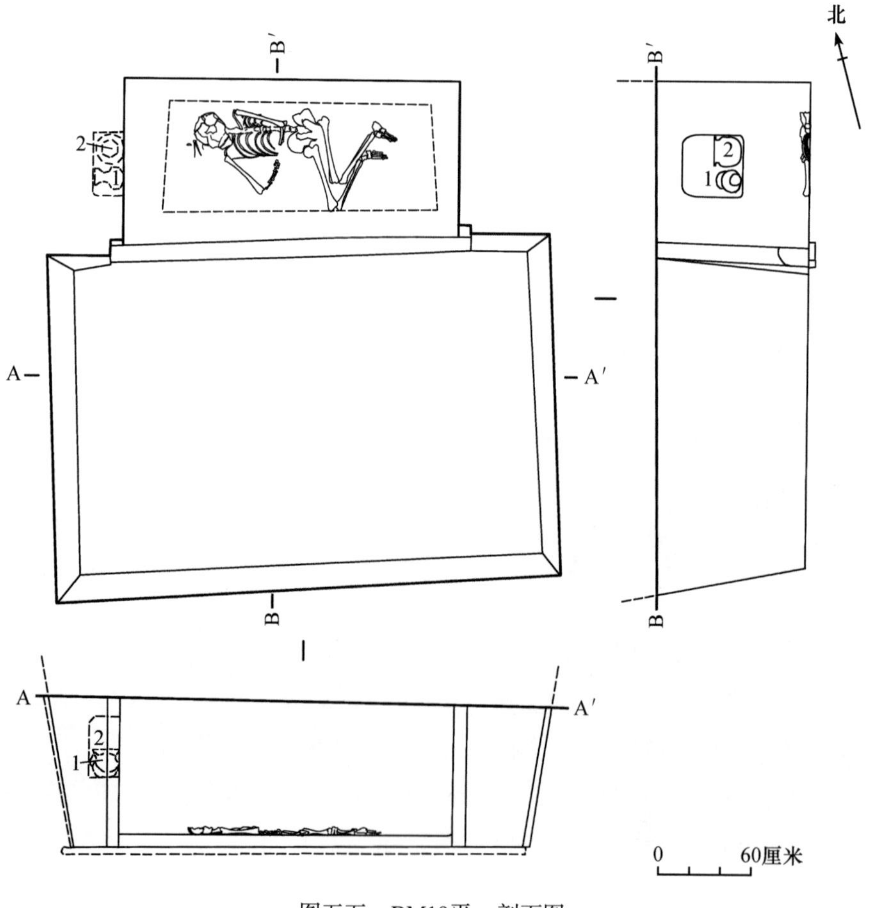

图五五　BM19平、剖面图

1. 陶壶　2. 陶釜

墓道平面呈长方形，口大底小，墓道底部较为平整。上口长3.35、宽2.23米，墓底长3.07、宽1.95米，残深0.85米。

洞室位于墓道北侧，土洞式，顶部残缺。墓室内壁面竖直光滑，底部较为平整。长2.06、宽1、残高0.87米。墓室西壁中部有一头龛，平面呈长方形，长0.41、高0.37、进深0.23米。龛内放置有随葬陶器。

墓道北壁下部、洞室口两侧有凹槽，应是墓道与洞室间有一道木质封门，封门腐朽后残留凹槽。封门长3.05、残高0.76米。墓道北壁下凹槽长3.05、宽0.08、深0.04米，洞室口两侧凹槽残高0.76、宽0.07、进深0.12米。

由洞室底部迹象看，该墓葬具为一木棺，已朽成灰，平面呈长方形。长1.84、宽0.72米，高度不详。木棺底部铺有一层厚约2厘米的草木灰。

棺内有人骨一具，保存较差，葬式可辨，仰身屈肢，头向西，面朝上，右臂肱骨向南伸，尺、桡骨拐回身侧，手掌位于腹部南侧，左臂置于腹部，下肢向南曲折，坐骨大切迹宽而浅，推断其为成年女性个体，年龄不详。

2）随葬器物

出土随葬器物2件，陶壶、陶釜各1件，均位于头龛内。

陶壶　1件。BM19：1，泥质灰陶。侈口，尖唇，束颈，斜肩，深腹，平底。颈部有三道凸棱，腹上、下各饰两道凸弦纹。通高15.4、口径9.2、腹径12.8、底径6.6厘米（图五六，1；彩版四九，6）。

陶釜　1件。BM19：2，夹砂褐陶。侈口，卷沿，尖唇，束颈，深腹，圜底。口沿、颈部抹光，腹、底部饰横向和交错绳纹，有烟炱痕迹。通高16.4、口径16.6厘米（图五六，2；彩版四七，1）。

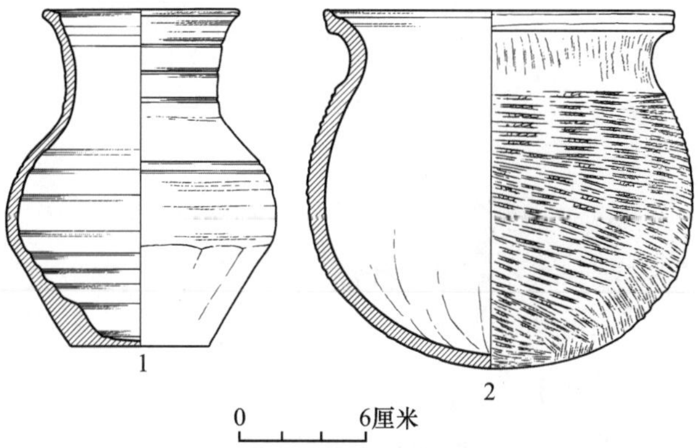

图五六　BM19出土陶器

1. 壶（BM19：1）　2. 釜（BM19：2）

（15）北区二十号墓（BM20）

1）墓葬形制

方向为283°。由墓道、洞室两部分组成（图五七；彩版八，2）。

墓道平面呈长方形，口大底小，墓壁斜直平整，未见工具修整痕迹。填土为五花夯土，夯窝痕迹可见。墓道底部较为平整。现口长3.38、宽2.35米，底长2.87、宽1.78米，残深2.8米。

洞室位于墓道北侧，拱形土洞式。长2.29、宽1.18、高1.43米。墓室内壁面竖直光滑，底部较为平整。洞室西壁北部有一头龛，平面呈长方形，长0.5、高0.51、进深0.35 米。龛内放置随葬陶器。

墓道北壁下部、洞室口两侧有凹槽，应是在墓道与洞室口有一道木质封门，封门腐朽后残留形成的。封门长2.53、残高1.43米。墓道北壁下方凹槽长2.53、宽0.08、深0.04米，洞室两侧

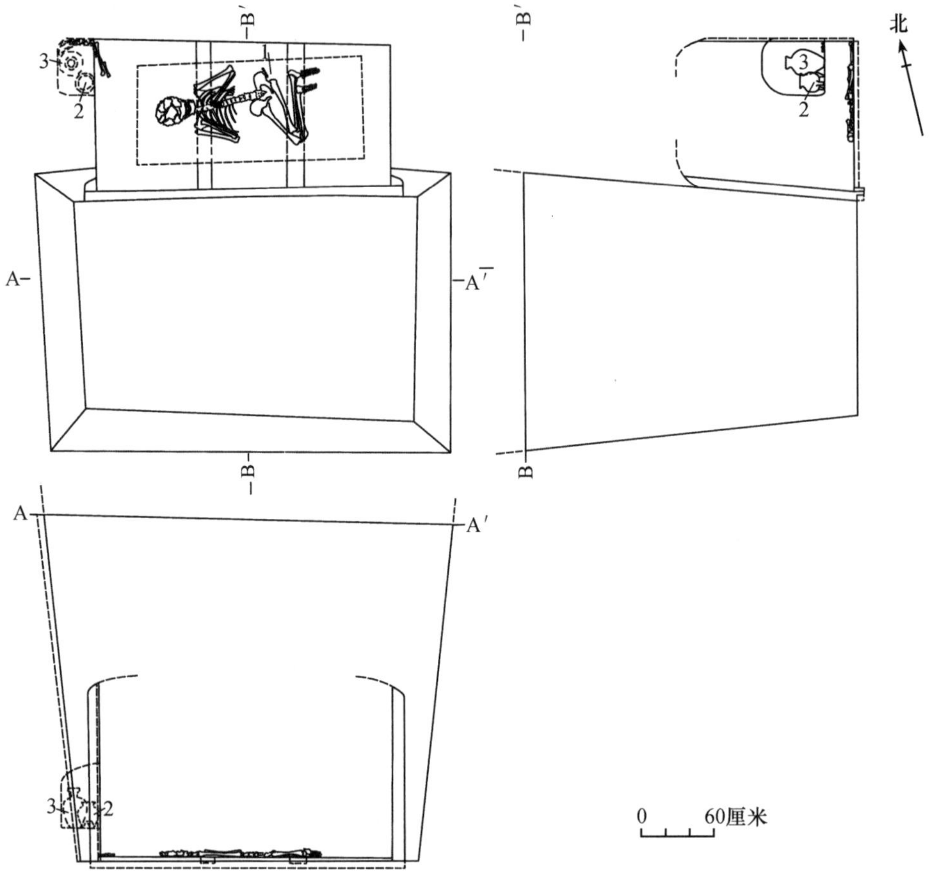

图五七　BM20平、剖面图
1. 铜带钩　2、3. 陶罐

凹槽形制大小相近，残高1.43、宽0.1、进深0.11米。

由洞室底部迹象可判该墓葬具为一木棺，已朽成灰状，平面呈长方形，长1.95、宽0.86米，高度不详。棺底部铺有一层厚约2厘米的草木灰。

棺内有人骨一具，保存较差，但葬式可辨，仰身屈肢，头向西，面朝上，上肢抱于胸前，下肢向南曲折，左侧上颌M1磨耗Ⅳ～Ⅴ级，M2磨耗Ⅳ级。坐骨大切迹窄而深，髂骨翼较厚，综合推断其应为40～44岁男性。

2）随葬器物

出土随葬器物3件。陶罐2件，位于头龛内，铜带钩1件，位于墓室内墓主人盆骨北侧。

陶罐　2件。BM20：2，夹砂灰陶。直口，折平沿，方唇，束颈，斜肩，鼓腹，圜底，三柱足。肩部一道凹弦纹，肩、腹部饰竖向细绳纹。做工不太规整，三足不甚平稳。高15.6、口径12.8、腹径16.8厘米（图五八，2；彩版五一，5）。BM20：3，泥质灰陶。侈口，尖唇，矮直颈微束，圆肩，深鼓腹，平底。上腹部有一道弦纹，肩、腹部饰竖向细绳纹，下腹部饰交错绳纹，且有拍压痕。高23、口径9.8、腹径21、底径11.2厘米（图五八，1；彩版五二，2）。

铜带钩　1件。BM20：1，青铜质。“S”形，鸭嘴形钩，曲颈，椭圆形钩体，背接圆纽。长9.43厘米（图五八，3；彩版五四，2）。

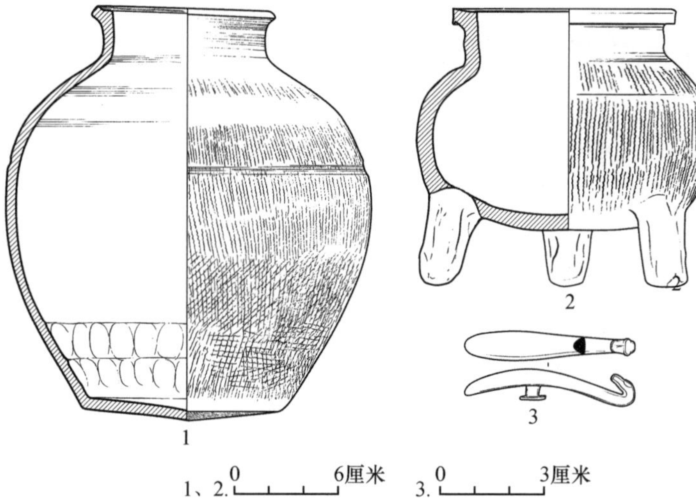

图五八 BM20出土器物

1、2. 陶罐（BM20：3、BM20：2） 3. 铜带钩（BM20：1）

（16）北区二十二号墓（BM22）

1）墓葬形制

方向为277°。由墓道、洞室两部分组成（图五九；彩版九，1）。

墓道平面呈长方形，口大底小，墓壁斜直平整，未见工具修整痕迹。墓圹填五花夯土，比较坚硬，夯窝痕迹可见。底部较为平整。上口长3.1、宽2.01米，底长2.71、宽1.9米，残深1.39米。墓道西壁与南壁发现三角形脚窝，形制、大小相近，长0.3、宽0.15、进深0.14米。

洞室位于墓道北侧，拱形土洞式，顶部残缺。洞室内壁面竖直光滑，底部较为平整。长2.04、宽0.95、残高1.31米。在洞室西壁稍偏北处设一头龛，平面呈长方形，底部与洞室底部处于同一地面。长0.5、高0.31、进深0.28米。头龛内摆放随葬陶器，还发现有零碎动物骨，根据骨骼初判为鸡骨。

在墓道北壁下部、洞室口上部及东、西两侧存在凹槽，应是墓道与洞室口之间有一道木质封门，在封门已腐朽后残留所致。封门长2.82、残高1.38米。墓道北壁下部凹槽长2.82、宽0.08、进深0.04米。洞室口上部凹槽距底部1米，长2.61、宽0.12、进深0.05米。洞室口东西两侧凹槽形制、大小相近，高1.38、宽0.12、进深1米。

由洞室底部迹象判定，葬具为一具木棺，已朽成灰状，平面为长方形，长1.62、宽0.71米，高度不详。木棺底部铺有一层厚约2厘米的草木灰。木棺下方南北向分布有两道垫木槽，东侧垫木槽长1、宽0.18、进深0.05米，西侧垫木槽长1.01、宽0.14、进深0.05米。垫木槽均抵进洞室北壁4厘米。

棺内有人骨一具，保存较差，但葬式可辨，侧身屈肢，头向西，面朝北，双手曲折向北，下肢曲折向北。右侧上颌臼齿齿质连成一片，磨耗Ⅳ级，坐骨大切迹宽而深，耳状面呈“C”形，乳突小，下颌角大，颅骨骨壁较薄。眉弓较显著，眶上缘圆钝，前额倾斜。综合判断为40～45岁女性。

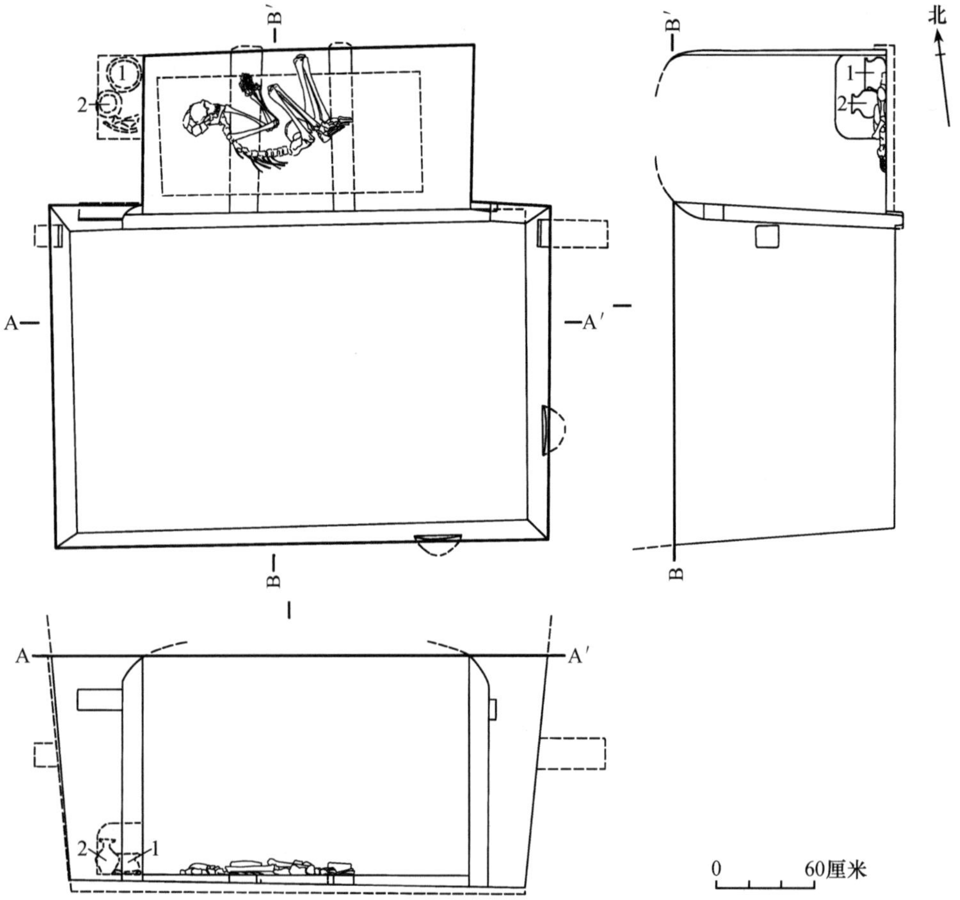

图五九　BM22出土器物

1. 陶釜　2. 陶壶

2）随葬器物

出土随葬器物2件，陶壶、陶釜各1件，均置于头龛内。

陶壶　1件。BM22∶2，泥质灰陶。侈口，尖唇，中粗长颈，斜肩，深鼓腹，平底。颈部有三道凸弦纹，腹部上、下各饰两道凹弦纹。通高21.6、口径11.2、腹径15.4、底径8.8厘米（图六〇，1；彩版五〇，1）。

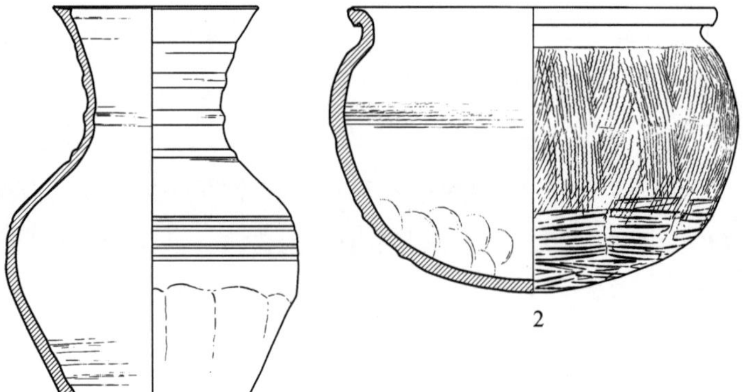

图六〇　BM22出土陶器

1. 壶（BM22∶2）　2. 釜（BM22∶1）

陶釜 1件。BM22：1，夹砂红褐陶。侈口，卷沿，尖唇，束颈，圆腹，圜底。腹部饰交错绳纹，底部饰横向刻划纹，且有明显烟炱。通高15、口径19.9厘米（图六〇，2；彩版四七，2）。

（17）北区二十四号墓（BM24）

1）墓葬形制

方向为274°。由墓道、洞室两部分组成（图六一；彩版一〇，1）。

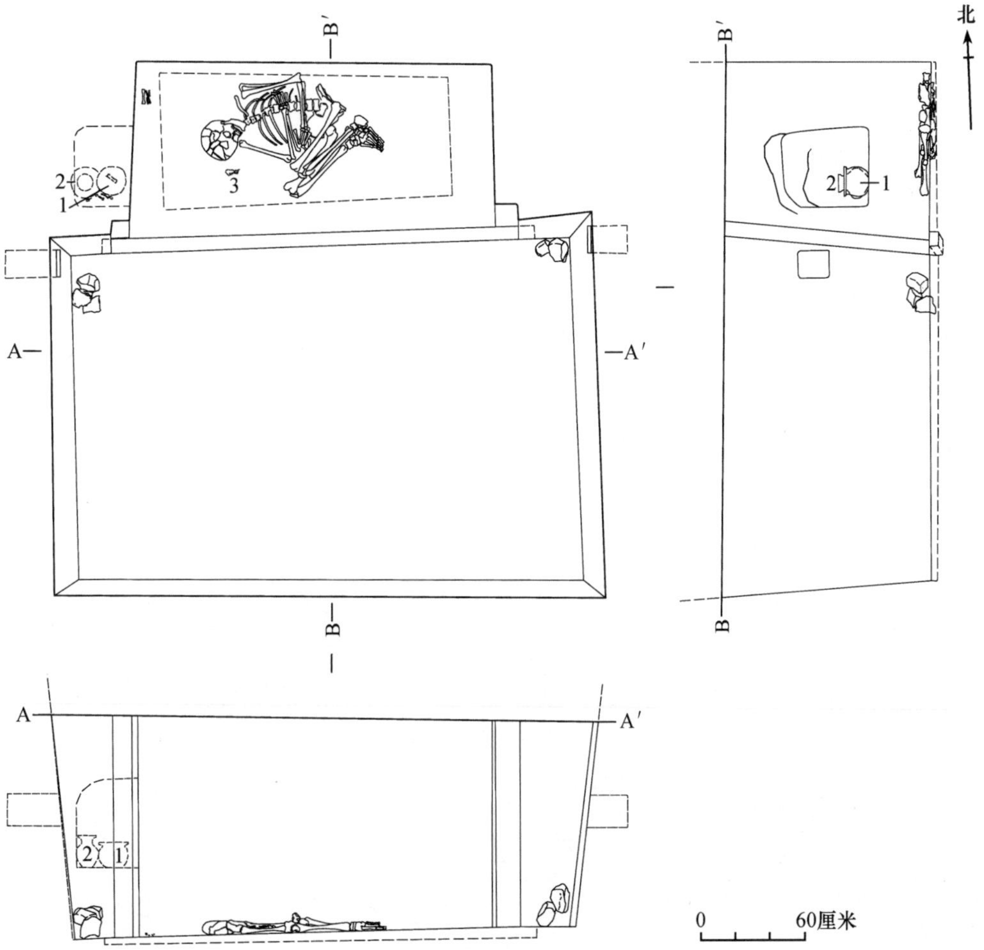

图六一 BM24平、剖面图

1. 陶釜 2. 陶壶 3. 铁器

墓道平面呈长方形，口大底小，墓壁斜直平整，未见工具修整痕迹。内填黄褐色五花土，比较坚硬，有夯筑痕迹。底部较为平整。现口长3.12、宽2.14米，底长2.86、宽1.88米，残深1.23米，洞室位于墓道北侧，土洞式，顶部残缺。洞室内壁面竖直光滑，底部较为平整。长2.04、宽0.9、残高1.22米。洞室西壁稍偏南处有一头龛，平面呈长方形，长0.45、高0.49、进深0.36米。龛底部高于洞室底部0.38米。头龛内放置随葬陶器，还发现零碎动物骨骼。

由墓道东、西壁中部偏北部靠近北壁处凹槽、墓道北壁下部凹槽、洞室口两侧凹槽等迹象判定，在墓道与洞室口之间有一道木质封门，封门腐朽残留凹槽。封门长2.45、残高1.22米。

墓道东、西壁上凹槽相互对称，形制、大小相近，长0.17、宽0.15、高0.2米，东侧进深0.23、西侧进深0.28米。此当是木封门外侧一道挡板。东、西壁凹槽下方发现有砾石，直径约0.1米，应为加固封门所用。北壁底部凹槽长2.45、宽0.09、进深0.06米。洞室东侧凹槽残高1.14、宽0.13、进深0.09米，西侧凹槽残高1.22、宽0.11、进深0.08米。

由洞室底部迹象判定该墓葬具为一木棺，已朽成灰状，平面为长方形，长1.64、宽0.71米，高度不详。木棺底部铺一层厚约2厘米的草木灰。

棺内有人骨一具，保存较差，但葬式可辨，侧身屈肢，头向西，面朝南，双手交叉抱于腹部，下肢曲向南。结合各部分特征，推断其为45岁左右男性。

2）随葬器物

出土随葬品3件，陶釜、陶壶各1件置于头龛内，铁器1件位于头骨南侧。

陶釜　1件。BM24：1，夹砂红陶。侈口，高领，方唇，束颈，深腹，圜底。颈外部竖向绳纹抹光，腹上部饰斜向绳纹，腹下部饰竖向绳纹，底部饰交错绳纹，且有烟炱。通高13.6、口径13.4厘米（图六二，2；彩版四七，4）。

陶壶　1件。BM24：2，泥质灰陶。侈口，尖唇，束颈，斜肩，深鼓腹，平底。颈饰一道凸弦纹，腹部上、下各饰两道凹弦纹，下腹部可见刮削痕迹。高18、口径8.8、腹径16、底径7.4厘米（图六二，1；彩版五二，1）。

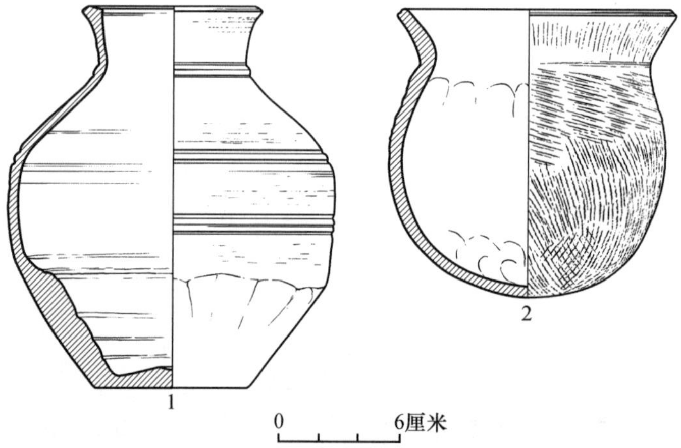

图六二　BM24出土陶器

1. 壶（BM24：2）　2. 釜（BM24：1）

铁器　1件。BM24：3，铁质。腐蚀严重，出土时已成碎屑状，无法确定名称及形制。

（18）北区二十八号墓（BM28）

1）墓葬形制

方向为278°。由墓道、洞室两部分组成（图六三；彩版一二，1）。

墓道平面呈长方形，呈口大底小状，墓壁斜直平整，未见工具修整痕迹。内填五花夯土，比较坚硬，夯窝痕迹可见。底部较为平整。现口长3.74、宽2.4米，底长3.08、宽1.9米，残深1.55米。

洞室位于墓道北侧，拱形土洞式。墓室内壁面竖直光滑，墓室底部较为平整。长2、宽

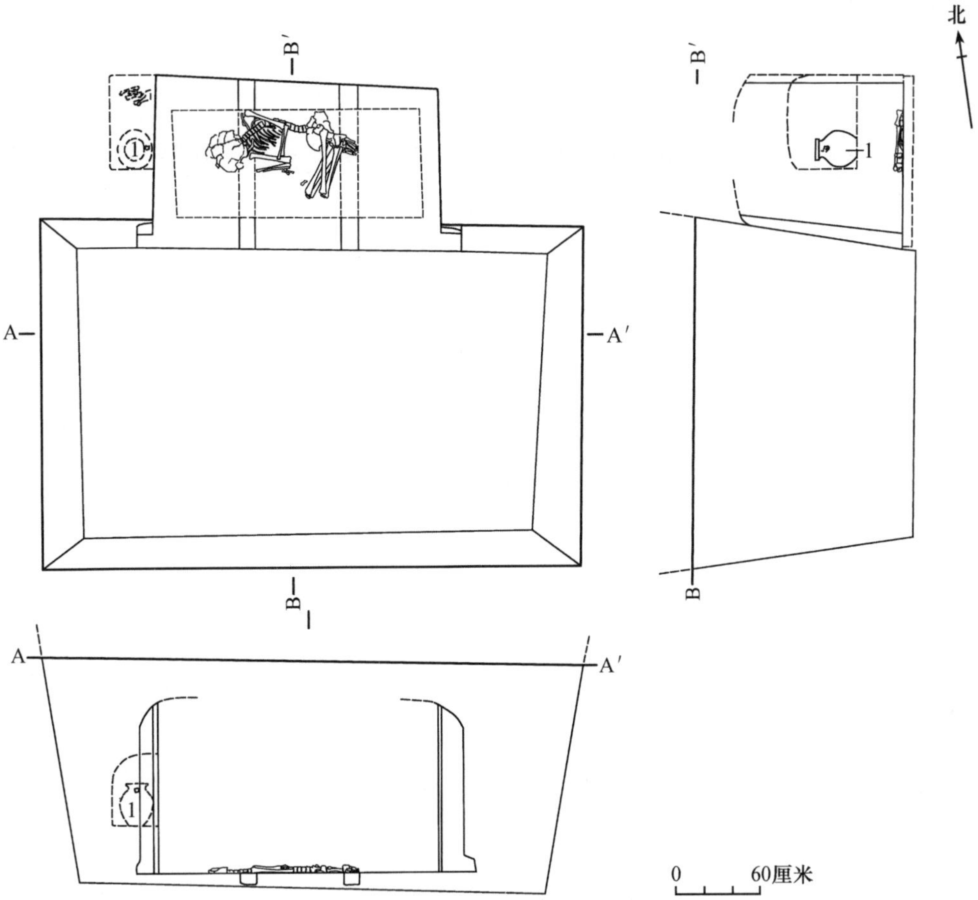

图六三 BM28平、剖面图

1. 陶双耳罐

0.9、高1.5米。洞室西壁偏北处设一头龛，长0.68、高0.75、进深0.3米。

在墓道与洞室口之间用木板竖立封堵洞门，木头已腐朽，仅见槽沟。底部封门槽长2.45、宽0.09、进深0.06米。两侧封门槽形制、大小均一致，高0.67、宽0.08、进深0.1米。

由洞室底部迹象判定该墓葬具为一木棺，已朽成灰状，平面为长方形。长1.68、宽0.7米，高度不详。木棺底部铺有一层厚约2厘米的草木灰。

棺内有人骨一具，保存较差，但葬式可辨，仰身屈肢，头向西，面朝北，双手交叉于腰部，下肢向南曲折。该个体保存极差，缺失较多，仅能推断其为成年女性个体。

2）随葬器物

仅出土陶双耳罐1件，位于头龛内。

陶双耳罐 1件。BM28：1，夹砂红陶。侈口，方唇，束颈，斜肩，深鼓腹，平底。颈部有对称两耳。颈部抹光，腹部饰绳纹。高17.6、口径12、腹径14.3、底径8.4厘米（图六四；彩版五一，6）。

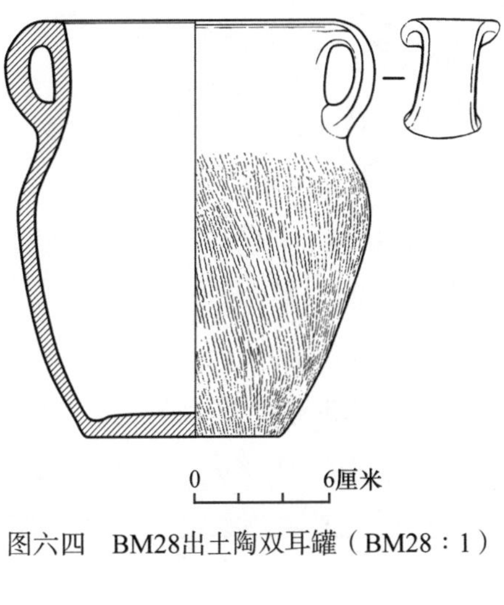

图六四 BM28出土陶双耳罐（BM28：1）

（19）北区三十号墓（BM30）

1）墓葬形制

方向为283°。由墓道、洞室两部分组成（图六五；彩版一三，1）。

墓道平面呈长方形，口大底小，墓壁斜直平整，内填五花夯土，比较坚硬，夯窝痕迹可见。现口长4、宽2.76米，底长3.47、宽2.2米，残深2.71米。墓道东壁、西壁和南壁均发现三角形脚窝共6个，其形制、大小相近，均长0.4、高0.25、进深0.15米。

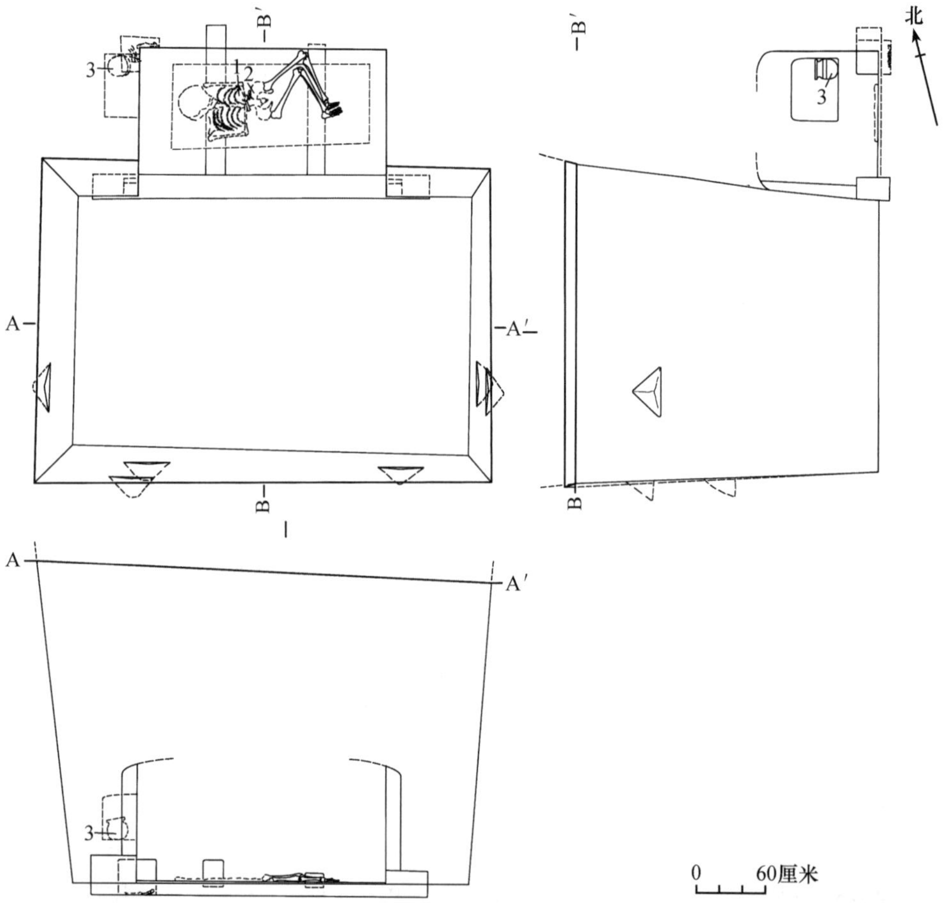

图六五　BM30平、剖面图

1. 玉环　2. 铜带钩　3. 陶釜

洞室位于墓道北侧，拱形土洞式。洞室内壁竖直光滑，底部较为平整。长2.17、宽1.06、残高0.94米。洞室西壁稍偏北处有一头龛，平面呈长方形，头龛底部高于墓室底部0.36米，长0.53、高0.39、进深0.3米。龛内放置随葬陶器。洞室西北角处一头龛，平面呈长方形，底部低于墓室底部0.1米，长0.33、高0.3、进深0.16米。龛内发现零碎动物骨骼，根据骨骼特征及大小判断为鸡骨。

在墓道北壁下部与洞室口之间用木板竖立封堵洞门，木头已腐朽，仅见槽沟。底部槽沟长2.95、宽0.19、进深0.1米。东西两侧槽沟大小、形制相近，均高1.2、宽0.13、进深0.13米。

由洞室底部迹象判断，该墓葬具为一木棺，已朽，残留朽木灰，平面为长方形。长1.74、宽0.7米，高度不详。木棺底部铺有一层厚约2厘米的草木灰。棺下有两条南北向放置的垫木槽，东侧垫木槽长1.1、宽0.15、进深0.03米，抵进墓室北壁0.04米；西侧垫木槽长1.27、宽0.17、进深0.02米，抵进墓室北壁0.19米。

棺内有人骨一具，保存较差，但葬式可辨，仰身屈肢，头向西，面朝北，下肢均北向曲折。结合肢骨骨骺线已完全愈合、坐骨大切迹宽而深等特征推断其疑似男性成年个体。

2）随葬器物

出土随葬品4件（组），陶釜1件位于洞室西壁的头龛内，玉环、铜带钩各1件位于人骨腹部，铜钱出土于墓道填土内。

陶釜　1件。BM30：3，夹砂红陶。侈口，方唇，束颈，溜肩，下腹外鼓，圜底。腹部饰横向绳纹，底部饰交错绳纹，且有烟炱痕迹。通高13、口径12.8厘米（图六六，1；彩版四八，2）。

玉环　1件。BM30：1，白玉质。半透明，圆环形，截面略呈三角形，表面饰三条粗细不等的凸棱，背面略凸。外径3.5、内径2.2、厚0.6厘米（图六六，2；彩版五五，2）。

铜带钩　1件。BM30：2，青铜质。“S”形，鸭嘴状钩，曲颈，椭圆形钩体，背部接圆纽。长5.3厘米（图六六，3；彩版五四，3）。

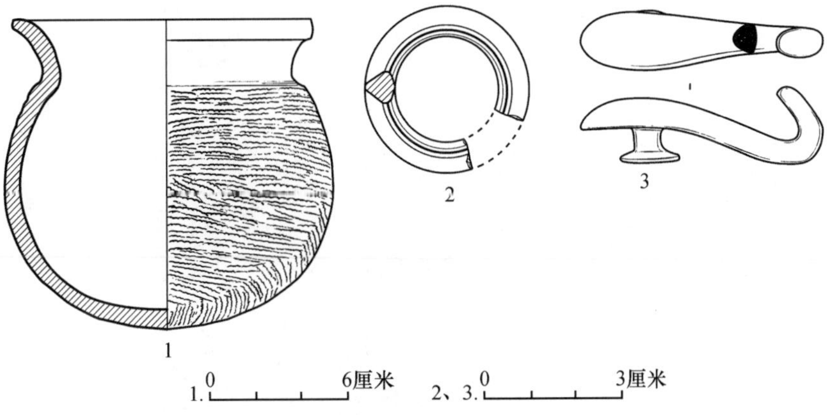

图六六　BM30出土器物

1. 陶釜（BM30：3）　2. 玉环（BM30：1）　3. 铜带钩（BM30：2）

铜钱　1组4枚。BM30：4，青铜质。均为半两钱。直径2.97～3.15、穿径0.8～0.95米。“半两”字体较大，钱文方正，较为古朴，“半”字上大下小，竖折较长，横笔较短。“两”字横较短，内呈“人”字形（图六七；彩版五四，6）。

（20）北区三十五号墓（BM35）

1）墓葬形制

方向为269°。由墓道、洞室两部分组成（图六八；彩版一五，2）。

墓道平面呈长方形，呈口大底小状，墓壁斜直平整，未见工具修整痕迹。内填五花夯土，比较坚硬，夯窝痕迹可见。底部较为平整。开口长3.47、宽2.19米，底长3.02、宽1.8米，残深1.91米。在墓道东壁偏南及南壁偏东处各发现一三角形脚窝。东壁脚窝长0.24、高0.14、进深

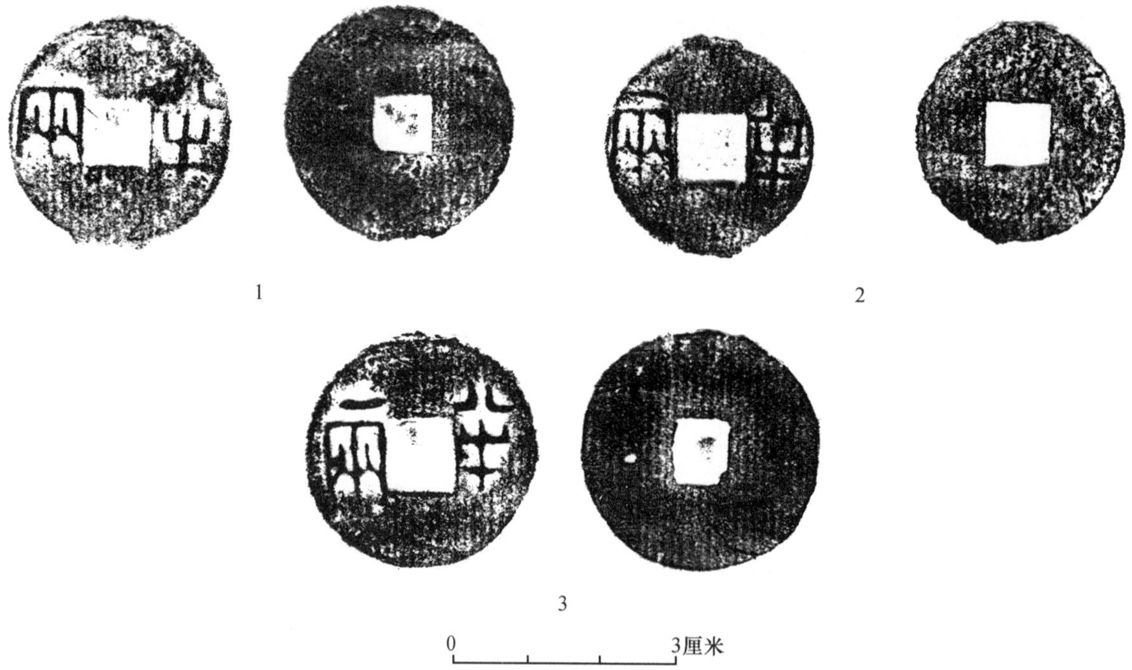

图六七　BM30出土铜钱

1. M30：4-1　2. M30：4-2　3. M30：4-3

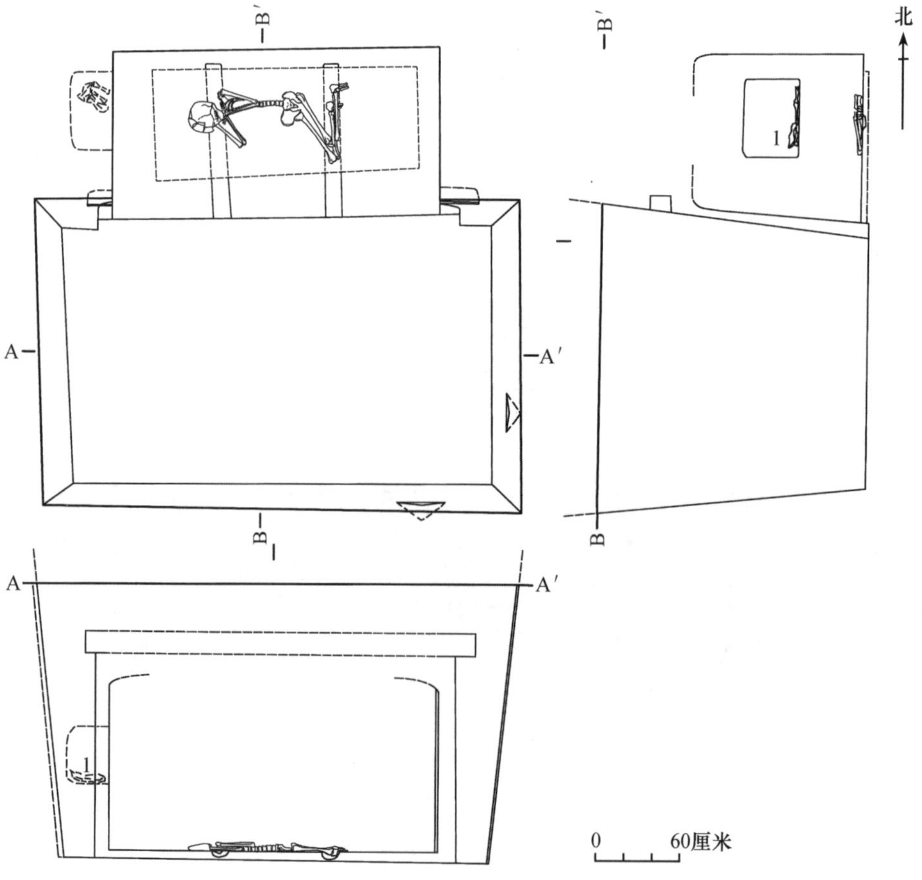

图六八　BM35平、剖面图

0.11米，南壁脚窝长0.33、高0.16、进深0.12米。

洞室位于墓道北侧，拱形土洞式。长2.36、宽1.17、高1.2米。洞室西壁中部设一头龛，平面呈长方形，长0.55、进深0.3、高0.39米。

在墓道北壁下方与洞室口之间用木板竖立封堵洞门，木头已腐朽，仅见槽沟。北壁下方底部封门槽长2.61米。两侧封门槽形制大小相近，宽0.1、高1.19、进深0.09米。在两侧封门槽顶部向上0.14米处各有一个孔洞，直径0.11、进深0.19米。

洞室底部迹象可见该墓葬具为一木棺，已朽成灰，平面为长方形。长1.92、宽0.74米，高度不详。木棺底部铺有一层厚约2厘米的草木灰。棺下方有两条南北向垫木槽，形制、大小相近，长1.08、宽0.11、深0.04米。

棺内有人骨一具，保存较差，但葬式可辨，仰身屈肢，头向西，面朝上，双手抱于胸部，下肢向南曲折，结合下颌右侧M1、M2磨耗均Ⅱ～Ⅲ级、耻骨联合面以及骨盆特征推断其为45岁左右女性。

2）随葬器物

该墓无出土器物。

2. Bb型

2座，分别为BM1、BM25。占洞室墓的9%。

（1）北区一号墓（BM1）

1）墓葬形制

方向287°。由墓道、洞室两部分组成（图六九；彩版二，1）。

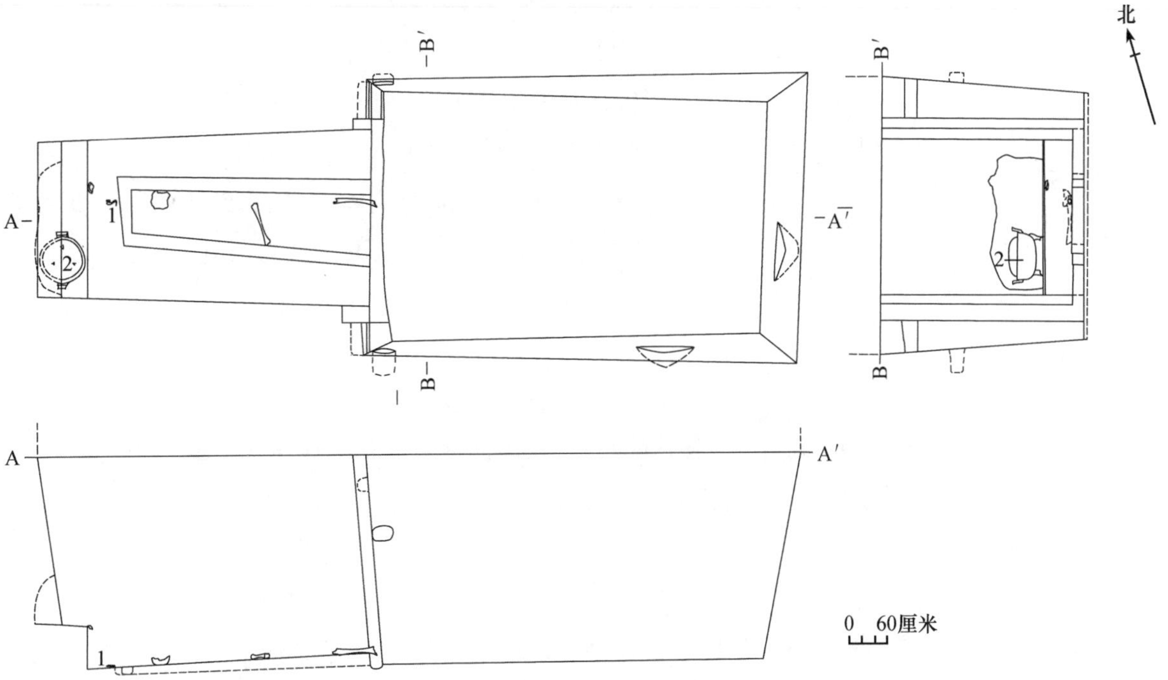

图六九 BM1平、剖面图

1. 铜带钩 2. 陶鼎

墓道平面呈长方形，口大底小，墓壁斜直，较为平整，未见工具修整痕迹。填土为坚硬的五花夯土，部分填土有夯筑痕迹。上口长3.9、宽2.24米，下口长3.5、宽1.98米，残深1.68米。墓道东壁、南壁发现三角形脚窝，形制、大小相近。长0.4、高0.36、进深0.16米。

洞室位于墓道西侧，土洞式，顶部残缺。洞室内壁面竖直，表面平整。墓室底较为平整。长2.5、宽1.22、残高1.66米。在洞室西端有一生土台，长0.35米。台上放置随葬陶器。

在墓道西壁下部有凹槽长1.93、宽0.1、深0.1米，洞室口南、北两侧凹槽高1.62、宽0.08、进深0.12米。在西壁上部洞室口两侧有横向凹槽，东西对称高度一致。此凹槽下方，在墓道南、北墓壁各有一圆形孔洞，孔洞进深0.26、直径0.24米。由这些凹槽内残留少量朽木灰痕迹，以及凹槽之间的空间结构，可推断出在墓道和洞室口之间存在一道木质的封门，由于封门腐朽残留下凹槽和孔洞。封门长1.93、残高1.62米。封门上部外还有两道加固栓，一道长条木板压在封门板外，南北嵌入墓道西壁，另外一道长圆木棒压在封门板外，南、北插入墓道南、北墓壁内。

由洞室内底部迹象看，该墓葬具为一具木棺，已朽成灰状，平面呈长方形，长1.75、宽0.9米，高度不详。木棺底部铺有一层厚2厘米的草木灰。

棺内人骨保存较差，仅残留少量肢骨，葬式不明。

2）随葬器物

出土随葬器物2件，陶鼎1件位于洞室西端生土台上，铜带钩1件位于生土台下东侧偏北处。

陶鼎　1件。BM1：2，泥质灰陶。覆盘形盖，盖顶三乳突。子母口内敛，唇上有一周凹槽，深腹，三足。腹部外接两板状外撇附耳。残高20.9、口径21、盖径24.1厘米（图七〇，1；彩版四五，2）。

铜带钩　1件。BM1：1，青铜质。“S”形，鸭头形钩首，曲颈，椭圆形钩体，背部接纽柱、圆纽。长4.7、纽高0.85厘米（图七〇，2；彩版五三，1）。

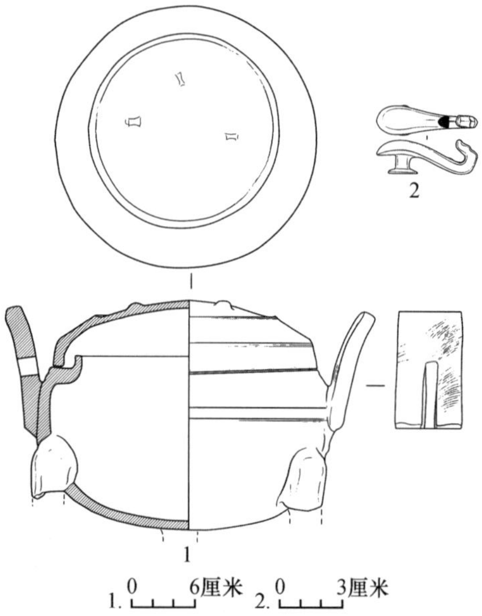

图七〇　BM1出土器物

1. 陶鼎（BM1：2）　2. 铜带钩（BM1：1）

（2）北区二十五号墓（BM25）

1）墓葬形制

方向为275°。由墓道、洞室两部分组成（图七一；彩版一〇，2）。

墓道平面呈长方形，口大底小，墓道壁面斜直，表面平整光洁，未见工具修整痕迹。填土为坚硬的五花夯土，部分填土有夯筑痕迹。现口长3.26、宽2.24米，底长2.88、宽1.98米，残深1.8米。墓道南壁东端发现三角形脚窝，距现口0.5米，长0.48、高0.4、进深0.15米。

洞室位于墓道西端，拱形土洞式，墓室内整体壁面粗糙，仅局部有修整痕迹，洞顶部分有坍塌，墓室底较为平整。长2.13、宽1.15、高0.8米。洞室西端偏北底部有一头龛，长0.15、高0.14、进深0.06米。洞室西北角、西南角各放置随葬陶器1件。

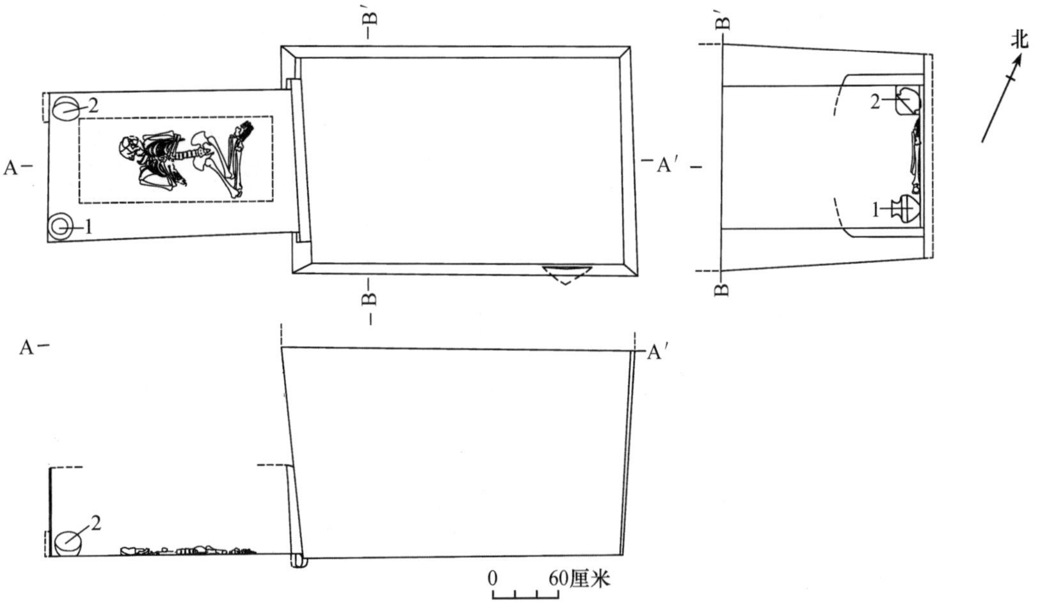

图七一　BM25平、剖面图

1. 陶壶　2. 陶釜

在墓道西壁底部和洞室口下部有一道凹槽，长1.76、宽0.1、深0.06米。在洞室口南、北两侧亦有凹槽，北侧高0.8、宽0.07、进深0.13米，南侧高0.8、宽0.07、进深0.04米。由此三处凹槽判断，墓道与洞室口之间存在一道木质封门，由于封门腐朽残留下凹槽。洞室口封门长1.34、厚0.07、高0.8米。在墓道西壁底部和洞室口下部的凹槽应是底部挡板腐朽后残留。

由洞室底部迹象判断，该墓的葬具为一具木棺，已朽成灰状，平面为长方形。长1.73、宽0.72米，高度不详。木棺底部铺有一层厚约5厘米的草木灰。

棺内有人骨一具，仰身屈肢，头向西，面朝上，两手抱于腹部，下肢均向南曲折。根据墓主人骨骼细、骨壁薄、耻骨下角大等特征推测其为女性成年个体。

2）随葬器物

出土随葬器物2件，陶壶1件位于洞室西南角、陶釜1件位于洞室西北角。

陶壶　1件。BM25：1，泥质灰陶。侈口，尖唇，束颈，斜肩，深鼓腹，平底。颈部有两道凸弦纹，腹上、下各饰两道凹弦纹。通高24、口径12、腹径18.4、底径10厘米（图七二，1；彩版五〇，2）。

陶釜　1件。BM25：2，夹砂灰陶。侈口，卷沿，尖唇，束颈，深圆腹，圜底。腹部饰交错绳纹，底部有手指横抹纹，有明显烟炱。通高16、口径19.2厘米（图七二，2；彩版四七，5）。

二、随葬器物特征

北区秦墓葬共出土随葬器物74件（组），具有一定的特征反映。其一器物组合、数量上：以一釜一壶的器物组合最常见，如BM9、BM17、BM18、BM19、BM22、BM24、BM25、BM38、

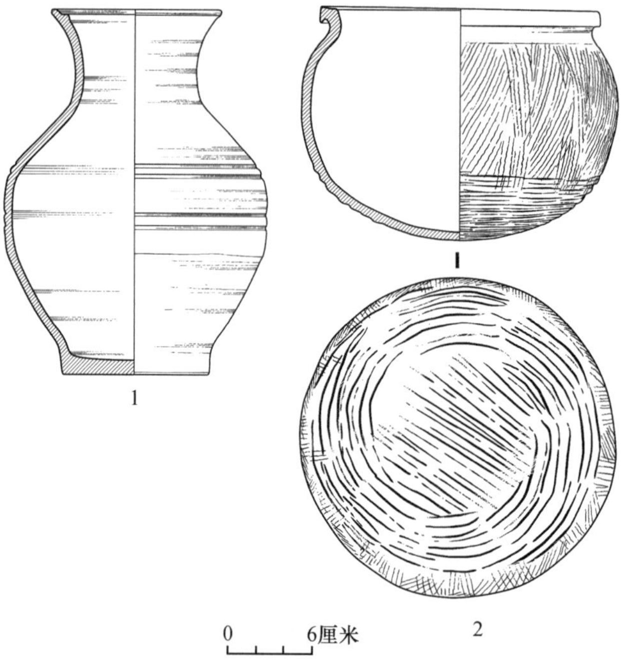

图七二　BM25出土陶器

1. 壶（BM25：1）　2. 釜（BM25：2）

BM39；随葬器物大多为1或2件， BM5、BM13、BM16、M35四座墓葬无随葬器物。其二随葬器物的质地上，以陶质器物为主，其余少量分别为青铜、铁、玉石等。其三随葬器物多为生活日用品，诸如陶釜、陶鬲的底部存在黑色烟炱。其四绝大多数随葬陶器放置在壁龛内。依据以上四方面特征可以看出，陶器是随葬器物内最典型、最重要的，以下针对陶鼎、陶鬲、陶釜、陶罐、陶壶、陶盆、陶鍪、陶盒等不同用途的陶器进行类型学分析，旨在从不同角度反映随葬器物特征。

（一）陶鼎

共4件。依据鼎盖深浅的差异可分A、B二型。

A型　3件。BM1：2（图七三，1；彩版四五，2）、BM26：2（图七三，2；彩版四五，1）、BM29：1（图七三，3；彩版四五，3）。

B型　1件。BM31：1（图七三，4；彩版四五，4）。

（二）陶鬲

共3件。依据形制的差异可分A、B二型。

A型　2件。BM41：2（图七四，1；彩版五一，4）、BM36：1（图七四，2；彩版五一，3）。

B型　1件。BM8：2（图七四，3；彩版五一，2）。

（三）陶釜

共21件。依据性质的差异可分A、B、C、D四型。

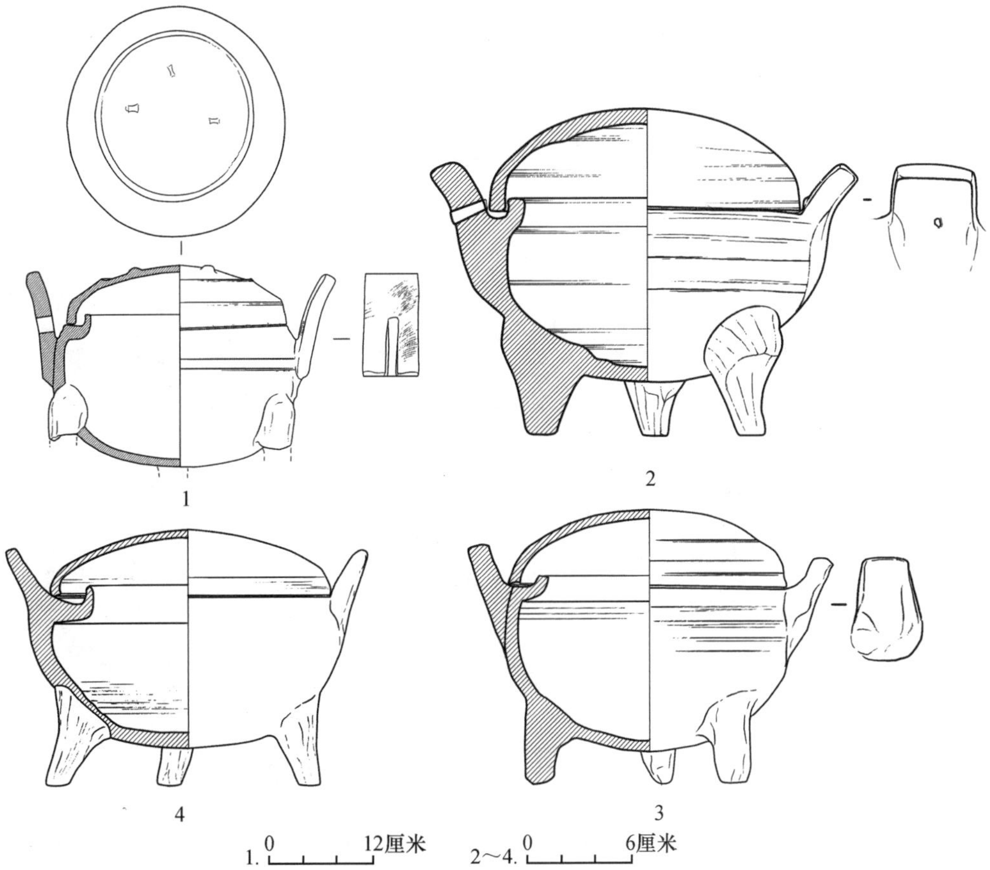

图七三 陶鼎

1～3. A型（BM1：2、BM26：2、BM29：1） 4. B型（BM31：1）

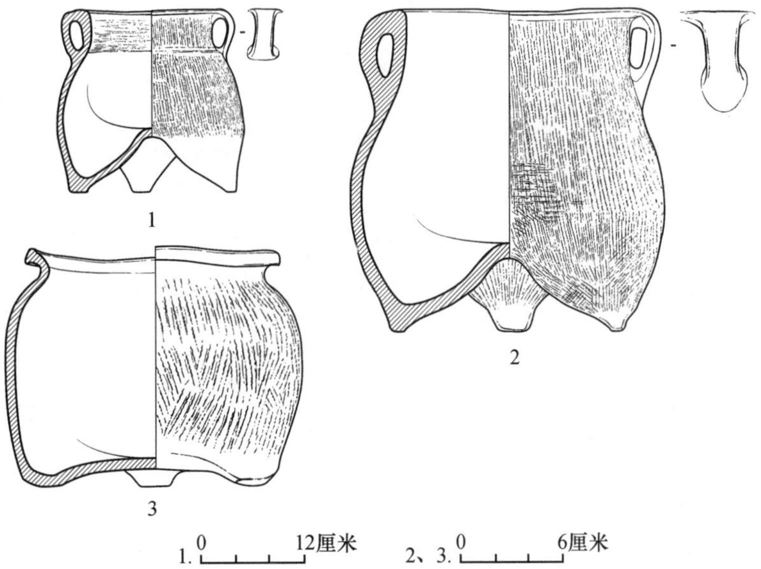

图七四 陶鬲

1、2. A型（BM41：2、BM36：1） 3. B型（BM8：2）

A型　13件。BM3：1（图七五，5；彩版四五，5）、BM6：1、BM10：2（图七五，6；彩版四六，3）、BM24：1、BM26：3（图七五，1；彩版四七，6）、BM38：1、BM30：3、BM33：1、BM37：1、BM39：1、BM40：1、BM18：2、BM19：2。

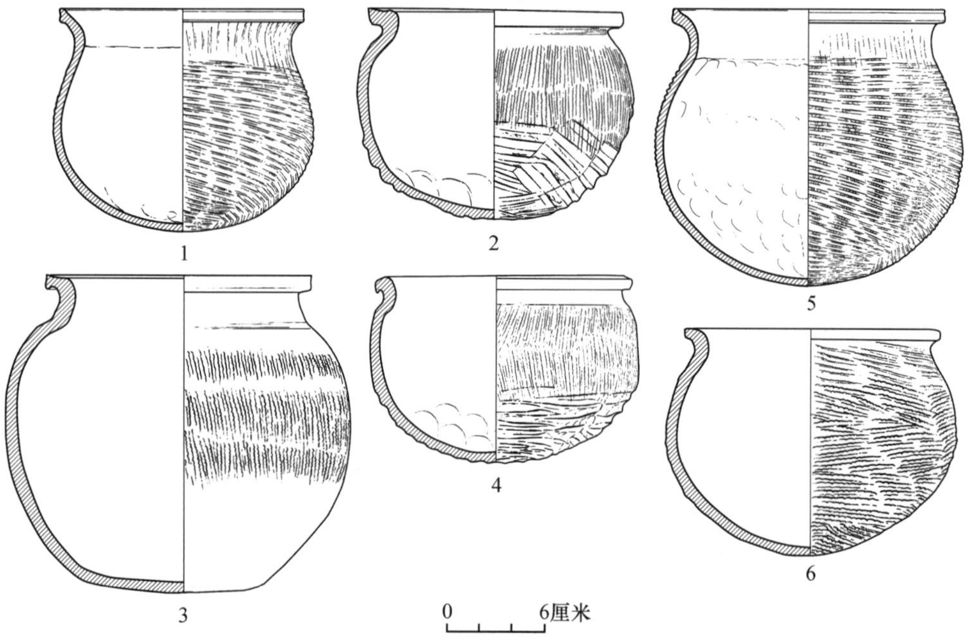

图七五　陶釜

1、5、6. A型（BM26：3、BM3：1、BM10：2）　2. B型（BM27：1）　3. C型（BM23：1）　4. D型（BM17：2）

B型　5件。BM7：2、BM9：1、BM22：1、BM25：2、BM27：1（图七五，2；彩版四八，1）。

C型　2件。BM12：2、BM23：1（图七五，3；彩版四七，3）。

D型　1件。BM17：2（图七五，4；彩版四六，5）。

（四）陶罐

共5件。依据形制不同可分A、B、C、D四型。

A型　2件。BM20：3（图七六，1；彩版五二，2）、BM32：2。

B型　1件。BM24：2（图七六，2；彩版五二，1）。

C型　1件。BM28：1（图七六，4；彩版五一，6）。

D型　1件。BM20：2（图七六，3；彩版五一，5）。

（五）陶壶

共13件。依据形制的差异可分A、B、C三型。

A型　8件。BM41：4、BM31：3（图七七，1；彩版四九，1）、BM38：2（图七七，4；彩版五〇，5）、BM39：2、BM18：1（图七七，2；彩版四九，5）、BM25：1、BM17：3、BM31：2。

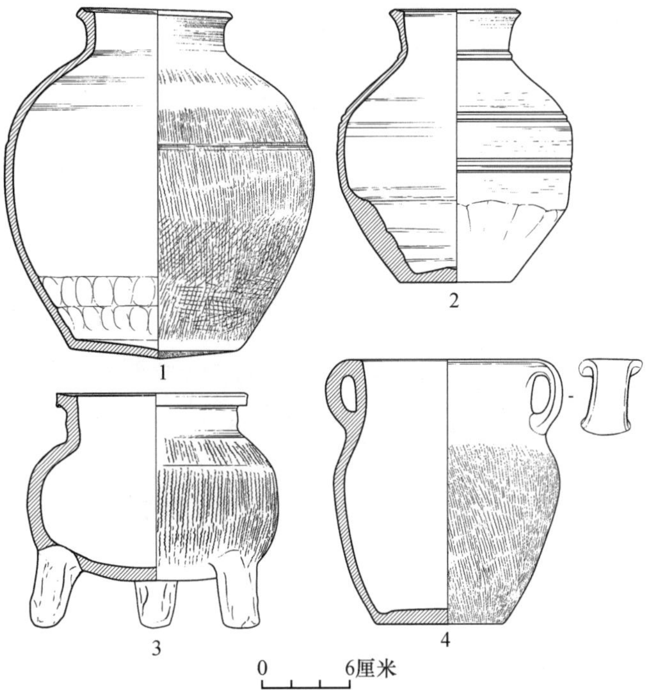

图七六　陶罐

1. A型（BM20：3）　2. B型（BM24：2）　3. D型（BM20：2）　4. C型（BM28：1）

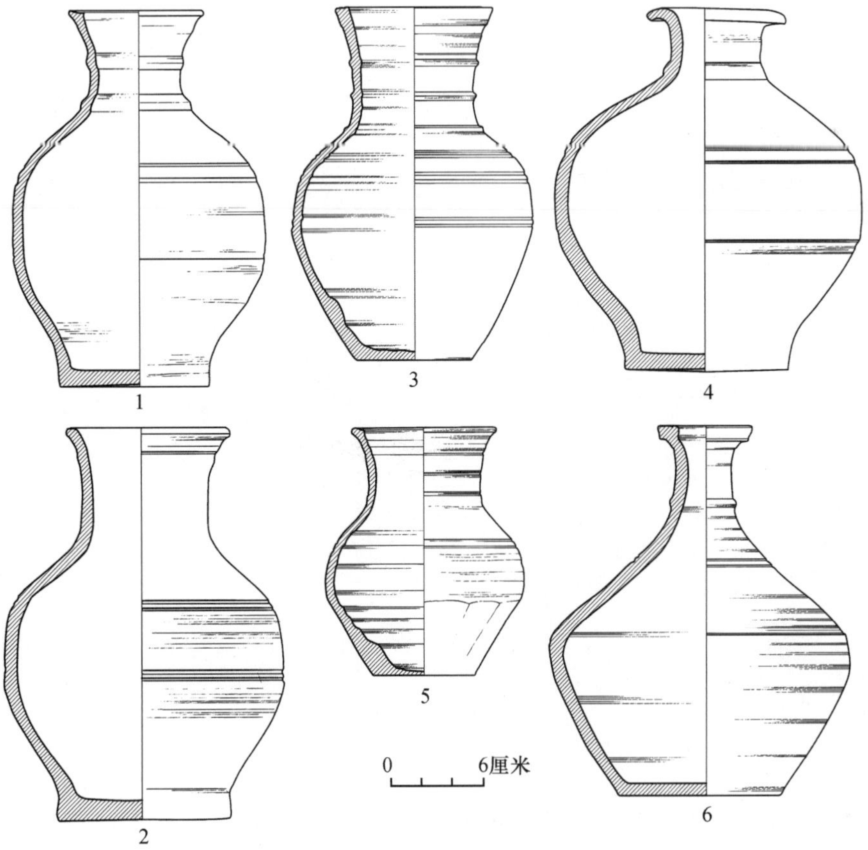

图七七　陶壶

1、2、4. A型（BM31：3、BM18：1、BM38：2）　3、5. B型（BM9：2、BM19：1）　6. C型（BM26：4）

B型　4件。BM8：3、BM9：2（图七七，3；彩版四九，3）、BM19：1（图七七，5；彩版四九，6）、BM22：2。

C型　1件。BM26：4（图七七，6；彩版五〇，3）。

（六）陶盆

1件。BM41：3（图七八，1；彩版五二，6）。

（七）陶鍪

1件。BM32：1（图七八，2；彩版五二，5）。

（八）陶盒

1件。BM31：4（图七八，3；彩版五二，4）。

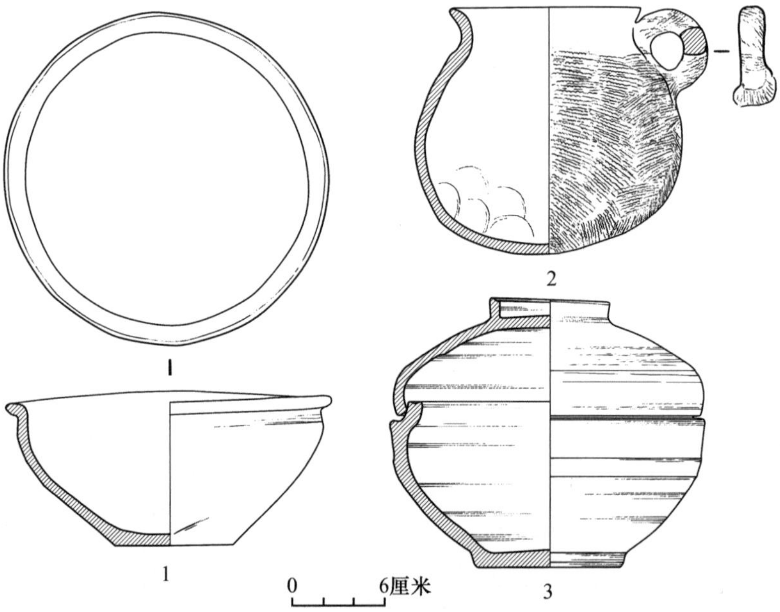

图七八　陶盆、陶鍪、陶盒

1. 盆（BM41：3）　2. 鍪（BM32：1）　3. 盒（BM31：4）

三、葬式特征

37座秦墓中，34座为屈肢葬式、2座葬式不清、1座未发现人骨。这些屈肢葬式可分为侧身屈肢、仰身屈肢两类。

（一）侧身屈肢

有4座墓葬葬式为侧身屈肢，分别为BM9、BM22、BM24、BM32，占总数的11.7%。侧身屈肢葬式的共同特征：侧身，头向西，双手抱于腹部，下肢蜷曲。

BM9侧身屈肢，头向西，面朝南，双手抱于胸前，略偏南，下肢向南曲折，蜷曲特甚。墓主骨骼粗壮，骨壁较厚，坐骨大切迹窄，推测为男性。

BM22侧身屈肢，头向西，面朝北，双手曲折向北，下肢均曲折向北，蜷曲特甚。墓主骨架较小，初步推测为女性。

BM24侧身屈肢，头向西，面朝南，双手交叉抱于腹部，下肢均向南侧倒，蜷曲特甚。推测墓主为女性。

（二）仰身屈肢

共30座，计有BM2、BM3、BM5～BM8、BM10～BM13、BM16～BM19、BM20、BM23、BM25～BM31、BM33～BM35、BM37、BM38、BM40、BM41。占总数88.3%。仰身屈肢的共同特征：仰身，头向西，面或朝上或朝南或朝北，两手抱于腹部，下肢均曲折，有的蜷曲特甚。

BM23仰身屈肢，头向西，面朝上，两手抱于腹部，下肢均向南曲折，蜷曲特甚。骨骼较粗大，但骨缝未愈合，推测为未成年男性。

BM34仰身屈肢，头向西，面朝上，两手抱于腹部，下肢均向北曲折，蜷曲特甚。骨壁薄，耻骨下角大，推测为女性。

BM37仰身屈肢，头向西，面朝南，两手抱于腹部，下肢均向南曲折，蜷曲特甚。经鉴定，为女性。

BM40仰身屈肢，头向西，面朝上，两手抱于腹部，下肢均向南曲折，蜷曲特甚。骨壁厚，股骨粗壮，推测为男性。

四、墓葬分期与年代

郭家崖墓地北区37座战国秦墓墓葬之间未发现有打破关系，未出土有纪年性的资料作参考，无法提供对早晚分期有意义的依据，因此，对郭家崖墓地的分期，只能依照墓葬的形制、器物的时代特征和组合特点，再参照周边相邻地区已发掘并著录的秦墓资料，大体做如下划定。

（一）第一期

包括BM8、BM23、BM26、BM28、BM36、BM41。

这些墓葬从形制上看，除BM8和BM28为偏洞室墓外，其余均为土圹竖穴墓。其中BM26、

BM41是比较独特的框架结构的木椁，BM36是标准的二层台墓室内置瓮棺葬。其组合特征在以往的考古发掘中很难找到相同者。这期墓葬中出土器物最多的是BM26，其组合为仿铜陶鼎、细颈壶、釜、铁铲。BM28中出土有双耳罐，BM41出土有铲足鬲、罐、盆、带钩，BM8是鬲、罐组合，BM36只随葬1件铲足鬲。这批墓葬的出土器物中以铲足鬲与双耳罐最有特点。

本期中的土圹竖穴墓葬形制，多流行于春秋时期的秦墓中，在宝鸡地区比较常见。立柱框架结构的木椁，在咸阳塔儿坡秦墓地有发现，发掘报告认为这应当是由盖板、棚木、立柱共同组成木椁的一部分[①]。但报告对时代判定比宝鸡郭家崖要晚。郭家崖秦墓地的这种立柱框架结构的木椁应当是最早出现的。器物的组合形式在周边秦墓中虽不多见，但铲足鬲与夹砂红陶双耳罐是比较典型的羌戎文化风格器物，出现在秦墓葬中比较少见。苏秉琦先生1934年在宝鸡斗鸡台考古发掘中，于屈肢葬墓中最早发现了几件[②]。1955年，文物工作者在斗鸡台以西1千米处的李家崖发掘秦墓葬41座，出土了与斗鸡台相同的铲足鬲[③]。此后又在陇县韦家庄秦墓BM16：3[④]、陇县店子BM50：1[⑤]以及咸阳塔儿坡BM23090：1发现了与斗鸡台相似的鬲[⑥]。这种鬲与夹砂红陶双耳罐的文化属性本属羌戎器物，但这种器物出土在秦墓中，时代集中在战国早期，春秋阶段未见发现的现象值得关注。BM8：2出土的秦式鬲与陕西凤翔高庄BM28：10[⑦]、宝鸡晁峪东周秦墓BM5：5[⑧]类似，BM22、BM23出土的釜与店子秦墓地BM135、BM66：1相同[⑨]。这些墓葬的时代都隶定在战国早期。因此，第一期约相当于战国早期。

（二）第二期

包括BM3、BM11、BM17、BM18、BM20、BM22、BM27、BM29、BM31、BM32、BM33、BM 37、BM38、BM39、BM40。

这些墓葬除BM20为凸字形偏洞室外，其他都是土圹竖穴墓制。这两种墓葬形制共存一处墓地，符合这个时代的变化。BM31的组合是1仿铜陶鼎、1盒、2壶、1鹿角器，是本期中随葬最多的一墓。其他BM27、BM33、BM37、BM40都是1件釜，BM38、BM39是1釜1壶。

本期墓制中的凸字形偏洞室只有一座，却值得关注。这种墓葬形制是土圹竖穴向洞室墓发展的过渡形制，在战国中期比较多见。陇县韦家庄偏洞室BM16的时代在春战之交，大概是

① 咸阳文物考古研究所：《塔儿坡秦墓》，三秦出版社，1998年。

② 苏秉琦：《苏秉琦考古学论述选集》，文物出版社，1984年。

③ 何欣云：《宝鸡李家崖秦国墓葬清理简报》，《文博》1986年第4期。

④ 陇县博物馆、宝鸡市考古队：《陕西陇县韦家庄春秋秦墓发掘简报》，《考古与文物》2001年第4期。

⑤ 陕西省考古研究所：《陇县店子秦墓》，三秦出版社，1998年。

⑥ 咸阳文物考古研究所：《塔儿坡秦墓》，三秦出版社，1998年。

⑦ 雍城考古队：《陕西凤翔高庄秦墓地发掘简报》，《考古与文物》1981年第1期。

⑧ 陕西省考古研究所：《陕西宝鸡晁峪东周秦墓发掘简报》，《考古与文物》2001年第4期。

⑨ 陕西省考古研究所：《陇县店子秦墓》，三秦出版社，1998年。

凸字形偏洞室的最早出现[①]。BM29、BM31出土的仿铜陶鼎，形制一致，这种鼎与凤翔高庄BM24：1相同，时代在战国中期[②]。BM32出土的陶鍪与西安世家星城BM151：9大体相同[③]；出土的陶罐同华县东阳BM31：4相同[④]，时代都在战国中期。BM20出土的三足罐，实际上是釜与鬲的结合体，凤翔高庄BM18：26称三足罐，时代在战国早期[⑤]。任家嘴BM70：4称三足釜，时代隶定较晚[⑥]。因此，第二期的时代约在战国中期。

（三）第三期

包括BM1、BM2、BM6、BM7、BM9、BM10、BM12、BM19、BM24、BM25、BM30、BM34、BM35。

这些墓葬全部是洞室墓形制，其中除BM1、BM25为日字形洞室墓外，其他全是凸字形偏洞室墓。这些墓葬的随葬器物都很简单，有6座都是1釜1罐两组合形式，3座是1釜1带钩组合形式，4座只有1件带钩，2座只有1釜，1座只有1罐。

本期随葬器物的最大特点是，器种单一，多是釜与罐的组合，而又以釜最为常见，Ⅰ式时代稍早，Ⅱ式时代稍晚，但彼此不会相差很远。BM19：2这种Ⅰ式釜最多，与陇县店子秦墓地BM55：1同；壶与店子BM127：1同[⑦]。BM9：3龟形带钩同咸阳塔儿坡BM28061相似[⑧]。因此，第三期的时期约在战国晚期。

各期墓葬的分布具有一定的规律，第一期多分布在墓地的南部，第二期多在中南部，第三期几乎全在北部。说明该墓地的埋葬基本是由南向北逐步发展的（表一）。

五、小　　结

陕西省考古研究院与宝鸡市考古研究所联合组队，于2017年11月23日至2018年2月10 日，对宝鸡市高新区郭家崖北区范围内的古文化遗存进行抢救性发掘。共计发掘秦国墓葬37座。从墓葬形制与随葬器物看，这是一处经过规划的战国时期平民墓葬区，加上以前在此以南发掘的78座秦墓，显现这里是一处规模较大的秦国墓地。值得关注的是，BM36、BM41两座墓内发现的2件非常典型的具有西戎文化风格的铲足鬲（图七九），对深入探讨和研究秦文化与西

① 陇县博物馆、宝鸡市考古队：《陕西陇县韦家庄春秋秦墓发掘简报》，《考古与文物》2001年第4期。

② 雍城考古队：《陕西凤翔高庄秦墓地发掘简报》，《考古与文物》1981年第1期。

③ 西安市文物保护考古所：《西安南郊秦墓》，陕西人民出版社，2004年。

④ 秦始皇兵马俑博物馆、陕西省考古研究所：《华县东阳》，科学出版社，2006年。

⑤ 雍城考古队：《陕西凤翔高庄秦墓地发掘简报》，《考古与文物》1981年第1期。

⑥ 咸阳市文物考古研究所：《任家咀秦墓》，科学出版社，2005年。

⑦ 陕西省考古研究所：《陇县店子秦墓》，三秦出版社，1998年。

⑧ 咸阳文物考古研究所：《塔儿坡秦墓》，三秦出版社，1998年。

表一　郭家崖秦国墓地（北区）墓葬分期与器物对照表

	鬲	釜	罐	壶	鼎	鍪	盒	盆	带钩
第一期	 M36：1  M41：2  M8：2	 M23：1	 M：28	 M26：4				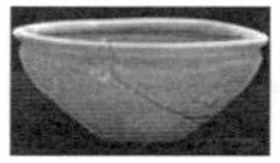 M41：3	 M41：1
第二期		 M33：1  M37：1	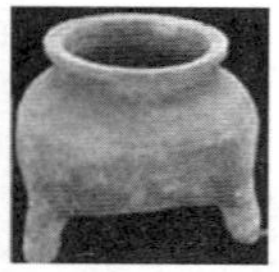 M20：2  M32：2	 M31：3  M19：1	 M26：2  M29：1  M31：1	 M32：1	 M31：4		 M32：3
第三期		 M25：2  M9：1	 M24：2		 M1：1				 M10：1 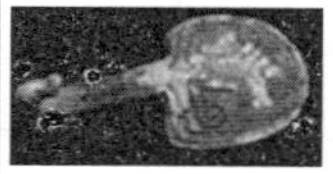 M9：3

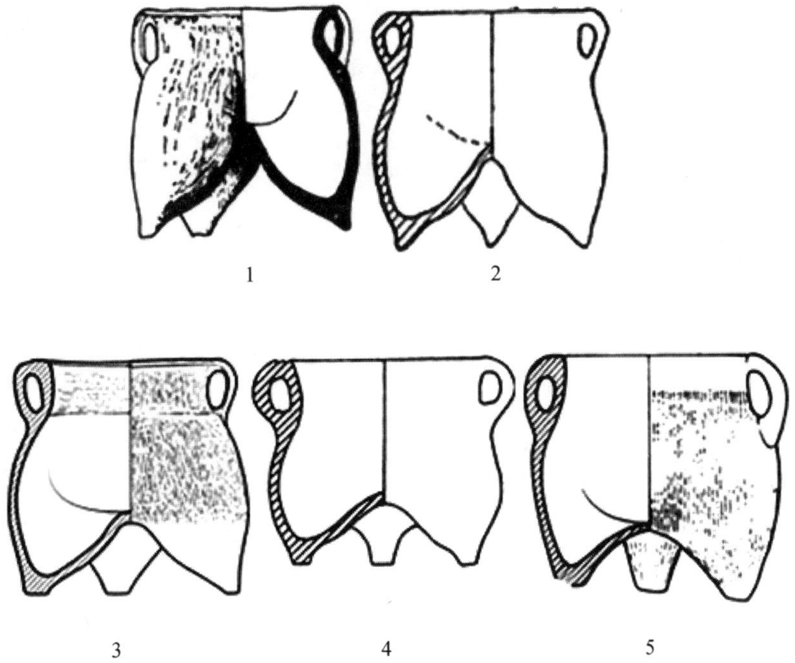

图七九 铲足鬲

1. 斗鸡台K3出土 2. 李家崖Ⅰ式鬲 3. 郭家崖BM41出土 4. 韦家庄BM16出土 5. 店子BM50出土

戎文化的血缘关系提供了非常重要的资料。

戎，本是居于西垂古族的通称，又曰西戎。西戎种族复杂，甘青地区的辛店、寺洼等多种考古学文化与之相关，后者所处的甘肃东部泾、渭河、西汉水诸河流的上游地区，与秦人早中期活动区域高度重合，在甘肃礼县西山、清水李衙等遗址、墓葬中类有所见。战国以来，以甘谷毛家坪B组遗存为代表的袋足陶鬲应与使用铲足鬲的戎族相关。迄今为止，文献涉及这一地区的诸戎颇多，如冀戎、邽戎、翟戎、绲戎以及义渠、大荔、乌氏之戎等，还未能做出更具体的考古学特征的划分，但此类具有肥袋足的铲足鬲，学界多认为是与西戎有关的典型物质遗存。

（一）铲足鬲的发现与启示

铲足鬲，早在1934年徐旭生、苏秉琦先生在宝鸡斗鸡台发掘时就已发现，1955年，考古工作者又在斗鸡台以西 1 千米处的李家崖发掘秦墓葬41座，出土了2件此类鬲①。20世纪90年代，考古工作者又先后在陇县韦家庄秦墓地②、陈仓区西部山区建河秦墓地③再次发现素面袋足铲脚陶鬲。继宝鸡地区的这些发现后，咸阳塔儿坡秦墓地BM23090：1也发现了1件与斗鸡台相似的鬲④。凤翔高庄秦墓地BM9出土的单耳鬲⑤，凤翔西村战国秦墓地BM66出土的中领、双扁平附耳袋状铲

① 何欣云：《宝鸡李家崖秦国墓葬清理简报》，《文博》1986年第4期。

② 陇县博物馆、宝鸡市考古队：《陕西陇县韦家庄春秋秦墓发掘简报》，《考古与文物》2001年第4期。

③ 陕西省考古研究院：《宝鸡建河墓地》，陕西科学技术出版社，2006年。

④ 咸阳文物考古研究所：《塔儿坡秦墓》，三秦出版社，1998年。

⑤ 雍城考古队：《陕西凤翔高庄秦墓地发掘简报》，《考古与文物》1981年第1期。

足[①]，以及陇县店子秦墓地的BM48、BM97与铲足鬲属于同类的陶鬲[②]。这次郭家崖秦墓地出土的2件铲足鬲，与早先在斗鸡台、李家崖发现的酷似，这对深入探讨和研究秦国早期文化与西戎文化之间的关系提供了非常重要的资料。

郭家崖北区秦国墓地的葬俗，与一河之隔的斗鸡台、李家崖秦墓地十分相似，墓葬形制、葬式、随葬器种完全相同，宝鸡地区秦人墓葬中常见的仿铜陶簋、陶甗、附耳方陶壶、陶豆、喇叭口陶罐等器形不见出现。这三处墓地所处位置属于秦国早期文化研究中的一个重要区域，因此，对这些秦墓地中不断出土的非秦文化风格的陶鬲的现象，是否与西戎有关确实需要深思。

（二）郭家崖（北区）秦国墓地戎文化因素的解析

郭家崖（北区）秦国墓地是秦文化考古中发现的规模较大的一处墓地。值得关注的是，这处墓地处在渭河南岸茵香河与渭河交汇处东夹角的台地上，适宜古人类生存的优越地理环境，造就了居住遗址与墓葬的共存，这在以往的考古中是难得一遇的。宝鸡是秦人享国进入关中后的第一个大本营，以往的考古发现虽然十分重要，如陇县边家庄、宝鸡太公庙、凤翔秦公一号大墓等，但这些多为春秋时期的文化遗存，而这次发掘的郭家崖秦国墓地全处在战国阶段。这对全程了解秦国从春秋到战国的东扩发展历程，无疑是非常重要的。

从已获得的随葬器物的情况看，无随葬品者3墓，只随葬1件器物者13墓，随葬2件器物者11墓，随葬3件器物者6墓，随葬4件器物者2墓，随葬5件器物者2墓，且全是陶器，不见铜礼器。说明这批墓葬的主人全是国人。从随葬器物的组合与器种看，2件组合中，釜与罐组合者6墓，釜与带钩组合者4墓，鼎与带钩组合者1墓。这种组合在同期的陇县店子秦墓地并不多见。每墓都有釜者共21墓，占62%，显然，釜是这个墓地随葬器物中的主要器物，其比例大大高于店子墓地。鬲只发现3件，其中2件为铲足鬲、1件为常见的秦式鬲。仿铜礼器陶鼎发现4件，其风格与本区域福临堡、西高泉、南阳、孙家南头春秋时期的仿铜陶鼎截然不同。宝鸡地区秦人墓葬中常见的仿铜陶簋、陶甗、附耳方口陶壶、陶豆、大喇叭口陶罐等器形不见出现。显然，这个墓地所反映的丧葬习俗与以往见到的秦墓还是不太一致。而与宝鸡李家崖秦墓地的情况有点相似[③]。

首先是郭家崖（北区）秦国墓地共出土3件鬲，BM36与BM41出土的2件铲足鬲，是属于姜戎文化序列，BM8出土的弧裆鬲属于秦式风格，二者所反映的完全是两种不同性质的文化。这种戎文化风格的铲足鬲，除甘肃毛家坪B组外，在春秋秦墓中还未见有发现报道。1934年苏秉琦先生在宝鸡斗鸡台墓地4座屈肢葬时期的墓葬中最先发现了这种铲足鬲，后宝鸡地区战国时代的秦国墓葬中偶有出土，特别是位于斗鸡台以西1千米处的李家崖秦墓地，1955年又出土了2件与斗鸡台墓A3、K10[④]十分酷似的高领铲足鬲。但还没有引起学界对这一问题的广泛关注。后来俞伟超

① 尚志儒、李自智：《陕西凤翔西村战国秦墓发掘简报》，《考古与文物》1986年第1期。

② 陕西省考古研究所：《陇县店子秦墓》，三秦出版社，1998年。

③ 何欣云：《宝鸡李家崖秦国墓葬清理简报》，《文博》1986年第4期。

④ 苏秉琦：《苏秉琦考古学论述选集》，文物出版社，1984年。

先生在古代“西戎”和“羌”、“胡”等考古学文化归属问题的探讨中指出，在关中西部发现的刘家文化陶器中的“双耳、高领、袋足乃至铲状足端的陶鬲，同‘周式鬲’是不同的，按其所属文化的主要族属性质来说，可称之为‘戎式鬲’。秦人不断使用具有‘戎式鬲’作风的陶鬲，至少暗示了秦人和戎人的长期密切关系，而这是有历史上的亲缘关系为基础的”[①]。近年来先后又在陇县的韦家庄秦墓考古中有少数发现。向东的咸阳塔儿坡秦墓地BM23090：1也发现了与这种属于同一风格的戎式铲足鬲[②]。这次郭家崖秦墓地BM36与BM41再次出土铲足鬲，进一步证明了进入战国以后，经过百年的共同生活，羌戎族已完全融入了秦人社会，虽然在葬俗方面仍保留一些旧的习俗，但秦人的葬俗中也融入了不少西戎族的习俗，但它已不能算得上是纯正的“戎狄”文化，而仅仅可称作融入秦文化当中的带有“戎狄”文化特点的文化因素。

其次是洞室墓的问题。郭家崖（北区）秦国墓地洞室墓共22座，占秦墓总数的59%。可分为直线洞室或称日字形（Ⅰ式）、偏洞室或称凸字形（Ⅱ式）两种形式。偏洞室墓占绝大多数。迄今学界都认为，洞室墓、屈肢葬、东西向是秦墓葬考古学文化的重要特征。这并没有什么错误。问题是，这里有两个问题值得关注：一是洞室墓是不是秦人的固有习俗；二是洞室墓为何自战国以后才在秦人墓葬中流行。考古资料证明，秦人西迁以前的新石器时代晚期，马家窑文化、齐家文化以及处于青铜时代的辛店文化墓葬中就已出现了许多日字形或凸字形洞室墓。起码说明洞室墓不是秦人的固有葬俗。1981年发掘的扶风刘家墓群全采用这种洞室墓形制。学界公认刘家文化的族属当是羌人，更确切地说是宝鸡一带的土著——姜姓羌族人的墓地[③]。后来发掘的长安沣西大原村西周墓葬中亦有洞室墓，邻近的张家坡也有发现，其形制与扶风刘家村所发现的“偏洞墓”颇为近似。不过，刘家的“偏洞墓”年代较早，BM309或与刘家村“偏洞墓”具有渊源关系[④]。但迄今为止，在春秋时期的秦国墓葬中，还未发现有洞室墓的出现。这种铲足鬲与洞室墓差不多同时出现在战国时期的秦国墓葬中，恐怕不是巧合，这个现象是否也可以证明，洞室墓不是秦人的固有葬俗，春秋晚期，戎人已完全被秦人征服，战国时期秦人墓葬中大量出现的洞室墓，是秦文化与羌戎文化相互学习交融的结果。

再次是框架结构木椁的问题。郭家崖（北区）秦国墓地的土圹竖穴墓中有8座为框架结构木椁墓，占竖穴土坑墓的53%。这些墓葬形制的共同特点是，长方形竖穴，口大底小，有二层台，墓室内周边有四根或六根长方竖形枋木柱用作支撑墓室顶部盖板。这种葬俗在咸阳塔儿坡秦墓地有发现，发掘报告认为这应当是由盖板、棚木、立柱共同组成的木椁的一部分，并把这类墓葬的年代隶定在战国晚期[⑤]。这种椁室结构较为特殊，比常见的棺椁结构要复杂。在二层

---

① 俞伟超：《先秦两汉考古学论集》，《等考古学文化的归属问题的探讨和“胡”、“羌”和“西戎”古代》，文物出版社，1985年。

② 咸阳文物考古研究所：《塔儿坡秦墓》，三秦出版社，1998年。

③ 王均显、尹盛平：《扶风刘家姜戎墓葬发掘简报》，《文物》1984年第7期。

④ 中国社会科学院考古研究所沣西发掘队：《1984年沣西大原村西周墓地发掘简报》，《考古》1986年第11期。

⑤ 咸阳文物考古研究所：《塔儿坡秦墓》，三秦出版社，1998年。

台以下的墓室底部挖出横向沟槽，再向四壁及角隅挖出竖直沟槽4～6个，有的四角各一个；有的南北两侧各两个；有的东西两端各一个。横竖沟槽均为方形，横向沟槽内镶入方形木料，构成椁室底框；竖直沟槽内镶入方形木柱，木柱立于底框上面，构成椁室框架。椁室框架上面沿四壁木柱顶端有方形木料，构成椁室顶框。顶框上面铺设木板一层，构成椁盖。这种椁的结构不见椁底板与壁板，当为框架木椁，这种特殊的墓制形式，在秦人墓葬中不多见。值得注意的是，扶风刘家姜戎墓地中，11座为框架结构的木棺，这种棺没有底与盖，只有边框[①]。由此看来，郭家崖秦墓地这种框架结构的木椁，很可能是受戎人框架结构木棺影响的结果。也就是说，这种在战国时期出现的框架结构的棺椁，是秦文化与羌戎文化结合的产物。

最后是壁龛置放随葬品。北区37座秦墓中带壁龛的就有27座，占墓葬总数的72.9%。秦人没有使用壁龛存放随葬器物的习俗，进入战国以后的秦国墓中大量使用壁龛存放随葬品的现象，可能与戎人逐步融入秦社会有关。

（三）郭家崖（北区）秦国墓地秦文化的特征

郭家崖（北区）秦墓地的考古学文化面貌与斗鸡台、李家崖有许多共性，而与周边已发现的秦墓区别较大（表二）。

表二　宝鸡地区秦墓出土戎式鬲与陶器组合比较

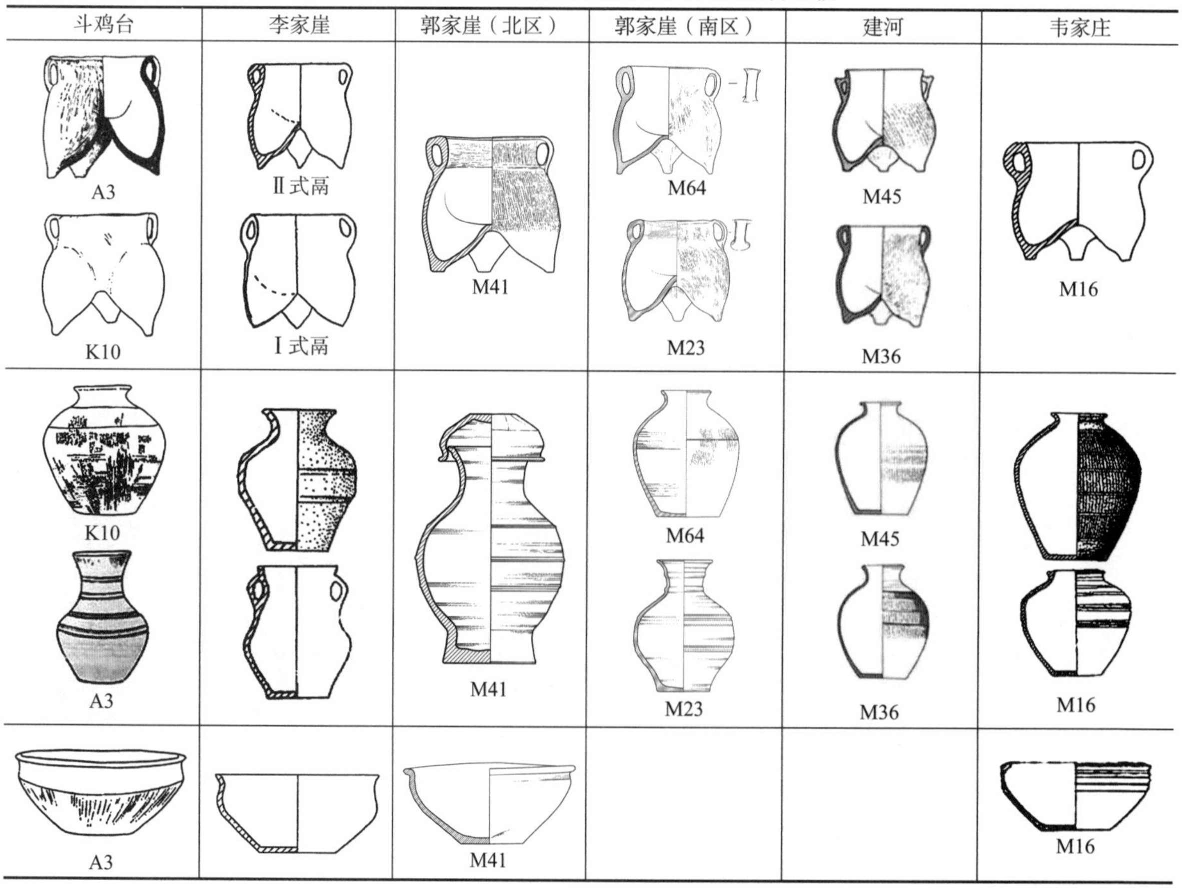

① 王均显、尹盛平：《扶风刘家姜戎墓葬发掘简报》，《文物》1984年第7期。

区别主要表现在随葬器物的种类上。如宝鸡地区秦人墓葬中常见的仿铜陶簋、陶甗、附耳方口陶壶、陶豆、大喇叭口陶罐等器形始终不见出现。

秦人墓葬最为突出的特征有以下几项。

一是东西向的墓葬。根据陕西境内发现的秦国墓葬看，绝大多数都是东西向。先秦时代，中原地区的葬俗是死者北首而葬，墓向朝南，而秦人葬俗是西首而葬。也就是说，秦人东西向的葬俗已成学界共识。郭家崖北区共发掘的37座秦墓葬，除一座为南北向外，其他全为东西向布局。说明这是秦人葬俗的主流。

二是屈肢葬。这种葬式虽然流行的时代比较早，区域也相当广泛，迄今尚不能直接证明屈肢葬就是秦人的固有葬俗。特别值得注意的是，辛店文化的屈肢葬与春秋时代秦国的屈肢葬表现出惊人的相似。但根据已发表的考古资料，在陕甘交界地区发掘的春秋战国时代的秦墓中，屈肢葬占有比例可达80%以上。有学者认为秦贵族是实行的直肢葬[①]，但秦国早期都邑区域如宝鸡陇县、阳平发现的秦贵族墓葬的一部分也都是屈肢葬。据此，或以为这种直肢葬与屈肢葬并行的葬仪是秦国特有的文化现象，直肢葬者为秦宗室贵族，屈肢葬者大部分为殉葬的奴隶。但是，已著录的大量秦墓考古资料，还很难对此做出明确的划分与界定。郭家崖37座秦墓葬中，3座葬式不清、1 座未发现遗骨，其余全为屈肢葬式。这也与秦人墓葬的风俗相一致。

三是陶釜的演化与使用。郭家崖秦墓地出土的随葬器物中，陶釜是大宗，据统计，有21座墓葬中出土了陶釜。陶釜作为秦人墓葬中的典型器物大量出现在有戎文化特征的郭家崖墓地的现象应当是秦文化与戎文化相互融合的最好见证。

（四）郭家崖（北区）秦国墓地的文化属性

综上所述，我们可以看出，郭家崖北区秦国墓地的文化是多元的。虽然以铲足鬲为代表的戎人文化色彩比较浓厚，但秦文化仍是这个墓地的主流。

西周时期，秦人与戎人处在敌对状态之中。秦受封立国初年，戎人势力还很强大，封地范围内的大部分地区还被戎人占领。经过秦文公与秦武公近百年的打拼，直到秦穆公以后，才“益国十二，开地千里，遂霸西戎”。秦文化已经完全处于主导地位。这时，在关中地区秦墓内看到的诸如戎式鬲这样的器物，可能仅仅是某个“戎狄”小部族在秦的大文化圈中相对独立或不独立的生活情景，它已不能算得上是纯正的“戎狄”文化，而仅仅可称作融入秦文化当中的带有“戎狄”文化特点的文化[②]。也就是说，到了春秋以后，西戎文化已经完全被秦文化所同化。《史记·秦本纪》述，“秦用由余谋伐戎王”，由余本为戎人，能够帮助秦人征服西戎，足见当时秦人影响力之强大。这也就是为什么在春秋时期的秦国墓葬中不见有铲足鬲之类的戎人器物，而到了战国以后，秦人墓葬中才时不时地出现戎人葬俗的历史背景。

郭家崖墓地的特征表明，这是一群具有内在联系的族群，在生产、生活中遗留下来的。由

---

① 韩伟：《略论陕西春秋战国秦墓》，《考古与文物》1981年第1期。

② 田亚岐：《东周时期关中秦墓所见“戎狄”文化因素探讨》，《文博》2003年第3期。

于他们彼此间生产、生活方式、风俗习惯、宗教信仰、思想观念与秦族的不同，所以在埋葬方式上，比较独立地保留了本族群的习俗。在一定时段内保存有某些自己独立的文化因素，但在秦国这个共同体中，郭家崖这类完全被羌戎化了的墓地，依然为秦国墓地。

第二节　汉　墓

一、墓葬分述

郭家崖北区共发现2座汉代墓葬，都属于砖室墓，居于墓地中部，规模相当，一座早年被盗。

（1）北区十五号墓（BM15）

1）墓葬形制

该墓为砖室墓，方向10°。由墓道、封门、甬道、前室、后室、侧室六部分组成。该墓用砖皆为青灰色，有两种形制：一是条砖，长33.5、宽16、厚5.5厘米。另一种为券顶的楔形砖，长33.5、宽16厘米。砖的厚度不均，一般在3～5厘米，有的厚达5.5厘米（彩版四三）。

墓道：位于墓室北侧，长斜坡墓道，平面呈南北向长方形。墓道内壁面竖直，表面原经修整铲平，较为光滑。墓葬开口层位不详。长10.8、宽0.98米，墓道底斜长11.32米，墓道坡度27°。开口距底部3.42米。墓道底较为平整，表面原经修整铲平，较为光滑，墓道底有两条滚木痕迹，宽9厘米，可能为下葬时使用残留。

封门：位于墓道底部，甬道最北端，平面呈东西向长方形，由条砖单层“人”字形垒砌而成，单层。长0.98、高1.85、厚0.34米。

甬道：平面呈南北向长方形，东西两壁采用单砖全顺砌筑，壁高1.09、墙厚0.16米。顶用楔形砖单层券顶。甬道长1.44、宽0.97、内高1.58米，底部未铺砖，但踩踏面明显，极为光滑平整。

前室：位于甬道南段，平面呈方形，南北长2.99、东西宽2.98、内高2.98、壁面高1.09米，前室东侧虽没有侧室，但在东壁面发现双层券顶连接结构，前室顶为穹隆顶，用楔形砖及条砖以三角形方式垒砌，缝隙处填塞碎砖及砂土。在穹隆顶上，填塞厚0.5米的砂土，砂土之上又用楔形砖单层券顶，该层券顶与墓室其他部分未相连，可能为防盗用。

后室：位于前室南侧，平面呈南北向长方形，顶部通过双券结构与前室相连，底部比前室高三块砖的高度，高17厘米，底部用条砖以“人”字形铺垫，顶部用楔形砖单层券顶，东西两壁用条砖全顺砌筑，两壁高0.96米，后室南北长3.93、东西宽1.96、内高1.67米。

侧室：侧室位于前室西侧，平面呈方形，通过双券结构与前室相连，底部比前室高两块砖的高度，高11厘米，底部用条砖以“人”字形铺垫，顶部用楔形砖单层券顶，南北两壁用条砖全顺砌筑，两壁高0.84米，侧室东西长1.88、南北宽1.74、内高1.6米（图八〇）。

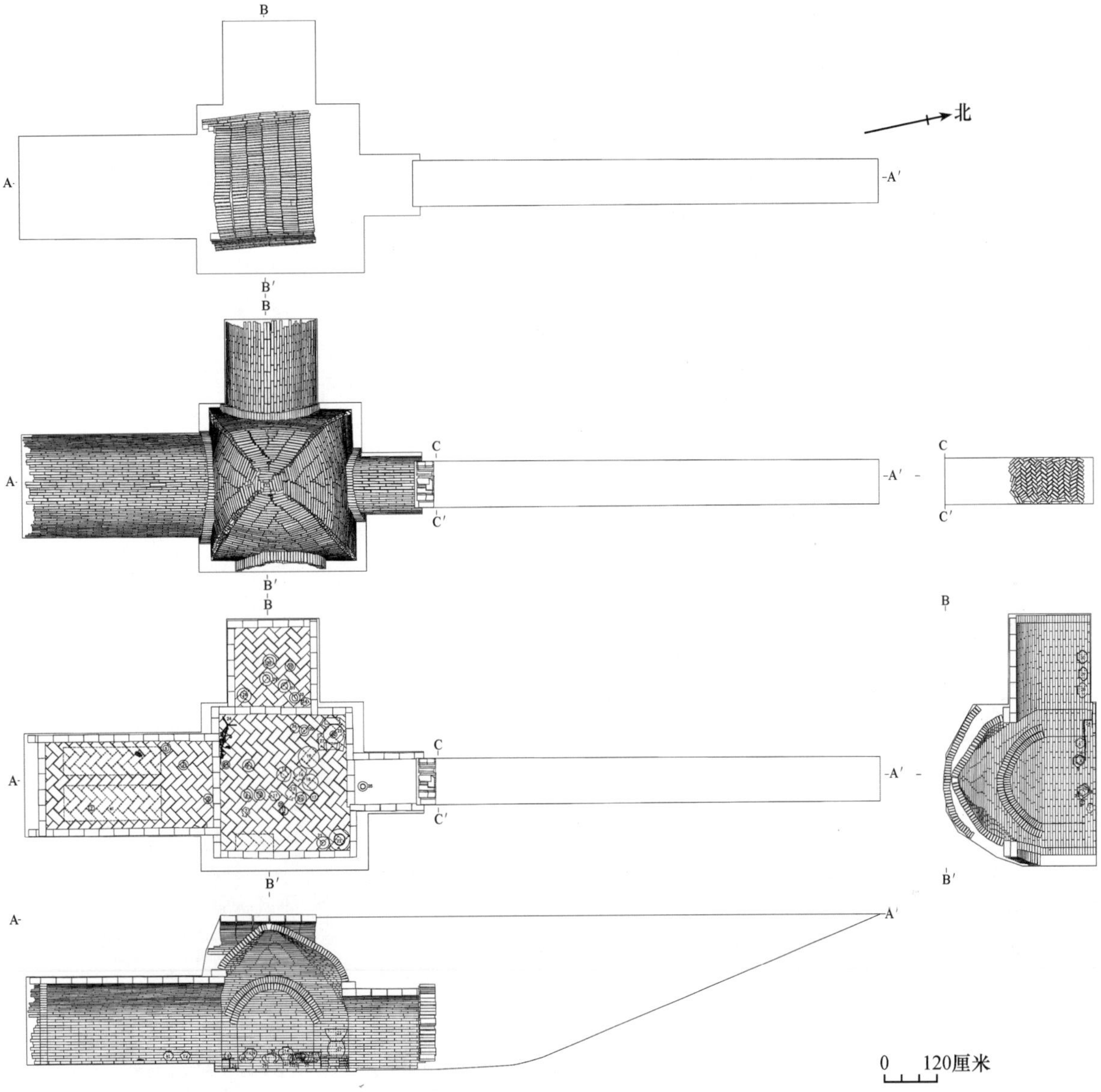

图八〇　BM15平、剖面图

1. 银环　2～11、13～16、20～22、28～35. 陶罐　12、17～19. 陶盆　23. 陶甑　24. 摇钱树　25. 铜镜　26. 铜釜　27. 铁釜　36～38. 铜钱　39. 铁刀

2）葬具葬式

从清理后的现状看，该墓为合葬墓，葬具为木棺，位于后室中部，皆已腐朽，仅残留朽木灰，两木棺东西并列，间隔0.22米，均为南北向长方形，两木棺形制、大小均相同，长2.2、宽0.79米。尸骨保存较差，仅残留一些白色斑点及细碎骨骼，葬式不详。

3）随葬器物

共出土随葬品39件。计有陶器、铜器、铁器、钱币、银器等（彩版四四，1）。现分类介绍如下。

陶器　共计30件。计有陶罐、陶盆、陶甑。

陶罐　25件。依据形制可分A、B、C、D、E五型。

A型　6件。形制相同，敛口、圆唇、束颈是其主要特征。BM15：3，泥质灰陶。敛口，圆唇，束颈，圆肩，鼓腹。腹最大颈在三分之二处，下腹斜收，平底稍内凹。肩以下饰竖绳纹。腹饰两道凹弦纹。轮制，器表有轮旋纹。口径11.6、腹径21.4、底径10.8、高15.2厘米（图八一，1；彩版九二，2）。BM15：4、BM15：32、BM15：10、BM15：20、BM15：33与BM15：3的区别是通体饰交错绳纹，肩饰一道凹弦纹。BM15：4，口径12.5、腹径22、底径10.2、高16.6厘米（图八一，2；彩版九二，3）。BM15：32，口径11.6、腹径23、底径11.2、高17.5厘米（图八一，3；彩版九四，6）。BM15：33，口径12.6、腹径22.6、底径10.4、高16.4厘米（图八一，6；彩版九五，1）。BM15：10，口径14.2、腹径26.6、底径13.8、高18.4厘米（图八一，4；彩版九三，2）。BM15：20，口径13.2、腹径22.8、底径12、高16厘米（图八一，5；彩版九三，5）。

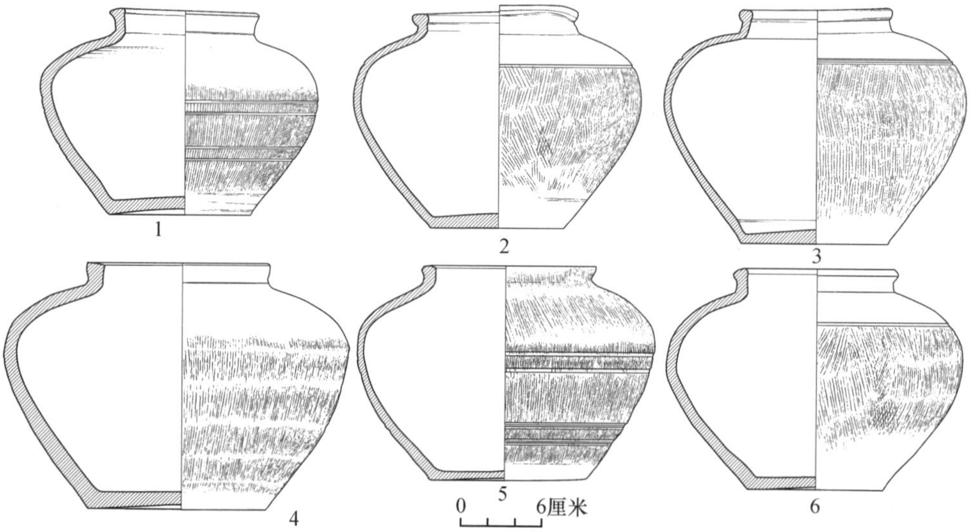

图八一　BM15出土A型陶罐

1. BM15：3　2. BM15：4　3. BM15：32　4. BM15：10　5. BM15：20　6. BM15：33

B型　4件。形制相同，敛口、圆唇、束颈、深腹是其主要特征。BM15：9，泥质灰陶。敛口，方唇，束颈，圆肩，深鼓腹，腹最大径在三分之二处，下腹斜收，平底稍内凹。通体饰竖绳纹。轮制，器体规整。口径15.6、腹径29.6、底径14.4、高25.6厘米（图八二，1；彩版九三，1）。BM15：15，口径14、腹径28、底径13.8、高25.6厘米（图八二，2；彩版九三，3）。BM15：16，口径14、腹径27.6、底径13.2、高24.8厘米（图八二，3；彩版九三，4）。BM15：21，口径14、腹径28、底径13.6、高25.2厘米（图八二，4；彩版九三，6）。

C型　9件。形制相同，敛口、方唇、直领、深腹是其主要特征。BM15：28，泥质灰陶。敛口，方唇，直领，折肩，深鼓腹，腹最大径在三分之二处，下腹斜收，平底。肩部光素，下腹饰斜绳纹，并有两道凹弦纹。轮制，器体规整。口径16.8、腹径32.2、底径14.4、高24.6厘米。值得关注的是，出土时发现罐内装满谷物，但均已炭化（图八三，8；彩版九四，2）。BM15：22，通体光素，只是在肩腹交界处饰一周指甲印纹，在腹近底部有一小圆孔。口径

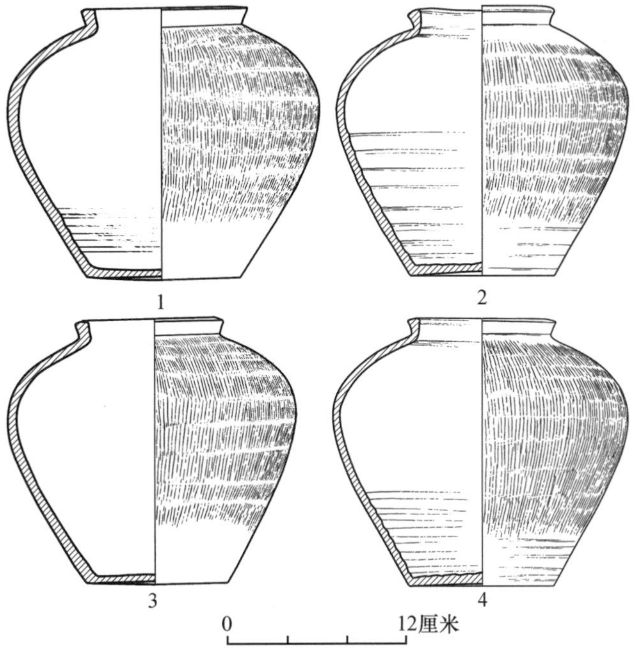

图八二　BM15出土B型陶罐

1. M15：9　2. M15：15　3. M15：16　4. M15：21

18.4、腹径41.2、底径18、高35.4、孔径0.8厘米（图八三，2；彩版九四，1）。BM15：2，通体光素。口径6.2、腹径12、底径6.6、高10.2厘米（图八三，4；彩版九二，1）。BM15：5，口径12.3、腹径22.4、底径10、高16.2厘米（图八三，1；彩版九二，4）。BM15：6，口径22.8、腹径43.2、底径21.8、高33.6厘米（图八三，7；彩版九二，5）。BM15：8，口径29.6、腹径54.4、底径28.6、高40.4厘米（图八三，3；彩版九二，6）。BM15：29，口径16、腹径29.2、底径14.2、高22.6厘米（图八三，5；彩版九四，3）。BM15：30，口径16.5、腹径29.4、底径15、高21.4厘米（图八三，6；彩版九四，4）。BM15：31，口径14.2、腹径27.2、底径14.6、高18.6厘米（图八三，9；彩版九四，5）。

D型　1件。BM15：14，泥质灰陶。直口，斜平沿，方唇，细颈，圆肩，直腹下微收，平底。肩部光素，腹饰竖绳纹，肩部有三道凸弦纹，腹部有三道宽抹划纹，近底部有一道凹弦纹。轮制，器体规整。口径14.2、腹径31.2、底径28、高25.6厘米（图八四，1；彩版九六，1）。

E型　5件。形制大体相同，敛口，宽平沿，方唇、细颈、深腹、体瘦高是其主要特征。BM15：13，泥质灰陶。敛口，宽平沿，细颈，斜肩，深鼓腹，腹最大径在三分之二处，下腹斜收，平底。通体饰竖细绳纹，颈肩部有一道凹弦纹，腹饰数道抹划纹。轮制，器体规整。口径17.6、腹径29.6、底径12、高36.8厘米（图八四，4；彩版九五，3）。BM15：7，口径14.6、腹径21.2、底径9.2、高24.4厘米（图八四，2；彩版九五，6）。BM15：11，口径14.6、腹径21.2、底径9.2、高24.4厘米（图八四，3；彩版九五，2）。BM15：34，口径14、腹径21.6、底径10.8、高26.2厘米（图八四，5；彩版九五，4）。BM15：35，口径10.6、腹径16.8、底径9、高19.8厘米（图八四，6；彩版九五，5）。

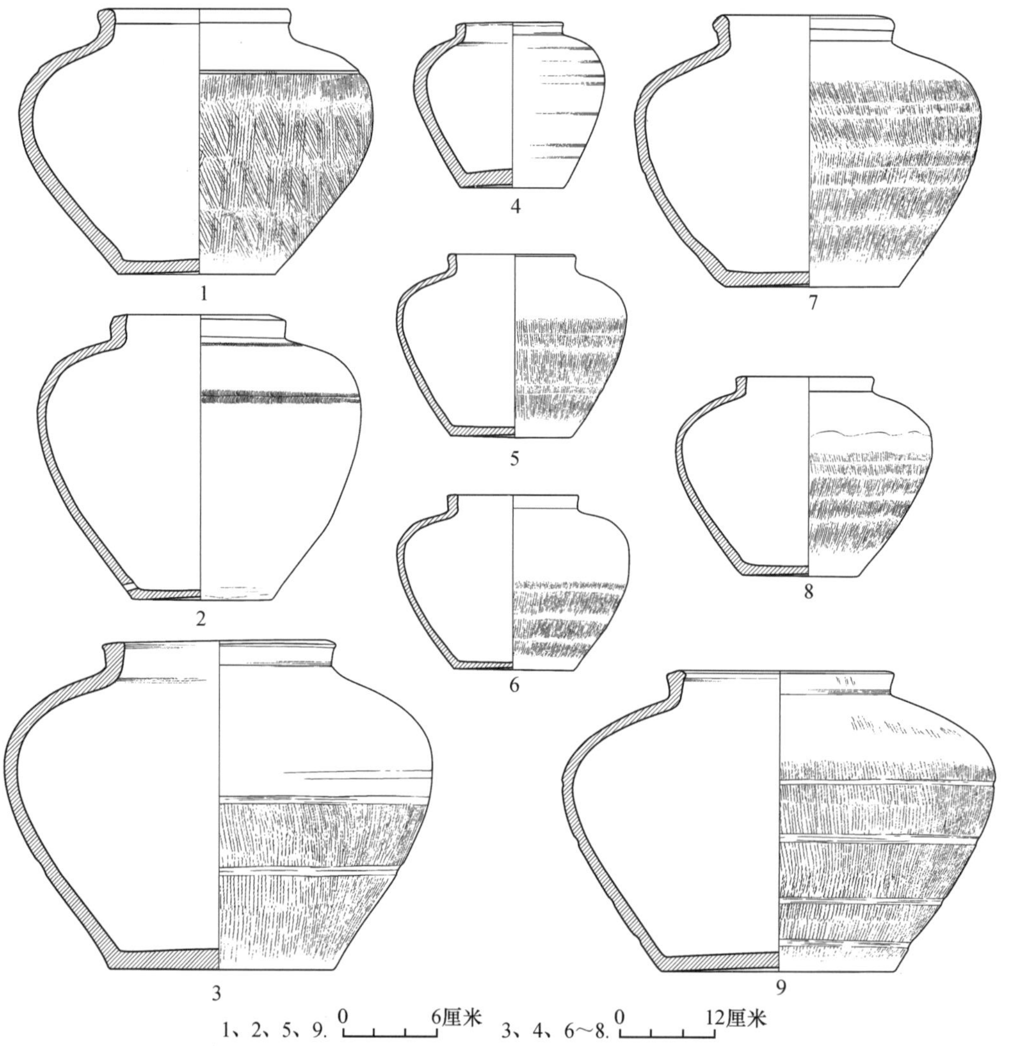

图八三　BM15出土C型陶罐

1. BM15：5　2. BM15：22　3. BM15：8　4. BM15：2　5. BM15：29　6. BM15：30
7. BM15：6　8. BM15：28　9. BM15：31

陶盆　4件。依据口沿形制可分A、B、C三型。

A型　1件。BM15：18，泥质灰陶，轮制而成。广口，宽平沿外折，方唇，深直腹微外鼓下斜收，平底。颈饰一周凸弦纹，下腹饰斜绳纹。口径34.4、底径16、腹深17.2厘米（图八五，3；彩版九六，4）。

B型　1件。BM15：19，泥质灰陶，轮制而成。直口，宽平沿外折，方唇，深直腹下斜收，平底。通体饰竖绳纹，腹饰七周抹划纹。口径44.4、底径20、腹深23.2厘米（图八五，4；彩版九六，5）。

C型　2件。形制相同，大小有别。BM15：17，泥质灰陶，轮制而成。广口，圆唇，深直腹下斜收，平底。通体光素，腹饰二道凹弦纹。口径17.8、底径10、腹深7厘米（图八五，2；彩版九六，3）。BM15：12，口径18.4、底径10、高7.6厘米（图八五，1；彩版九六，2）。

陶甑　1件。BM15：23，泥质灰陶，轮制而成。直口，宽平沿外折，方唇，深直腹下斜

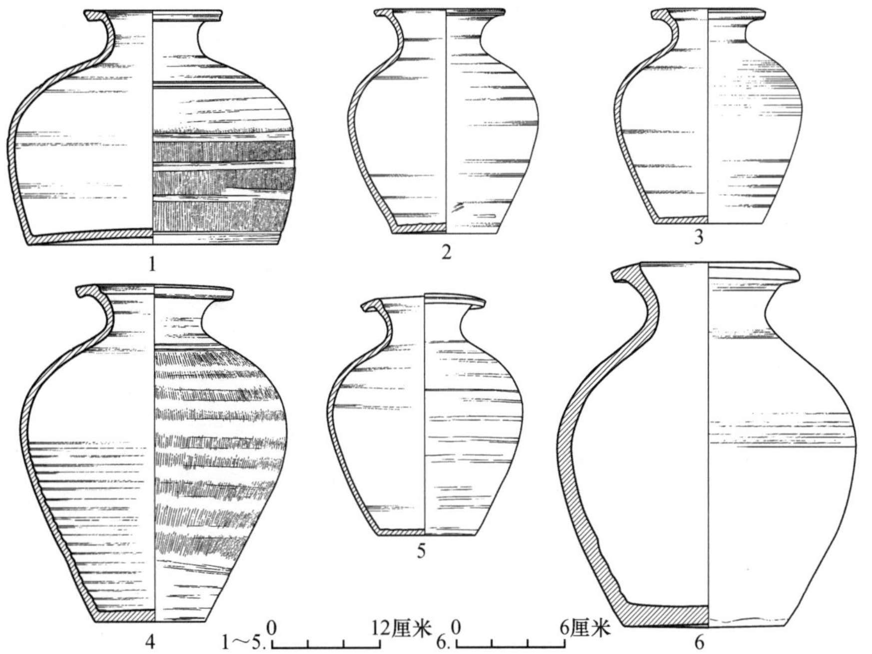

图八四 BM15出土D、E型陶罐

1. D型（M15∶14） 2～6. E型（M15∶7、M15∶11、M15∶13、M15∶34、M15∶35）

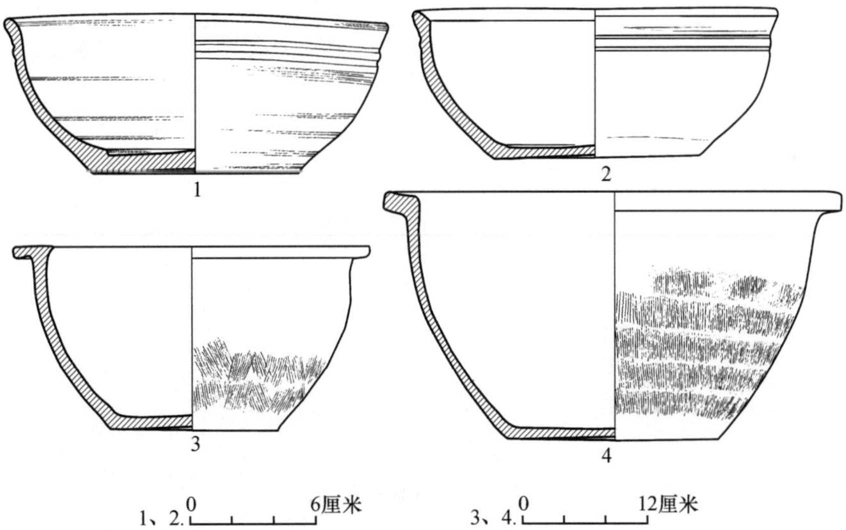

图八五 BM15出土A、B、C型陶盆

1、2. C型（BM15∶12、BM15∶17） 3. A型（BM15∶18） 4. B型（BM15∶19）

收，平底，底有六个圆形箅孔。通体饰竖绳纹，腹饰四道抹划纹。口径42、底径16.8、腹深28、孔径2～2.8厘米（图八六，3；彩版九六，6）。

铜器 4件（组）。计有铜釜、铜镜、摇钱树、铜钱。

铜釜 1件。BM15∶26，置于前室西侧。广口，平折沿，方唇，深斜腹下收，圜底。底部有一修补疤钉痕。通体光素，布满烟炱。口径20.3、腹深8.4厘米（图八六，1；彩版九七，1）。

铜镜 1件。BM15∶25，锈蚀比较严重。置于前室中部东侧。当属多乳禽兽类，圆形，圆

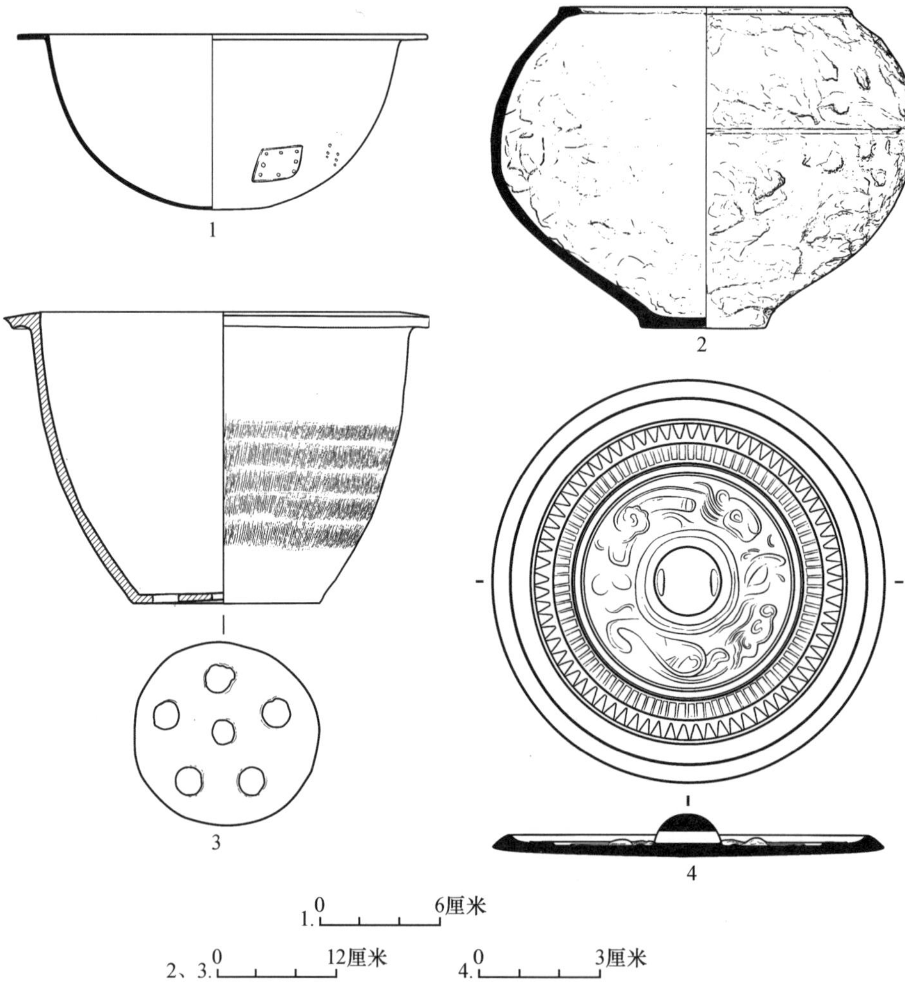

图八六　陶甑、铁釜、铜镜、铜釜

1. 铜釜（BM15：26）　2. 铁釜（BM15：27）　3. 陶甑（BM15：23）　4. 铜镜（BM15：25）

纽，纽外重圈带，纹饰不清，锯齿纹缘。直径9.68、厚0.44、纽高0.74厘米（图八六，4；彩版九七，2）。

摇钱树　1株。BM15：24，置于前室西南角。摇钱树出土时倒置于墓室地面，树枝残片凌乱散布其周围。后经修复复原后可知其通高110厘米，分底座、树干和枝叶三部分。底座为铁质，底座下部为360°平均分布的三叉状用于保持稳定，叉长17.6厘米。底座上部为上大下小得多节锥状空心体套接，最上部直径约2.3厘米。

树干共分五节，每节铸造一尊佛像，每尊佛像通高4.8厘米，共计5尊，树干下面两节佛像位于树干正面，上部三个佛像位于树干背面。佛像头顶有高肉髻，头后有椭圆形顶光；佛像大眼圆瞪，面部丰满，交领右衽，衣纹清晰，左手拳握，右手掌心向外部施无畏印，双腿盘曲。

树干上有纵横交错的五层枝叶，由下至上分别标号为1～5层。

1～2层图案较为简单，树干上有向四个方向延伸的树枝，树枝两两对称，上悬挂有璧，璧上装饰有带芒硝的铜钱图案。第1层横向长27.8、纵深25.9厘米，第2层横向长17.3、纵深26.5厘米。

3层为两组对称的凤鸟钱形枝叶，枝叶上若干分叉，下垂4枚带芒硝的五铢钱，末端为凤鸟图案，其中横向长36.7、纵深36厘米。

4层横向枝叶为一组对称图案，由凤鸟玉璧和凤鸟钱形枝叶构成，璧外径5.5、内径2.9厘米。凤鸟钱形枝叶上层为一猴和一人物形象，下层为4枚带芒硝的铜钱，铜钱为圆孔方穿，外径2、内径1厘米。末端为凤鸟图案，树枝横向长57.2厘米，纵深枝叶图案与横向一致，长57.2厘米。

5层亦为十字交叉状交错分布的两个树枝。横向枝叶图案较为复杂，纵向与横向不一致，较为简单。横向枝叶由3件璧和2组对称凤鸟以及1组佛像构成，其中一组对称凤鸟分别立于两侧璧之上，璧外径7.8、内径4.5厘米，璧上为1组佛像，佛坐于璧之上，佛面部以及服饰略微残破，对照安县和城固出土的佛像枝叶，其形象依稀可见。额中施加白毫相，睁眼，佛为高髻，有两个同心圆组成的圆形项光，项光径2.8厘米。由于残破，无法辨认其衣服和手势，仅推测其为结跏趺坐。佛两侧各站立两个人，小人通高5厘米，头戴尖顶帽，大眼，高鼻。抬头向上似乎在仰视佛像。戴尖帽小人手执莲花藤，佛像两侧以莲花状树叶装饰，树叶顶部各有一朵莲花，花瓣为8瓣，佛与莲花以及戴尖顶帽的小人均与蔓草之属连接。璧下侧为弯曲向上的龙纹龙首顶部较尖，做套挂其他枝叶之用。佛像之上的蔓草上站立一凤鸟，凤鸟通高9.5、宽8厘米，昂首，曲径，卷尾，嘴微张，眼圆整，嘴里叼一卷曲状物。尾部可见7条尾羽，由外到内呈同一弧度卷曲，逐渐缩短。雕刻细致，头部、颈部以及尾部羽毛清晰可见。另外一组对称凤鸟由璧外侧斜向延伸，凤鸟与璧由龙纹相连接，呈展翅飞翔状。中间横向树枝长51.7厘米，纵向枝叶为两个树枝，上悬挂璧，长26.9厘米（彩版四四，2）。

铜钱　1组共342枚。其中前室发现178枚、后室发现101枚、侧室发现63枚。分五铢与货泉两类。五铢，圆形方穿，直径2.6、穿径0.9厘米，“五铢”二字小篆阳文工整，“五”字弯曲，上下两横较长，“铢”字头呈三角形，面、背外郭工整凸出，面无内郭（图八七，1～6；彩版九七，5）。货泉，圆形方穿，直径2.1、穿径0.7厘米，有内外郭，正方形穿，穿之两面有郭，钱面模铸篆文“货泉”二字，笔画较细，清晰工整（图八七，7、8；彩版九七，4）。

铁器　2件。为铁釜和铁刀。

铁釜　1件。置于前室西北角。BM15：27，敛口，方唇，深球腹，尖底。腹有一周凸弦纹。锈蚀严重。口径28、腹深41.6、高32厘米（图八六，2）。

铁刀　1件。BM15：39，残断，锈蚀严重。残长17、宽3厘米（图八八，1）。

银环　1组3件。BM15：1-1，圆圈状。置于后室东侧棺木中部。直径2.12～2.35厘米（图八八，2；彩版九七，3）。

（2）北区二十一号墓（BM21）

1）墓葬形制

该墓位于北区中部偏南，周围都是秦墓，但无打破关系。为砖室墓，由墓道、封门砖、甬道、前室、东西侧室、后室六部分组成，平面呈“十”字形，坐南朝北。墓葬方向为4°。

墓道：墓道平面呈南北向长方形，墓道壁面平整，有明显人为加工痕迹，墓道底面呈斜坡状，底面有明显人为活动踩踏面。墓道长8.2、宽0.93米，墓道口即墓门处距地表2.42米。墓道坡度25°。

封门砖：“人”字形封门，靠近甬道的一端垒有11排完整砖，靠近墓道的一端为残砖。底

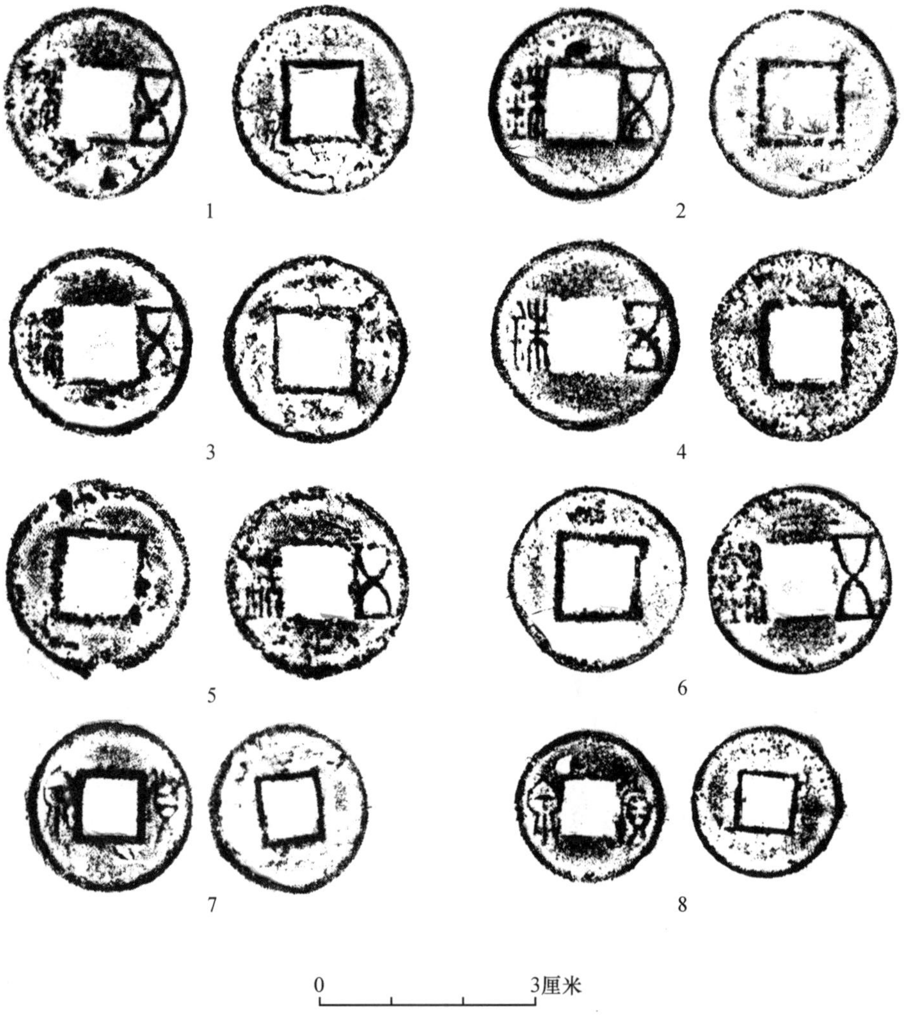

图八七　BM15出土铜钱拓片

1～6. 五铢（BM15：36-1、BM15：36-2、BM15：38-1、BM15：38-2、BM15：37-1、BM15：37-2）

7、8. 货泉（BM15：36-3、BM15：38-3）

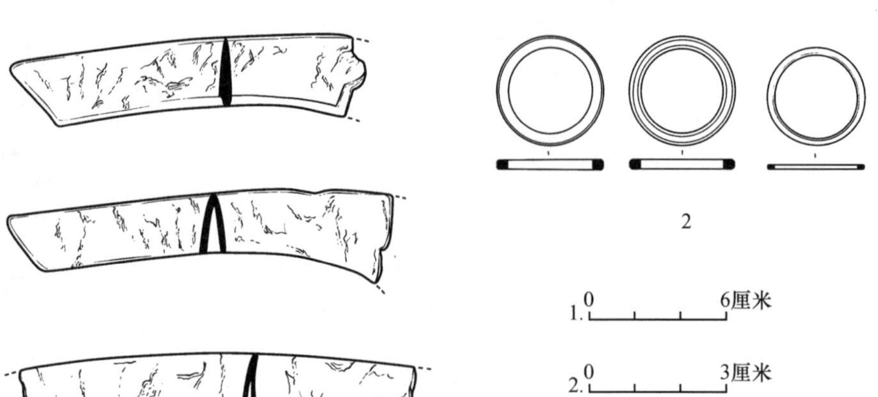

图八八　BM15出土铁刀、银环

1. 铁刀（BM15：39）　2. 银环（BM15：1-1）

部平铺墓砖两排，并向北端延伸0.6米。封门砖高0.84米，距顶部0.72米。

甬道：位于墓道南部，平面呈长方形，其顶部已坍塌，根据残状判断，甬道顶应为拱形。甬道北部宽0.86、南部宽1.4、长1.3、现残高1.34米。甬道底部铺有墓砖，但由于坍塌及后期破坏，只残留一小部分，据残状判断，底部墓砖应为横排错缝相砌。壁面下半部分还残留有墓砖，由残状判断其壁面为横平错缝相砌。

前室：位于甬道南部，平面略呈方形，由于其顶部已坍塌，顶部形制、结构不详。壁面下半部分还残留有墓砖，由残状判断其壁面为横平错缝相砌。前室南北向长2.6、东西向长2.75、底部距现地表1.3米。

侧室：侧室分为东西侧室两个，分别位于前室东西两端。东侧室平面呈东西向长方形，宽1.94、长3.2、底部距现地表1.26米。西侧室平面呈东西向长方形，宽1.5、长1.82、底部踞现地表1.26米。东西侧室顶部均已坍塌，但壁面下半部分还残留有墓砖，由残状判断其壁面为横平错缝相砌。底部均铺有墓砖，但由于坍塌及后期破坏，只残留一小部分，据残状判断，底部墓砖应为横排错缝相砌。

后室：位于前室南部，平面呈南北向长方形，东壁长3.9、西壁长4.2、宽2.2米，底部踞现地表1.3米。后室顶部坍塌，形制、结构不详，壁面下半部分还残留有墓砖，由残状判断其壁面为横平错缝相砌。底部均铺有墓砖，但由于坍塌及后期破坏，只残留一小部分，据残状判断，底部墓砖应为横排错缝相砌（图八九）。

2）葬具与葬式

这座墓因早期遭盗扰，清理时已看不到葬具的痕迹。在后室及前室填土中发现少量铁钉，疑似为棺钉，只能推测其葬具为木棺。葬式无法推断。

3）随葬器物

铜钱　1组10枚。BM21∶1，出土于前室及后室填土内。皆为五铢钱。圆形方穿，有边郭，“五”字弯曲，上下两横较长，“铢”字头呈三角形，背外郭工整凸出，正面无内郭。直径2.5、穿径0.9厘米（图九〇，1、2；彩版九七，6）。

二、小　　结

宝鸡地区汉墓甚多，但保存完好未经盗扰的并不多见。郭家崖BM15是宝鸡周边地区为配合国家基本建设，经过抢救发掘获得的资料较为完整的汉代砖室墓葬。特别是随葬明器——摇钱树，是古代四川与西南地区汉代砖室墓葬中较为常见的一种非常具有地方性文化特色的器物，在秦岭以北及中原一带比较罕见。郭家崖这座汉墓出土的摇钱树迄今为止，在宝鸡地区乃至关中一带的汉代墓葬中鲜见报道。能看到著录的考古发现，仅有陕西勉县红庙东汉墓[①]、陕

①　郭清华、唐金裕：《陕西勉县红庙东汉墓清理简报》，《考古与文物》1983年第4期。

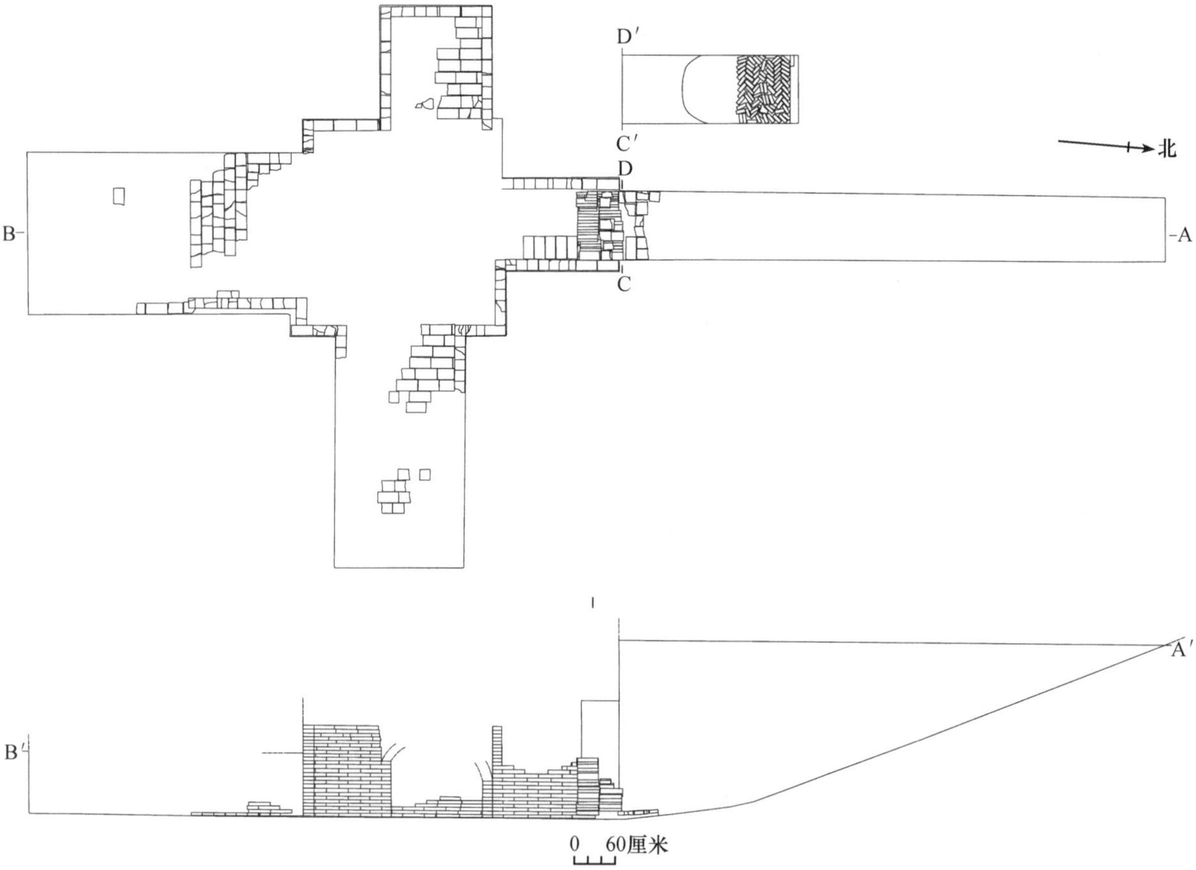

图八九　BM21平、剖面图

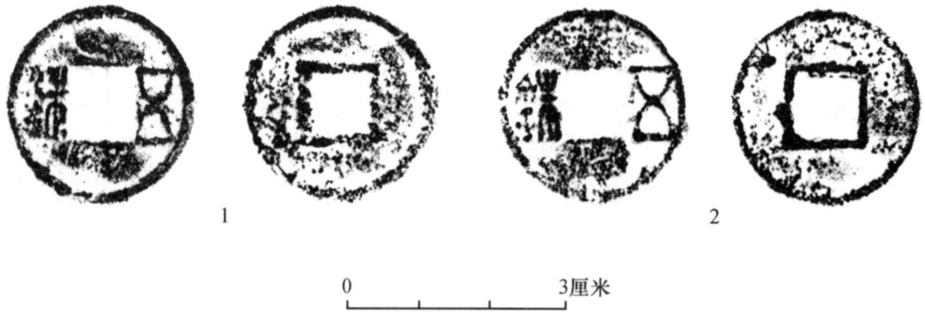

图九〇　BM21出土铜钱

1. BM21：1-1　2. BM21：1-2

西勉县老道寺四号汉墓[①]及宁夏固原西郊汉墓[②]各出土一株摇钱树。宝鸡自古就是通往西南与西北的交通枢纽，勉县又处在宝鸡通往巴蜀的交通要道上，显然，这些考古发现对我们了解与研

① 郭清华：《陕西勉县老道寺四号汉墓发掘简报》，《考古与文物》1982年第2期。

② 樊军：《宁夏固原西郊汉墓出土摇钱树及相关问题研究》，《四川文物》2011年第2期。

究宝鸡地区在古代与巴蜀地区的文化交流传播途径至关重要。

摇钱树还是一种时代特征比较明显的随葬器物，对断定墓葬的年代有着重要的标尺作用。迄今发现最早的摇钱树年代是东汉早期，多集中在成都平原地区；东汉中期和晚期该器物迅速流行，覆盖今天的四川、重庆以及周边地区；东汉末年到三国时期，摇钱树数量锐减；西晋时彻底消失。考古发现表明，摇钱树不仅是一种时代特征比较鲜明的随葬明器，还蕴含了大量的历史、民族、民俗宗教及神话信息。这种器物结构通常分为树干和树座两部分。树干及树枝均为青铜叶片铸造而成。其上雕饰的内容和题材多为当时流行的神话故事，除常见的五铢钱纹外，还有西王母神灵图像以及仙花灵草等，是人们向往和追求金钱财富，祈求富贵的物欲观念的表现。考古资料表明，凡有摇钱树出土的墓葬大多为大中型砖室墓葬，表示该器物的使用者属于富有家庭，如在四川三台永安电厂、新德乡的东汉墓、彭山县双江的东汉墓、广汉市万福东路的东汉墓①、四川安县的东汉墓②、四川绵阳的东汉墓葬③都是如此。虽然这些摇钱树的形状各有差异，但它们的时代都隶定在东汉，还未见有早到西汉的报道。再结合郭家崖这座汉墓与摇钱树共出的五铢与剪轮五铢钱，在东汉中晚期的墓葬考古中比较常见，东汉末年的墓葬中出土更多。特别是剪凿钱虽在西汉时期已经出现，但到东汉桓帝、灵帝时期流通更加普遍，以至达到泛滥的地步。1975年，陕西扶风段家小寨东汉墓出土东汉磨郭五铢72枚、东汉剪轮五铢967枚④。这些器物为我们确定这座墓葬的年代提供了很大的帮助，因此，隶定这座墓葬的年代当在东汉是不会有什么问题的。

郭家崖这座汉墓是属于规格较高的砖室墓葬，墓主当属富豪人家。但随葬的器物与宝鸡地区同期同规格的墓葬有所不同。随葬器物主要是陶罐与陶盆，其他器种如东汉墓葬中常见的釉陶壶、陶钫、陶奁、陶仓、陶灶、陶盒、陶鼎不见出现，还有家禽家猪一类动物陶俑也不见出现，似乎又与墓主人的身份地位不大相称。M28陶罐内装满谷物的习俗，在渭河北岸的斗鸡台汉墓中多有发现。这座墓葬共有陶罐25个，仅有一个陶罐装有粟谷，说明这是一种象征性的葬俗，反映汉代人们“事死如事生”的观念。同时说明谷粟在汉代是关中西部地区的主要农作物。

第三节　唐　　墓

一、墓 葬 综 述

北区四号墓（BM4）

北区墓地本就处在渭河南岸二级台地的北部边沿，而这座唐墓又处在墓地的北端，往北还有2座秦墓，东西两侧也有2座秦墓，但无打破与叠压关系。这座唐墓属于小型墓葬，现墓口以

① 景竹友：《四川三台出土东汉钱树》，《文物》2002年第1期。

② 何志国、刘佑新、谢明刚：《四川安县文管所收藏的东汉佛像摇钱树》，《文物》2002年第6期。

③ 绵阳博物馆：《四川绵阳何家山2号东汉崖墓清理简报》，《文物》1991年第3期。

④ 罗西章：《扶风县文物志》，陕西人民教育出版社，1993年。

上被施工单位平整场地时挖掉，情况不明，随葬器物比较简单，只出土了铜钱与1件陶罐，但墓葬形制比较特殊，在已著录的唐墓资料中鲜见报道。

1）墓葬形制

墓葬位于南区北端，地面已被建设单位平整场地时挖掉，墓葬原开口以上地层关系不明。平面呈刀把形，洞室墓，坐北朝南，墓葬方向188°。由墓道、过洞、墓室三部分组成（图九一）。

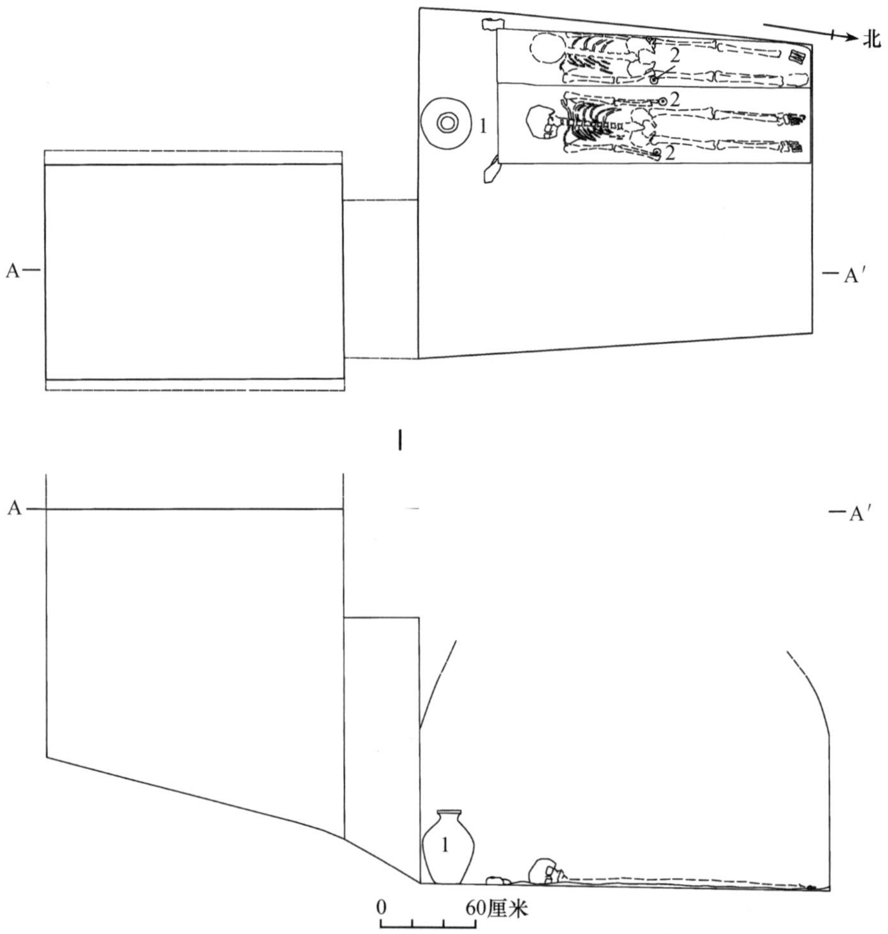

图九一　BM4平、剖面图

1. 陶罐　2. 铜钱

墓道：位于墓室南部，竖穴长方形，口小底大，壁面原经修整铲平，表面斜直光滑，墓道上口长1.9、宽1.31米，墓道底长1.9、宽1.47米，底部斜坡状，坡度14°，墓道南部底距开口1.52、北部底距开口2.01米。

甬道：位于墓道与墓室连接处，甬道内壁面光滑，顶部为圆弧形，下方为直壁，连接墓道处通高1.35米，连接墓室处通高1.62、宽0.91、进深0.48米，直壁高0.95、圆弧顶高0.4米，甬道顶部距现地表0.66米。

墓室：位于墓道北端，平面呈东西向梯形洞室。墓室内壁面光滑，长2.47、北侧宽2.15、南侧宽1.68米，墓室顶部坍塌，现残高1.31、直壁高0.95、墓室底距现地表通高2.31米，墓室底部较为平整。

2）葬具葬式

从清理后的现状来看，该墓为木棺双葬，木棺已朽，仅残留朽木灰，平面为梯形，木棺底部铺有一层0.03米厚的草木灰，长2.05、北部宽0.75、南部宽0.85米，高度不详。

3）葬式

人骨保存较差，大部分已粉末化，但其葬式清晰可辨，为双人合葬，仰身直肢，头向南，面朝东，因保存较差，年龄及性别等情况均不可知。

4）出土器物

出土随葬器物2件，陶罐出土于墓室内西南部靠南壁，铜钱置于人骨手掌处。

陶罐　1件。BM4：1，泥质灰陶，轮制。敛口，平沿，双唇，矮领，束颈，圆肩，深腹下收，平底。肩饰一周凹弦纹。口径10.8、腹径22、底径12、通高31厘米（图九二，1）。

铜钱　1组5枚。BM4：2，开元通宝。圆形方穿，直径2.4、孔径0.5厘米。面文对读“开元通寶”，宽郭、方孔，比较厚重，“元”字第一笔比较短，背无文（图九二，2、3）。

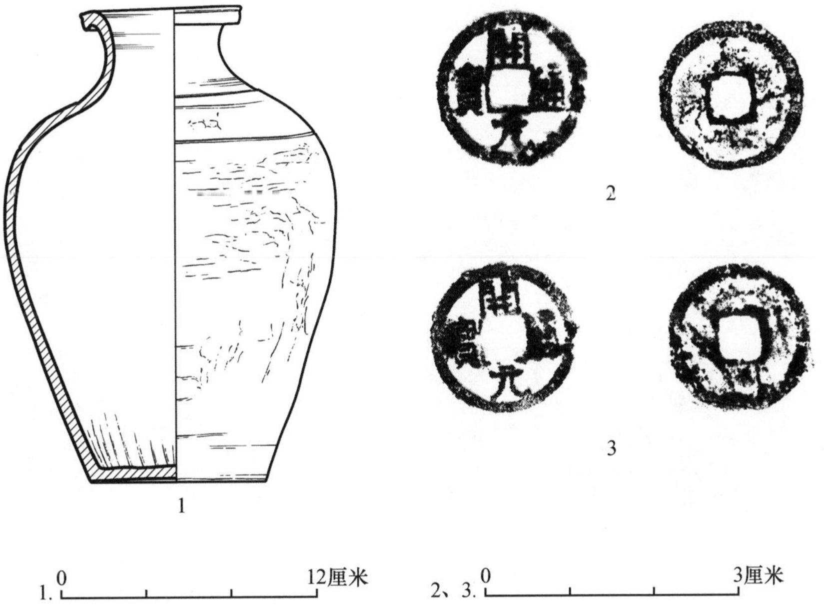

图九二　BM4出土器物

1. 陶罐（BM4：1）　2、3. 铜钱（BM4：2-1、BM4：2-2）

二、小　　结

郭家崖唐墓属于小墓，出土的开元通宝是隶定这座墓葬时代的文字依据。开元通宝虽然沿用时间很长，但它是在唐代初年就已经铸造。与此相对应的是与开元通宝共出的陶罐，与在岐山县郑家村发现的唐初垂拱二年（686年）唐使持节、都督鄯州刺史元师奖墓出土的陶罐酷似①，还与凤翔南郊唐墓M73：1陶罐相同②。元师奖墓是一座有明确纪年的唐墓，因此可以隶定这座小型唐墓的年代在唐代早期。这也是这座小型唐墓的意义之所在。因为，一般中型以上唐墓的共同特征是斜坡墓道，天井，甬道，刀把形墓制。而郭家崖这座小型唐墓的上半部虽遭到先前平整场地的破坏，但基本部分得到了保存。形状基本具备了墓道、甬道、刀把形墓室三部分因素，特别是刀把形墓室较为明显，也可以说是这种墓葬形制的初始阶段，然而却极为简单。所谓的墓道，其实只是一个竖穴墓圹，似乎与后来唐墓的长斜坡墓道不大一致，但却与规格较高的带天井的唐墓有点相似，或者可以认为，天井是在此理念基础上发展起来的；或者说小型唐墓虽然简单，但在墓道、甬道、刀把形墓室三要素习俗上不可或缺。总之，这个小型唐墓处在唐代初期，对我们了解唐代墓葬习俗的发展过程有着不可替代的意义。

① 宝鸡市考古队：《岐山郑家村唐元师奖墓清理简报》，《考古与文物》1994年第3期。

② 西北大学文博学院、陕西省考古研究院：《陕西凤翔隋唐墓》，文物出版社，2008年。

第三章　南区墓地

郭家崖村西南处的大片台地，被宝鸡市规划为高新区的城市建设用地。发掘前，农田的地形地貌未遭到改变，墓葬保存完好。依据国家文物法，由宝鸡市考古研究所对规划蓝图上零号公路以西、天玺台小区范围内建设用地的地下文化遗存情况进行调查钻探，发现这是一处规模较大的秦汉时期的古墓葬区。在宝鸡市文物局的统一安排下，2011年3～5月，由宝鸡市考古研究所，对钻探出的81座古墓葬进行了抢救性考古发掘。其中战国时期秦国墓葬78座，汉代墓葬3座（图九三）。

第一节　秦　　墓

共发掘战国时期秦国墓葬78座，由于发掘前地形地貌未受到破坏，墓葬保存状况较好，墓口以上地层关系比较清楚。可分为竖穴土坑墓与洞室墓两大类。

竖穴土坑墓共19座，占墓葬总数24%。墓壁面竖直，墓壁有收分，口大底小，少数无二层台，多数有二层台，二层台下壁面竖直，有的二层台四壁有数量不等的竖直枋木槽，部分墓葬在二层台下壁面上有头龛。比较特殊的是NM29墓底大量铺垫砾石。

洞室墓包括偏洞室墓在内共59座，占墓葬总数76%。其中洞室墓与偏洞室墓相比，洞室墓共49座，占洞室墓的83%；偏洞室墓共10座，占洞室墓的17%。也就是说，洞室墓是南区的主流葬俗。而洞室墓中洞室居东的最多，有30座，其次是洞室居西的有11座，还有8座洞室居北。

壁龛比较普遍，78座秦墓带有壁龛的就有58座，占墓葬总数的74%。

墓葬开口以上地面保存较好，开口均在现地表层扰土以下40～70厘米。墓葬呈现出口大底小状，墓壁光洁平整，竖穴墓圹多留有二层台，部分角隅留有上下错位的三角形脚窝。洞室墓口均有木板填堵。

葬具比较简单，多数为一棺，少数棺椁俱全，但椁具与以往常见有很大区别，由盖板、棚木、立柱共同组成框架式结构。

葬式保持了以往秦墓的基本特征，78座秦墓中56座头向西，占据主导地位，7座头向北，4座头向东。19座竖穴土坑墓中仅NM11墓主人头向东。78座秦墓中除1 座未发现遗骨外，有67座比较明确，其中64座全为屈肢葬式、3座为直肢葬。1座（NM25）是同穴双人葬。

随葬器物比较简单，除7座（NM5、NM11、NM18、NM24、NM35、NM55、NM61）未

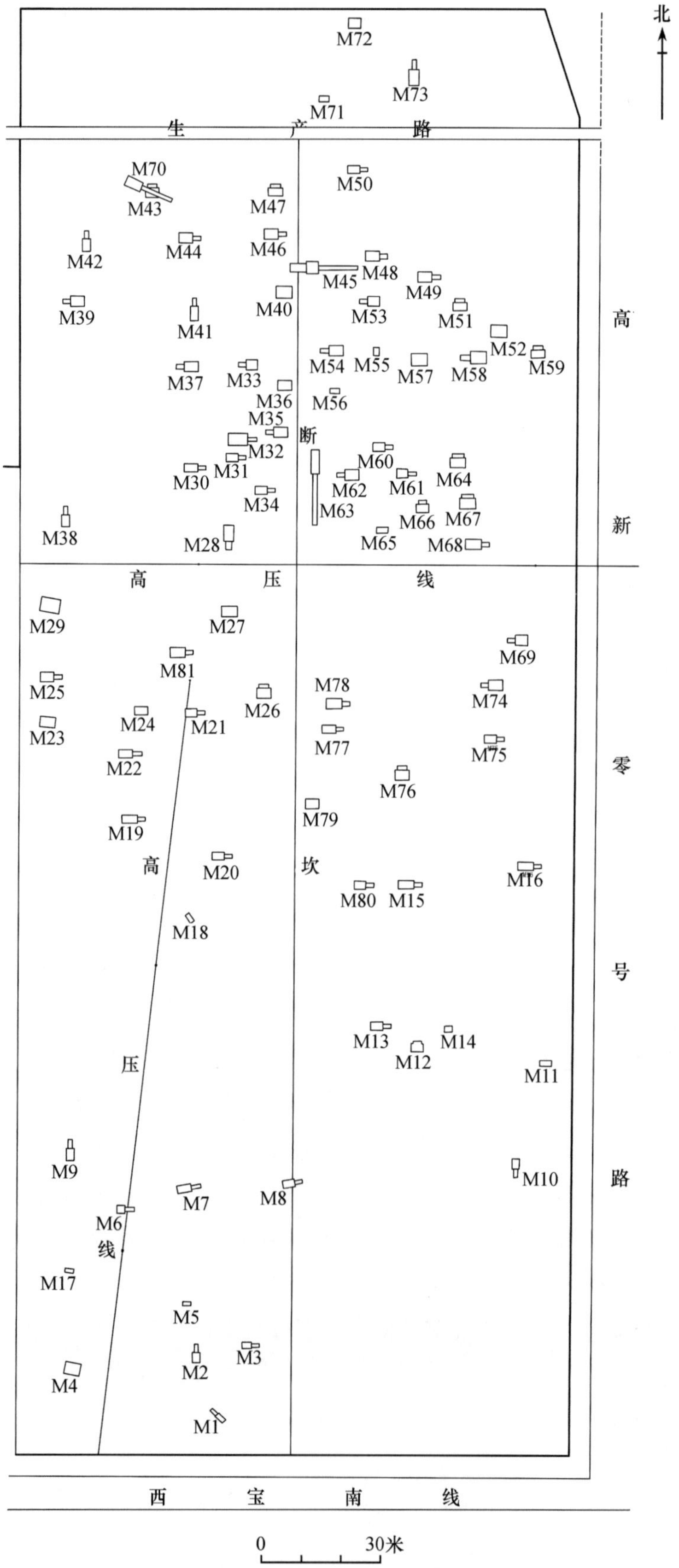

图九三　郭家崖南区墓葬分布平面图

发现随葬品外，均以陶器为大宗。器形包括陶器、铜器、铁器、玉器、绿松石及料器。这些器物多是用作陪葬的生活日用品，如陶鼎、陶釜、陶罐、陶鬲、陶壶、铜带钩，还有少数礼器如玉璧，兵器如铜箭镞，以及生产工具铁铲等。陶釜最为常见，以往常见的大喇叭口陶罐、陶豆、陶簋以及陶方壶和陶甗不见出现。陶鼎几乎全是盖鼎。随葬器物大多为一至两件陶器与一件铜带钩。而又以一釜一壶的组合最为普遍。这些随葬器物有的置放于墓室，绝大多数放置在壁龛内。78座墓葬中未见一例以往秦墓中所见的秦式鬲。反而以往秦墓中不常见的戎式铲足鬲却出土了7件，与这种鬲相配套的双耳罐也很独特。这类戎式铲足鬲与双耳罐分布区域与时代特征十分突出，是探讨先周时期羌戎文化与周、秦文化关系的重要器物。

一、墓葬分述

（一）竖穴墓（A型）

共19座，计有NM4、NM5、NM11、NM17、NM18、NM23、NM24、NM27、NM29、NM36、NM40、NM52、NM55、NM56、NM57、NM65、NM71、NM72、NM79。根据这个墓地的葬具结构特点，竖穴墓（A型）又可分为三式。

1. Ⅰ式（椁为立柱框架结构）

共7座，计有NM4、NM23、NM29、NM52、NM56、NM57、NM72，全为一棺一椁竖穴墓圹，木椁为立柱框架结构，立柱的多少有所区别。墓葬方向全是东西向。

（1）南区四号墓（NM4）

1）墓葬形制

该墓在耕土层0.5米以下露出墓口，为竖穴土圹墓，平面呈东西向长方形，墓葬方向为280°。由墓道、椁室、头龛三部分组成。

墓道平面呈东西向长方形，墓壁斜直，规整，表面较为光滑，口大底小。上口长3.9、宽3米，下口长3.5、宽2.61米，现开口距墓道底部深3.4米。墓道为五花夯土，夯窝痕迹明显。墓室平面呈东西向长方形，长2.7、宽1.5、高1.4米。南北两壁有三组对应枋木槽，东西两壁有两组对应枋木槽，枋木槽形制相同，除南北两壁中间一组枋木槽较大外，其余枋木槽大小相同。南北两壁中间枋木槽进深0.2、宽0.22米，其余枋木槽进深0.12、宽0.12、高度均为1.4米。头龛位于椁室西壁，龛底略高于墓底，平面大致呈圆角矩形，长0.7、高0.3、进深0.49米（图九四）。

2）葬具

该墓为一棺一椁，皆已腐朽。木椁为框架式结构，只有立柱作框架，不见有椁板，长2.7、宽1.5、高1.4米。木棺位于框架木椁内，长1.3、宽0.8米，高不详，木棺底部铺一层草木灰，草木灰厚度不详。

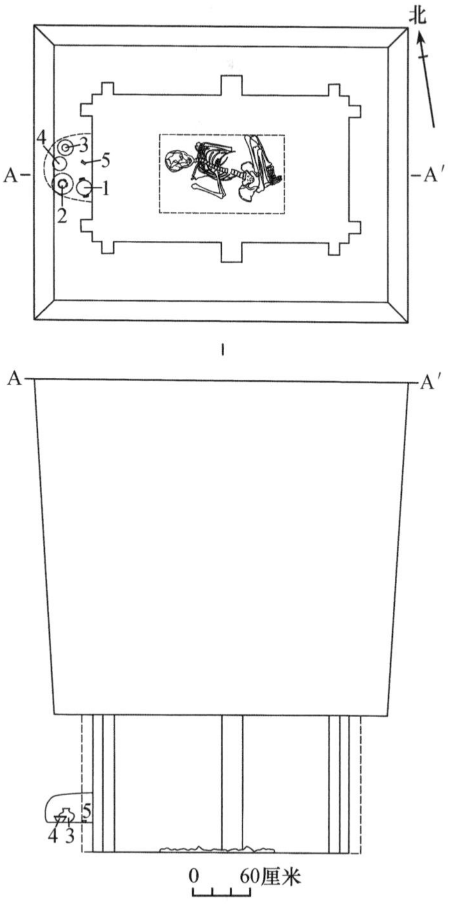

图九四　NM4平、剖面图

1. 陶鼎　2. 陶罐　3. 陶壶　4. 陶盂　5. 骨管

3）葬式

墓主人仰身屈肢，身躯呈东西向，头向西，面朝上，两手交于腹部，两条下肢向北蜷曲。

4）随葬器物

共出土随葬器物5件。

陶鼎　1件。NM4：1，位于墓室头龛内。泥质灰陶。敛口，平沿，口沿上有一圈浅凹槽，子母榫口，折肩，肩上两方形板状附耳，深圆腹，圜底近平，三柱足，圆弧形盖。通体素面。烟炱痕迹较厚，显系实用器。通高15、口径12.5、腹径16.45、腹深85厘米（图九五，1；彩版五八，6）。

陶罐　1件。NM4：2，位于墓室头龛内。泥质灰陶。直口微侈，斜沿外高内低，圆唇，短束颈，溜肩，深直腹，小平底。肩部有两道凹弦纹。轮制。高18.2、口径10.3、腹径16、底径8厘米（图九五，2；彩版八一，4）。

陶壶　1件。NM4：3，位于墓室头龛内西南角。夹砂灰陶。敛口，卷沿，厚方唇，短束颈，溜肩，圆鼓腹，小平底。肩部饰三条带纹，腹部饰竖绳纹。高25、口径11.8、腹径24、底径12厘米（图

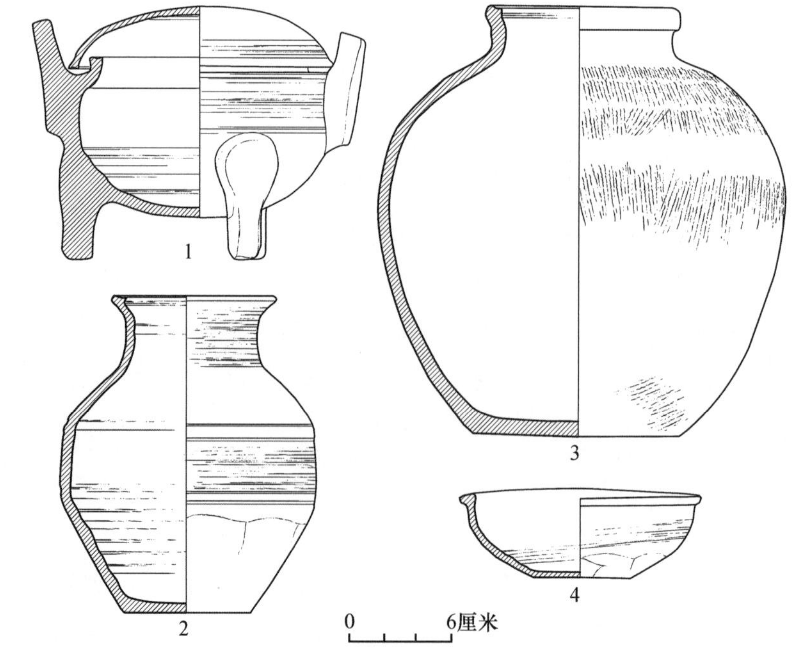

图九五　NM4出土陶器

1. 鼎（NM4：1）　2. 罐（NM4：2）　3. 壶（NM4：3）　4. 盂（NM4：4）

九五，3；彩版七二，6）。

陶盂　1件。NM4：4，位于墓室头龛内中部。泥质灰陶。广口，平沿，尖唇，斜腹下收，平底，内有一方形轮廓，底部极粗糙。虽轮制但不规范。高3.9、口径14.5、底径6.3厘米（图九五，4；彩版七五，2）。

骨管　1件。NM4：5，位于墓室头龛内中部。残碎严重，不能修复。

（2）南区二十三号墓（NM23）

1）墓葬形制

该墓在耕土层0.5米以下露出墓口，为竖穴土圹墓，平面呈长方形，墓葬方向为275°。由墓道、墓室、头龛三部分组成。

墓道平面呈东西向长方形，墓壁斜直，较为光洁，口大底小。上开口长4.1、宽2.68米，下口长3.69、宽2.3米，开口距墓底深3.12米。墓道为五花夯土，夯窝痕迹明显。墓室平面呈东西向长方形。长2.3、宽1.2、高1.09米，墓室南北两壁有三组对称的枋木立柱腐朽后形成的沟槽，枋木沟槽进深0.06、宽0.15、高1.09米。头龛位于墓室西端中部，平面大致呈圆角矩形，长0.6、高0.4、进深0.4米（图九六；彩版二三，1）。

2）葬具

该墓为一棺一椁，皆已朽坏。木椁为框架式结构，只有立柱作框架，不见有椁板，长2.3、宽1.2、高1.09米。木棺位于木椁内，长1.29、宽0.6米，高度不详。木棺底部铺有一层草木灰。

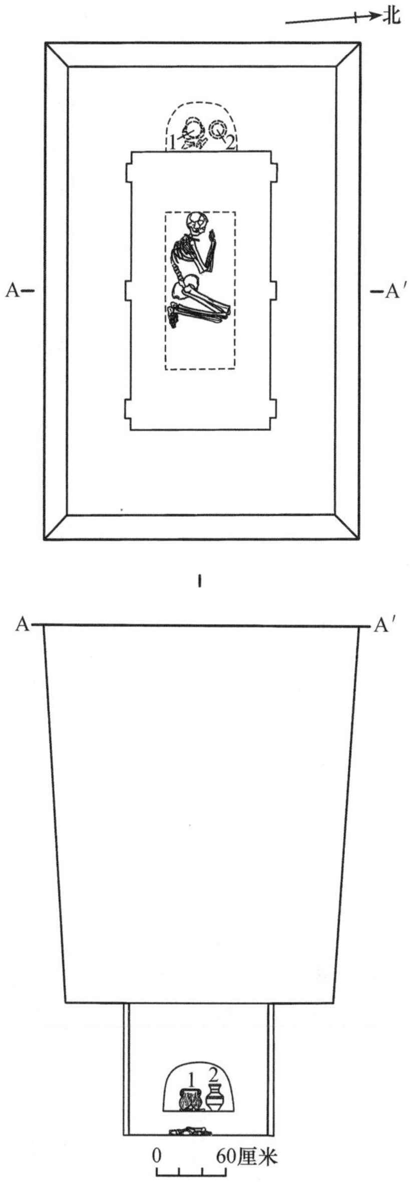

图九六　NM23平、剖面图
1. 陶鬲　2. 陶壶

3）葬式

墓主人侧身屈肢，身躯呈东西向，头向西，面朝北，两手屈于胸前，两条下肢向北蜷曲。

4）随葬器物

共出土随葬器物2件。

陶鬲　1件。NM23：1，位于头龛内中部。夹砂红陶。直口，圆唇，高领，三乳状袋足肥硕，横截面呈椭圆形，三足呈扁鸭嘴状，足尖外撇。领部有对称双耳，耳与口沿平齐。通体饰细绳纹。底部有烟炱痕迹。通高19.4、口径14.5、腹深10.2厘米（图九七，2；彩版七三，1～3）。

陶壶　1件。NM23：2，位于头龛内北部。泥质灰陶。口径部分残缺。侈口，圆唇，束颈，溜肩，深圆腹，小平底。颈部有两道凸棱，肩部有两道阴弦纹，下腹部有两道阴弦纹。轮制、有明显旋割痕迹。高22、腹径17.6、底径9.3厘米（图九七，1；彩版六七，6）。

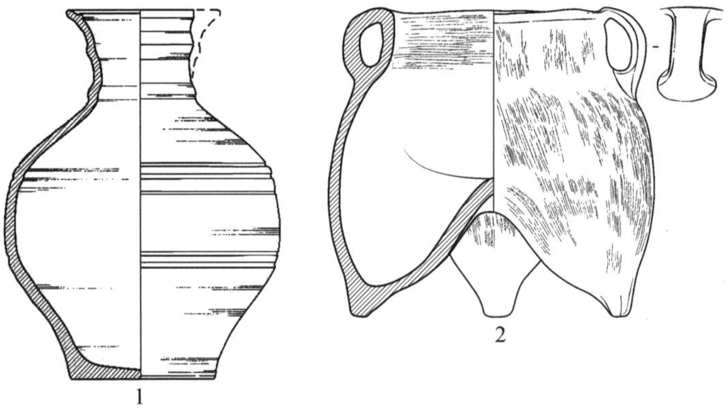

图九七　NM23出土陶器

1. 壶（NM23：2）　2. 鬲（NM23：1）

（3）南区二十九号墓（NM29）

1）墓葬形制

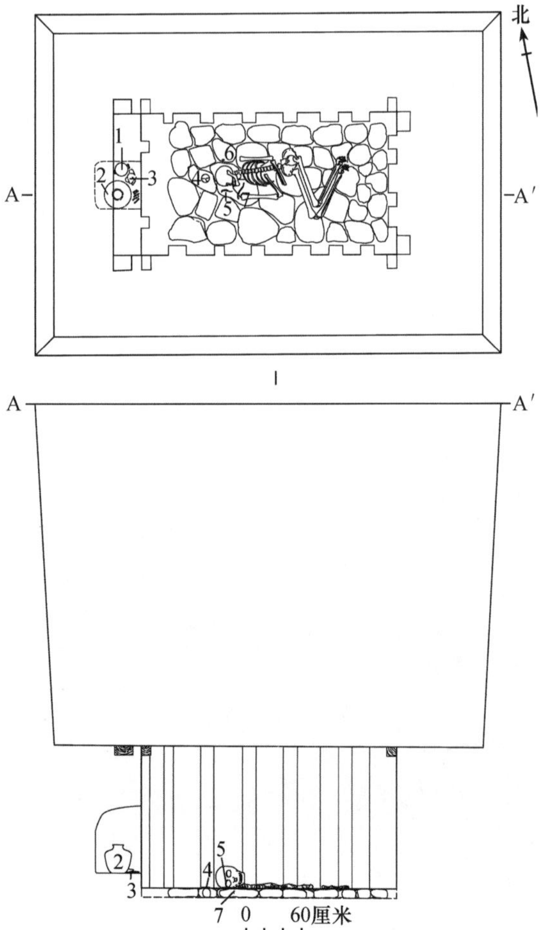

图九八　NM29平、剖面图

1. 陶鼎　2. 陶缶　3. 陶仓　4. 铜镜　5. 铜带钩　6. 铜印　7. 铜环

该墓口0.55米以上为耕土层，竖穴土圹，平面呈东西向长方形，墓葬方向为280°。由墓道、墓室、头龛三部分组成。

墓道：平面呈东西向长方形，墓壁面斜直，表面原经修整铲平，较为光滑，口大底小。现上开口长5.1、宽3.6米，下口长4.7、宽3.2米，现开口距墓道底部深3.6米。墓道为五花土，夯窝痕迹明显。

墓室：处在墓道底部中央，平面呈东西向长方形，长2.8、宽1.48、高1.5米。墓室上边沿保留较完整盖板框架槽沟，盖板框架四角均出头为榫合结构，墓室四壁共发现21个竖直枋木立柱槽沟，墓室底部用石头铺地。

头龛：头龛位于墓室西壁中部，平面大致呈圆角方形，头龛长0.5、高0.7、进深0.5米。另外，在头龛内还发现一些零碎动物骨骼（图九八；彩版二六；彩版二七，1）。

2）葬具

该墓为一棺一椁，木质皆已腐朽。木椁为框架式结构，周边只有立柱作框架，不见有椁板，但上部有盖板。盖板南北长1.8、宽0.2、深0.1米。据此推测，上部盖板长度为1.8米，每块木板宽度不一，呈南北向依次排列在椁室上部。墓室四壁共有21个竖直枋木立柱槽沟，进深皆为0.1、宽0.15～0.7米。木棺位于木椁内，长1.8、宽0.9米，高度不详。木棺下部由大块砾石铺就，成一平面，墓主人身下铺有一层草木灰。

3）葬式

墓主人仰身屈肢，身躯呈东西向，头向西，面朝南，两手屈于腹部，两条下肢向南蜷曲。

4）随葬器物

共出土随葬器物7件。

陶鼎　1件。NM29：1，位于头龛内北部。泥质红褐陶。敛口，方唇，折肩，圆腹，圜底近平，两方形附耳附于肩部，三柱足。圆弧形盖，盖正中有一小孔。轮、手制结合。连盖高14.8、口径12.8、腹径15、腹深7.5厘米（图九九，1；彩版五七，1）。

陶缶　1件。NM29：2，位于头龛内南部。泥质灰陶。侈口，斜沿，无颈，溜肩，下腹斜收，平底。肩部有多道轮制痕，上腹饰两道凹弦纹，下腹饰绳纹有抹痕。陶缶下腹近底部刻划有陶文“里中□□”，后二字无法辨识。通高32、口径14、腹径34、底径12.8厘米（图九九，3；彩版二七，2）。

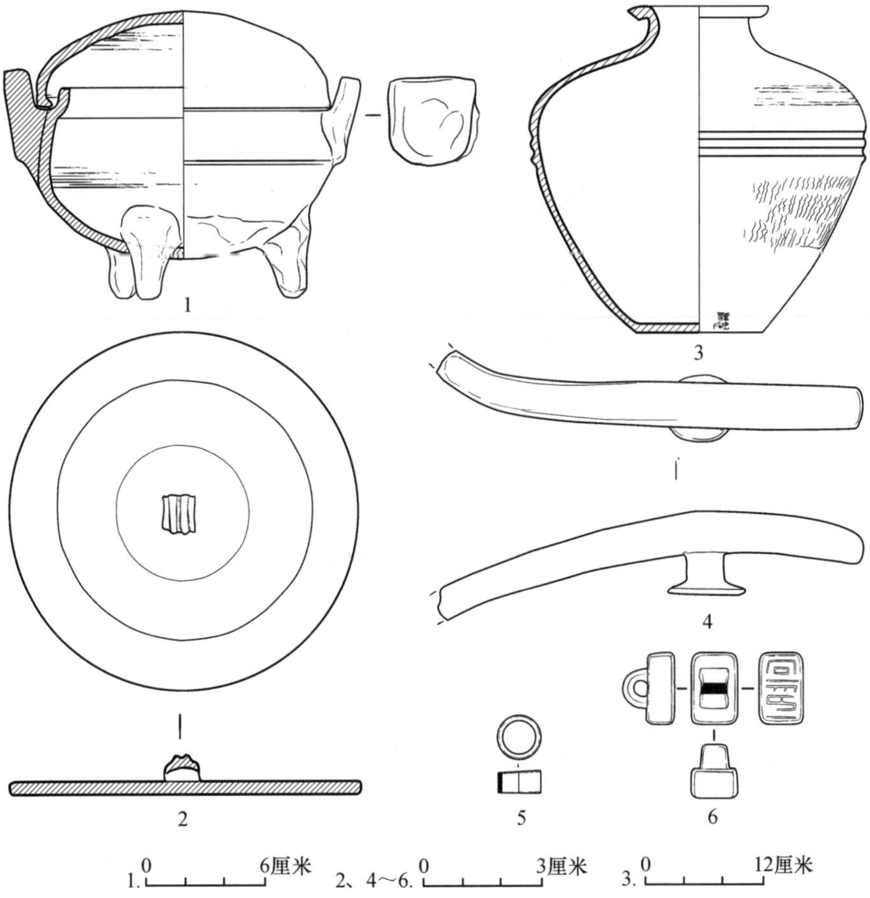

图九九　NM29出土器物

1. 陶鼎（NM29：1）　2. 铜镜（NM29：4）　3. 陶缶（NM29：2）　4. 铜带钩（NM29：5）　5. 铜环（NM29：7）　6. 铜印（NM29：6）

陶仓　1件（残）。NM29∶3，位于头龛内北部。破碎严重，不能复原。

铜镜　1件（残）。NM29∶4，位于墓主人头骨西部。圆形，圆纽，圆纽座。外饰两周弦纹，把镜面分成内外区，但内外均没有纹饰，光素面。已碎裂成4块，锈蚀严重。径8.5厘米（图九九，2；彩版八三，1）。

铜带钩　1件。NM29∶5，位于墓主人头骨南。钩首残失，钩体呈屈棒形，钩首的自然弯曲作钩，背中间有圆纽。残长11厘米。（图九九，4；彩版八六，2）。

铜印　1方。NM29∶6，位于墓主人头骨北。印面长1.6、宽1、通纽高1.2厘米。总体呈长方形，印面有两阴刻文字“向印”，无界格，印身素面，上有一桥形纽（图九九，6；彩版八四，3、4）。

铜环　1件。NM29∶7，位于墓主人头骨南。圆环状。外径1.12、内径0.9、厚0.12厘米（图九九，5；彩版八五，3）。

（4）南区五十二号墓（NM52）

1）墓葬形制

该墓在耕土层0.5米以下露出墓口，为竖穴土圹墓，平面呈东西向长方形，墓葬方向为275°。由墓道、墓室、头龛三部分组成。

墓道：平面呈东西向长方形，墓壁面斜直平整，较为光滑，口大底小。上开口长4.28、宽3米，下口长3.89、宽2.6米，现开口距墓道底部深3.09米。墓道为五花土，夯窝痕迹明显。

墓室：墓道底部中央为墓室，平面呈东西向长方形，长2.5、宽1.4、高1.29米。墓室南北两侧有两两相对的枋木立柱槽沟8个，墓室口沿四周有盖板槽痕迹，盖板槽长2.49、宽0.1米，据残存痕迹推测，椁盖板是由宽0.2米和0.6米的木板依次铺设。

头龛：位于椁室西壁，平面大致呈圆角矩形，长0.5、高0.3、进深0.4米（图一〇〇；彩版三三，2）。

2）葬具

该墓为一棺一椁，棺椁木质皆已腐朽成灰。木椁为框架式结构，只有立柱作框架，不见椁板。墓室南北两侧的木椁立柱与顶部的盖板木框架腐朽后的痕迹明显。木棺位于木椁内，长2、宽0.8米，高度不详。木棺底部铺一层草木灰。

3）葬式

墓主人仰身屈肢，身躯呈东西向，头向西南，面朝上，两手屈于腹部，两条下肢向南蜷曲，蜷曲特甚。

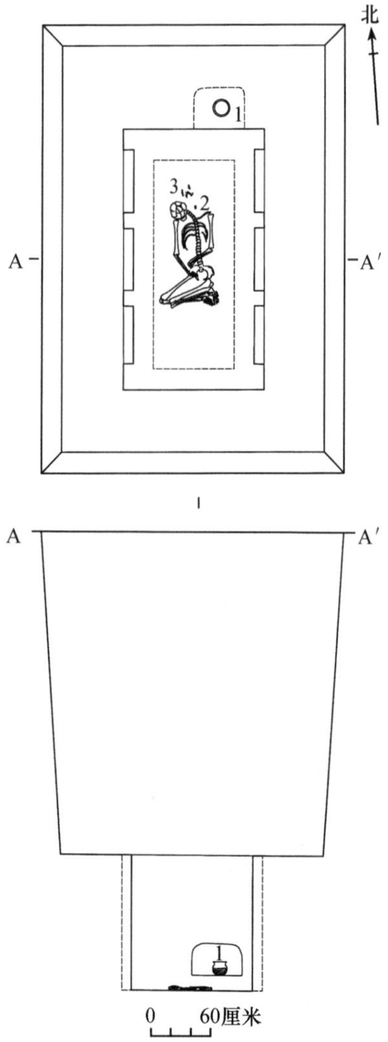

图一〇〇　NM52平、剖面图
1. 陶釜　2. 铜印　3. 铁削

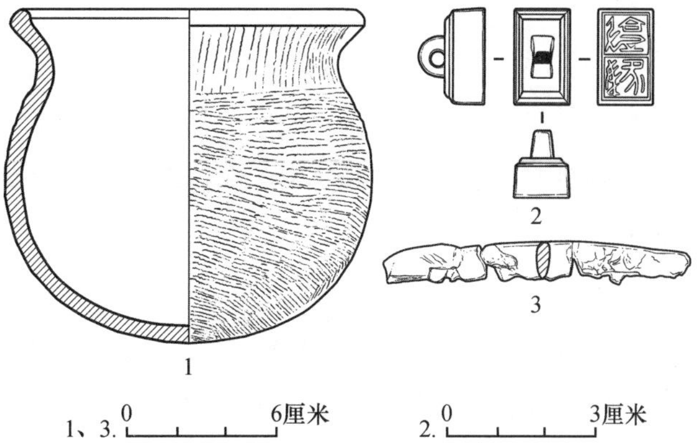

图一〇一　NM52出土器物

1. 陶釜（NM52：1）　2. 铜印（NM52：2）　3. 铁削（NM52：3）

4）随葬器物

共出土随葬器物3件。

陶釜　1件。NM52：1，位于头龛内中部。侈口，方唇，短束颈，深圆腹，圜底。颈部以下皆饰粗横绳纹。有烟炱痕迹。通高14. 2、口径14.3、腹径15.5厘米（图一〇一，1；彩版六二，1；彩版六五，2）。

铜印　1方。NM52：2，位于墓主人头骨旁。长方形，多层台，桥形纽。印面有两阴刻文字“敦肆”，小篆，有界格。通高1.3、印面长1.8、宽1、厚0.7厘米（图一〇一，2；彩版八四，5、6）。

铁削（残）　1件。NM52：3，位于墓主人头骨旁。残长12.5、残宽0.75、厚0.3厘米（图一〇一，3）。

（5）南区五十六号墓（NM56）

1）墓葬形制

该墓在耕土层0.5米以下露出墓口，为竖穴土圹墓，平面呈东西向长方形，墓葬方向为275°。由墓道、墓室、头龛三部分组成。

墓道：平面呈东西向长方形，墓壁斜直，表面平整，较为光滑，口大底小。上开口长2.5、宽1.6米，下口长2.3、宽1.4米。现开口距墓道底部深1.8米。墓道填五花土，夯窝痕迹明显。

墓室：墓道底部中央向下为墓室，平面呈东西向长方形，长1.89、宽1、高0.8米。墓室南北两侧发现两两相对的枋木立柱沟槽4个，立柱上有盖板槽沟痕迹。

头龛：位于墓室西壁中部，平面大致呈圆角矩形，长0.5、高0.3、进深0.4米（图一〇二；彩版三六，1）。

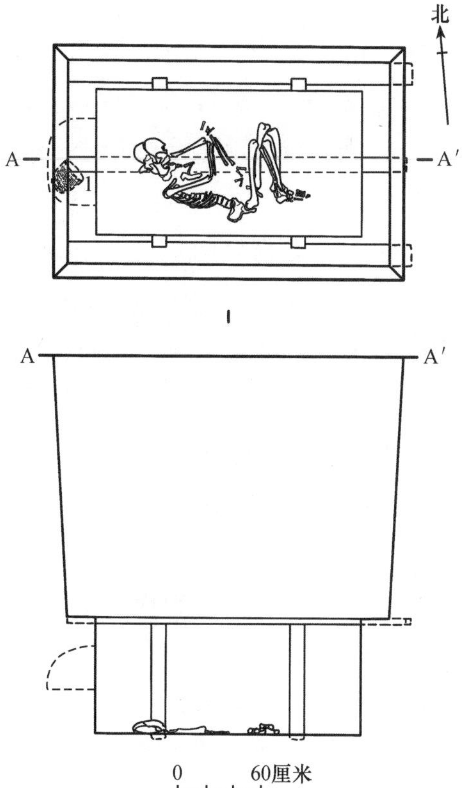

图一〇二　NM56平、剖面图

1. 陶釜

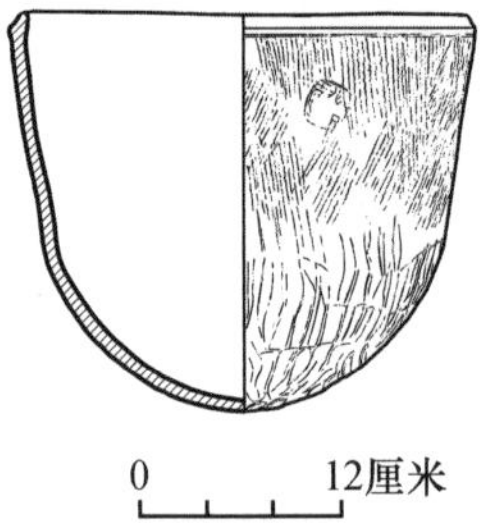

图一〇三　NM56出土陶釜（NM56：1）

2）葬具

该墓为一棺一椁，棺椁木质皆已腐朽成灰。木椁为框架式结构，只有立柱框架，不见椁板。墓室南北两侧的木椁立柱与顶部的盖板木框架腐朽后的痕迹明显。木椁长1.47、宽0.68米，高度不详。木棺底部铺有一层草木灰。

3）墓主与葬式

墓主侧身屈肢，身躯呈东西向，头向西北，面朝北，南侧手臂向北伸展，北侧手臂向东伸展，两条下肢向北蜷曲，蜷曲特甚。

4）随葬器物

共出土随葬器物1件。

陶釜　1件。NM56：1，夹砂灰陶。呈椭圆形。直口，尖唇，直腹，圜底。腹部饰竖绳纹及交错绳纹，圜底饰竖粗绳纹。底部有烟炱痕迹。高25、椭圆形长口径28、短口径22.5厘米（图一〇三；彩版六二，4；彩版六五，4）。

（6）南区五十七号墓（NM57）

1）墓葬形制

该墓在耕土层0.5米以下露出墓口，为竖穴土圹墓，平面呈东西向长方形，墓葬方向为275°。由墓道、墓室、头龛三部分组成。

墓道：平面呈东西向长方形，墓壁斜直，平整光滑，口大底小。上开口长4.2、宽2.9米，下口长3.8、宽2.5米，现开口距墓道底部深3.5米。墓道为坚硬的五花土，有夯窝。

墓室：墓道底中部向下为墓室，平面呈东西向长方形，长2.6、宽1.3、高1.2米。四壁各发现两两相对的枋木槽共8个，枋木槽形制、大小相同，进深0.1、宽0.15米（图一〇四；彩版三四，2）。

头龛：位于椁室西壁中部，平面大致呈圆角矩形，长0.6、高0.4、进深0.5米。

2）葬具

该墓为一棺一椁，棺椁木质皆已腐朽成灰。木椁为框架式结构，只有立柱框架，不见有椁板。墓室四周的8个立柱与顶部的盖板木框架共同组长框架木椁。木棺长1.47、宽0.68米，高度不详。木棺底部有两根横木支垫，木棺下铺有一层草木灰。

3）葬式

墓主仰身屈肢，身躯呈东西向，头向西，面朝上，上

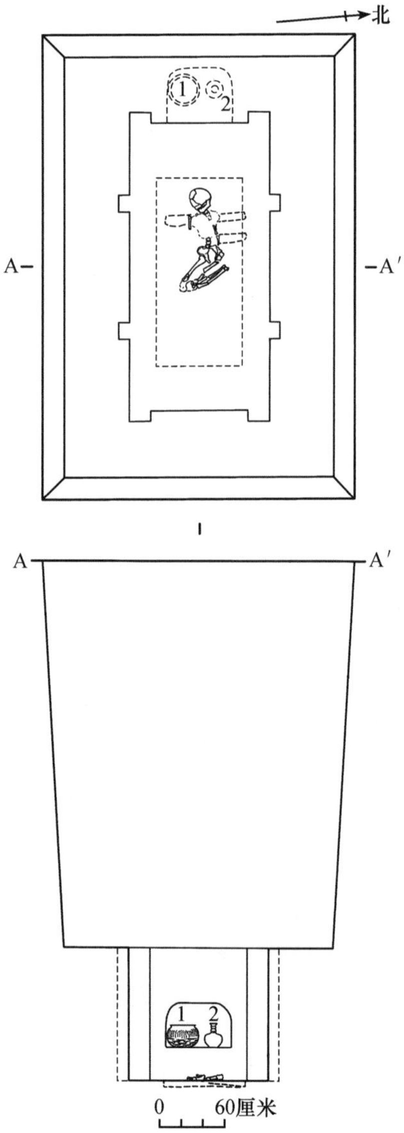

图一〇四　NM57平、剖面图
1. 陶釜　2. 陶壶

肢分布情况不明，两条下肢向南蜷曲，蜷曲特甚。

4）随葬器物

共出土随葬器物2件。

陶釜　1件。NM57：1，位于头龛内南部。夹砂灰陶。侈口，卷沿，厚方唇，短颈，溜肩，圆鼓腹，圜底。肩腹部饰竖绳纹，圜底饰横粗绳纹。底部有烟炱痕迹。高13.5、口径16.7、腹径28厘米（图一〇五，1；彩版六二，5；彩版六五，5）。

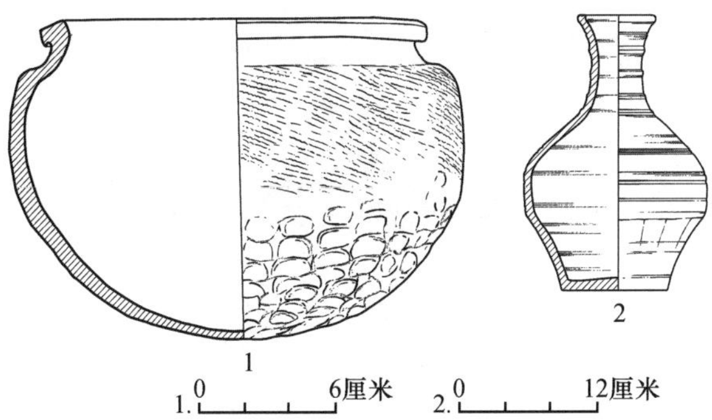

图一〇五　NM57出土陶器

1. 釜（NM57：1）　2. 壶（NM57：2）

陶壶　1件。NM57：2，位于头龛内北部。直口微侈，平沿，圆唇，长束颈，溜肩，深直腹，小平底。口沿外部有一圈阴弦纹。颈部由上至下有四道凸棱、肩部有一对阴弦纹、腹部有四道阴弦纹，底部有旋割痕。轮制。高23、口径6.7、腹径15.7、底径9.5厘米（图一〇五，2；彩版七〇，3）。

（7）南区七十二号墓（NM72）

1）墓葬形制

该墓口以上0.55米以上为耕土层，竖穴土圹，平面呈东西向长方形，墓葬方向为280°。由墓道、墓室、头龛三部分组成（图一〇六；彩版四〇，1）。

墓道，平面呈东西向长方形，墓壁面斜直、平整、光滑，口大底小。上长3.7、宽2.6米，下长3.29、宽2.2米。现开口距墓道底部深3.13米。

墓室，平面呈东西向长方形，长2.4、宽1.25、高1.05米。墓室上部四周发现盖板槽，槽深均为0.06米，南北两侧盖板槽长均为2.6米，其中北侧盖板槽宽0.2、南侧盖板槽宽0.15米，东西两侧盖板槽长、宽度相等，长1.6、宽0.1米。墓室北壁发现3个枋木槽，南壁发现一个枋木槽，其中椁底两根垫木也呈方形，并与南北两壁枋木立柱相衔接，这是其他框架木椁形制中不曾见到的。南北两壁中部对应枋木槽形制、大小相同，进深0.1、宽0.14米，北壁两侧枋木槽进深0.1、宽0.1米。

头龛，头龛位于墓室西北隅偏上处，平面大致呈圆角矩形，长0.49、高0.32、进深0.3米。

2）葬具

该墓葬具为一棺一椁，棺椁木质皆已腐朽成灰。木

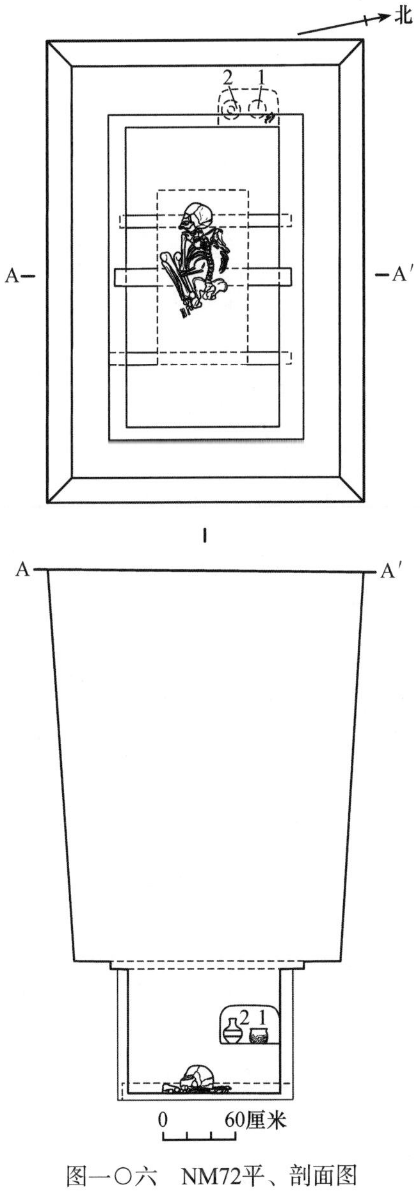

图一〇六　NM72平、剖面图

1. 陶釜　2. 陶壶

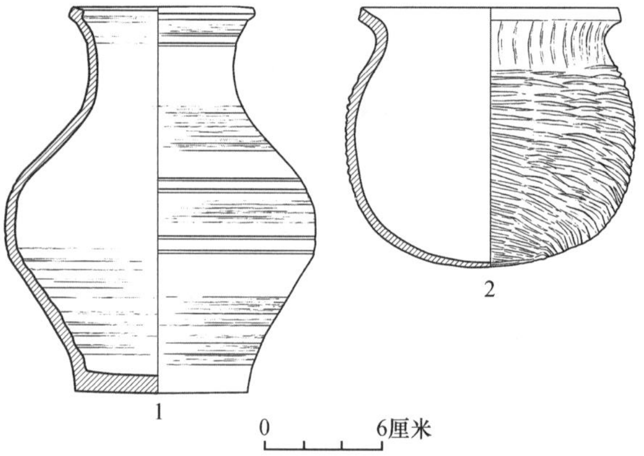

图一〇七　NM72出土陶器
1. 壶（NM72：2）　2. 釜（NM72：1）

椁为框架式结构，椁顶部盖板框架覆盖在墓室口沿上，痕迹清晰，南北两侧枋木立柱与底部垫木相连接，四壁不见有椁板。椁长2.4、宽1.25、高1.05米。木棺位于木椁内，长1.4、宽0.74米，高度不详。木棺底部铺有一层草木灰。

3）葬式

侧身屈肢，身躯呈东西向，头向西，面朝南，两手屈于胸前，两条下肢向南蜷曲，蜷曲特甚。

4）随葬器物

共出土随葬器物2件。

陶釜　1件。NM72：1，位于头龛内北部。夹砂灰陶。侈口，斜方唇，短颈几无，溜肩，圜底。颈部有竖绳纹，肩腹及圜底饰横粗绳纹，有烟炱痕迹。高13.5、口径13、腹径15.5厘米（图一〇七，2；彩版六三，4）。

陶壶　1件。NM72：2，位于头龛内南部。泥质灰陶。侈口，平沿，口沿内有一圈凹槽，束颈，溜肩，直腹，小平底。颈部有一圈深阴弦纹、肩部及腹部各有两圈阴弦纹。轮制。高19.5、口径8.5、腹径15.6、底径8.8厘米（图一〇七，1；彩版七一，3）。

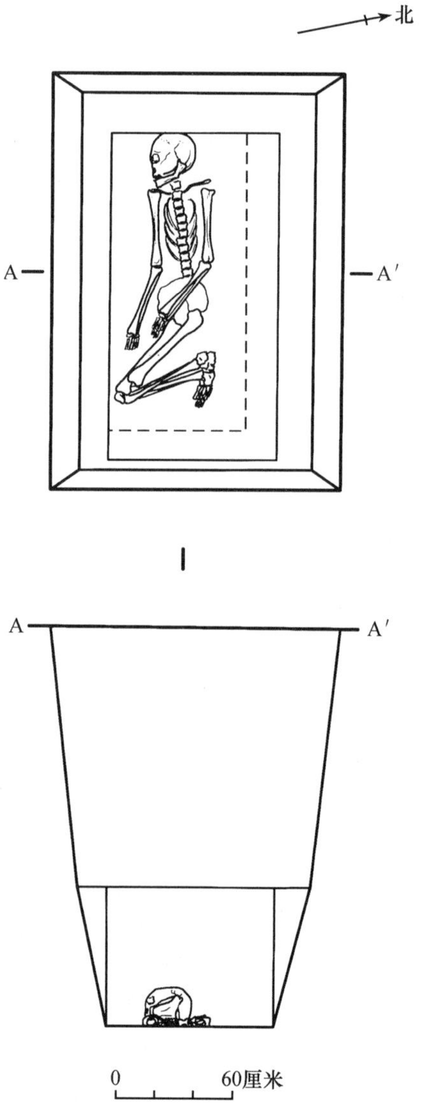

图一〇八　NM5平、剖面图

2. Ⅱ式（墓室边沿四周有木框架）

共8座，计有NM5、NM24、NM27、NM36、NM40、NM65、NM71、NM79。均为竖穴墓圹，墓室开挖在墓道中央，形成生土二层台。墓葬方向全是东西向。

（1）南区五号墓（NM5）

1）墓葬形制

该墓墓口以上有0.6米的耕土层，为竖穴土圹墓，平面呈东西向长方形，墓葬方向为280°。墓壁面斜直，较为平整，呈口大底小状。上口长2.69、宽1.73米，二层台面长1.9、宽1.2米，开口距底部深2米。底部四周有熟土二层台，长1.64、宽0.87、高0.7米，北侧与西侧二层台宽度一致，均为0.19米，东侧二层台宽0.08、南侧二层台宽0.15米（图一〇八）。

2）葬具

该墓葬具为一棺一椁，棺椁均已腐朽，仅残留朽木板灰。木棺位于木椁内。椁长1.64、宽0.87米，高度不详；木棺长1.49、宽0.7米，高度不详。木棺底部铺有一层草木灰。

3）葬式

该墓人骨保存较差，墓主人仰身屈肢，身躯呈东西向，头向西，面朝南，北侧手臂伸展，置于髋骨上，南侧手臂沿身躯伸展，两条下肢向南蜷曲，蜷曲特甚。

该墓未发现随葬器物。

（2）南区二十四号墓（NM24）

1）墓葬形制

该墓墓口以上有0.6米的耕土层，竖穴土圹，平面呈东西向长方形，墓葬方向为275°。由墓道、墓室两部分组成（图一〇九）。

墓道平面呈东西向长方形，墓壁斜直，平整光滑，口大底小。开口长3.6、宽2.3米，下口长3.2、宽1.9米。开口距墓底部深2.1米。填五花夯土。

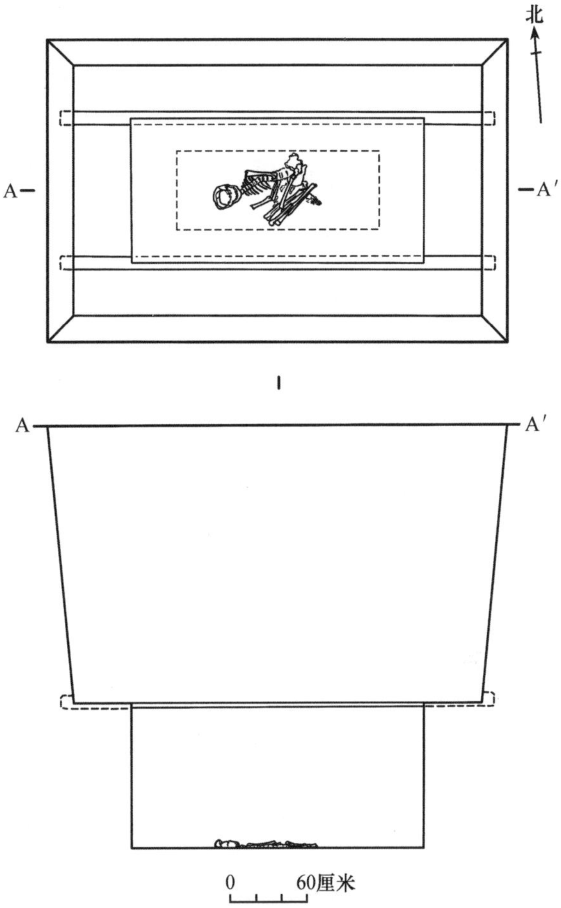

图一〇九　NM24平、剖面图

墓室面呈东西向长方形，长2.3、宽1.1、高1.1米，墓室口沿四周边缘有盖板槽，槽内发现盖板朽后残留灰迹，两侧盖板槽形制、大小相同，盖板槽长3.4、宽0.11米。

2）葬具

从清理后的现状来看该墓葬具为一棺一椁，木质皆已腐朽成灰。椁长2.3、宽1.1、高1.1米，四壁未见有立柱，但上有盖板槽沟痕迹。木棺位于木椁内，长1.6、宽0.6米，高度不详，木棺底部铺有一层草木灰。

3）葬式

墓主人骨骼保存较差，仰身屈肢，身躯呈东西向，头向西，面朝南，两手交于腹部，两条下肢向南蜷曲。

该墓未发现随葬器物。

（3）南区二十七号墓（NM27）

1）墓葬形制

该墓在耕土层0.5米以下露出墓口，竖穴土圹，平面呈东西向长方形，方向为275°。由墓道、墓室、头龛三部分组成。

墓道平面呈东西向长方形，墓壁斜直，表面平整，较为光滑，口大底小。上开口长3.9、

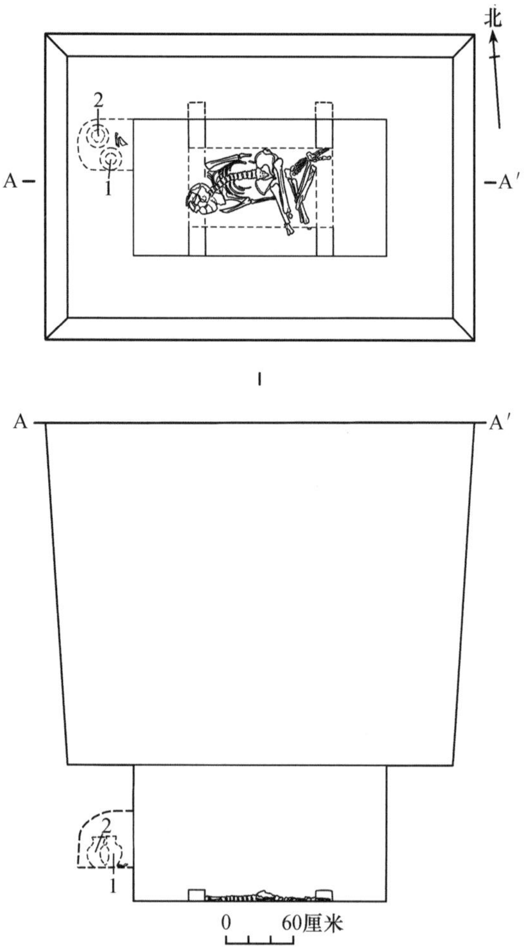

图一一〇　NM27平、剖面图
1、2. 陶罐

宽2.7米，下口长3.5、宽2.3米。开口距墓道底部深3米。墓道填较为坚硬的五花土，有夯窝。

墓室平面呈东西向长方形，长2.3、宽1.2、高1.19米，墓室北壁近底部有两个枋木槽窝，槽窝进深0.14、宽0.15米。

头龛位于墓室西端西北角中部，平面大致呈圆角矩形，长0.45、高0.5、进深0.49米（图一一〇；彩版二五，1）。头龛内还发现一些零碎动物骨骼。

2）葬具

从清理后的现状来看该墓葬具为一棺一椁，皆已腐朽，仅留板灰。木椁位于椁室内，仅残留朽木灰，长2.3、宽1.2、高1.2米。木棺位于木椁内，长1.3、宽0.7米，高度不详，棺木下发现南北向垫木痕迹，两条垫木均呈南北向分布，垫木长1.2、宽0.15米。木棺底部铺有一层草木灰。

3）葬式

墓主人仰身屈肢，身躯呈东西向，头向西，两手分别沿身躯两侧伸展，两条下肢向北蜷曲。

4）随葬器物

共出土随葬器物2件。

陶罐　2件。NM27：1，位于头龛内南部。泥质灰陶。敛口，平折沿，厚方唇，短束颈，溜肩，圆深腹下收。颈部以下饰竖绳纹，轮制。高26.2、口径10.8、腹径22、底径12厘米（图一一一，1；彩版七八，5）。NM27：2，位于头龛内北部。泥质灰陶。口颈残缺，溜肩，圆腹，小平底。肩部饰竖绳纹，下腹部饰竖抹划横绳纹。轮制。残高22.8、腹径22、底径11.4厘米（图一一一，2；彩版七八，6）。

（4）南区三十六号墓（NM36）

1）墓葬形制

该墓在耕土层0.5米以下露出墓口，竖穴土圹，平面呈东西向长方形，方向为275°。由墓道、墓室、头龛三部分组成。

墓道平面呈东西向长方形，墓壁面斜直，表面经修整铲平，较为光滑，口大底小。上开口长3.8、宽2.75米，下口长3.39、宽2.35米。现开口距墓道底部深2.35米。

墓室平面呈东西向长方形，长2.4、宽1.22、高1.24米。墓室南北两壁底部各有一个枋木槽窝，槽窝长0.11、宽0.15、深0.12米。墓室南壁发现一个东西向盖板槽，盖板槽长3.6、宽0.2米。

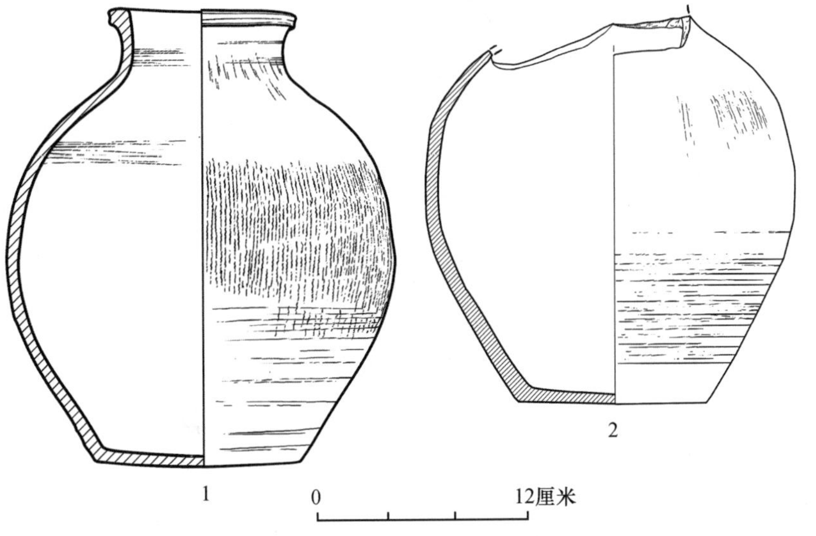

图一一一　NM27出土陶罐

1. NM27：1　2. NM27：2

头龛位于墓室西端，平面大致呈圆角矩形，长0.4、高0.36、进深0.4米。头龛内还发现一些零碎动物骨骼（图一一二；彩版二九，3）。

2）葬具

从清理后的现状来看该墓葬具为一棺一椁，皆已腐朽成木灰。木椁长2.4、宽1.22、高1.24米。木棺位于木椁内，长1.5、宽0.7米，高度不详。木棺底部铺有一层草木灰。

3）葬式

墓主人仰身屈肢，身躯呈东西向，头向西，面朝上，两手屈于腹部，两条下肢向北蜷曲。

4）随葬器物

共出土随葬器物3件。

陶釜　1件。NM36：1，位于头龛内北部。夹砂灰陶。侈口，卷沿，方唇，短束颈，圆腹，圜底。肩腹饰竖细绳纹，圜底横向粗绳纹。底部有烟炱痕迹。高13.8、口径19、腹径20.8厘米（图一一三，2；彩版六〇，2）。

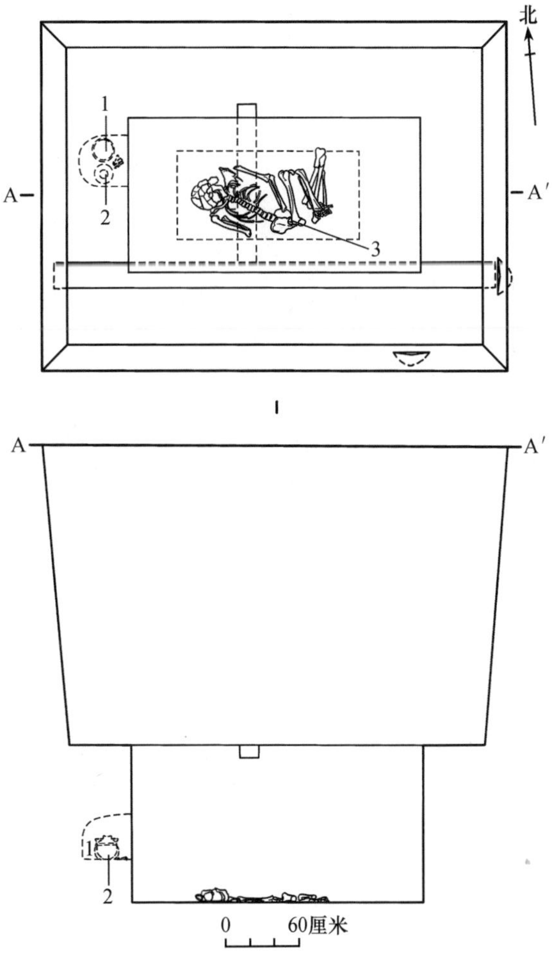

图一一二　NM36平、剖面图

1. 陶釜　2. 陶罐　3. 骨环

陶罐　1件。NM36：2，位于头龛内南部。泥质灰陶。口沿及颈部缺失。溜肩，圆腹，小平底。肩部饰两圈阴弦纹，腹部有一圈浅阴弦纹。轮制。残高18.2、腹径18.3、底径8厘米（图一一三，1；彩版七九，3）。

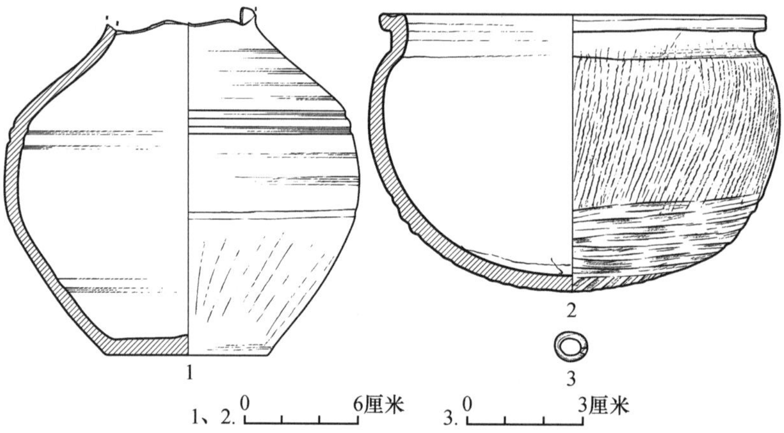

图一一三　NM36出土器物

1. 陶罐（NM36：2）　2. 陶釜（NM36：1）　3. 骨环（NM36：3）

骨环　1件。NM36：3，位于墓主人颈椎处。圆环状。径0.9厘米（图一一三，3；彩版九一，5）。

（5）南区四十号墓（NM40）

1）墓葬形制

该墓在耕土层0.5米以下露出墓口，竖穴土圹，平面呈东西向长方形，方向275°。由墓道、墓室、头龛三部分组成（图一一四；彩版三一，2）。

墓道平面呈东西向长方形，墓壁面斜直，表面原经修整铲平，较为光滑，口大底小。上开口长4、宽3米，下口长3.79、宽2.6米。现开口距墓道底部深2.9米。墓圹内填坚硬的五花夯土。

墓室在墓道底部中央，平面呈东西向长方形，长2.5、宽1.4、高1.09米。头龛位于墓室西端中上部，平面大致呈圆角矩形，长0.5、高0.4、进深0.4米。

2）葬具

从清理后的现状来看，该墓葬具为一棺一椁，棺椁木质皆已腐朽成灰。椁长2.5、宽1.4、高1.1米。墓室四壁未见枋木立柱，但墓室四周边缘留有盖板框架痕迹槽沟。木棺位于木椁内，长1.3、宽

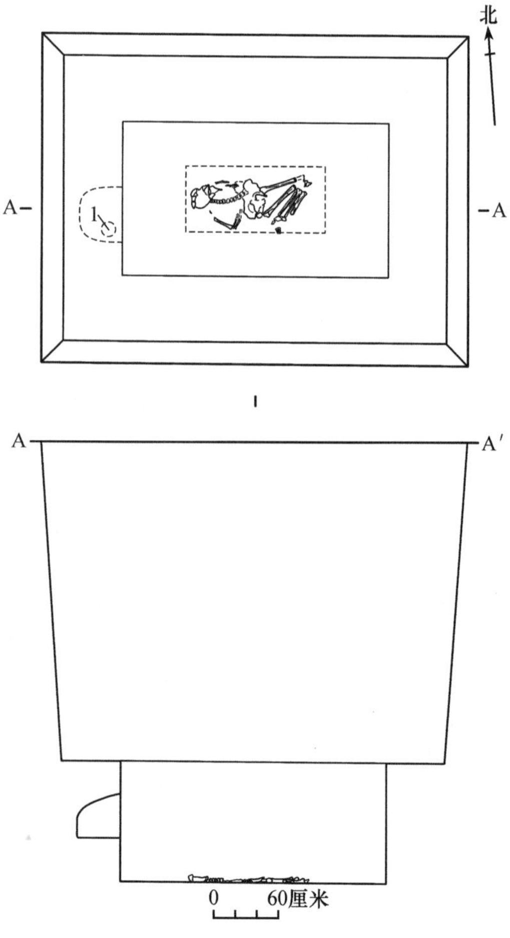

图一一四　NM40平、剖面图

1. 陶釜

0.6米，高度不详。木棺底部铺有一层草木灰。

3）葬式

墓主人仰身屈肢，身躯呈东西向，头向西，面朝上，两手屈于腹部，两条下肢向北蜷曲，蜷曲特甚。

4）随葬器物

只出土1件陶釜，NM40：1，位于头龛内南部。夹砂灰陶。椭圆形敛口，斜方唇，短束颈，溜肩，圜底。颈部饰竖绳纹，肩腹及圜底饰横绳纹，底部有烟炱痕迹。高15.5、口径长端18、短端13、腹径长端18.5、短端15.5厘米（图一一五；彩版六〇，6）。

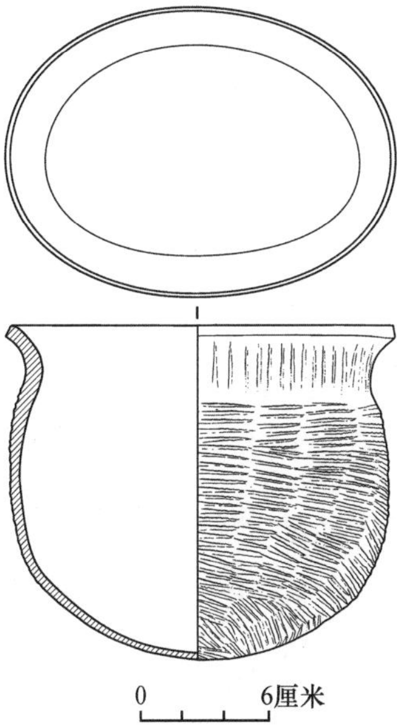

图一一五　NM40出土陶釜
（NM40：1）

（6）南区六十五号墓（NM65）

1）墓葬形制

该墓在耕土层0.5米以下露出墓口，竖穴土圹，平面呈东西向长方形，方向280°。由墓道、墓室、头龛三部分组成（图一一六；彩版三五，3）。

墓道平面呈东西向长方形，墓壁面斜直，表面平整，较为光滑，口大底小。口长2.8、宽1.8米，底长2.6、宽1.6米。现开口距墓道底部深1.55米。

墓道底部中央向下为墓室，平面呈东西向长方形，椁长2、宽1、深1.55米。

头龛位于墓室西北角中部，平面大致呈圆角矩形，长0.4、高0.36、进深0.5米。

2）葬具

该墓葬具为一棺一椁，皆已朽坏。椁长1.99、宽1米，木棺置于木椁内，长1.6、宽0.85米，高度不详。木棺底部铺有一层草木灰。

3）葬式

墓主人仰身屈肢，身躯呈东西向，头向西，面朝上，两手屈于胸腹之间，两条下肢分别向南北两侧蜷曲，呈“八”字形。

4）随葬器物

只出土1件陶罐。NM65：1，位于头龛内。泥质灰陶。侈口，圆唇，短束颈，折肩，深直腹，小平底。口沿内有一圈凸棱，肩部有三道阴弦纹，下腹部有两道浅阴弦纹。轮制。高19.2、口径10.3、腹径17.8、底径9.2厘米（图一一七；彩版八〇，2）。

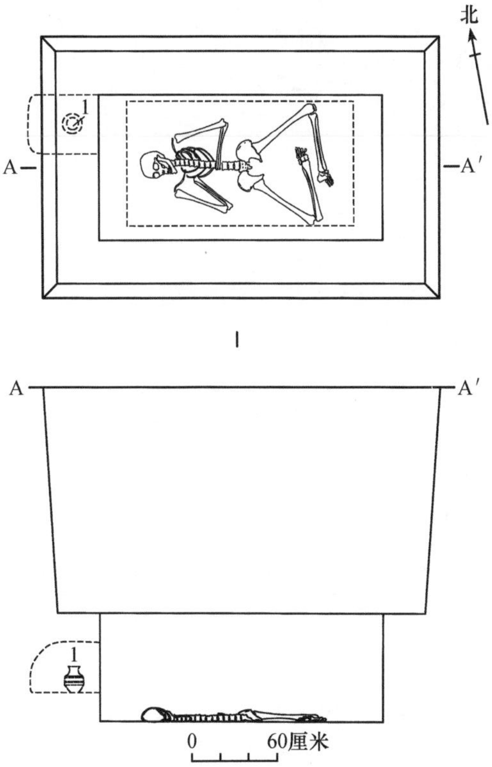

图一一六　NM65平、剖面图
1. 陶罐

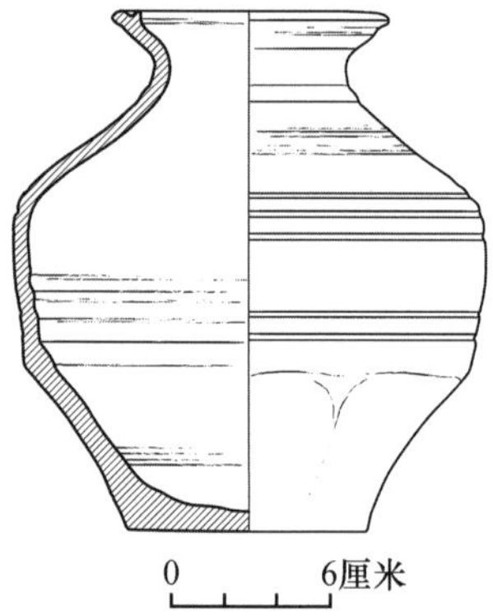

图一一七　NM65出土陶罐（NM65：1）

（7）南区七十一号墓（NM71）

1）墓葬形制

该墓在耕土层0.5米以下露出墓口，竖穴土圹，平面呈东西向长方形，方向为280°。由墓道、墓室、头龛三部分组成（图一一八；彩版三八，2）。

墓道平面呈东西向长方形，墓壁斜直，表面平整，较为光滑，口大底小。现上开口长2.5、宽1.5米，下口长2.3、宽1.3米。现开口距墓道底部深1.7米。

墓室在墓道底部中央，平面呈东西向长方形，长1.9、宽0.9、高0.9米。

头龛位于墓室西端中部偏北处，平面大致呈圆角矩形，长0.3、高0.3、进深0.4米。

2）葬具

该墓葬具为一棺一椁，皆已腐朽成木灰，椁长1.9、宽0.9米，木棺位于木椁内，长1.4、宽0.7米，高度不详。木棺底部铺有一层草木灰。

3）葬式

墓主人侧身屈肢，身躯呈东西向，头向西，面朝南，两手屈于胸前，两条下肢向南蜷曲，蜷曲特甚。

4）随葬器物

只出土1件陶釜，NM71：1，位于头龛内。夹砂红褐陶。敛口，卷沿，方唇，短束颈，广肩，圆腹，圜底。肩腹饰斜细绳纹，圜底饰大麻窝点纹。底部有烟炱痕迹。高14.2、口径17.5、腹径20.6厘米（图一一九；彩版六三，3；彩版六五，6）。

（8）南区七十九号墓（NM79）

1）墓葬形制

该墓在耕土层0.5米以下露出墓口，竖穴土圹，平面呈东西向长方形，方向为275°。由墓道、墓室、头龛三部分组成（图一二〇；彩版四二，2）。

墓道平面呈东西向长方形，墓壁斜直，较为光滑，口大底小。现上开口长3.4、宽2.3米，下口长3、宽1.9米。现开口距墓道底部深2.85米。墓圹填坚硬的五花土。

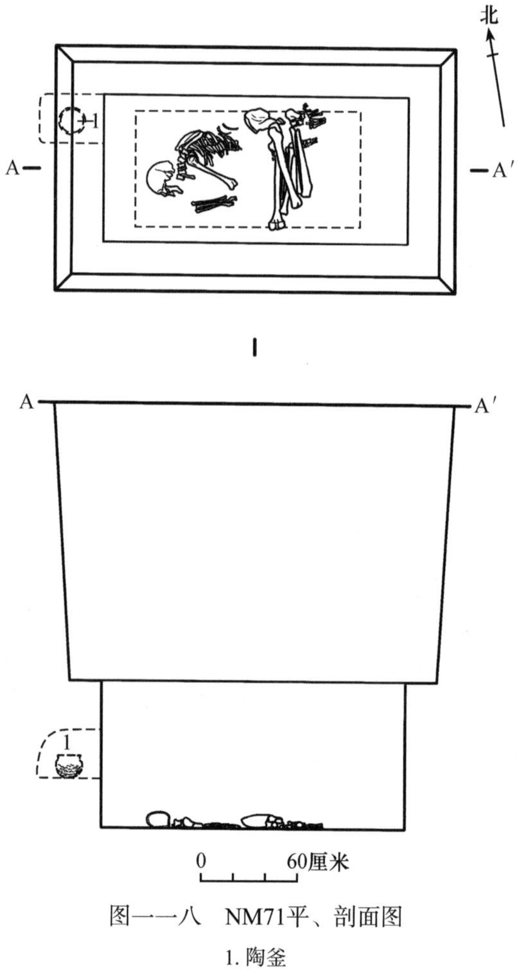

图一一八　NM71平、剖面图
1. 陶釜

墓室在墓道底部中央，平面呈东西向，略呈椭圆状，长2.1、宽0.99、高1.05米。墓室上口四边沿留有木框架痕迹。

头龛位于墓室西端中上部偏南，平面大致呈圆角矩形，长0.6、高0.3、进深0.3米。

2）葬具

该墓葬具为一棺一椁，皆已腐朽成木灰。椁长2.1、宽1、高1.05米。木棺位于木椁内，长1.7、宽0.7米，高度不详。木棺底部铺有一层草木灰。

3）葬式

墓主人仰身屈肢，身躯呈东西向，头向西，面朝上，两手屈于腹部，两条下肢向南蜷曲，蜷曲特甚。

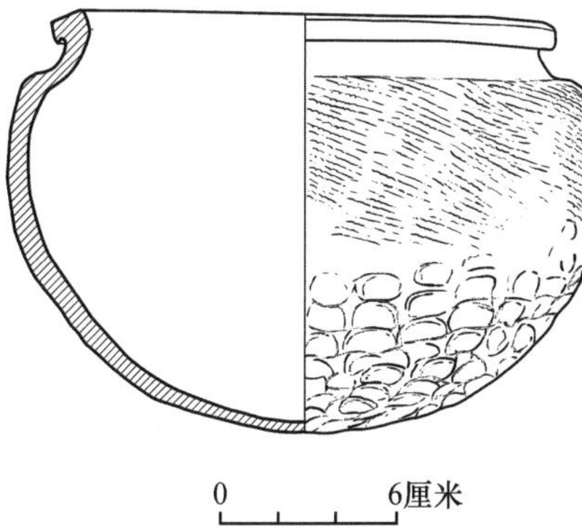

图一一九　NM71出土陶釜（NM71：1）

4）随葬器物

共出土随葬器物2件。

陶鬲　1件。NM79：1，位于头龛内南部。夹砂红陶。直口微外撇，方唇，高领，三乳状袋足肥硕，横截面呈椭圆形，三足呈扁鸭嘴状，足尖外撇。领部有对称双耳，耳与口沿平齐。通体饰中绳纹。器表留有烟炱痕迹，尤以裆部最甚。高19.2、口径15.7、腹深11.5厘米（图一二一，1；彩版七四，4～6）。

陶壶　1件。NM79：2，位于头龛内北部。泥质灰陶。侈口，斜尖唇，口沿内有一圈凹槽，短束颈，折肩，直腹，下腹急收，小平底。轮制。颈部有两道凸棱，肩部饰两道阴弦纹。陶色偏黑。高22.3、口径9、腹径18.4、底径8.6厘米（图一二一，2；彩版七二，4）。

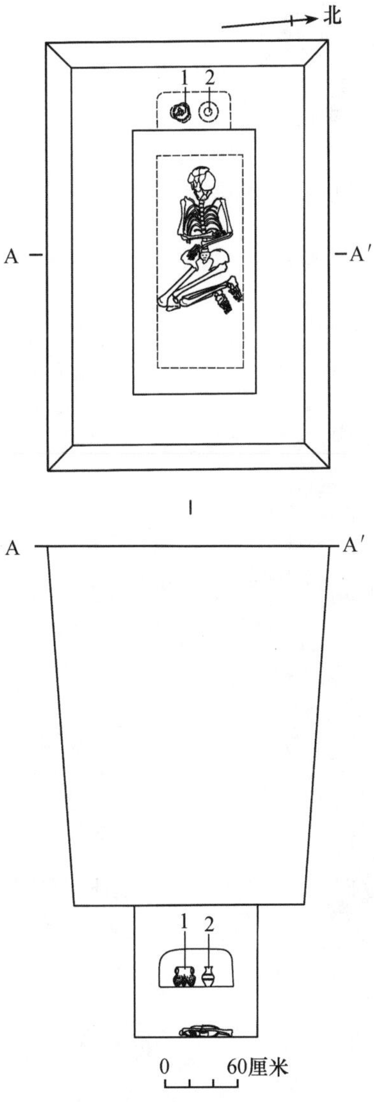

图一二〇　NM79平、剖面图

1. 陶鬲　2. 陶壶

3. Ⅲ式（无头龛）

共4座，计有NM11、NM17、NM18、NM55，都是竖穴墓圹，除NM55未发现葬具外，其他三座都是一棺。值得注意的是，NM18的墓葬方向是西北—东南向，NM55的墓葬方向基本呈南北向。

（1）南区十一号墓（NM11）

1）墓葬形制

该墓在耕土层0.5米以下露出墓口，竖穴土圹，平面呈东西向长方形，墓葬方向为90°。墓壁面竖直，表面平整，较为光滑，口底等大。开口长3、宽1.2米，现开口距底部深3.2米。底部四周有生土二层台，高0.5米，四周二层台宽度一致，均

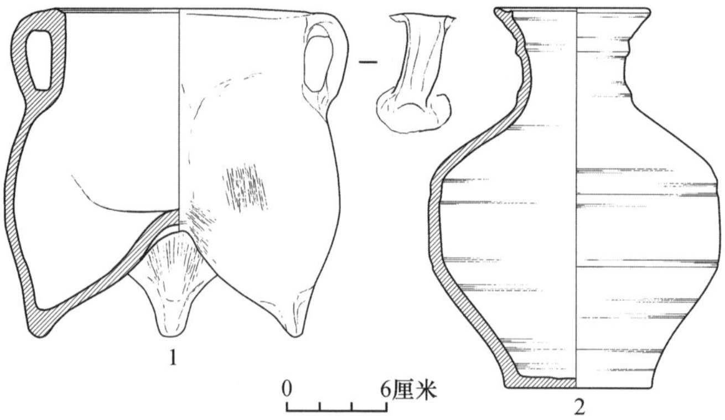

图一二一　NM79出土陶器

1. 鬲（NM79：1）　2. 壶（NM79：2）

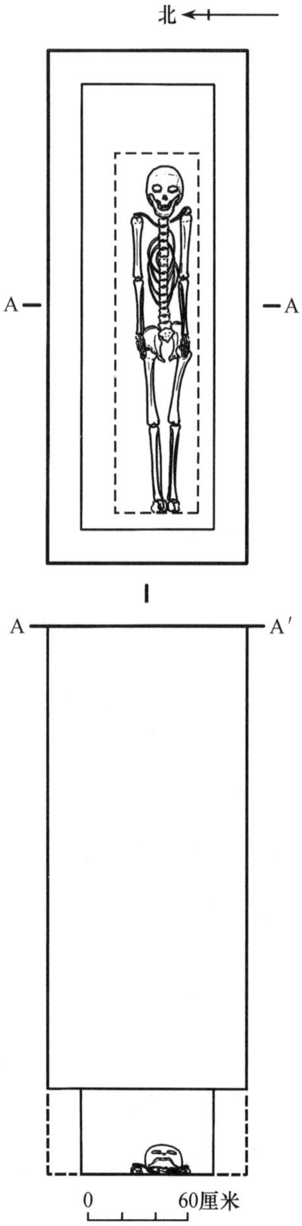

图一二二　NM11平、剖面图

为0.2米，底长2.6、宽0.8米（图一二二）。

2）葬具

该墓为木棺单葬，木棺已朽坏，仅残留朽木灰，长2.1、宽0.5米，高度不详，木棺底部铺有一层草木灰。

3）葬式

该墓人骨保存较差，墓主人仰身直肢，身躯呈东西向，头向东，面朝上，两手位于身躯两侧沿身躯伸展。

该墓未发现随葬器物。

（2）南区十七号墓（NM17）

1）墓葬形制

该墓为竖穴土圹墓，平面呈长方形，方向280°。墓壁斜直，较为平整光滑，口大底小。口长2、宽1.5米，底长1.8、宽1.3米，开口距底部深1.2米。底部四周有生土二层台，长1.49、宽0.83、高0.4米。北侧二层台宽0.25、西侧二层台宽0.16、南侧二层台宽0.2、东侧二层台宽0.14米（图一二三；彩版二二，1）。

2）葬具

该墓为单棺葬，木棺已腐朽，仅残留朽木灰，长1.49、宽0.83米，高度不详，木棺底部铺有一层草木灰。

3）葬式

该墓主人侧身屈肢，身躯呈东西向，头向西，面朝南，两手向南屈于胸前，两条下肢也向南蜷曲。

4）随葬器物

只出土1件陶罐，NM17：1，位于墓主人头骨北侧。夹砂灰陶。敛口，卷沿，厚方唇，短颈几无，溜肩，深腹下收，平底。肩部饰交错绳纹。轮制。高24.5、口径12、腹径23、底径13.5厘米（图一二四；彩版七八，2）。

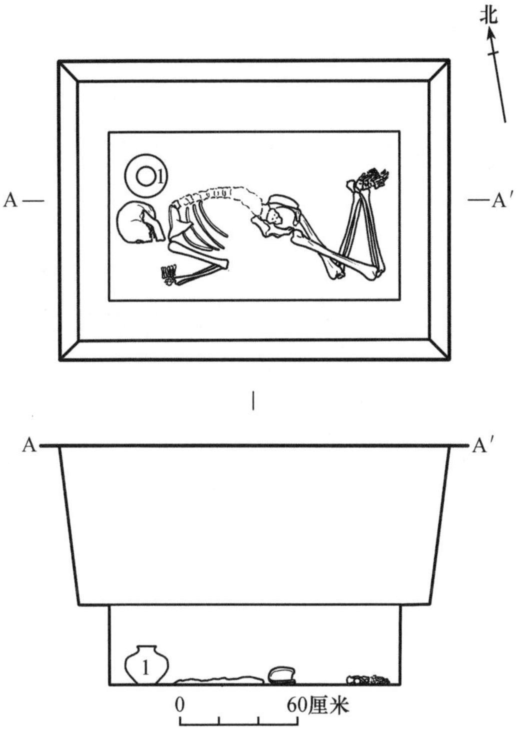

图一二三 NM17平、剖面图
1. 陶罐

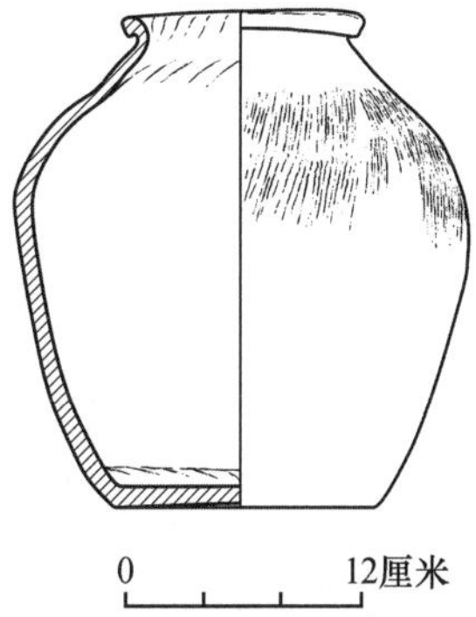

图一二四 NM17出土陶罐（NM17：1）

（3）南区十八号墓（NM18）

1）墓葬形制

该墓为竖穴土圹墓，墓葬方向330°。平面略呈长方形，西北宽，东南窄，墓壁竖直，较为平整光滑，口底等大。开口长2.58、西北宽1、东南宽0.8米，底部距墓开口1.4米（图一二五）。

2）葬具

该墓为木棺单葬，木棺已朽坏，仅残留朽木灰，长2.28、宽0.7米，高度不详，木棺底部铺有一层草木灰。

3）葬式

墓主人仰身直肢，身躯呈西北—东南向，头向西北，面朝上，两条手臂沿身躯两侧伸展，两条下肢也自然伸展。

未发现随葬器物。

（4）南区五十五号墓（NM55）

1）墓葬形制

该墓口0.55米以上为耕土层，竖穴土圹，方向为5°。平面呈长方形，墓壁斜直，表面平整光洁，上大下小。上口长2、宽1.7米，底长1.79、宽1.5米，底部距开口2米。底部东、西、北三面有生土二层台，东、西两侧二层台宽度相等，均为0.3米，北侧二层台宽0.1米（图一二六）。

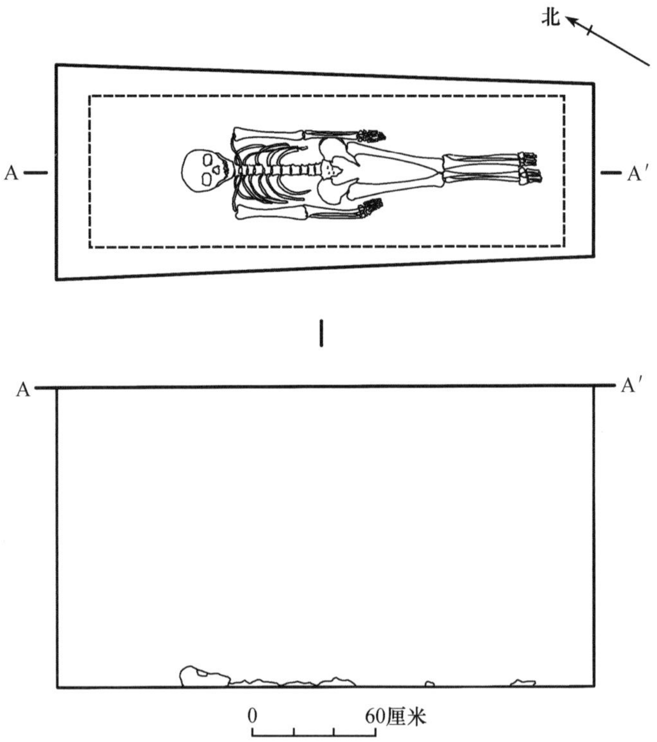

图一二五　NM18平、剖面图

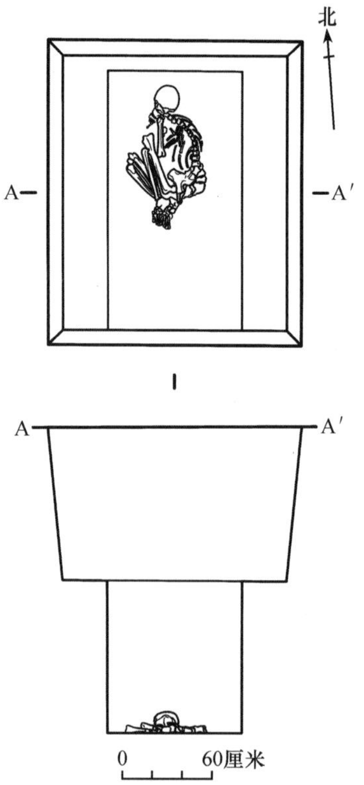

图一二六　NM55平、剖面图

2）葬具

未发现葬具痕迹。

3）墓主与葬式

墓主人骸骨位于墓室底部正中，侧身屈肢，身躯呈南北向，头向北，面朝西，两条手臂屈于胸前，两条下肢向西蜷曲，蜷曲特甚。

未发现随葬器物。

（二）洞室墓（B型）

共59座。其中偏洞室墓10座，直线洞室墓49座。

计有：NM12、NM26、NM43、NM47、NM51、NM59、NM64、NM66、NM67、NM76、NM3、NM6、NM7、NM8、NM13、NM14、NM15、NM16、NM19、NM20、NM21、NM22、NM25、NM30、NM31、NM32、NM34、NM44、NM46、NM48、NM49、NM50、NM60、NM61、NM68、NM75、NM77、NM78、NM80、NM81、NM1、NM33、NM35、NM37、NM39、NM53、NM54、NM58、NM62、NM69、NM74、NM2、NM9、NM10、NM28、NM38、NM41、NM42、NM73

1. Ⅰ式（偏洞室墓）

共10座，计有NM12、NM26、NM43、NM47、NM51、NM59、NM64、NM66、NM67、

NM76，主要分布在墓地北侧，墓地中部有少量分布。所有偏洞室墓均为东西向，洞室位于竖穴式墓道北侧，洞室中轴线与墓道中轴线平行竖穴式墓道墓壁均有收分，口大底小。

（1）南区十二号墓（NM12）

1）墓葬形制

该墓口0.55米以上为耕土层，偏洞室，坐北朝南，平面呈“凸”字形，墓葬方向为270°。由墓道、封门、墓室、头龛四部分组成。

墓道位于墓室南部，平面呈东西向长方形，口大底小，壁面原经修整铲平，表面斜直光滑，墓道上口长3.4、宽2.4米，底长2.98、宽1.98米，开口距底部2.99米。内填较为坚硬的五花夯土。底部较为平整。在墓道与洞室口之间用木板封门，木板皆已腐朽，仅留木板槽痕。洞室口两侧封门槽痕迹一致，高1.39、宽0.09、进深0.19米。

墓室位于墓道北端，平面亦呈东西向长方形洞室。墓壁面竖直光滑，长2.2、宽1.2、残高1.19米，底部较为平整。

头龛位于墓室西端中上部，平面呈圆角方形，长0.4、进深0.31、高0.3米。龛内发现有少许动物残骨骼（图一二七）。

2）葬具

该墓为木棺单葬。木棺已朽，仅残留朽木灰，平面为长方形，与墓道呈“┬”形放置，长1.8、宽0.69米，高度不详。

3）葬式

该墓人骨保存较差，但其葬式清晰可辨，为单人葬，仰身屈肢，头向西，面朝南，两手屈于腹部，下肢向南曲折，其余部分均已粉末化，辨识不清。

4）随葬器物

共出土随葬器物2件，均位于墓室西北角。

陶釜　1件。NM12：1，夹砂灰陶。侈口，方唇，短颈，溜肩，圆腹，圜底。肩至底部皆饰横向绳纹。底部有烟炱痕迹。高13、口径15.3、腹径17厘米（图一二八，2；彩版六四，2）。

陶罐　1件。NM12：2，泥质灰陶。直口，翻沿，尖唇，短粗颈，溜肩，圆腹，小平底。肩颈之间有浅阴弦纹，肩腹有3条宽带状绳纹，上两条带纹内饰斜绳纹，最下一条带纹内饰竖绳纹，下腹部饰竖绳纹。轮制。通高15.9、口径10.6、腹径17.3、底径9.8厘米（图一二八，1；彩版七八，1）。

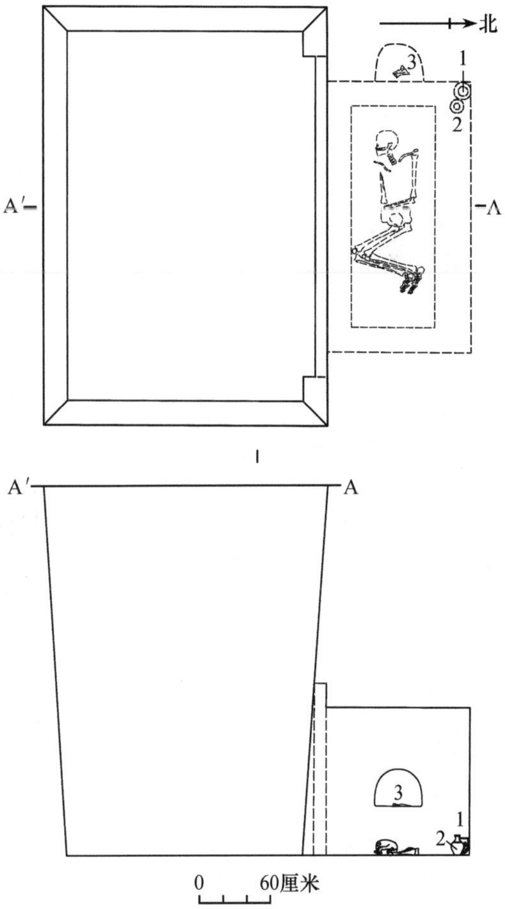

图一二七　NM12平、剖面图
1. 陶釜　2. 陶罐　3. 动物骨骼

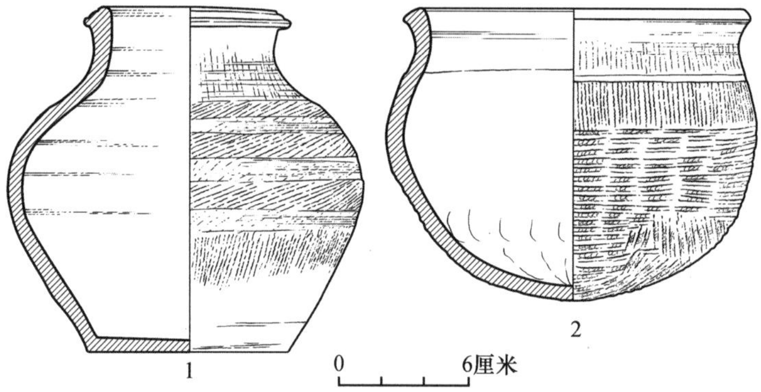

图一二八　NM12出土陶器
1. 罐（NM12：2）　2. 釜（NM12：1）

（2）南区二十六号墓（NM26）

1）墓葬形制

该墓在耕土层0.5米以下露出墓口，为偏洞室墓，平面呈“凸”字形，方向为275°。由墓道、封门、墓室、头龛组成。

墓道位于墓室南部，平面呈东西向长方形，口大底小，墓壁平整斜直光滑，墓坑东北角挖有左右错落的三角形脚窝，底部较为平整。墓圹填坚硬的五花夯土。墓道上口长3.6、宽2.6米，底长3.2、宽2.18米，开口距底部2.6米。墓底平整。在墓道与洞室口之间用木板封门，木板皆已腐朽，仅留木板槽痕沟。洞口两边封门槽均高1.39、宽0.05、进深0.14米。在封门槽南上下各发现一封门孔洞，形制相同，大小相近，进深0.3、宽0.08、高0.12米。

墓室位于墓道北侧，平面亦呈东西向长方形洞室。墓室内壁面竖直光滑，长2.5、宽0.9、残高1.14米，墓室底部较为平整。在墓室中部发现两条南北向垫木槽窝，形制相近，大小相同，长0.98、宽0.13米，北段抵进墓室北壁0.11米。

壁龛在墓洞室西端墓壁中部，平面呈圆角方形，长0.38、进深0.4、高0.26米（图一二九；彩版二五，2）。

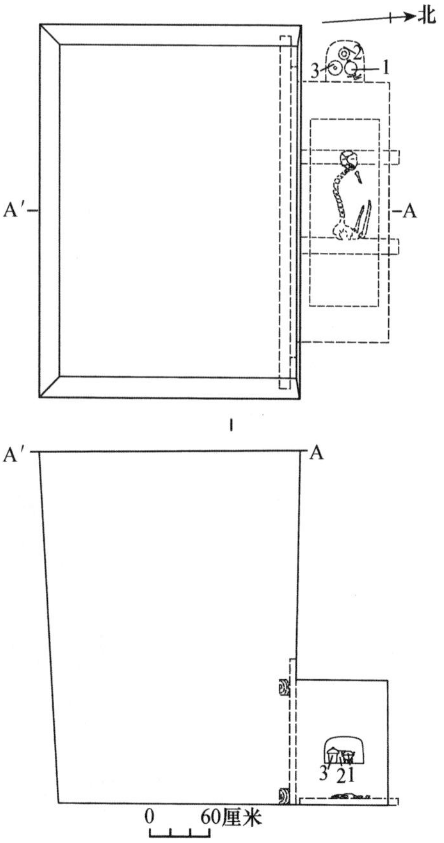

图一二九　NM26平、剖面图
1. 陶鼎　2. 陶壶　3. 陶仓

2）葬具

该墓为木棺单葬，木棺已朽，仅残留朽木灰。平面为长方形，与墓道呈“┬”形放置，长1.8、宽0.7米，高度不详。木棺下有两根垫木，并有草木灰。

3）葬式

该墓人骨保存较差，但其葬式清晰可辨，为单人葬，仰身屈肢，头向西，面朝上，上身保存极差，朝向不明，下肢向北曲折，其余部分均已粉末化，辨识不清。

4）随葬器物

共出土随葬器物3件。

陶鼎　1件。NM26：1，位于头龛内北侧。夹砂灰陶。敛口，圆唇，折肩，两对称附方耳立于肩部，圆腹，圜底近平，三柱足，圆弧盖。素面。轮、手制结合。连盖通高15、口径12、腹径15.4、腹深7.8厘米（图一三〇，1；彩版五六，6）。

陶壶　1件。NM26：2，位于头龛内西侧。泥质红陶。口沿残缺。直口，尖唇，束颈，溜肩，圆腹，小平底。肩部有两道阴弦纹，下腹部亦有两道阴弦纹。轮制。高14.6、口径8.5、腹径14.5、底径6.8厘米（图一三〇，2；彩版六八，2）。

陶仓　1件。NM26：3，位于头龛内南侧。残碎严重，未能修复。

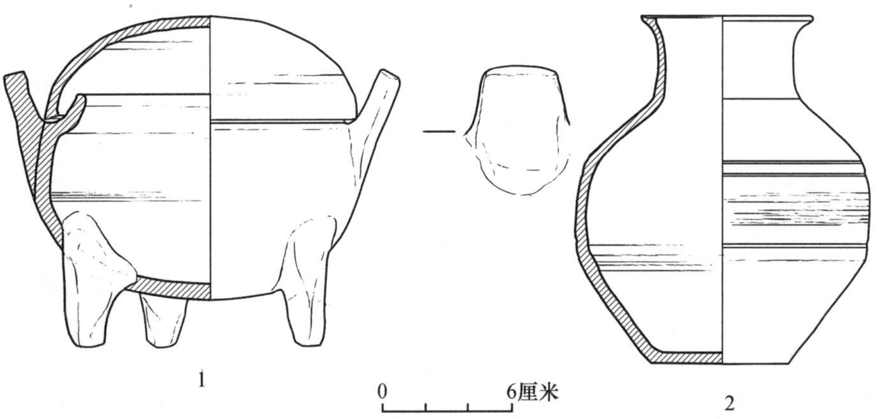

图一三〇　NM79出土陶器

1. 鼎（NM26：1）　2. 壶（NM26：2）

（3）南区四十三号墓（NM43）

1）墓葬形制

该墓口0.45米以上为耕土层，为偏洞室墓，坐北朝南，平面呈“凸”字形，墓葬方向为270°。由墓道、封门、墓室、头龛四部分组成。

墓道位于墓室南部，平面呈东西向长方形，口大底小，墓壁平整，表面斜直光滑，上口长3.7、宽2.9米，底长3.29、宽2.48米，开口距底部3.9米。墓坑西南角挖有左右错落的三角形脚窝，填坚硬的五花夯土，底部较为平整。在墓道与洞室口之间用竖直木板封门，木板皆已腐朽，仅留木板槽痕。洞室口两侧封门槽均高1.2、宽0.08、进深0.22米。

墓室位于墓道北侧，平面亦呈东西向长方形，洞室内壁面竖直光滑，长2.2、宽1、残高1米，墓室底部较为平整。

头龛位于墓室西端，平面呈圆角长方形，长0.6、高0.3、进深0.4米。该墓被M70打破（图一三一；彩版三〇，1）。

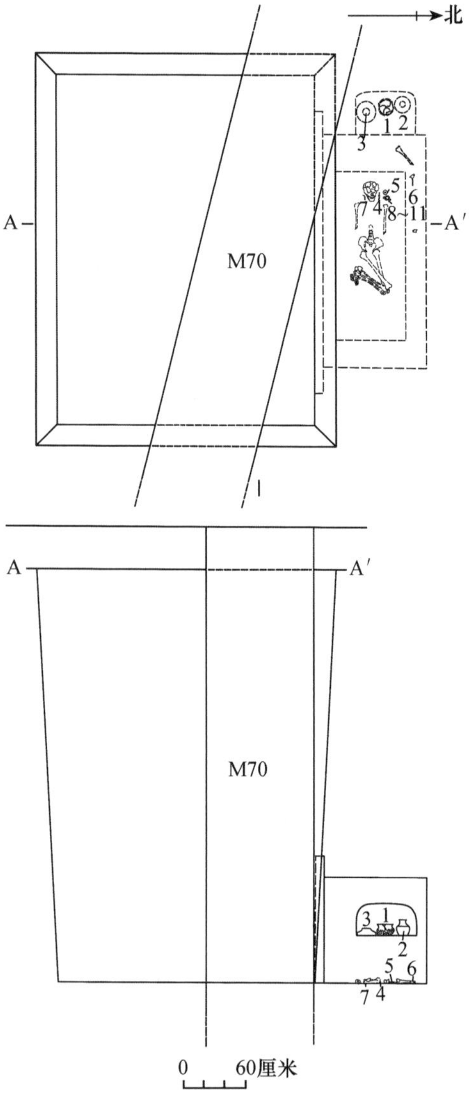

图一三一　NM43平、剖面图

1. 陶釜　2. 陶壶　3. 陶盂　4. 铜带钩　5. 玉璧　6、7. 铜铃　8、9. 圆形玉饰　10. 料珠　11. 玉柄形器

2）葬具

该墓为木棺单葬。木棺已朽，仅残留朽木灰，平面为长方形，与墓道呈“┬”形放置，长1.6、宽0.7米，高不详。

3）葬式

该墓人骨保存较差，但其葬式清晰可辨，为单人葬，仰身屈肢，头向西，面朝上，两条手臂仅可辨明肱骨部分，位于身躯两侧，下肢向北曲折，其余部分均已粉末化，辨识不清。

4）随葬器物

共出土随葬器物11件。

陶釜（残）　1件。NM43：1，位于头龛内中部。夹砂红陶。侈口外翻，尖唇，短颈及无，溜肩，圆腹，圜底。肩腹有竖细绳纹，圜底有横向粗绳纹，肩部有粗糙断裂痕，似为去掉一层后残留。底部有烟炱痕迹。高15.2、口径18.5、腹径20.5厘米（图一三二，1；彩版六一，1）。

陶壶　1件。NM43：2，位于头龛内北部。泥质灰陶。侈口，圆唇，束颈，溜肩，直腹，小平底。肩部饰两道阴弦纹。轮制。高18.7、口径10.3、腹径15.5、底径8.2厘米（图一三二，2；彩版六九，4）。

陶盂　1件。NM43：3，位于头龛内南部。泥质灰陶。敛口，斜沿外低内高，尖唇，溜肩，浅腹，下腹急收，小平底。素面。轮制。高9、口径22.38厘米（图一三二，3；彩版七五，4）。

铜带钩　1件。NM43：4，位于墓主人头骨北。呈琵琶形状，鸭头形钩首，长颈，侧视呈“S”形。上端以鸭首的自然弯曲作钩，中间为钩体，下端背部有钉柱固定于皮带的一头，正面饰兽面纹。长6厘米（图一三二，4；彩版八六，4）。

铜铃　2件。位于墓室西北角，形制基本相同，大小略有差异。铃体较为宽扁，器壁特薄，形体特小，截面为椭圆形，顶部有半环形纽，铃体两侧倾斜作矩形，正面一侧有两长条状孔，口部呈弧形。NM43：6，通高2.83、洸间4厘米（图一三二，12；彩版八四，1）。NM43：7，通高2.74、洸间4厘米（图一三二，13；彩版八四，1）。

玉璧　1件。NM43：5，位于墓主人头骨北。乳白色，有土锈斑块。肉径4.8、好径1.7、厚0.4厘米（图一三二，7；彩版九〇，2）。

圆形玉饰　2件。NM43：8，位于墓主人头骨北。乳白色，有土锈斑块。素面无纹饰。直

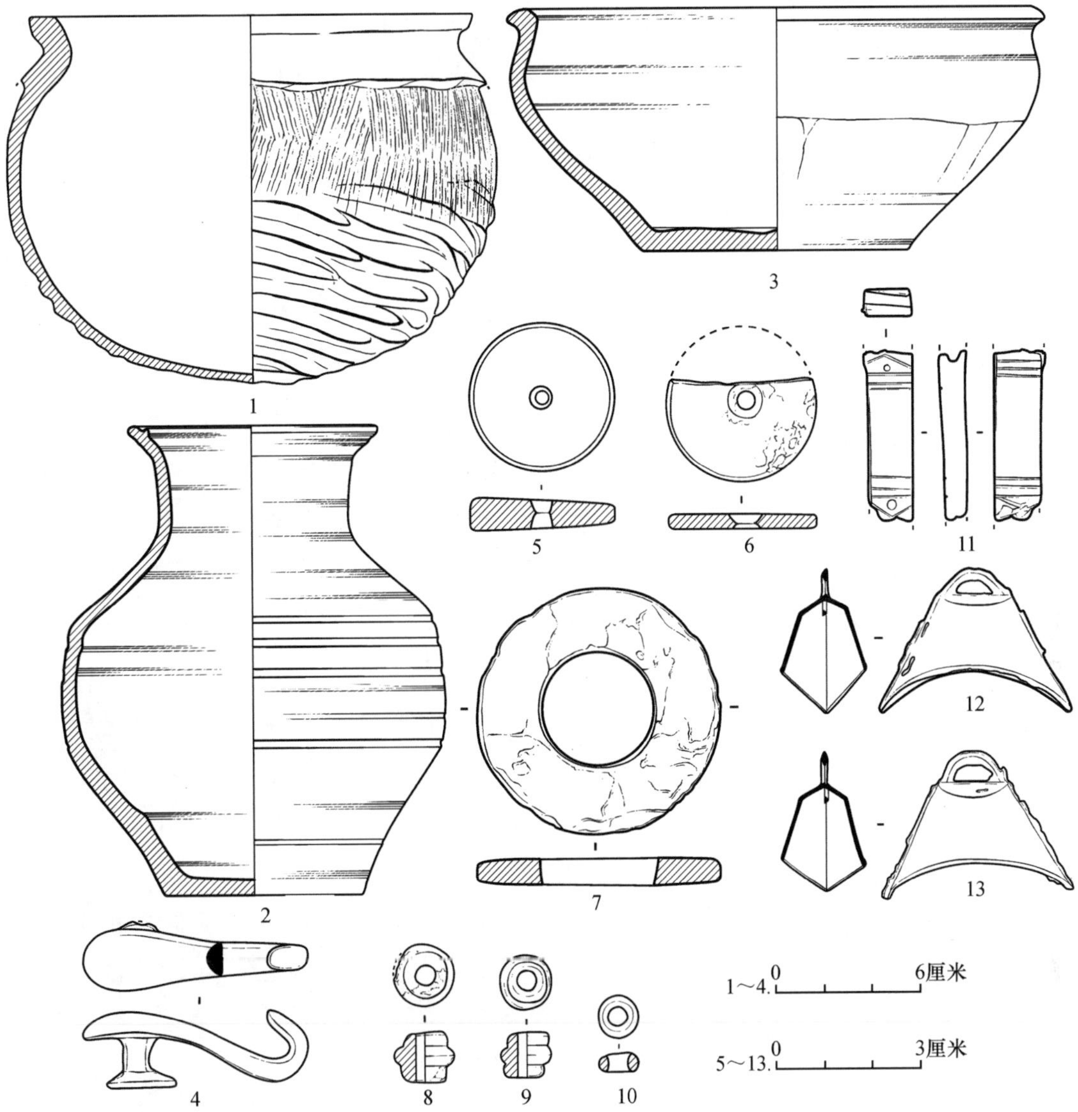

图一三二　NM43出土器物

1. 陶釜（NM43：1）　2. 陶壶（NM43：2）　3. 陶盂（NM43：3）　4. 铜带钩（NM43：4）　5、6. 圆形玉饰（NM43：8、NM43：9）　7. 玉璧（NM43：5）　8～10. 料珠（NM43：10①、NM43：10②、M43：10③）　11. 玉柄形器（NM43：11）　12、13. 铜铃（NM43：6、NM43：7）

径3.6、孔径0.5、厚0.4厘米（图一三二，5；彩版九〇，3左）。NM43：9，破损仅留三分之二，乳白色，有土锈斑块。直径3.6、孔径0.5、厚0.4厘米（图一三二，6；彩版九〇，3右）。

料珠　1组共30枚。NM43：10，位于墓主人头骨北。灰白色，质地差，不透明，珠管状，管体较短，两端齐平，中间有穿孔，多数管体中间有凸棱，少数为算珠状。小的直径0.75、孔径0.3厘米，大的径1.3、高1、孔径0.4厘米（图一三二，8～10）。

玉柄形器　1件（残）。NM43：11，位于墓主人头骨北。乳白色，杂质大，土锈枣红色斑痕明显，不透明，长条状，两端残缺，现存的两端有小孔与阴刻线沟槽，似为玉柄形器的一部分。残长3.8、宽1厘米（图一三二，11）。这种柄形器在宝鸡茹家庄強国墓中多有出土，盛行于商周墓葬中，或当作祖先灵位表象物的礼器，而且可以作为身份地位的象征佩带于身，还可

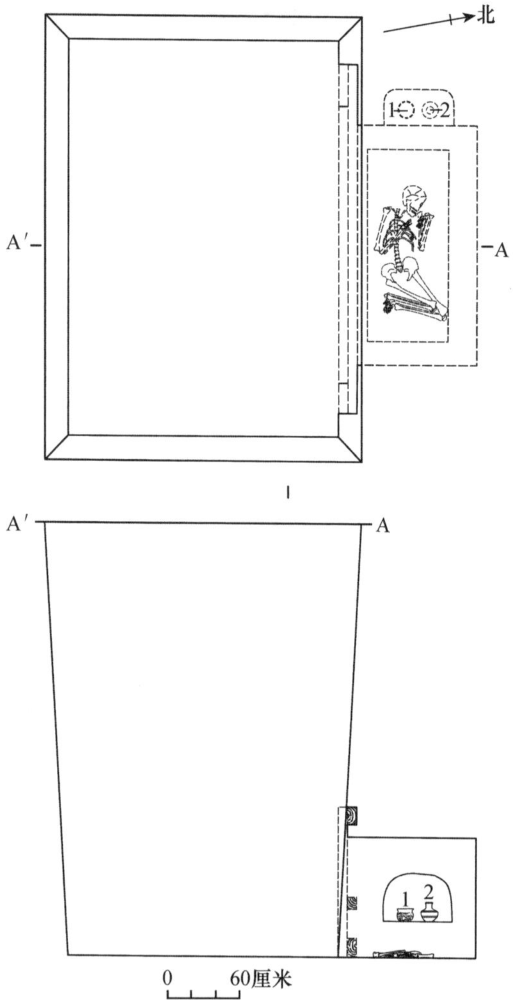

图一三三　NM47平、剖面图

1. 陶釜　2. 陶壶

以摆放在房间作装饰用品。至东周时期，这种玉柄形器就基本消失不见了。

（4）南区四十七号墓（NM47）

1）墓葬形制

该墓在耕土层0.5米以下露出墓口，为偏洞室墓，平面呈“凸”字形，方向为280°。由墓道、封门、墓室、头龛组成（图一三三；彩版三二，1）。

墓道位于墓室南部，平面呈东西向长方形，口大底小，墓壁平整斜直，光滑，墓道上口长3.7、宽2.7米，底长3.29、宽2.3米，开口距底部3.6米。墓圹填五花夯土，比较坚硬，有夯窝，东南角有错落有致的三角形脚窝，底部较为平整。在墓道与洞室口之间用竖直木板封门，木板皆已腐朽，仅留木板槽痕。

两侧封门槽均高1.24、宽0.08、进深0.16米。在封门槽上下有三组平面呈长方形的封门孔洞，大小、形制相同，应系整体封门的组成部分，进深0.5、高0.12、宽0.08米。

墓室在墓道北侧，平面亦呈东西向长方形，洞室。墓室内壁面竖直光滑，长2、宽1.1、残高1米，墓室底部较为平整。

头龛位于墓室西端墓壁中部，平面呈圆角长方形，长0.6、进深0.3、高0.4米。

2）葬具

该墓为木棺单葬。木棺已朽，仅残留朽木灰，平面为长方形，与墓道呈“┬”形放置，长1.8、宽0.7米，高度不详。

3）葬式

该墓人骨保存较差，但其葬式清晰可辨，为单人葬，仰身屈肢，头向西，面朝上，两手屈于胸部，下肢向北曲折，蜷曲特甚。

4）随葬器物

共出土随葬器物2件。

陶釜　1件。NM47：1，位于头龛内南部。泥质灰陶。侈口，卷沿，方唇，短颈，溜肩，圆腹，圜底。肩腹饰斜绳纹，圜底饰粗绳纹，肩部有相对的阳刻字，两处字相同。高11.5厘米、口径15.6厘米、腹径17.8厘米（图一三四，2；彩版六一，3）。

陶壶　1件。NM47：2，位于头龛内北部。泥质灰陶。侈口，圆唇，口沿内有一圈凸棱，

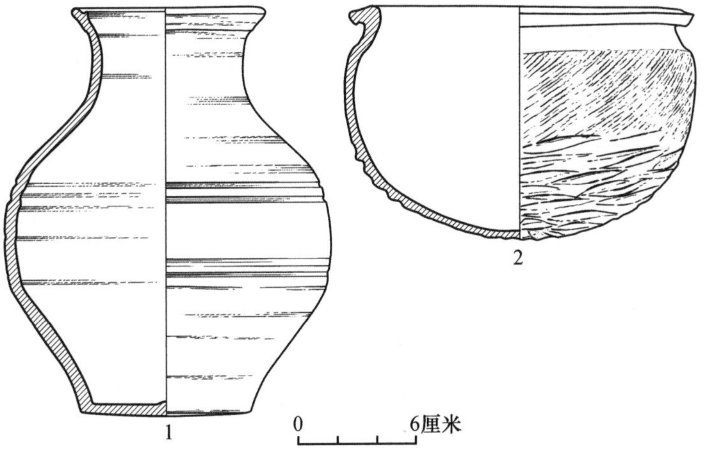

图一三四　NM47出土陶器
1. 壶（NM47：2）　2. 釜（NM47：1）

短束颈，溜肩，圆腹，小平底。肩部及腹部各有两道阴弦纹。器底有轮制旋割痕迹。高20.2、口径9.8、腹径16.8、底径8.5厘米（图一三四，1）。

（5）南区五十一号墓（NM51）

1）墓葬形制

该墓在耕土层0.5米以下露出墓口，为偏洞室墓，平面呈“凸”字形，方向为275°。由墓道、封门、墓室、头龛四部分组成。

墓道位于墓室南部，平面呈东西向长方形，口大底小，壁面原经修整铲平，表面斜直光滑，墓道上口长3.6、宽2.5米，底长3.18、宽2.08米，开口距底部3.8米。墓圹填坚硬的五花夯土，有夯窝，墓壁东南隅有错落有致的三角形脚窝，底部较为平整。在墓道与洞室口之间用竖直木板封门，木板皆已腐朽，仅留木板槽痕。两侧封门槽均高1.29、宽0.08、进深0.15米。封门底槽长2.7、宽0.08、深0.1米，在两侧竖封门槽上下有三组平面呈长方形的封门孔洞，大小、形制相同，应系整体封门的组成部分，进深0.4、高0.16、宽0.07米。

墓室位于墓道北侧，平面亦呈东西向长方形，洞室。墓室内壁面竖直光滑，长2.4、宽0.8、残高1.1米，墓室底部较为平整。

头龛位于墓室西端中部，平面呈圆角方形，长0.5、进深0.4、高0.34米（图一三五；彩版三四，1）。

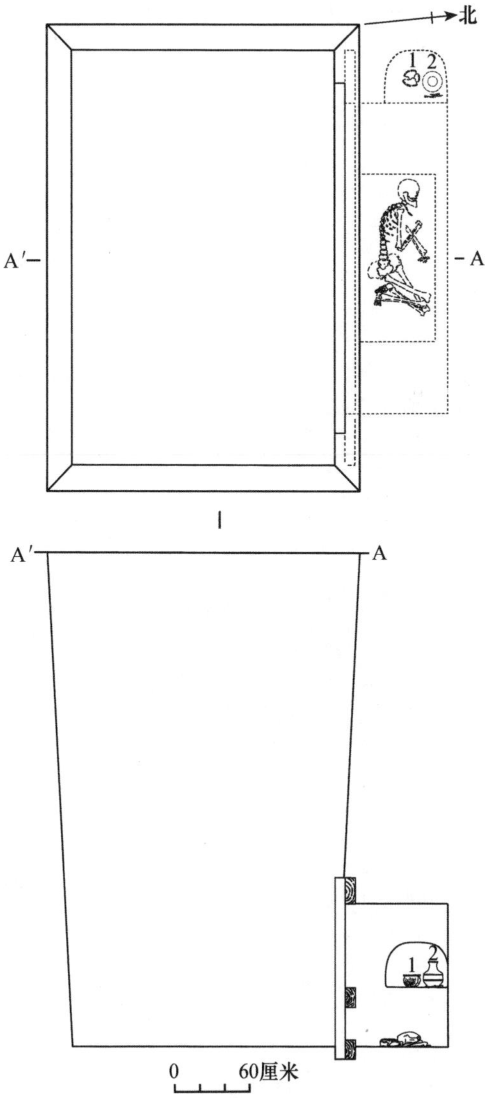

图一三五　NM51平、剖面图
1. 陶釜　2. 陶壶

2）葬具

该墓为木棺单葬。木棺已朽，仅残留朽木灰，平面为长方形，与墓道呈“┬”形放置，长1.28、宽0.6米，高度不详。

3）葬式

该墓人骨葬式清晰可辨，为单人葬，仰身屈肢，头向西，面朝北，两手屈于胸部，下肢向北曲折，蜷曲特甚。

4）随葬器物

共出土随葬器物2件。

陶釜　1件。NM51：1，位于头龛内南部。夹砂红陶。侈口，斜方唇，短颈，溜肩，圆腹，圜底。短颈上有细竖向绳纹，肩腹及圜底有横向绳纹。高12、口径13、腹径14.5厘米（图一三六，2；彩版六一，6）。

陶壶　1件。NM51：2，位于头龛内北部。侈口，平折沿，尖唇，短束颈，溜肩，直腹，小平底。口沿下饰一圈阴弦纹，肩部饰两对阴弦纹，下腹一对阴弦纹，底及下腹部有旋割痕。轮制。通高22.7、口径10.5、腹径17、底径9.3厘米（图一三六，1；彩版七〇，2）。

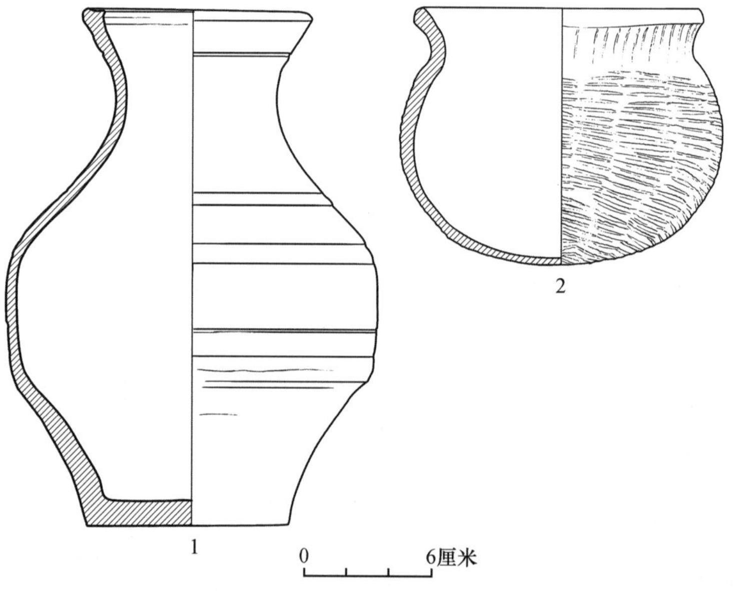

图一三六　NM51出土陶器

1. 壶（NM51：2）　2. 釜（NM51：1）

（6）南区五十九号墓（NM59）

1）墓葬形制

该墓口0.55米以上为耕土层，偏洞室墓，平面呈“凸”字形，方向为270°。由墓道、封门、墓室、头龛四部分组成（图一三七）。

墓道在墓室南部，平面呈东西向长方形，口大底小，墓壁平整，斜直光滑，上口长3.8、宽2.4米，底长2.64、宽1.99米，开口距底部4米。墓圹填坚硬的五花土，墓壁东南隅有错落有致的三角形脚窝，底部较为平整，在墓道东西两侧发现平面呈南北向长方形的生土二层台，两侧二层台形制相同，大小略有差异，南北长均为1.99米，二层台距开口3.35米，东侧二层台宽0.4、西侧二层台宽0.35米。在墓道与洞室口之间用竖直木板封门，木板皆已腐朽，仅留槽痕。两侧封门槽均高1.24、宽0.08、进深0.11米。底封门槽长2.4、宽0.08、深0.09米，在左右封门槽上下端有孔洞，大小、形制相同，进深0.3、高0.15、宽0.12米。

墓室在墓道北侧，平面亦呈东西向长方形，洞室。墓室内壁面竖直光滑，长2.2、宽0.9、残高1.1米，墓室底部较为平整。

头龛位于墓室西端中上部，平面呈圆角方形，长0.4、进深0.3、高0.35米。

2）葬具

该墓为木棺单葬。木棺已朽，仅残留朽木灰，平面为长方形，与墓道呈"ㄒ"形放置，长1.7、宽0.6米，高度不详。

3）葬式

该墓人骨保存较差，但其葬式清晰可辨，为单人葬，仰身屈肢，头向西，面朝北，上肢仅发现1条肱骨位于身躯南侧，下肢向北曲折，蜷曲特甚。

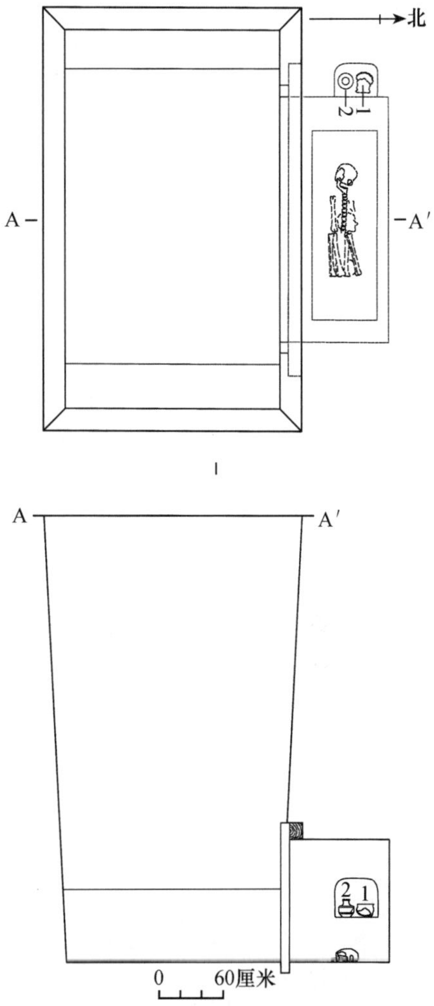

图一三七　NM59平、剖面图
1. 陶釜　2. 陶壶

4）随葬器物

共出土随葬器物2件。

陶釜　1件。NM59：1，置于头龛内北部。夹砂灰陶。敛口，方唇，卷沿，短颈几无，溜肩，圆腹，圜底。肩腹饰竖向细绳纹，圜底饰横向粗绳纹。轮制。烟炱较厚。高18.7、口径19.5、腹径23.8厘米（图一三八，2；彩版六二，6）。

陶壶　1件。NM59：2，置于头龛内南部。泥质灰陶。侈口，圆唇，口沿内有一圈凸棱，束颈，颈部有两圈凸棱，溜肩，直腹，小平底。肩部饰两道阴弦纹，下腹部饰两道阴弦纹。轮制。高20.2、口径10.3、腹径17.5、底径8.8厘米（图一三八，1；彩版七〇，5）。

（7）南区六十四号墓（NM64）

1）墓葬形制

该墓在耕土层0.5米以下露出墓口，偏洞室墓，平面呈"凸"字形，方向为275°。由墓道、封门、墓室、头龛四部分组成。

墓道位于墓室南部，平面呈东西向长方形，口大底小，墓壁平整，斜直光滑，口长4.4、宽2.8米，墓道底长3.99、宽2.4米，开口距底部3.9米。墓圹填五花土，较坚硬，有夯窝，东南

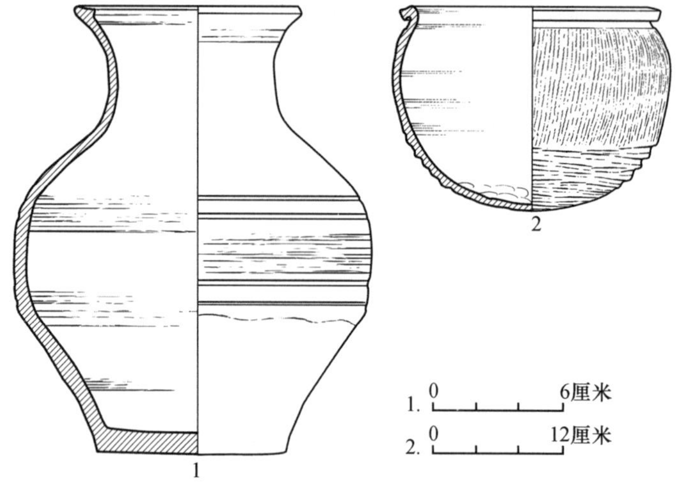

图一三八　NM59出土陶器

1. 壶（NM59：2）　2. 釜（NM59：1）

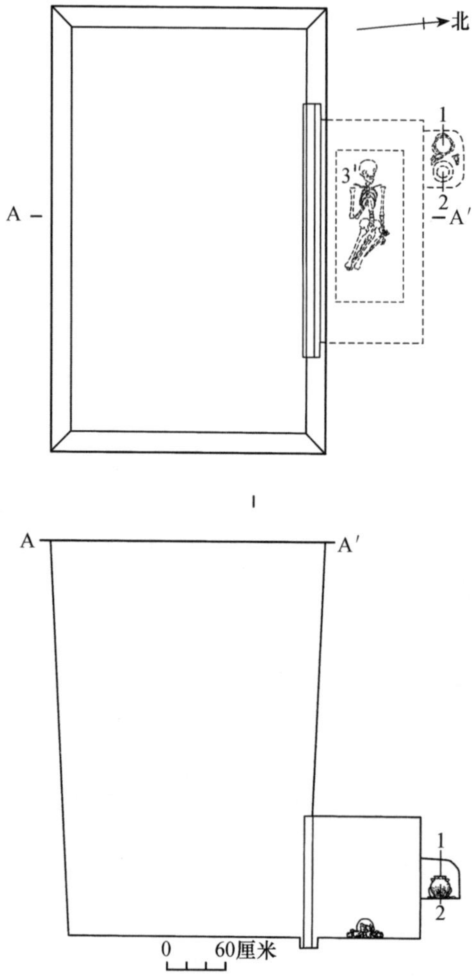

图一三九　NM64平、剖面图

1. 陶鬲　2. 陶罐　3. 铁带钩

隅墓壁上有错落有致的三角形脚窝，底部较为平整。在墓道与洞室口之间用竖直木板封门，木板皆已腐朽，仅留槽痕。两侧封门槽均高1.19、宽0.08、进深0.15米，底封门槽长2.5、宽0.18、深0.1米。

墓室位于墓道北侧，平面亦呈东西向长方形，洞室。墓室内壁面竖直光滑，长2.2、宽1.05米，由于墓室顶坍塌，洞顶原高度不详，现残高1.2米，墓室底部较为平整。

头龛位于墓室北壁西端中上部，平面呈圆角长方形，长0.55、进深0.4、高0.4米，龛内发现零碎动物骨（图一三九；彩版三八，1）。

2）葬具

该墓为木棺单葬。木棺已朽，仅残留朽木灰，平面为长方形，与墓道呈“⊤”形放置，长1.5、宽0.7米，高度不详。

3）葬式

该墓人骨保存较差，但其葬式清晰可辨，为单人葬，仰身屈肢，头向西，面朝北，南侧手臂屈于胸部，北侧手臂延身躯向东伸展。下肢向南曲折，蜷曲特甚。

4）随葬器物

共出土随葬器物3件。

陶鬲　1件。NM64：1，位于头龛内西侧。夹砂红陶。直口微外撇，圆唇，高领，三乳状袋足肥硕，横截面呈椭圆形，三足呈扁鸭嘴状，足尖外撇。领部有对称双耳，耳与口沿平齐。通体光素无纹饰。裆部留有烟炱痕迹。通高20.3、口径18.2、腹深11.5厘米（图一四〇，2；彩版七四，1～3）。

陶罐　1件。NM64：2，位于头龛内东侧。泥质灰陶。小口微侈，卷沿，圆唇，短束颈，溜肩，深圆腹下垂，平底。肩部有一圈不太规则的阴弦纹，体表光素。高25、口径9.7、腹径21.3、底径12.5厘米（图一四〇，1；彩版八〇，1）。

铁带钩　1件。NM64：3，位于墓主人头骨南侧。铜质带钩在战国秦墓中比较常见，这种铁质带钩比较鲜见。带钩锈蚀严重，仅能辨识出带钩背部固定皮带的钉纽，两端残缺。残长6厘米（图一四〇，3；彩版八九，1）。

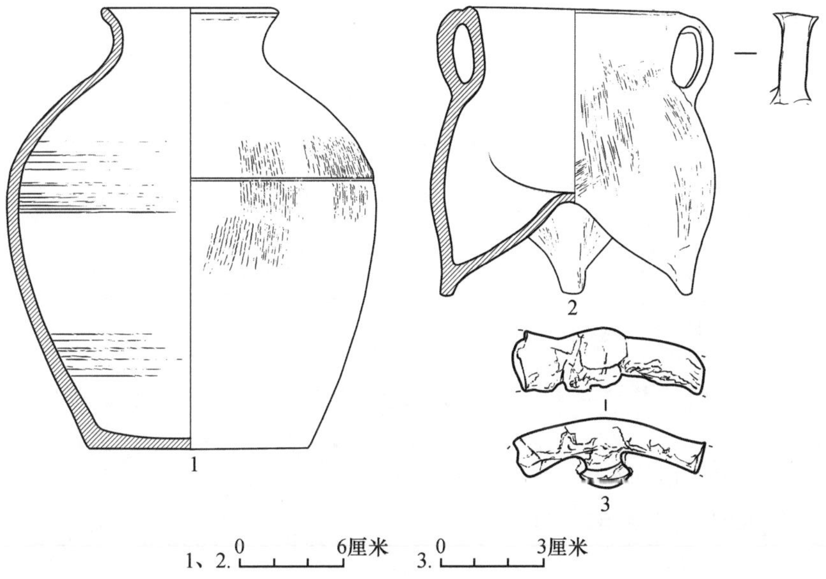

图一四〇　NM64出土器物

1. 陶罐（NM64：2）　2. 陶鬲（NM64：1）　3. 铁带钩（NM64：3）

（8）南区六十六号墓（NM66）

1）墓葬形制

该墓在耕土层0.55米以下露出墓口，偏洞室，平面呈“凸”字形，方向为275°。由墓道、封门、墓室、头龛组成。

墓道位于墓室南部，平面呈东西向长方形，口大底小，壁平整，斜直光滑，上长3.6、宽2.5米，底长3.19、宽2.09米，开口距底部3.2米。墓圹填五花土，较坚硬，有夯窝，底部较为平整。洞室口用竖直木板封门，木板皆已腐朽，仅留槽痕。两侧封门槽形制一致，高1.19、宽0.09、进深0.16米。底封门槽长2.6、宽0.09、深0.1米，在两侧封门槽上下各有一组平面呈东西向长方形的孔洞，大小、形制相同，应系整体封门的组成部分，进深0.15米，宽0.08米，高0.15米。

墓室在墓道北侧，平面亦呈东西向长方形，洞室。墓室内壁面竖直光滑，长2.3、宽1.15、

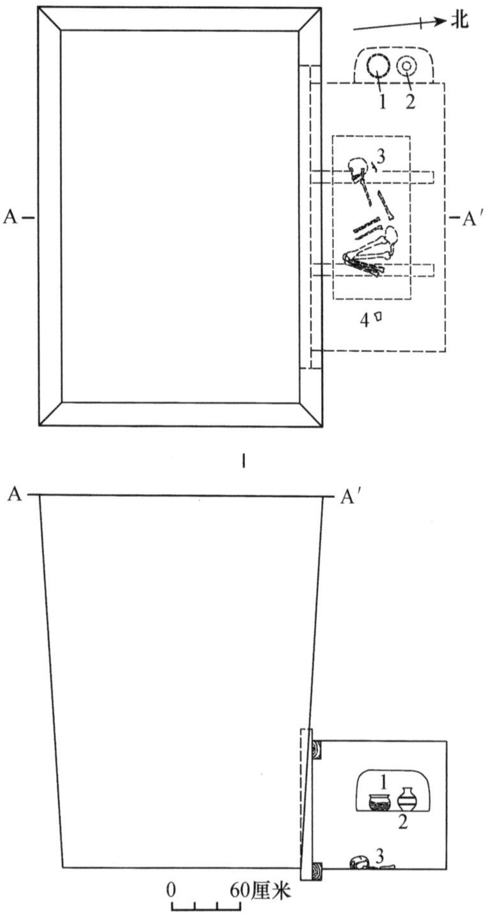

图一四一　NM66平、剖面图

1. 陶釜　2. 陶壶　3. 铁带钩　4. 铁锛

残高1.1米，墓室底部较为平整。

头龛位于墓室西端中上部，平面呈圆角长方形，长0.7、进深0.3、高0.35米。墓室底中央发现两条平面呈南北向的长方形垫木槽，形制、大小相同，长1.1、宽0.1米（图一四一；彩版三七，1）。

2）葬具

该墓为木棺单葬。木棺已朽，仅残留朽木灰，平面为长方形，与墓道呈“┬”形放置，长1.4、宽0.7米，高不详。

3）葬式

该墓葬式清晰可辨，为单人葬，仰身屈肢，头向西，面朝南，两条手臂均曲折向南。下肢向南曲折，蜷曲特甚（彩版三七，2）。

4）随葬器物

共出土随葬器物4件。

陶釜　1件。NM66：1，位于头龛内南侧。夹砂红陶。敛口，方唇，短颈几无，溜肩，圆腹，圜底。肩部饰竖细绳纹，腹及底部饰横粗绳纹，底部有烟炱痕迹。制作规整。高17.84、口径214、腹径24厘米（图一四二，1；彩版六三，2）。

陶壶　1件。NM66：2，位于头龛内北侧。泥质灰陶。侈口，束颈，折肩，直腹，小平底。颈部有三道凸棱，肩部有两道阴弦纹，腹部亦有两道阴弦纹。轮制。高21、口径9.3、腹径18、底径9.2厘米（图一四二，2；彩版七一，2）。

铁带钩　1件。NM66：3，位于墓主人头骨北侧。带钩锈蚀严重，背部用于固定腰带的纽钉残缺。残长9厘米（图一四二，4；彩版八九，2）。

铁锛　1件。NM66：4，锈蚀严重，平面呈梯形，有长方形銎，用以安装把柄，扁刃。刃部长6.5、銎孔长3.5厘米×2厘米，銎首长4.5、宽2.8、通长10厘米（图一四二，3；彩版八九，6）。

（9）南区六十七号墓（NM67）

1）墓葬形制

该墓在地表耕土层0.7米以下露出墓口，偏洞室，平面呈“凸”字形，方向为280°。由墓道、封门、墓室、头龛四部分组成。

墓道位于墓室南部，平面呈东西向，长方形，口大底小，上口长4.2、宽2.6米，底长3.79、宽2.2米，开口距底部3.3米。墓壁平整，表面斜直光滑，墓圹内填五花土，较为坚硬。墓道底东西两侧分布有平面呈南北向长方形的生土二层台，二层台形制相同，距开口均3.3

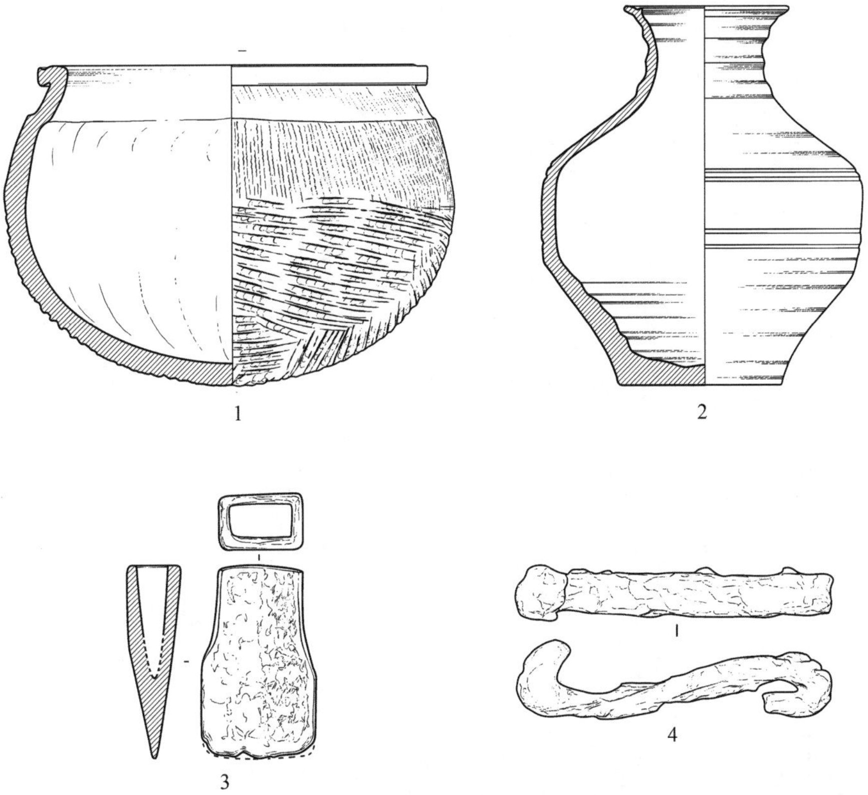

1. 0 3厘米　2～4. 0 6厘米

图一四二　NM66出土器物

1. 陶鍪（NM66：1）　2. 陶壶（NM66：2）　3. 铁锛（NM66：4）　4. 铁带钩（NM66：3）

米，东侧二层台长1.6、宽0.5米，西侧二层台长0.9、宽0.5米。墓圹东南角有错落有致的三角形脚窝。洞室口用竖直木板封门，木板皆已腐朽，仅留槽痕。两侧封门槽形制一致，高1.19、宽0.1、进深0.2米。底封门槽长2.8、宽0.1、深0.1米。在两侧封门槽上下两端有两个圆形的孔洞，大小、形制相同，应系整体封门的组成部分，进深0.3、直径0.1米。

墓室位于墓道北侧，平面亦呈东西向长方形，洞室。墓室内壁面竖直光滑，长2.2、西端宽1米，东端宽0.84、残高1.4米，墓室底部较为平整。

头龛位于墓室西端墓壁中部，平面呈圆角长方形，除置放随葬器物外，还发现一堆动物骨骼。长0.7、进深0.4、高0.49米（图一四三；彩版三九，1）。

2）葬具

该墓为木棺单葬。木棺已朽，仅残留朽木灰，平面为长方形，与墓道呈“┬”形放置，长1.5、宽0.7米，高不详。

3）葬式

该墓人骨保存较差，但葬式清晰可辨，为单人葬，仰身屈肢，头向西，面朝上，身躯上部腐朽严重，情况不明。下肢向南曲折，蜷曲特甚。

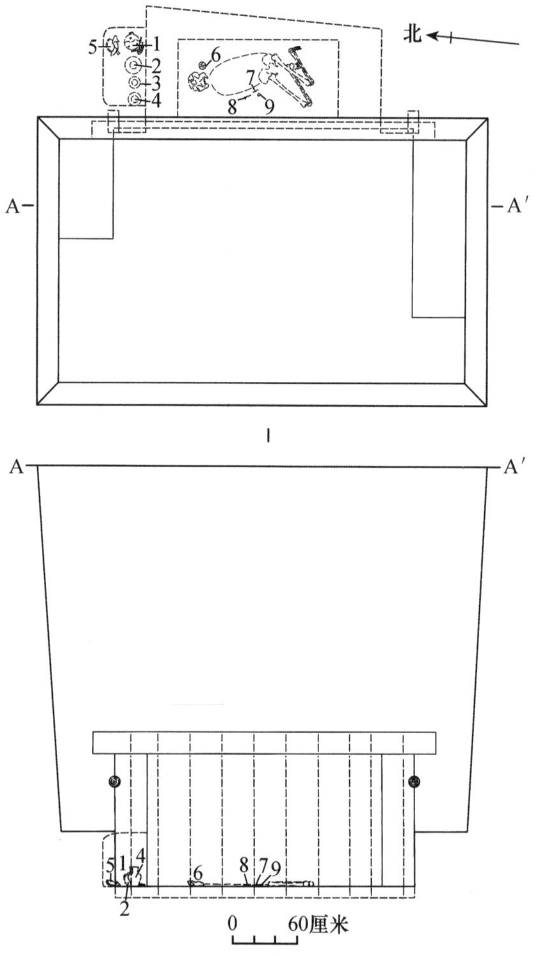

图一四三　NM67平、剖面图

1. 陶鼎　2、3. 陶罐　4. 陶盒　5. 陶仓　6. 铜镜　7. 铜带钩　8. 环首铁刀　9. 铜环

4）随葬器物

共出土随葬器物9件。

陶鼎　1件。NM67∶1，位于头龛内北侧。泥质灰陶。直口，方唇，子母榫口，折肩，肩上附两对称板状方耳，浅直腹，圜底，三锥足，圆弧形盖，盖上有三个扁捉手。腹部饰两道阴弦纹。有烟炱。轮手制结合。连盖通高15.8、口径13.7、腹深7厘米（图一四四，1；彩版五七，6）

陶罐　2件。位于头龛内中部。NM67∶2，泥质灰陶。小直口微外侈，圆唇，短颈，溜肩，圆腹，小平底。肩部有两道阴弦纹，下腹部亦有一道阴弦纹。轮制。高20.5、口径9.5、腹径14.5、底径7厘米（图一四四，3；彩版八〇，3）。NM67∶3，泥质灰陶。小直口微侈，斜沿，短颈，溜肩，圆腹，平底。颈部有三圈浅凹槽，肩上有两道阴弦纹。底部有明显旋割痕迹，轮制。高10、口径6.4、腹径10.1、底径5厘米（图一四四，4；彩版八〇，4）。

陶盒　1件。NM67∶4，位于头龛内南侧。泥质灰陶。子母口，方唇，折肩，圆腹，平底，弧形盖，部分残缺，顶部平整。轮制。连盖高13、口径14、腹径17.3、腹深6.9厘米（图一四四，2；彩版八二，1）。

陶仓　1件。NM67∶5，残碎严重，未能修复。

铜镜　1件。NM67∶6，已碎裂成数块，有残缺，镜背面两圈阳弦纹，中部一圆形纽，纽中部有一孔，锈蚀严重。直径9厘米（图一四四，6；彩版八三，3）。

铜带钩　1件。NM67∶7，位于墓主人腹部南侧。呈琵琶形状，钩首残，长颈，侧视呈“S”形。上端以鸭首的自然弯曲作钩，中间为钩体，下端背部有钉柱固定于皮带的一头。长9.5厘米（图一四四，7；彩版八六，6）。

铜环　1件。NM67∶9，位于墓主人腹部南侧。铜环如玉镯状。通体素面。直径4.1、内径3厘米（图一四四，5；彩版八五，6）。

环首铁刀　1件。NM67∶8，位于墓主人身躯南侧。铜环首，铁质身、柄，刃部呈弧形，收成尖锋，厚方背。长柄较直，断面呈长方形。椭圆形铜质环首，与柄衔接部也为铜质，在柄末端卯合。通长16、刃宽2厘米（图一四四，8；彩版八八，3、4）。

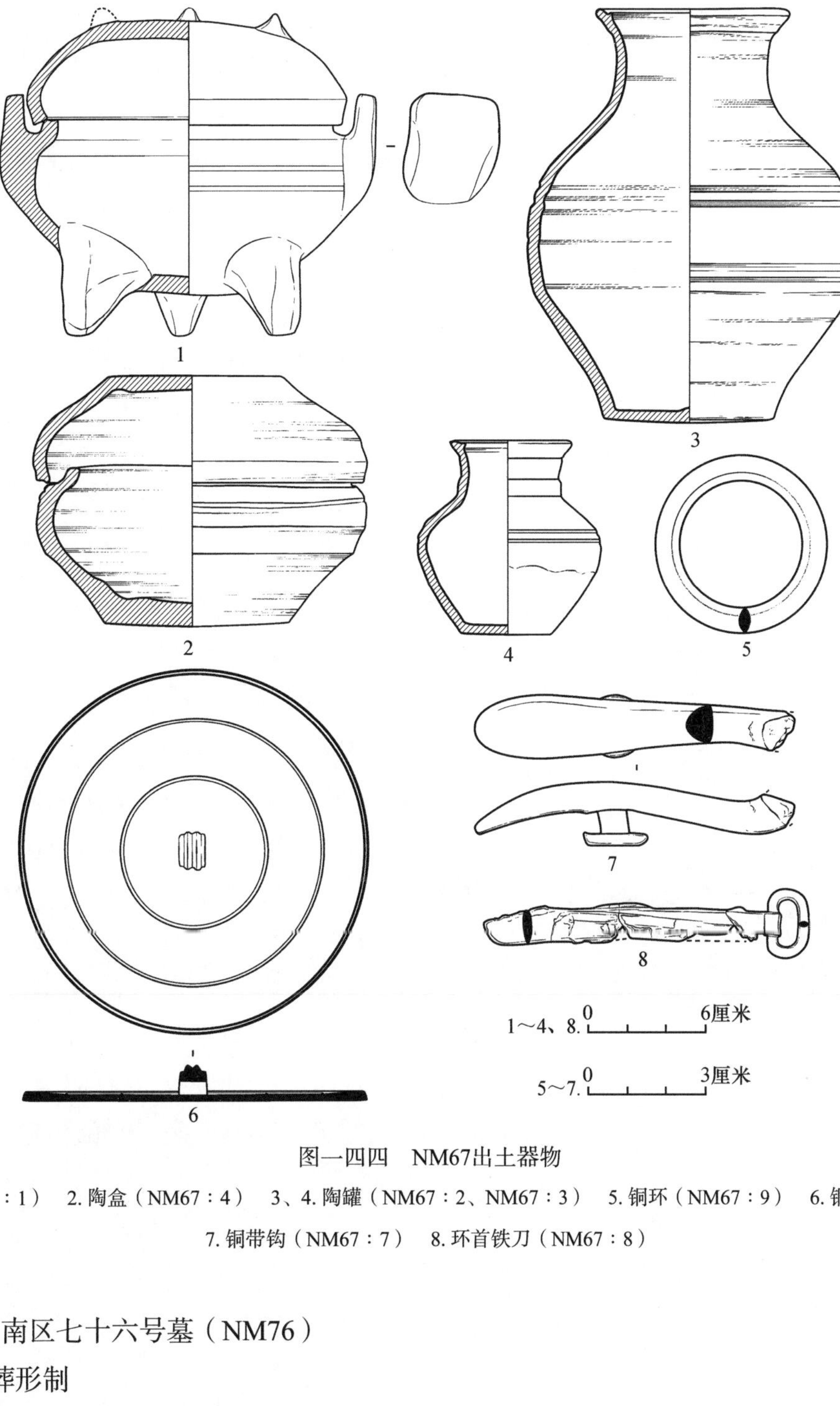

图一四四　NM67出土器物

1. 陶鼎（NM67：1）　2. 陶盒（NM67：4）　3、4. 陶罐（NM67：2、NM67：3）　5. 铜环（NM67：9）　6. 铜镜（NM67：6）　7. 铜带钩（NM67：7）　8. 环首铁刀（NM67：8）

（10）南区七十六号墓（NM76）

1）墓葬形制

墓口以上有0.6米的耕土层，偏洞室，坐北朝南，平面呈“凸”字形，方向为275°。由墓道、封门、墓室、头龛四部分组成。

墓道位于墓室南部，平面呈东西向长方形，口大底小，上口长3.6、宽2.5米，底长3.39、宽2.09米，开口距底部3.5米。墓壁斜直平整，东南隅有错落有致的三角形脚窝上下分布，墓圹填五花土，较为坚硬，底部较为平整。洞室口有竖立的木板封门，木板已腐朽成灰，仅留木板槽痕，两侧封门槽形制均一致，高1.2、宽0.06、进深0.15米。

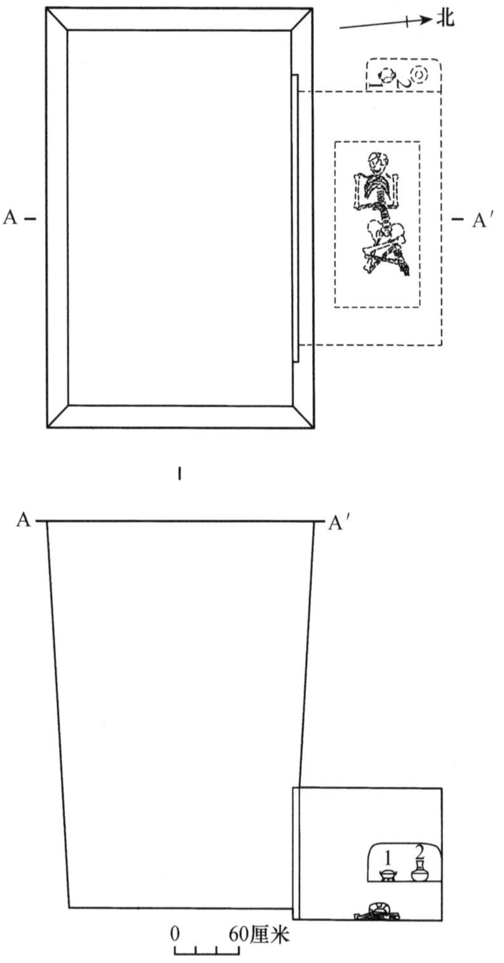

图一四五　NM76平、剖面图

1. 陶鼎　2. 陶壶

墓室位于墓道北侧，平面亦呈东西向长方形，洞室。墓室内壁面竖直光滑，长2.3、宽1.34、残高1.2米，墓室底部较为平整。

头龛位于墓室西壁中上部，平面呈圆角长方形，长0.7、进深0.3、高0.35米（图一四五；彩版四一，1）。

2）葬具

该墓为木棺单葬。木棺已朽，仅残留朽木灰，平面为长方形，与墓道呈“┬”形放置，长1.5、宽0.8米，高不详。

3）葬式

该墓人骨保存较差，但葬式清晰可辨，为单人葬，仰身屈肢，头向西，面朝上，两手交于腹部。下肢向南曲折，蜷曲特甚。

4）随葬器物

共出土随葬器物2件。

陶鼎　1件。NM76：1，位于头龛内南侧。泥质灰陶。敛口，平沿，子母榫口，折肩，直腹，肩上两方形板状附耳，外圜底，内底平，三柱足，圆弧形盖。通体素面。有烟炱。连盖通高15、口径11、腹径15、腹深7.5厘米（图一四六，2；彩版五八，1）

陶壶　1件。NM76：2，位于头龛内北侧。侈口，平折沿，圆唇，束颈，溜肩，圆腹，小平底。颈部饰两道粗绳纹，肩部及腹部各有两道阴弦纹，下腹部有旋割痕迹。轮制。通高20.5、口径8.7、腹径14.8、底径9厘米（图一四六，1；彩版七二，1）。

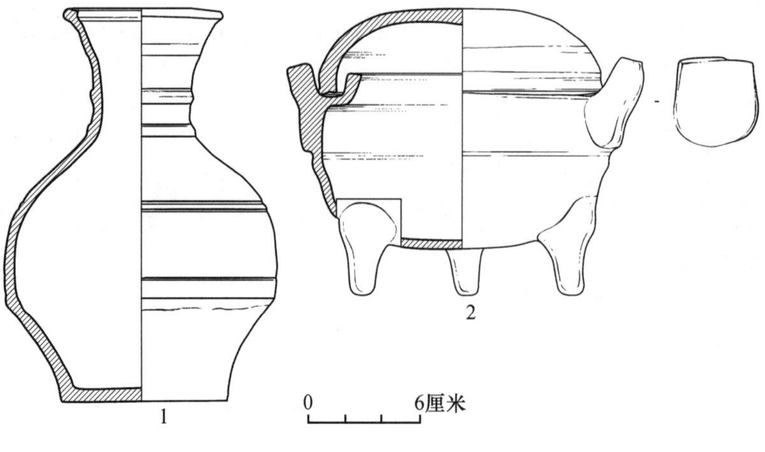

图一四六　NM76出土陶器

1. 壶（NM76：2）　2. 鼎（NM76：1）

2. Ⅱ式（直线洞室，洞室居东）

共30座，计有 NM3、NM6、NM7、NM8、NM13、NM14、NM15、NM16、NM19、NM20、NM21、NM22、NM25、NM30、NM31、NM32、NM34、NM44、NM46、NM48、NM49、NM50、NM60、NM61、NM68、NM75、NM77、NM78、NM80、NM81。

（1）南区三号墓（NM3）

1）墓葬形制

该墓在耕土层0.5米以下露出墓口，为直线洞室墓，坐东朝西，方向280°。由墓道、墓室、封门、头龛四部分组成。

墓道平面呈东西向长方形，口大底小。口长2.61、宽1.7米，底长2.2、宽1.3米，底部距开口3.19米。墓壁斜直平整，墓圹填纯净的五花夯土，较为坚硬。墓底平整。

墓室位于墓道东端，平面呈东西向长方形，洞室。壁面与墓室底较为平整，长1.99、宽0.89米，墓室顶坍塌，残高0.99米。洞室口用木板封门，木板已腐朽成灰，仅留木板槽痕，两侧封门槽形制、大小相同，高1.2、进深0.19、宽0.09米。

头龛位于墓室北壁近洞口处，长0.5、高0.3、进深0.26米（图一四七；彩版一九，1）。

2）葬具

该墓为一棺。木棺已朽，仅残留朽木灰，平面为长方形，与墓道相向放置，长1.2、宽0.59米，高不详，底部铺有一层草木灰。

3）葬式

该墓为单人葬，仰身屈肢，由于墓室顶部塌陷导致骨骼破碎严重。身躯呈东西向分布，头向西，面朝北，由于腐朽严重，上肢情况不明，两条下肢均向北曲折，蜷曲特甚。

4）随葬器物

共出土随葬器物2件。

陶鼎　1件。NM3：1，位于头龛东侧。泥质灰陶。一足缺失。敛口，平沿，口沿内有一圈凹槽，子母榫口，折肩，肩上附两对称方耳，直腹，圜底，内底略平，柱足，圆弧形盖。素面。烧成温度不高，轮、手制结合。有烟炱。连盖高15、口径12.5、腹径16、腹深8厘米（图一四八，2）。

陶罐　1件。NM3：2，位于头龛西侧。泥质灰陶。口沿部分残缺。侈口，圆唇，短束颈，溜肩，圆腹，小平底。口沿内有一圈凸棱，肩部有两道阴弦纹。轮制。高15、口径9、腹径14.2、底径6.5厘米（图一四八，1；彩版七七，6）。

（2）南区六号墓（NM6）

1）墓葬形制

该墓口0.55米以上为耕土层，为直线洞室墓，平面呈“日”字形，方向280°。由墓道、过洞、墓室、封门组成。

墓道平面呈东西向长方形，口大底小。口长2.4、宽1.99米，底长2.01、宽1.59米，底部距

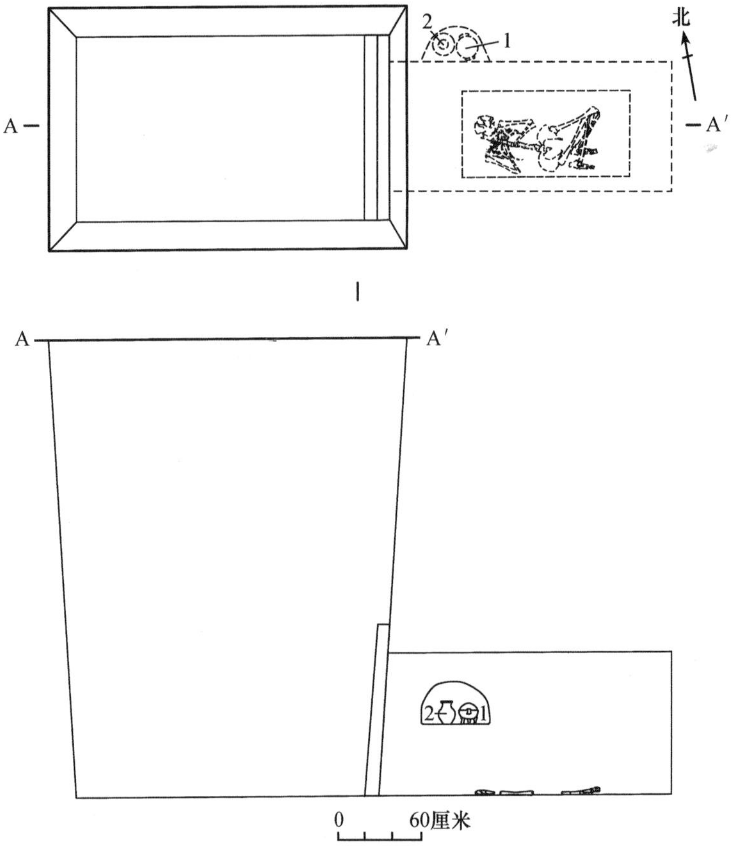

图一四七　NM3平、剖面图

1. 陶鼎　2. 陶罐

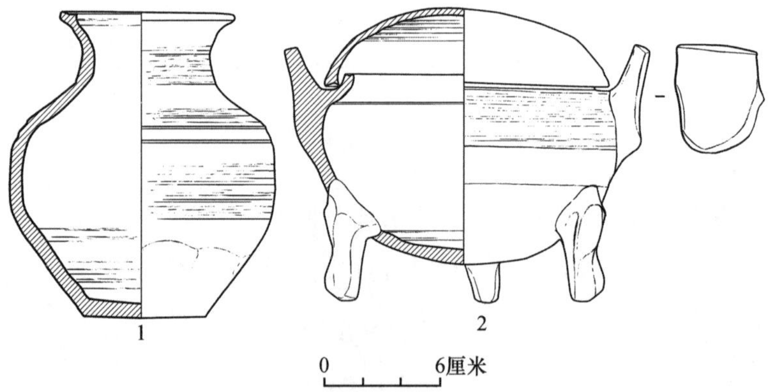

图一四八　NM3出土陶器

1. 罐（NM3：2）　2. 鼎（NM3：1）

开口2.99米。与以往所见洞室墓不同的是，在墓道与洞室之间有过洞。过洞南北长0.79、东西宽0.59米，顶部塌陷，现残高0.9米。穿过过洞就进入墓室。

墓室平面呈东西向长方形，洞室，壁面较光滑，墓室底较为平整，长2.28、宽1.2、残高0.9米。墓道与过洞之间原用木板封堵洞口，现木板已腐朽成灰，仅留两侧封门槽痕，两侧封门槽形制、大小相同，高1.09、进深0.2、宽0.09米（图一四九；彩版一九，2、3）。

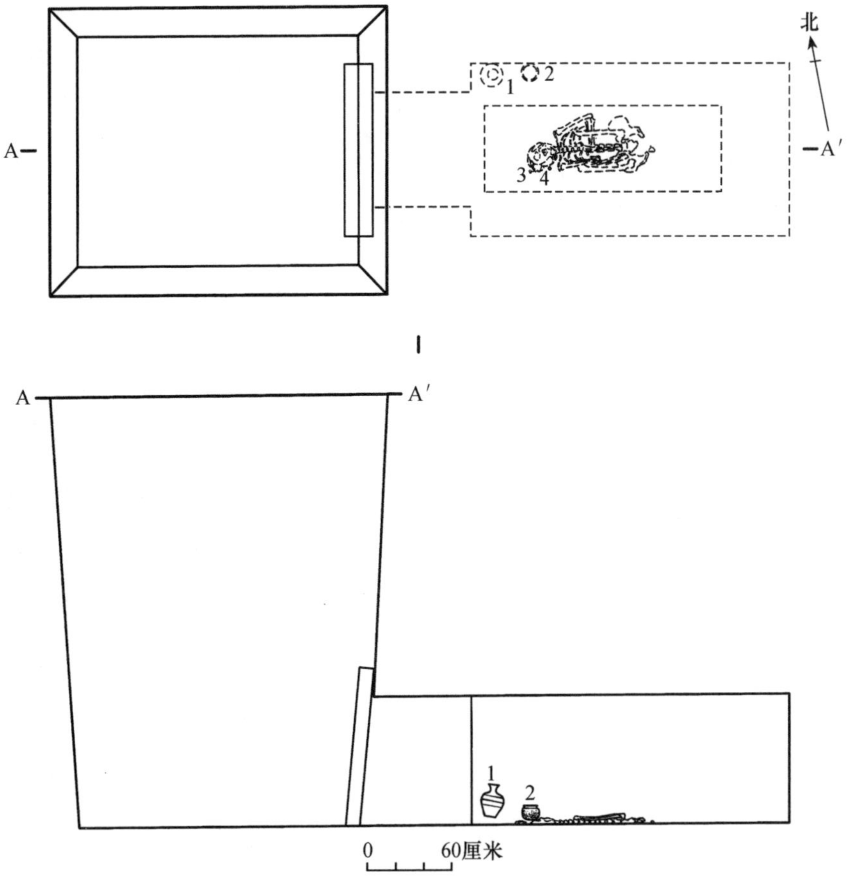

图一四九　NM6平、剖面图

1. 陶壶　2. 陶釜　3. 铁削　4. 料珠

2）葬具

从清理后的现状来看，该墓无椁一棺。木棺已朽，仅残留朽木灰，平面为长方形，与墓道相向放置，长1.7、宽0.59米，高不详。底部铺有一层草木灰。

3）葬式

该墓为单人葬，仰身屈肢，由于墓室顶部塌陷导致骨骼破碎严重。身躯呈东西向分布，头向西，面朝南，由于腐朽严重，两条上肢仅发现肱骨部分，延身躯向东伸展，两条下肢曲于腹部，蜷曲特甚。

4）随葬器物

共出土随葬器物4件。

陶壶　1件。NM6：1，位于墓室西北角。侈口，圆唇，口内饰一圈凸棱，束颈，溜肩，斜直腹，小平底一侧稍低。肩部饰两道粗阴弦纹，上有数道细小弦纹，下腹部部分区域饰竖绳纹。通高20、口径10、腹径17、底径7.56厘米（图一五〇，1；彩版六六，1）。

陶釜　1件。NM6：2，位于墓室西北角。侈口，方唇，短束颈，圆腹，圜底。颈部以下饰交错绳纹，圜底饰横绳纹。有烟炱。高11.8、口径14.6、腹径14.8厘米（图一五〇，2；彩版六四，1）。

铁削　1件。NM6：3，位于墓主人头骨南侧。锈蚀严重。环首，长条状，刃部呈弧形，收成尖锋，厚方背，断面呈长方形。椭圆形环首，在柄末端与削身铆合。残长6.3厘米（图一五〇，4；彩版八九，5）。

料珠　1件。NM6：4，位于墓主人头骨南侧。乳白色，方面圆体，中间有孔。径1厘米（图一五〇，3；彩版九一，1）。

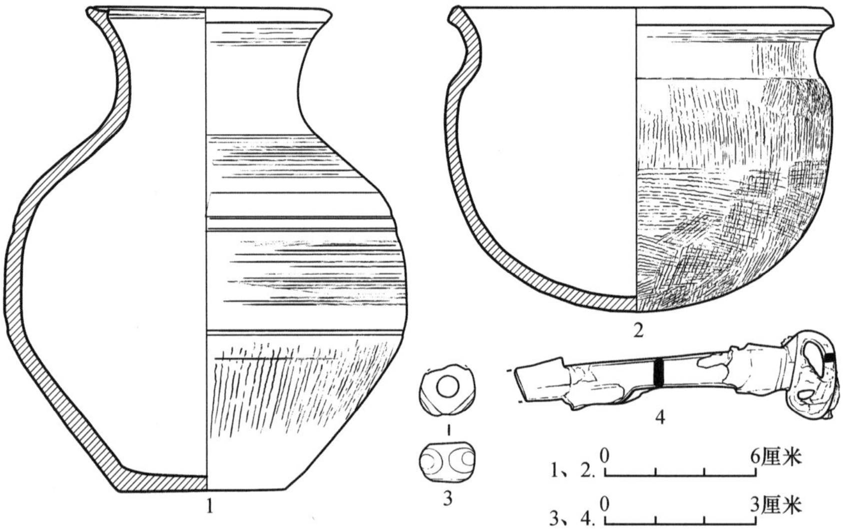

图一五〇　NM6出土器物

1. 陶壶（NM6：1）　2. 陶釜（NM6：2）　3. 料珠（NM6：4）　4. 铁削（NM6：3）

（3）南区七号墓（NM7）

1）墓葬形制

该墓在耕土层0.6米以下露出墓口，为直线洞室墓，方向260°。由墓道、墓室、封门、头龛组成。

墓道平面呈东西向长方形，口大底小。口长3.7、宽2.09米，底长3.3、宽1.69米，底部距开口3.39米。墓壁斜直平整，墓圹填纯净的五花夯土，较为坚硬。墓底平整。

墓室位于墓道东端，平面呈东西向长方形，洞室壁面较光滑，底较为平整，长1.99、宽1.09、残高0.99米。洞室口用木板封门，木板已腐朽成灰，仅留木板槽痕，两侧封门槽形制、大小相同，进深0.18、宽0.09、高1.18米。头龛位于墓室北壁偏西，平面呈弓形，长0.49、高0.4、进深0.25米（图一五一；彩版二〇，1）。

2）葬具

该墓为一棺。木棺已朽，仅残留朽木灰，平面为长方形，与墓道相向放置，长1.18、宽0.51米，高不详。底部铺有一层草木灰。

3）葬式

该墓为单人葬，仰身屈肢，由于墓室顶部塌陷导致骨骼破碎严重。身躯呈东西向分布，头

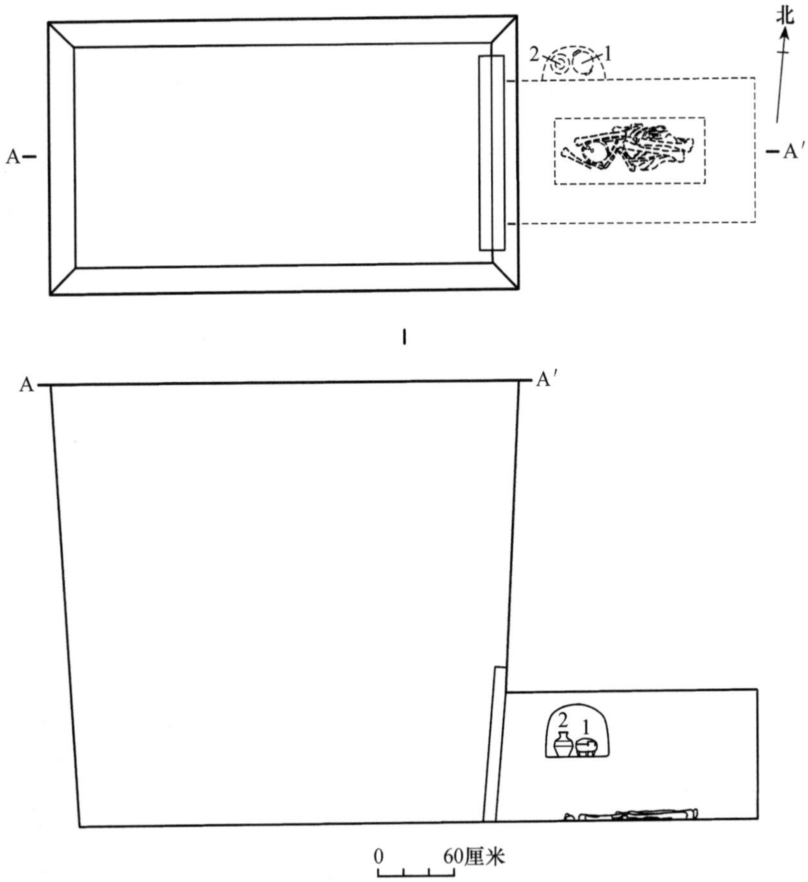

图一五一 NM7平、剖面图

1. 陶鼎 2. 陶壶

向西，面朝南，两手曲于胸部，两条下肢曲于腹部，蜷曲特甚。

4）随葬器物

共出土随葬器物2件。

陶鼎 1件。NM7：1，位于头龛内东侧。缺盖，泥质灰陶。敛口，方唇，子母口，两对称方附耳立于肩部，直腹，圜底近平，三柱足。腹部有一道阴弦纹。通耳高12.5、口径13.6、腹径16.4、腹深8.5厘米（图一五二，2；彩版五六，1）。

陶壶 1件。NM7：2，位于头龛内西侧。泥质灰陶。子母口，盖佚失。侈口，尖唇，粗直颈，溜肩，圆腹，小平底。口内饰一圈凸棱，肩部饰两道粗阴弦纹。有旋割痕迹。轮制。高19.5、口径9.8、腹径16.3、底径7.3厘米（图一五二，1；彩版六六，2）。

（4）南区八号墓（NM8）

1）墓葬形制

该墓在地表0.5米以下露出墓口，为直线洞室墓，方向260°。由墓道、墓室、封门、头龛组成。

墓道平面呈东西向，长方形，口大底小。口长3.1、宽2.49米，底长2.7、宽2.09米，底部距

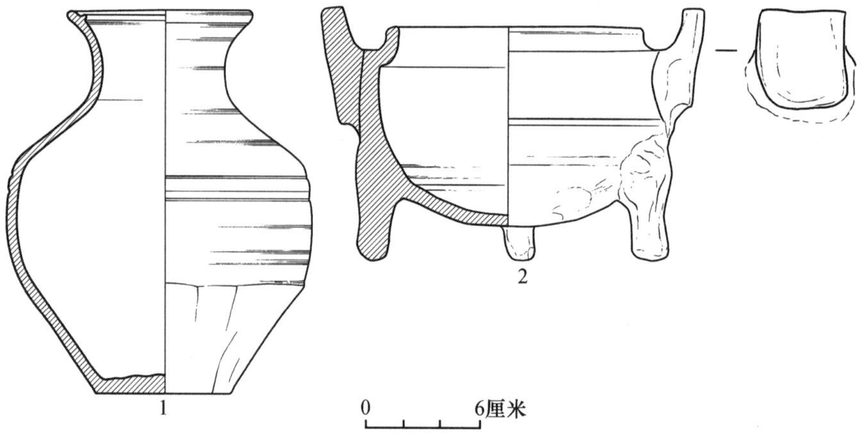

图一五二　NM7出土陶器

1. 壶（NM7：2）　2. 鼎（NM7：1）

开口2.78米。墓壁斜直，填土与圹粘连情况较甚，内填五花土。

墓室位于墓道东侧，平面亦呈东西向，长方形洞室，壁面较光滑，墓室底较为平整，长2.1、宽1.01、残高0.98米。洞室口用木板封门，木板已腐朽成灰，仅留槽沟痕迹，两侧封门槽形制、大小相同，进深0.24、宽0.1、高1.18米。

头龛位于墓室南壁近洞口处，平面呈弓形，长0.5、进深0.22米（图一五三；彩版二〇，2）。

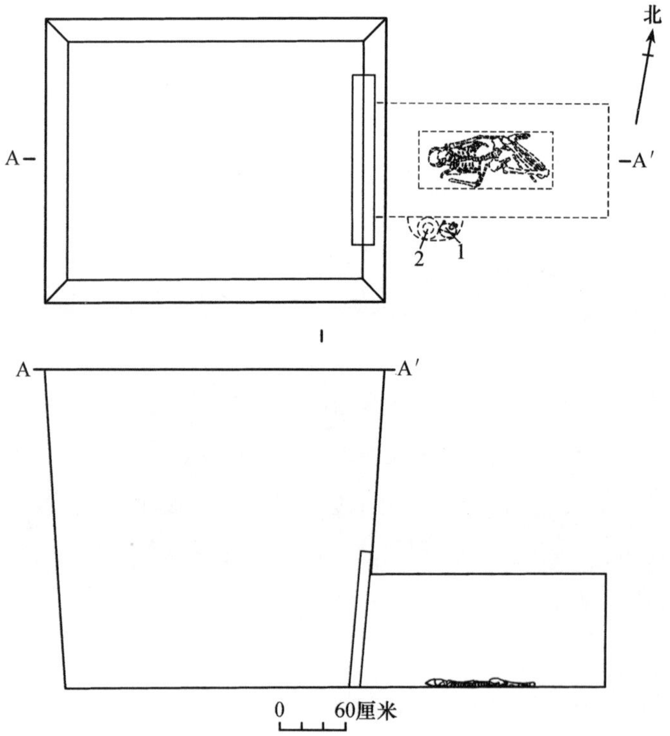

图一五三　NM8平、剖面图

1. 陶鼎　2. 陶罐

2）葬具

从清理后的现状来看，该墓为一棺。木棺已朽，仅残留朽木灰，平面为长方形，与墓道相向放置，长1.19、宽0.48米，高不详。木棺底部铺有一层草木灰。

3）葬式

该墓为单人葬，仰身屈肢，由于墓室顶部塌陷导致骨骼破碎严重。身躯呈东西向分布，头向西，面朝上，两手曲于腹部，两条下肢向南曲折，蜷曲特甚。

4）随葬器物

共出土随葬器物2件。

陶鼎　1件。NM8：1，位于头龛内东侧。泥质灰陶。敛口，平沿略斜，子母榫口，方形板状附耳，一侧附耳缺失，直腹，深圜底，内底平。腹部有两道阴弦纹。三柱足，圆弧形盖。轮手制结合。高16.8、口径14.5、腹径17.5、腹深9.6厘米（图一五四，2；彩版五六，2）。

陶罐　1件。NM8：2，位于头龛内西侧。泥质灰陶。侈口，斜沿内高外低，尖唇，短粗颈微束，溜肩，圆鼓腹，小平底。肩部向下有五条带纹，内饰斜绳纹，下腹部有竖绳纹。轮制。高23.6、口径10.9、腹径23、底径11厘米（图一五四，1；彩版八一，5）。

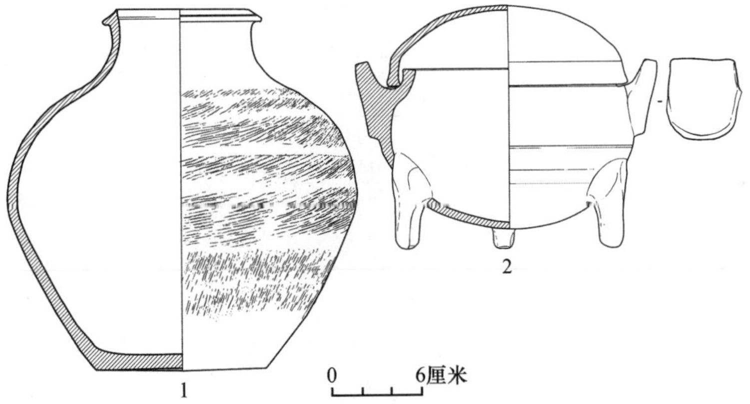

图一五四　NM8出土陶器

1. 罐（NM8：2）　2. 鼎（NM8：1）

（5）南区十三号墓（NM13）

1）墓葬形制

该墓在地表耕土层0.55米以下露出墓口，为直线洞室墓，方向270°。由墓道、墓室、封门组成。

墓道平面呈东西向，长方形，口大底小。口长3.1、宽2.08米，底长2.7、宽1.72米，底部距开口2.68米。墓壁斜直平整，墓圹填纯净的五花夯土，较为坚硬。

墓室位于墓道东端，平面呈东西向，长方形，洞室，壁面较光滑，墓室底平整，长1.98、宽1.08、残高0.99米。封门槽：位于墓道与墓室之间，墓室口南北两侧设有封门槽，两侧封门槽形制、大小相同。封门槽进深0.2、宽0.1、高1.17米（图一五五）。

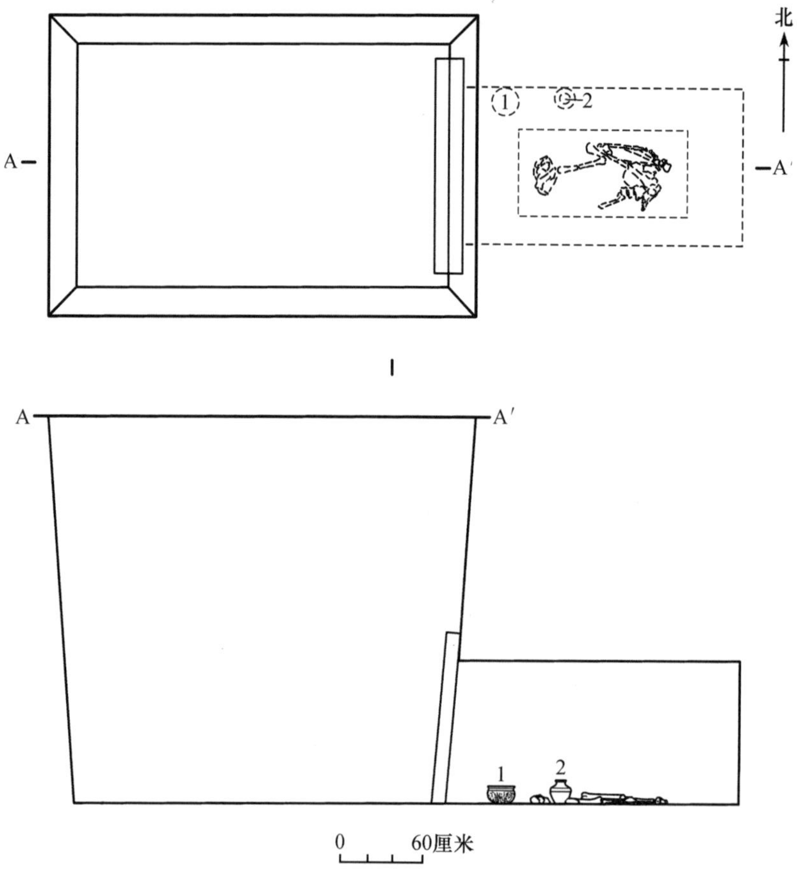

图一五五　NM13平、剖面图

1. 陶釜　2. 陶壶

2）葬具

该墓为一棺。木棺已朽，仅残留朽木灰，平面为长方形，与墓道相向放置，长1.2、宽0.61米，高不详。

3）葬式

仰身屈肢，身躯呈东西向分布，头向西，面部朝向不明，上肢骨腐朽严重，不能辨明，两条下肢向北曲折，蜷曲特甚。

4）随葬器物

共出土随葬器物2件。

陶釜　1件。NM13：1，位于墓室西北角。夹砂灰陶。侈口，方唇无颈，溜肩，圆腹，圜底。肩部向下饰竖绳纹，下腹部及底部饰横向绳纹。高15、口径20、腹径22.8厘米（图一五六，2；彩版六四，3）。

陶壶　1件。NM13：2，位于墓室北侧偏西。泥质灰陶。口沿残缺。侈口，圆唇，短束颈，溜肩，直腹，半圈足，小平底。肩部有两道阴弦纹，下腹部有一道阴弦纹。轮制。高20、口径10.2、腹径16.7、底径9.2厘米（图一五六，1；彩版六六，5）。

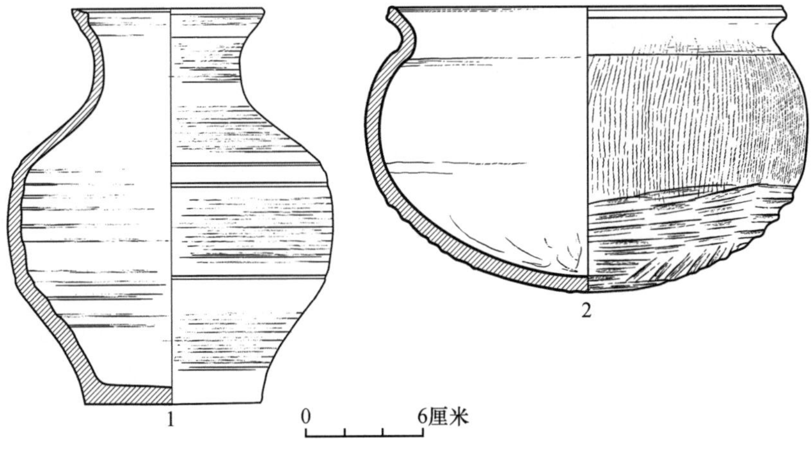

图一五六 NM13出土陶器

1. 壶（NM13：2） 2. 釜（NM13：1）

（6）南区十四号墓（NM14）

1）墓葬形制

该墓在地表耕土层0.5米以下露出墓口，为直线洞室墓，方向275°（图一五七；彩版二一，1）。

墓道平面呈东西向，长方形，口大底小。口长1.85、宽1.4米，底长1.68、宽1.09米，墓道底部西高东低，西端底部距开口2.99米，东侧端底部距开口3.19米。填土与墓圹粘连不太清楚。墓道与洞室之间有过洞，平面呈长方形，南北长1.41、东西宽0.36米，底与墓室处于同一平面上，底距开口3.3米。

墓室平面呈南北向，长方形，洞室，壁面较粗糙，长1.72、宽1.5、残高0.69米。墓道与过洞之间用竖直木板填门，木板已腐朽成灰，仅留槽沟痕迹，两侧封门槽形制、大小相同，进深0.29、宽0.14、高0.89米。

2）葬具与葬式

该墓最为引人关注的是，未发现棺木残迹及墓主人尸骨。

3）随葬器物

共发现了半两铜钱与漆盒痕迹。

“半两”钱币 1组（15枚）。NM14：1，位于墓室内东北角，形制相同，大小无明显差异。外径2.2、内径0.7厘米；内外均无郭，横读半两，背面光滑。半两字体较大，钱文方正，较为古朴，“半”字上大下小，竖折较长，横笔较短。“两”字横较短，内呈“人”形（图一五八，1~4）。

漆盒，位于墓室中部。盆形状，仅保留漆色痕迹，不好复原（图一五九，彩版二一，2）。

（7）南区十五号墓（NM15）

1）墓葬形制

该墓在耕土层0.55米以下露出墓口，为直线洞室墓，平面呈“凸”字形，方向为270°。由

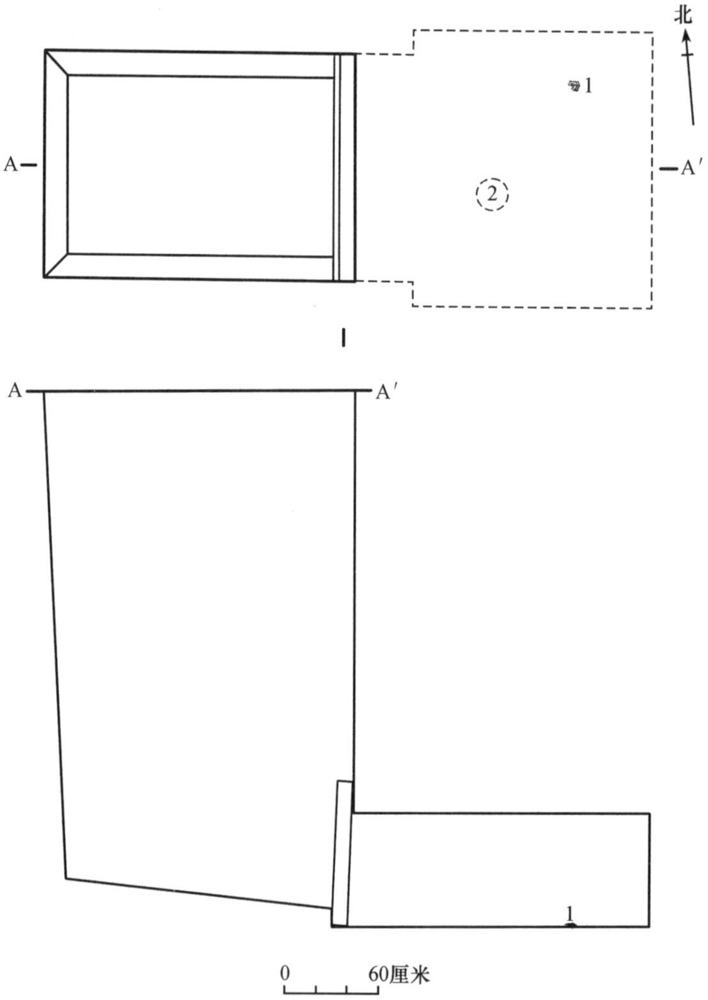

图一五七　NM14平、剖面图

1. 铜钱　2. 漆盒

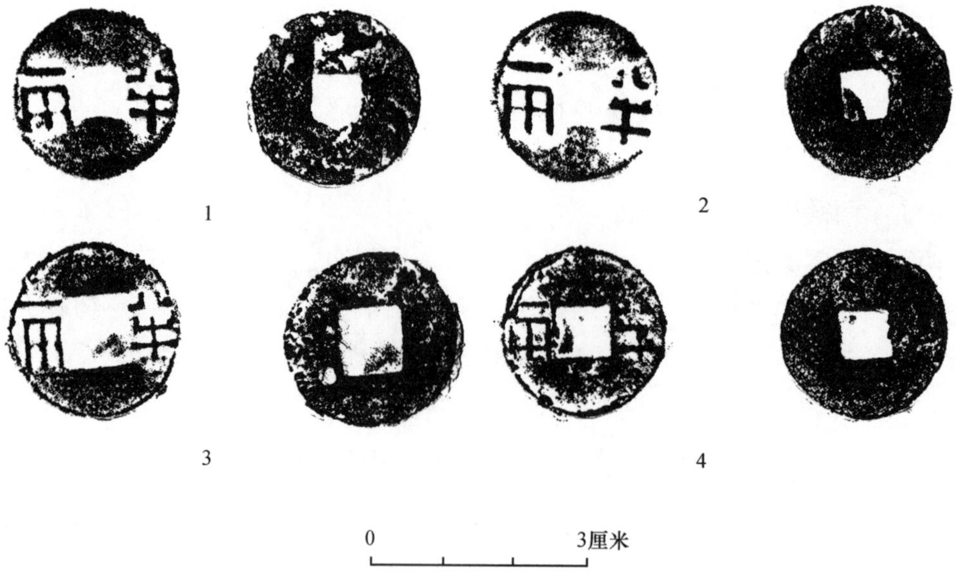

图一五八　NM14出土铜钱

1. NM14：1-1　2. NM14：1-2　3. NM14：1-3　4. NM14：1-4

图一五九 NM14墓室出土漆盒

墓道、墓室、封门、头龛组成。

墓道平面呈东西向，长方形，口大底小。口长4.08、宽3.09米，下开底长3.7、宽2.68米，底部距开口2.88米。墓壁平整，墓圹填纯净的五花土，较为坚硬。底平整（图一六〇）。

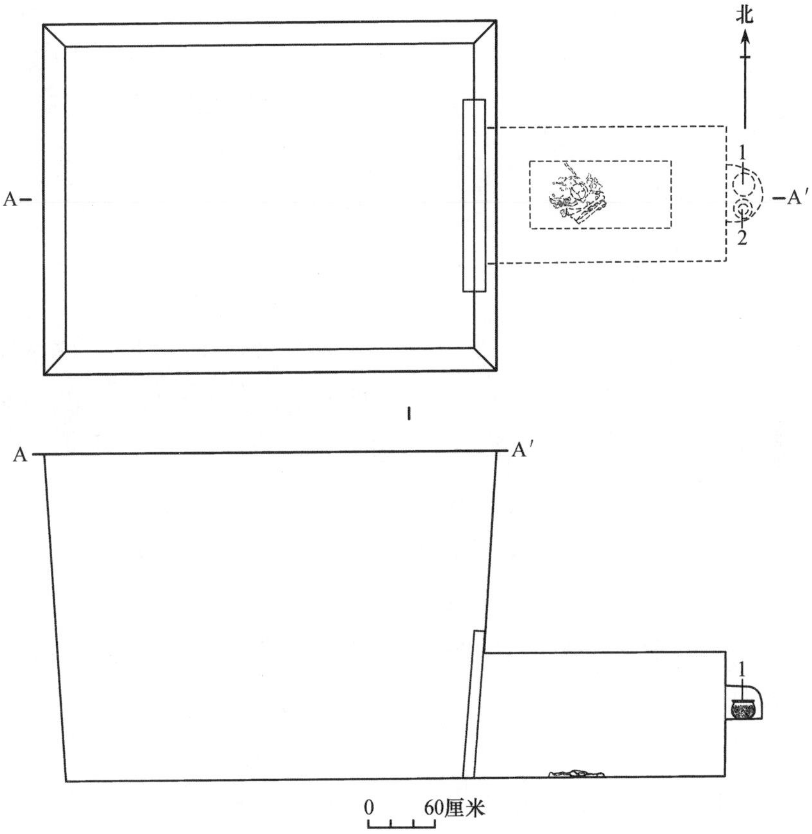

图一六〇 NM15平、剖面图

1. 陶釜 2. 陶壶

墓室位于墓道东端，平面呈东西向，长方形，洞室，壁面较光滑，墓室底较为平整，长2.3、宽1.18米，墓室顶坍塌，现残高1.12米。洞室口用竖立木板封门，木板已腐朽成灰，仅留槽沟痕迹，两侧封门槽形制、大小相同，进深0.24、宽0.11、高1.28米。

头龛位于墓室东端顶部，平面呈圆角长方形，长0.51、进深0.35、高0.28米。

2）葬具

从清理后的现状来看，该墓葬具为一棺。木棺已朽，仅残留朽木灰，平面为长方形，与墓道相向放置，长1.31、宽0.61米，高不详。木棺底部铺有一层草木灰。

3）葬式

该墓为单人葬，骨骼反向扭曲，位于棺内西侧，上肢骨未见，下肢向南蜷曲，蜷曲特甚。疑似二次葬。

4）随葬器物

共出土随葬器物2件。

陶釜　1件。NM15：1，位于头龛内北部。夹砂灰陶。敛口，尖唇，束颈，溜肩，深腹，圜底。肩部及上腹部饰竖绳纹，圜底饰大麻点纹。底部有烟炱痕迹。高16.8、口径17.8、腹径20厘米（图一六一，2；彩版六四，4）。

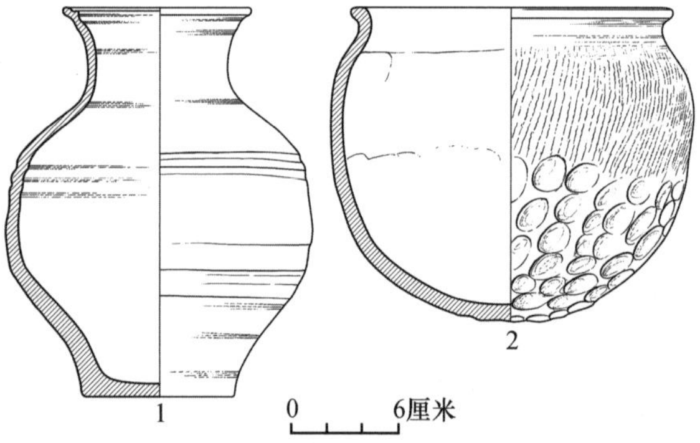

图一六一　NM15出土陶器
1. 壶（NM15：2）　2. 釜（NM15：1）

陶壶　1件。NM15：2，位于头龛内南侧。泥质灰陶。口沿残。侈口，圆唇，粗颈微直，溜肩，深腹，略带圈足，小平底。肩部有两道阴弦纹，器身有旋割痕迹。轮制。高21.3、口径10.5、腹径17、底径8.3厘米（图一六一，1；彩版六六，6）。

（8）南区十六号墓（NM16）

1）墓葬形制

在地表耕土层以下0.55米处露出墓口，为直线洞室墓，平面呈“凸”字形，方向275°。由墓道、墓室、封门、头龛组成（图一六二；彩版二二，2）。

墓道平面呈东西向，长方形，口大底小。口长3.98、宽2.71米，底长3.59、宽2.28米，底部距开口3.01米。墓壁斜直平整，墓圹填纯净的五花土，较为坚硬。墓底平整。

墓室位于墓道东端，平面呈东西向，长方形，洞室。壁面较光滑，墓室底较为平整。墓室长2.2、宽0.98米，由于墓室顶坍塌及后期扰乱，造成其洞顶具体高度不详，残高1.28米。洞室口用木板竖立封门，木板已腐朽成灰，仅留槽沟痕迹，两侧封门槽形制、大小相同，进深0.35、宽0.1、高1.49米。

头龛位于墓室北壁近洞口处，平面呈弓形，长0.51、进深0.21、高0.3米。

2）葬具

从清理后的现状来看，该墓为单棺单葬。木棺已朽，仅残留朽木灰，平面为长方形，与墓

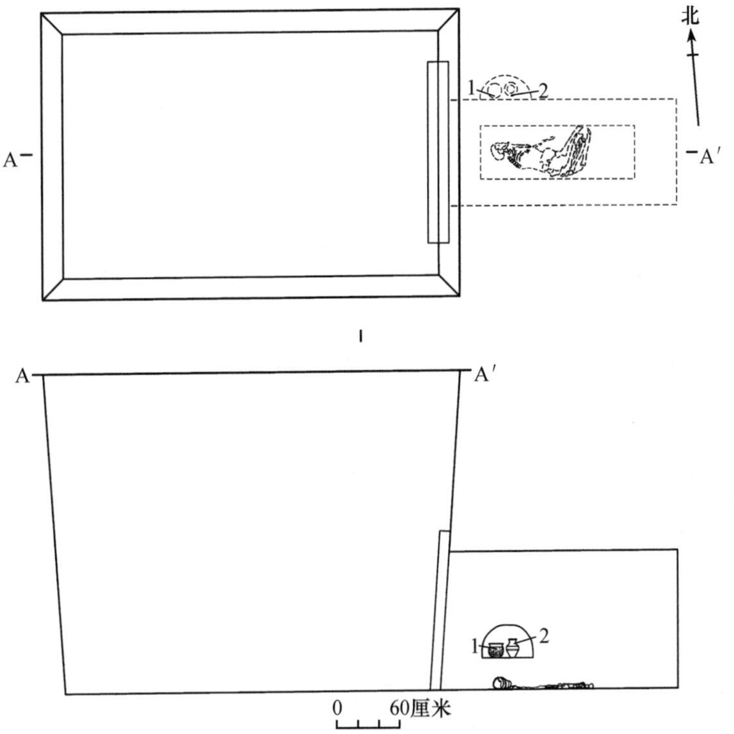

图一六二 NM16平、剖面图

1. 陶釜 2. 陶壶

道相向放置，长1.49、宽0.5米，高不详。木棺底部铺有一层草木灰。

3）葬式

该墓为单人葬，由于墓室塌陷导致骨骼破损严重，侧身屈肢，头向西，面朝北，上肢骨位于北侧，下肢向北蜷曲，蜷曲特甚。

4）随葬器物

共出土随葬器物2件。

陶釜 1件。NM16：1，位于头龛内西侧。夹砂灰陶。侈口，厚方唇，短直颈，圆腹，圜底，器最大宽度在口沿部位，颈肩几乎等宽，略小于口沿。肩部有较短竖绳纹，竖绳纹下饰横绳纹。器身有烟炱痕迹。高15.8、口径15.7厘米（图一六三，2；彩版六四，5）。

陶壶 1件。NM16：2，位于头龛内东侧。泥质灰陶。口沿全残。束颈，溜肩，直腹，平底。肩部有一道明显凸棱，下腹部有两道凸棱。轮制。残高19.2、腹径15、底径9.8厘米（图一六三，1；彩版六七，1）。

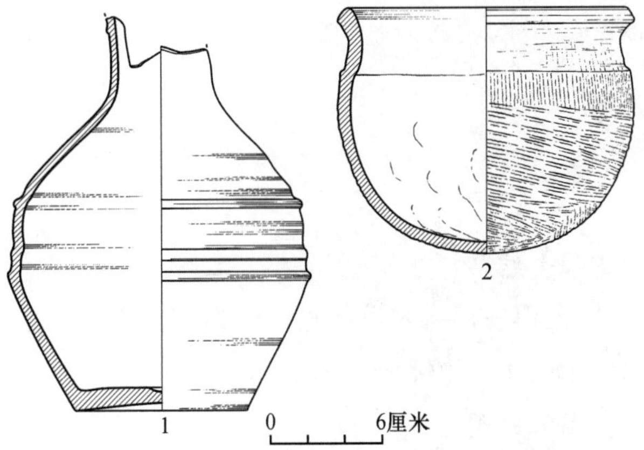

图一六三 NM16出土陶器

1. 壶（NM16：2） 2. 釜（NM16：1）

（9）南区十九号墓（NM19）

1）墓葬形制

该墓在耕土层0.5米以下露出墓口，为直线洞室墓，平面呈“凸”字形，坐东朝西，方向260°。由墓道、墓室、封门、头龛组成。

墓道平面呈东西向，长方形，口大底小。口长4.1、宽2.38米，底长3.7、宽1.98米，底部距开口3.19米。墓壁斜直规整，西北角有三角状脚窝，墓圹填纯净的五花土，较为坚硬。墓底平整。

墓室位于墓道东端，平面呈东西向，长方形，洞室，壁面较光滑，底较为平整。墓室长2.01、宽1.09、残高1.08米。洞室口用木板竖立封门，木板已腐朽成灰，仅留槽沟痕迹，两侧封门槽形制、大小相同，进深0.3、宽0.1、高1.18米。填门槽沟顶端左右各有一洞窝。

头龛位于墓室北壁近洞口处，平面呈圆角长方形，长0.55、进深0.41、高0.4米（图一六四；彩版二九，1）。

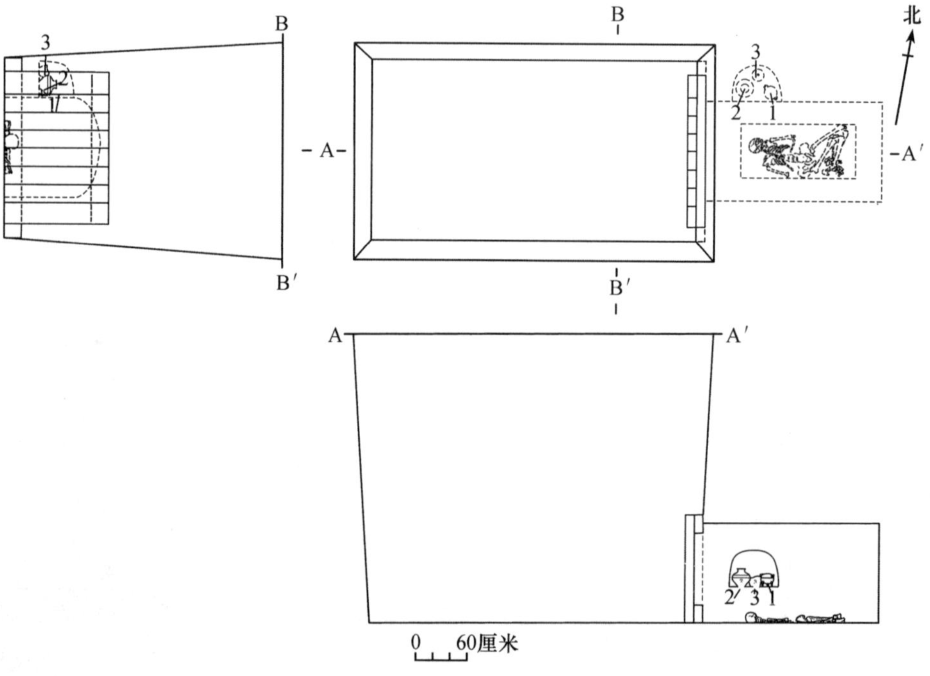

图一六四　NM19平、剖面图

1. 陶鼎　2. 陶壶　3. 陶仓

2）葬具

无椁一棺。木棺已朽，仅残留朽木灰，平面为长方形，与墓道相向放置，长1.3、宽0.61米，高不详。棺底有一层草木灰。

3）葬式

该墓为单人葬，由于墓室塌陷导致骨骼破损严重，仰身屈肢，头向西，面朝北，两手交于腹部，下肢向北蜷曲，蜷曲特甚。

4）随葬器物

共出土随葬器物3件。

陶鼎 1件。NM19：1，位于头龛内东侧。泥质灰陶。敛口，平沿，口沿上有一圈浅凹槽，子母榫口，折肩，肩上两方形板状附耳，圜底近平，内底平，三柱足，圆弧形盖。通体素面。通盖高16.5、口径12.5、腹径17、腹深8.5厘米（图一六五，3；彩版五六，5）。

陶壶 1件。NM19：2，位于头龛内西侧。泥质灰陶。口沿有残缺。侈口，平折沿，圆唇，粗颈，溜肩，深圆腹下收，平底。肩部有两道阴弦纹，上腹有两道阴弦纹，下腹部有一道阴弦纹。轮制。高22.3、口径10.5、腹径13.3、底径10.5厘米（图一六五，1；彩版六七，2）。

陶仓 1件。NM19：3，位于头龛内北侧。泥质灰陶。体呈圆筒形，鸟形顶，周围出檐，檐下收束，圆平底。方形门开在近檐处。通高23.4、腹径15.7、底径11.05厘米（图一六五，2；彩版七六，5）。

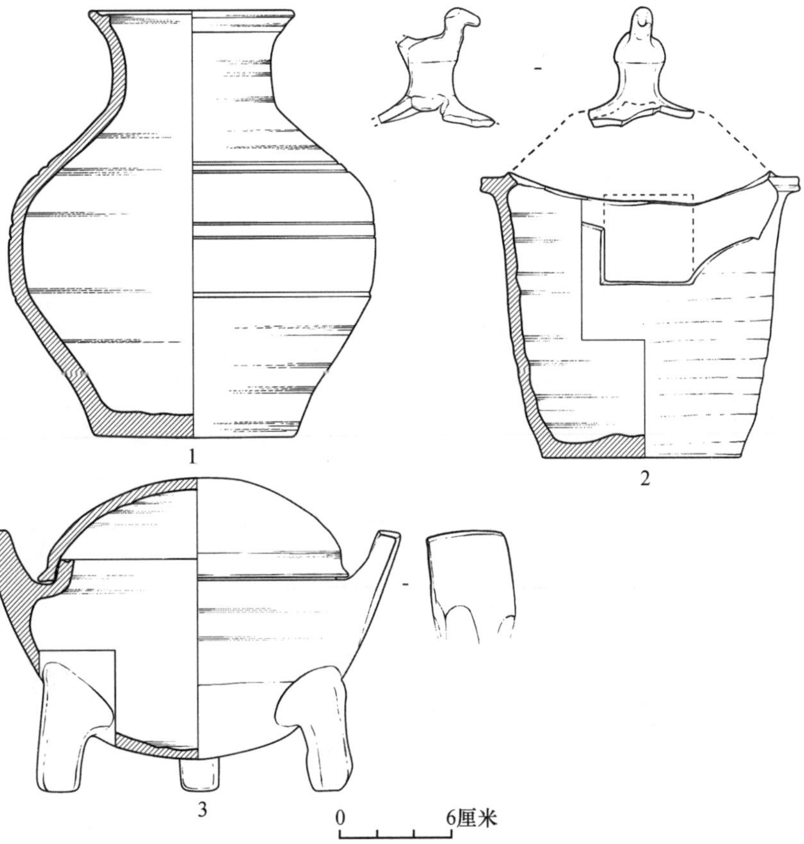

图一六五 NM19出土陶器

1.壶（NM19：2） 2.仓（NM19：3） 3.鼎（NM19：1）

（10）南区二十号墓（NM20）

1）墓葬形制

该墓在耕土层0.55米以下露出墓口，为直线洞室墓，坐东朝西，方向260°。由墓道、墓室、封门、头龛组成。

墓道平面呈东西向，长方形，口大底小。口长3、宽2.3米，底长2.61、宽1.88米，底部距开口3米。墓壁规整，填纯净的五花土，较为坚硬。墓底平整。

墓室位于墓道东端，平面呈东西向，长方形，洞室，壁面较光滑，墓室底较为平整，长1.9、宽1.2、高1.18米。洞室口用木板竖立封门，木板已腐朽成灰，仅留槽沟痕迹，两侧封门槽形制相同，进深0.25、宽0.1、高1.39米。

墓室北壁近洞口处发现平面呈“∩”形的壁龛，长0.5、进深0.25、高0.3米（图一六六；彩版二二，3）。

2）葬具

无椁一棺。木棺已朽，仅残留朽木灰，平面为长方形，与墓道相向放置，长1.3、宽0.6米，高不详。木棺底部铺有一层草木灰。

3）葬式

由于墓室塌陷导致骨骼破损严重，仰身屈肢，头向西，面朝南，两手交于腹部，下肢向南蜷曲，蜷曲特甚。

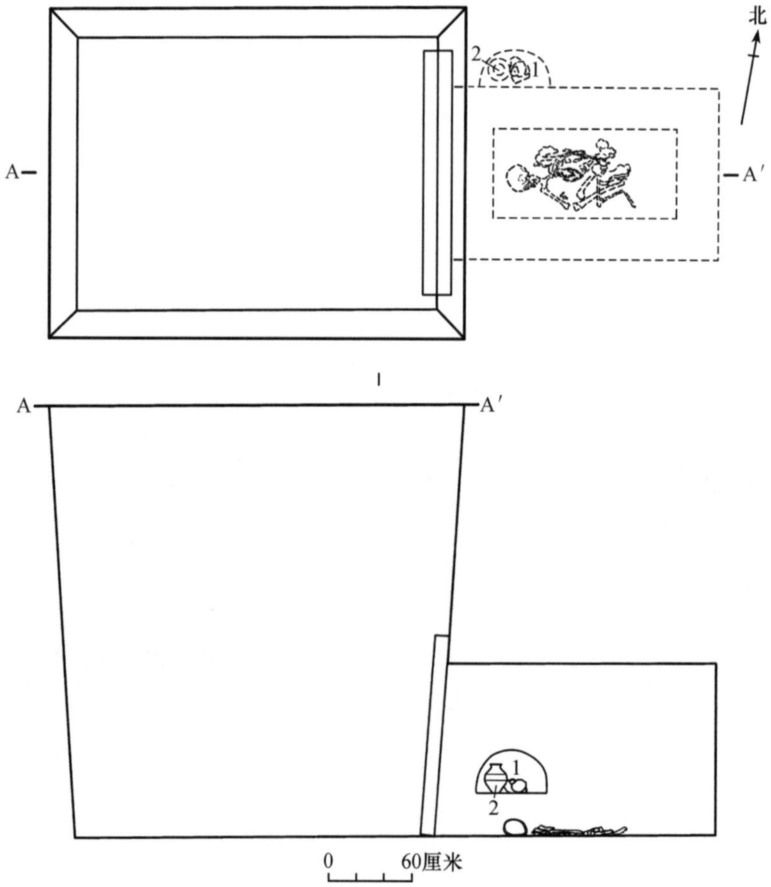

图一六六　NM20平、剖面图

1. 陶双耳罐　2. 陶壶

4）随葬器物

共出土随葬器物2件。

陶双耳罐　1件。NM20：1，位于头龛内东侧。夹砂灰陶。双耳，侈口，方卷沿，粗束颈，溜肩，圆腹，小平底，肩上附两对称带状耳。肩腹部饰竖绳纹。高20.5、口径13.5、腹径16.8、底径9.5厘米（图一六七，2；彩版七七，4）。

陶壶　1件。NM20：2，位于头龛内西侧。泥质灰陶。口沿有残缺。侈口，圆唇，束颈，溜肩，圆腹，平底。颈部上有一圈浅凸棱，肩部有两道阴弦纹，上腹有一道阴弦纹。轮制。高20.6、口径10、腹径17.3、底径9厘米（图一六七，1；彩版六七，3）。

另在墓道西北角发现一形体较大的卵形白石头。

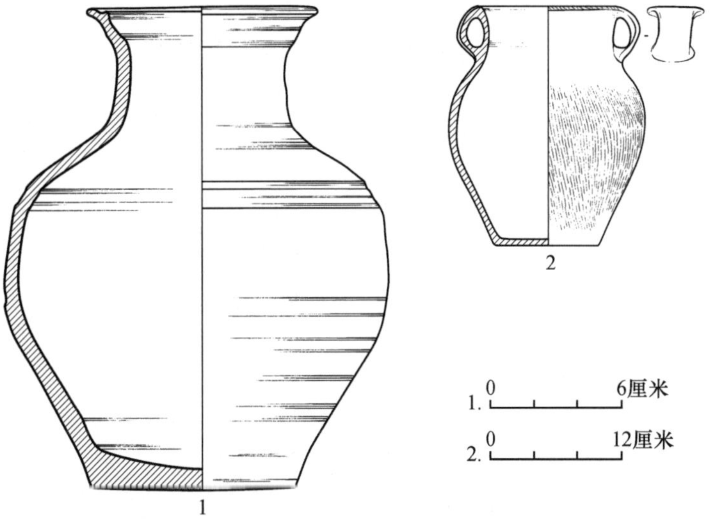

图一六七　NM20出土陶器

1. 壶（NM20：2）　2. 双耳罐（NM20：1）

（11）南区二十一号墓（NM21）

1）墓葬形制

在耕土层0.6米以下露出墓口，为直线洞室墓，平面呈“凸”字形，方向275°。由墓道、墓室、封门、头龛组成。

墓道平面呈东西向，长方形，口大底小。口长3.4、宽2米，底长3.01、宽1.59米，底部距开口2.7米。墓壁斜直规整，内填纯净的五花土，较为坚硬。墓底平整。

墓室位于墓道东端，平面呈东西向长方形洞室，壁面较光滑，墓室底较为平整，长2.1、宽1.15、残高1.1米。洞室口用竖立木板封门，已腐朽成灰，仅留槽沟痕迹，两侧封门槽形制相同，进深0.25、宽0.1、高1.38米。

墓室北壁近洞口处发现平面呈“∩”形的壁龛，宽0.4、进深0.23米，高0.35米（图一六八；彩版二三，2）。

2）葬具

无椁一棺。木棺已朽，仅残留朽木灰，平面为长方形，与墓道相向放置，长1.4、宽0.6

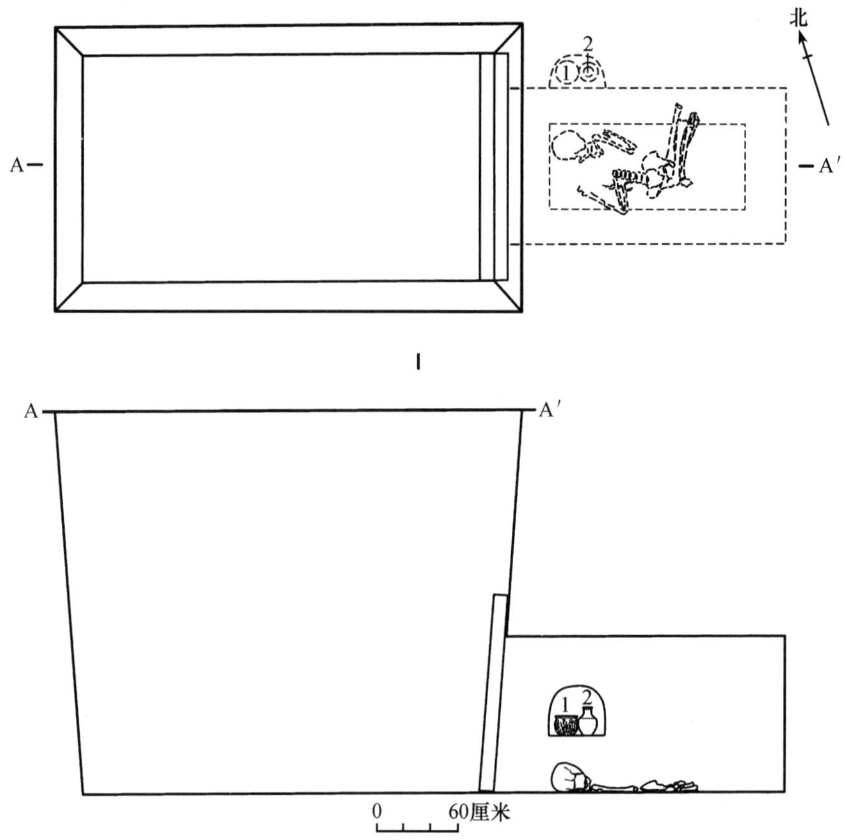

图一六八　NM21平、剖面图
1. 陶釜　2. 陶壶

米，高不详。木棺底部铺有一层草木灰。

3）葬式

该墓为单人葬，仰身屈肢，头向西，面朝北，两手交于腹部，下肢向北蜷曲，蜷曲特甚。

4）随葬器物

共出土随葬器物2件。

陶釜　1件。NM21：1，位于头龛内西侧。夹砂灰陶。敛口，卷沿，方唇，无颈，溜肩，圆腹，圜底。肩饰竖绳纹，圜底饰大麻点窝纹。高13.7、口径18、腹径21.3厘米（图一六九，2；彩版六四，6）。

陶壶　1件。NM21：2，位于头龛内东侧。泥质灰陶。口沿有残缺。直口，卷沿，方唇，粗直颈，溜肩，圆腹，小平底。颈肩部位饰横向绳纹。轮制。高21.7、口径10.6、腹径15.2、底径9.4厘米（图一六九，1；彩版六七，4）。

（12）南区二十二号墓（NM22）

1）墓葬形制

在耕土层0.55米以下露出墓口，为直线洞室墓，平面呈“凸”字形，方向275°。由墓道、墓室、封门、头龛组成。

墓道平面呈东西向，长方形，口大底小。口长3.8、宽2.5米，底长3.39、宽2.09米，底部距

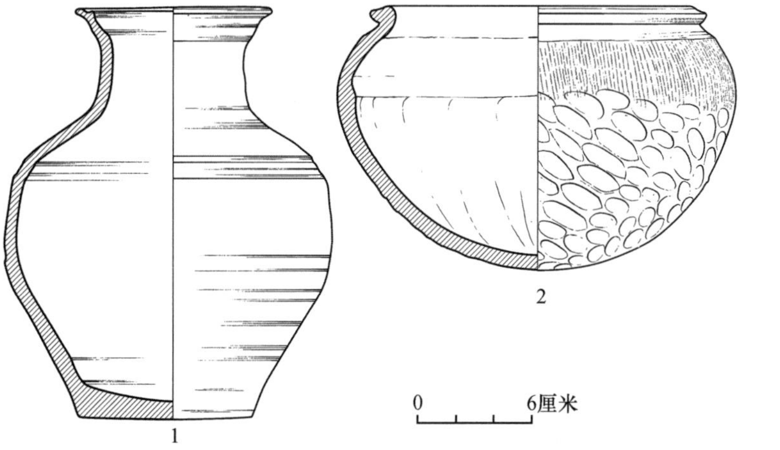

图一六九　NM21出土陶器

1. 壶（NM21：2）　2. 釜（NM21：1）

开口3.2米。墓壁斜直规整，内填纯净的五花土，较为坚硬。墓底平整。

墓室位于墓道东端，平面呈东西向，长方形，洞室，长2.2、宽1.1、高1.28米。洞室口用竖立木板封门，木板已腐朽成灰，仅留槽沟痕迹，两侧封门槽沟相同，进深0.3、宽0.09、高1.68米。

墓室北壁近洞口有平面呈“∩”形的壁龛，宽0.35、进深0.4、高0.4米（图一七〇；彩版二三，3）。在头龛内还发现一些散碎动物骨。

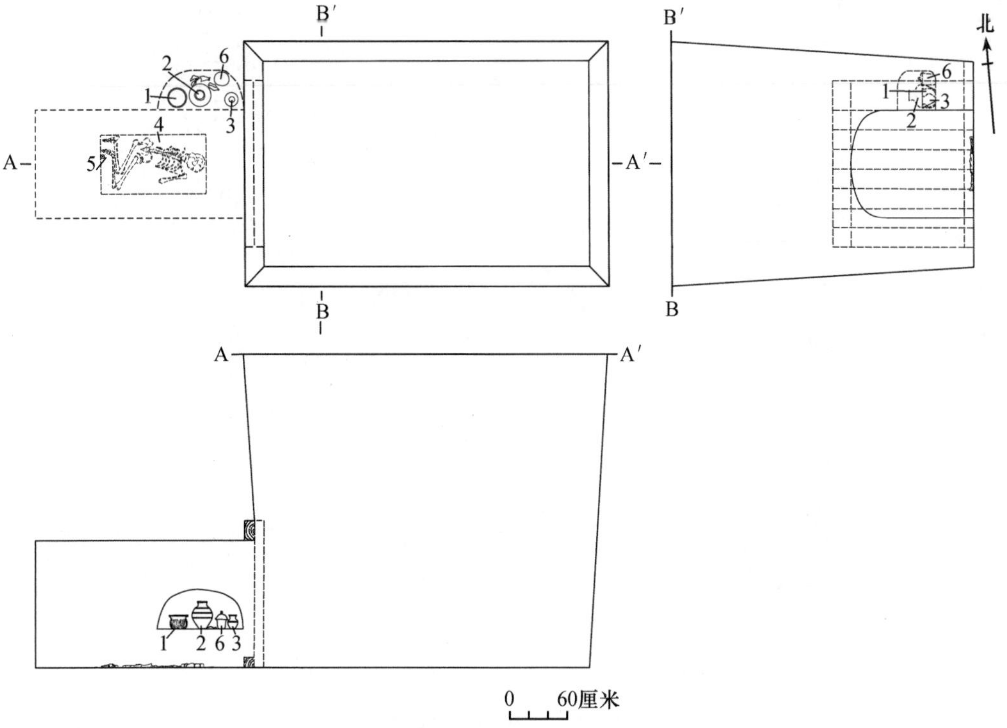

图一七〇　NM22平、剖面图

1. 陶釜　2. 陶罐　3. 陶壶　4. 铜带钩　5. 陶纺轮　6. 陶仓

2）葬具

无椁一棺。木棺已朽，仅残留朽木灰，平面为长方形，与墓道相向放置，长1.1、宽0.6米，高不详。木棺底部铺有一层草木灰。

3）葬式

该墓为单人葬，由于墓室塌陷导致骨骼破损严重，侧身屈肢，头向西，面朝南，向南侧卧，两手置于身躯南侧，下肢向南蜷曲，蜷曲特甚。

4）随或器物

共出土随葬器物6件。

陶釜　1件。NM22：1，位于头龛内东侧。夹砂红褐陶。敛口，翻沿，厚方唇，短颈几无，溜肩，圆腹，圜底。肩腹饰竖绳纹，圜底饰粗横绳纹。底部有烟炱痕迹。高14.2、口径20.5、腹径21厘米（图一七一，2；彩版五九，1）。

陶罐　1件。NM22：2，位于头龛内中部。泥质灰陶。小口微侈，平折沿，方唇，短束颈，溜肩，圆鼓腹，小平底。肩部向下依次饰五条带纹，带内饰竖绳纹。高28.2、口径10.7、腹径25.1、底径12.5厘米（图一七一，3；彩版七八，3）。

陶壶　1件。NM22：3，位于头龛内西侧。泥质灰陶。侈口，圆唇，粗颈，溜肩，圆腹，小平底。肩部饰两道阴弦纹。高16.6、口径9、腹径13.5、底径6.4厘米（图一七一，1；彩版

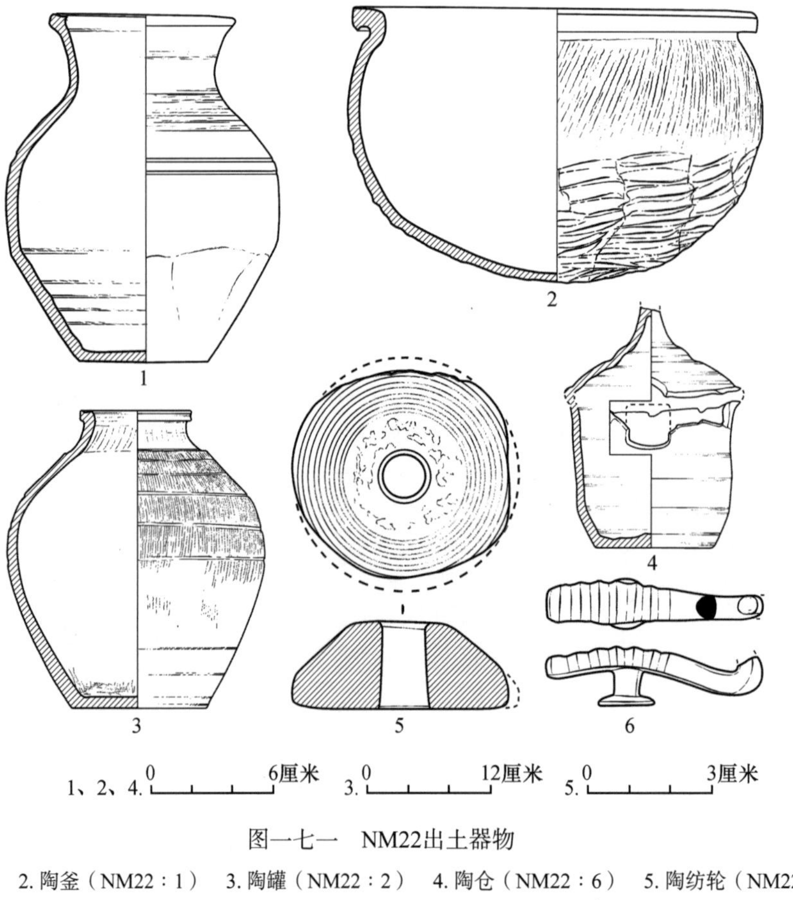

图一七一　NM22出土器物

1. 陶壶（NM22：3）　2. 陶釜（NM22：1）　3. 陶罐（NM22：2）　4. 陶仓（NM22：6）　5. 陶纺轮（NM22：5）　6. 铜带钩（NM22：4）

六七，5）。

陶纺轮 1件。NM22：5，位于墓主人尺骨旁。泥质灰陶。平面呈圆形，截面呈圆弧形，一侧平整光滑，另一侧呈圆弧状。圆弧面有9圈阴弦纹。外径5.3、内径1厘米（图一七一，5；彩版八二，3）。

陶仓 1件。NM22：6，位于头龛内西北角。泥质红陶。体呈圆筒形，伞状盖，中心有一尖锥状提手，周围出檐，檐下收束，圆平底。方形门开在近檐处。素面，但局部有随机刻划痕迹。轮制。连盖通高23.5、直径16.7、仓高13.5厘米（图一七一，4；彩版七六，3）。

铜带钩 1件。NM22：4，位于墓主人腹部北侧。钩体呈琵琶形，钩首的自然弯曲作钩（残），背中间有圆纽。长5.5厘米（图一七一，6；彩版八六，1）。

（13）南区二十五号墓（NM25）

1）墓葬形制

在耕土层0.5米以下露出墓口，为竖穴与直线洞室相结合的合葬墓，方向280°。由竖穴墓圹、洞室、两个壁龛组成。这种形制的合葬墓在秦墓考古中还是首次发现。

墓道平面呈东西向长方形，口大底小。口长3.6、宽2.5、底长3.18、宽2.09米，底部距开口2.5米。

墓室位于墓道底，分两部分，一部分为竖穴二层台形状，一部分为洞室状。从墓道下挖到一定深度成竖穴墓圹后，又向东开挖出洞室。竖穴墓底与洞室墓底处同一平面，左右墓壁也处同一直线上。墓室底较为平整。墓室通长4.3、宽1.1、洞室残高1.2米。竖穴墓室口四周有盖板槽沟，槽痕向东延伸至墓壁，槽沟深0.1、宽0.19、长3.01米。

该墓共有两个壁龛，竖穴墓室的壁龛位于墓室西端中上部，宽0.58、进深0.59、高0.56米。洞室的壁龛处在近洞口的中上部，宽0.6、进深0.4、高0.3米（图一七二；彩版二四，2、3）。

2）葬具

从清理后的现状来看，该墓为双人合葬，两具木棺分别位于东西两端的竖穴墓室与洞室。木棺均已朽，仅残留朽木灰，平面为长方形，“｜”形排列放置。东端（洞室内）木棺长1.3、宽0.7米，高不详；西端（竖穴内）木棺长1.6、宽0.7米，高不详。木棺底下有一层草木灰。竖穴墓口上有盖板。

3）葬式

该墓为双人合葬。东端（洞室）墓主人仰身屈肢，头向西，面朝上，两手屈于腹部，下肢向南蜷曲，蜷曲特甚；竖穴（西侧）墓主人亦仰身屈肢，头向西，面朝上，两手曲于腹部，下肢向北蜷曲，蜷曲特甚（彩版二四，1）。

4）随葬器物

共出土随葬器物5件。

陶釜 2件。分置于两个壁龛内。NM25：1，置于西端竖穴墓壁龛内。夹砂灰陶。侈口，厚方唇，斜沿外高内低，束颈，溜肩，圆腹，圜底。肩腹部有竖绳纹，圜底饰粗竖绳纹。高15.4、口径15.7、腹径18.3厘米（图一七三，3；彩版五九，2）。NM25：3，置于东端洞室壁

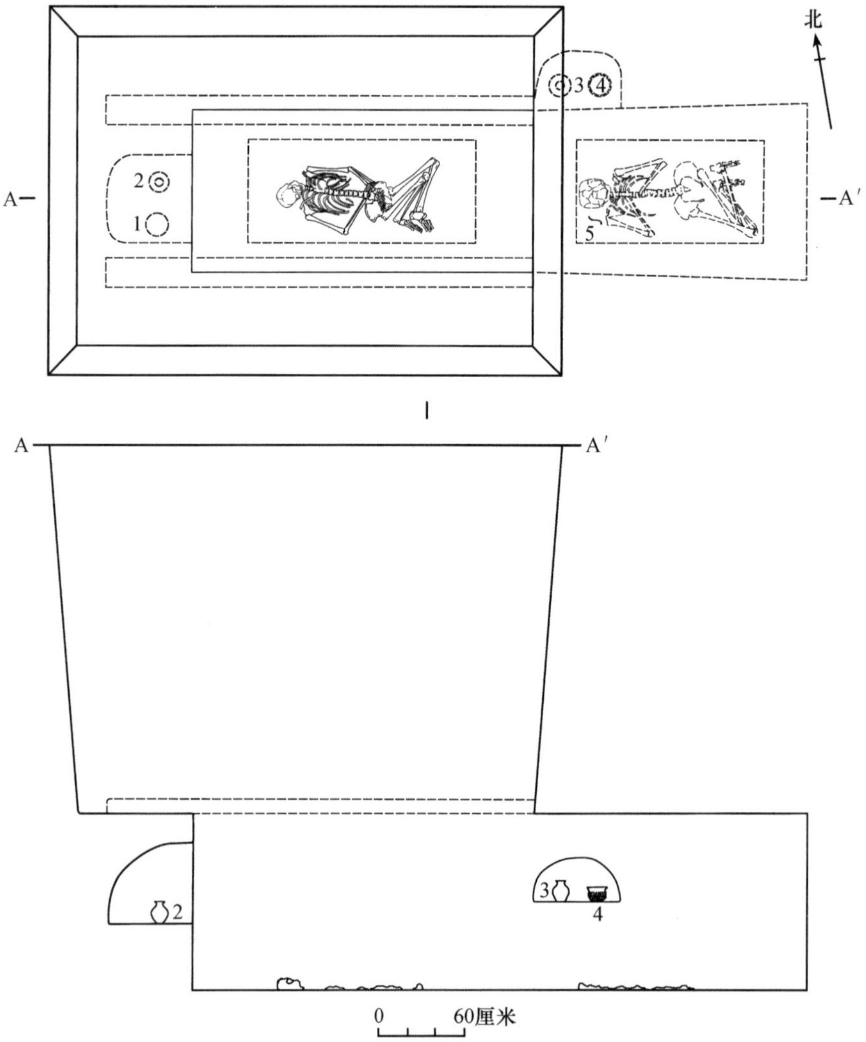

图一七二　NM25平、剖面图

1、3. 陶釜　2、4. 陶壶　5. 铁带钩

龛内。夹砂灰陶。侈口，卷沿，圆唇，束颈，溜肩，圆腹，圜底。肩腹饰竖绳纹，圜底饰竖粗绳纹。体有烟炱。高12.2、口径14.4、腹径16.1厘米（图一七三，2；彩版五九，3）。

陶壶　2件。分置于两个壁龛内。NM25：2，置于西端竖穴壁龛内。形体较大，泥质灰陶。侈口，方唇，短粗颈，溜肩，浓圆腹，小平底，底部略外凸。肩部及下腹部各饰两道阴弦纹。轮制。高22.2、口径9.3、腹径19、底径9.8厘米（图一七三，1；彩版六八，1）。NM25：4，置于东端洞室壁龛内。形体较小，泥质红陶，口沿及肩部部分残缺。侈口，尖唇，短粗颈，颈部有两圈凸棱，折肩，直腹，下腹急收，小平底。肩部有两道阴弦纹，下腹部亦有一道阴弦纹。轮制。有烟炱。高20.7、口径9、腹径16、底径7.8厘米（图一七三，5；彩版七一，4）。

铁带钩　1件。NM25：5，位于洞室墓主人头骨南。锈蚀严重，钩体呈曲线形，钩首残，背中间有圆纽。长12厘米（图一七三，4；彩版八八，6）。

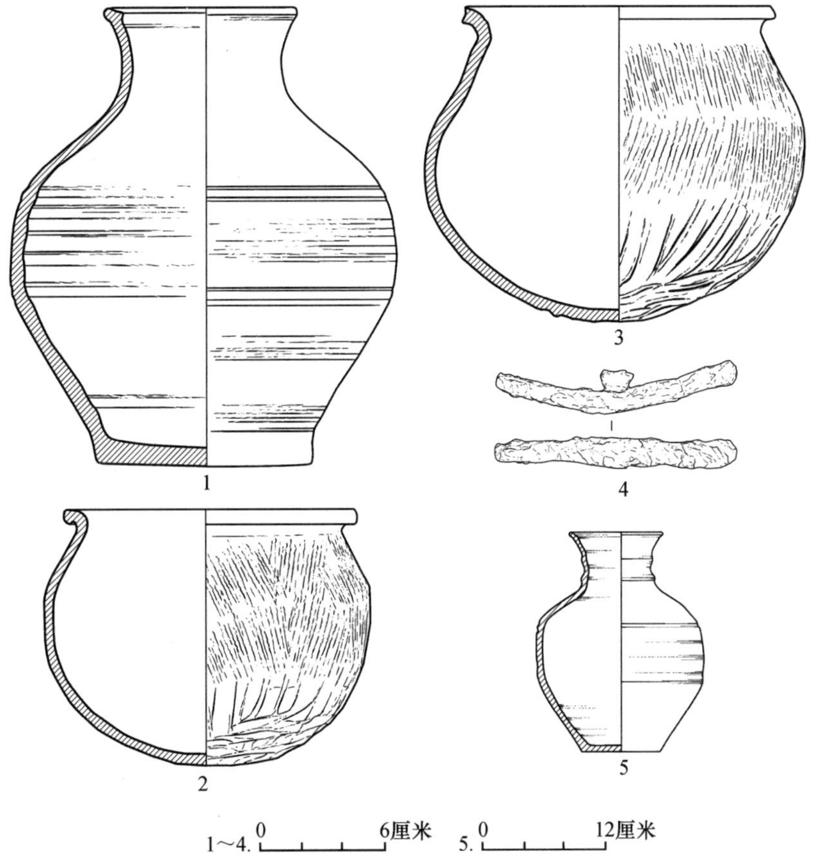

图一七三　NM25出土器物

1、5. 陶壶（NM25：2、NM25：4）　2、3. 陶釜（NM25：3、NM25：1）　4. 铁带钩（NM25：5）

（14）南区三十号墓（NM30）

1）墓葬形制

在耕土层0.55米以下露出墓口，为直线洞室墓，方向275°。由墓道、墓室、封门、头龛组成。

墓道平面呈东西向，长方形，口大底小。口长3.6、宽2.4米，底长3.2、宽2.01米，底部距开口3米。墓壁斜直规整，内填纯净的五花土，较为坚硬。墓底平整。墓室位于墓道东端，平面呈东西向，长方形，洞室。墓壁面较光滑，底较为平整。

墓室长1.8、宽1、高1.05米。洞室口用竖立木板封门，木板已腐朽成灰，清晰可见，两侧封门槽形制、大小相同，进深0.15、宽0.06、高1.34米。在墓道南北两壁近封门槽处上下依次分布有三组封门孔洞，说明竖立封门木板外的上、中、下有三根圆木横档，孔洞系圆木两端伸进南北墓壁所致。三组孔洞大小、形制相同，进深为0.09、宽0.14、高0.15米。

墓室南壁偏西发现一平面呈圆角矩形的壁龛，长0.4、进深0.5米（图一七四；彩版二八，1）。

2）葬具

该墓无椁，一棺。木棺已朽，仅残留朽木灰，平面为长方形，与墓道相向放置，长1.4、宽0.6米，高不详。木棺底部铺有一层草木灰。

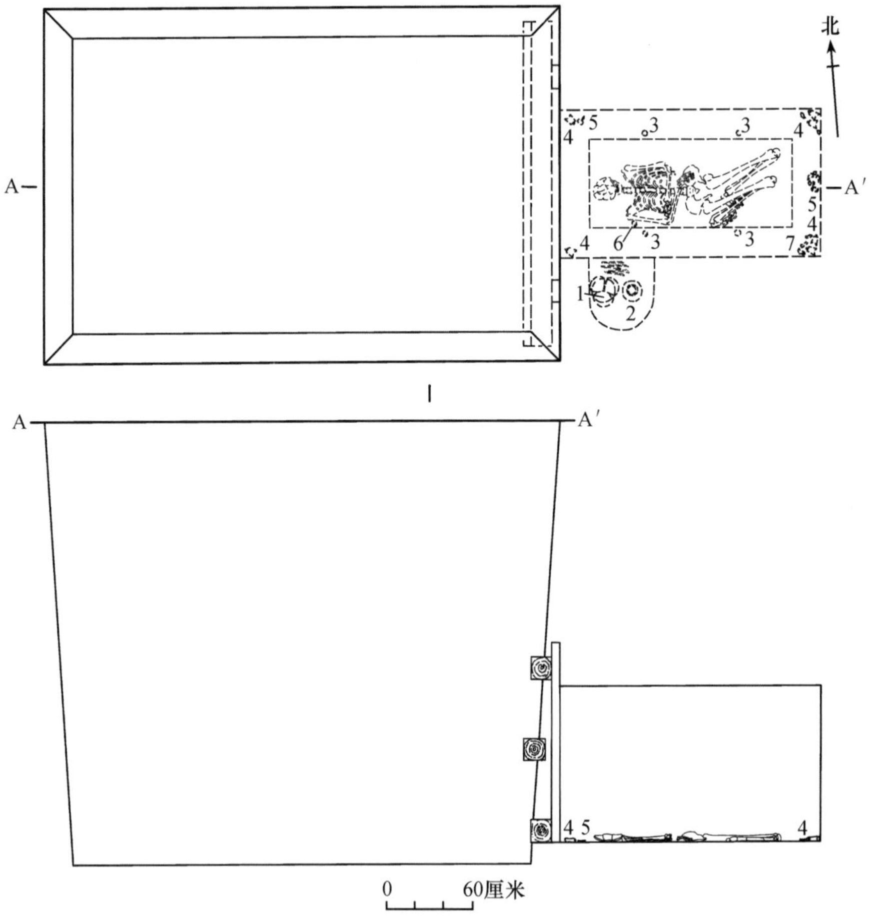

图一七四　NM30平、剖面图

1. 陶鬲　2. 陶壶　3. 铜环　4. 铜铃　5. 铁削　6. 料珠　7. 铁器

3）葬式

为单人葬，由于墓室塌陷导致骨骼破损严重，墓主人仰身屈肢，头向西，面朝上，两手屈于腹部，下肢向北蜷曲，蜷曲特甚。

4）随葬器物

共出土随葬器物7件（组）。

陶鬲　1件。NM30：1，位于头龛内西部。夹砂灰陶。直口，圆唇，高领，三乳状袋足肥硕，横截面呈椭圆形，三足呈扁鸭嘴状，足尖外撇。领部有对称双耳，耳与口沿平齐，一侧耳缺损。肩部向下有竖细绳纹。底有烟炱痕迹。高19.2、口径15.5、腹深11厘米（图一七五，1；彩版七三，5）。

陶壶　1件。NM30：2，位于头龛内东部。泥质灰陶。直口微侈，圆唇，粗直颈，溜肩，深圆腹，小平底。肩上饰两道阴弦纹。轮制。高16.8、口径9、腹径14.6、底径7.2厘米（图一七五，2；彩版六八，3）。

铜环　4件1组。NM30：3，位于墓主人胸部南侧。形状大小相同，扁平状圆环。直径3.5厘米（图一七五，3～6；彩版八五，4）。

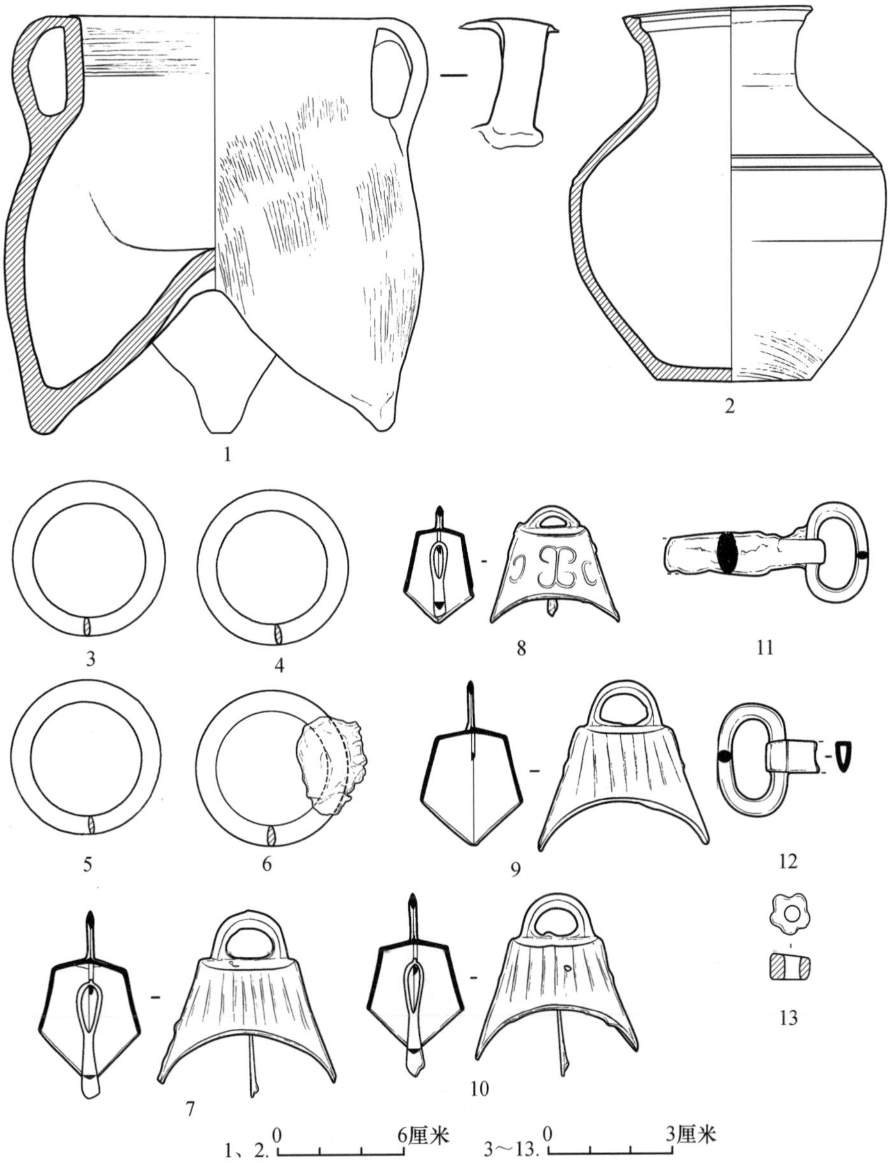

图一七五　NM30出土器物

1. 陶鬲（NM30：1）　2. 陶壶（NM30：2）　3～6. 铜环（NM30：3-1、NM30：3-2、NM30：3-3、NM30：3-4）　7～10. 铜铃（NM30：4-4、NM30：4-3、NM30：4-1、NM30：4-2）　11、12. 铁削（NM30：5-1、NM30：5-2）　13. 料珠（NM30：6）

铜铃　1组（6件）。NM30：4，墓室东南及东北角各两件，墓室西南及西北角各一件，形制基本相同，大小略有差异。铃体较为宽扁，器壁特薄，形体特小，截面为椭圆形，顶部有半环形纽，铃体两侧倾斜作矩形，正面一侧有两长条状孔，口部呈弧形，铃内有舌。通高4.8、洗间6.6厘米（图一七五，7～10；彩版八三，4）。

铁削　2件。NM30：5-1，位于墓室西北角。刃残断，长条形，柄末端与椭圆形环首卯合衔接，厚方背，断面呈长方形残长4.93、环首1.49厘米×2.29厘米。NM30：5-2，仅剩椭圆形环首上留下的柄与环首衔接的部分。残长2.27、环首2.59厘米×1.62厘米（图一七五，11、10；彩版八七，5）。

铁器　1件。NM30：7，位于墓室东南角。残块，无法辨识器形。

料珠　1件。NM30：6，位于墓主人南侧肱骨处。乳白色石质地，风化严重，梅花形，中间有圆孔长0.94、径0.54、孔径0.35厘米（图一七五，13；彩版九一，2）。

（15）南区三十一号墓（NM31）

1）墓葬形制

在耕土层0.6米以下露出墓口，为直线洞室墓，方向275°。由墓道、墓室、封门、壁龛组成。

墓道平面呈东西向，长方形，口大底小。口长3.5、宽2.3米，底长3.1、宽1.9米，底部距开口3.3米。墓壁斜直平整，内填纯净的五花夯土，较为坚硬。底平整。

墓室位于墓道东端，平面呈东西向，长方形，洞室，壁面较光滑，底较为平整，长2.35、宽1.3、高1.5米。洞室口用木板竖立封门，木板已腐朽成灰，仅留槽沟痕迹，两侧封门槽形制相同，进深0.19、宽0.11、高1.78米。

墓室北壁近洞口处发现一平面呈圆角方形的壁龛，宽0.4、进深0.4、高0.4米（图一七六；彩版二五，3）。

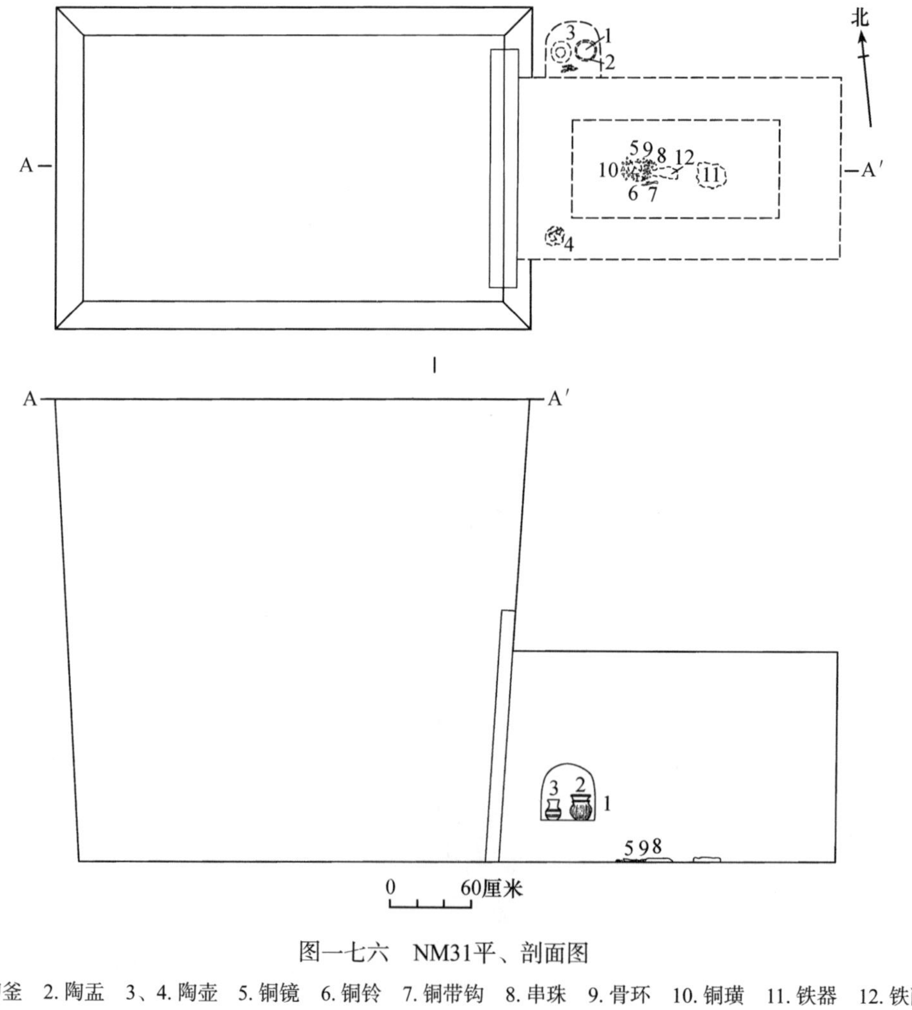

图一七六　NM31平、剖面图

1. 陶釜　2. 陶盂　3、4. 陶壶　5. 铜镜　6. 铜铃　7. 铜带钩　8. 串珠　9. 骨环　10. 铜璜　11. 铁器　12. 铁削

2）葬具

该墓为一木棺。木棺已朽，仅残留朽木灰，平面为长方形，与墓道相向放置，长1.5、宽0.7米，高不详。木棺底部铺有一层草木灰。

3）葬式

该墓人骨粉化严重，葬式无法辨别。

4）随葬器物

共出土随葬器物比较多，计有陶釜、陶盂、陶壶、铜镜、铜铃、铜带钩、铜璜、铁削、串珠、骨环等共12件组。

陶釜 1件。NM31：1，位于壁龛内东部。夹砂红陶。敛口，翻沿，厚圆唇，束颈，溜肩，深圆腹，圜底。颈饰竖绳纹，腹饰横绳纹，圜底饰旋涡绳纹。腹底部有烟炱痕迹。高14.2、口径15、腹径15厘米（图一七七，1；彩版五九，5；彩版六五，1）。

陶盂 1件。NM31：2，位于头龛内东部。广口，外折尖沿，颈微束，接近腹部处微外鼓，折腹，平底。表面光洁，制作不太规整。口径14、底径7、高5厘米（图一七七，4；彩版七五，3）。

陶壶 2件。NM31：3，位于头龛内西部。泥质灰陶。直口微外撇，尖唇，粗直颈，溜肩，腹稍直，小平底。口内饰一圈凸棱，肩部饰两道粗阴弦纹。有旋割痕迹，轮制。高14.5、口径7.8、腹径12、底径5.8厘米（图一七七，3；彩版六八，4）。NM31：4，位于墓室西南角。泥质灰陶。直口微外撇，尖唇，颈稍细微束，溜肩，腹稍直，近底部近似圈足，小平底。口内饰一圈凸棱，肩部饰两道粗阴弦纹。有旋割痕迹，轮制，口沿不太规整。高19.5、口径8、腹径15、底径7.3厘米（图一七七，2）。

铜镜 1件。NM31：5，位于木棺内中部。圆形，圆纽，圆纽座，外饰两周弦纹，把镜面分成内外区，但内外均没有纹饰，光素面。径10.9厘米（图一七七，9；彩版八三，2）。

铜铃 1组（3件）。NM31：6，位于木棺内中部，形制基本相同，大小略有差异。铃体较为宽扁，器壁特薄，形体特小，截面为椭圆形，顶部有半环形纽，铃体两侧倾斜作矩形，正面饰蜘蛛状纹，一侧有两长条状孔，口部呈弧形，铃内有舌。通高4.2、洗间4.5厘米（图一七七，13；彩版八三，5）。

铜带钩 1件。NM31：7，位于木棺中部。钩首残失，钩体呈屈棒形，钩首的自然弯曲作钩，背中间有圆纽。残长14厘米（图一七七，11；彩版八六，3）。

铜璜 1件。NM31：10，位于木棺中部。弧形，薄片，体宽扁，上缘中部有一小圆孔。长10.2、宽2.3厘米（图一七七，12；彩版八二，5、6）。咸阳塔儿坡M22369、M34232两座墓曾出土与之相同。

铁器 1件。NM31：11，锈蚀严重，无法辨识。

铁削 1件。NM31：12，位于棺木中部，残断成三截，锈蚀严重。椭圆形环首，长条状，刃部呈弧形，收成尖锋，厚方背，断面呈长方形。椭圆形环首，在柄末端与削身卯合。残长17厘米（图一七七，10）。

串珠 1组（22件）。NM31：8，位于木棺内中部。玉石质，土锈比较严重。除一件为墨绿色外，其余都为乳白色，形状有管状、算珠状、螺旋状、梅花状、圆环状，不论何种形状，中间都有圆孔。尺寸都比较小，管状的长度1.5、径0.7厘米，算珠状的径0.7厘米（图一七七，5～8；彩版九一，3）。

骨环　2件。NM31：9，位于棺内中部，器形小，两件形状大小相似，只是1件残破缺损，乳白色石质，制作规整。NM31：9-1，外径4、肉径1、好径1.7厘米（图一七七，14；彩版九〇，4右）。NM31：9-2，外径5.1、肉径1.7、好径1.6、厚0.4厘米（图一七七，15；彩版九〇，4左）。

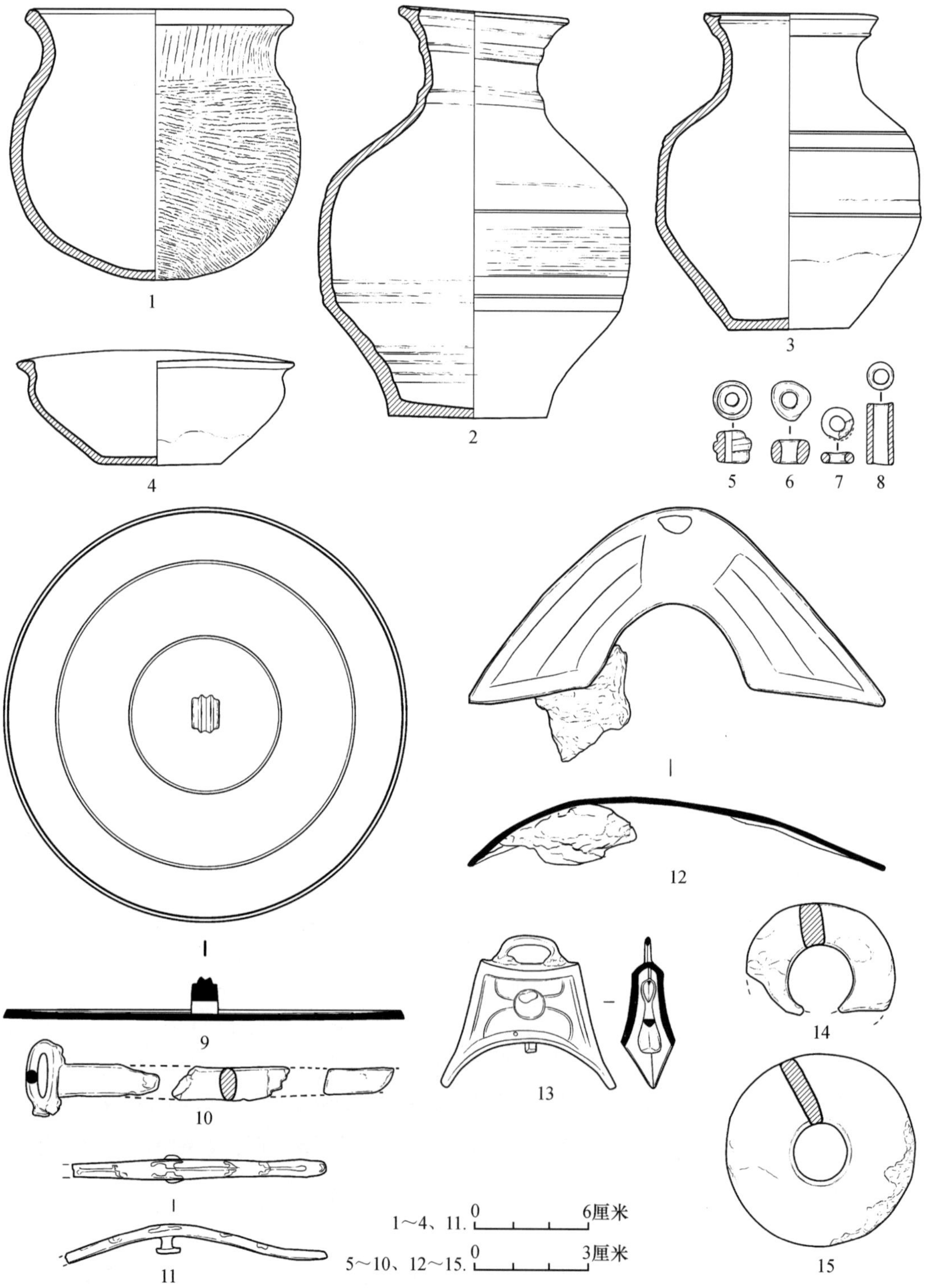

图一七七　NM31出土器物

1. 陶釜（NM31：1）　2、3. 陶壶（NM31：4、NM31：3）　4. 陶盂（NM31：2）　5～8. 料珠（NM31：8①、NM31：8②、NM31：8③、NM31：8④）　9. 铜镜（NM31：5）　10. 铁削（NM31：12）　11. 铜带钩（NM31：7）　12. 铜璜（NM31：10）　13. 铜铃（NM31：6）　14、15. 骨环（NM31：9-1、NM31：9-2）

（16）南区三十二号墓（NM32）

1）墓葬形制

在耕土层0.6米以下露出墓口，为直线洞室墓，平面呈“凸”字形，方向280°。由墓道、洞室、封门、头龛组成（图一七八）。

墓道平面呈东西向，长方形，上大底小。上口长4.8、宽3.4米，底长4.4、宽3.01米，底部距开口3.7米。墓壁斜直平整，墓圹内填纯净的五花夯土，较为坚硬。

洞室位于墓道东端，平面呈东西向，长方形，壁面平整光滑，墓室底较为平整，长2.1、宽1.3、残高1.2米。洞室口用木板竖立封门，木板已腐朽，仅留槽沟痕迹，两侧封门槽形制相同，进深0.34、宽0.11、高1.25米。两侧封门槽上下墓壁上开有洞穴，当为竖立封门板外上下两根横木延伸所致。

墓室北壁发现一平面呈弓形的头龛，长0.8、进深0.25米。

2）葬具

从清理后的现状来看，该墓为一木棺。木棺已朽，仅残留朽木灰，平面为长方形，与墓道相向放置，长1.6、宽0.7米，高不详。木棺底部铺有一层草木灰。

3）葬式

该墓主人尸骨保存极差，完全酥粉化，仅能看出大致轮廓，墓主人身躯呈东西向，头向西。

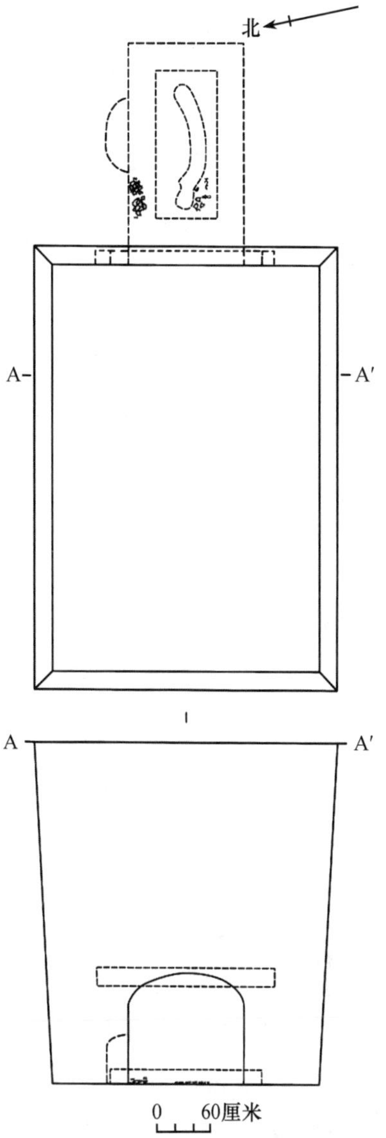

图一七八　NM32平、剖面图

1. 陶鬲　2. 陶罐　3. 铜铃　4. 铁带钩　5. 铁削　6. 玉珠

4）随葬器物

共出土随葬器物6件（组）。

陶鬲　1件。NM32：1，位于洞室西北角。夹砂红褐陶。直口，方唇，高领，三乳状袋足肥硕，横截面呈椭圆形，三足呈扁鸭嘴状。领部有对称双耳，耳与口沿平齐。肩部向下虽有竖细绳纹，但几乎抹平，鬲体与底有烟炱痕迹。高19.6、口径16、腹深11厘米（图一七九，1；彩版七三，4）。

陶罐　1件。NM32：2，残碎无法修复。

铜铃　1组（3件）。NM32：3，位于墓主人头骨南侧。形制基本相同，铃体上的纹饰有别，大小略有差异。铃体较为宽扁，器壁特薄，形体特小，截面为椭圆形，顶部有半环形纽，铃体两侧倾斜作矩形，一侧有两长条状孔，口部呈弧形，铃内有舌。NM32：3-1，正面饰蜘蛛

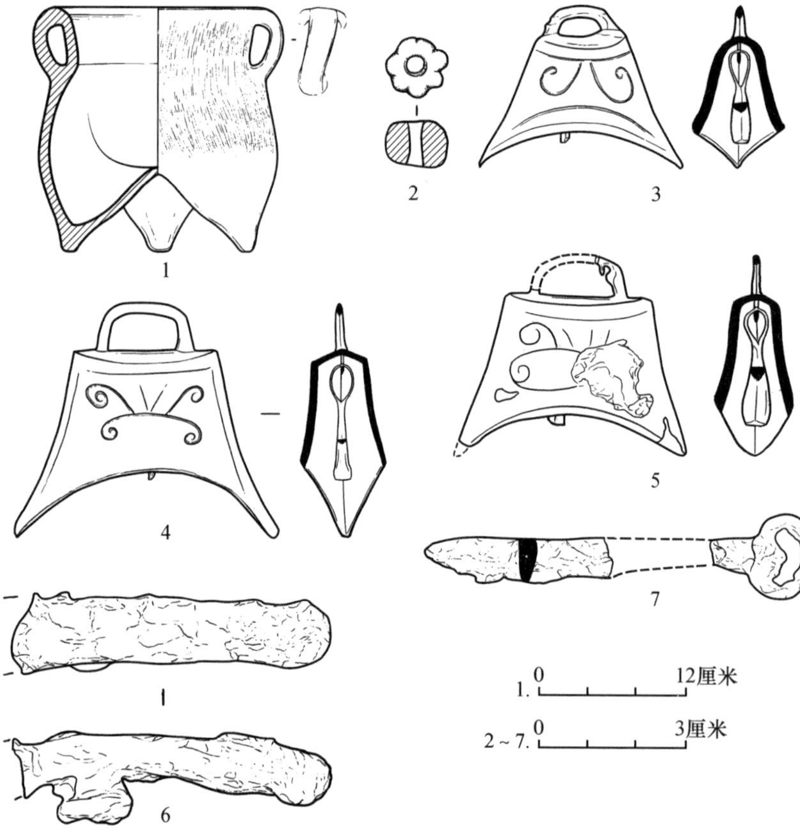

图一七九　NM32出土器物

1. 陶鬲（NM32：1）　2. 料珠（NM32：6）　3～5. 铜铃（NM32：3-2、NM32：3-1、NM32：3-3）
6. 铁带钩（NM32：4）　7. 铁削（NM32：5）

状纹。通高5.2、洗间5.5厘米（图一七九，4；彩版八三，6左）。NM32：3-2，铃体正面饰羊角纹。通高3.4、洗间4厘米（图一七九，3；彩版八三，6右）。NM32：3-3，铃体正面饰火焰纹。通高4、洗间4.7厘米（图一七九，5；彩版八三，6中）。

铁带钩　1件。NM32：4，位于墓主人头骨东南。锈蚀严重，钩体呈曲线形，钩首残，背中间有圆纽。长6厘米（图一七九，6）。

铁削　1件。NM32：5，位于墓主人头骨南侧。锈蚀严重。削身为长条状，刃部呈弧形，收成尖锋，椭圆形环首。残长8厘米（图一七九，7；彩版八八，1、2）。

料珠　1件。NM32：6，位于墓主人头骨南侧。乳白色，土锈严重，梅花算珠形，体较厚，中间有孔。径1.2、孔径0.4、厚1厘米（图一七九，2；彩版九一，4）。

（17）南区三十四号墓（NM34）

1）墓葬形制

在耕土层0.6米以下露出墓口，为直线洞室墓，平面呈“凸”字形，方向275°。由墓道、洞室、封门、壁龛组成（图一八〇）。

墓道平面呈东西向，长方形，口大底小。口长3.8、宽2.5米，底长3.41、宽2.08米，底部距开口3.5米。墓壁斜直平整，内填纯净的五花夯土，较为坚硬。接近洞口处的墓壁上留有三角形脚窝。墓底平整。

洞室位于墓道东端，平面呈东西向，长方形洞室，壁面较光滑，墓室底较为平整，长2.1、宽1.1、高1.1米。洞室口用竖立木板封门，木板皆已腐朽，仅留槽痕。两侧封门槽形制一致，进深0.1、宽0.08、高1.29米。在两侧封门槽上下各有一组平面呈东西向长方形的孔洞，当系封门板外的横向圆木延伸所致，应是封门的组成部分。

洞室北壁偏西发现平面略呈方形的壁龛，长0.5、进深0.4米。

2）葬具

从清理后的现状来看，该墓为一木棺。木棺已朽，仅残留朽木灰，平面为长方形，长1.3、宽0.6米，高不详，与墓道相向放置。木棺底部铺有一层草木灰。

3）葬式

该墓为单人葬，骨架保存较好，仰身屈肢，头向西，面朝上，两手曲于腹部，下肢向北蜷曲，蜷曲特甚。

4）随葬器物

共出土随葬器物3件。

陶釜　1件。NM34：1，位于头龛内西侧。夹砂红陶。敛口，翻沿，方唇，几无颈，溜肩，深圆腹，圜底。腹饰竖绳纹，圜底饰横绳纹。腹底部有烟炱痕迹。高12.2、口径16.4、腹径8厘米（图一八一，2；彩版六〇，1）。

陶壶　1件。NM34：2，位于头龛内东侧。泥质灰陶。侈口，方唇，短粗颈微束，溜肩，深圆腹，底部略带圈足，小平底。肩部及下腹部各饰两道阴弦纹。轮制。高20、口径10.3、腹径17、底径8.8厘米（图一八一，1）。

铜环　1件。NM34：3，位于墓主人南侧肱骨处。镯形铜环。径2.8、断面粗0.5厘米（图一八一，3；彩版八五，5）。

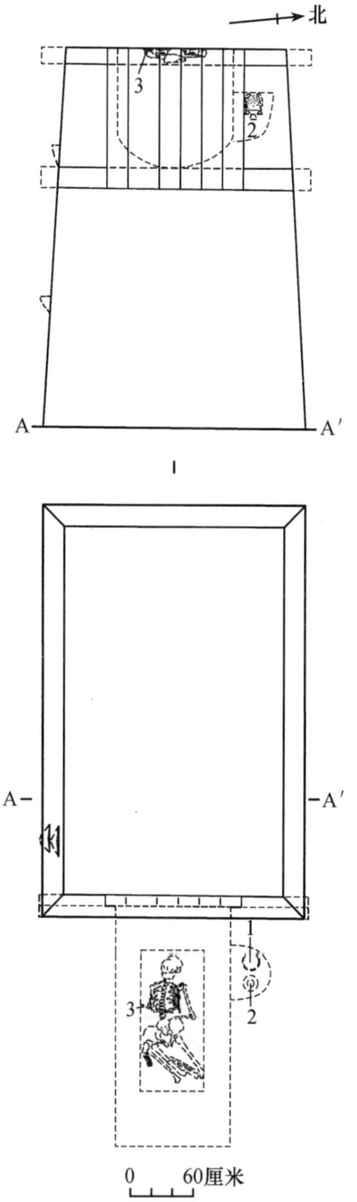

图一八〇　NM34平、剖面图
1. 陶釜　2. 陶壶　3. 铜环

（18）南区四十四号墓（NM44）

1）墓葬形制

在耕土层0.6米以下露出墓口，为直线洞室墓，平面呈“凸”字形，方向275°。由墓道、洞室、封门、壁龛组成。

墓道平面呈东西向，长方形，口大底小。口长3.5、宽2.7米，底长3.08、宽2.28米，底部距开口3.7米。墓壁斜直平整，内填纯净的五花夯土，较为坚硬。

洞室位于墓道东端，平面呈东西向，长方形，壁面较光滑，墓室底较为平整，长2.04、宽1.1、高1.2米。洞室口用木板竖立封门，木板已腐朽，仅留槽沟痕迹，两侧封门槽形制相同，

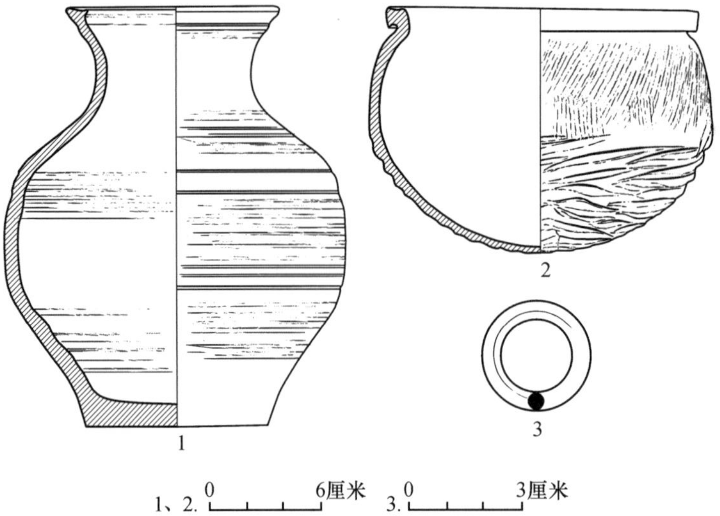

图一八一　NM34出土器物

1. 陶壶（NM34：2）　2. 陶釜（NM34：1）　3. 铜环（NM34：3）

进深0.3、宽0.06、高1.39米。

墓室北壁近洞口处发现平面略呈弓形的壁龛，长0.5、进深0.3、高0.3米（图一八二；彩版三一，1）。

2）葬具

该墓为一木棺，木棺已朽，仅残留朽木灰，平面为长方形，与墓道相向放置，长1.2、宽0.7米，高不详。木棺底部铺有一层草木灰。

3）葬式

人骨架保存较好，仰身屈肢，头向西，两手屈于腹部，下肢向北蜷曲，蜷曲特甚。

4）随葬器物

共出土随葬器物2件。

陶釜　1件。NM44：1，位于头龛内东侧。夹砂红陶。敛口，翻沿，方唇，几无颈，溜肩，深腹，圜底。上腹饰竖绳纹，圜底饰横绳纹。腹底部有烟炱痕迹。高13.6、口径17.4、腹径18.8厘米（图一八三，2；彩版六一，2）。

陶壶　1件。NM44：2，位于头龛内西侧。泥质灰陶。小喇叭口，尖唇，竹节状颈，溜肩，深圆腹，底收进，小平底。颈部饰三道凸弦纹，肩部及下腹部各饰两道阴弦纹。轮制。高22、口径9、腹径15、底径9.2厘米（图一八三，1；彩版六九，5）。

此外，头龛内还发现一些零碎动物骨。

（19）南区四十六号墓（NM46）

1）墓葬形制

在耕土层0.6米以下露出墓口，为直线洞室墓，平面呈“凸”字形，方向275°。由墓道、洞室、封门、头龛组成。

墓道平面呈东西向长方形，口大底小。口长3.6、宽2.7、底长3.18、宽2.28米，底部距开口

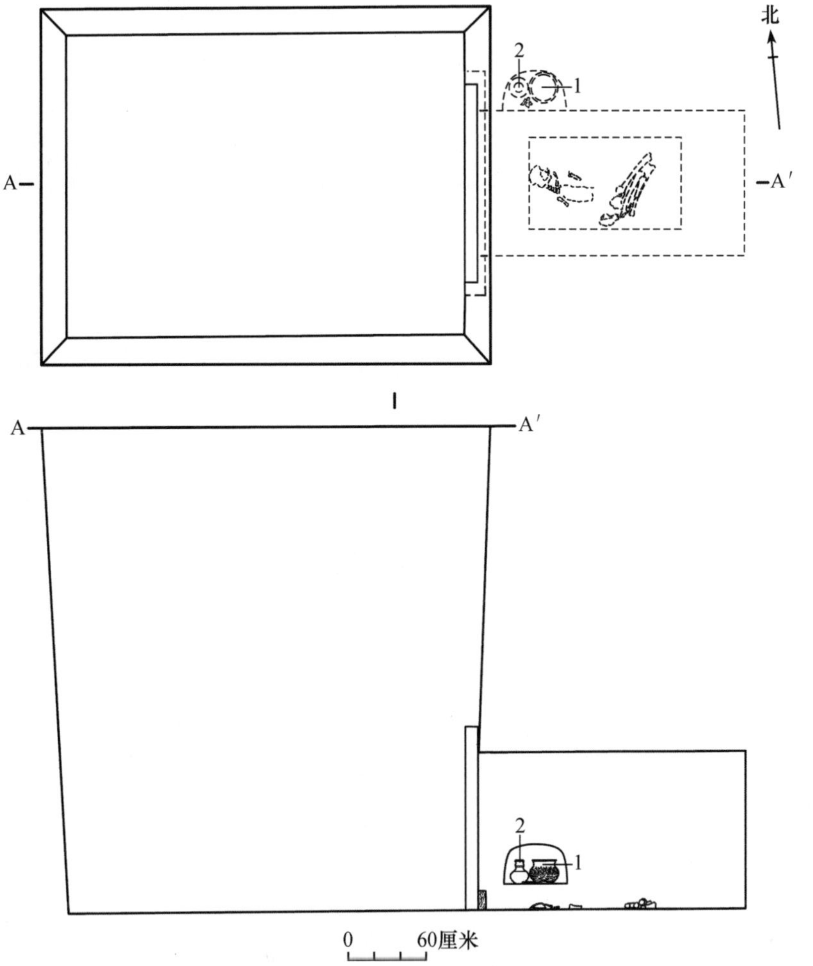

图一八二　NM44平、剖面图

1. 陶釜　2. 陶壶

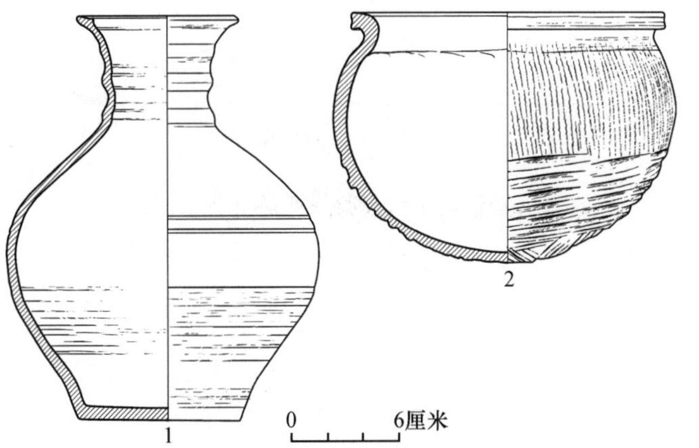

图一八三　NM44出土陶器

1. 壶（NM44：2）　2. 釜（NM44：1）

3.6米。墓壁斜直规整，留有工具痕迹，内填纯净的五花夯土，较为坚硬。

洞室位于墓道东端，平面呈东西向，长方形，壁面较光滑，墓室底较为平整，长1.9、宽1.1、高1.1米。洞室口用木板竖立封门，木板已腐朽，仅留槽沟痕迹，从封门印痕看，两侧封门形制相同，进深0.21、宽0.08、高1.28米。

在墓室北壁偏西中上部，发现平面呈圆角矩形的头龛，宽0.5、进深0.3、高0.3米（图一八四）。

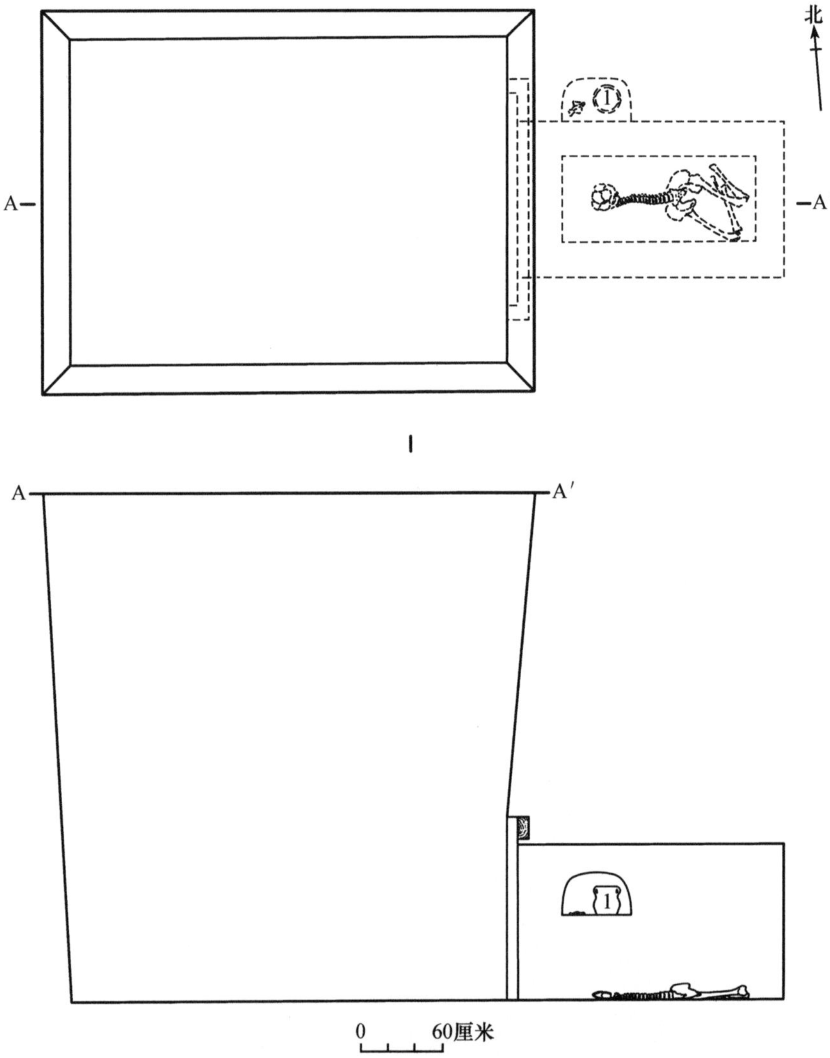

图一八四　NM46平、剖面图

1. 陶双耳罐

2）葬具

该墓葬具为一木棺，木棺已朽，仅残留朽木灰，平面为长方形，与墓道相向放置，长1.4、宽0.6米，高不详。木棺底部铺有一层草木灰。

3）葬式

该墓为单人葬，仰身屈肢，头向西，上肢酥粉严重，不能辨明，下肢向南蜷曲，蜷曲特甚。

4）随葬器物

只出土1件双耳陶罐，NM46：1，位于头龛内东侧。夹砂红褐陶，侈口，宽平沿，束颈，折肩，深腹，平底，颈部有对称双耳与口沿平齐，通体饰抹压细绳纹，并有烟炱痕迹。通高

18.8、口径14.8、腹径18、底径13厘米（图一八五；彩版七七，1）。

此外，头龛内还发现一些零碎动物骨。

（20）南区四十八号墓（NM48）

1）墓葬形制

在耕土层0.6米以下露出墓口，为直线洞室墓，平面呈“凸”字形，方向270°。由墓道、洞室、封门、壁龛组成。

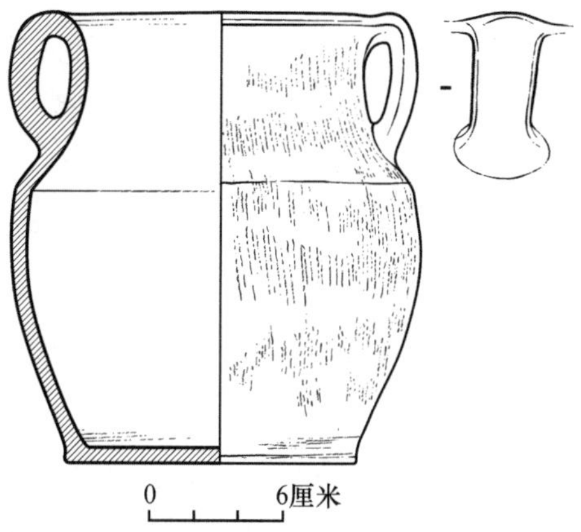

图一八五 NM46出土陶双耳罐（NM46：1）

墓道平面呈东西向，长方形，口大底小。口长3.9、宽2.7米，底长3.5、宽2.29米，底部距开口3.4米。墓壁斜直规整，内填纯净的五花夯土，较为坚硬。东南角上下留有三角形脚窝。底平整。

洞室位于墓道东侧，平面呈东西向，长方形，东宽西窄，壁面较光滑，墓室底较为平整，长2.1、东宽1.28、西宽1.1、高1.2米。洞室口用木板竖立封门，木板已腐朽，仅留槽沟痕迹，两侧封门槽形制、大小相同，进深0.15、宽0.08、高1.38米。

墓室南壁中部发现平面呈圆角矩形的头龛，长0.6、进深0.3米（图一八六；彩版三二，2）。

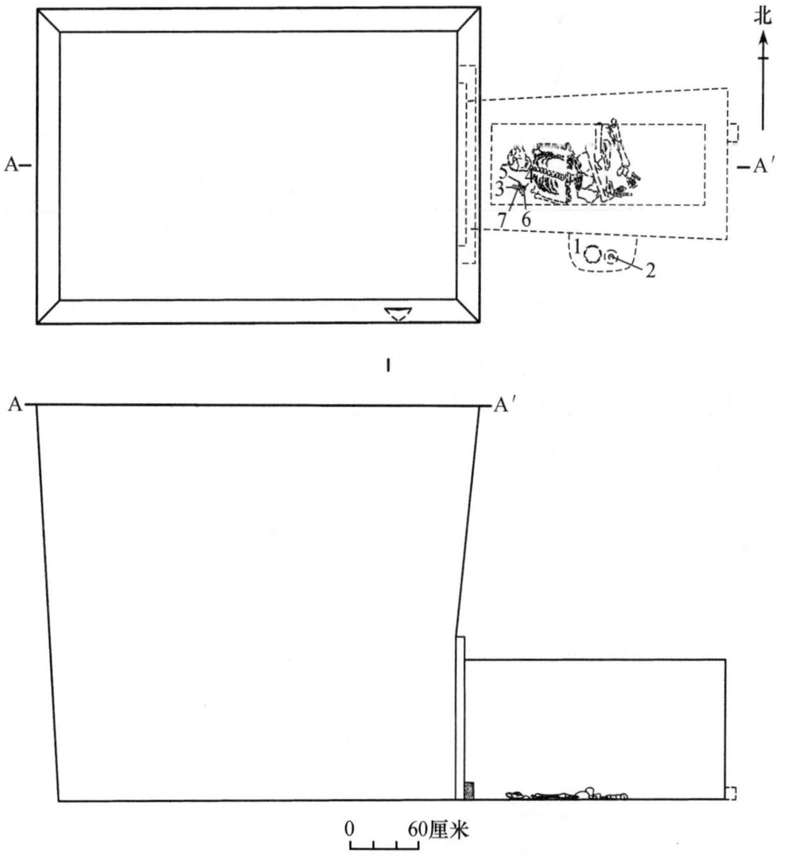

图一八六 NM48平、剖面图

1. 陶釜 2. 陶壶 3、4. 石纺轮 5. 料珠 6. 骨器 7. 铁器

2）葬具

该墓葬具为一木棺，木质已朽，仅残留朽木灰，平面为长方形，与墓道相向放置，长1.9、宽0.7米，高不详。木棺底部铺有一层草木灰。

3）葬式

该墓为单人葬，骨骼破损严重，仰身屈肢，头向西，面朝上，两手曲于腹部，下肢向北蜷曲，蜷曲特甚。

4）随葬器物

共出土随葬器物7件（组）。

陶釜　1件。NM48：1，位于头龛内西侧。夹砂红陶。敛口，翻沿，方唇，几无颈，溜肩，深腹，圜底。上腹饰竖绳纹，圜底饰横绳纹。腹底部有烟炱痕迹。高12.8、口径17厘米（图一八七，2；彩版六一，4）。

陶壶　1件，NM48：2，位于头龛内东侧。泥质灰陶。侈口，尖唇，竹节状颈，溜肩，浓圆腹，小平底。颈部饰竹节状凸弦纹，肩部及下腹部各饰两道阴弦纹。轮制。高21.8、口径9.3、腹径16、底径8厘米（图一八七，1；彩版六九，6）。

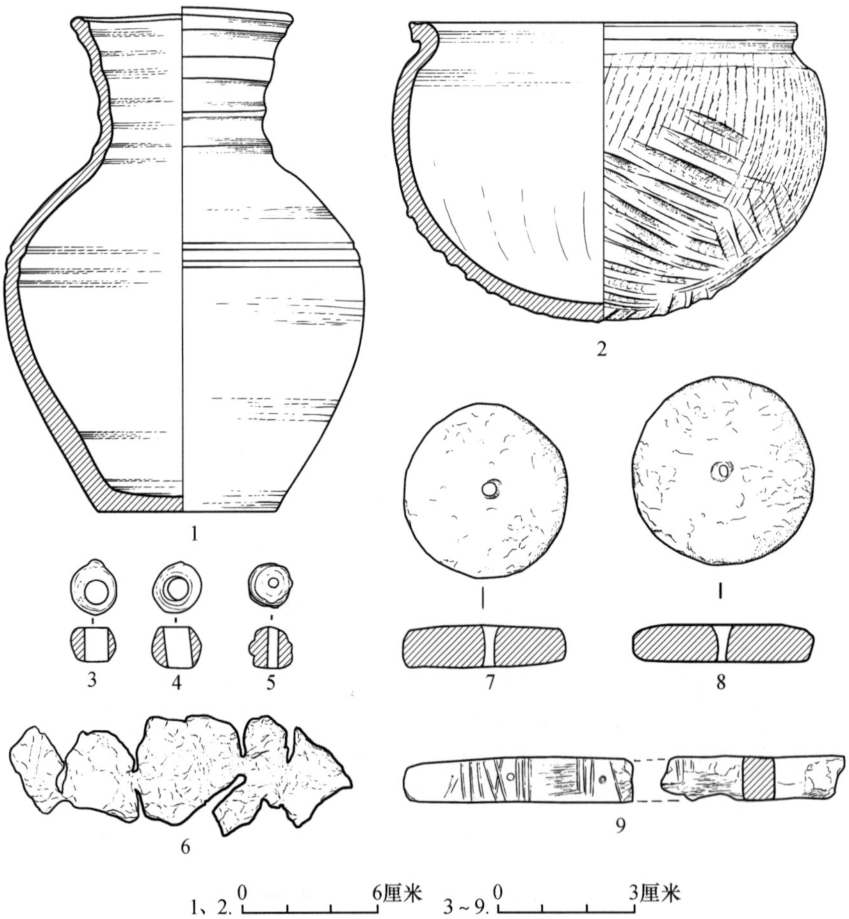

图一八七　NM48出土器物

1. 陶壶（NM48：2）　2. 陶釜（NM48：1）　3～5. 料珠（NM48：5①、NM48：5②、NM48：5③）　6. 铁器（NM48：7）　7、8. 石纺轮（NM48：4、NM48：3）　9. 骨器（NM48：6）

铁器（残）　NM48：7，墓主人头骨西南侧。锈蚀严重成碎块，无法辨认器形（图一九○，6）。

石纺轮　2件，位于墓主人头骨西南侧。两件形状大小相似，乳白色石质地，圆形，中间有孔。NM48：3，径3.9、孔径0.3、厚0.7厘米（图一八七，8；彩版九○，5右）。NM48：4，径3.5、孔径0.3、厚0.7厘米（图一八七，7；彩版九○，5左）。

料珠　1组（3件）。NM48：5，位于墓主人头骨西南侧。算珠状，器形小。径约1、孔径0.5厘米（图一八七，3～5；彩版九○，6）。

骨器　1件。NM48：6，位于墓主人头骨西南侧。长条形，上有两个小圆孔和刻画符号。长9.5、宽0.9厘米（图一八七，9；彩版九一，6）。

（21）南区四十九号墓（NM49）

1）墓葬形制

在耕土层0.6米以下露出墓口，为直线洞室墓，平面呈“凸”字形，向275°。由墓道、洞室、封门、壁龛组成。

墓道平面呈东西向，长方形，口大底小。口长3.6、宽2.5米，底长3.2、宽2.08米，底部距开口3.5米。墓壁斜直规整，内填纯净的五花夯土，较为坚硬。西南角上下错落有致地留有三角形脚窝。墓底平整。

洞室位于墓道东端，平面呈东西向长方形，壁面较光滑，墓室底较为平整，长2.1、宽1.2、高1.1米。洞室口用木板竖立封门，木板已腐朽，仅留槽沟痕迹，两侧封门槽形制、大小相同。进深0.16、宽0.08、高1.29米。在封门两侧上端，发现一左右对称的孔洞，形制、大小相同，进深0.88、宽0.15、高0.2米。

洞室北壁近洞口处发现一平面呈圆角矩形的头龛，长0.5、进深0.25、高0.3米（图一八八；彩版三二，3）。

2）葬具

该墓葬具为一木棺，已腐朽，仅残留朽木灰，平面为长方形，与墓道相向放置，长1.5、宽0.6米，高不详。木棺底部有两根横向放置的圆形垫木，均长1.7、宽0.15米。木棺底铺有一层草木灰。

3）葬式

该墓为单人葬，仰身屈肢，头向东，面部朝向不明，两手沿身躯两侧伸展，两条下肢向北曲折。

4）随葬器物

共出土随葬器物2件。

陶釜　1件。NM49：1，位于墓室头龛内东部。夹砂灰陶。侈口，翻沿，方唇，短颈近无，下腹外鼓，圜底近平。肩腹饰竖绳纹，圜底大麻点纹。底腹之间外部连接不齐整。通高10.7、口径14.6、最大腹径19.5厘米（图一八九，2；彩版六一，5）。

陶罐　1件。NM49：2，位于墓室头龛内西部。侈口，平折沿，尖唇，短束颈，溜肩，圆鼓腹，小平底。肩及下腹部各饰一对阴弦纹，下腹部有旋割痕。轮制。通高16.3、口径8.8、腹

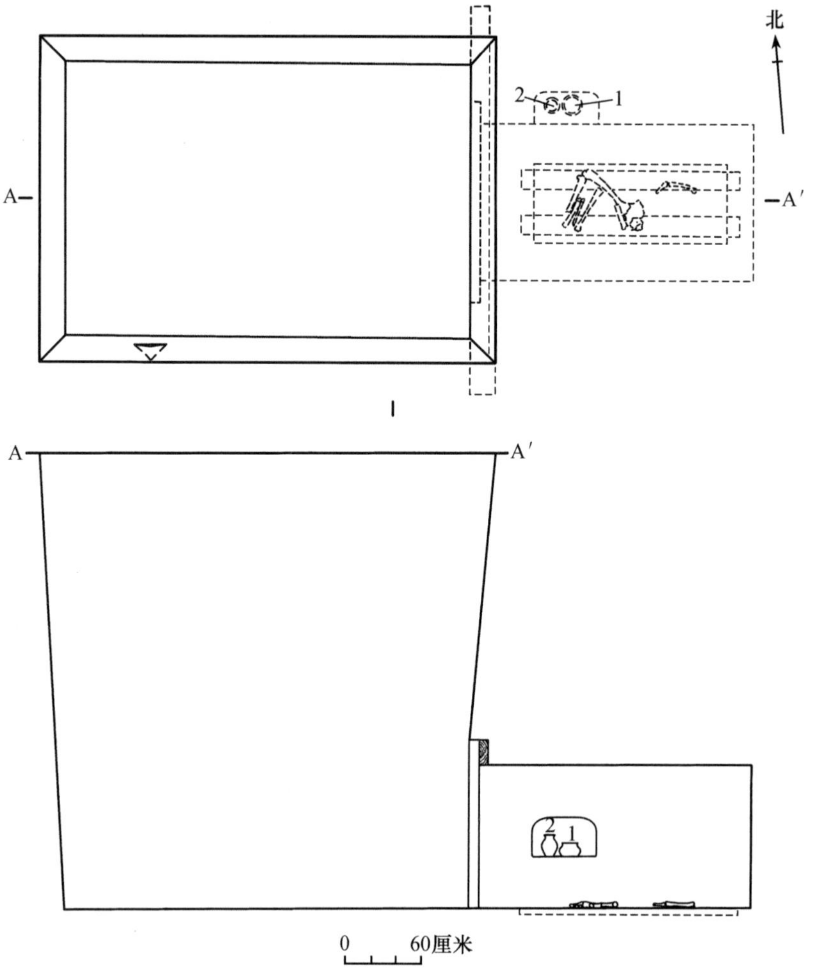

图一八八　NM49平、剖面图

1. 陶釜　2. 陶罐

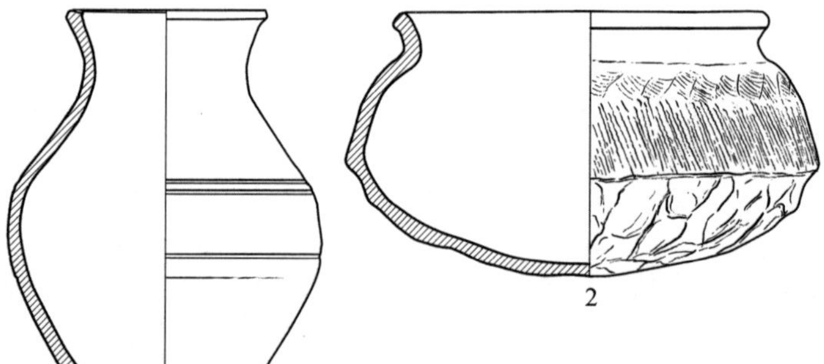

图一八九　NM49出土陶器

1. 罐（NM49：2）　2. 釜（NM49：1）

径13.5、底径7.4厘米（图一八九，1；彩版七九，4）。

（22）南区五十号墓（NM50）

1）墓葬形制

在耕土层0.65米以下露出墓口，为土坑竖穴，直线洞室墓，平面呈“凸”字形，方向

275°。由墓道、洞室、封门、壁龛组成。

墓道平面呈东西向，长方形，口大底小。长3.3、宽2米，底长2.91、宽1.61米，底部距开口3.2米。墓壁斜直规整，留有工具痕迹，西南角有上下错落分布的三角形脚窝，内填纯净的五花夯土，较为坚硬。

洞室位于墓道东端，平面呈东西向，长方形，壁面较光滑，墓室底较为平整，长2.2、宽1.2、高1.3米。洞室口用木板竖立封门，木板已腐朽，仅留槽沟痕迹，从封门印痕看，两侧封门形制相同，进深0.2、宽0.1、高1.49米。

墓室北壁近洞口处中部有平面呈圆角矩形的壁龛，宽0.6、进深0.25、高0.3米（图一九〇；彩版三三，1）。

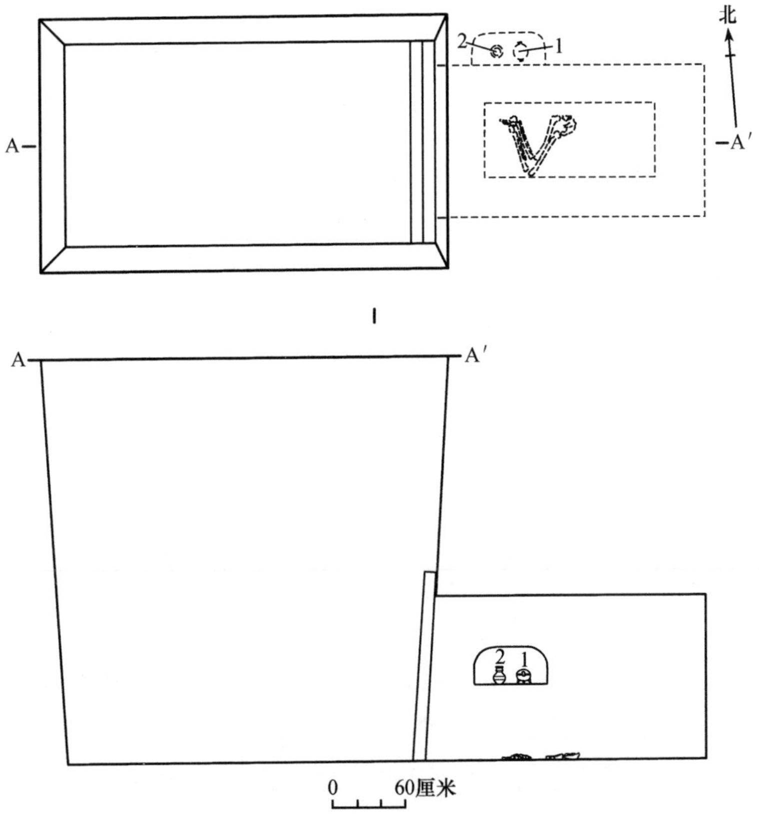

图一九〇　NM50平、剖面图

1. 陶鼎　2. 陶壶

2）葬具

该墓为一木棺，木棺已腐朽，仅残留朽木灰，平面为长方形，与墓道相向放置，长1.5、宽0.6米，高不详。木棺底部铺有一层草木灰。

3）葬式

该墓为单人葬，下肢骨骼保存较好，屈肢葬式，向南蜷曲。

4）随葬器物

共出土随葬器物2件。

陶鼎　1件。NM50：1，位于头龛内东侧。椭圆敛口，圆唇，两附耳外撇，直腹，平底中心下凹，柱足，有盖，子母合口。皆素面。轮、手制结合。通高14、口径13.2、腹深7.5厘米（图一九一，2；彩版五七，3）。

陶壶　1件。NM50：2，位于头龛内西侧。侈口，平折沿，尖唇，束颈，溜肩，圆鼓腹，小平底。颈部由上至下有3圈凸棱、肩及腹部各有一对阴弦纹。通高17.5、口径7、腹径14、底径7厘米（图一九一，1；彩版七〇，1）。

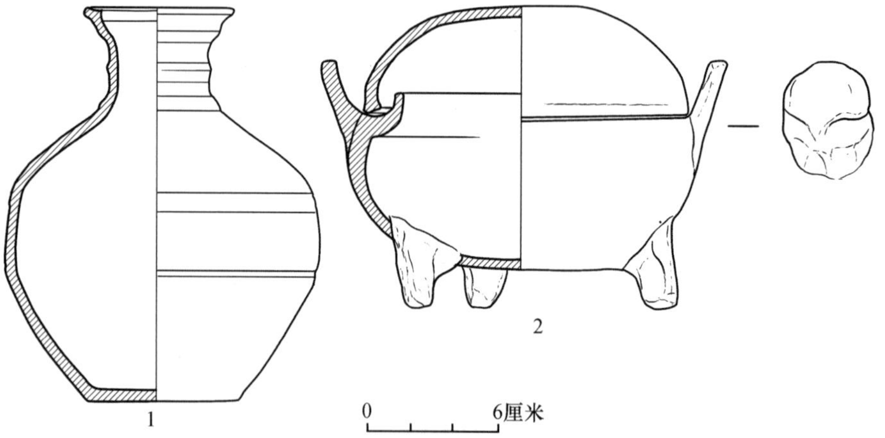

图一九一　NM50出土陶器

1. 壶（NM50：2）　2. 鼎（NM50：1）

（23）南区六十号墓（NM60）

1）墓葬形制

在耕土层0.55米以下露出墓口，为土坑竖穴，为直线洞室墓，平面呈“凸”字形，方向270°。由墓道、洞室、封门、壁龛组成。

墓道平面呈东西向长方形，口大底小。现上口长2.9、宽2米，下开口长2.68、宽1.8米，底部距开口2.5米。

洞室位于墓道东侧，与墓道底不在一平面，高于墓道0.3米，平面呈东西向长方形，壁面较光滑，墓室底较为平整。长1.94、宽1、高1.1米。封门槽：位于墓道与墓室之间，墓室口南北两侧设有封门槽，两侧封门槽形制、大小相同。封门槽进深0.19、宽0.06、高1.38米。

洞室北壁近洞口处中部有平面呈圆角矩形的壁龛，宽0.5、进深0.3、高0.3米（图一九二；彩版三四，3）。

2）葬具

该墓葬具为一木棺，木棺已腐朽，仅残留朽木灰，平面为长方形，与墓道相向放置，长1.5、宽0.7米，高不详。木棺底部铺有一层草木灰。

3）葬式

该墓为单人葬，墓主人仰身屈肢，头向西，面朝上，两手曲于腹部，下肢向北蜷曲。

4）随葬器物

共出土随葬器物2件。

陶釜　1件。NM60：1，位于头龛内西侧。夹砂红陶。部分残缺。敛口，平沿，厚方唇，

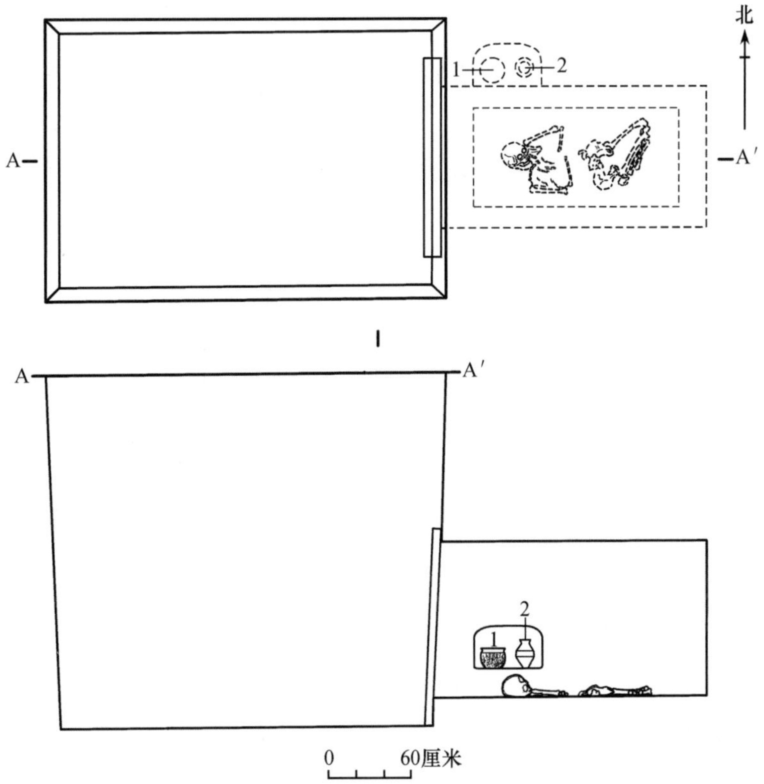

图一九二　NM60平、剖面图

1. 陶釜　2. 陶壶

短颈几无，溜肩，圆腹，圜底。肩部为竖绳纹，圜底饰横绳纹。底部有烟炱痕迹。高17.4、口径23.5、腹径26厘米（图一九三，2；彩版六三，1）。

陶壶　1件。NM60∶2，位于头龛内东侧。泥质灰陶。侈口，圆唇，短束颈，溜肩，直腹，小平底。口沿内有一圈凸棱，肩部有两道阴弦纹，下腹部有两道浅阴弦纹。轮制。高20.2、口径11、腹径17.4、底径9.3厘米（图一九三，1；彩版七〇，6）。

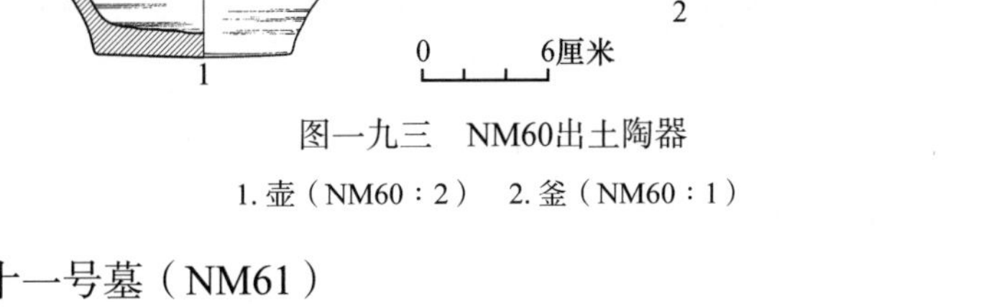

图一九三　NM60出土陶器

1. 壶（NM60∶2）　2. 釜（NM60∶1）

（24）南区六十一号墓（NM61）

1）墓葬形制

在地表耕土层0.55米以下露出墓口，为土坑竖穴洞室墓，平面呈“凸”字形，方向275°。

由墓道、洞室、封门组成。

墓道平面呈东西向，长方形，口大底小。口长3.1、宽2.1米，底长2.88、宽1.89米，底部距开口2.6米。

洞室位于墓道东端，平面呈东西向长方形，壁面较光滑，墓室底较为平整。墓室长1.8、宽1、残高1米。洞口用木板竖立封门，木板已腐朽，仅留槽沟痕迹，两侧封门槽形制相同，进深0.45、宽0.08、高1.19米（图一九四）。

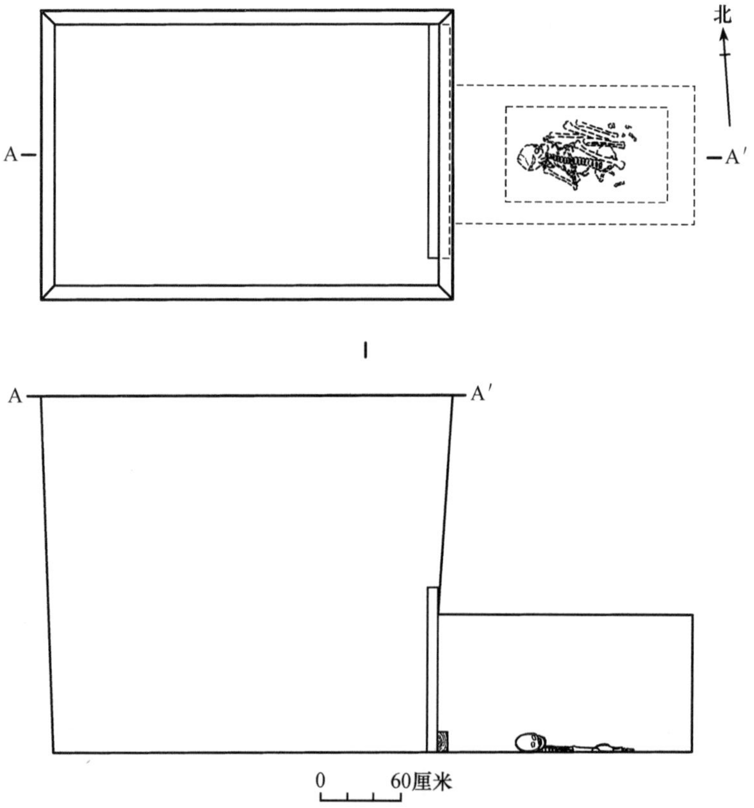

图一九四　NM61平、剖面图

2）葬具

从清理后的现状来看，该墓巧具为一木棺单，木棺已朽，仅残留朽木灰，平面为长方形，与墓道相向放置，长1.2、宽0.7米，高不详。木棺底部铺有一层草木灰。

3）葬式

该墓为单人葬，墓主人仰身屈肢，头向西，面朝上，两手屈于胸部，下肢向北蜷曲，蜷曲特甚。

未发现随葬器物。

（25）南区六十八号墓（NM68）

1）墓葬形制

在耕土层0.65米以下露出墓口，为土坑竖穴，直线洞室墓，平面呈“凸”字形，方向为280°。由墓道、洞室、封门、壁龛组成。

墓道平面呈东西向，长方形，口大底小。口长3.7、宽2.5米，底长3.28、宽2.08米，底部距开口3.1米。墓壁斜直平整，内填纯净的五花夯土，较为坚硬。

洞室位于墓道东端，平面呈东西向长方形洞室，壁面较光滑，墓室底较为平整。墓室长2、宽1.1、高1.4米。洞口用木板竖立封门，木板已腐朽，从封门板印痕看，两侧封门形制相同，槽沟进深0.14、宽0.08、高1.38米，底封门槽沟长1.4、宽0.08、深0.1米。

墓室北壁近洞口处发现一平面呈圆角矩形的壁龛，长0.6、进深0.4、高0.5米（图一九五；彩版三七，3）。

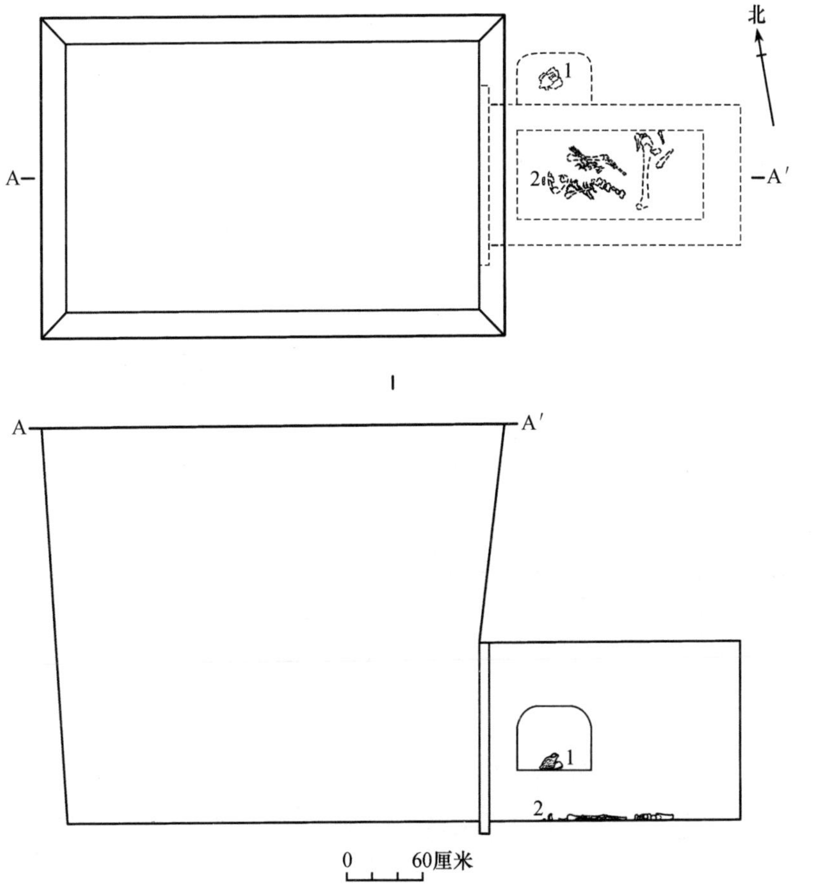

图一九五　NM68平、剖面图

1. 陶鬲　2. 铁带钩

2）葬具

从清理后的现状来看，该墓葬具为一木棺。木棺已腐朽，仅残留朽木灰，平面为长方形，与墓道相向放置，长1.5、宽0.7米，高不详。木棺底部铺有一层草木灰。

3）葬式

该墓为单人葬，墓主人仰身屈肢，头向西，面朝上，两手沿身躯两侧伸展，下肢向北蜷曲，蜷曲特甚。

4）随葬器物

共出土随葬器物2件。

陶鬲（残） 1件。NM68：1，位于墓室头龛内中部。夹砂灰陶。直口，圆唇，高领，三乳状袋足肥硕，横截面呈三个椭圆形，三足呈扁鸭嘴状，足尖外撇。领部有对称双耳，耳与口沿平齐，一侧耳。肩部向下有竖细绳纹。底有烟炱痕迹。口径17、通高19.2厘米（图一九六，1）。

铁带钩（残） 1件。NM68：2，位于墓主人头骨北。锈蚀严重，钩体呈曲线形，钩首残，背中间有圆纽。残长7.5厘米（图一九六，2；彩版八九，3）。

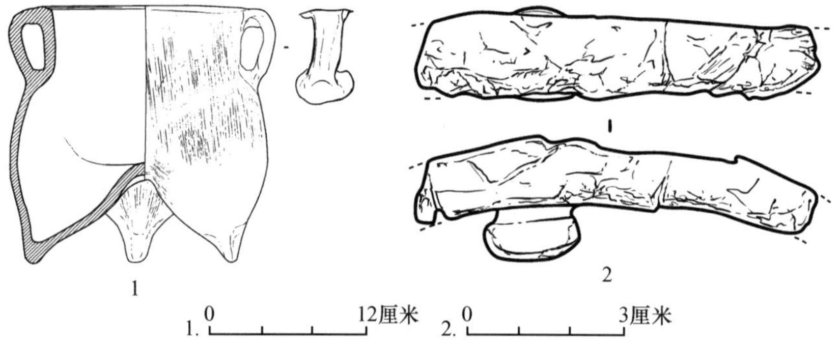

图一九六　NM68出土器物

1. 陶鬲（NM68：1）　2. 铁带钩（NM68：2）

（26）南区七十五号墓（NM75）

1）墓葬形制

在耕土层0.65米以下露出墓口，为直线洞室墓，平面呈“凸”字形，方向为275°。由墓道、墓室、封门、头龛组成（图一九七；彩版四〇，3）。

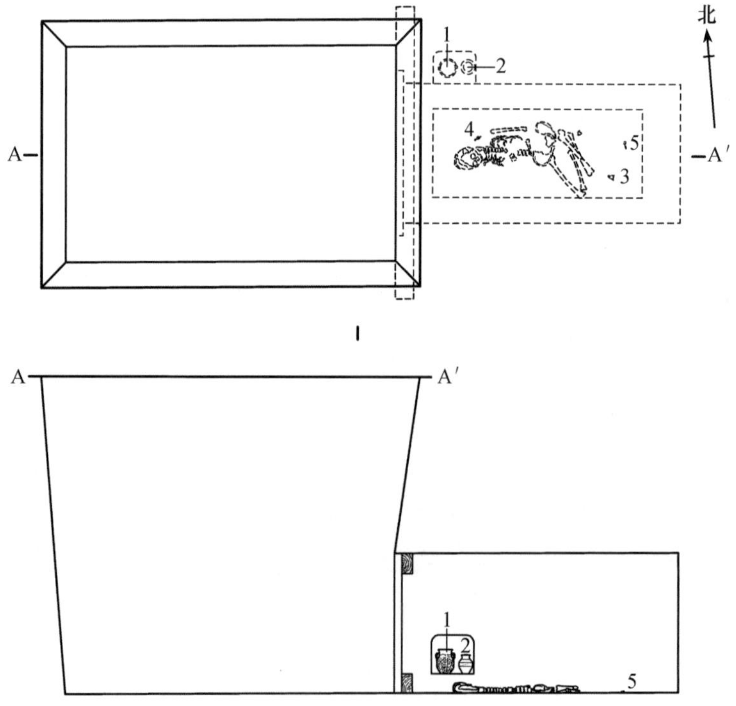

图一九七　NM75平、剖面图

1. 陶双耳罐　2. 陶罐　3. 铜铃　4. 铜带钩　5. 铁削

墓道平面呈东西向，长方形，口大底小。口长3.1、宽2.1米，底长2.7、宽1.7米，底部距开口2.5米。墓壁斜直平整，内填纯净的五花夯土，较为坚硬。

墓室位于墓道东端，平面呈东西向，长方形，洞室，壁面较光滑，墓室底较为平整。墓室长2.24、宽1.1、残高1.1米。洞口用木板竖立封门，木板已腐朽，从封门板印痕看，两侧封门形制相同，进深0.09、宽0.06、高1.08米。在封门槽上下各发现一组孔洞，两组孔洞形制、大小相同，进深0.6、宽0.15、高0.15米。

墓室北壁偏西处发现一平面呈圆角矩形的头龛，长0.35、进深0.25、高0.3米。

2）葬具

从清理后的现状来看，该墓为木棺单葬，木棺已朽，仅残留朽木灰，平面为长方形，与墓道相向放置，长1.7、宽0.7米，高不详。木棺底部铺有一层草木灰。

3）葬式

该墓为单人葬，仰身屈肢，头向西，面朝上，两手屈于腹部，下肢向南蜷曲，蜷曲特甚。

4）随葬器物

共出土随葬器物5件（组）。

陶双耳罐　1件。NM75：1，位于墓室头龛内西部。侈口，圆唇，短颈，溜肩，圆腹，小平底。颈部有两个对称的带状耳，上饰绳纹，自器肩至底分布竖绳纹，器底部分有绳纹，手制。高18.6、口径13.4、腹径16.3、底径9.6厘米（图一九八，1；彩版七七，2）。

陶罐　1件。NM75：2，位于头龛内东部。泥质灰陶，陶质粗糙。侈口，平沿，尖唇，粗束颈，溜肩，直腹，小平底。上颈部有一圈阴弦纹，下颈部有三道凸棱，肩部有两道阴弦纹。

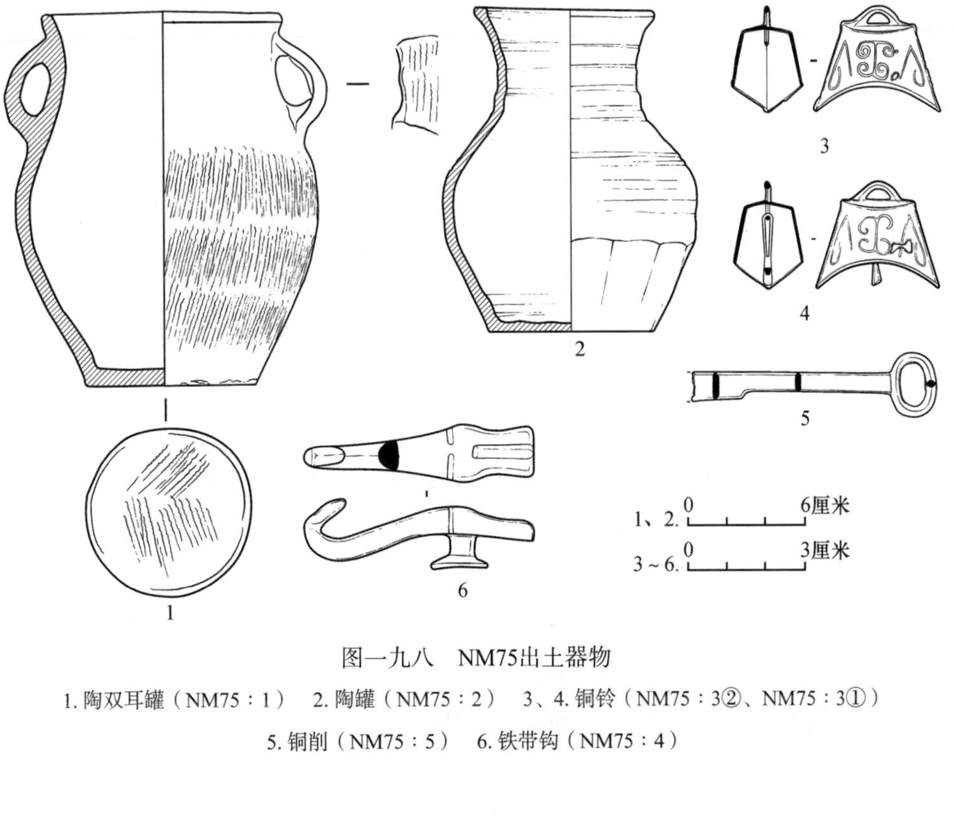

图一九八　NM75出土器物

1. 陶双耳罐（NM75：1）　2. 陶罐（NM75：2）　3、4. 铜铃（NM75：3②、NM75：3①）　5. 铜削（NM75：5）　6. 铁带钩（NM75：4）

轮制。高15.6、口径9、腹径13、底径8厘米（图一九八，2；彩版八一，1）。

铜铃　1组（2件）。NM75：3，位于墓主人足部。2件形制基本相同，大小略有差异。铃体较为宽扁，器壁特薄，形体特小，截面为椭圆形，顶部有半环形纽，铃体两侧倾斜作矩形，正面饰蜘蛛状纹，两侧有尖状线纹，口部呈弧形，铃内有舌。通高2.6、洗间3.2厘米（图一九八，3、4；彩版八四，2）。

铜带钩　1件。NM75：4，位于墓主人头骨北。钩体呈琵琶形，钩首自然弯曲作钩，背中间有圆纽。长5.8厘米（图一九八，6；彩版八七，2）。

铜削（残）　1件。NM75：5，位于墓主人足部以东。椭圆形环首，削身为长条状，刃部呈弧形，收成尖锋。残长6.3厘米（图一九八，5；彩版八七，6）。

（27）南区七十七号墓（NM77）

1）墓葬形制

在耕土层0.65米以下露出墓口，为直线洞室墓，平面呈“凸”字形，方向为275°。由墓道、墓室、封门、头龛组成。

墓道平面呈东西向长方形，口大底小。口长3.6、宽2.2米，底长3.2、宽1.79米，底部距开口3.1米。墓壁斜直平整，内填纯净的五花夯土，较为坚硬。

墓室位于墓道东端，平面呈东西向，长方形，洞室，壁面较光滑，墓室底较为平整。墓室长2.14、宽1.4、残高1.1米。洞口用木板竖立封门，木板已腐朽，从封门板印痕看，两侧封门形制相同，进深0.1、宽0.07、高1.19米。底封门槽长1.6、宽0.07、深0.06米。在两侧封门槽上下各发现一组对称的孔洞，两组孔洞形制、大小相同，进深0.5、宽0.12、高0.15米。

在墓室北壁近洞口处发现一平面呈圆角矩形的头龛，头龛长0.6、进深0.3、高0.35米（图一九九）。

2）葬具

该墓葬具为一木棺，木棺已朽，仅残留朽木灰，平面为长方形，与墓道相向放置，长1.6、宽0.69米，高不详。木棺底部铺有一层草木灰。

3）葬式

该墓为单人葬，墓主人仰身屈肢，头向西，面朝北，两手屈于腹部，下肢向北蜷曲，蜷曲特甚（彩版三九，2）。

4）随葬器物

共出土随葬器物4件。

陶鼎（残）　1件。NM77：1，位于墓室头龛内中部。泥质灰陶。残碎严重。直口，圆唇，子母榫口，折肩，肩上附两对称板状方耳，直腹，圜底，内底平，三柱足，覆盘状盖，盖顶平。通高14.5、口径11.8、腹径14.5、腹深7厘米（图二〇〇，1；彩版五八，2）。

陶罐　1件。NM77：2，位于头龛内西部。泥质灰陶。侈口，卷沿，方唇，短束颈，溜肩，圆腹，小平底。由肩至腹有四条带状纹，带内饰竖绳纹，器腹下饰斜绳纹，底部亦有绳纹。轮制。高23.7、口径11、腹径22.5、底径11厘米（图二〇〇，3；彩版八一，2）。

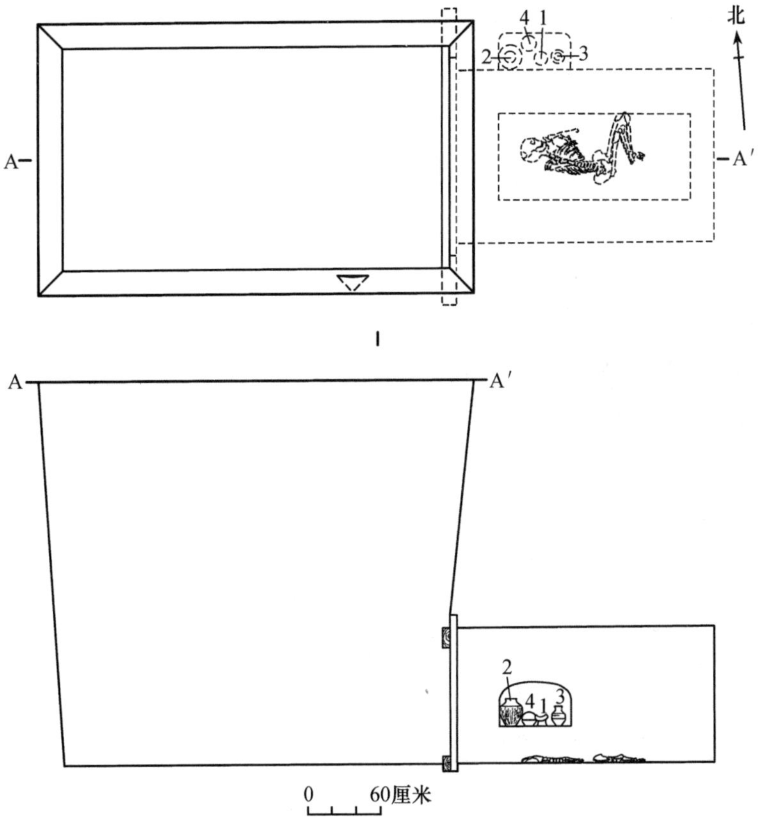

图一九九　NM77平、剖面图

1. 陶鼎　2. 陶罐　3. 陶壶　4. 陶盒

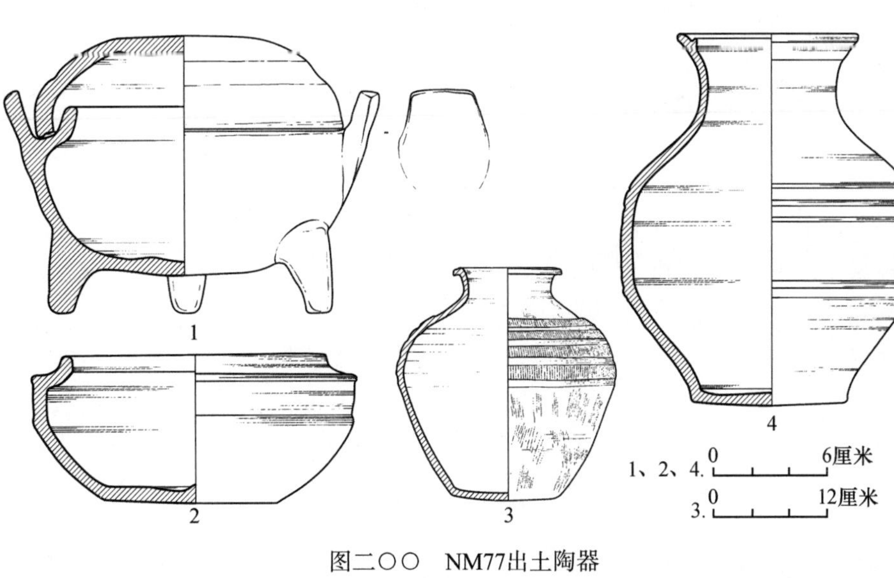

图二〇〇　NM77出土陶器

1. 鼎（NM77：1）　2. 盒（NM77：4）　3. 罐（NM77：2）　4. 壶（NM77：3）

陶壶　1件。NM77：3，位于头龛内东部。泥质灰陶。侈口，圆唇，口沿有残缺，短束颈，溜肩，直腹下收，小平底。口沿内有一圈凸棱，肩部有两道阴弦纹，下腹部有一道浅阴弦纹。轮制。高19.1、口径9.6、腹径16、底径8.3厘米（图二〇〇，4；彩版七二，2）。

陶盒（残）　1件。NM77：4，位于头龛内中部。泥质灰陶。子母敛口（当有盖的，缺失），平折沿，无颈，折肩，直腹，小平底。素面。轮制。高7.5、口径13.5、腹径16.5、底径8.8厘米（图二〇〇，2；彩版八二，2）。

（28）南区七十八号墓（NM78）

1）墓葬形制

在耕土层0.8米以下露出墓口，为直线洞室墓，平面呈“凸”字形，方向为275°。由墓道、墓室、封门、头龛组成。

墓道平面呈东西向，长方形，口大底小。口长3.9、宽2.5米，底长3.5、宽2.11米，底部距开口3.5米。墓壁斜直平整，内填纯净的五花夯土，较为坚硬。

墓室位于墓道东端，平面呈东西向长方形，洞室，壁面较光滑，墓室底较为平整。墓室长2.5、宽1.3、残高1.3米。洞口用木板竖立封门，木板已腐朽，从封门板印痕看，两侧封门形制相同，进深0.21、宽0.08、高1.19米。底封门槽长1.91、宽0.15、深0.09米。在两侧封门槽上下各发现一组对称的孔洞，两组孔洞形制、大小相同，进深0.78、宽0.17、高0.14米。

在墓室北壁偏东发现一平面呈矩形的头龛，头龛长0.6、进深0.1、高0.5米（图二〇一；彩版四一，2）。

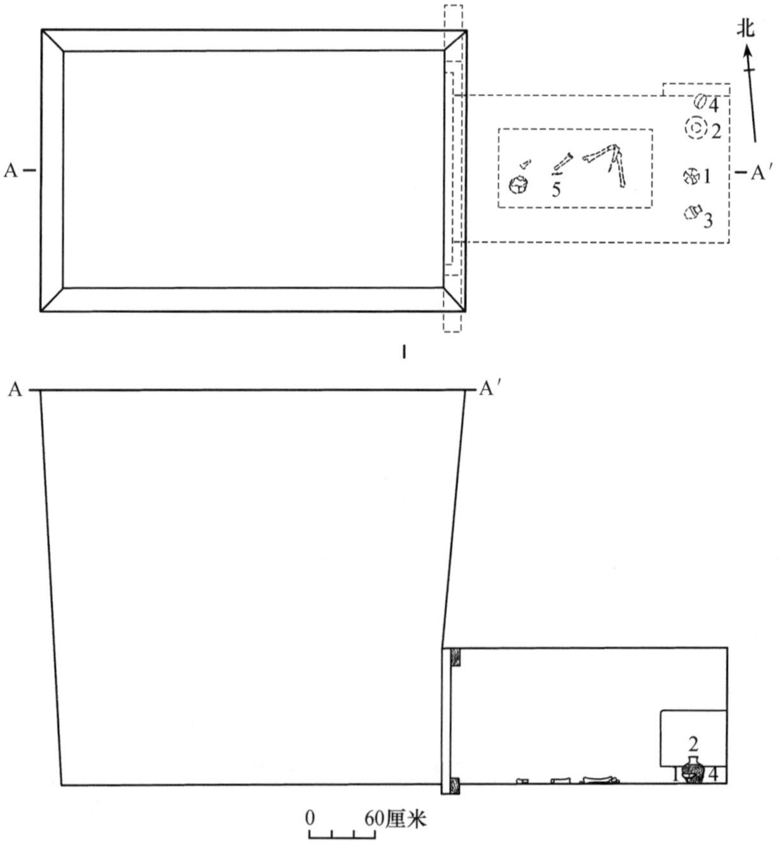

图二〇一　NM78平、剖面图

1. 陶鼎　2. 陶罐　3. 陶壶　4. 陶盒　5. 铜带钩

2）葬具

该墓葬具为一木棺。木棺已朽，仅残留朽木灰，平面为长方形，与墓道相向放置，长

1.4、宽0.7米，高不详。木棺底部铺有一层草木灰。

3）葬式

该墓为单人葬，由于墓室塌陷导致骨骼破损严重，酥粉严重，墓主人头向西，面部朝向不明，一条下肢向北蜷曲，身躯其余部分情况不明。

4）随葬器物

共出土随葬器物5件。

陶鼎（残）　1件。NM78：1，位于墓室东侧中部。泥质灰陶。口沿残缺。敛口，方唇，折肩，两对称方附耳外撇，圆腹，圜底近平，三柱足内收，圆弧形盖。轮、手制结合。连盖高15、口径15.5、腹径17.5、腹深6.8厘米（图二〇二，1；彩版五八，3）。

陶罐　1件。NM78：2，位于墓室东北角。泥质灰陶。侈口，斜沿内高外低，厚方唇，短束颈，斜直腹，平底。肩部有4圈条带纹、内饰交错绳纹。高24.1、口径10.5、腹径22.3、底径11厘米（图二〇二，4；彩版八一，3）。

陶壶　1件。NM78：3，位于墓室东南角。泥质灰陶。侈口，圆唇外翻，束颈，溜肩，直腹下收。肩部与下腹部各有两圈阴弦纹。高17、口径8.5、腹径13.5、底径6.8厘米（图二〇二，2；彩版七二，3）。

陶盒（盖残）　1件。NM78：4，位于墓室东北角。泥质灰陶。带盖，圆唇，子母榫口，折肩，短直腹，下腹急收，小平底。圆弧形盖。轮制。通盖高13.2、口径14.5、腹径17.5、底径8.5厘米（图二〇二，3；彩版八一，6）。

铜带钩　1件。NM78：5，位于墓主人胸部南。钩首残失，钩体呈曲棒形，钩首的自然弯

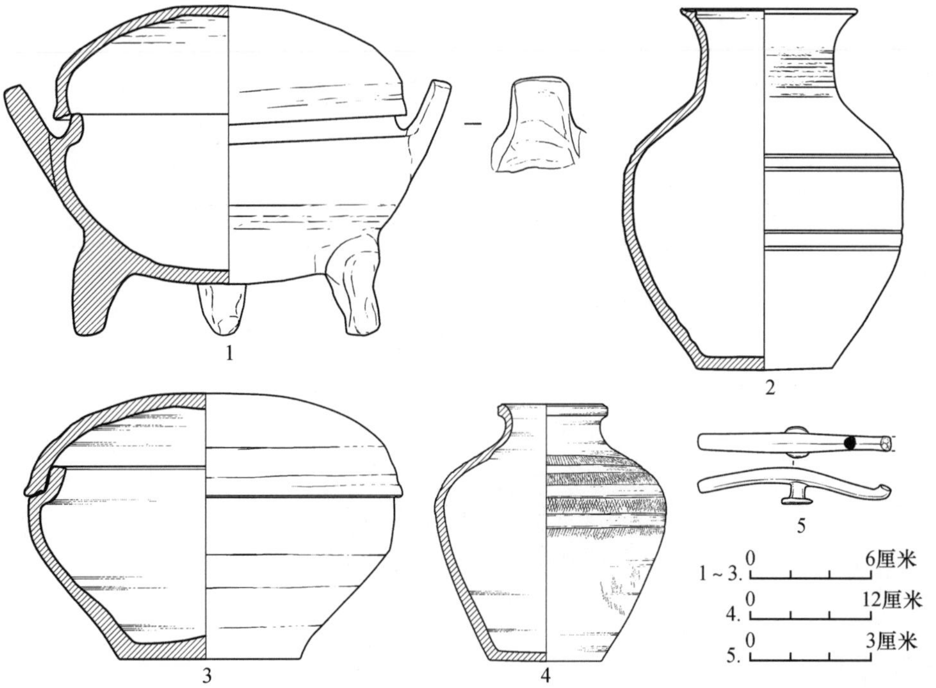

图二〇二　NM78出土器物

1. 陶鼎（NM78：1）　2. 陶壶（NM78：3）　3. 陶盒（NM78：4）　4. 陶罐（NM78：2）　5. 铜带钩（NM78：5）

曲作钩，背中间有圆纽。残长9.5厘米（图二〇二，5；彩版八七，3）。

（29）南区八十号墓（NM80）

1）墓葬形制

在耕土层0.7米以下露出墓口，为直线洞室墓，平面呈“凸”字形，方向为270°。由墓道、墓室、封门、头龛组成。

墓道平面呈东西向，方形，口大底小。口长3.1、宽2.2米，底长2.71、宽1.8米，底部距开口2.98米。墓壁斜直平整，内填纯净的五花夯土，较为坚硬。该墓与其他墓葬的不同之处在于，在墓道的西端底部并列有两个洞龛。

墓室位于墓道东端，平面呈东西向，长方形，洞室，壁面较光滑，墓室底较为平整。墓室长2.3、宽1.2、残高1.1米。洞口用木板竖立封门，木板已腐朽，从封门板印痕看，两侧封门形制相同，进深0.2、宽0.08、高1.2米。

墓室北壁偏西发现一平面呈圆角矩形的头龛，头龛长0.5、进深0.4、高0.4米（图二〇三；彩版四二，3）。

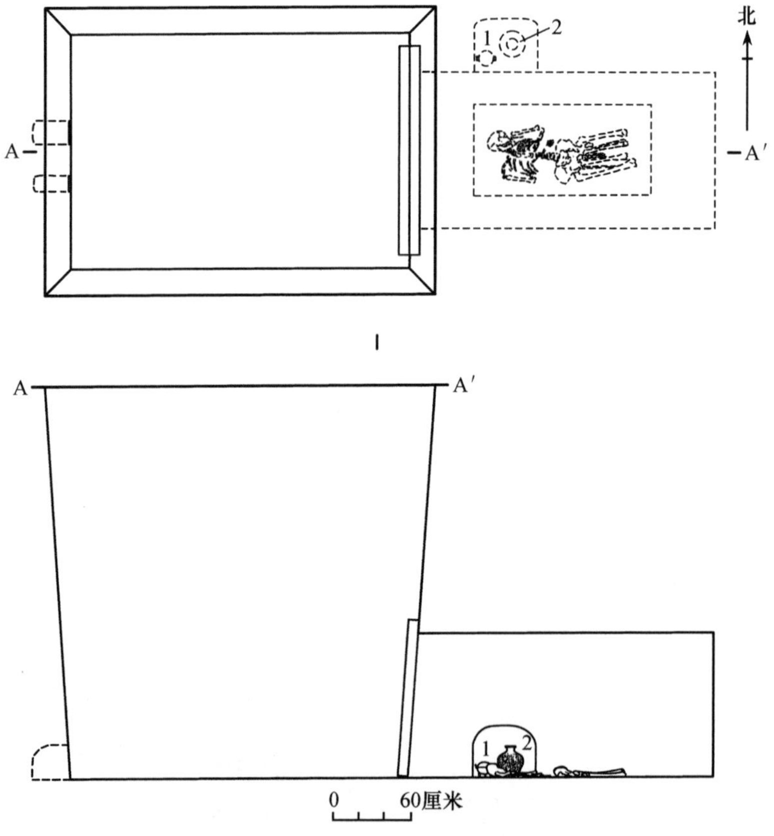

图二〇三　NM80平、剖面图

1. 陶鼎　2. 陶罐

2）葬具

该墓为一木棺。木棺已朽，仅残留朽木灰，平面为长方形，与墓道相向放置，长1.4、宽0.7米，高不详。木棺底部铺有一层草木灰。

3）葬式

该墓为单人葬，墓主人仰身屈肢，头向西，面朝上，两手曲于胸部，两条下肢内曲，尺骨、桡骨位于股骨内侧。

4）随葬器物

共出土随葬器物2件。

陶鼎（残）　1件。NM80：1，位于墓室头龛内西部。泥质灰陶。盖残缺。敛口，方唇，折肩，两对称方附耳外撇立于肩部，直腹，圜底近平，三柱足内收，圆弧形盖。轮手制结合。连盖通高14.5、口径12.7、腹径15.5、腹深7.5厘米（图二〇四，1；彩版五八，4）。

陶罐　1件。NM80：2，位于墓室头龛内东部。泥质灰陶。小口，卷沿，方唇，短束颈，溜肩，圆鼓腹，小平底。由肩至腹有4条带状纹，带内饰竖绳纹，下腹部带纹内饰交错绳纹，轮制。高25.8、口径11.4、腹径22.5、底径12.6厘米（图二〇四，2；彩版七八，4）。

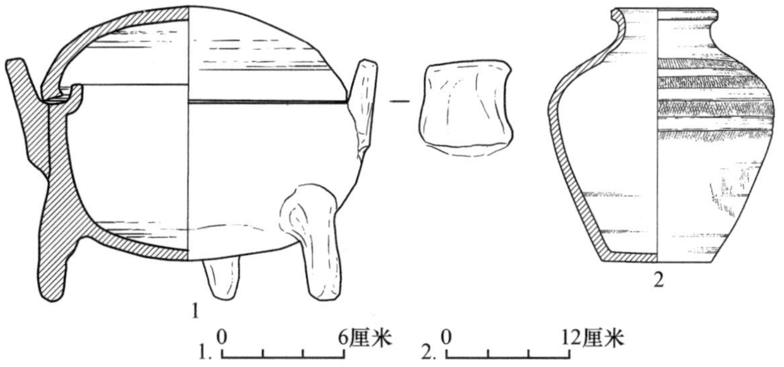

图二〇四　NM80出土陶器

1. 鼎（NM80：1）　2. 罐（NM80：2）

（30）南区八十一号墓（NM81）

1）墓葬形制

在耕土层0.75米以下露出墓口，为直线洞室墓，平面呈“凸”字形，墓葬方向为280°。由墓道、墓室、封门、头龛组成。

墓道平面呈东西向长方形，口大底小。口长4、宽2.5米，底长3.61、宽2.09米，底部距开口3.6米。该墓的最大不同是，在墓道的西端发现有台阶。

墓室位于墓道东端，平面呈东西向，长方形，洞室，壁面较光滑，墓室底较为平整。墓室长2、宽1.1、残高1.2米。洞口用木板竖立封门，木板已腐朽，从封门板印痕看，两侧封门形制相同，进深0.2、宽0.09、高1.39米。

在墓室北壁中部发现一平面呈圆角矩形的头龛，头龛长0.5、进深0.3、高0.4米（图二〇五）。

2）葬具

该墓为一木棺。木棺已朽，仅残留朽木灰，平面为长方形，与墓道相向放置，长1.7、宽0.8米，高不详。木棺底部铺有一层草木灰。

3）葬式

该墓为单人葬，墓主人仰身屈肢，头向西，面朝上，两手沿身躯两侧伸展，两条下肢向南

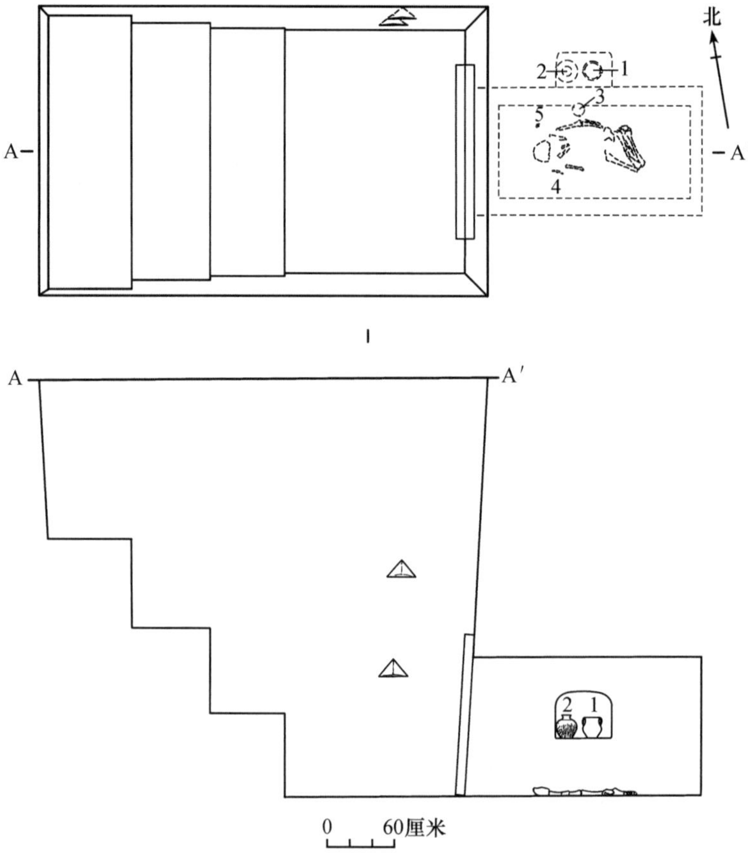

图二〇五　NM81平、剖面图

1. 陶双耳罐　2. 陶罐　3. 铜支架　4. 铜带钩　5. 铜鞢

曲折，蜷曲特甚（彩版四二，1）。

4）随葬器物

共出土随葬器物5件。

陶双耳罐　1件。NM81：1，位于墓室头龛内东部。夹砂灰陶。侈口，方唇，短粗颈，溜肩，肩上有对称的两个索状环耳，斜直腹，平底。下腹部饰竖绳纹。高18.5、口径13.7、腹径16.7、底径10.5厘米（图二〇六，1；彩版七七，3）。

陶罐　1件。NM81：2，位于墓室头龛内西部。夹砂灰陶。小口，尖唇，短粗颈，溜肩，直腹微鼓，平底。肩部及上腹部饰交错绳纹。轮制。高22.1、口径10.8、腹径21、底径13厘米（图二〇六，2；彩版七九，2）。

铜支架　1件。NM81：3，位于墓主人胸部北侧。呈三足相托的圆形盘状，下部内折0.6厘米，三蹄足均匀分布于底部。口径11、高2.8厘米（图二〇六，4；彩版八七，4）。

铜带钩　1件。NM81：4，位于墓主人胸部南侧。钩首残失，钩体呈曲棒形，钩首自然弯曲作钩，背中间有圆纽。残长13厘米（图二〇六，5；彩版八七，1）。

铜鞢　1件。NM81：5，位于墓主人头骨北侧。呈环形，一侧有拇指大小的扁状鋬，另一侧有两个相对的小弧形鋬，两小鋬上各有一小孔。环形孔径2.2厘米（图二〇六，3；彩版八五，1、2）。

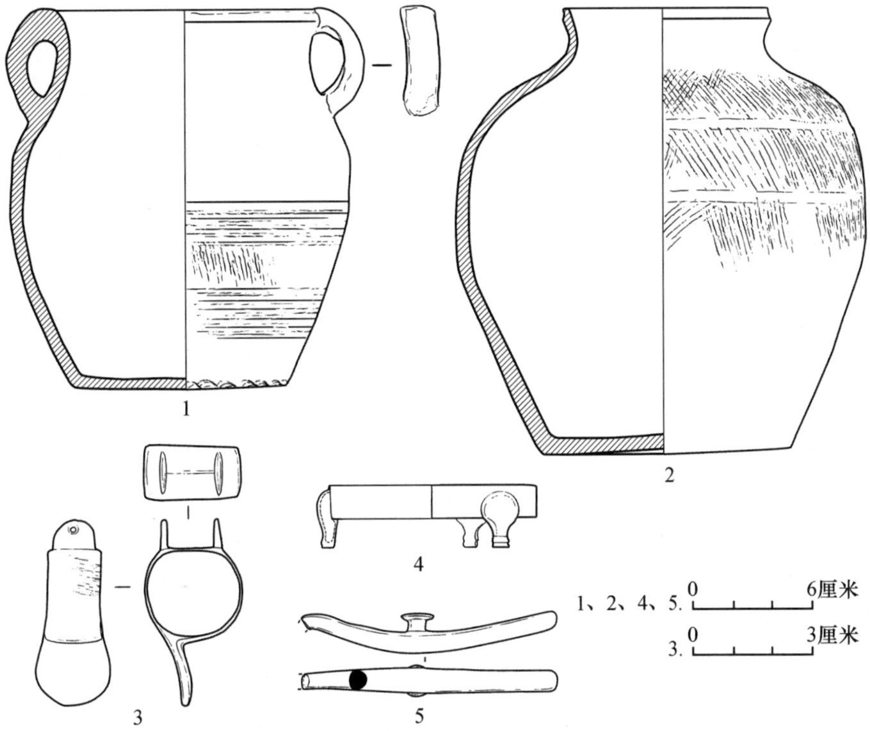

图二〇六　NM81出土器物

1. 陶双耳罐（NM81：1）　2. 陶罐（NM81：2）　3. 铜鞢（NM81：5）　4. 铜支架（NM81：3）　5. 铜带钩（NM81：4）

3. Ⅲ式（直线洞室墓，洞室居西）

共计11座，计有NM1、NM33、NM35、NM 37、NM39、NM53、NM54、NM58、NM62、NM69、NM74。

（1）南区一号墓（NM1）

在耕土层0.75米以下露出墓口，为直线洞室墓，方向为150°。由墓道、墓室组成。

墓道平面呈东西向长方形，口底等大，壁面竖直向下。东西长1.9、南北宽0.85米，底部距开口3.2米。

墓室位于墓道西侧，平面呈东西向长方形洞室，壁面较平整，墓室底较为平整。长1.75、宽0.63、残高1米（图二〇七）。

清理完成后未发现随葬品及墓主人骸骨。

（2）南区三十三号墓（NM33）

1）墓葬形制

在耕土层0.8米以下露出墓口，为直线洞室墓，方向为90°。由墓道、墓室、封门、头龛组成（图二〇八；彩版二九，2）。

墓道平面呈东西向，长方形，口大底小，口长3、宽2.5米，底长2.6、宽2.1米，底部距开口2.4米。墓壁斜直平整，内填纯净的五花夯土，较为坚硬。

墓室位于墓道西侧，平面呈东西向，长方形，洞室，壁面较平整，底较为平整。长2.1、

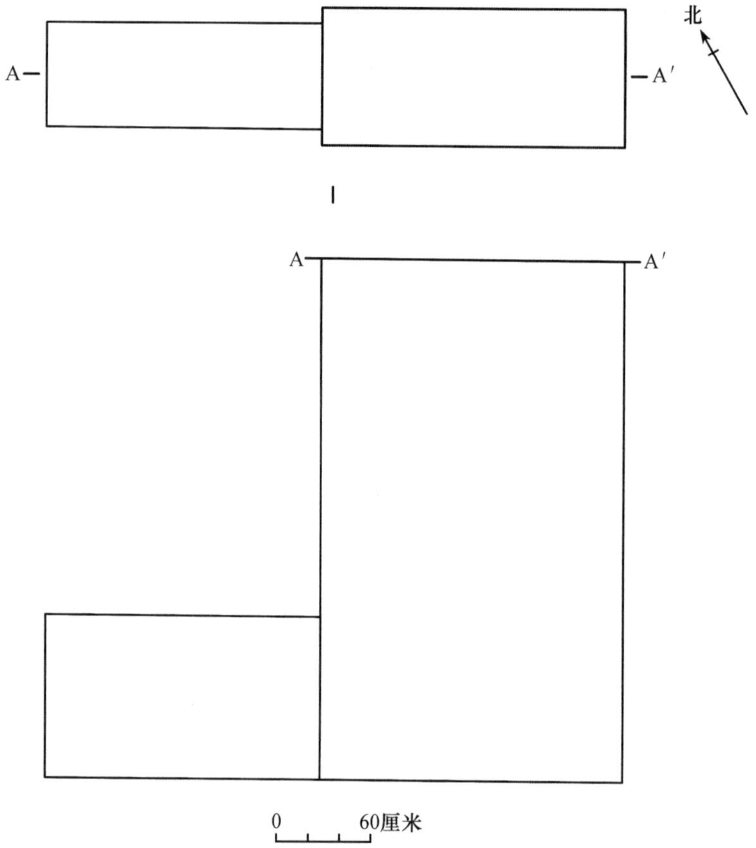

图二〇七　NM1平、剖面图

宽1、残高0.9米。封门位于墓道与墓室之间，用木板竖立封门，木板已腐朽，从封门板印痕看，两侧封门形制相同，进深0.35、宽0.1、高1.11米。

头龛位于墓室南壁，平面呈圆角矩形，头龛长0.5、进深0.3米。

2）葬具

该墓葬具为一木棺。木棺已朽，仅残留朽木灰，平面为长方形，与墓道相向放置，长1.6、宽0.6米，高不详。木棺底部铺有一层草木灰。

3）葬式

该墓为单人葬，仰身屈肢，由于墓室顶部塌陷导致骨骼破碎严重。身躯呈东西向分布，头向西，面朝南，北侧手臂屈于腹部，南侧手臂沿身躯伸展，两条下肢均向南曲折，蜷曲特甚。

4）随葬器物

共出土随葬器物2件

陶双耳罐　1件。NM33：1，位于头龛内东侧。夹砂灰陶。直口，方唇，溜肩，圆腹，小平底。肩上附对称带状耳。体饰竖细绳纹。底有烟炱痕迹。高11.7、口径11、腹径15厘米（图二〇九，2；彩版五九，6）。

陶罐　1件。NM33：2，位于头龛内西侧。泥质灰陶，陶色偏黑。侈口，圆唇，短束颈，颈部有一圈凸棱，溜肩，直腹下收，小平底。肩腹之间有六道阴弦纹。轮制。高21.5、口径12、腹径19.6、底径8.8厘米（图二〇九，1）。

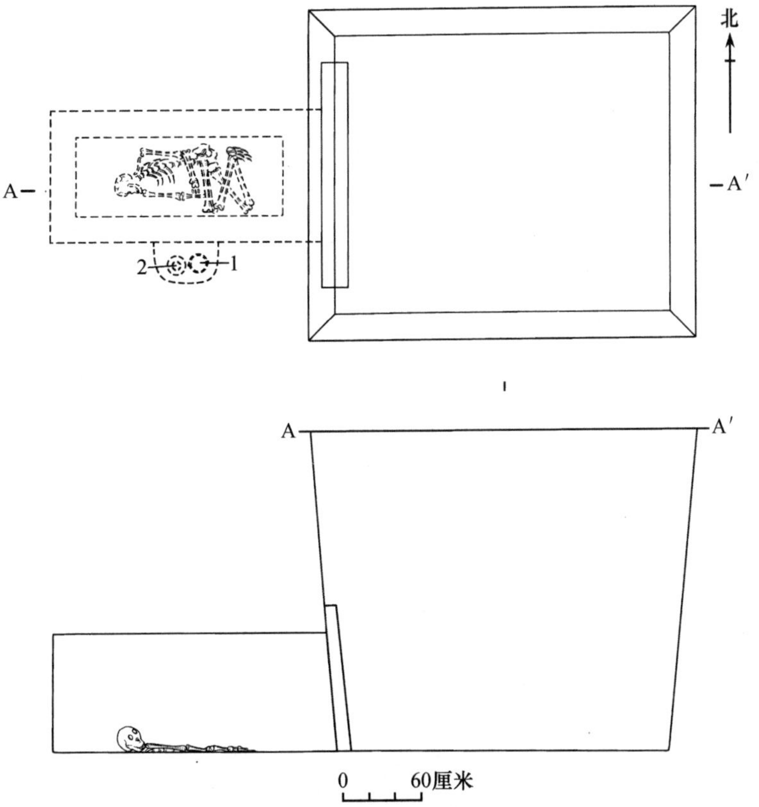

图二〇八　NM33平、剖面图

1. 陶双耳罐　2. 陶罐

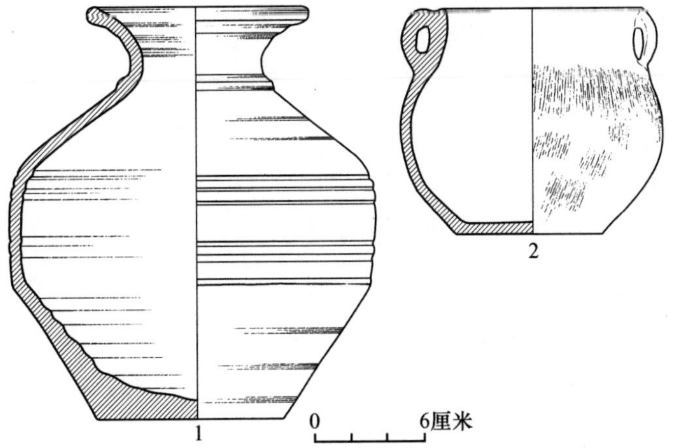

图二〇九　NM33出土陶器

1. 罐（NM33：2）　2. 双耳罐（NM33：1）

（3）南区三十五号墓（NM35）

1）墓葬形制

在耕土层0.6米以下露出墓口，为直线洞室墓，平面呈“凸”字形，方向为95°。由墓道、墓室、封门组成（图二一〇）。

墓道平面呈东西向长方形，口大底小，壁面较光滑。口长3.6、宽2.5米，底长3.2、宽2.1

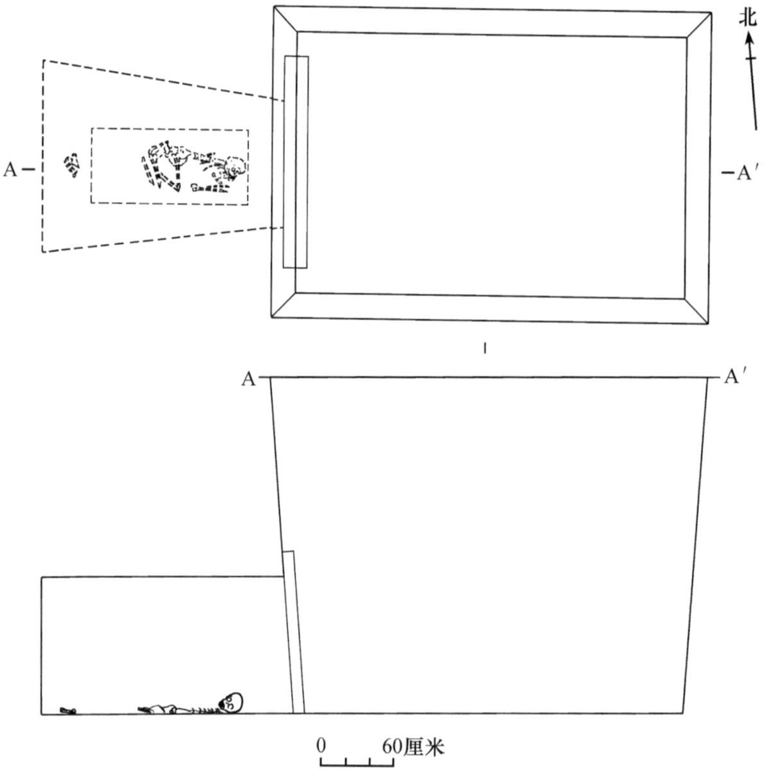

图二一〇　NM35平、剖面图

米，底部距开口2.7米。墓圹平整，内填纯净的五花夯土，比较坚硬。

墓室位于墓道西端，平面呈东西向，长方形，洞室，西宽东窄，壁面较平整，墓室底较为平整。长2、西宽1.54、东宽1.02、残高1.1米。洞口用木板竖立封门，木板已腐朽，仅留填门槽沟，两侧封门槽形制、大小相同，进深0.35、宽0.1、高1.29米。

2）葬具

从清理后的现状来看，该墓葬具为一木棺。木棺已朽，仅残留朽木灰，长1.3、宽0.6米，高不详，与墓道相向放置。木棺底部铺有一层草木灰。

3）葬式

该墓为单人葬，仰身屈肢，由于墓室顶部塌陷导致骨骼破碎严重。身躯呈东西向分布，侧身屈肢，头向东，面朝南，向南侧卧，两手屈于身躯南侧，两条下肢均向南曲折，蜷曲特甚。

该墓仅在棺木西侧发现零碎动物骨，未发现其他随葬器物。

（4）南区三十七号墓（NM37）

1）墓葬形制

在耕土层0.7米以下露出墓口，为直线洞室墓，平面呈“凸”字形，方向为90°。由墓道、墓室、封门、头龛组成。

墓道平面呈东西向长方形，口大底小，壁面较光滑。口长3.9、宽2.7米，底长3.5、宽2.29米，底部距开口3.1米。墓圹东北角有上下错落分布的三角形脚窝，内填纯净的五花夯土，较为坚硬。

墓室位于墓道西端，平面呈东西向，长方形，洞室，壁面和墓室底较为平整。墓室长

2.3、宽1.1、残高1.2米。洞口有明显的封门痕迹槽，南北两侧封门槽形制、大小相同，进深0.8、宽0.1、高1.39米。上下两端横木槽延伸至南北墓壁。

墓室北壁偏西发现一平面略呈弓形的头龛，长0.6、进深0.33、高0.35米（图二一一；彩版三〇，2）。

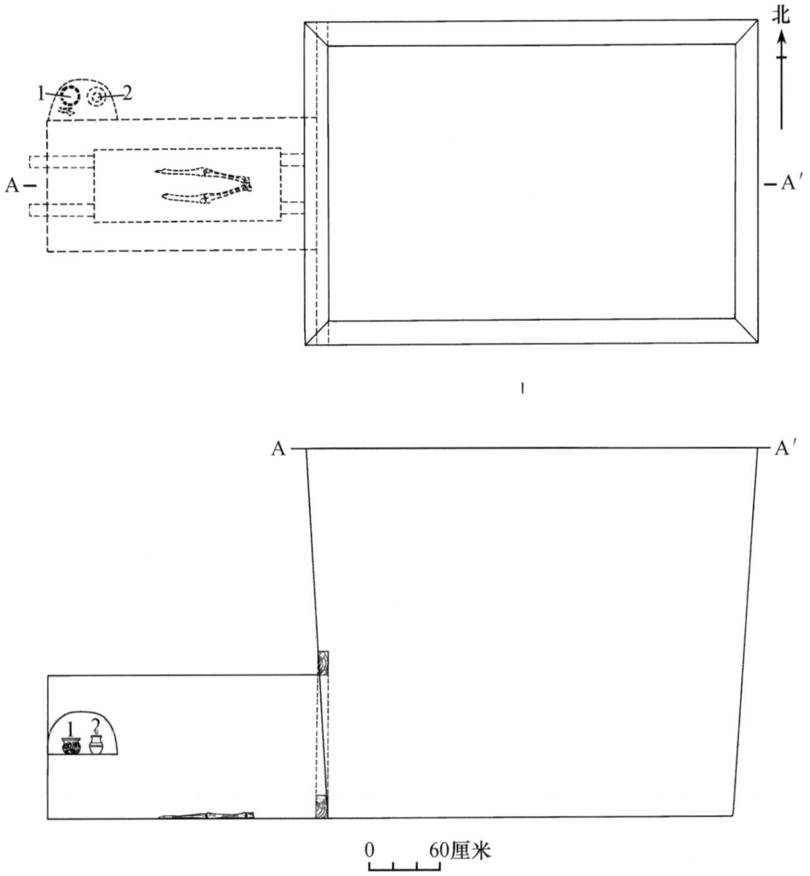

图二一一 NM37平、剖面图

1. 陶釜 2. 陶壶

2）葬具

该墓葬具为一木棺。木棺已朽，仅残留朽木灰，平面为长方形，长1.6、宽0.6米，高不详，与墓道相向放置。木棺底部铺有一层草木灰。墓室内棺木下发现两条东西向垫木槽，平面皆呈东西向矩形，两条垫木槽形制、大小相同，垫木槽西端抵进墓室西壁，进深0.15、宽0.1米，垫木槽长2.36米。

3）葬式

该墓为单人葬，仰身直肢，头西足东。骨骼酥粉严重。

4）随葬器物

共出土随葬器物2件。

陶釜 1件。NM37：1，位于头龛内西侧。夹砂灰陶。侈口，卷沿，方唇，短颈几无，溜肩，圆腹，圜底。肩腹饰竖细绳纹，圜底饰粗横绳纹。高9.4、口径11.4、腹径12.7厘米

（图二一二，2；彩版六〇，3）。

陶壶　1件。NM37∶2，位于头龛内东侧。泥质灰陶。侈口，圆唇，口沿内有一圈凸棱，细束颈，颈部有两圈凸棱，溜肩，直腹微鼓下斜收，小平底。肩部饰两道阴弦纹，下腹部饰两道阴弦纹。轮制。高21.5、口径8.8、腹径16、底径8.8厘米（图二一二，1；彩版六八，6）。

此外，头龛内发现少量细碎动物骨。

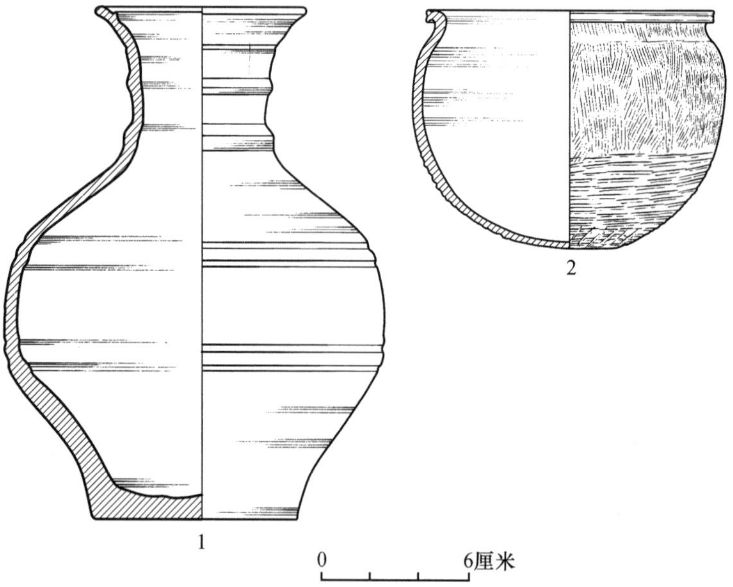

图二一二　NM37出土陶器

1. 壶（NM37∶2）　2. 釜（NM37∶1）

（5）南区三十九号墓（NM39）

1）墓葬形制

在耕土层0.7米以下露出墓口，为直线洞室墓，方向100°。由墓道、墓室、封门、头龛分组成。

墓道平面呈东西向长方形，口大底小，壁面较光滑。口长3.5、宽2.9米，底长3.09、宽2.49米，底部距开口2.6米。墓圹东北角有上下错落分布的三角形脚窝，内填纯净的五花夯土，较为坚硬。

墓室位于墓道西端，平面呈东西向，长方形，洞室，壁面与墓室底较为平整。墓室长2米，宽1.1米，现残高1米。洞口有明显的封门板痕迹槽，南北两侧封门槽形制、大小相同。封门槽进深0.15、宽0.1、高1.19米。底部的封门横木槽南北延伸至墓壁，进深0.64、宽0.1、高0.14米。

墓室西壁偏北发现一平面呈圆角矩形的头龛，长0.5、进深0.4、高0.4米（图二一三；彩版三〇，3）。

2）葬具

该墓葬具为一木棺。木棺已朽，仅残留朽木灰，平面为长方形，长1.6、宽0.9米，高不详，与墓道相向放置。木棺底部铺有一层草木灰。

3）葬式

该墓为单人葬，仰身屈肢，身躯呈东西向分布，头向西，面部朝向不明，两条上肢沿身

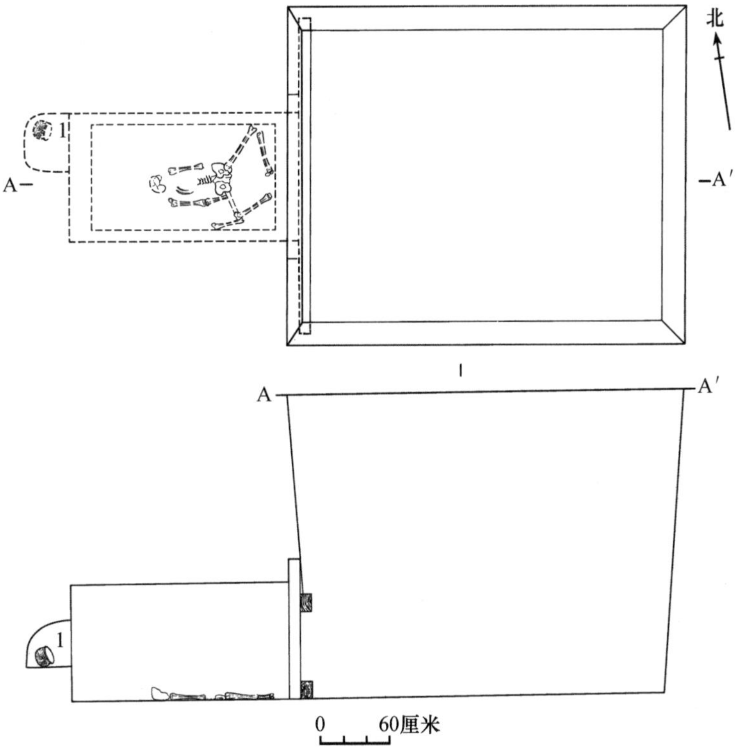

图二一三 NM39平、剖面图
1. 陶釜

躯两侧伸展，北侧下肢向北蜷曲，南侧下肢向南蜷曲，呈“八”字形张开状。

4）随葬器物

只出土1件陶釜，NM39：1，位于头龛内。夹砂灰陶。口沿有残缺。侈口，方唇，短束颈，圆腹，圜底。颈部有竖细绳纹，腹部及底皆饰横向绳纹。底部有烟炱痕迹。高16.5、口径16.2、腹径17.5厘米（图二一四；彩版六〇，5）。

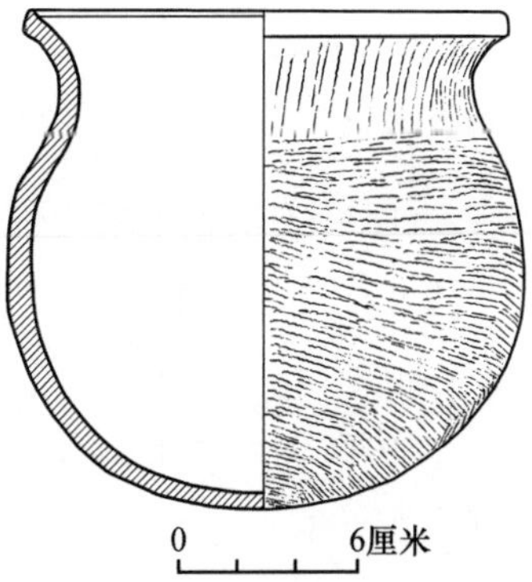

图二一四 NM39出土陶釜（NM39：1）

（6）南区五十三号墓（NM53）

1）墓葬形制

在耕土层0.7米以下露出墓口，为直线洞室墓，平面呈“凸”字形，方向95°。由墓道、墓室、封门、头龛组成。

墓道平面呈东西向长方形，口大底小，口长3.5、宽2.8米，底长3.09、宽2.4米，底部距开口3.2米。壁面平整光洁，墓圹内填五花夯土，较为坚硬。

墓室位于墓道西端，平面呈东西向长方形洞室，壁面和墓室底较为平整。墓室长1.84、宽1.2、残高1.1米。洞口两侧有明显的封门板痕迹槽，南北两侧封门槽形制、大小相同，进深0.15、宽0.06、高1.18米。底部的封门横木槽南北延伸至墓壁，进深0.23、宽0.08、高0.15米。

墓室西壁发现一平面呈矩形的头龛，长0.5、进深0.3、高0.3米（图二一五；彩版三五，1）。

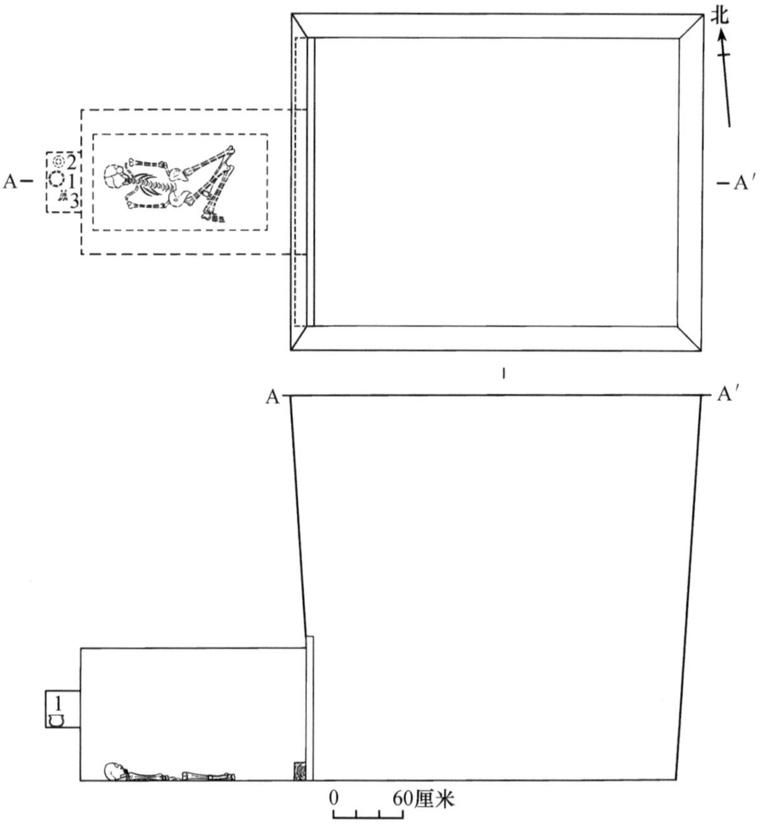

图二一五　NM53平、剖面图

1. 陶釜　2. 陶罐　3. 动物骨骼

2）葬具

从清理后的现状来看，该墓葬具为一木棺。木棺已朽，仅残留朽木灰，平面为长方形，长1.5、宽0.8米，高不详，与墓道相向放置。木棺底部铺有一层草木灰。

3）葬式

该墓为单人葬，仰身屈肢，身躯呈东西向分布，头向西，面朝上，两手曲于腹部，两条下肢向北蜷曲。

4）随葬器物

共出土随葬器物2件。

陶釜　1件。NM53：1，位于头龛内中部。夹砂灰陶。侈口，斜沿外高内低，方唇，溜肩，圆腹，圜底。肩腹饰斜细绳纹，圜底饰斜粗绳纹。高12.5、口径16.4、腹径18.8厘米（图二一六，2；彩版六二，2；彩版六五，3）。

陶罐　1件。NM53：2，位于头龛内北部。泥质灰陶。侈口，尖唇，粗束颈，溜肩，圆腹，小平底。轮制。高14、口径9.5、腹径13.8、底径6.8厘米（图二一六，1；彩版七九，5）。

此外，头龛内还发现一些零碎动物骨骼。

（7）南区五十四号墓（NM54）

1）墓葬形制

在耕土层0.7米以下露出墓口，为直线洞室墓，平面呈“凸”字形，方向90°。由墓道、墓

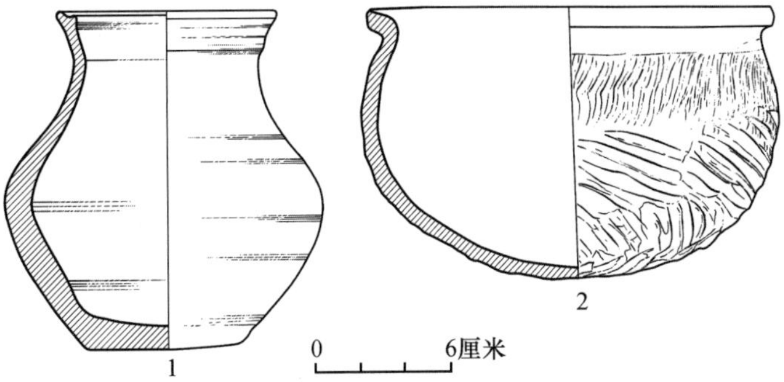

图二一六　NM53出土陶器

1. 罐（NM53∶2）　2. 釜（NM53∶1）

室、封门、头龛组成。

墓道平面呈东西向，长方形，口大底小，口长3.7、宽2.8米，底长3.29、宽2.4米，底部距开口2.9米。墓壁平整，内填纯净的五花夯土。在墓圹东南角有上下错落分布的三角形脚窝。

墓室位于墓道西端，平面呈东西向，长方形，洞室，壁面和墓室底较为平整。墓室长2.1、宽1.2、残高1.1米。洞口两侧有明显的封门板痕迹槽，南北两侧封门槽形制、大小相同，进深0.15、宽0.08、高1.2米。底部的封门横木槽南北延伸至墓壁，进深0.3、宽0.08、高0.14米。

墓室西壁发现一平面呈矩形的头龛，宽0.6、进深0.5、高0.3米（图二一七；彩版三三，3）。

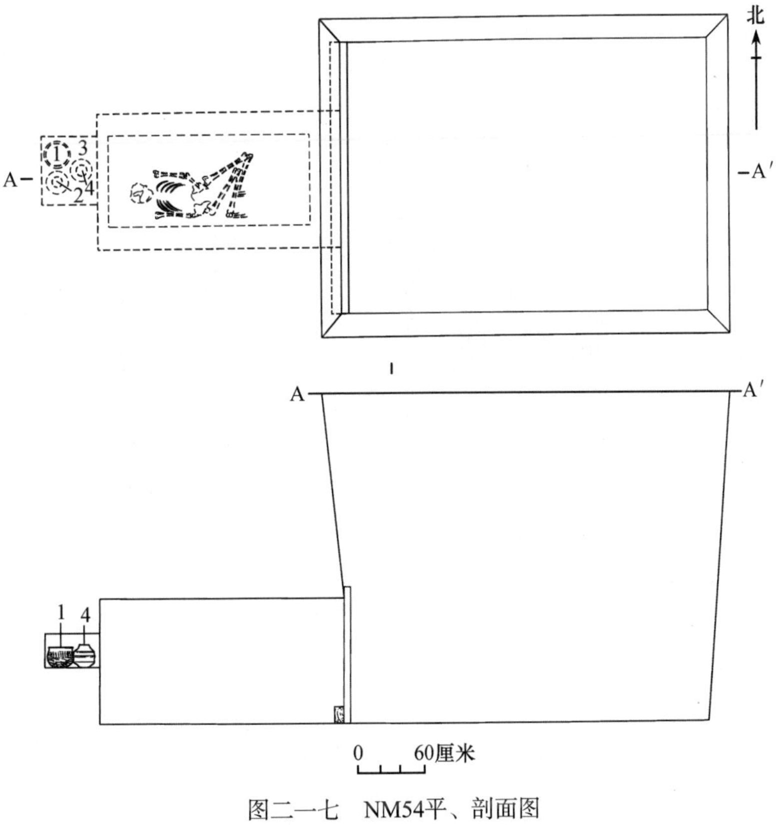

图二一七　NM54平、剖面图

1. 陶釜　2. 陶罐　3、4. 陶盂

2）葬具

该墓葬具为一木棺。木棺已朽，仅残留朽木灰，平面为长方形，长1.8、宽0.8米，高不详，与墓道相向放置。木棺底部铺有一层草木灰。

3）葬式

该墓为单人葬，仰身屈肢，身躯呈东西向分布，头向西，面朝上，两手曲于腹部，两条下肢向北蜷曲，蜷曲特甚。

4）随葬器物

共出土随葬器物4件。

陶釜　1件。NM54：1，位于头龛内中部。夹砂灰陶。侈口，卷沿，厚方唇，短颈几无，溜肩，圆腹，圜底。肩部以下饰交错细绳纹，圜底饰横向粗绳纹。下部有明显烟炱痕迹。高19.4、口径23.5、腹径26.5厘米（图二一八，2；彩版六二，3）。

陶罐　1件。NM54：2，位于头龛内西北角。泥质灰陶。侈口，方唇，短束颈，溜肩，圆鼓腹，小平底。下腹部饰竖绳纹。轮制。高25.8、口径9.8、腹径22.3、底径11.5厘米（图二一八，1；彩版七九，6）。

陶盂　2件。NM54：3，位于头龛内中部。泥质灰陶。广口，平沿外斜，方唇，弧浅腹，下腹急收，小平底。颈肩之间有六道浅凸棱。轮制。高10、口径21.5、底径9.5厘米（图二一八，3；彩版七五，5）。NM54：4，位于头龛内中部。泥质灰陶。广口微敛，平折沿，圆唇，束颈，直腹外凸，下腹急收，小平底。颈肩之间有四道浅凸棱。轮制。高9.6、口径21.5、底径9.5厘米（图二一八，4；彩版七五，6）。

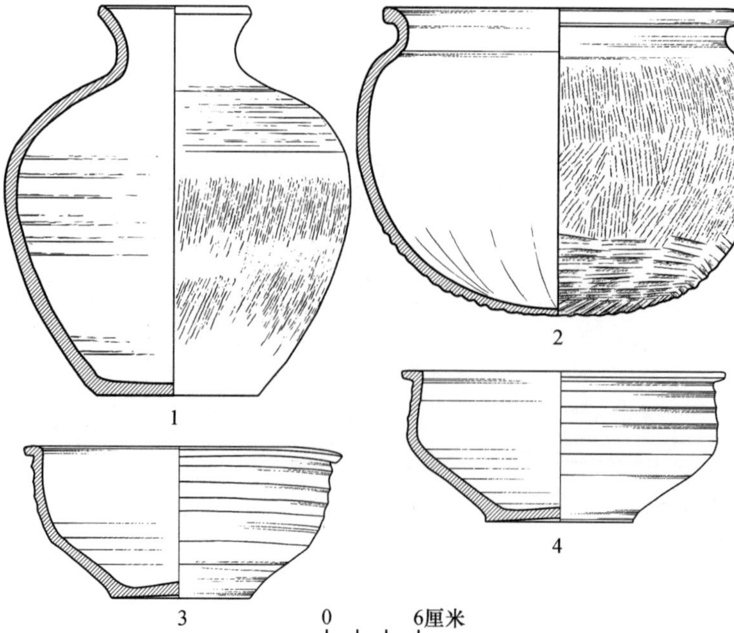

图二一八　NM54出土陶器

1. 罐（NM54：2）　2. 釜（NM54：1）　3、4. 盂（（NM54：3、NM54：4）

（8）南区五十八号墓（NM58）

1）墓葬形制

在耕土层0.7米以下露出墓口，为直线洞室墓，平面呈“凸”字形，方向95°。由墓道、墓室、封门、头龛组成。

墓道平面呈东西向长方形，口大底小。口长4.2、宽3.1米，底长3.9、宽2.7米，底部距开口3.9米。墓道西南角及西北角各有一平面呈东西向长方形生土台，两生土台形制、大小相同，东西长0.9、南北宽0.65米，生土台距墓道开口2.6米。

墓室位于墓道西端，平面呈东西向，长方形，洞室，壁面与墓室底较为平整。墓室长2.2、宽1.3、残高1.4米。洞口两侧有明显的封门板痕迹槽，南北两侧封门槽形制相同，进深0.2、宽0.18、高1.4米。底部横木槽南北延伸至墓壁。

墓室西壁中部发现一平面略呈矩形的头龛（西侧有曲折），长0.9、北侧进深0.4、南侧进深0.5、高0.3米（图二一九；彩版三六，2）。

2）葬具

该墓葬具为一木棺。木棺已朽，仅残留朽木灰，平面为长方形，长1.7、宽0.7米，高不详，与墓道相向放置。木棺底部铺有 层草木灰。

3）葬式

该墓为单人葬，仰身屈肢，身躯呈东西向分布，头向西，面朝上，上肢仅发现南侧手臂肱骨部分，沿身躯伸展，两条下肢向北蜷曲，蜷曲特甚。

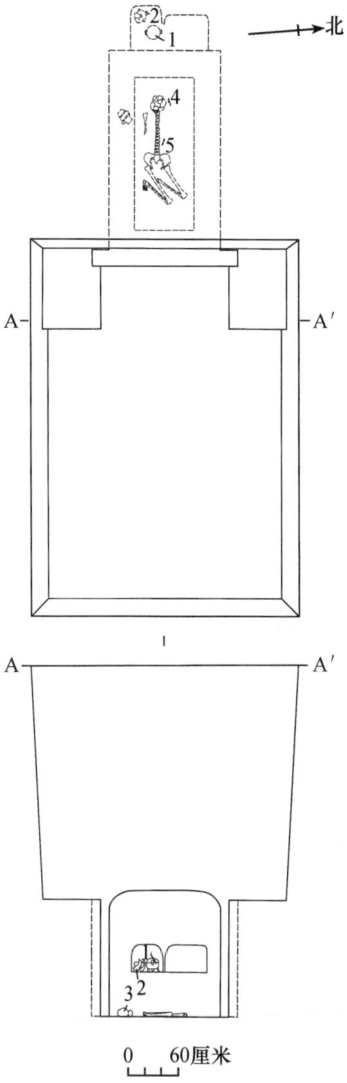

图二一九　NM58平、剖面图

1. 陶鼎　2. 陶仓　3. 陶壶　4. 铜带钩　5. 炭棒

4）随葬器物

共出土随葬器物5件。

陶鼎　1件。NM58：1，位于头龛内西南角。泥质灰陶。球形盖，顶略平，盖上有轮制痕迹，敛口，方唇，口沿上有一圈槽，子母榫口，折肩，肩上两对称板状附耳外撇，深直腹，圜底，三柱足微内收。鼎身素面。通耳高15.5、口径12.5、腹径17、腹深10.8厘米（图二二〇，5；彩版五七，4）。

陶仓　1件。NM58：2，位于头龛内西南角。泥质红陶。仓身呈圆柱状，上端较粗，上部近盖处有一竖直矩形口，横宽3、竖长4厘米，连体假盖、呈圆锥形，但上部较平，有一雄鸡状提手。通高25、盖径19、底径12厘米（图二二〇，1；彩版七六，4）。

陶壶　1件。NM58：3，位于墓主人胸部南侧。泥质灰陶。侈口，折沿，圆唇，束颈，溜肩，直腹下收，小平底。肩部及腹部各有一对阴弦纹。轮制。高21.5、口径10.4、腹径18.6、底

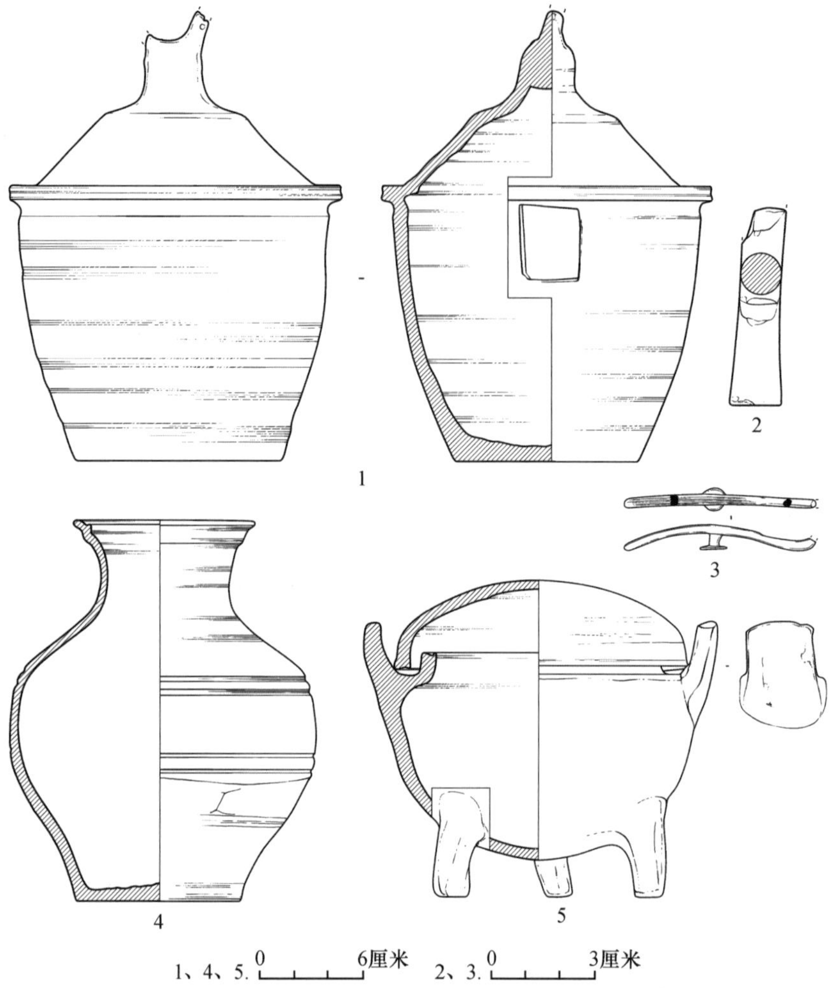

图二二〇　NM58出土器物

1. 陶仓（NM58：2）　2. 炭棒（NM58：5）　3. 铜带钩（NM58：4）　4. 陶壶（NM58：3）　5. 陶鼎（NM58：1）

径9.6厘米（图二二〇，4；彩版七〇，4）。

铜带钩　1件。NM58：4，位于墓主人头骨北。钩首残失，钩体呈曲棒形，钩首的自然弯曲作钩，背中间有圆纽。残长14厘米（图二二〇，3；彩版八六，5）。

炭棒（残）　1件。NM58：5，位于墓主人腹部。圆柱状，已断裂成两截，表面光滑，纯黑色。素面。残长5、直径1厘米（图二二〇，2；彩版九〇，1）。

（9）南区六十二号墓（NM62）

1）墓葬形制

在耕土层0.7米以下露出墓口，为直线洞室墓，平面呈“凸”字形，方向95°。由墓道、墓室、封门、头龛组成（图二二一；彩版三五，2）。

墓道平面呈东西向长方形，口大底小。口长3.8、宽2.7米，底长3.38、宽2.3米，底部距开口3.3米。墓壁平整，内填纯净的五花夯土。

墓室位于墓道西端，平面呈东西向，长方形，洞室，壁面和底部较为平整。墓室长2.2、宽1.2、残高1米。洞口两侧有明显的封门板痕迹槽，南北两侧封门槽形制相同，进深0.15、宽

0.09、高0.98米。底封门槽向南北延伸至墓壁，长1.9、深0.08、宽0.15米。

墓室西壁中部发现一平面略呈圆角矩形的头龛，长0.6、进深0.34、高0.3米。

2）葬具

从清理后的现状来看，该墓为一木棺。木棺已朽，仅残留朽木灰，平面为长方形，长1.7、宽0.7米，高不详，与墓道相向放置。木棺底部铺有一层草木灰。

3）葬式

该墓为单人葬，仰身屈肢，身躯呈东西向分布，头向西，面朝南，两条上肢仅发现肱骨部分，分别沿身躯伸展，两条下肢向南蜷曲，蜷曲特甚。

4）随葬器物

共出土随葬器物2件。

陶鼎　1件。NM62：1，位于头龛内北部。泥质灰陶。圆弧形盖，盖上有三个尖锥状捉手。敛口，圆唇，折肩，口沿下有两对称方附耳外撇，圆腹，圜底，内有一鸡心凸，三柱足外撇。轮手制结合。连盖通高17、口颈14.3、腹径16.8、腹径8.2厘米（图二二二，2；彩版五七，5）。

陶壶　1件。NM62：2，位于头龛内南部。泥质灰陶。侈口，圆唇，细束颈，溜肩，圆腹微直，小平底。颈部有四圈凸棱，最后一圈凸棱下有一圈阴弦纹，肩部及腹部各有一对阴弦

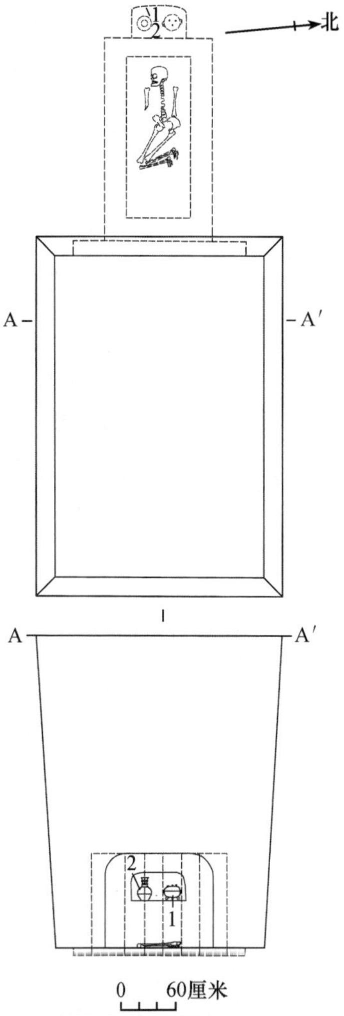

图二二一　NM62平、剖面图

1. 陶鼎　2. 陶壶

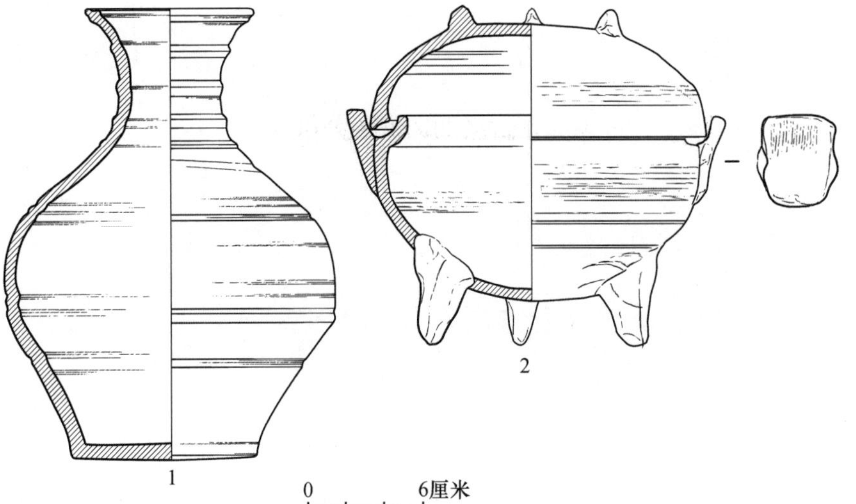

图二二二　NM62出土陶器

1. 壶（NM62：2）　2. 鼎（NM62：1）

纹。高23、口径8.9、腹径17、底径9.7厘米（图二二二，1；彩版七一，1）。

（10）南区六十九号墓（NM69）

1）墓葬形制

在耕土层0.65米以下露出墓口，为直线洞室墓，平面呈“凸”字形，方向100°。由墓道、墓室、封门、头龛组成。

墓道平面呈东西向，长方形，口大底小。口长3.1、宽2.4米，底长2.69、宽2米，底部距开口2.9米。

墓室位于墓道西端，平面呈东西向，长方形，洞室，长1.9、宽1、残高1.1米。壁面与底较为平整。洞口两侧有明显的封门板痕迹槽，南北两侧封门槽形制相同，进深0.14、宽0.08、高1.09米。底封门槽长1.3、深0.08、宽0.08米。

墓室南壁发现一平面略呈圆角矩形的头龛，长0.5、进深0.35米（图二二三）。

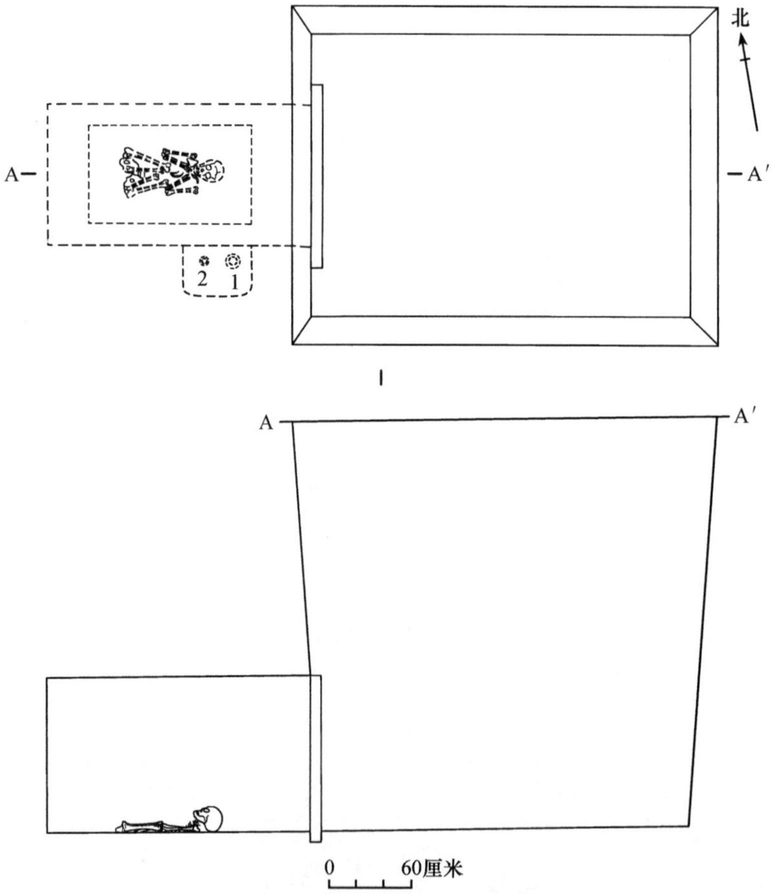

图二二三　NM69平、剖面图

1、2. 陶罐

2）葬具

该墓葬具为一木棺。木棺已朽，仅残留朽木灰，平面为长方形，长1.2、宽0.7米，高不详，与墓道相向放置。木棺底部铺有一层草木灰。

3）葬式

该墓为单人葬，仰身屈肢，身躯呈东西向分布，头向东，面朝上，两手曲于胸部，两条下肢曲于腹部，蜷曲特甚。

4）随葬器物

共出土随葬器物2件。

陶罐　2件。NM69：1，位于头龛内东部。泥质灰陶。口沿残缺大半。侈口，圆唇，粗束颈，溜肩，圆腹，小平底。颈部有两道凸棱，肩部有两道阴弦纹，器身有旋割痕迹。轮制。高12.9、腹径11.7、底径6厘米（图二二四，1；彩版八〇，5）。NM69：2，位于头龛内东部。泥质灰陶。侈口，方唇，束颈，溜肩，圆腹，小平底。颈肩腹各有一对阴弦纹。有旋割痕迹。轮制。高8.8、口径5.2、腹径8.6、底径3.6厘米（图二二四，2；彩版八〇，6）。

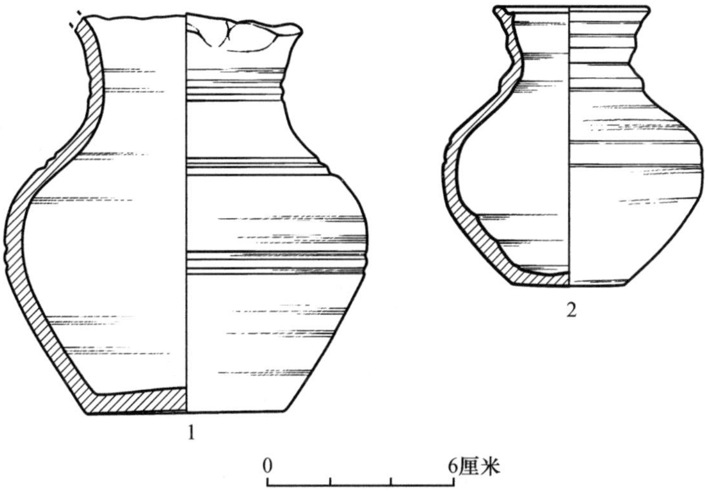

图二二四　NM69出土陶罐

1. NM69：1　2. NM69：2

（11）南区七十四号墓（NM74）

1）墓葬形制

在耕土层0.65米以下露出墓口，为直线洞室墓，平面呈“凸”字形，方向100°。由墓道、墓室、封门、头龛组成。

墓道平面呈东西向，长方形，口大底小，口长3、宽2.2米，底长2.6、宽1.8米，底部距开口3.5米。墓壁斜直平整，内填五花夯土。

墓室位于墓道西端，平面呈东西向，长方形，洞室，长2.1、宽1.1、残高0.9米。洞口两侧有明显的封门板痕迹槽，南北两侧封门槽形制相同，进深0.15、宽0.08、高0.89米。底部封门槽向南北延伸至墓壁，进深0.5、宽0.14、高0.15米。

在墓室西端发现一平面略呈圆角矩形的头龛，长0.5、进深0.4、高0.4米（图二二五；彩版四〇，2）。

2）葬具

从清理后的现状来看，该墓为一木棺。木棺已朽，仅残留朽木灰，平面为长方形，长

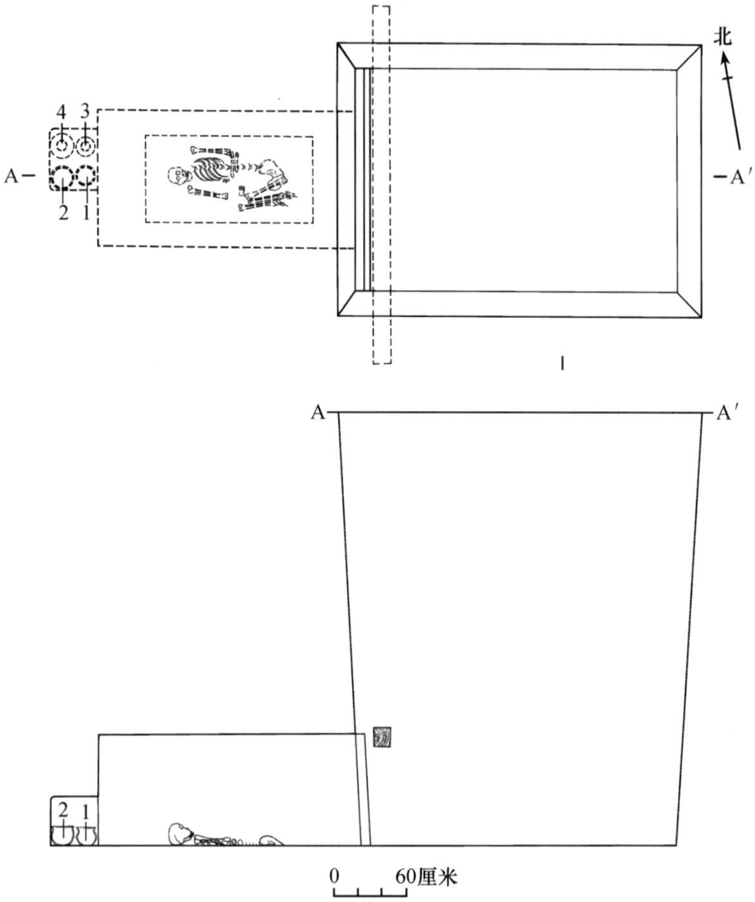

图二二五　NM74平、剖面图

1、2. 陶釜　3、4. 陶壶

1.4、宽0.7米，高不详，与墓道相向放置。木棺底部铺有一层草木灰。

3）葬式

该墓为单人葬，仰身屈肢，身躯呈东西向分布，头向西，面朝上，两手曲于胸部，两条下肢蜷曲特甚。

4）随葬器物

共出土随葬器物4件。

陶釜　2件。均位于头龛内东南角。NM74：1，夹砂灰陶。侈口，方唇外翻，短束颈，圆腹，圜底。颈部有细竖绳纹，肩腹部及圜底饰横绳纹。底部有少量烟炱痕迹。高15.9、口径17、腹径19.5厘米（图二二六，2；彩版六三，5）。NM74：2，夹砂灰陶。侈口，翻沿，方唇，溜肩，圆腹，圜底。肩腹饰竖绳纹，圜底饰横绳纹。底部有烟炱痕迹。高14.4、口径20.4、腹径22厘米（图二二六，1；彩版六三，6）。

陶壶　2件。均位于头龛内东南角。NM74：3，泥质灰陶。侈口，平沿，圆唇，粗颈，溜肩，直腹下收，小平底。上颈部有一圈浅凸棱，下颈部有两圈阴弦纹，肩部有两道阴弦纹，下腹部亦有两道阴弦纹。轮制。高17.5、口径9.7、腹径14.5、底径7厘米（图二二六，4；彩版

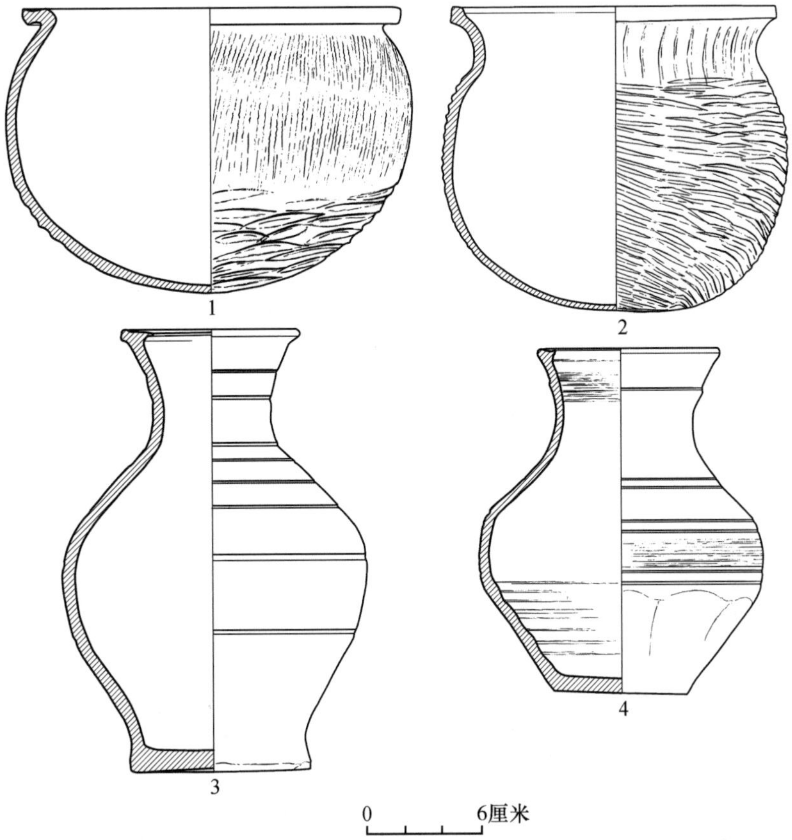

图二二六　NM74出土陶器

1、2. 釜（NM74：2、NM74：1）　3、4. 壶（NM74：4、NM74：3）

七一，5）。NM74：4，小口圆腹罐。侈口，方唇，平折沿，内外均折，束颈，溜肩，圆腹，近似圈足，小平底略内凹。由颈至腹依次分布8道阴弦纹。高23.7、口径9.5、腹径16.5、底径9.5厘米（图二二六，3；彩版七一，6）。

4. Ⅳ式（直线洞室墓，南北向）

共8座，计有NM2、NM9、NM10、NM28、NM38、NM41、NM42、NM73。

（1）南区二号墓（NM2）

1）墓葬形制

在耕土层0.65米以下露出墓口，为直线洞室墓，平面呈“凸”字形，方向为190°。由墓道、墓室、封门、头龛组成（图二二七）。

墓道平面呈南北向，长方形，口大底小。口长2.8、宽2.61米，底长2.4、宽2.19米，底部距开口3.29米。

墓室位于墓道北端，平面呈南北向，长方形，洞室，壁面和底部较为平整。墓室长2.1、宽1.18、残高1.19米。洞口两侧有明显的封门板痕迹槽，南北两侧封门槽形制相同，进深0.29、宽0.09、高1.39米。

头龛位于墓室西壁偏南，平面呈弓形，长0.48、高0.3、进深0.3米。

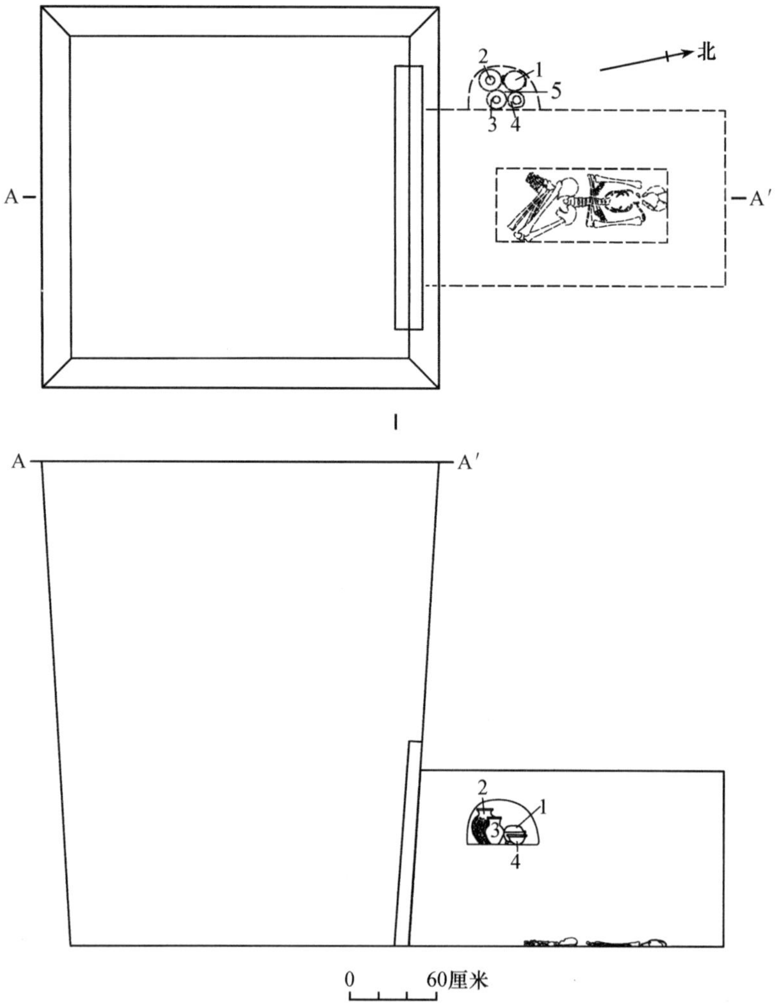

图二二七　NM2平、剖面图

1. 陶鼎　2. 陶罐　3. 陶壶　4、5. 陶盂

2）葬具

该墓为一木棺。木棺已朽，仅残留朽木灰，平面为长方形，长1.2、宽0.51米，高不详，与墓道相向放置。木棺底部铺有一层草木灰。

3）葬式

该墓为单人葬，仰身屈肢，身躯呈南北向，头向北，两手交于腹部，两条下肢均向东曲折，蜷曲特甚。

4）随葬器物

共出土随葬器物5件。

陶鼎　1件。NM2：1，位于头龛内西北角。泥质灰陶，破损严重。半球形盖，平折沿，子母榫口，肩上竖立两对称板状方形附耳，直腹，圜底，三柱足内收。通体素面。通耳高14、口径14、腹径16.4、腹深17厘米（图二二八，1；彩版五八，5）。

陶罐　1件。NM2：2，位于头龛内西南角。泥质灰陶。小口，卷沿，方唇，短束颈，溜肩，圆鼓腹，小平底。颈部有细绳纹，由肩至腹有6条带状纹，带内饰竖绳纹。轮制。高23、

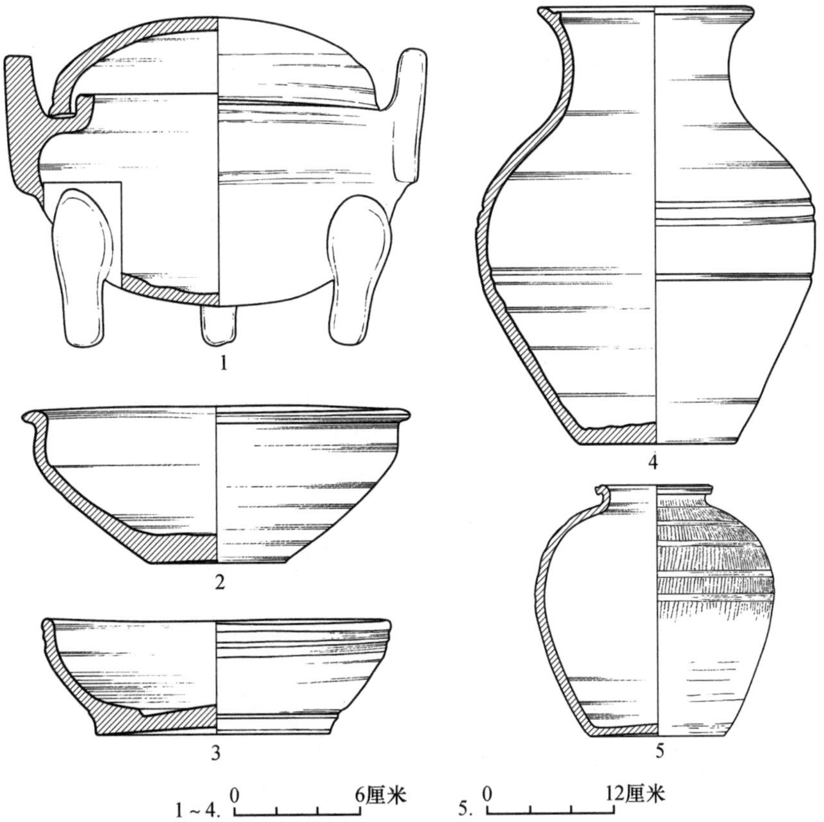

图二二八　NM2出土陶器

1. 鼎（NM2∶1）　2、3. 盂（NM2∶4、NM2∶5）　4. 壶（NM2∶3）　5. 罐（NM2∶2）

口径11.5、腹径23、底径13厘米（图二二八，5；彩版七七，5）。

陶壶　1件。NM2∶3，位于头龛内中部。泥质灰陶。侈口，平折沿，圆唇，束颈，溜肩，圆腹，小平底。肩部有两道阴弦纹，下腹部亦有一道阴弦纹。轮制。高20、口径10、腹径16、底径7.5厘米（图二二八，4；彩版七二，5）。

陶盂　2件。NM2∶4，位于头龛内中部。泥质灰陶。直口，卷沿，圆唇，浅圆腹下部急收，小平底。素面。轮制。高7、口径17.6、底径6厘米（图二二八，2；彩版七五，1）。NM2∶5，位于头龛内。泥质灰陶。敞口，圆唇，浅圆腹下部急首，小平底。口沿外有两圈阴弦纹。假圈足，轮制。高4.3、口径15.4、底径10.7厘米（图二二八，3；彩版七六，1）。

（2）南区九号墓（NM9）

1）墓葬形制

在耕土层0.7米以下露出墓口，为直线洞室墓，平面呈“凸”字形，方向190°。由墓道、墓室、封门、头龛组成。

墓道平面呈南北向，长方形，口大底小。口长3.49、宽2.6米，底长3.1、宽2.2米，底部距开口3.01米。墓圹斜直平整，内填五花夯土。

墓室位于墓道北端，平面呈南北向，长方形，洞室，长1.88、宽1.01、残高1.01米。洞口用竖立木板封堵，木板已腐朽，留有明显的封门板痕迹槽，南北两侧封门槽形制相同，进深

0.34、宽0.1、高1.18米。

头龛位于墓室西壁偏南，平面呈弓形，长0.5、高0.3、进深0.21米（图二二九；彩版二〇，3）。

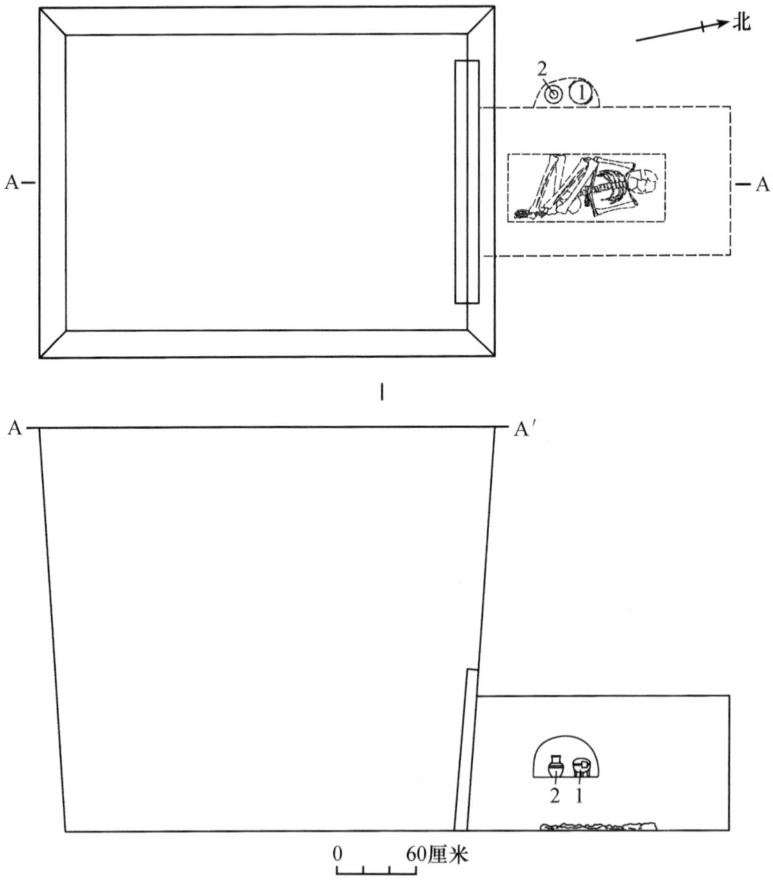

图二二九　NM9平、剖面图

1. 陶鼎　2. 陶壶

2）葬具

从清理后的现状看，该墓为一木棺。木棺已朽，仅残留朽木灰，平面为长方形，长1.2、宽0.5米，高不详。木棺底部铺有一层草木灰。

3）葬式

该墓为单人葬，仰身屈肢，身躯呈南北向，头向北，面朝上，两手交于腹部，两条下肢均向西曲折，蜷曲特甚。

4）随葬器物

共出土随葬器物2件。

陶鼎　1件。NM9：1，位于头龛内北侧。泥质灰陶。球形成盖，敛口，斜沿外高内底，口沿上有一圈凹槽，子母榫口，折肩，两对称方形板状耳外撇，圜底近平，内底平，三柱足外撇。素面。通盖高14、口径10.5、腹径15、腹深7.3厘米（图二三〇，2；彩版五六，3）。

陶壶　1件。NM9：2，位于头龛内南侧。泥质灰陶。侈口，圆唇，口沿内有一圈凸棱，束颈，溜肩，直腹下收，小平底。肩部饰两道阴弦纹，下腹部饰一道阴弦纹。轮制。高16.5、

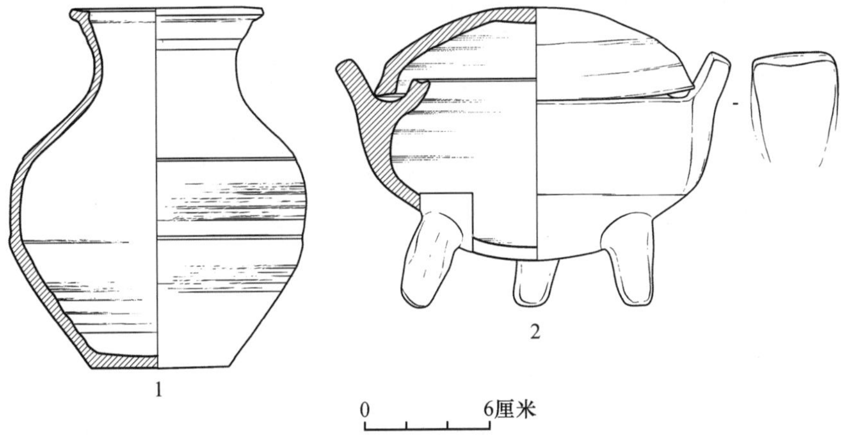

图二三〇　NM9出土陶器

1. 壶（NM9：2）　2. 鼎（NM9：1）

口径9、腹径13.2厘米（图二三〇，1；彩版六六，3）。

（3）南区十号墓（NM10）

1）墓葬形制

在耕土层0.65米以下露出墓口，为直线洞室墓，平面呈“凸”字形，方向0°。由墓道、过洞、墓室、封门、头龛组成。

墓道平面呈南北向，长方形，口大底小。口长2.5、宽2.21米，底长2.09、宽1.8米，底部距开口2.72米。这座墓葬与以往所见秦墓不同之处是有过洞。过洞位于墓道南侧，连接墓道与墓室，平面呈东西向，长方形，东西长1.01、南北宽0.6、高1米。

墓室位于过洞南侧，平面呈南北向，长方形，洞室，通过过洞与墓道相连。墓室壁与底较为平整。长2.2、宽1.01、残高1米。封门在过洞与墓室之间，墓室口东西两侧有竖直木板封门，木板已腐朽仅留槽沟。两侧封门槽形制相同，进深0.2、宽0.19、高1米。

头龛位于墓室西壁，平面呈弓形，长0.49、进深0.2米（图二三一）。

2）葬具

从清理后的现状来看，该墓为一木棺。木棺已朽，仅残留朽木灰，平面为长方形，长1.18、宽0.5米，高不详，与墓道相向放置。木棺底部铺有一层草木灰。

3）葬式

该墓为单人葬，仰身屈肢，身躯呈南北向，头向北，两手仅可见肱骨部分位于身躯两侧沿身躯伸展，两条下肢部分残缺，据现状推测为向西蜷曲，蜷曲特甚。

4）随葬器物

共出土随葬器物2件。

陶鼎　1件。NM10：1，位于头龛内北侧。泥质灰陶。球形盖，敛口，方唇，折肩，两方形附耳外撇，圆腹，圜底近平，三柱足微外撇。轮手制结合。连盖高14.8、口径13.4、腹径16.4、腹深9.1厘米（图二三二，2；彩版五六，4）。

陶壶　1件。NM10：2，位于头龛内南侧。侈口，平折沿，圆唇，短束颈，溜肩，圆鼓

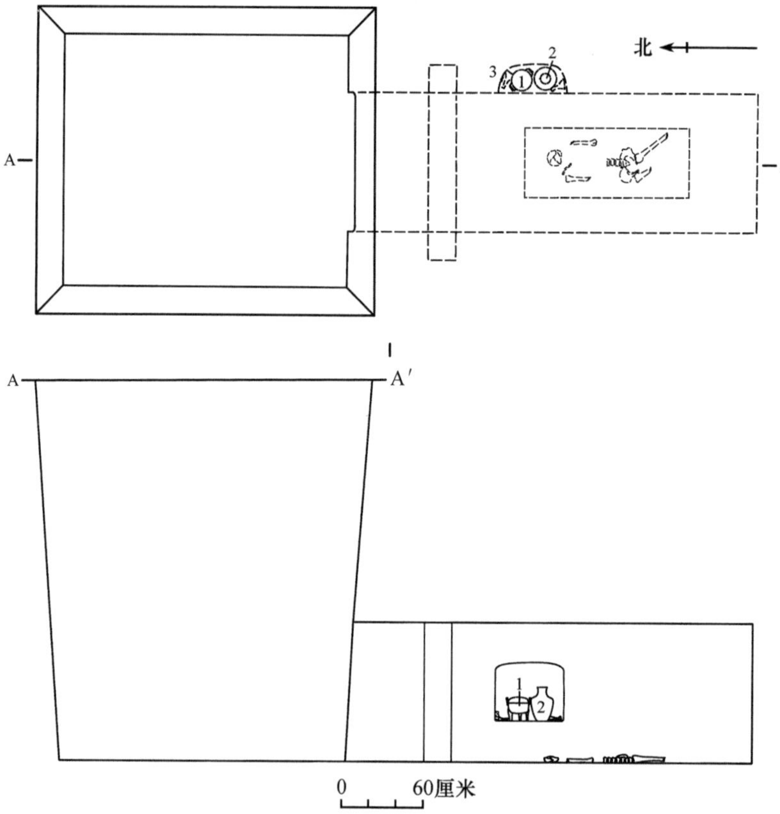

图二三一　NM10平、剖面图

1. 陶鼎　2. 陶壶　3. 动物骨骼

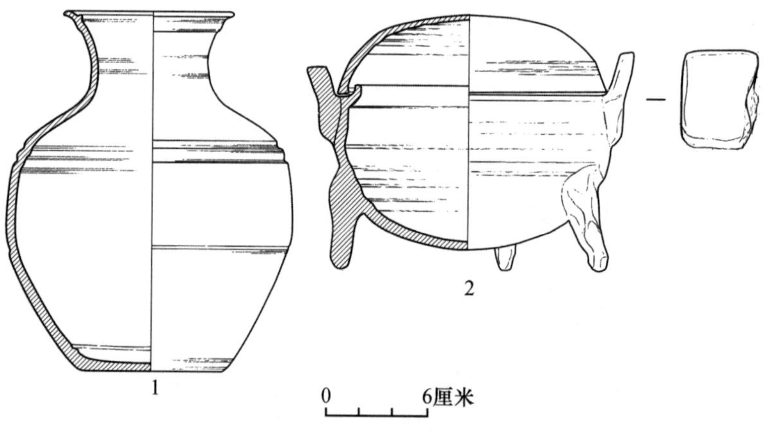

图二三二　NM10出土陶器

1. 壶（NM10：2）　2. 鼎（NM10：1）

腹，小平底。肩部有两道阴弦纹，腹部有一道阴弦纹。下腹部有旋割痕、轮制。口沿有残缺。通高20.5、口径10.3、腹径16.2、底径9厘米（图二三二，1；彩版六六，4）。

此外，头龛内还发现一些零碎动物骨骼。

（4）南区二十八号墓（NM28）

1）墓葬形制

在耕土层0.65米以下露出墓口，为直线洞室墓，平面呈“凸”字形，方向为10°。由墓道、墓室、封门、头龛组成。

墓道平面呈南北向长方形，口大底小。口长4、宽3米，底长3.59、宽2.59米，底部距开口3.1米。墓圹斜直平整，填置五花夯土。墓室位于墓道南端，平面呈南北向，长方形，洞室，长2.1、宽1.1、残高1米。洞口用木板封堵，两侧有明显的封门板痕迹槽，南北两侧封门槽形制相同，进深0.35、宽0.1、高1.19米。

头龛位于墓室东壁偏北，平面呈圆角矩形，头龛长0.5、进深0.5、高0.4米（图二三三；彩版二八，2）。

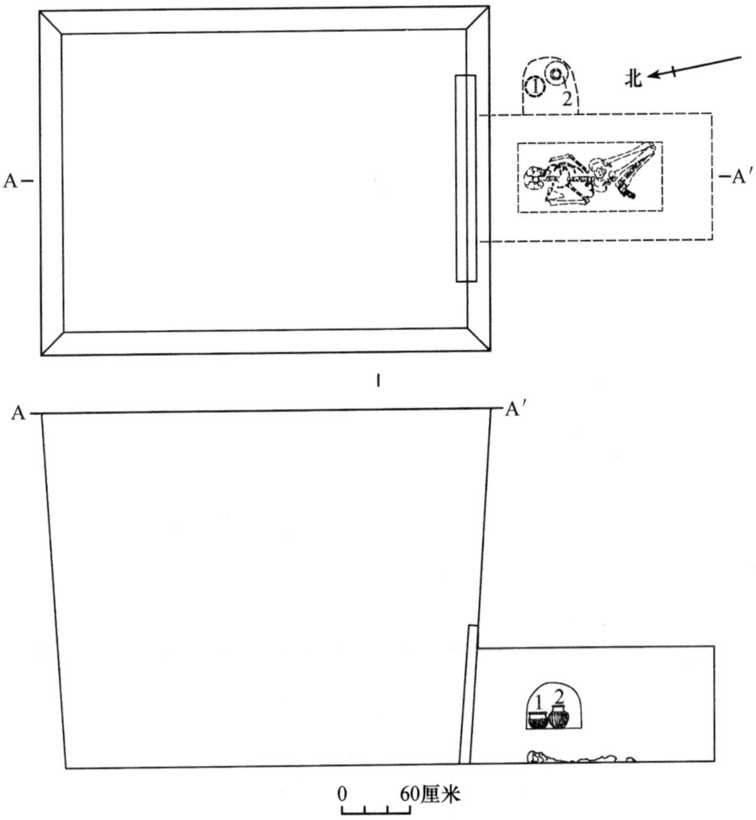

图二三三　NM28平、剖面图

1. 陶釜　2. 陶罐　3. 铜钱

2）葬具

从清理后的现状来看，该墓为一木棺。木棺已朽，仅残留朽木灰，平面为长方形，长1.3、宽0.6米，高不详，与墓道相向放置。木棺底部铺有一层草木灰。

3）葬式

该墓为单人葬，仰身屈肢，身躯呈南北向分布，头向北，面朝上，东侧手臂曲于腹部，西侧手臂曲于胸部，两条下肢向东蜷曲，蜷曲特甚。

4）随葬器物

共出土随葬器物3件。

陶釜　1件。NM28：1，位于头龛内北侧。夹砂红陶。侈口，方卷沿，短粗颈，溜肩，圆腹，圜底。肩腹饰竖细绳纹，底部饰大麻点纹。底部有烟炱痕迹。高16.4、口径17.7、腹径21厘米（图二三四，1；彩版五九，4）。

陶罐　1件。NM28：2，位于头龛内南侧。泥质灰陶。口沿部分残缺。侈口，宽折沿，方唇，短束颈，溜肩，圆鼓腹。肩部至腹部分布着四条带状纹、带内饰竖绳纹。底部有烟炱痕迹。轮制。高24、口径11.3、腹径23、底径12.4厘米（图二三四，2；彩版七九，1）。

秦半两　1枚。NM28：3，位于墓主人腹部。内外均无郭，横读半两，背面光滑，钱文深浅不一。外径3.1、内径1厘米（图二三四，3；彩版八二，4）。

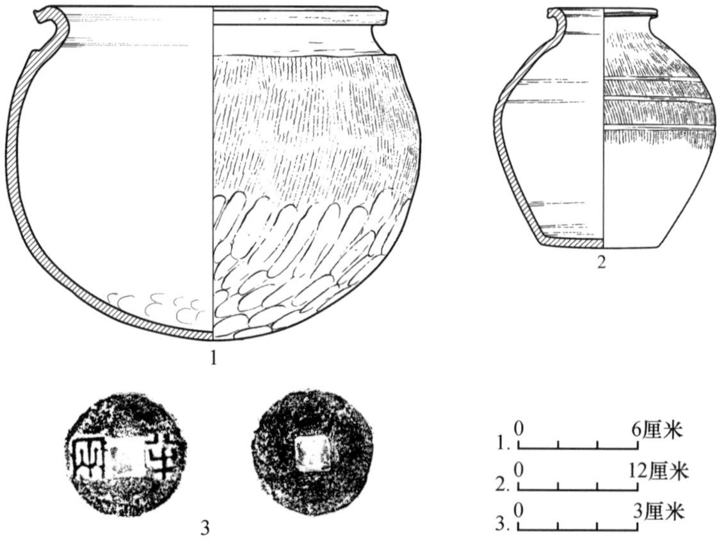

图二三四　NM28出土器物

1. 陶釜（NM28：1）　2. 陶罐（NM28：2）　3. 铜钱（NM28：3）

（5）南区三十八号墓（NM38）

1）墓葬形制

在耕土层0.65米以下露出墓口，为直线洞室墓，平面呈“凸”字形，方向190°。由墓道、墓室、封门、头龛组成。

墓道平面呈南北向长方形，口大底小。口长3.3、宽2.2米，底长2.9、宽1.8米，底部距开口2.8米。墓壁斜直平整，内填纯净的五花夯土，在墓圹的西南角上下错落分布着三角形脚窝。

墓室位于墓道北端，平面呈南北向长方形洞室，长2.5、宽1.3、残高1米。洞口用木板封堵，两侧有明显的封门板痕迹槽，东西两侧封门槽形制相同，进深0.25、宽0.09、高1.21米。

头龛位于墓室西壁中部，平面呈圆角矩形，长0.7、高0.3、进深0.25米（图二三五）。

2）葬具

该墓为一木棺。木棺已朽，仅残留朽木灰，平面为长方形，长1.8、宽0.6米，高不详，与墓道相向放置。木棺底部铺有一层草木灰。

3）葬式

该墓为单人葬，由于墓室顶部塌陷导致骨骼破碎严重，部分骨骼残缺，葬式不明，仅可见部分长骨呈南北向分布。

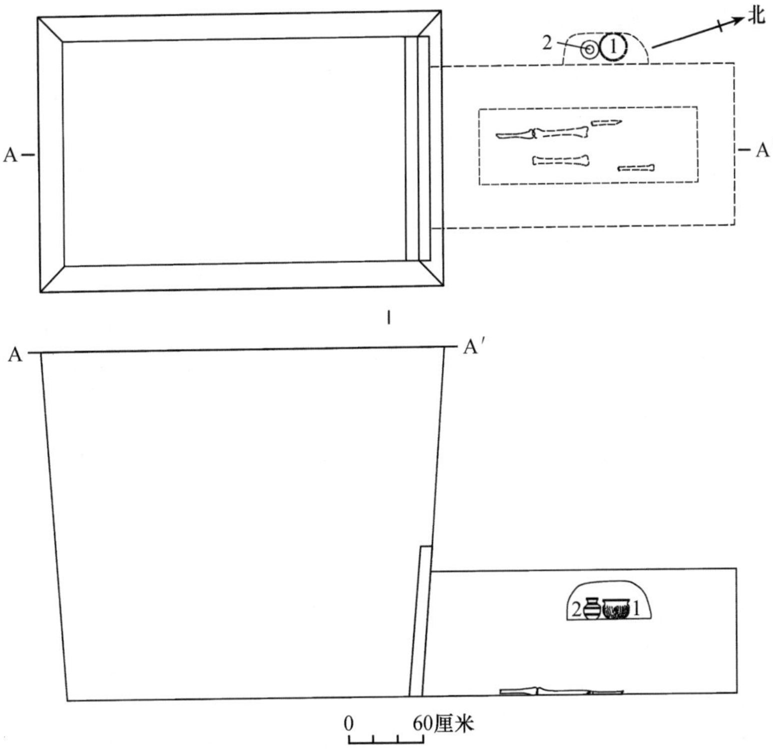

图二三五　NM38平、剖面图

1. 陶釜　2. 陶壶

4）随葬器物

共出土随葬器物2件。

陶釜　1件。NM38：1，位于头龛内北侧。夹砂灰陶。侈口，折沿，方唇，短颈几无，圆鼓腹，圜底。肩腹之间为斜细绳纹，下腹及底为粗绳纹。高17、口径21.5、腹径23.5厘米（图二三六，2；彩版六〇，4）。

陶壶　1件。NM38：2，位于头龛内南侧。侈口，圆唇，短颈，溜肩，直腹下收，小平

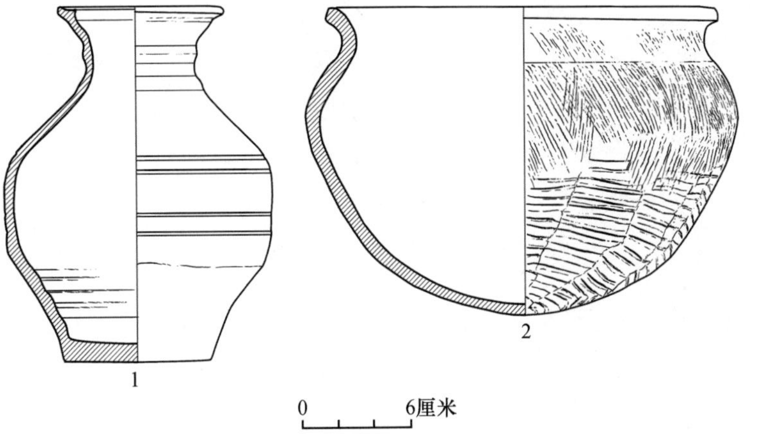

图二三六　NM38出土陶器

1. 壶（NM38：2）　2. 釜（NM38：1）

底。口沿内有一圈凸棱，颈部有两圈凸棱，肩及腹部各有一对阴弦纹。轮制。高18.2、口径8.7、腹径14.3、底径7.8厘米（图二三六，1；彩版六九，1）。

（6）南区四十一号墓（NM41）

1）墓葬形制

在耕土层0.7米以下露出墓口，为直线洞室墓，平面呈“凸”字形，方向180°。由墓道、墓室、封门组成。

墓道平面呈南北向长方形，口大底小。口长3.7、宽2.7米，底长3.29、宽2.3米，底部距开口3米。

墓室位于墓道北侧，平面呈南北向，长方形，洞室，长2.3、宽1.18、残高1.2米。洞口用木板封堵，两侧有明显的封门板痕迹槽，东西两侧封门槽形制相同，进深0.44、宽0.09、高1.4米。底封门槽长2.1、宽0.11、深0.1米（图二三七；彩版三一，3）。

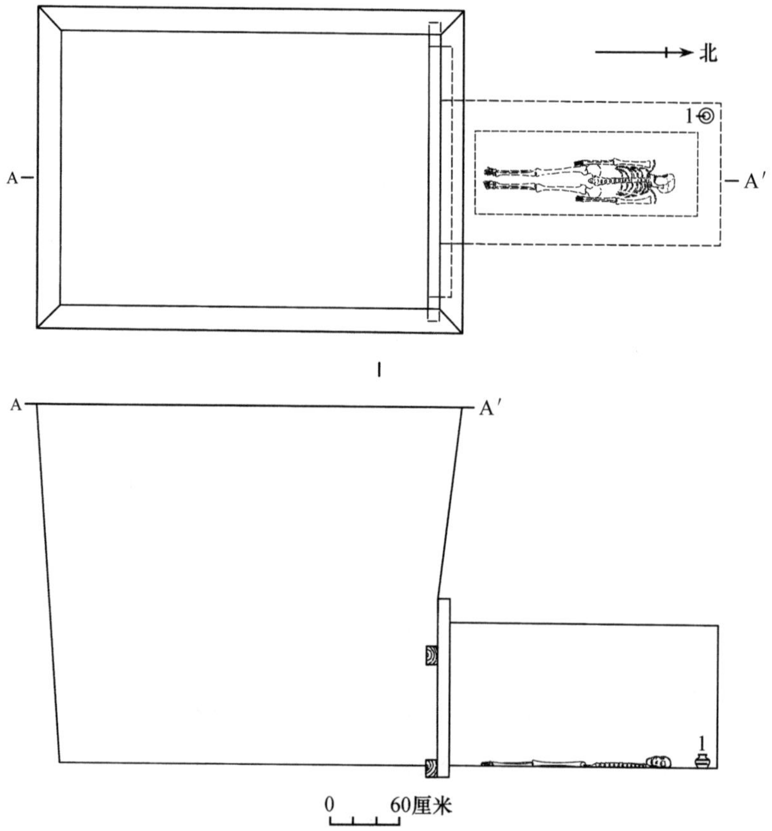

图二三七　NM41平、剖面图

1. 陶壶

2）葬具

从清理后的现状来看，该墓为一木棺。木棺已朽，仅残留朽木灰，平面为长方形，长1.9、宽0.7米，高不详，与墓道相向放置。木棺底部铺有一层草木灰。

3）葬式

该墓为单人葬，身躯呈南北向，仰身直肢，头向北，面朝上，两条手臂沿身躯两侧伸展。

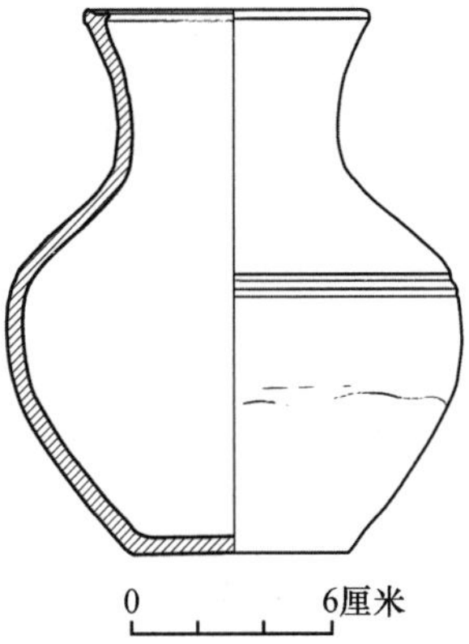

图二三八　NM41出土陶壶
（NM41：1）

4）随葬器物

只出土陶壶1件，NM41：1，位于墓室内东北角。泥质灰陶。侈口，折沿，方唇，粗颈，溜肩，圆腹，小平底。肩部有两道阴弦纹。有旋割痕迹，轮制。高16、口径8.7、腹径14、底径6.7厘米（图二三八；彩版六九，2）。

（7）南区四十二号墓（NM42）

1）墓葬形制

在耕土层0.6米以下露出墓口，为直线洞室墓，平面呈“凸”字形，方向180°。由墓道、墓室、封门、头龛组成。

墓道平面呈南北向长方形，口大底小。口长3.5、宽2.5米，底长3.09、宽2.1米，底部距开口2.8米。

墓室位于墓道北侧，平面呈南北向，长方形洞室，长1.8、宽1、残高1.1米，墓室底较墓道底低0.2米。洞口用木板封堵，木板已腐朽仅留槽沟，东西两侧封门槽形制相同，进深0.24、宽0.1、高1.08米。

头龛位于墓室西壁偏南，平面呈圆角矩形，长0.4、进深0.35米（图二三九）。

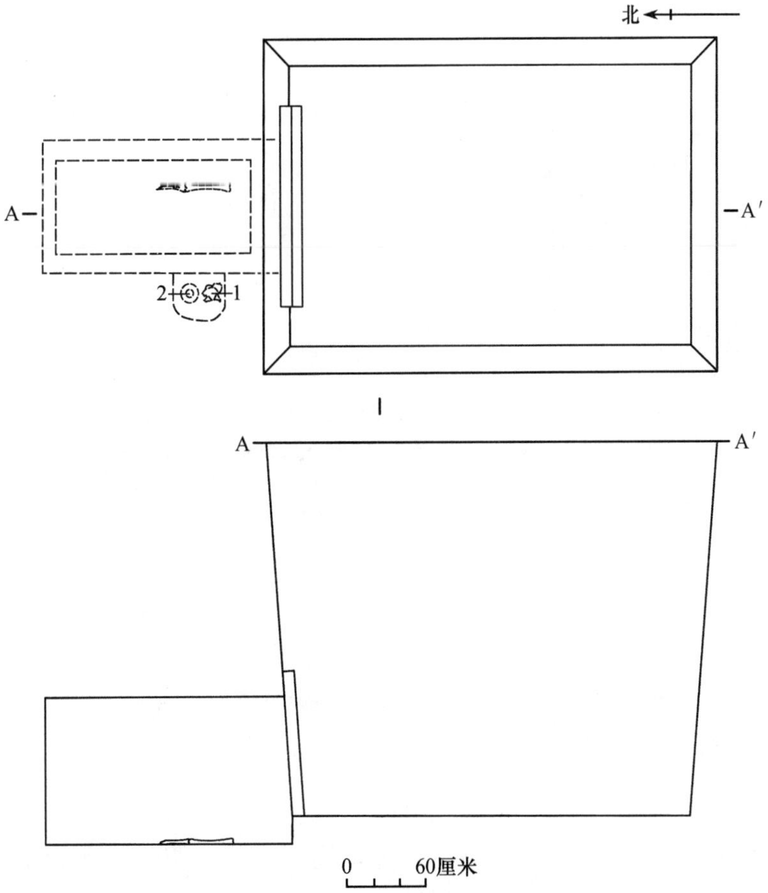

图二三九　NM42平、剖面图
1. 陶鼎　2. 陶壶

2）葬具

从清理后的现状来看，该墓为一木棺。木棺已朽，仅残留朽木灰，平面为长方形，长1.5、宽0.7米，高不详，与墓道相向放置。木棺底部铺有一层草木灰。

3）葬式

该墓为单人葬，由于墓室顶部塌陷导致骨骼破碎严重，且有缺失现象，葬式不明，仅在棺木南侧明确发现一长骨呈南北向分布。

4）随葬器物

共出土随葬器物2件。

陶鼎（残）　1件。NM42：1，位于头龛内南部。泥质灰陶。直口，方唇，口沿内有一圈凹槽，折肩，肩上附两对称板状方耳，直腹，圜底，三柱足，圆弧形盖，顶略平。通体素面。轮、手制结合。连盖高16.5、口径13、腹径17.3、腹深9厘米（图二四〇，2；彩版五七，2）。

陶壶　1件。NM42：2，位于头龛内北部。泥质灰陶。侈口，尖唇，束颈，溜肩，腹微直，下斜收，小平底。肩部及下腹部各有两道阴弦纹。轮制。高22.3、口径10.7、腹径17.5、底径10.4厘米（图二四〇，1；彩版六九，3）。

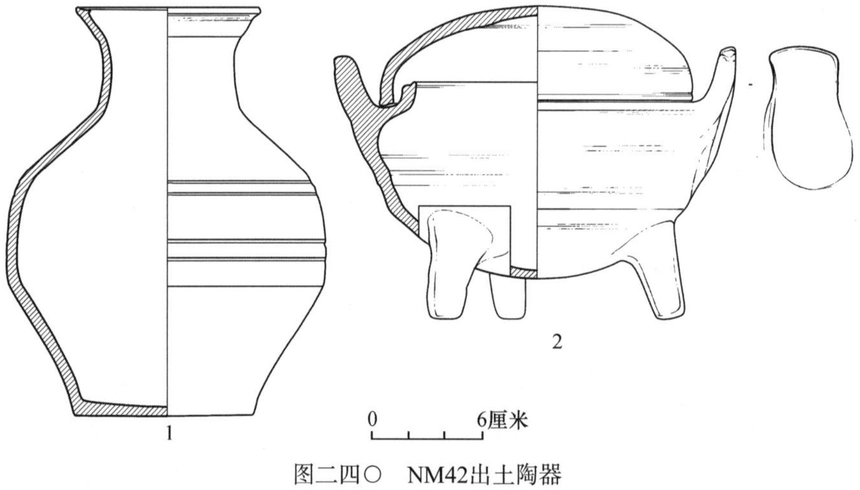

图二四〇　NM42出土陶器

1. 壶（NM42：2）　2. 鼎（NM42：1）

（8）南区七十三号墓（NM73）

1）墓葬形制

在耕土层0.7米以下露出墓口，为直线洞室墓，平面呈“凸”字形，方向180°。由墓道、墓室、封门、头龛组成。

墓道平面呈南北向长方形，口大底小。口长4、宽2.5米，底长3.59、宽2.1米，底部距开口3.4米。在墓圹的东南角分布有三角形脚窝。墓壁斜直平整，内填五花夯土，比较坚硬。

墓室位于墓道北端，平面呈南北向，长方形，洞室南北两端宽度不一，北宽南窄，长2、北端宽1.8、南端宽1.22、残高1.2米。洞口用木板封堵，木板已腐朽，两侧有明显的封门板痕迹槽，东西两侧封门槽形制相同，进深0.24、宽0.08、高1.2米。底封门槽长1.69、宽0.14、深0.1米。

头龛位于墓室西壁偏北，平面呈圆角矩形，长0.5、进深0.32米（图二四一）。

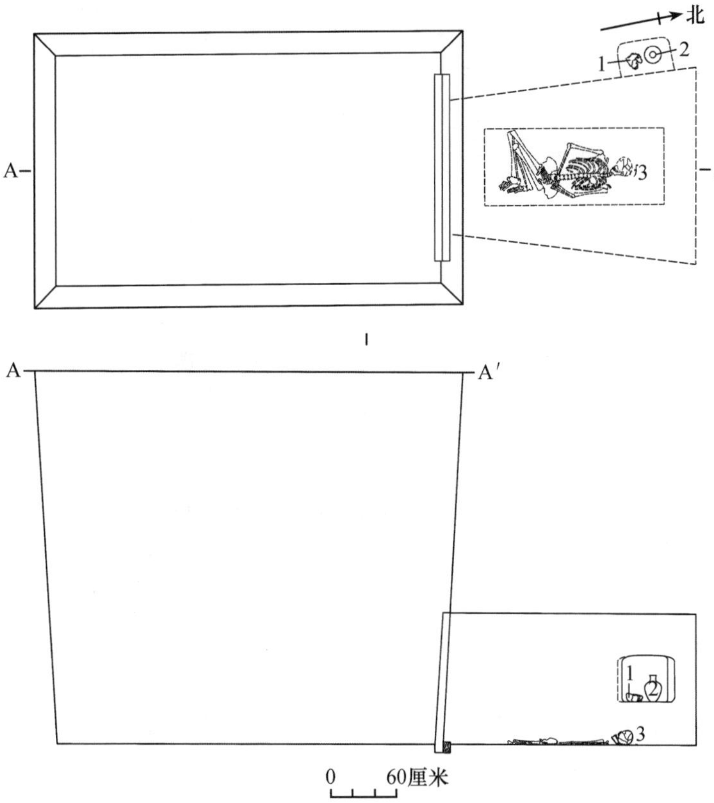

图二四一 NM73平、剖面图
1. 陶鬲 2. 陶壶 3. 铁带钩

2）葬具

从清理后的现状来看，该墓为一木棺。木棺已朽，仅残留朽木灰，平面为长方形，长1.7、宽0.7米，高不详，与墓道相向放置。木棺底部铺有一层草木灰。

3）葬式

该墓为单人葬，仰身屈肢，头向北，面朝西，两手交于腹部，两条下肢向西屈肢，蜷曲特甚（彩版三八，3）。

4）随葬器物

共出土随葬器物3件。

陶鬲（残） 1件。NM73：1，位于头龛内南部。夹砂红陶。直口，平沿，高直领，领部有两对称带状耳，袋形铲足。底部有烟炱痕迹。通高15.9、口径14厘米（图二四二，2；彩版七三，6）。

陶壶 1件。NM73：2，位于头龛内北部。口颈残缺。溜肩，圆腹，平底。肩腹部各有两道阴弦纹。轮制。残高20.5、腹径18.5、底径11厘米（图二四二，1）。

铁带钩 1件。NM73：3，位于墓主人头骨北侧。锈蚀严重，钩体呈曲线形，钩首残，背中间有圆纽。残长10厘米（图二四二，3；彩版八九，4）。

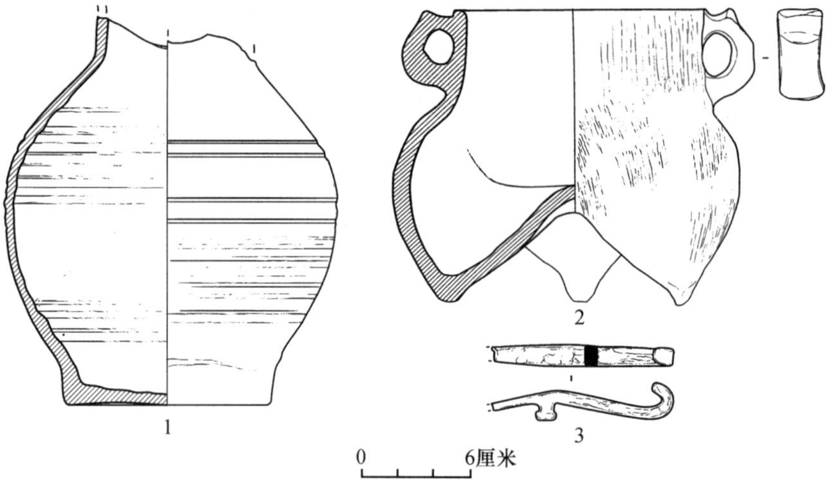

图二四二　NM73出土器物

1. 陶壶（NM73：2）　2. 陶鬲（NM73：1）　3. 铁带钩（NM73：3）

二、随葬器物特征

此次发掘的78座战国秦墓，有随葬器物的有71座，占该批墓葬总数的91.03%；无随葬器物的有7座，占该批墓葬总数的8.97%，分别是NM5、NM11、NM18、NM24、NM35、NM55、NM61。除以上7座无随葬品的墓葬外，大部分墓葬均随葬2件日用生活陶器。其中，有14座墓葬仅随葬1件随葬品，占有随葬品墓葬的19.72%。36座墓葬随葬2件随葬品，占有随葬品墓葬总数的50.7%。7座墓葬随葬3件随葬品，占总数的9.86%。随葬品最多的NM31共计有各类随葬品12件，其余墓葬随葬4～9件不等。随葬器物最大的特点是器种比较单一，且数量少，一般是2～3件，多者也就是4件陶器再配以带钩之类小件。特别需要关注的是，以往在秦墓考古中最为常见的陶簋、陶甗、陶豆、大喇叭口陶罐、附耳长颈方口陶壶五种器种，在郭家崖墓地南区始终未见出土。戎式鬲和双耳绳纹陶罐引人关注，秦式鬲未见出土。

共计发现217件组各类型随葬器物，按材质可分为陶器、铜器、铁器、石器、骨料器等，其中陶器数量最多，其次为铜器和铁器，其他种类数量较少。

（一）陶器

71座墓中，共计发现148件陶器，主要有陶鼎、陶鬲、陶罐、陶釜、陶盂、陶盒、陶壶、陶缶、陶囷、陶纺轮等，其中部分陶器残碎严重，未能修复。

1. 陶鼎

共出土19件，泥质灰陶，皆为有盖陶鼎，依据板状附耳的高低及盖顶有无乳钉状捉手可分A、B二型。

（1）A型

共19件，共同特征是球形盖。又以板状附耳的竖直与外撇、三足的内收与外撇程度，可分为Ⅰ、Ⅱ式。

Ⅰ式：共9件。计有NM9：1、NM10：1、NM19：1、NM26：1、NM42：1、NM50：1、NM77：1、NM78：1、NM80：1。主要特征是球形盖，板状附耳竖直，三柱足较直。NM10：1，泥质灰陶。敛口，方唇，折肩，两方形附耳附于肩上，圆腹，圜底近平，三柱足略尖，圆弧形盖。轮、手制结合。连盖高14.8、口径13.4、腹径16.4、腹深9.1厘米（图二四三，1；彩版五六，4）。NM19：1，泥质灰陶。敛口，平沿，口沿上有一圈浅凹槽，子母榫口，折肩，肩上两方形版状附耳，圜底近平，内底平，三柱足，圆弧形盖。通体素面。通盖高16.5、口径12.5、腹径17、腹深8.5厘米（图二四三，2；彩版五六，5）。NM78：1，泥质灰陶。口沿残缺。

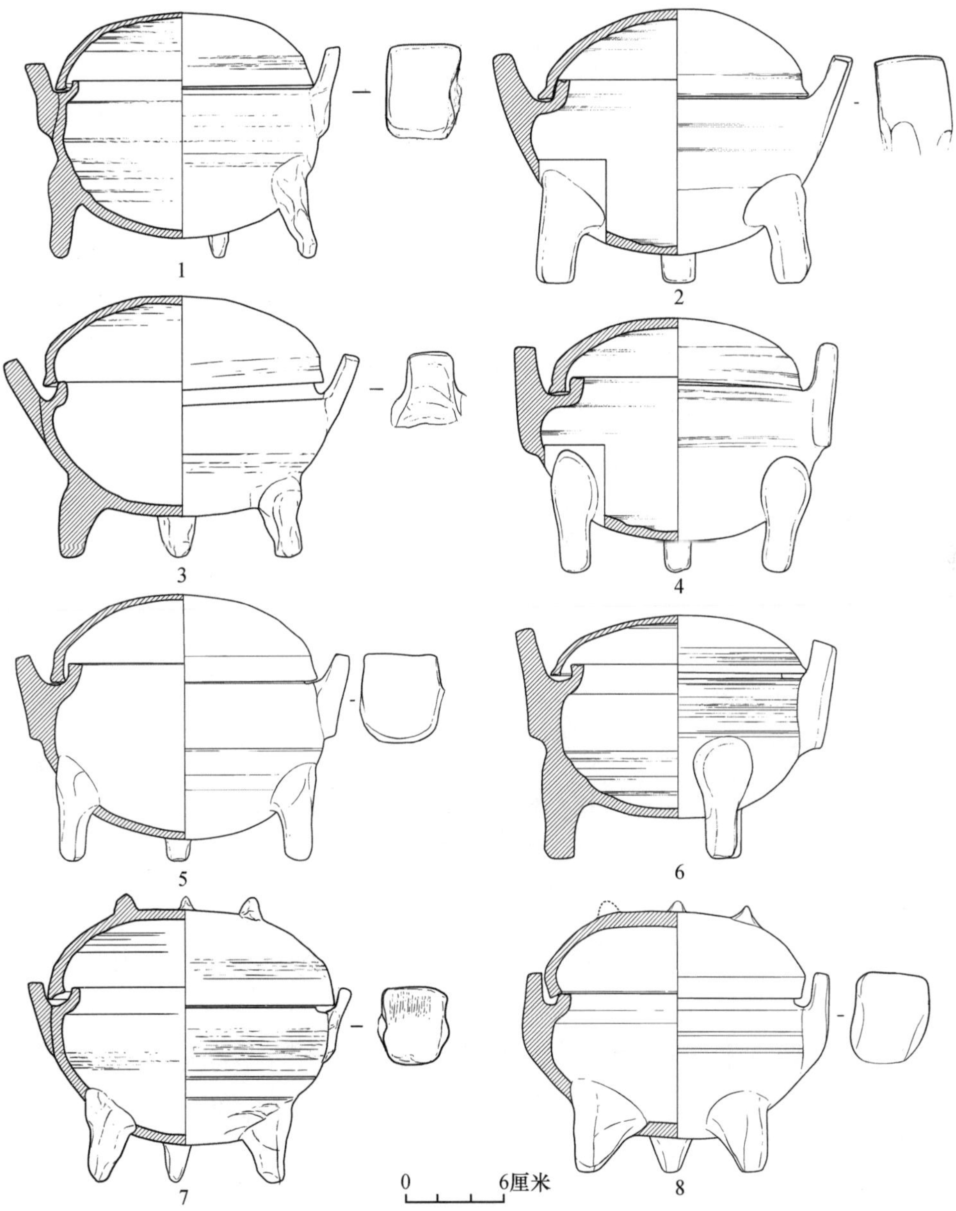

图二四三 陶鼎

1～3. A型Ⅰ式（NM10：1、NM19：1、NM78：1） 4～6. A型Ⅱ式（NM2：1、NM8：1、NM4：1）

7、8. B型（NM62：1、NM67：1）

敛口，方唇，折肩，两对称方附耳立于肩上，圆腹，圜底近平，三柱足稍尖，圆弧形盖，轮手制结合。连盖高15、口径15.5、腹径17.5、腹深6.8厘米（图二四三，3；彩版五八，3）。

Ⅱ式：共8件。计有NM2∶1、NM3∶1、NM4∶1、NM7∶1、NM8∶1、NM29∶1、NM58∶1、NM76∶1。主要特征是球形盖，板状附耳微外撇，三足变尖向内收紧。NM2∶1，泥质灰陶。破损严重。圆弧形盖，敛口，平折沿，子母榫口，肩上立两对称板状方形附耳，直腹，圜底，三柱足。通体素面。通耳高14、口径14、腹径16.4、腹深7厘米（图二四三，4；彩版五八，5）。NM4∶1，泥质灰陶。敛口，平沿，口沿上有一圈浅凹槽，子母榫口，折肩，肩上两方形板状附耳，圜底近平，三柱足，圆弧形盖。通体素面。连盖通高15、口径12、腹径16.4、腹深8厘米（图二四三，6；彩版五八，6）。NM8∶1，位于头龛内东侧。泥质灰陶。敛口，平沿略斜，子母榫口，方形板状附耳，一侧附耳缺失，直腹，深圜底，内底平。腹部有两道阴弦纹，三柱足，圆弧形盖。轮、手制结合。高16.8、口径14.5、腹径17.5、腹深9.6厘米（图二四三，5；彩版五六，2）。

（2）B型

共2件。浅半球形盖上有三扁状捉手，板状附耳稍短且竖直，三锥足微向外撇。NM62∶1，泥质灰陶。敛口，圆唇，折肩，两对称方附耳立于腹部，圆腹，圜底近平，内有一鸡心凸，三锥足微外撇，圆弧形盖，盖上有三个尖锥状捉手。轮、手制结合。连盖通高17、口颈14.3、腹径16.8、腹径8.2厘米（图二四三，7；彩版五七，5）。NM67∶1，泥质灰陶。直口，方唇，子母榫口，折肩，肩上附两对称板状方耳，浅直腹，圜底，三锥足，圆弧形盖，盖上有三个扁捉手。腹部饰两道阴弦纹。有烟炱。轮、手制结合。连盖通高15.8、口径13.7、腹深7厘米（图二四三，8；彩版五七，6）。

2. 陶鬲

共出土7件，均为高领铲足鬲，除NM30∶1为夹砂灰陶外，其余6件均为夹砂红陶，根据袋足情况可以将其分为二式。

Ⅰ式：1件。袋足较鼓。NM73∶1，夹砂红陶。直口，平沿，高直领，领部有两对称带状耳，袋形铲足，底部有烟炱痕迹。之所以外形上与Ⅱ式鬲差异较大，主要还是制作不太规范而形成一个袋足偏位，直观不大对称所致。通高15.9、口径14厘米（图二四四，1；彩版七三，6）。

Ⅱ式：6件。计有NM23∶1、NM30∶1、NM32∶1、NM64∶1、NM68∶1、NM79∶1。NM23∶1，夹砂红陶。分裆鬲，直口，圆唇，直颈，广肩，肩上有两对称带状附耳，三铲形袋状足。自颈以下皆饰竖细绳纹。底部有烟炱痕迹。通高19.4、口径14.5、腹深10.2厘米（图二四四，2；彩版七三，1～3）。NM64∶1，夹砂红陶。双耳鬲，侈口，圆唇，直颈，广肩，肩上有对称的条带状附耳，鼓腹，分裆，三铲形袋足，底部有烟炱痕迹。通高20.3、口径16.5、腹深11.5厘米（图二四四，4；彩版七四，1～3）。NM32∶1，夹砂红褐陶。直口，方唇，高领，三乳状袋足肥硕，横截面呈椭圆形，三足呈扁鸭嘴状。领部有对称双耳，耳与口沿平齐。肩部向下虽有竖细绳纹，但几乎抹平，鬲体与底有烟炱痕迹。高18.2、口径16、腹深11

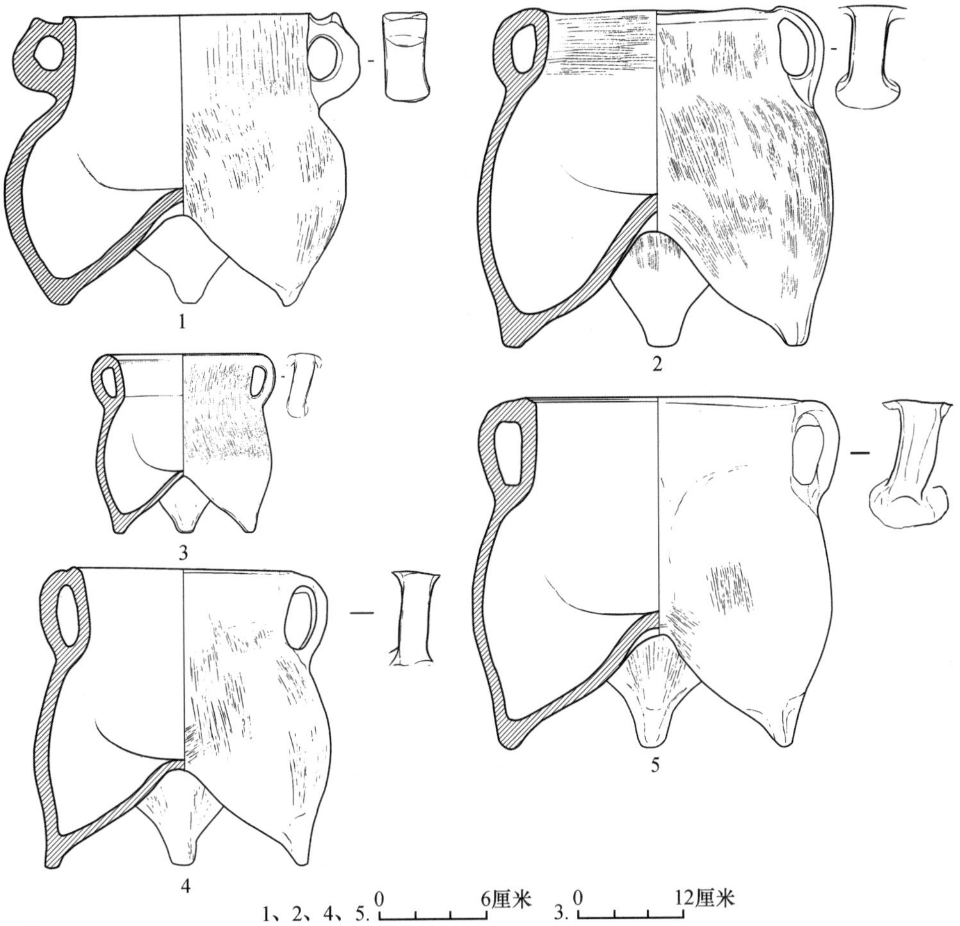

图二四四 陶鬲

1. Ⅰ式（NM73∶1） 2～5. Ⅱ式（NM23∶1、NM32∶1、NM64∶1、NM79∶1）

厘米（图二四四，3；彩版七三，4）。NM79∶1，夹砂红陶。直口微外撇，方唇，高领，三乳状袋足肥硕，横截面呈椭圆形，三足呈扁鸭嘴状，足尖外撇。领部有对称双耳，耳与口沿平齐。通体饰中绳纹。器表留有烟炱痕迹，尤以裆部最甚。高19.2、口径15.7、腹深11.5厘米（图二四四，5；彩版七四，4～6）。

3. 陶罐

共29件。器型差异较大，依据器型差异可分A、B、C、D四型。

（1）A型

双耳罐 共5件。这类器形也被一些学者认为与铲形袋足鬲一样，与西戎文化存在着某种联系。该墓地所出的5件双耳罐，均为夹砂陶，色或褐或红褐，口沿下有双耳，平底，体饰绳纹。依据罐体的矮胖和修长可分二式。

Ⅰ式：1件。NM33∶1，较矮胖，腹部浑圆，颈部较短，器高小于器宽。夹砂灰陶。直口，方唇，溜肩，圆腹，小平底，肩上附对称带状耳。体饰竖细绳纹。底有烟炱痕迹。高21.1、口径11、腹径15厘米（图二四五，5）。

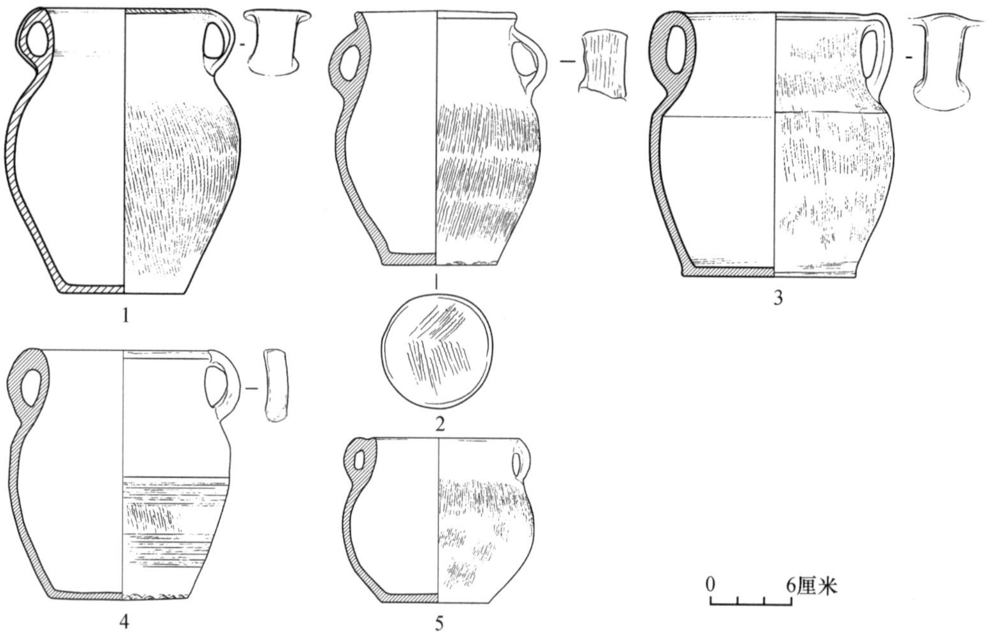

图二四五　A型陶罐

1～4. Ⅱ式（NM20∶1、NM75∶1、NM46∶1、NM81∶1）　5. Ⅰ式（NM33∶1）

Ⅱ式：4件。计有NM20∶1、NM46∶1、NM5∶1、NM81∶1。除体较细瘦修长外，其他均与Ⅰ式相似。NM20∶1，夹砂褐陶。口沿有残缺，侈口，圆唇，束颈，溜肩，圆腹，平底。颈部有一圈浅凸棱，肩部有两道阴弦纹，上腹有一道阴弦纹。轮制。高20.6、口径10、腹径17.3、底径9厘米（图二四五，1；彩版七七，4）。NM46∶1。夹砂红褐陶。侈口，宽平沿，束颈，折肩，深腹，平底，颈部有对称双耳与口沿平齐。通体饰抹压细绳纹，并有烟炱痕迹。通高18.8、口径14.8、腹径18、底径13厘米（图二四五，3；彩版七七，1）。NM75∶1，夹砂红褐陶。侈口，圆唇，短颈，溜肩，圆腹，小平底。颈部有两个对称的带状耳，上饰绳纹，自器肩至底分布竖绳纹，器底部分有绳纹。手制。高18.6、口径13.4、腹径16.3、底径9.6厘米（图二四五，2；彩版七七，2）。NM81∶1，夹砂灰陶。侈口，方唇，短粗颈，溜肩，肩上有对称的两个索状环耳，斜直腹，平底。下腹部饰竖绳纹。高18.5、口径13.7、腹径16.7、底径10.5厘米（图二四五，4；彩版七七，3）。

（2）B型

小口圆肩罐　共14件。均为泥质灰陶，部分口沿及颈部有残缺，皆为轮制，底部发现有旋割痕迹。以小口、圆肩、深腹、平底为共同特征。多数器腹饰有绳纹或各种形态的弦纹。可分为三式。

Ⅰ式：7件。计有NM17∶1、NM22∶2、NM27∶1、NM27∶2、NM28∶2、NM64∶2、NM80∶2。小口、卷沿、溜肩、垂腹为其共同特征。NM28∶2，泥质灰陶。口沿部分残缺。侈口，宽折沿，方唇，短束颈，溜肩，圆鼓腹。肩部至腹部分布着四条带状纹，带内饰竖绳纹。底部有烟炱痕迹。轮制。高24、口径11.3、腹径23、底径12.4厘米（图二四六，1；彩版七九，1）。NM17∶1，夹砂灰陶。敛口，卷沿，厚方唇，短颈几无，溜肩，深腹下收，平底。肩部饰交错绳纹。轮制。高24.5、口径12、腹径23、底径13.5厘米（图二四六，2；彩版七八，2）。NM27：1，泥质灰陶。敛口，平折沿，厚方唇，短束颈，溜肩，圆深腹下收。颈部以下饰竖绳纹。轮制。高26.2、口径10.8、腹径22、底径12厘米（图二四六，3；彩版七八，5）。NM80：2，位于墓室头龛内东部。泥质灰陶。小口，卷沿，方唇，短束颈，溜肩，圆鼓腹，小平底。由肩至腹有四条带状纹，带内饰竖绳纹，下腹部带纹内饰交错绳纹。轮制。高25.8、口径11.4、腹径22.5、底径12.6厘米（图二四六，4；彩版七八，4）。

Ⅱ式：4件。计有NM2：2、NM4：2、NM8：2、NM81：2。小口、束颈、圆腹为其共同特征。NM4：2，夹砂灰陶。侈口，卷沿，厚方唇，短束颈，溜肩，圆鼓腹，小平底。肩部饰

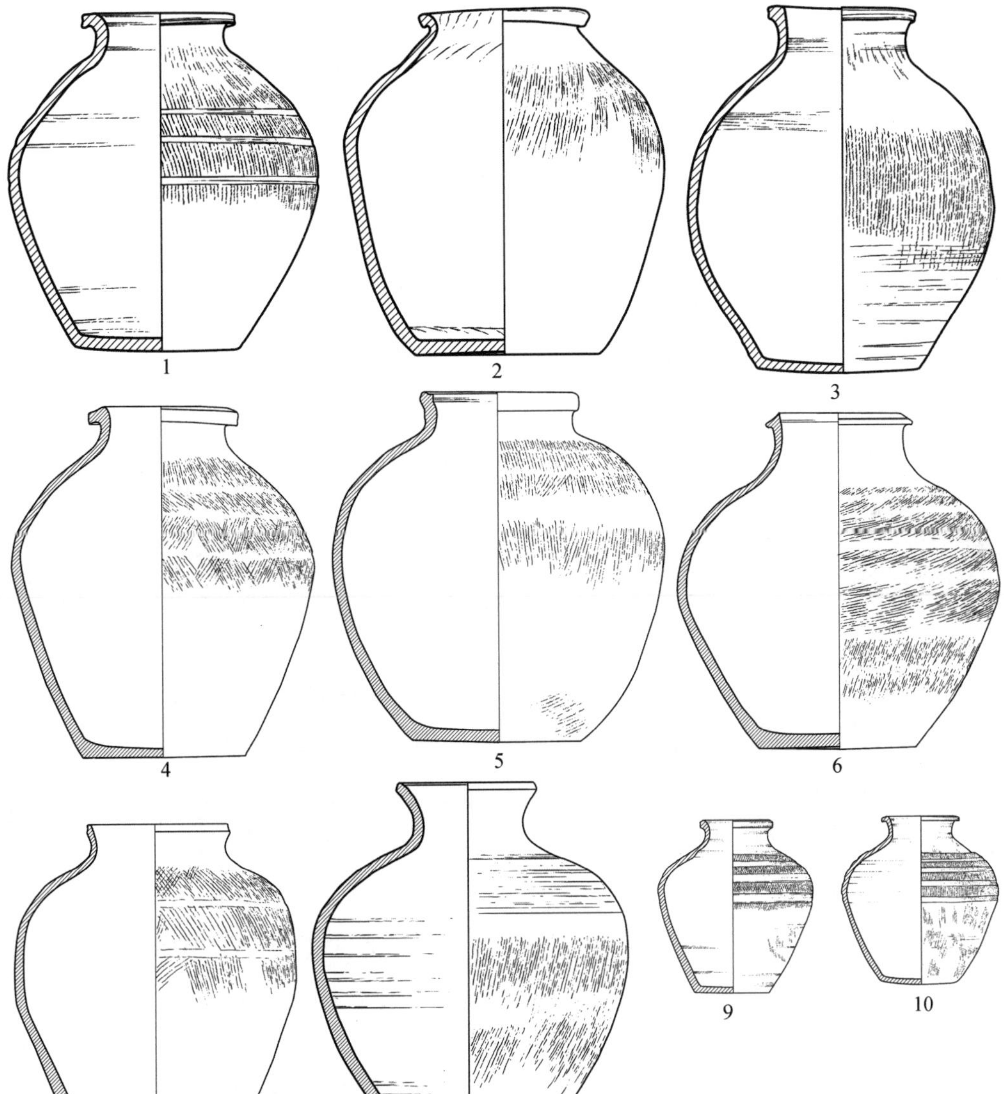

图二四六　B型陶罐

1～4. Ⅰ式（NM28：2、NM17：1、NM27：1、NM80：2）　5～7. Ⅱ式（NM4：2、NM8：2、NM81：2）

8～10. Ⅲ式（NM54：2、NM78：2、NM77：2）

三条带纹，腹部饰竖绳纹。高25、口径11.8、腹径24、底径12厘米（图二四六，5；彩版八一，4）。NM8：2，泥质灰陶。侈口，斜沿内高外低，尖唇，短粗颈微束，溜肩，圆鼓腹，小平底。肩部向下有五条带纹，内饰斜绳纹，下腹部有竖绳纹。轮制。高23.6、口径10.9、腹径23、底径11厘米（图二四六，6；彩版八一，5）。NM81：2，夹砂灰陶。小口，尖唇，短粗颈，溜肩，直腹微鼓，平底。肩部及上腹部饰交错绳纹。轮制。高22.1、口径10.8、腹径21、底径13厘米（图二四六，7；彩版七九，2）。

Ⅲ式：3件。计有NM78：2、NM54：2、NM77：2。小口、束颈、鼓腹为其共同特征。NM78：2，泥质灰陶。侈口，斜沿内高外低，厚方唇，短束颈，斜直腹，平底。肩部有四圈条带纹，内饰交错绳纹。高24.1、口径10.5、腹径22.3、底径11厘米（图二四六，9；彩版八一，3）。NM54：2，泥质灰陶。侈口，方唇，短束颈，溜肩，圆鼓腹，小平底。下腹部饰竖绳纹。轮制。高25.8、口径9.8、腹径22.3、底径11.5厘米（图二四六，8；彩版七九，6）。NM77：2，位于头龛内西部。泥质灰陶。侈口，卷沿，方唇，短束颈，溜肩，圆腹，小平底。由肩至腹有四条带状纹，带内饰竖绳纹，器腹下饰斜绳纹，底部亦有绳纹。轮制。高23.7、口径11、腹径22.5、底径11厘米（图二四六，10；彩版八一，2）。

（3）C型

侈口束颈罐，共7件。均为泥质灰陶，部分口沿及颈部有残缺，皆为轮制，底部发现有旋割痕迹。以侈口、粗束颈、鼓腹或直腹、平底为共同特征。多数器颈部饰有弦纹，有的器底近似矮圈足。可分为三式。

Ⅰ式：1件。NM12：2，泥质灰陶。微侈口，翻沿，尖唇，短粗颈，溜肩，圆腹，小平底。肩颈之间有浅阴弦纹，肩腹有三条带状纹，上两条带纹内饰斜绳纹，最下一条带纹内饰竖绳纹，下腹部饰竖绳纹。轮制。通高15.9、口径10.6、腹径17.3、底径9.8厘米（图二四七，1；彩版七八，1）。

Ⅱ式：3件。计有NM3：2、NM33：2、NM65：1。NM3：2，泥质灰陶。口沿部分残缺。侈口，圆唇，短束颈，溜肩，直腹，小平底。口沿内有一圈凸棱，肩部有两道阴弦纹。轮制。高15、口径9、腹径14.2、底径6.5厘米（图二四七，2；彩版七七，6）。NM33：2，泥质灰陶，陶色偏黑。侈口，圆唇，短粗束颈，颈部有一圈凸棱，溜肩，直腹，小平底。肩腹之间有6道阴弦纹，轮制。高20.5、口径9.7、腹径16.5、底径8.8厘米（图二四七，3；彩版六八，5）。NM65：1，泥质灰陶。侈口，圆唇，短束颈，折肩，直腹，小平底。口沿内有一圈凸棱，肩部有三道阴弦纹，下腹部有两道浅阴弦纹。轮制。高19.2、口径10.3、腹径17.8、底径9.2厘米（图二四七，4；彩版八〇，2）。

Ⅲ式：3件。计有NM67：3、NM69：1、NM69：2。NM67：3，泥质灰陶。侈口，斜沿，短束颈，溜肩，圆腹，平底，颈部有三圈浅凹槽。肩上有两道阴弦纹，底部有明显旋割痕迹。轮制。高10、口径6.4、腹径10.1、底径5厘米（图二四七，5；彩版八〇，4）。NM69：2，泥质灰陶。侈口，方唇，束颈，溜肩，圆腹，小平底。颈肩腹各有一对阴弦纹。有旋割痕迹，轮制。高12.9、口径7.4、腹径11.8、底径6.4厘米（图二四七，6；彩版八〇，6）。

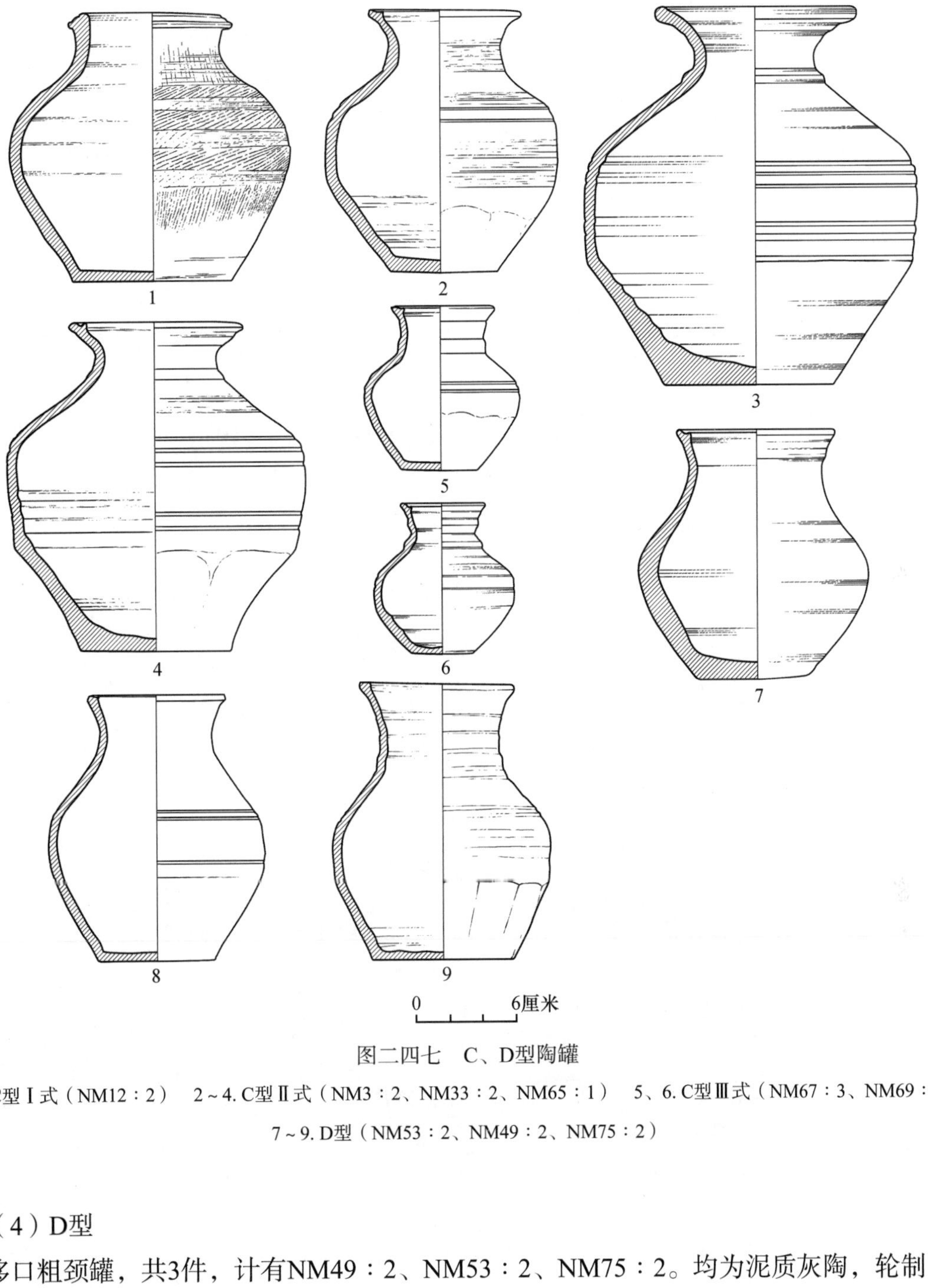

图二四七　C、D型陶罐

1. C型Ⅰ式（NM12：2）　2～4. C型Ⅱ式（NM3：2、NM33：2、NM65：1）　5、6. C型Ⅲ式（NM67：3、NM69：2）　7～9. D型（NM53：2、NM49：2、NM75：2）

（4）D型

侈口粗颈罐，共3件，计有NM49：2、NM53：2、NM75：2。均为泥质灰陶，轮制。以侈口、粗束颈、垂腹、平底为共同特征。NM53：2，泥质灰陶。侈口，尖唇，短束颈，溜肩，垂腹，小平底。轮制。高14、口径9.5、腹径13.8、底径6.8厘米（图二四七，7；彩版七九，5）。NM49：2，泥质灰陶。侈口，平折沿，尖唇，短束颈，溜肩，垂腹，小平底。肩及下腹部各饰一对阴弦纹、下腹部有旋割痕。轮制。通高16.3、口径8.8、腹径13.5、底径7.4厘米（图二四七，8；彩版七九，4）。NM75：2，泥质灰陶，陶质粗糙。侈口，平沿，尖唇，粗束颈，溜肩，垂腹，小平底。上颈部有一圈阴弦纹，下颈部有三道凸棱，肩部有两道阴弦纹。轮制。高15.6、口径9、腹径13、底径8厘米（图二四七，9；彩版八一，1）。

4. 陶釜

共35件。夹砂红陶或夹砂灰陶，底部多有使用时残留的烟炱痕迹，皆为实用器。根据器物形态差异可以分为A、B、C、D、E五型，其中A、B、C三型较常见，D、E二型鲜见报道。

（1）A型

共12件，计有NM6：2、NM12：1、NM15：1、NM16：1、NM25：1、NM31：1、NM39：1、NM40：1、NM51：1、NM52：1、NM72：1、NM74：1。侈口、束颈、溜肩、深圆为其主要特征。NM31：1，夹砂红陶。侈口，翻沿，厚圆唇，束颈，溜肩，深圆腹，圜底。颈饰竖绳纹，腹饰横绳纹，圜底饰旋涡绳纹。腹底部有烟炱痕迹。高14.2、口径15、腹径15厘米（图二四八，1；彩版五九，5）。NM40：1，夹砂灰陶。椭圆形侈口，斜方唇，短束颈，溜肩，圜底。颈部饰竖绳纹，肩腹及圜底饰横绳纹。底部有烟炱痕迹。高15.5、口径长端18、短端13、腹径长端18.5、短端15.5厘米（图二四八，4；彩版六〇，6）。

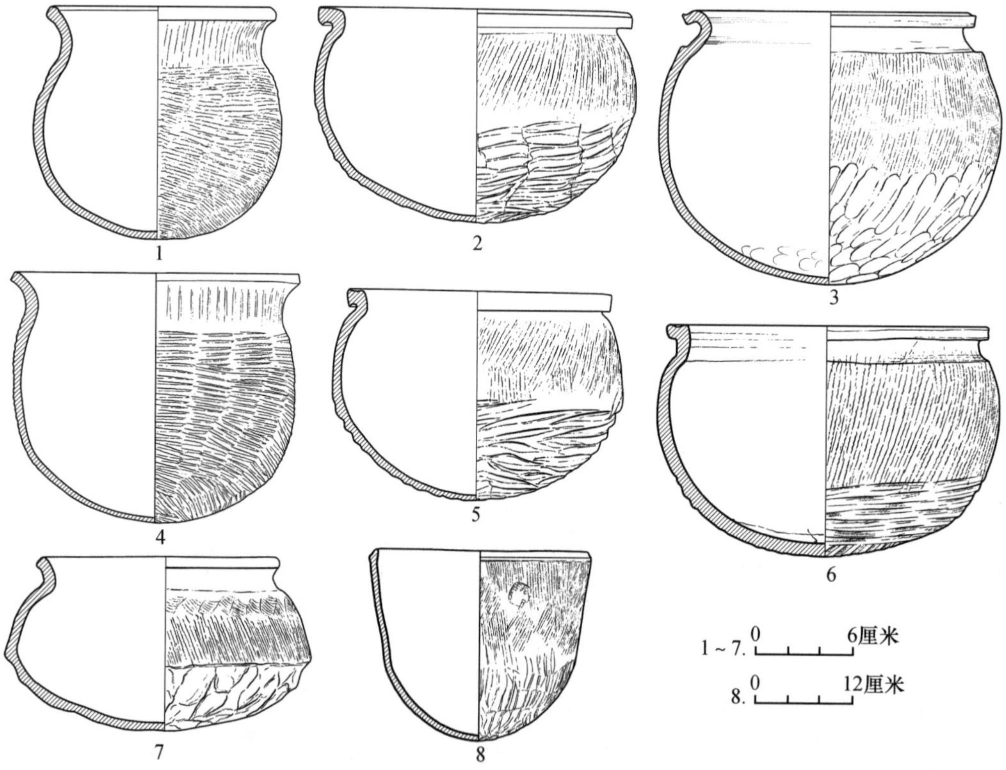

图二四八　A、B、C、D、E型陶釜

1、2. A型（NM31：1、NM36：1）　3、4. B型（NM28：1、NM40：1）　5、6. C型（NM22：1、NM34：1）　7. D型（NM49：1）　8. E型（NM56：1）

（2）B型

共6件，计有NM28：1、NM36：1、NM47：1、NM59：1、NM66：1、NM71：1。敛口、短颈、耸肩是其最主要特征。NM28：1，夹砂红陶。敛口，方卷沿，短粗颈，耸肩，圆腹，圜底。肩腹饰竖细绳纹，底部饰大麻点纹。底部有烟炱痕迹。高16.4、口径15.5、腹径21

厘米（图二四八，3；彩版五九，4）。NM36：1，夹砂灰陶。敛口，卷沿，方唇，短束颈，耸肩，圆腹，圜底。肩腹饰竖细绳纹，圜底横向粗绳纹。底部有烟炱痕迹。高13.8、口径19、腹径20.8厘米（图二四八，2；彩版六〇，2）。

（3）C型

共15件，计有NM13：1、NM21：1、NM22：1、NM25：3、NM34：1、NM37：1、NM38：1、NM43：1、NM44：1、NM48：1、NM53：1、NM57：1、NM59：1、NM60：1、NM74：1。敛口、厚方唇、短颈几无为其主要特征。NM22：1，夹砂红褐陶。敛口，翻沿，厚方唇，短颈几无，溜肩，圆腹、圜底。肩腹饰竖绳纹，圜底饰粗横绳纹。底部有烟炱痕迹。高14.2、口径20.5、腹径21厘米（图二四八，5；彩版五九，1）。NM34：1，夹砂红陶。敛口，翻沿，方唇，几无颈，溜肩，深圆腹，圜底。腹饰竖绳纹，圜底饰横绳纹。腹底部有烟炱痕迹。高12.2、口径19.5、腹径8厘米（图二四八，6；彩版六〇，1）。

（4）D型

1件。NM49：1，造型独特。夹砂灰陶。侈口，翻沿，方唇，短颈近无，下腹外鼓，圜底近平。肩腹饰竖绳纹，圜底大麻点纹。底腹之间外部连接不齐整。通高10.7、口径14.6、最大腹径19.5厘米（图二四八，7；彩版六一，5）。

（5）E型

1件。NM56：1，造型独特，形似头盔。夹砂灰陶。形状在秦墓考古中未见有报道。呈椭圆形，直口，尖唇，直腹，圜底。腹部饰交错细绳纹，圜底饰竖粗绳纹。底部有烟炱痕迹。口沿下有一戳印陶文符号，字迹模糊，难以辨认。高25、椭圆形长口径28、短口径22.5厘米（图二四八，8；彩版六二，4）。

5. 陶盂

共发现7件，均为泥质灰陶，皆为轮制，器底有明显旋割痕迹，但器身未发现使用痕迹。NM54出土2件陶盂，部分器物有破损，根据口沿和底足差异可分A、B二型。

（1）A型

共6件。多平折沿，下腹斜直，小平底，根据器物大小，整体形制及粗糙程度可分为二式。

Ⅰ式：2件。器体较小，制作较粗糙，略呈扁体，中部高，两侧低。NM4：4，泥质灰陶。直口，平沿，尖唇，圆腹，圆形平底内有一方形轮廓，底部极粗糙。轮制。高3.9、口径14.5、底径6.3厘米（图二四九，1；彩版七五，2）。NM31：2，泥质灰陶。直口，宽折沿，圆唇，斜直腹，小平底。轮制。高4.3、口径15.2、底径7.3厘米（图二四九，2；彩版七五，3）。

Ⅱ式：4件。器体较大，制作较规整，平折沿，尖唇或圆唇，下腹斜直，小平底。NM2：4，泥质灰陶。直口，卷沿，圆唇，浅圆腹下部急收，小平底。素面。轮制。高7、口径17.6、底径6厘米（图二四九，3；彩版七五，1）。NM54：3，泥质灰陶。直口，平沿外斜，方唇，弧浅腹，下腹急收，小平底。颈肩之间有六道浅凸棱。轮制。高10、口径21.5、底径9.5厘米（图二四九，4；彩版七五，5）。

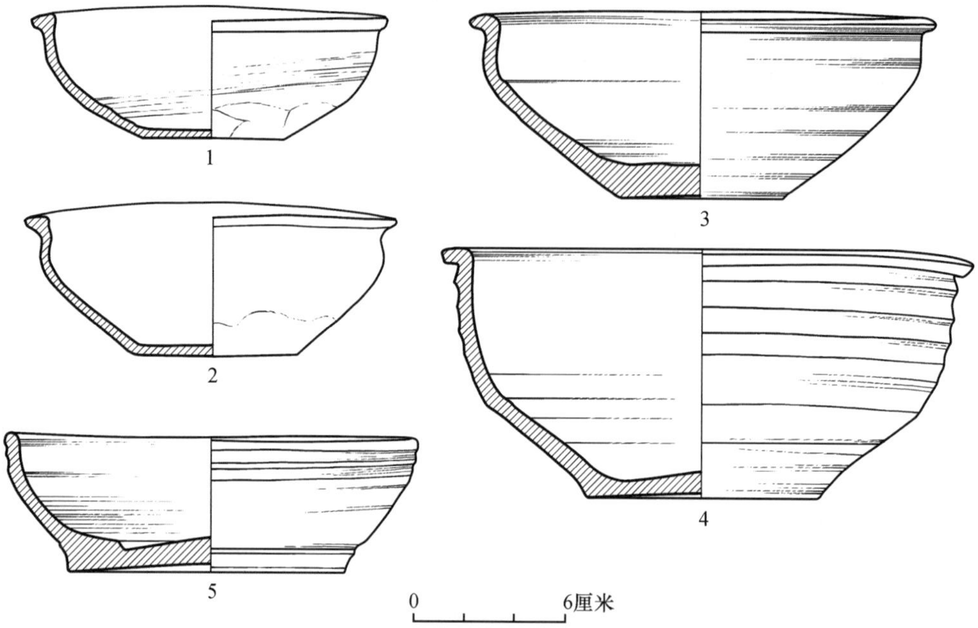

图二四九　A、B型陶盂

1、2. A型Ⅰ式（NM4：4、NM31：2）　3、4. A型Ⅱ式（NM2：4、NM54：3）　5. B型（NM2：5）

（2）B型

1件。有假圈足。NM2：5，泥质灰陶。敞口，圆唇，浅圆腹下部急收，小平底。口沿外有两圈阴弦纹，假圈足。轮制。高4.3、口径15.4、底径10.7厘米（图二四九，5；彩版七六，1）。

6. 陶盒

共计发现3件，分别是NM67：4、NM77：4、NM78：4，均为泥质灰陶，子母口，有盖，皆为轮制。根据肩腹形态差异可分为二式。

Ⅰ式：2件。直口微敛，子母口，下腹部弧形内收。NM67：4，泥质灰陶。敛口，方唇，折肩，圆腹，平底。覆钵形盖，部分残缺，顶部平整。轮制。连盖高13、口径14、腹径17.3、腹深6.9厘米（图二五〇，1；彩版八二，1）。NM78：4，泥质灰陶，带盖陶盒，敛口，圆唇，子母榫口，折肩，短直腹，下腹弧形内收，小平底。圆弧形盖。轮制。通盖高13.2、口径14.5、腹径17.5、底径8.5厘米（图二五〇，2；彩版八一，6）。

Ⅱ式：1件。直口，广肩，上腹竖直，下腹斜收。NM77：4，泥质灰陶。直口，平折沿，无颈，折肩，直腹，小平底。素面。轮制。高7.5、口径13.5、腹径16.5、底径8.8厘米（图二五〇，3；彩版八二，2）。

7. 陶壶

共47件。全是泥质灰陶。根据颈部与底部形状，可分A、B、C三型。

（1）A型

共16件，计有NM13：2、NM15：2、NM19：2、NM20：2、NM25：2、NM34：2、

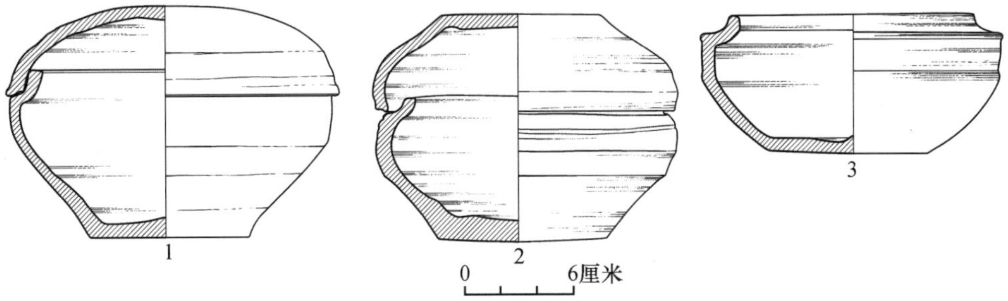

图二五〇 陶盒

1、2. Ⅰ式（NM67：4、NM78：4） 3. Ⅱ式（NM77：4）

NM42：2、NM43：2、NM47：2、NM51：2、NM58：2、NM59：2、NM60：2、NM72：2、NM74：4、NM77：3。共同特征是形状似所谓的“亚”字形，泥质灰陶，侈口，直腹，近似圈足，平底，颈、腹多饰弦纹。NM20：2，泥质灰陶。口沿有残缺。侈口，圆唇，束颈，溜肩，圆腹，平底。颈部上有一圈浅凸棱，肩部有两道阴弦纹，上腹有一道阴弦纹。轮制。高20.6、口径10、腹径17.3、底径9厘米（图二五一，1；彩版六七，3）。NM13：2，泥质灰陶。口沿残缺。侈口，圆唇，短束颈，溜肩，直腹，半圈足，小平底。肩部有两道阴弦纹，下腹部有一道阴弦纹。轮制。高20、口径10.2、腹径16.7、底径9.2厘米（图二五一，2；彩版六六，5）。NM34：2，泥质灰陶。侈口，方唇，短粗颈微束，溜肩，深圆腹，底部略带圈足，小平底。肩及下腹部各饰两道阴弦纹。轮制。高20、口径10.3、腹径17、底径8.8厘米（图二五一，3）。NM74：4，侈口，方唇，平折沿，内外均折，束颈，溜肩，圆腹，近似圈足，小平底略内凹。由颈至腹依次分布八道阴弦纹。高23.7、口径9.5、腹径16.5、底径9.5厘米（图二五一，4；彩版七一，6）。

（2）B型

共17件，计有NM2：3、NM4：2、NM6：1、NM7：2、NM9：2、NM10：2、NM21：2、NM22：3、NM26：2、NM30：2、NM31：3、NM36：2、NM41：1、NM63：2、NM67：2、NM74：3、NM78：3。与A型的区别在于不是“亚”字形，泥质灰陶，侈口，粗颈，鼓腹，平底，颈、腹多饰弦纹。NM2：3，泥质灰陶。侈口，平折沿，圆唇，束颈，溜肩，圆腹，小平底。肩部有两道阴弦纹、下腹部亦有一道阴弦纹。轮制。高20、口径10、腹径16、底径7.5厘米（图二五一，5；彩版七二，5）。NM4：3，泥质灰陶。直口微侈，斜沿外高内低，圆唇，短束颈，溜肩，深直腹，小平底。肩部有两道凹弦纹。轮制。高18.2、口径10.3、腹径16、底径8厘米（图二五一，6；彩版七二，6）。NM41：1，泥质灰陶。侈口，折沿，方唇，粗颈，溜肩，圆腹，小平底。肩部有两道阴弦纹。有旋割痕迹，轮制。高16、口径8.7、腹径14、底径6.7厘米（图二五一，7；彩版六九，2）。

（3）C型

共14件，计有NM16：2、NM23：2、NM25：2、NM31：4、NM37：2、NM44：2、NM48：2、NM50：2、NM57：2、NM62：2、NM66：2、NM79：2、NM73：2、NM76：2。共同特征是泥质灰陶，侈口，细长直颈，圆腹，平底，颈、腹多饰弦纹。NM37：2，泥质灰

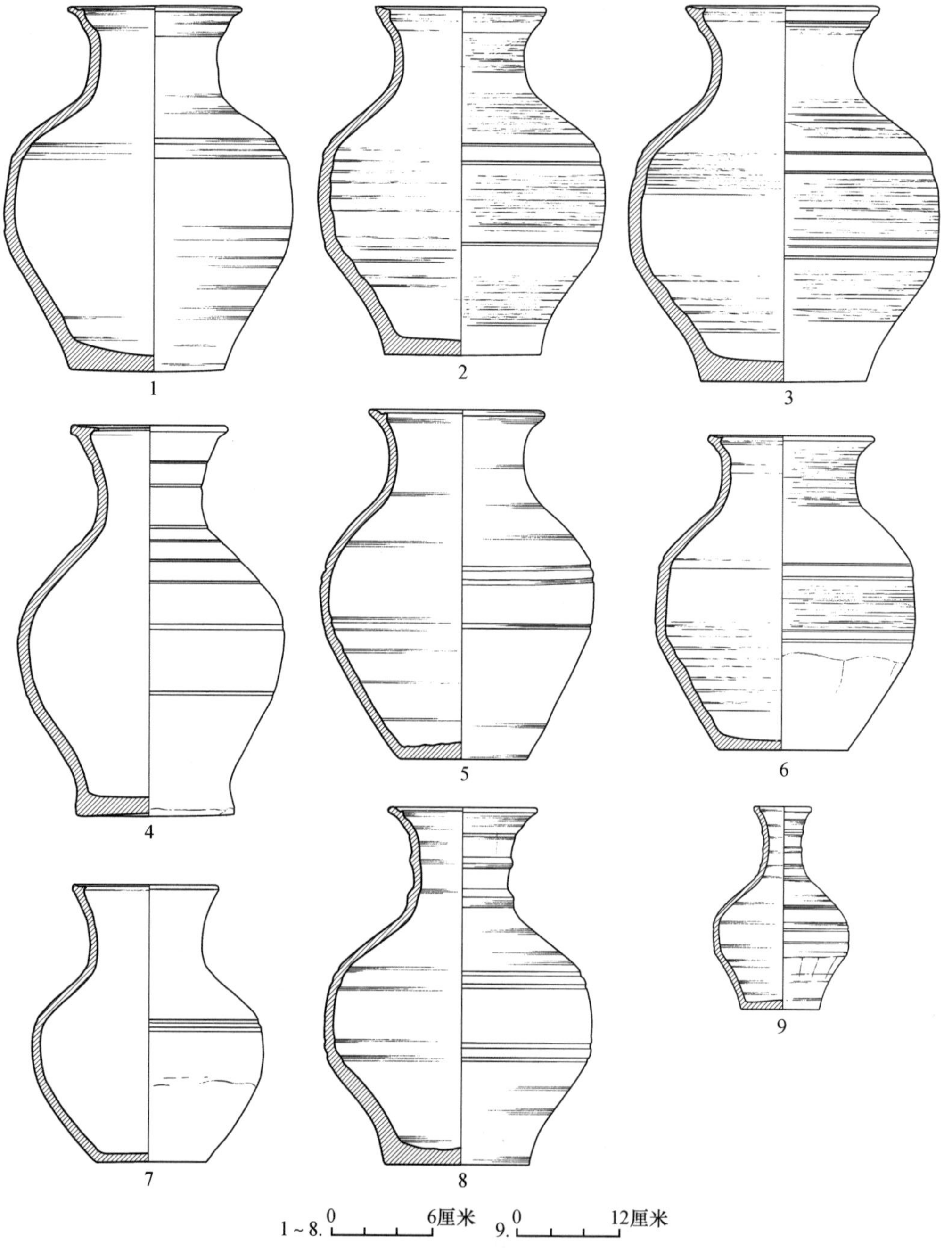

图二五一　A、B、C型陶壶

1~4. A型（NM20：2、NM13：2、NM34：2、NM74：4）　5~7. B型（NM2：3、NM4：3、NM41：1）

8、9. C型（NM37：2、NM57：2）

陶。侈口，圆唇，口沿内有一圈凸棱，细长颈，颈部有两圈凸棱，溜肩，直腹微鼓下斜收，小平底。肩部饰两道阴弦纹、下腹部饰两道阴弦纹。轮制。高21.5、口径8.8、腹径16、底径8.8厘米（图二五一，8；彩版六八，6）。NM57：2，直口微侈，平沿，圆唇，长束颈，溜肩，深直腹，小平底。口沿外部有一圈阴弦纹，颈部由上至下有四道凸棱，肩部有一对阴弦纹，腹部有四道阴弦纹。底部有旋割痕，轮制。高23、口径6.7、腹径15.7、底径9.5厘米（图二五一，

9；彩版七〇，3）。

8. 陶缶

1件。NM29：2，泥质灰陶。侈口，斜沿内高外低，尖唇，短束颈，折肩，下腹斜收，平底。肩部向上有数圈浅阴弦纹，肩部向下有四道较粗阴弦纹，下腹部分区域有竖绳纹。轮制。高33、口径9.8、腹径35.3、底径13.8厘米（图二五二，3；彩版七六，6）。

9. 陶囷

共计3件，分别为NM19：3、NM22：6、NM58：2。皆为泥质红陶，形制类似，盖顶有一雄鸡状捉手，轮、手制结合。NM19：3，泥质红陶。器身上部残损，未能修复。囷身呈圆柱形，囷身上部有一横矩形孔，横长4.5、纵宽3厘米，残碎盖顶有一雄鸡状捉手。残高14、底径10.5厘米（图二五二，1；彩版七六，5）。NM58：2，泥质红陶。囷身呈圆柱状，上端较粗，上部近盖处有一竖直矩形口，横宽3、竖长4厘米，连体假盖，呈圆锥形，但上部较平，制一雄鸡状提手。通高25、盖径19、底径12厘米（图二五二，2；彩版七六，4）。

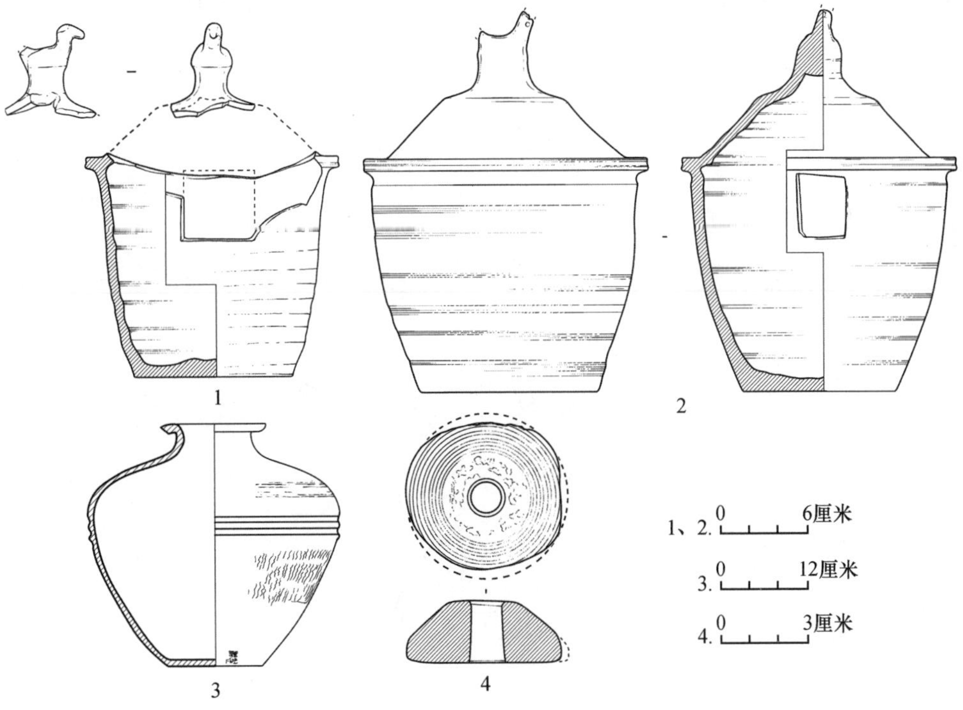

图二五二　陶缶、陶囷、陶纺轮

1、2. 陶囷（NM19：3、NM58：2）　3. 陶缶（NM29：2）　4. 陶纺轮（NM22：5）

10. 陶纺轮

1件。NM22：5，泥质灰陶。平面呈圆形，截面呈圆弧形，一侧平整光滑，另一侧呈圆弧状，圆弧面有九圈阴弦纹。外径5.3、内径1厘米（图二五二，4；彩版八二，3）。

（二）铜器

铜器主要以各类小件为主，如铜带钩、铜镜、铜环、铜铃、铜璜、铜钱等，合计共发现31件组。

1. 铜带钩

共计发现9件。部分钩首残缺，少部分有简单纹饰，根据带钩形制可分为二型。

A型　4件。琵琶形。NM43：4，总体呈琵琶形，兽形钩首，截面呈拱形，圆形纽位于钩尾部。通体素面。通长4.5厘米（图二五三，2；彩版八六，4）。

B型　5件。屈棒形。NM78：5，总体呈弧形棒状。通体素面。钩首已残，圆形纽位于中部。长9.3厘米（图二五三，1；彩版八七，3）。

2. 铜镜

共计发现3件，分别是NM29：4、NM31：5、NM67：6，大小相近，皆为弦纹镜，镜背饰两圈阳弦纹。NM29：4，圆形镜，已碎裂成4块，锈蚀严重，镜背有两圈阳弦纹，中心有圆形镜纽，镜纽中部有一道浅凹痕将其分成两部分。直径8.5厘米（图二五三，7；彩版八三，1）。

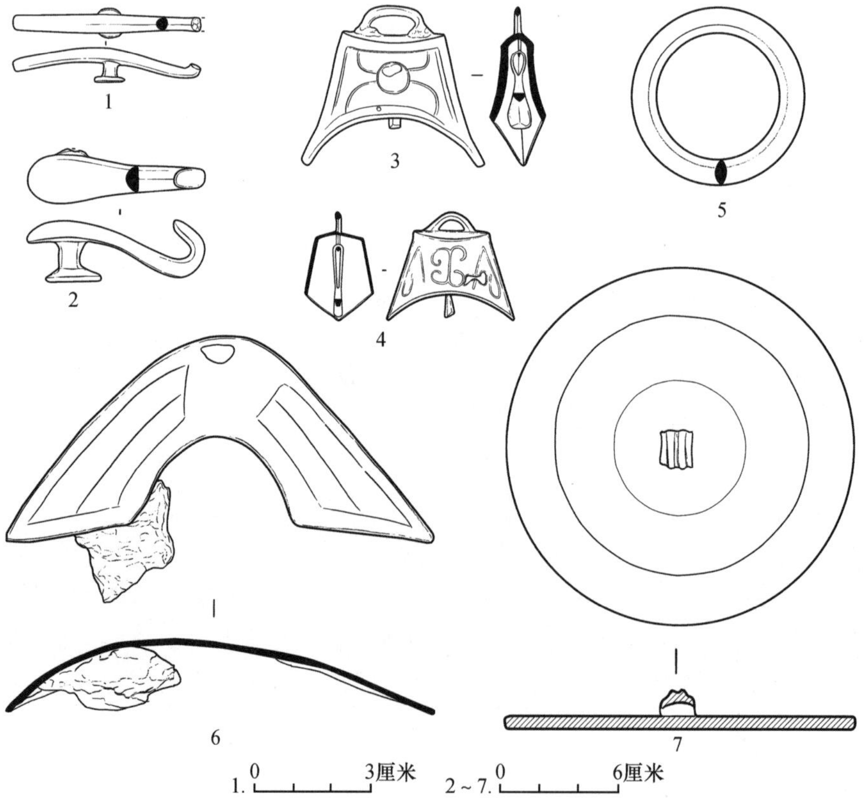

图二五三　铜带钩、铜铃、铜环、铜璜、铜镜

1、2. 铜带钩（NM78：5、NM43：4）　3、4. 铜铃（NM31：6、NM75：3）　5. 铜环（NM67：9）　6. 铜璜（NM31：10）　7. 铜镜（NM29：4）

3. 铜环

共计发现4件，分别是NM29∶7、NM30∶3、NM34∶3、NM67∶9，青铜质地，形制相同，大小有别。NM67∶9，通体素面。外径4.1、内径3厘米（图二五三，5；彩版八五，6）。

4. 铜铃

共计发现5件组，分别是NM30∶4、NM31∶6、NM32∶3、NM43∶6、NM75∶3。NM75∶3，青铜质地。扁体，部分残缺，大部分铃体上有简单纹饰（图二五三，4；彩版八四，2）。NM31∶6，扁体状，弧形口，上部有略呈弧形耳，铃内系一铃舌碰撞发声用，铃身上有阳刻简单纹饰。长4.5、高3.8厘米（图二五三，3；彩版八三，5）。

5. 铜璜

1件。NM31∶10，总体呈片状弓形，已断裂呈两节，首部有一略呈三角形孔，一面有两道阳刻弦纹，弦中部有半圆形孔，黏附有铁锈块。弦远端长11.2、宽约2厘米（图二五三，6；彩版八二，5、6）。一些学者认为其为“压胜钱”的一种。但近年来，一些学者对此进行了专门研究，发现许多证据证明其更有可能是与铜铃结合使用的装饰器。该墓铜璜与铜铃共出，位置十分接近，皆位于墓室中部，该墓未发现钱币出土，而与铜铃共出，还共出作装饰用的料珠，且位置接近，也从侧面证明了其应该是与铜铃、料珠等结合使用的装饰器，而非钱币。

6. 铜钱

2件组。NM14∶1，1组15枚，钱币形制相同，大小无明显差异。NM28∶3，1枚。NM14∶1，半两钱，内外均无郭，横读，背面光滑。外径2.2、内径0.7厘米（图二五四，1～4）。NM28∶3，半两钱，内外均无郭，横读，背面光滑，钱文深浅不一。外径3.1、内径1厘米（图二五四，5；彩版八二，4）。

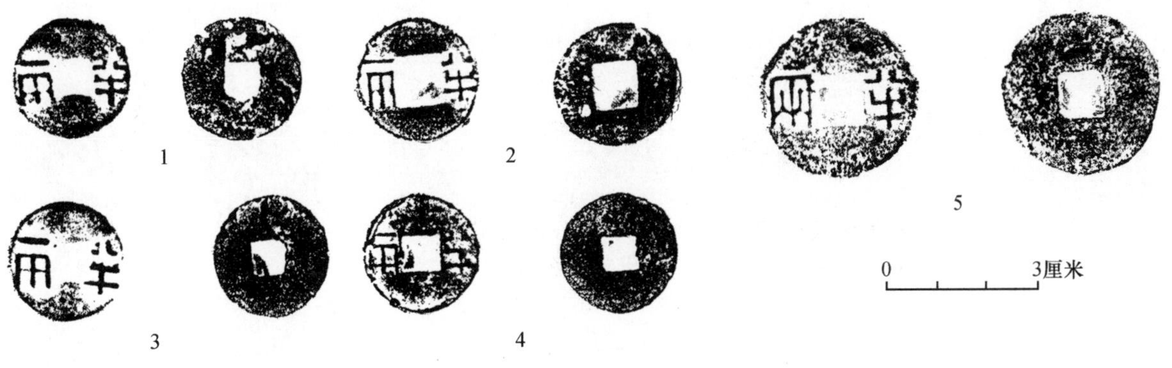

图二五四 铜钱

1. NM14∶1-1 2. NM14∶1-2 3. NM14∶1-2 4. NM14∶1-4 5. NM28∶3

7. 铜印

共2件。NM29：6，总体呈长方形，印面有两阴刻文字“向印”，无界格，印身素面，上有一桥形纽。印面长1.6、宽1、通纽高1.2厘米（图二五五，2；彩版八四，3、4）。NM52：2，整体呈长方形，多层台，印面有两阴刻文字“敦肆”，小篆，有界格，印身素面，上有小圆形纽。印面长1.8、宽1、通纽高1.3厘米（图二五五，1；彩版八四，5、6）。

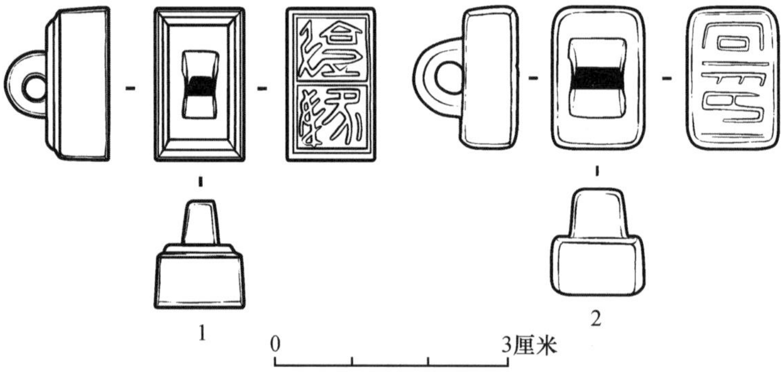

图二五五　铜印

1. NM52：2　2. NM29：6

8. 铜刀

2件组。铜环首，铁刃部，部分残缺。NM30：5，1组2件。环首长2.5厘米，刀身已全残、另一刀身残长3.4、环首长2.2厘米，两器形制相同，椭圆环首铜刀，铜环首，铁刀身，刀身均已残缺（图二五六，1、2；彩版八七，5）。NM67：8，刃部锈蚀严重。连首通长19、环首宽3.2厘米（图二五六，5；彩版八八，3）。

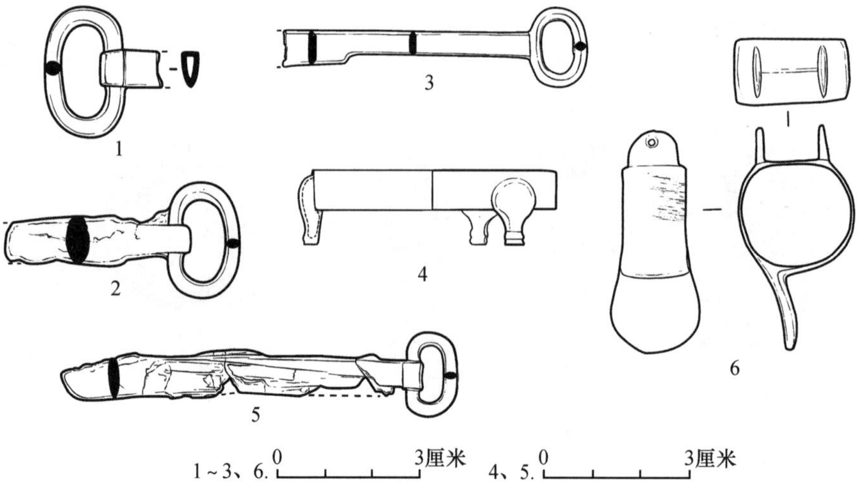

图二五六　铜刀、铜削、铜支架、铜鞢

1、2、5. 铜刀（NM30：5②、NM30：5①、NM67：8）　3. 铜削（NM75：5）　4. 铜支架（NM81：3）　6. 铜鞢（NM81：5）

9. 铜削

1件。NM75∶5，环首铜削，尖刃部已残缺。素面。通长6.2厘米（图二五六，3；彩版八七，6）。

10. 铜支架

1件。NM81∶3，总体呈三足相托的圆形，下部内折0.6厘米，三蹄足均匀分布于底部。口径11、高2.8厘米（图二五六，4；彩版八七，4）。

11. 铜韘

1件。NM81∶5，发现于墓主人头骨北侧，环形孔径2.2厘米，总体呈环形，一侧有拇指大小的扁状鋬，另一侧有两个相对的小弧形鋬，两小鋬上各有一小孔，应当为系线用，安阳殷墟妇好墓中有出土玉韘，虽形制略有不同，但亦有两穿孔。韘，主要用于开弓时套在右手拇指上，起保护手指的作用，材质多样，多见玉质、骨质、铜质，一般出土于墓主人手部（图二五六，6；彩版八五，1、2）。

（三）铁器

共计发现16件组，包括铁锛、铁削、铁带钩等器物。大部分锈蚀严重，部分器物已残碎成数块，形制难辨，挑选保存相对较好的器物标本详细介绍如下。

铁锛　NM66∶4，平面呈梯形、直刃、长方形銎、锈蚀严重。刃部长6.5、銎孔长3.5、宽2厘米，銎首长4.5、宽2.8、刃銎长10厘米（图二五七，9；彩版八九，6）。

铁削　2件。多为扁体环首。NM32∶5，残长7、厚0.2厘米（彩版八八，1、2）。NM6∶3，长6.3、宽约0.5厘米（彩版八九，5）。

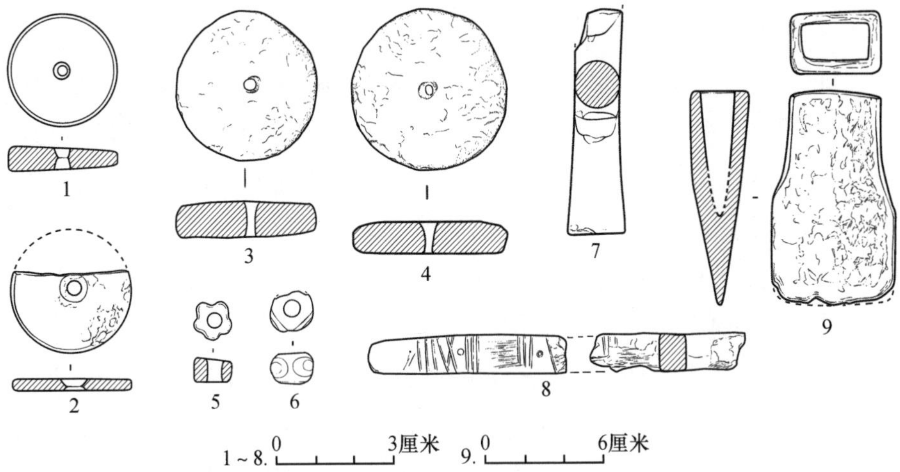

图二五七　石纺轮、圆形玉饰、炭棒、骨器、料珠、铁锛

1、2. 圆形玉饰（NM43∶8、NM43∶9）　3、4. 石纺轮（NM48∶4、NM48∶3）　5、6. 料珠（NM30∶6、NM6∶4）
7. 炭棒（NM58∶5）　8. 骨器（NM48∶6）　9. 铁锛（NM66∶4）

铁带钩　6件。主要呈曲棒形。NM4：6，断成2节，尾端呈钩状。残长11厘米（彩版八八，5）。NM25：5，断成三节，圆形纽位于钩身偏尾部。长11.8、宽1厘米（彩版八八，6）。NM64：3，已断裂成4节，圆形棒状，圆形纽位于钩身中部。长7.5厘米（彩版八九，1）。NM66：3，钩身呈弧形扁体、钩首呈兽形、没有圆形纽、钩尾残缺。长8.5厘米（彩版八九，2）。NM68：2，断成2节，钩首已缺失，圆形纽位于钩身尾部。长7.5、宽1厘米（彩版八九，3）。NM73：3，钩身呈弧形扁体、钩尾部分缺失，圆形纽位于钩身尾部。长9.5，宽1厘米（彩版八九，4）。

（四）料珠

共计发现6件组，其中4件（组）呈圆球状，2件（组）呈梅花状，均中部穿孔，外径0.8～1.5厘米，内径0.3～0.5厘米，珠身多呈乳白色，也有淡天蓝色。NM6：4，圆珠状，部分残缺，断面呈棕色，中部有圆孔，珠表呈天蓝色，附有白色片状装饰，白色装饰上又附有小片紫色装饰。外径1、孔径0.4厘米（图二五七，6；彩版九一，1）。NM30：6，略呈梅花状，外侧磨损严重，乳白色。外径0.8、孔径0.3厘米（图二五七，5；彩版九一，2）。NM48：5，1组6件。残损严重，圆珠状，中部有圆孔。外径0.9～1.1、内径0.4～0.5厘米（彩版九〇，6）。NM31：8，1组20件。有管有珠、料管2件，其余为料珠，8件呈圆环状，料管长1.5、外径0.6、料珠外径0.8、内径0.4厘米（彩版九一，3）。NM32：6，略呈梅花状，乳白色。外径1、内径0.4厘米（彩版九一，4）。

（五）骨石玉器

共计发现9件组，包括圆形玉饰、石纺轮、骨器、炭棒、骨环、玉壁等。

圆形玉饰　2件。NM43：9，两件形制、大小相同，外径2.7、孔径0.4厘米；一件已残（图二五七，2；彩版九〇，3右），NM43：8，一侧厚，一侧薄。通体素面。厚侧0.5、薄侧0.2厘米（图二五七，1；彩版九〇，3左）。

石纺轮　2件。NM48：3、NM48：4，呈圆饼状，两器形制、大小相同，器表呈白色，较粗糙。外径3.4、孔径0.4、厚0.6厘米（图二五七，4、3；彩版九〇，5）。

骨器　1组。NM48：6，呈长方形柱状，已断裂呈两块，面较光滑，上有竖向刻划纹。高8.8、长0.8、宽0.6厘米（图二五七，8；彩版九一，6）。

炭棒　1件。NM58：5，圆柱状，已断裂成两节，表面光滑，纯黑色。素面。长5、直径1厘米（图二五七，7；彩版九〇，1）。

骨环　2件。NM31：9，1组2件。大完整件呈圆形扁体，外径处折角，内孔圆滑，为两侧对钻。外径4.8、孔径1.7、厚0.7（彩版九〇，4左）。小残件外径与内孔处均为折角。外径3.8、孔径1.8、厚0.6（彩版九〇，4右）。NM36：3，略呈椭圆形。外径0.8、内径0.5厘米（彩版九一，5）。

玉璧　1件。NM43：5，扁体圆环、表面粗糙。素面。外径4.8、内径2.4、厚0.4厘米（彩版九〇，2）。

三、葬式特征

郭家崖南区78座墓葬中，NM1、NM14、NM31未发现人骨，NM13、NM32、NM37、NM38、NM42、NM50、NM78由于保存状况较差，葬式不能完全辨明；其中NM13头向西，上身缺失，下肢向北蜷曲；NM50上肢缺失，下肢向南蜷曲；NM78头向西，上身缺失，下肢向北蜷曲；NM15为二次葬，不计入研究统计。其他67座墓葬葬式中，NM11、NM18、NM41为仰身直肢葬，占可墓葬数量的4.48%；64座墓葬皆为屈肢葬，占墓葬数量的95.52%。除NM25为双人合葬墓外，其余墓葬皆为单人葬。各类墓葬形制与墓主人葬式统计情况（表三）。

表三　郭家崖南区秦墓葬式统计表

墓葬形制 / 葬式	竖穴土坑墓		直线洞室墓		偏洞室墓	合计
	Aa	Ab	Ba	Bb	C	
仰身直肢	1	1		1		3
侧身屈肢		7		3		10
仰身屈肢		10		34	10	54
合计	1	18		38	10	67

从表三中可以看出，在竖穴土坑墓的17座屈肢葬墓葬中，侧身屈肢有7座，占41.18%，仰身屈肢有10座，占58.82%。直线洞室墓的37座屈肢葬墓葬中，侧身屈肢仅3座，占8.11%，仰身屈肢有34座，占91.89%。所有偏洞室墓中10座皆为仰身屈肢。可以明显看出，竖穴土坑墓这种墓葬形制相对于直线洞室墓这样一种墓葬形制，侧身屈肢所占的比例明显高于直线洞室墓中侧身屈肢葬所占的比例，而且这种差异比较显著，可以看出具有一定的关联性。目前学术界关于秦墓中竖穴土坑墓比洞室墓先出现已基本取得共识，洞室墓在战国中期才逐渐形成规模和特色，在此之前一直是竖穴土坑墓占据主导地位。是否可以这样推测，随着时代变化，洞室墓逐渐成为战国中晚期关中地区中小型秦墓中墓葬形制的主流，在这一过程中，侧身屈肢这一葬式逐渐减少，仰身屈肢逐渐成为屈肢葬中的主流。当然，这还需要更多的材料来论证和探讨。

67座秦墓主人头向不一，其中56座头向西，占据主导地位；7座头向北，分别是NM2、NM9、NM10、NM28、NM41、NM55、NM73；4座头向东，分别是NM11、NM35、NM49、NM69。

就墓葬形制与头向来看，19座竖穴土坑墓中仅NM11墓主人头向东，M55墓主头向北，其余17座头向西。38座直线洞室墓中，6座南北向直线洞室墓墓主头向均向北，32座东西向洞室墓中，9座洞室位于墓道西侧、23座洞室位于墓道东侧。洞室居西的墓葬中仅NM35、NM69墓主人头向东，洞室居西的墓葬中仅NM49墓主人头向东，其余均为头向西。10座偏洞室墓，墓主人均为头向西。墓主人头向与墓葬形制并无明显相关性。

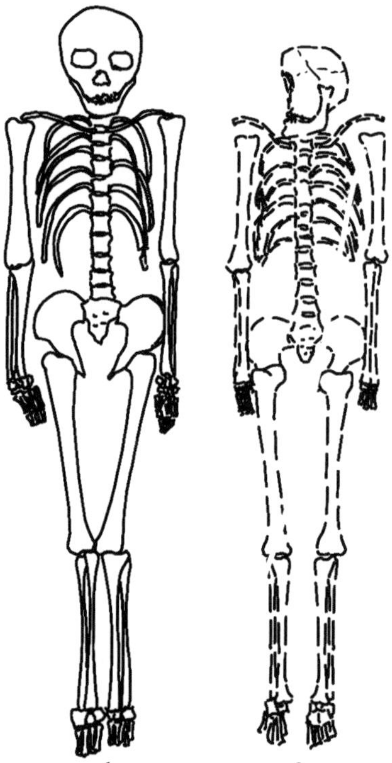

1　　2

图二五八　直肢葬葬式图

1. M18　2. M41

从墓主人骨架形态观察，可将其葬式分为直肢葬、屈肢葬两大类。

（一）直肢葬

仅3座。分别是NM11、NM18、NM41。均为仰身直肢，头部有的仰面朝上，有的转向一侧，如NM41墓主人面朝西，两条上肢骨均沿身躯两侧自然伸展，两条下肢骨平行自然伸展（图二五八）。

（二）屈肢葬

共计64座。可分为仰身屈肢和侧身屈肢两大类型。

1. 仰身屈肢

共计54座。上身仰卧，有的头部仰面朝上，有的头部偏向一侧，上肢的肱骨多延身躯两侧自然伸展，尺骨与桡骨则内折，有的交于胸部，有的交于腹部，或下放至胯部，也有部分人骨两条上肢错开。依据下肢蜷曲形态差异可细分为四种亚型。

Aa型　2座。分别为NM39、NM65。较为特殊，两条下肢呈膝内翻形态，两条下肢骨膝盖处分离较远，两条股骨分别向南北两侧伸展，胫骨与腓骨分别回折（图二五九）。

Ab型　4座。分别是NM6、NM7、NM69、NM80。蜷曲特甚，下肢的股骨和胫骨及腓骨

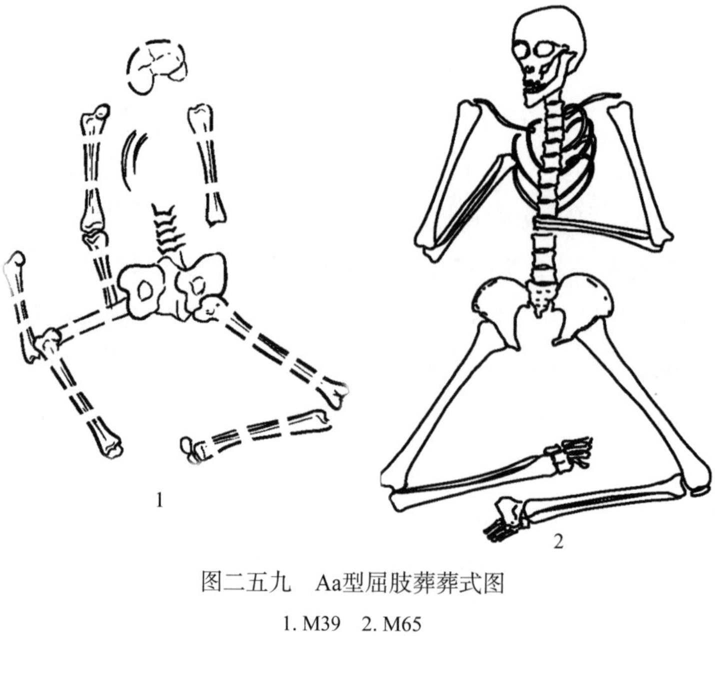

1　　2

图二五九　Aa型屈肢葬葬式图

1. M39　2. M65

正面曲折，脚踝处紧紧贴于臀部（图二六〇）。

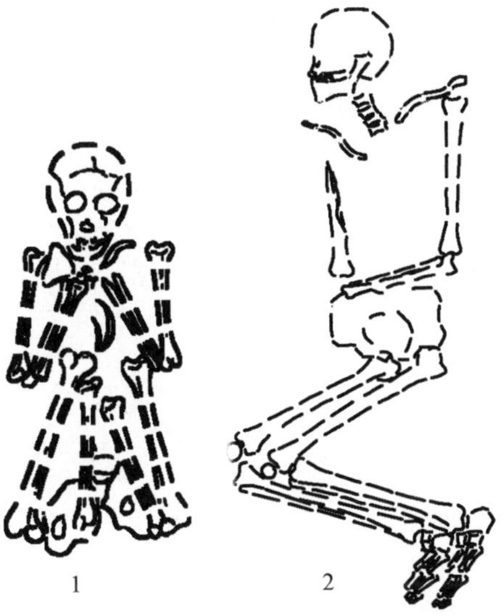

图二六〇　Ab、Ad型屈肢葬葬式图

1. Ab型（NM69）　2、3. Ad型（NM12、NM79）

Ac型　35座。如NM2、NM5、NM28、NM34、NM47、NM73等。蜷曲严重，两条下肢股骨并拢，胫骨与腓骨贴于股骨后侧，几无夹角，脚踝处也紧贴臀部（图二六一）。

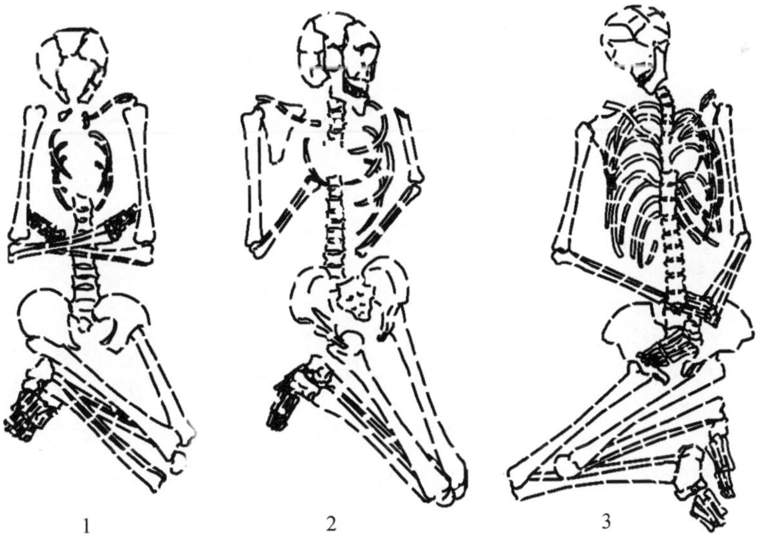

图二六一　Ac型屈肢葬葬式图

1. M2　2. M28　3. M73

Ad型　13座。分别是NM10、NM12、NM26、NM29、NM33、NM43、NM49、NM53、NM54、NM62、NM66、NM77、NM79。轻微蜷曲，两条下肢的股骨并拢，胫骨与腓骨轻微向后曲折，股骨与胫腓之间有较大夹角（图二六〇）。

2. 侧身屈肢

共计10座。面部朝向与下身蜷曲方向一致，上身侧卧，有的两手蜷曲抱于胸前，做祈祷状，有的两手沿身躯伸展，肱骨与尺骨、桡骨略微曲折。两条下肢按蜷曲程度可分为二亚型。

Ba型　共计7座。分别是NM16、NM23、NM24、NM35、NM55、NM71、NM72。下肢蜷曲严重，股骨与胫骨及腓骨几无夹角，贴合紧密，脚踝贴于臀部（图二六二，2）。

Bb型　共计3座。分别是NM17、NM22、NM56。下肢轻微蜷曲，股骨与胫骨及腓骨之间有一定夹角，未紧密贴合（图二六二，1）。

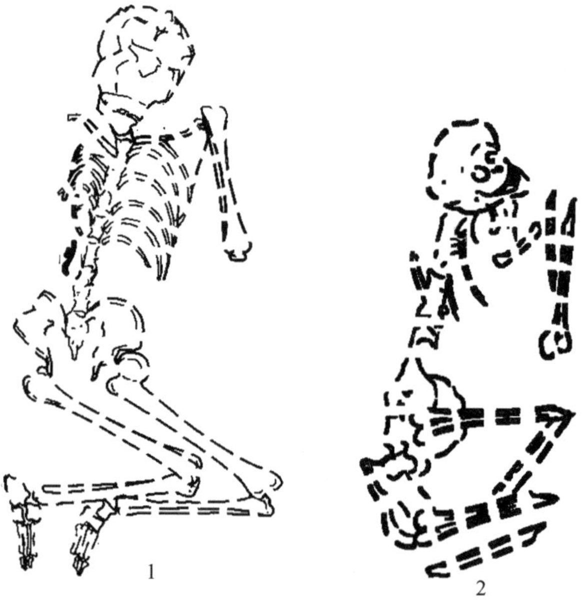

图二六二　Ba、Bb型屈肢葬葬式图

1. Bb型M22　2. Ba型M35

四、墓葬分期与年代

郭家崖南区秦墓地的78座墓葬之间没有打破关系，亦没有出土任何有直接纪年性的资料作参考。只能依照墓葬的形制、随葬器物的特点，再参照周边相邻地区已发掘并著录的秦墓葬考古资料，大体划定这批秦国墓葬的年代当在战国早期后段至战国晚期之间，或可晚到秦统一前后。

这批墓葬随葬器物的种类与组合比较单一，未见青铜礼器，全是陶器。主要器种是盖鼎、陶罐、陶壶、陶釜，陶盂、陶盒以及陶囷也有少量出土。具有典型意义的高领铲足鬲，以及双耳绳纹罐，在郭家崖战国秦墓地中的出土最为引人关注。对这些器物，尽管我们依据类型学原理进行了分型排队，发现除器种的变化具有比较明显的区域与时代特征外，器形的早晚演变并不那么敏感，时间悬殊不是很大，具有明显时代特征的器物不好单独确定。所以类型学上的细节变化，对这批墓葬的分期意义不是很大。考虑到郭家崖秦墓地规格低、随葬器物比较简单的情况，在没有绝对年代作标尺的情况下，只能以几座典型墓葬为坐标，对所有墓葬的早晚关系进行一个大概的区分。但是，区段划分上的早晚悬殊不是很大。

从墓葬形制上观察，78座秦国墓葬中，竖穴墓19座、偏洞室墓10座、直线洞室墓49座。与洞室墓相比竖穴墓自然要早，迄今考古资料表明春秋时期的都是竖穴墓，洞室的出现多在战国中期前后。偏洞室墓是竖穴墓向洞室墓过渡。宝鸡洪塬村发现一座春秋时的铜器残墓，其形制比较特殊，南北向，西边有二层台，东边无二层台，棺椁放置明显偏东，且向东边墓壁伸进16厘米，这种墓葬形制可能是竖穴土圹向偏洞室过渡的最早阶段①。凤翔高庄与陇县韦家庄秦墓地都处在春战之交，偏洞室墓都是这个时期的主流。如韦家庄 M16是这个墓地中比较典型的偏洞室墓②。说明偏洞室墓起码在战国早期已经形成。

南区发掘的78座墓葬，根据墓葬的形制演变，再结合葬品的形制、组合关系，大体可分为四期。分型分期图也为四期，与墓葬的分期相对应。

为了全面反映墓葬的面貌，在对出土陶器进行分型分期的同时，以墓号为单位，将该墓所出器物以图表形式附录于后，基本可以反映出墓葬的组合关系（图二六三、图二六四）。

（一）第一期

以竖穴土圹墓为主，计有NM4、NM11、NM17、NM18、NM23、NM27、NM55、NM56、NM57、NM64、NM71、NM72、NM79，其中NM64为偏洞室墓。随葬器物单一，有的无随葬品，大多为1～2件，最多的也只有4件，鬲与罐或壶的组合相对较多，其他没有什么组合规律，罐、壶、鼎、釜兼而有之。

本期NM23和NM79都是戎式铲足鬲与壶的组合。这种戎式铲足鬲本来就不是秦文化的器物，这种组合出现在秦墓葬中就比较少见。苏秉琦先生1934年在宝鸡斗鸡台考古发掘中，于屈肢葬墓中最早发现了几件铲足鬲③，并且把这种器形作为当时秦墓考古的三大特征之一。1955年，文物工作者在斗鸡台以西的李家崖发掘秦墓葬41座，出土了与斗鸡台相同的铲足鬲④。咸阳塔儿坡M23090：1也发现了与斗鸡台相似的鬲⑤。NM64是铲足鬲与圆肩绳纹罐的组合，这种罐在战国初期的墓葬中就已出现，但一直使用到战国晚期，如店子墓地M1与M146⑥。值得注意的是，这种罐在秦人墓葬中比较少见，多与铲足鬲或双耳罐组合，其时代可能要早。综合判断，NM64应当是这批墓葬中时代较早的。因此，第一期当在战国早期后段较妥。

---

① 王志友、董卫剑：《陕西宝鸡市洪塬村一号春秋秦墓》，《考古》2008年第4期。

② 陇县博物馆、宝鸡市考古队：《陕西陇县韦家庄春秋秦墓发掘简报》，《考古与文物》2001年第4期。

③ 苏秉琦：《苏秉琦考古学论述选集》，文物出版社，1984年。

④ 何欣云：《宝鸡李家崖秦国墓葬清理简报》，《文博》1986年第4期。

⑤ 咸阳文物考古研究所：《塔儿坡秦墓》，三秦出版社，1998年。

⑥ 陕西省考古研究所：《陇县店子秦墓》，三秦出版社，1998年。

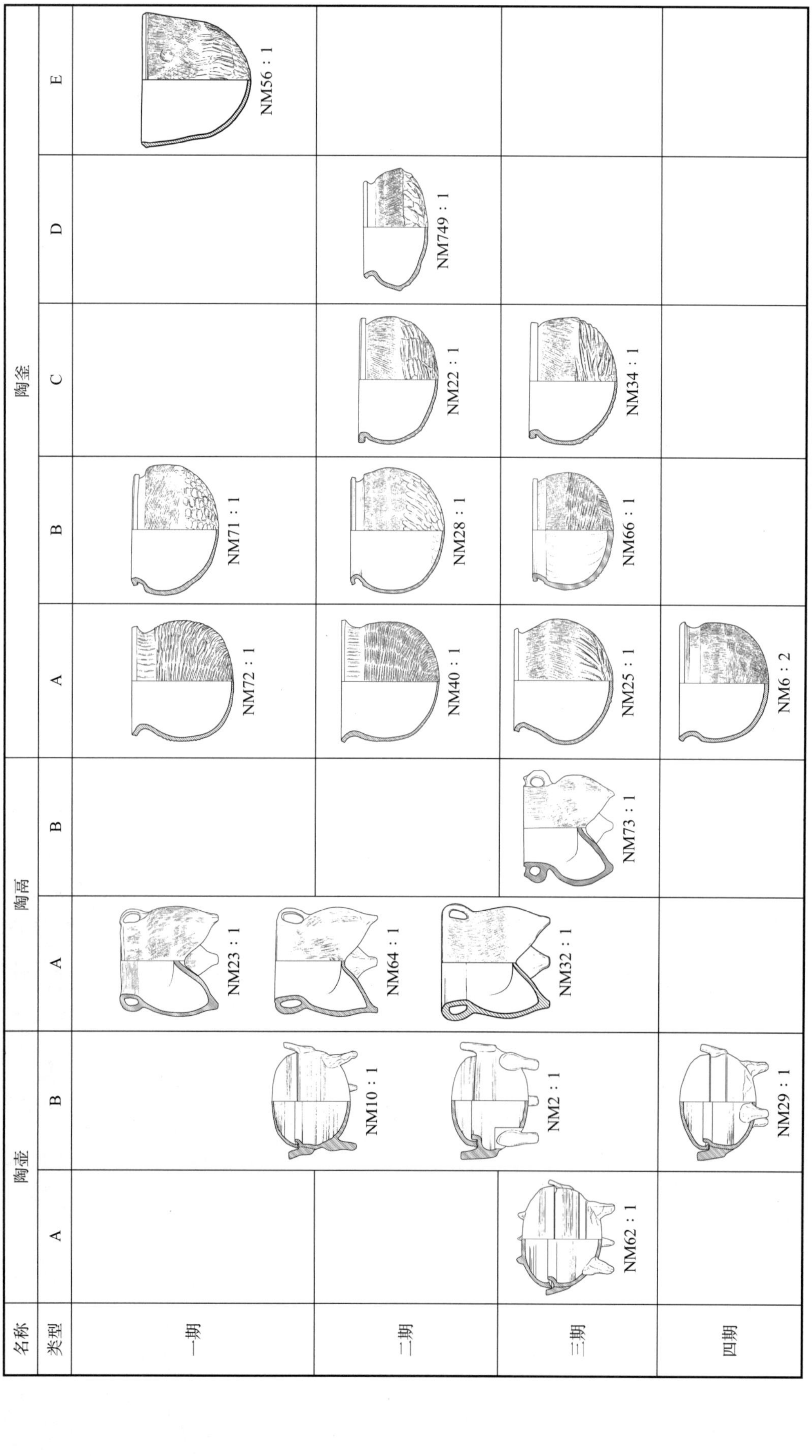

图二六三　郭家崖南区典型器物分型图

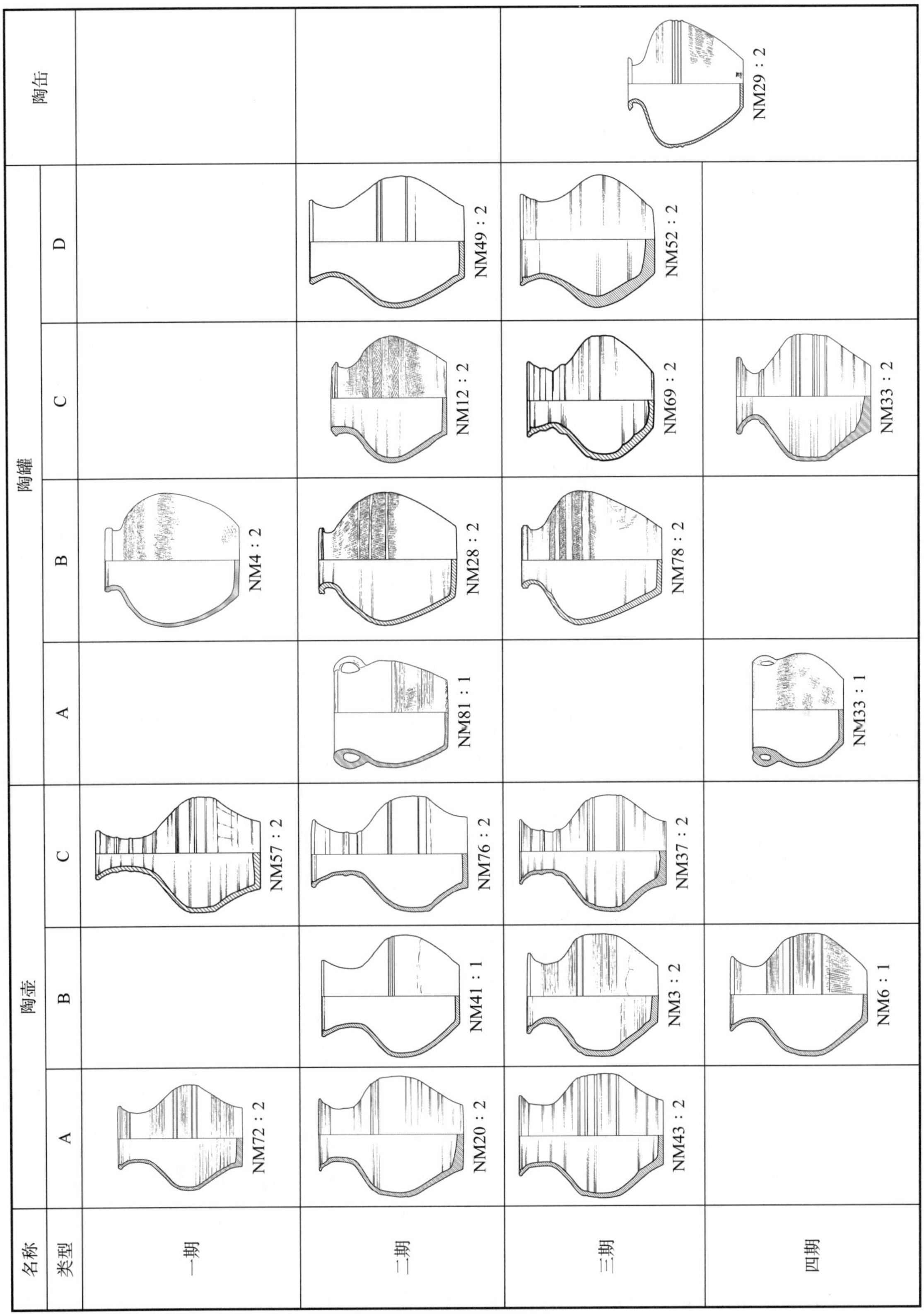

图二六四　郭家崖南区典型器物分型图

（二）第二期

以竖穴土圹墓和偏洞室墓为主，还有一部分为洞室墓，计有NM2、NM5、NM9、NM10、NM12、NM20、NM22、NM24、NM26、NM28、NM30、NM36、NM38、NM40、NM41、NM42、NM46、NM49、NM50、NM51、NM59、NM65、NM67、NM68、NM76、NM80、NM81。随葬器物单一，大多为2件，多是仿铜陶鼎、壶、罐、釜，最多的也只有6件。少数仅1件随葬器物。

本期的典型墓葬当推NM28，这是一座南北向的竖穴洞室墓，共出物有一件小口绳纹罐、釜和一枚半两钱。近年来，考古工作者在秦都雍城、咸阳及大荔、朝邑、四川等地战国时期的秦墓中获得了一大批秦半两钱，这些对我们确定墓葬的年代提供了可靠的依据。特别是四川青川M50出土的7枚半两钱，根据随葬的木牍文判断，不晚于秦昭王元年（公元前306年），也就是说青川M50出土的半两钱应是秦武王时期（公元前310～前307年）或者秦武王以前之物了①。秦武王是秦惠文王的儿子。惠文王于公元前337年立，在位27年。在这27年间，除二年“初行钱”外，关于钱币的铸行史书别无他载，因此可以断定惠文王二年（公元前336年）“初行钱”铸行的就是半两钱。已有学者将半两钱的铸行时间追溯至秦献公七年的“初行为市”时期。如是，郭家崖NM28的下葬时代可能还要早。NM28绳纹小口圆肩罐，在战国早期就已经出现，但多流行在中期，再如NM12、NM22、NM28、NM80、NM81都是这种形式的绳纹小口圆肩罐。NM20、NM46、NM81出土的绳纹双耳罐也是如此，都是郭家崖墓地比较有特色的器种。问题是，店子墓地M91出土的1件双耳罐②时代却晚到战国晚期，还有本期NM22出土的陶囷与高庄墓地M10相似，时代却早到春秋晚期。NM67：1出土的仿铜带盖陶鼎，在咸阳塔儿坡、任家嘴，西安邮电学院秦墓地比较普遍，但鼎足几乎都是粗壮的马蹄足，与郭家崖南区墓地锥足且外撇的特征完全不同，或可说明郭家崖秦墓地的时代可能稍早一点，但这种差异更多的或是区域性的，或是族属性的葬俗特征所致。因此，综合分析，第二期大体当在战国中期较妥。

（三）第三期

以洞室墓为主，计有NM1、NM3、NM7、NM8、NM13、NM15、NM16、NM19、NM21、NM25、NM31、NM32、NM34、NM35、NM37、NM39、NM43、NM44、NM47、NM48、NM52、NM53、NM54、NM58、NM60、NM61、NM62、NM66、NM69、NM73、NM74、NM75、NM77、NM78。随葬器物单一，大多为2件，壶是最常用的随葬器物，也有

① 四川省博物馆青川县文化馆：《四川青川县战国墓发掘简报——青川县出土秦更修田律木牍》，《文物》1982年第1期。

② 陕西省考古研究所：《陇县店子秦墓》，三秦出版社，1998年。

仿铜陶鼎、陶釜、戎式鬲、陶盂、陶囷、铜带钩、铜铃相继伴出，随葬器物最多的是NM31、NM43，有陶釜、陶罐、陶盂、铜镜、铜铃、铜带钩、铜璜、串饰、玉璧、铁削等。少的仅随1件陶釜。

本期随葬器物种类和数量虽然比较单一，然而陶壶器形却值得关注。这是因为这种陶壶器形，在宝鸡地区的同期秦墓中很少出现，看到的多是椭方口、细长颈扁状附耳、大喇叭状圈足的陶方壶。如凤翔高庄墓地未见1件，店子墓地224座墓葬中仅M135出土了1件[①]。西村墓地也只有80M152：13、79M8：2共2件属于这种形式的壶，但还是有点差异。咸阳任家嘴秦墓地的发掘规模及随葬器物面貌与陇县店子秦墓地有点相似，只是这种陶壶比陇县店子墓地要多一些，如M97：2、M111：3、M251：5，发掘者把这种陶壶的时代隶定在战国晚期到秦代时段[②]。郭家崖南区共出土这种亚形壶47件，近半数都出在这个时期的墓葬中。

与之形成鲜明对照的是，西安南郊儿处战国秦墓中出土的陶壶与郭家崖秦墓如出一辙，也不见1件椭方口、细长颈扁状附耳、大喇叭状圈足的陶方壶[③]。发掘者把这种陶壶隶定在战国中期至晚期时段。咸阳塔儿坡秦墓地的随葬器物器种情况与郭家崖也有点相似，不见仿铜陶簋、陶豆、大喇叭口陶罐和陶方壶。但这种“亚”字形陶壶却比较常见，如M45215：6与郭家崖NM：19相似。还有郭家崖NM62：1仿铜盖鼎与塔儿坡秦墓地的仿铜盖鼎M28275：1相似，发掘者把这种陶壶与鼎都隶定在战国晚期前段至战国晚期[④]。因此，第三期的时代大体当在战国晚期。

（四）第四期

多为洞室墓。计有NM6、NM14、NM29、NM33。NM29是一座框架结构的竖穴墓，一般说来，竖穴墓时代要早，但这座墓出土的文字信息表明，可能是这批墓葬中时代最晚的。

这是因为，陶罐NM29：2上的刻划陶文“□□里中”，与高庄铜鼎M1：7铭文上“厝里”字样的“里”字书写风格相同[⑤]，石鼓《作原》上的里字也是这么写的[⑥]；“中”字与秦陶四二七俑中的中字相近[⑦]。不仅如此，高庄M1：4陶罐肩部也有一陶文。秦陶文虽在春秋时代就有发现，如凤翔南指挥村的两座春秋晚期的秦墓内出土的9件陶器上就发现有陶文[⑧]，但陶文的大量发现是在战国中期以至秦王朝时，比较集中地分布在秦都雍城、咸阳和秦始皇陵区。如

① 陕西省考古研究所：《陇县店子秦墓》，三秦出版社，1998年。

② 咸阳市文物考古研究所：《任家咀秦墓》，科学出版社，2005年。

③ 西安市文物保护考古所：《西安南郊秦墓》，陕西人民出版社，2004年。

④ 咸阳市文物考古研究所：《塔儿坡秦墓》，三秦出版社，1998年，第212、227页。

⑤ 尚志儒：《凤翔县高庄战国秦墓发掘简报》，《文物》1980年第9期。

⑥ 彭曦：《中华瑰宝石鼓文》，三秦出版社，2010年，第240页。

⑦ 袁仲一、刘钰：《秦文字类编》，陕西人民教育出版社，1993年，第132页。

⑧ 田亚岐、王保平：《凤翔南指挥两座小型秦墓的清理》，《考古与文物》1987年第6期。

咸阳塔儿坡出土的91件陶器上都有陶文，风格与NM29∶2陶罐上的相似[①]。凤翔高庄出土的17件陶缶，多数肩上有陶文[②]。NM29∶1陶鼎也与高庄M2∶4酷似[③]，墓底铺卵石与店子M237相同[④]；出土的陶仓、铜印、铜镜、铜带钩都是战国晚期常见物。因此综合判断，NM29的埋葬年代当在战国晚期，甚至可能晚到秦代。

NM14出土的15枚“半两”钱币形制相同，大小无明显差异。外径2.2、内径0.7厘米；内外均无郭，横读半两，背面光滑。半两字体较大，钱文方正，较为古朴，“半”字上大下小，竖折较长，横笔较短，“两”字横较短，内呈“人”形特征多是秦统一后的特征。还有NM14出土的漆盒虽然很难复原，但痕迹清晰。漆盒，位于墓室中部。盆形状，仅保留漆色痕迹，不好复原。战国时漆器生产规模已经很大，但考古发现保存下来的多在秦代以后，如湖北云梦睡虎地出土了140余件漆器[⑤]；1978年，四川荥经发现的“成亭”戳记的秦代漆器[⑥]。因此，第四期的时代当在秦统一前后。

五、小　结

（一）这是一处瘗埋平民百姓及小贵族的邦墓地

郭家崖南区墓地共发掘秦墓78座，除南区一座汉墓NM70打破一座秦NM43外，所有秦墓之间没有打破与叠压关系，说明这是一处经过统一规划和管理的墓地。

这批墓葬随葬器物比较简单，未发现一件青铜礼器，除3座墓葬没有随葬器物外，8座墓只有1件随葬器物，19座随葬器物在4件以上，其他大多是2～3件的陶器组合。说明郭家崖墓地埋葬的都是平民百姓。

同时我们还注意到，随葬器物中，凡有仿铜陶鼎随葬的墓葬，同时还有其他器物共出，相比较，这些墓葬的主人身份可能稍高一点。如南区二期的NM67，出土仿铜陶鼎、陶壶、陶盒和铜带钩、铁刀等9件器物，表明这些随葬有仿铜陶鼎墓葬的墓主可能是一些品级低下的士。

值得关注的是，NM29出土的一件陶缶下腹近底部刻划有陶文“里中□□”，二字无法辨识（图二六五，2）。NM47∶1陶釜上也有陶文，不好识读（图二六五，1）。陶釜NM56∶1器形特殊，整体呈椭圆形，直口，尖唇，直腹，圜底，腹部饰竖绳纹及交错绳纹，圜底饰竖粗绳纹，底部有烟炱痕迹，应当属于陶釜。戳印陶文符号在陶釜口沿部，但字迹模

① 咸阳市考古研究所：《塔儿坡秦墓》，三秦出版社，1998年，第183页。

② 雍城考古队：《陕西凤翔高庄秦墓地发掘简报》，《考古与文物》1981年第1期。

③ 尚志儒：《凤翔县高庄战国秦墓发掘简报》，《文物》1980年第9期。

④ 陕西省考古研究所：《陇县店子秦墓》，三秦出版社，1998年，第11页。

⑤ 湖北孝感地区第二期亦工亦农文物考古训练班：《湖北云梦睡虎地11号秦墓发掘简报》，《文物》1976年第6期。

⑥ 荥经古墓发掘小组：《四川荥经古城坪秦汉墓葬》，《文物资料丛刊》（4），文物出版社，1981年。

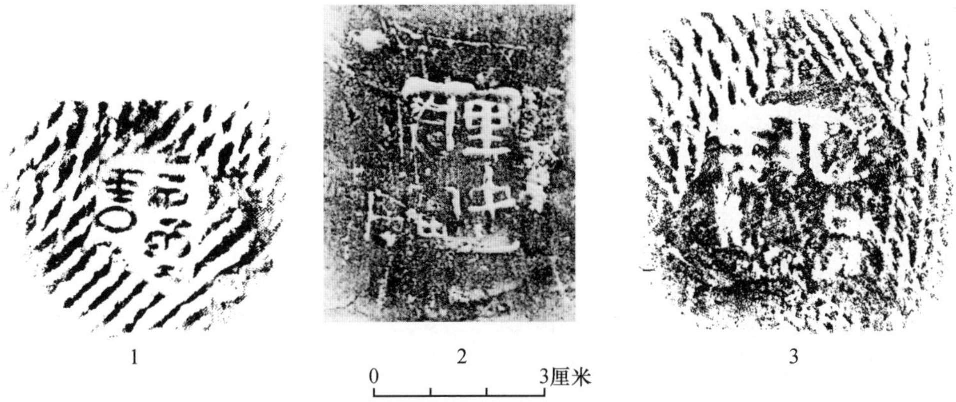

图二六五　陶器陶文拓片

1、3. 釜（NM47：1、NM56：1）　2. 缶（NM29：2）

糊，难以辨认（图二六五，3）。

陶文“里”为秦国乡村基层政权单位。根据袁仲一先生的考证，带“里”的陶文，是民间私营手工业作坊所制[1]，这些也都说明，这是一处普通的国人墓地。

整体上看，郭家崖南区墓地埋葬的都是平民百姓及小贵族的邦墓。

（二）随葬器物单一，但特点突出

郭家崖南区、北区墓地的随葬器物种类单一，以往战国中期之前秦墓中比较常见的仿铜陶簋、陶豆、陶甗、长颈方口陶壶、大喇叭口陶罐，以及陶匜始终未见出土一件，形成了墓地的群体特征。陶器种类主要是鼎、罐、壶形罐和釜。不仅如此，关中西部秦墓中常见的秦式鬲在南区未见1件，全是戎式铲足鬲，并且风格比较一致。出土的19件带盖款式的陶鼎，除2件在形制上略有不同外，其他始终保持一种风格。

（三）洞室墓占绝大多数

郭家崖南区共发掘秦墓78座，其中洞室墓共59座，包括偏洞室墓10座、占秦墓总数的76%。其中直线洞室墓与偏洞室墓相比，直线洞室墓共49座，占洞室墓的83%，偏洞室墓共10座，占洞室墓的17%。也就是说，洞室墓是南区的主流葬俗，这个占比在关中地区秦墓中还是比较高的。而洞室墓中，洞室居东的最多，有30座，其次是洞室居西的有11座，还有8座洞室居北。所有洞室墓口都用木板封堵。

竖穴土坑墓共19座，占墓葬总数的24%。墓壁光洁平整，有收分，呈现出口大底小状。部分角隅留有上下错位的三角形脚窝。竖穴墓圹多留有二层台，少数无二层台，有的二层台四壁有数量不等的竖直枋木槽，部分墓葬在二层台下壁面上有头龛。比较特殊的是NM29墓底大量铺垫砾石。

---

① 袁仲一：《秦陶文综述》，《秦文化论丛》，三秦出版社，2008年。

（四）头龛置放器物很普遍

南区的78座秦墓带有壁龛的就有63座，占墓葬总数的81%。其中19座竖穴墓中，有壁龛的12座，占竖穴墓总数的63%；10座偏洞室墓中，有壁龛的10座，占偏洞室墓总数的100%，49座直线洞室墓中，有壁龛的41座，占直线洞室墓总数的84%。一般说来，东周秦墓的发展是从竖穴、偏洞室、再到洞室逐步演变的。这个占比数字，基本上反映了这种趋势的发展轨迹。到了洞室墓阶段，利用壁龛放置随葬器物的比例已很高，偏洞室墓已达到100%。这些壁龛的正面形状基本上都是长方略带圆角形，深度多在0.3～0.4厘米，个别呈弓形龛。竖穴墓与偏洞室墓中壁龛的位置无一例外地都在西端，与墓主的头向相向，所以也称作头龛。直线洞室墓中的壁龛大多位于近洞口处的南北或东西两侧，也有部分壁龛的位置在洞室的里（东或西）端。除NM25是双人葬，有两个壁龛外，其他都是一墓一龛。除一座壁龛是空的外，其他壁龛都置放有随葬器物，个别在置放器物的同时，还放有兽骨。

（五）奇特的框架木椁结构

以往所见秦墓中的棺椁都是实木结构打造而成。进入战国以后的秦墓考古中，在咸阳塔儿坡秦墓地曾发现3座墓室有立柱，发掘报告认为这应当是由盖板、棚木、立柱共同组成的木椁的一部分①。西安茅坡邮电学院秦墓也有2座框架结构的棺椁形制②。郭家崖南区共发现7座这类带有立柱框架结构的棺椁形制。还有8座墓室边沿四周有框架，上面盖有棚木，也当属于这种框架结构的棺椁之类。郭家崖北区也发现5座这种带有立柱框架结构的棺椁形制。还有7座墓室边沿四周有框架，上面盖有棚木的墓制形式。在秦人墓葬中不多见。框架木椁结构是一个全新的概念，因此存在一个对这种葬具资料的积累与认识问题。

（六）需要注意的几个独特现象

郭家崖南区秦墓地除过上述一些群体特征外，还有几个比较独特的现象需要关注。因为这些现象除台阶外，都是孤例，在迄今为止的秦墓考古中还未见有报道。

一是NM81墓葬形制中的台阶问题（图二〇八）。这是一座东西向布局，墓室位于墓道东端，墓道的西端发现有台阶。这种现象在关中西部的陇县店子墓地虽发现一座（M237），所不同的是台阶在墓道的一侧③。除此之外，在关中西部的秦墓葬考古中还不多见。值得关注的是，这种竖穴偏洞室阶梯式墓道是甘肃马家塬战国戎人墓葬的显著特征，如马家塬M8、

① 咸阳文物考古研究所：《塔儿坡秦墓》，三秦出版社，1998年，第15页。

② 西安市文物保护考古所：《西安南郊秦墓》，陕西人民出版社，2004年，第287页。

③ 陕西省考古研究所：《陇县店子秦墓》，三秦出版社，1998年，图版二十三。

M13、M16都是如此[①]。这里需要延伸一下的是，店子M237是台阶式墓，底部的卵石铺地现象，与郭家岸NM29如出一辙。由此不难看出，店子M237的台阶与卵石铺地习俗，本就是戎人的墓葬习俗。这对于我们一并观察郭家崖墓地的文化属性又增加了一个新的佐证资料。

二是NM25的“｜”形排列放置的两具棺木与两具都是头西足东的屈肢葬的埋葬方式。从发掘清理现场看，这是一次性挖掘好同时瘗埋的墓葬。两个壁龛，两套随葬器物数量与形状相似。这种二人合葬方式还是秦墓葬考古中的第一次发现。

三是NM6的甬道形制，NM14也是这种情况，墓圹与洞室之间有一段间隔，似为甬道（过洞）。这种带有过洞现象的洞室墓也是秦墓考古中很少遇到的。这对我们认识秦国墓的发展演变增加了新的资料。

（七）西戎文化的群体特征突出

郭家崖南区秦墓地与关中西部已发掘的秦国墓葬有着明显的不同。在墓葬形制上，洞室墓占总数的76%；壁龛占墓葬总数的81%，其中偏洞室墓中壁龛占总数的100%。在葬具上，立柱框架结构的棺椁形制引人注目。在随葬器物种类上，主要是鼎、罐、壶形罐和釜。不仅如此，关中西部秦墓中常见的秦式鬲未见一件出土。出土的鬲全是戎式铲足鬲。这些群体特征与规模较大的店子秦墓、孙家南头秦墓、西高泉秦墓以及高庄秦墓地毫无共同之处，与一些零星发现的秦墓也不一样。却与李家崖墓地、建河墓地极为相似。这就构成了在同一个时空范围内，与相邻区域已知秦人墓葬文化内涵完全不同的群体特征，为我们进一步推断他们的部族关系，提供了物质上的支撑。

值得关注的是，郭家崖南区秦国墓地的姜戎文化因素问题。如出土的7件鬲，不见一件秦式鬲，全是铲足鬲。这种鬲在北区就有发现，我们在北区简报中已经提及。它与秦式鬲的风格完全不同，包括夹砂双耳罐在内，都是属于西戎文化序列的器物，与秦式鬲所反映的完全是两种不同性质的文化。这种西戎文化风格的铲足鬲，除在甘肃毛家坪B组有报道外[②]，在春秋秦墓中还未见有报道，战国阶段的秦国墓葬中偶有发现，但不像郭家崖墓地这样突出，所以也就没有引起学界的广泛关注。

郭家崖秦墓地框架结构的竖穴墓葬形制，很可能是受戎人框架结构木棺影响的结果。从器物组合上看，凡与铲足鬲和双耳罐组合的陶器全是陶壶（罐），不见铲足鬲、双耳罐与陶釜、陶鼎之组合，也不见铲足鬲与双耳罐之组合（表四、表五）。

这种组合不是秦人墓葬的习俗。NM29底部用石头铺地的现象，也可能是戎人墓葬中比较常见的习俗。也就是说，郭家崖墓地的这些现象不是孤立的。虽然这种现象与秦人墓葬的东西向、屈肢葬、洞室墓特征交织在一起，但是这些葬俗并不是秦人所固有的。综合考察，郭家崖

---

① 张家川回族自治县博物馆、甘肃省文物考古研究所：《2006年度甘肃张家川回族自治县马家塬战国墓地发掘简报》，《文物》2008年第9期。

② 甘肃省文物工作队北京大学考古学系：《甘肃甘谷毛家坪遗址发掘报告》，《考古学报》1987年第3期。

表四　南区铲足鬲墓葬的器物组合

墓号	南区高领袋足鬲墓葬的器物组合	备注
NM23	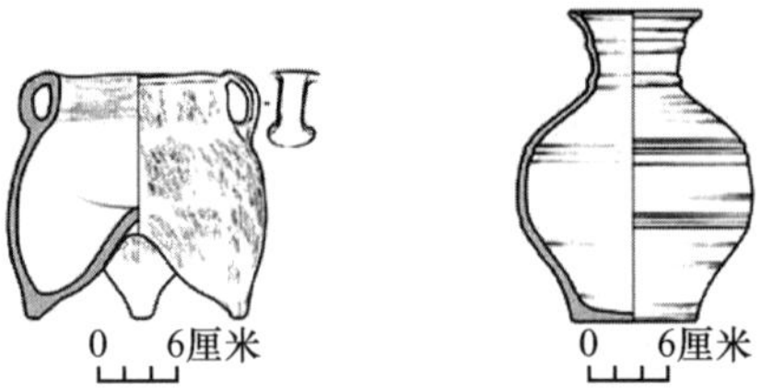	竖穴
NM30	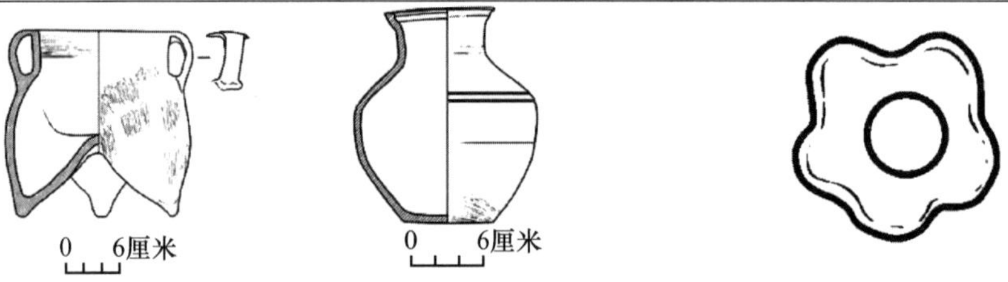	直线洞室
NM32	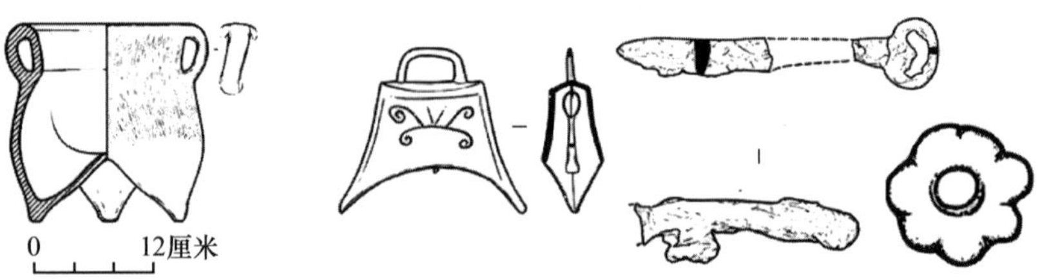	直线洞室
NM64	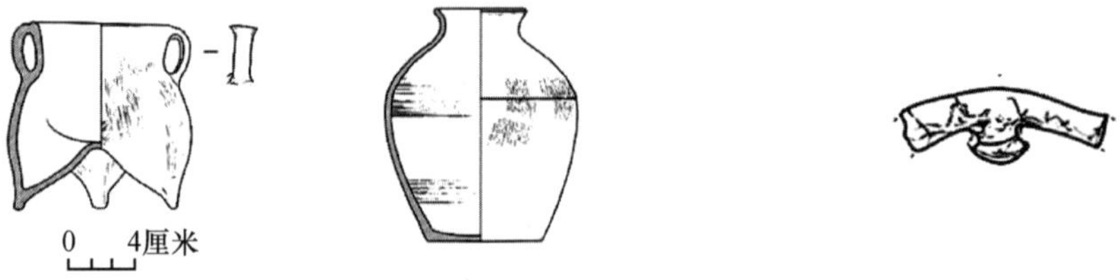	偏洞室
NM68		直线洞室
NM73	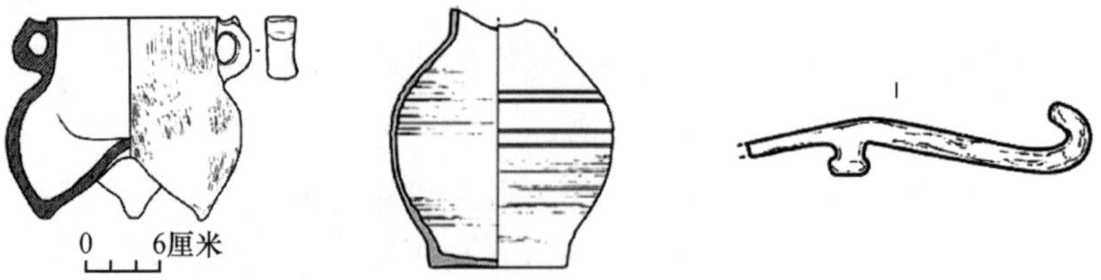	直线洞室
NM79	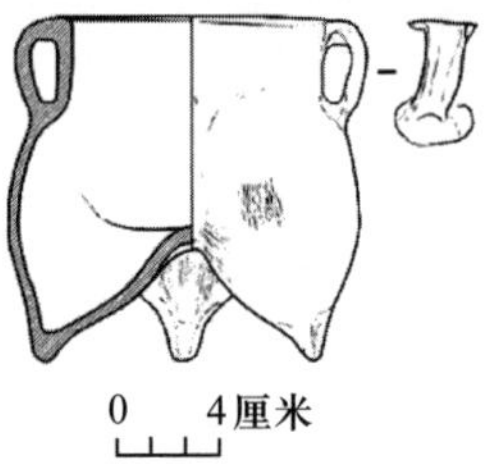	竖穴

表五 南区秦墓双耳罐墓葬组合

墓号	南区秦墓双耳罐墓葬组合	备注
NM20	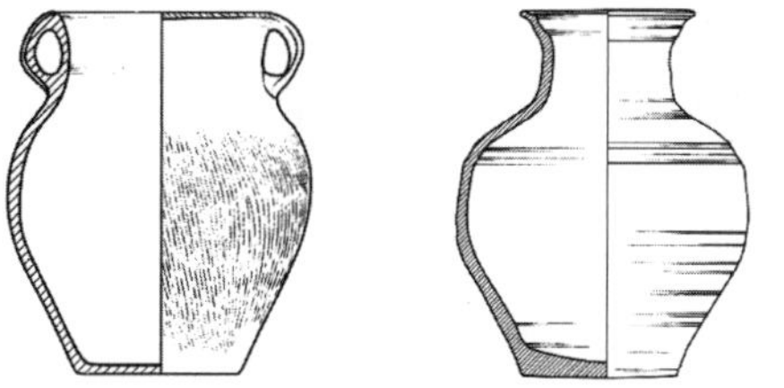	直线洞室
NM33	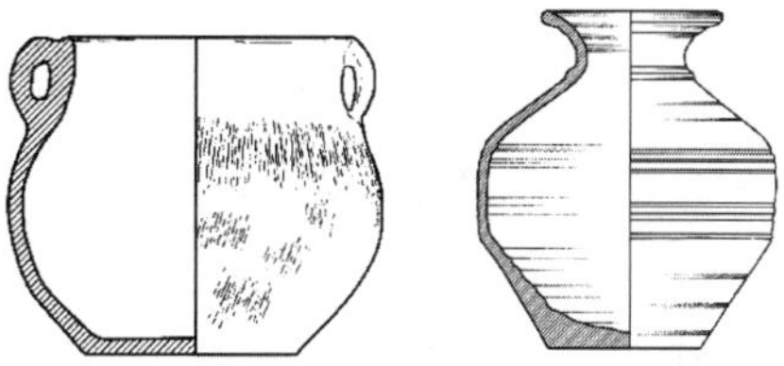	直线洞室
NM46	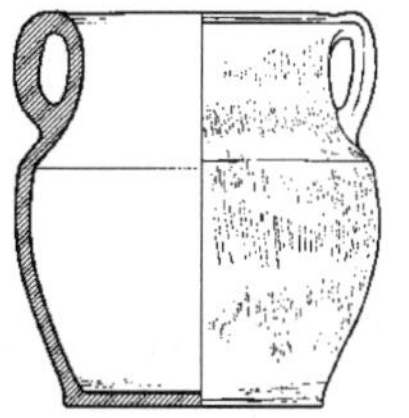	直线洞室
NM81	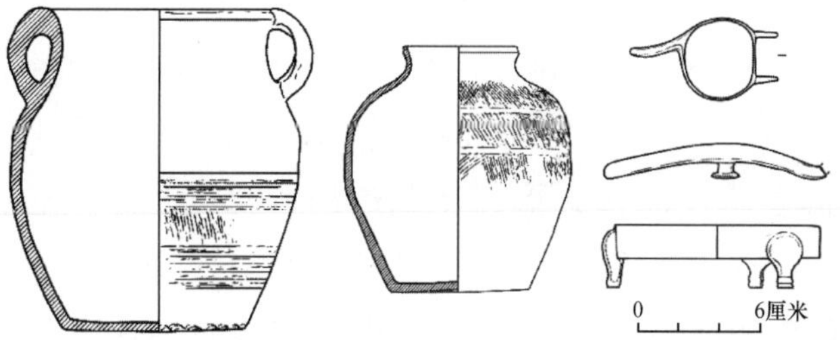	直线洞室带台阶

秦国墓地的文化是多元的。很可能在战国时期，秦文化与以西戎文化特征为主体的当地土著文化融合的结果。

秦人长期与戎人杂居，生活区域与西戎重合。西周时期，秦人与戎人处在敌对状态之中。秦受封立国初年，戎人势力还很强大，封地范围内的大部分地区还被戎人占领着。经过秦文公与秦武公近百年的打拼，到秦穆公时，已“益国十二，开地千里，遂霸西戎”。由于秦人的包容政策，许多戎人逐步融入秦国的生活之中。《史记·秦本纪》述，“秦用由余谋伐戎王”，由余本为戎人，能够帮助秦人征服西戎，足见当时秦人影响力之强大。这时，在关中地区秦墓内看到的诸如戎式鬲这样的器物，可能仅仅是某个西戎小部族在秦的大文化圈中相对独立或不独立的生活情景，它已不能算得上是纯正的“戎狄”文化，而仅仅可称作是融入秦文化当中的带有“戎狄”文化特点的文化[1]。

① 田亚岐：《东周时期关中秦墓所见“戎狄”文化因素探讨》，《文博》2003年第3期。

总之，宝鸡是秦人进入关中后最先立足的地方，秦人在此先后建都近四百年，留下了丰富的文化遗存。相比之下，春秋阶段的比较多。战国时期除店子墓地规模比较大以外，当属高庄秦墓地了。其他多是零星发现。郭家崖秦墓地是宝鸡市区范围内一次较大规模的发现，时代贯穿了战国全过程，而且整体面貌与已发掘著录的秦人墓葬有着较大的区别。这对于我们全面研究秦人进入关中以后的考古学文化提供了较丰富的资料。

第二节　汉　　墓

南区共发掘的81座墓葬中，汉代墓葬只有3座，分布在墓地的北半部。NM45、NM63四周分布有秦墓，但无打破与叠压关系。只有NM70向下打破了秦墓NM43。现分述如下。

一、墓葬分述

（1）南区四十五号墓（NM45）

1）墓葬形制

该墓为长斜坡墓道，洞室墓，坐西朝东，墓葬总体平面呈“中”字形，由墓道、甬道、前室、后室四部分组成。方向85°。墓道位于前后墓室中间，通过过洞与墓室相连。前墓室位于墓道东侧，后墓室位于墓道西侧。墓道为长斜坡状，平面呈东西向长方形，墓道内壁面竖直，表面原经修整铲平，较为光滑。墓道东侧部分被后期破坏，残长2.2、宽0.9、墓道底斜长3.1米，墓道坡度为44°，开口距底部6.31米。墓道底较为平整，表面原经修整铲平，较为光滑。甬道平面呈东西向长方形，比墓道部分稍宽，东西长1.3、南北宽1.1米。壁面竖直，顶为弧顶，东高西低，东侧高1.8、西侧高1.22米。前室位于甬道西侧，平面近似方形，南北长3、东西宽2.9、高2.4米。前室西南角残留有铺地砖，铺地砖错缝排列。地砖长0.33、宽0.1、厚0.06米。后室平面呈东西向长方形，东西长3.59、南北宽1.9、高1.8米（图二六六）。

2）葬具葬式

该墓清理过程中，发现有早期盗扰迹象，未发现棺木残迹及墓主人骸骨。

3）随葬器物

共出土随葬器物16件。

陶罐　2件。NM45：1，位于前室东北角。泥质灰陶。小直口，平沿，无颈，溜肩，圆腹，平底内凹。器体饰0.3厘米宽的等距离抹划纹带。轮制。高20.8、口径11.3、腹径25、底径15.3厘米（图二六七，1；彩版九八，1）。另1件残损，位于前室东南角，只保留口沿，器身无，侈口，外斜方折沿，束颈。口径10.2厘米，不能修复。

陶钵　6件。NM45：3，位于甬道西北角。泥质灰陶。器身部分残缺。敞口，圆唇，圆弧腹，平底。口沿外有两道凹弦纹，底部较粗糙。轮制。口径20、高7.2、底径10.2厘米

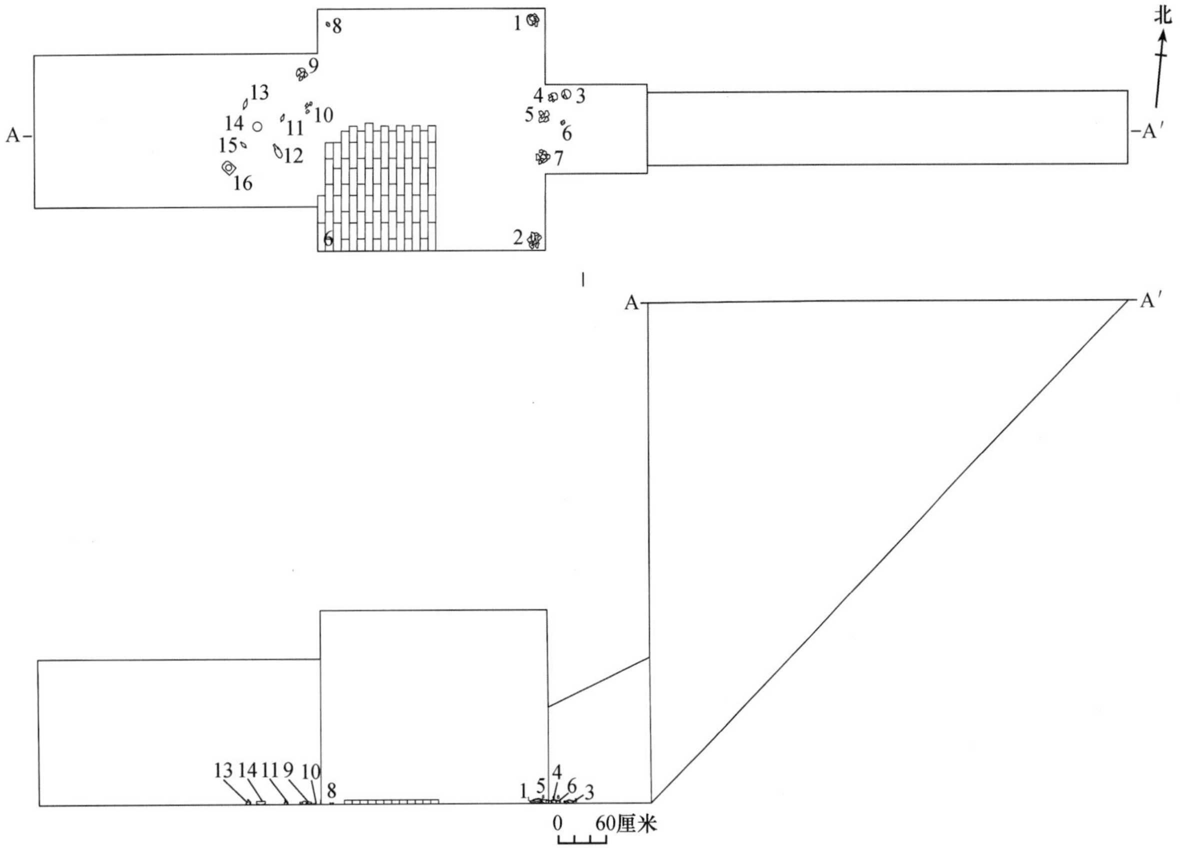

图二六六　NM45平、剖面图

1、2. 陶罐　3～5、7、9、14. 陶钵　6、8. 陶耳杯　10. 陶井架　11、13. 陶鸡　12. 陶猪　15. 陶鸭　16. 陶灶

（图二六七，2）。NM45：4，位于甬道西北角。泥质灰陶。残。略呈椭圆形，直口，圆腹，小平底。口沿外有两道阴弦纹。轮制。长口径16.5、短口径14.5、高4.1厘米（图二六七，5；彩版九九，2）。NM45：7，位于甬道西南角。泥质灰陶。残。推测略呈椭圆形。直口，圆腹，小平底。口沿外有两道阴弦纹。轮制。口径17、高4.3厘米（图二六七，3；彩版九九，1）。NM45：14，位于后室东侧。泥质灰陶。椭圆状，敞口，圆唇，圆腹，平底。口沿外饰两道阴弦纹。轮制。高4.5、长口径18.8、底径10.5厘米（图二六七，4；彩版九九，3）。NM45：5，位于甬道西侧，残碎严重，未能修复。

陶耳杯　2件。形状相似，大小有别。NM45：6，残。位于甬道西侧。泥质灰陶。呈船形，敞口，两耳位于两侧，一体制成，小平底。有刮削痕迹。手制。残长10、高3、两耳最宽处8.5厘米（图二六七，6；彩版九九，4）。NM45：8，位于前室西北角。泥质灰陶。呈船形，敞口，两耳位于两侧，一体制成，小平底。有刮削痕迹。手制。长13.7、高3、两耳最宽处9厘米（图二六七，7；彩版九九，5）。

陶灶　1件。NM45：16，位于后室东南。泥质灰陶。平面呈长方形，对称两侧略呈弧形拱桥状，另一侧竖直向上，最后一侧留空，似为进火口，台面有一凹弦，略呈倒圆锥状，底平，似为灶台，后有一孔，可能为出烟孔。高11、长21、宽18.5厘米（图二六八，6；彩版一〇〇，5、6）。

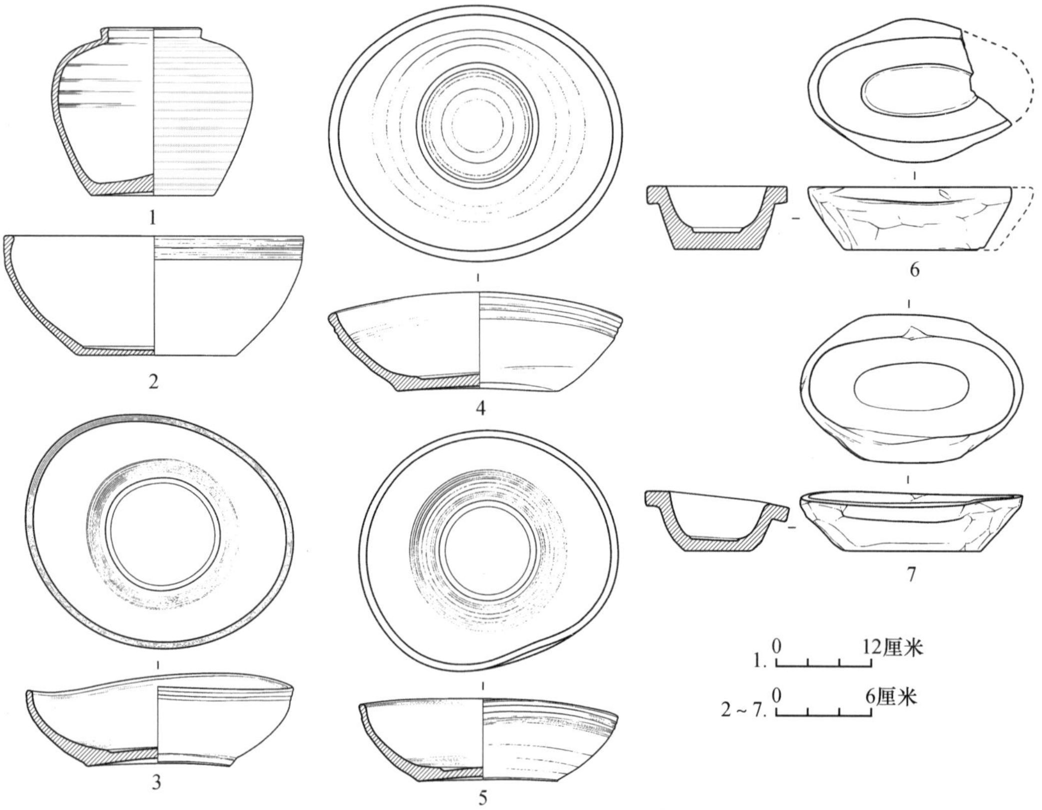

图二六七　NM45出土陶器

1. 罐（NM45：1）　2～5. 钵（NM45：3、NM45：7、NM45：14、NM45：4）　6、7. 耳杯（NM45：6、NM45：8）

陶井架　1件。NM45：10，位于后室东侧。泥质灰陶。平面呈“开”字形，由四条捏制泥条粘连而成，上有刮削痕迹。手制。长斜边11、上短边6.4、下短边4.3厘米（图二六八，5；彩版九八，6）。

陶鸡　2件。NM45：11，位于后室东侧。泥质灰陶。头部平视，鸡冠竖直，鸡啄呈尖锥状，尾部呈扇状上翘，鸡身十字刻划饰羽毛。身中空。蜷卧状。身上有刮削痕迹。头部高9、身高5、身宽6、通长15.5厘米（图二六八，4；彩版一〇〇，1）。NM45：13，位于后室东侧。泥质灰陶。头部平视，鸡冠竖直，鸡啄呈尖锥状，尾部下弯，鸡身十字刻划饰羽毛。身中空。蜷卧状。身上有刮削痕迹。头部高13.3、身高5、身宽5.7、通长20厘米（图二六八，3；彩版一〇〇，2）。

陶鸭　1件。NM45：15，位于后室东侧。泥质灰陶。头部平视，上有两孔为双眼，鸭嘴呈扁平状，尾部呈扇状上翘，鸭身十字刻划出羽毛。身中空。蜷卧状。身上有刮削痕迹。头部高9.3、身高5.5、身宽7.8、通长23.5厘米（图二六八，2；彩版一〇〇，3）。

陶猪　1件。NM45：12，位于后室东侧。泥土捏制。跪卧状。表面较粗糙。圆鼻上戳印两鼻孔，头部上有成列竖直鬃毛，捏制两耳附于鬃毛两侧，腹部中空，仅捏有两蜷曲前足，造型逼真，生动活泼。出土时一足已脱落。长21.5、高8.5、下腹部最宽处10.5厘米（图二六八，1；彩版一〇〇，4）。

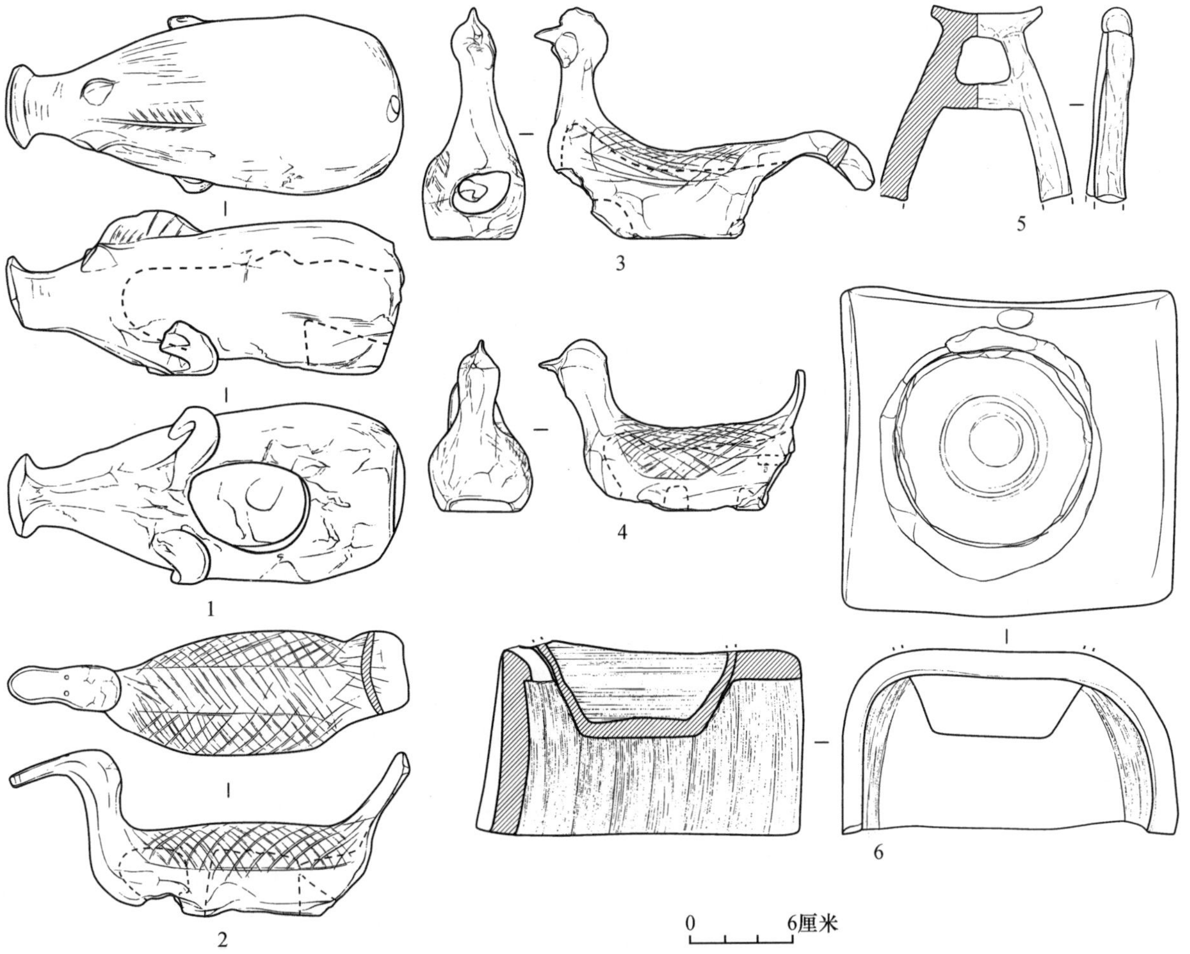

图二六八　NM45出土陶器

1. 猪（NM45：12）　2. 鸭（NM45：15）　3、4. 鸡（NM45：13、NM45：11）　5. 井架（NM45：10）　6. 灶（NM45：16）

（2）南区六十三号墓（NM63）

1）墓葬形制

该墓在耕土层以下0.6米处露出墓口，为长斜坡墓道洞室墓，坐北朝南，平面呈“凸”字形，墓葬方向185°。墓道位于最南端，为长斜坡墓道，平面呈南北向布局，长方形，墓道内壁面竖直，表面原经修整铲平，较为光滑。墓口长5.2、宽0.9米，墓道底斜长7.94米，墓道坡度为48°，开口距底部5.95米。墓道底较为平整。墓道与墓室之间有过洞，过洞平面呈东西向长方形，东西长1、南北宽0.8、高1.3米，壁面竖直，顶为弧顶。墓室位于过洞北侧，平面呈南北向长方形，南北长4、东西宽1.8、高1.8米（图二六九）。

2）葬具与葬式

该墓清理过程中，发现有早期盗扰迹象，未发现棺木残迹及墓主人骸骨。

3）随葬器物

共出土随葬器物7件（组）。

朱书陶瓶　1件。NM63：1，位于过洞中部。泥质灰陶。侈口，宽折沿，方唇，短束颈，

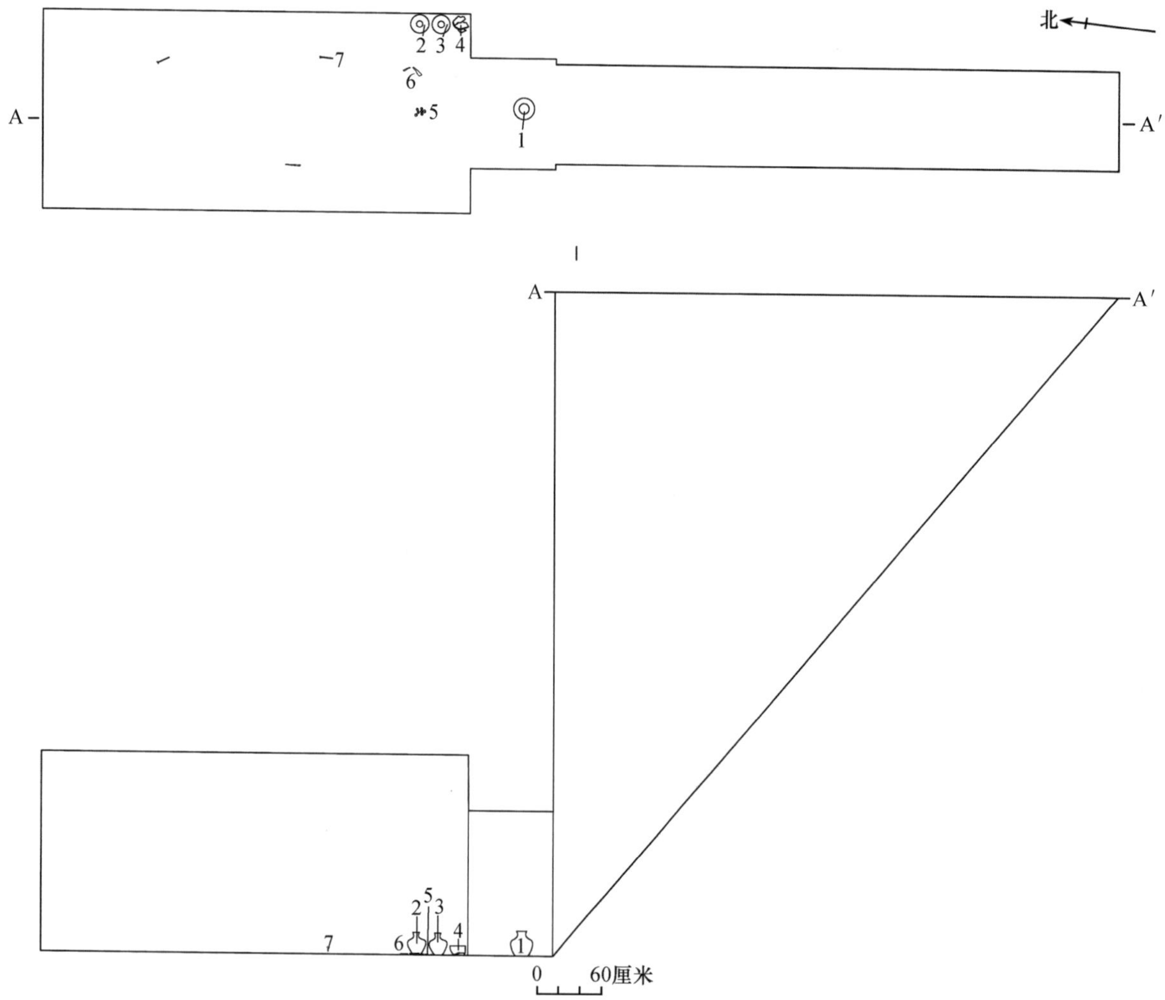

图二六九　NM63平、剖面图

1. 朱书陶瓶　2 ~ 4. 陶罐　5. 铜钱　6. 铁刀　7. 铁钉

溜肩，圆腹，小平底。陶瓶上有用红色朱砂书写的字（要辨认）。底部有用红色朱砂书写的道符。轮制。高20.2、口径11.5、腹径17.3、底径10.2厘米（图二七〇，1；彩版九八，3、4）。

陶罐　3件。NM63：2，位于墓室东南角。泥质灰陶。口沿及颈部缺失。溜肩，圆鼓腹，平底。素面。轮制。残高18.2、腹径17.2、底径12厘米（图二七〇，4；彩版九八，2）。NM63：3，位于墓室东南角。泥质灰陶。口颈缺失。溜肩，圆鼓腹，小平底。素面。轮制。残高20.5、腹径17.5、底径10.5厘米（图二七〇，3）。NM63：4，位于墓室东南角。泥质灰陶。口颈残缺，溜肩，圆腹，平底。肩部有细条带状光滑刮痕。残高28、腹径25.5、底径14.5厘米（图二七〇，2；彩版九八，5）。

铜钱　1组17枚。皆为五铢钱，位于墓室南侧中部。NM63：5，分两种：一种稍大、有外郭，一种稍小，无外郭。皆圆形方孔。有郭五铢：横读。有外郭，部分方孔反面亦有内郭。外径2.6、内径1厘米（图二七一，1、3）。无郭五铢：横读。外径2.2、内径0.9厘米

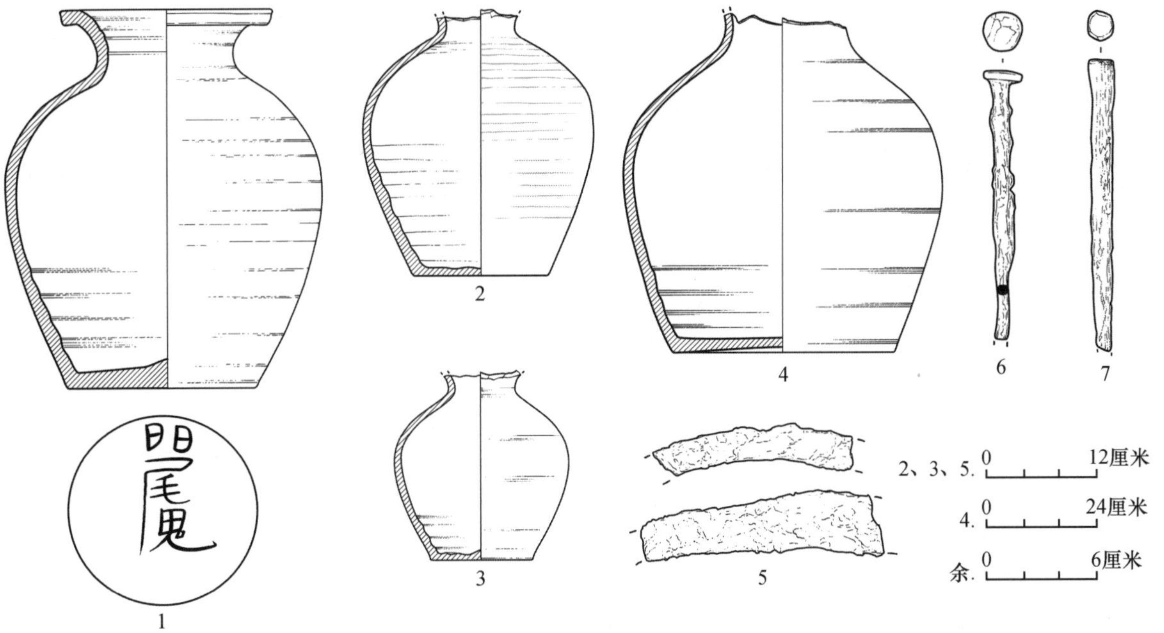

图二七〇 NM63出土器物

1. 朱书陶瓶（NM63：1） 2～4. 陶罐（NM63：4、NM63：3、NM63：2） 5. 铁刀（NM63：6）
6、7. 铁钉（NM63：7②、NM63：7①）

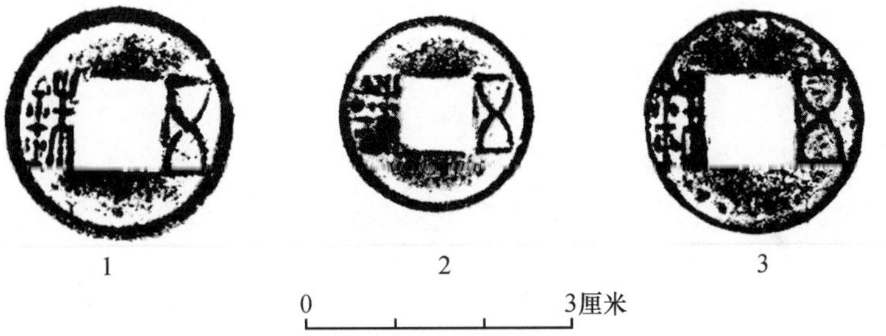

图二七一 NM63出土铜钱

1. NM63：5① 2. NM63：5② 3. NM63：5③

（图二七一，2）。

铁刀 1件（残）。位于墓室东南角。NM63：6，锈蚀严重，残断成数段。宽扁长条状，靠锋尖部呈弧形，似有刀柄与环首。残长23.6、锋尖端宽1.5、靠柄根部宽3厘米（图二七〇，5）。

铁钉 1组（3枚）。分布于墓室中部及北部。NM63：7，扁方形，顶端有钉盖。锈蚀严重。长18、宽0.3厘米左右（图二七〇，6、7）。

（3）南区七十号墓（NM70）

1）墓葬形制

该墓向下打破秦墓NM43。在耕土层以下0.6米处露出墓口，为长斜坡墓道洞室墓，坐西朝东，平面呈“凸”字形，墓葬方向95°。墓道位于墓室东侧，通过过洞与墓室相连。为长斜坡墓道，平面呈东西向长方形，墓道内壁面竖直，表面原经修整铲平，较为光滑。墓口长4.6、宽0.99米，墓道底斜长8.93米，墓道坡度为38°，开口距底部5.5米。墓道底较为平整，有散乱的铺地砖。过洞平面呈南北向，长方形，南北长与墓道宽度相等，为0.99、东西宽0.8米，壁面竖直，顶为弧顶，高1.2米。墓室位于过洞西侧，平面呈东西向方形，东西长3.6、南北宽2.6、高1.5米。墓室底残留有散乱的铺地砖，局部地区铺地砖错缝排列，砖长0.35、宽0.12、厚0.06米（图二七二）。

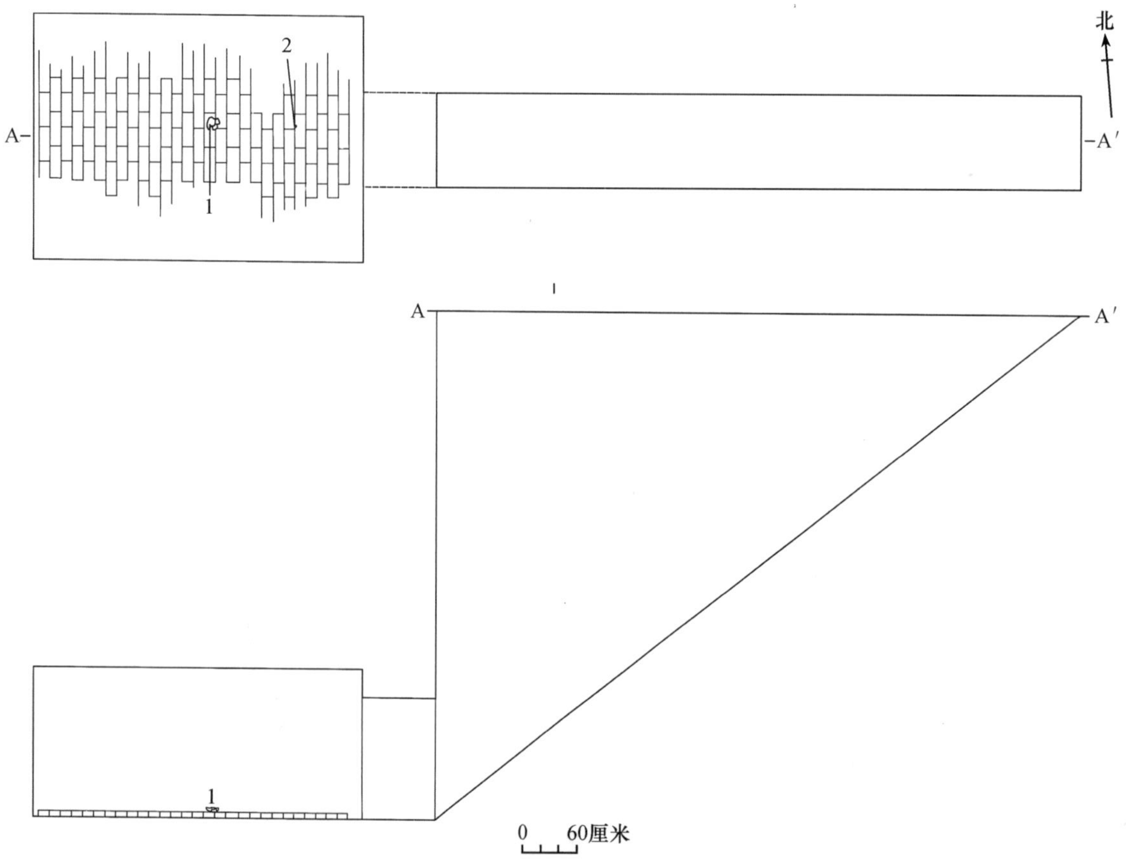

图二七二　NM70平、剖面图

1. 陶钵　2. 铜钱

2）葬具与葬式

该墓清理过程中，发现有早期盗扰迹象，未发现棺木残迹及墓主人骸骨。

3）随葬器物

共出土随葬器物2件。

陶钵　1件。位于墓室中部。NM70：1，泥质灰陶。口沿残。椭圆形口，长口径两端稍矮，短口径两侧稍高，敞口，圆唇，浅圆腹，小平底。制作有点变形。高6、长口径17.6、短口径14.2厘米（图二七三；彩版七六，2）

铜钱　1枚。位于墓室东部。NM70：2，五铢钱，圆形方孔。横读。内外有郭，外径2.6、内径0.93厘米（图二七三，2）。

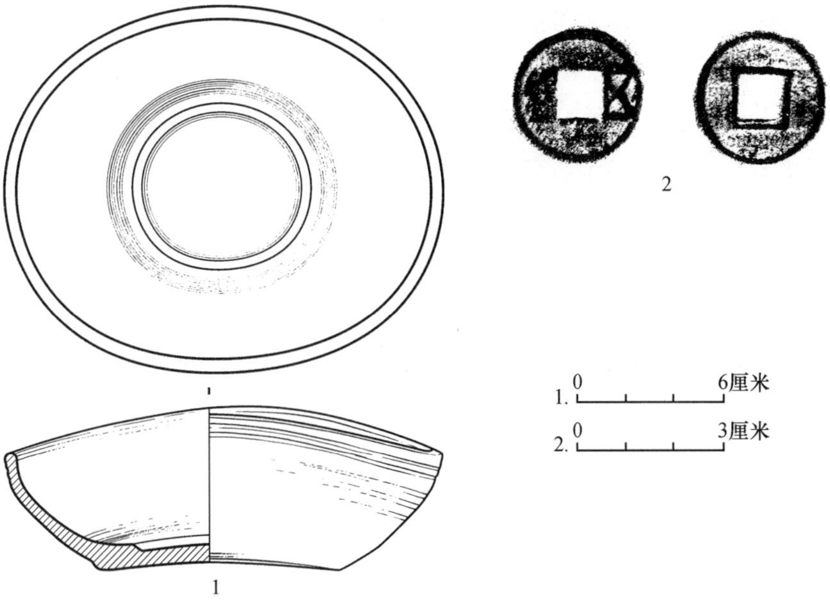

图二七三　NM70出土器物

1. 陶钵（NM70：1）　2. 铜钱（NM70：2）

二、小　　结

这三座汉代墓葬都属于小型带有斜坡墓道的洞室墓葬，虽两座设有铺地砖，但很简单。从墓葬的形制与随葬器物看，应当是战国向汉代的过渡阶段。NM45为长斜坡墓道，洞室墓，坐西朝东，墓葬总体平面呈“中”字形，墓道位于前后墓室中间，通过过洞与墓室相连。这种墓的形制与本墓地战国晚期的洞室墓比较，主要是墓道变成了斜坡。在时间段上，其发展是前后衔接的。NM45出土的陶灶两侧略呈弧形拱桥状、后侧竖直向上、前侧留空，与汉代墓出土的陶灶有很大区别，而与凤翔高庄战国晚些时候M7出土的陶灶有类同之处，说明这种陶灶尚处在战国向汉代的过渡期。出土的陶罐也与高庄M7：9酷似①。出土的陶井架与西安电信局汉墓出土的相似，只是少了井架下的井圈部分②。出土的陶猪、鸡的形象，与咸阳汉阳陵帝陵东侧外藏坑猪、鸡风格酷似③。这种井架与陶猪还在长安县南李王村汉墓也有出土④。综合分析，NM45的随葬品呈现出战国晚期至西汉早期墓葬的器物风格。因此，埋葬年代的下限当在西汉早期阶段。

NM63也是一座小型洞室墓葬，出土的器物也不多，且还有早期盗扰迹象，但出土的朱书

① 雍城考古队：《陕西凤翔高庄秦墓地发掘简报》，《考古与文物》1981年第1期。

② 武玮：《河南南阳汉墓出土陶井明器的区域特征》，《文物世界》2012年第2期。

③ 陕西省考古研究院：《汉阳帝陵东侧11～21号外藏坑发掘简报》，《考古与文物》2008年第3期。

④ 负安志、马志军：《长安县南李王村汉墓发掘简报》，《考古与文物》1990年第4期。

陶瓶却很有时代特征。陶瓶上的朱红色字迹虽然模糊难以辨认，但底部的道符清晰可见。考古发现表明，东汉以来，盛行用朱书陶瓶作随葬品。1916年扬州张丹斧在陕西凤翔获得的熹平二年两陶瓶，就最早录入《艺术丛编》之中。根据陈直先生研究，已发现最早的朱书陶瓶为西安出土的东汉和帝永元十六年，最晚者延至北魏神龟元年①。其流行之范围，以西安、洛阳最为昌盛，山西、山东亦有出土，最远者及于江苏高邮、甘肃敦煌。其字体多由隶书向楷书蜕变。颜色多用朱书，间或用白粉书。器形多为长瓶形式，或半截式，所记皆为阴阳五行家之语。如1979年在宝鸡叉车厂发掘3座东汉墓，出土朱书陶瓶、水井、罐、铜镜等，时代为东汉晚期②。1981年春，在扶风县段家西河村发掘东汉墓葬1座，出土陶镇墓瓶及初平元年（190年）纪年陶文③。1959年在陕西潼关吊桥发掘的东汉杨震家族墓，出土纪年朱书陶瓶等，时代为东汉顺帝永建元年（126年）至魏文帝皇七年（226年）④，在长安县韦屈镇南里王村南，清理东汉墓4座，出土朱书陶瓶，时代为东汉中、晚期⑤。1987年3月，在西安东郊昆仑机械厂发现东汉砖室墓1座，出土“延熹九年”的朱书陶瓶⑥。1972年，户县朱家堡东汉墓发现朱书陶瓶，明确纪年为阳嘉二年⑦，华阴县岳庙公社发掘5座东汉刘崎家族墓葬，出土朱书陶瓶、双孔灶等⑧。这些发现足以说明，朱书陶瓶是关中地区东汉墓葬的典型器物。共出的其他陶罐、铁刀等也符合东汉晚期的特征。因此，NM63的下葬时代当在东汉晚期。

① 陈直：《汉初平四年王氏朱书陶瓶考释》，《考古与文物》1981年第4期。

② 马俭：《宝鸡市铲车厂汉墓——兼谈M1出土的行楷体朱书陶瓶》，《文物》1981年第3期。

③ 扶风县博物馆：《陕西扶风西河东汉纪年墓发掘简报》，《考古与文物》2007年增刊《汉唐考古》。

④ 陕西省文管会：《潼关吊桥汉代杨氏墓群发掘简记》，《文物》1961年第1期。

⑤ 杭德州：《长安县三里村东汉墓葬发掘简报》，《文物》1958年第7 期。

⑥ 王育龙：《西安昆仑厂东汉墓清理记》，《考古与文物》1989年第2期。

⑦ 陕西省考古研究所：《陕西户县的两座汉墓》，《考古与文物》1980年第1期。

⑧ 杜葆仁、夏振英、呼林贵：《东汉司徒刘崎及其家族墓的清理》，《考古与文物》1986 年第5期。

第四章　郭家崖墓地秦文化因素分析

一、郭家崖秦国墓地与周边秦墓地的比较

郭家崖村这两次共发掘秦墓葬115座，鉴于该墓地秦文化因素所呈现的特殊性，因此也成为本报告研究的重点内容，因为宝鸡地区是秦人进入关中的崛起之地，有关秦的考古发现一直备受学界关注。宝鸡已发掘并公布的秦墓葬考古资料很多，但多集中在凤翔、陇县、陈仓区，市区范围内这么大规模的秦墓地还是第一次遇到。因为郭家崖秦墓地处在战国时段，所以以战国时段较大规模的墓地资料为主。

店子村位于陇县县城西北约3千米，发掘的224座秦墓。共分为六期，第一期有6座，时代可隶定在春秋中期；第二期有13座，时代可隶定在春秋晚期。战国时期的共139座，涵盖了战国的早、中、晚三个阶段，是这个墓地的主体。还有54座延续到了秦代。显然，店子秦墓地战国墓葬约占大多数，但从时代上涵盖了秦墓葬考古的全部①。

郭家崖墓地比较明确的葬式共101座，其中直肢葬式只有3座，其余全是屈肢葬式。店子墓地直肢葬有14座，其余全是屈肢葬式。墓葬方向都是东西占据绝大多数，南北向也有，但是占比较小。如郭家崖南区，67座秦墓中，56座头向西，占据主导地位；7座头向北，4座头向东，仅占16%。店子墓地南北向共15座，仅占6%。两处墓地瓮棺葬各有1座。也就是说，两处墓地的葬式风俗区别不大。区别主要在随葬器物与墓葬形制上。

从出土器物上看，两处墓地差异较明显。店子墓群224座墓葬所出土的仿铜陶礼器中，陶鼎、陶簋、陶甗、陶壶、陶豆、陶鬲、陶釜、陶盂、喇叭口陶罐等器种，几乎包揽了秦墓考古常见器种的全部。郭家崖墓地与之相比，器种比较单一，陶鼎、陶鬲、陶釜、陶罐是主要随葬器物。这是郭家崖墓地与店子墓地的最大区别之一。店子墓地的陶簋、陶甗、陶豆、大喇叭口陶罐、附耳长颈方口陶壶这五种器种，在郭家崖墓地始终未见。店子墓地出土的陶鼎绝大部分无盖，仅有4件有盖，而且这4件的鼎盖各不相同。而郭家崖墓地出土的陶鼎全部是带盖的（一件上原有盖后失），且盖的形状都是半球形，风格比较一致。不仅如此，特别值得关注的是，秦墓考古中最为常见的秦式鬲，仅在北区出土了1件，南区未见。而秦墓考古中比较少见的戎式鬲（铲足鬲）却在郭家岸墓地中比较普遍，且造型、风格一致。店子墓地出土的E型鬲与戎

① 陕西省考古研究所：《陇县店子秦墓》，三秦出版社，1998年。

式鬲有相似之处，但与秦式鬲不是一个序列，特别是M23：1这件鬲[①]，有比较明显的袋足特点，但严格地说还不属于戎式鬲，或可当作是一种受戎式鬲影响的一种鬲，或者是这两种鬲互相影响的一种过渡器形。店子墓地出土的陶罐也与郭家崖墓地出土的陶罐器形风格差异较大。

从墓葬形制上看，店子墓地与郭家崖墓地大体相当，也就是说，这个时期秦墓考古中常见的竖穴墓、偏洞室墓、洞室墓都有发现。区别主要在于数量多少。店子墓地长方竖穴土坑墓占绝大多数，224座墓葬中此类墓就有210座，占墓葬总数的93.7%；而郭家崖墓地长方竖穴土坑墓有34座，占墓葬总数的29.6%。与之相反，郭家崖墓地洞室墓所占比例比较大，115座墓葬中此类墓共81座，占墓葬总数的70.4%；而店子墓地洞室墓只有14座，占墓葬总数的6.3%。

特别需要提及的是，郭家崖墓地的壁龛置放器物比较普遍，南区的78座秦墓带有壁龛的就有63座，占墓葬总数的81%。北区37座秦墓中带壁龛的就有27座，占墓葬总数的72.9%。而店子墓地115座战国秦墓中带壁龛的仅有18座，只占墓葬总数的8%。

此外，郭家崖墓地立柱框架结构的棺椁组合形式比较引人关注，而店子秦墓却不见这种棺椁组合形式。郭家崖墓地墓底铺设卵石的现象只发现一例，而店子墓地墓底铺设卵石的现象较多。

陇山腹地、渭河峡谷的建河墓地[②]，曾于1978年2月在村北的山坡上发现两座洞室墓，出土了1件二十六年青铜戈、1件蒜头壶以及双耳绳纹陶罐。因为有明确纪年的二十六年秦戈。2001年又发掘战国秦墓39座，发掘报告推断其时代从战国中期到秦代。其中洞室墓33座，包括5座偏洞室墓，占85%，带壁龛的15座，构成了这处墓地以洞室墓和壁龛为主的墓葬形制上的群体特征。这处墓地值得关注的是随葬器物的群体特征很典型，以小口绳纹陶罐、壶形罐、双耳夹砂绳纹罐为主，有少量陶釜。共出随葬陶器174件，小口绳纹罐就占126件，占陶器总数的72.4%。这种小口绳纹罐与双耳绳纹罐是比较典型的西戎文化风格，后者最先见于毛家坪B组遗存的墓葬，在秦人墓葬中很少出土。出土的3件陶鬲全是戎式铲足鬲，2件出土在偏洞室墓中、1件出土在竖穴墓中[③]。显然，建河墓地是一处群体特征与店子墓地完全不同，而和郭家崖类似的秦国墓地。

李家崖位于斗鸡台（今戴家湾）以西，陇海铁路北侧的坡地上，与郭家崖墓地大体隔河相望。1954～1955年，为配合陕西省荣军疗养院工地建设，陕西省文物管理委员会在此清理发掘古墓葬67座。其中战国时期秦墓41座，除5座为竖穴墓外，洞室墓31座。此墓地的年代、形制、葬式葬俗、随葬器物，亦与郭家崖墓地一致。特别是其他地方很少见到的铲足鬲及双耳罐，还有仿铜陶带盖陶鼎的风格，也与郭家崖墓地酷似。

陈仓区西高泉发掘的71座秦墓，从初步整理情况看，时代多在春秋早期至战国早期。少数延续到战国晚期的也很难看到郭家崖墓地的葬俗特征，包括墓葬形制与随葬器物，与郭家崖

---

① 陕西省考古研究所：《陇县店子秦墓》，三秦出版社，1998年，图版五十七。

② 陕西省考古研究所：《宝鸡建河墓地》，陕西科学技术出版社，2006年。

③ 陕西省考古研究所：《宝鸡建河墓地》，陕西科学技术出版社，2006年。

墓地毫无共同之处而与店子墓地类似。2003年12月在洪塬村抢救清理的1座春秋中期阶段的秦墓，放置棺椁的方式在同期墓葬中比较少见，是向墓圹一侧掏挖的深度16厘米，是否就是偏洞室墓萌发的迹象，值得注意。

高庄共发掘战国秦墓46座[①]，时代与郭家崖相当。随葬器种比较齐全，仿铜陶鼎、陶簋、陶豆、附耳长颈方陶口壶、大喇叭口陶罐以及秦式鬲很普遍。高庄竖穴墓占54%，郭家崖竖穴墓仅占29.6%，也就是说，高庄竖穴墓的数量大大多于洞室墓，随葬品组合有差别。

西村战国秦墓地位于南指挥乡西村西约300米处。墓地的南边紧邻23号秦公大墓。1979年和1980年两次发掘，计清理墓葬42座、车马坑2座[②]。42座墓葬中洞室墓仅1座，余皆为长方形竖穴墓。随葬器物风格与高庄墓地相同，除葬式外，与郭家崖墓地差异较大，与店子墓地相似。

八旗屯以1983年在村东南西沟道的26座为例，时代从春秋晚期延续到秦代。其中战国时段的共20座，土坑竖穴17座，占85%，洞室墓3座，占15%。随葬器物风格与高庄和西村墓地相同，除葬式外，与郭家崖墓地差异较大。

关中地区大型的战国秦墓地，与郭家崖墓地特征比较接近的首推咸阳塔儿坡墓地[③]，这主要还是指在随葬器物种类上，两处墓地都不见仿铜陶簋、陶豆、附耳长颈方口陶壶、大喇叭口陶罐这些器形。区别在于塔儿坡秦式鬲比较多见。在墓葬形制方面，塔儿坡共发掘381座秦墓，洞室墓277座，占73%，与郭家崖基本接近。塔儿坡有壁龛的共151个，占40%，而郭家崖南北两区有壁龛的共85个，占74%。塔儿坡的框架结构棺椁是郭家崖以外发现最多的。

西安茅坡邮电学院共发掘秦墓162座，时代从战国早期到晚期，与郭家崖相当。162座墓中3座为竖穴土圹，包括3座偏洞和2座双洞室墓在内的159座为洞室墓。其中带壁龛的就有145座，占90%，显然带壁龛是这处墓地的普遍现象。M49和M117框架结构的棺椁形制与郭家崖墓地相同[④]。随葬器物种类与郭家崖相似，以仿铜陶鼎和陶罐、壶形罐、陶釜为大宗。不见仿铜陶簋、陶豆、陶甗、附耳长颈方口陶壶、大喇叭口陶罐以及秦式鬲的出土。

咸阳任家嘴秦墓地共发掘242座。时代从春秋到战国，中间没有缺环，与店子墓地情况相似。其中竖穴墓231座，占墓葬总数的95%，洞室墓仅11座，带壁龛的只有4座。随葬器物以陶器为大宗，以陶鼎、陶簋、陶豆、陶壶、陶钵、陶鬲、陶釜为主要器种，几乎涵盖了秦墓常见器物的全部。秦式鬲引领随葬器物主流。墓地群体特征与郭家崖形成鲜明反差，与店子墓地一致[⑤]。

华县东阳秦墓地共发掘秦墓39座，竖穴墓就占38座，洞室墓仅1座，随葬器物情况与店子墓地和任家嘴墓地相似[⑥]，墓葬形制与随葬器物都显现秦人葬俗。

---

① 雍城考古队：《陕西凤翔高庄秦墓地发掘简报》，《考古与文物》1981年第1期。

② 李自智、尚志儒：《陕西凤翔西村战国秦墓发掘简报》，《考古与文物》1986年第1期。

③ 咸阳文物考古研究所：《塔儿坡秦墓》，三秦出版社，1998年。

④ 西安市文物保护考古所：《西安南郊秦墓》，陕西人民出版社，2004年，第287页。

⑤ 咸阳市文物考古研究所：《任家咀秦墓》，科学出版社，2005年，第7页。

⑥ 陕西省考古研究所：《华县东阳》，科学出版社，2006年。

铜川枣庙秦墓地是一处关中地区位置比较偏北的秦国墓地，时代从春秋到战国中期，有的延续到秦代。这处墓地原来规模应该较大，但只发掘了25座，墓室均为长方形竖穴土坑，有熟土二层台。23座为东西向，2座为南北向。葬具多为一棺一椁。葬式除2座不清外，其他全为屈肢葬。随葬器物秦墓考古中常见的器种大多都能看到，如秦式鬲、大喇叭陶罐、陶盆、陶豆、陶甗、陶囷、附耳长颈陶壶，但又比较复杂，如周式鬲、戎式鬲、戎式陶罐、三足罐也时有出土。特别需要提及的是M2：1和M6：3戎式鬲，与郭家崖墓地出土的戎式鬲联系紧密；以M12：1为代表的B型Ⅲ式小口绳纹罐，其侈口，短颈，圆肩，鼓腹，交错细绳纹的特征，与郭家崖以NM8：2为代表的B型小口绳纹罐酷似[①]。

通过上述比较，我们显然可以把这些战国时期墓地的特征，概括为店子类型与郭家崖类型两大类。前者或可称为秦人类型，后者郭家崖也可称为戎人类型。

店子类型包括高庄、西村、八旗屯，以及咸阳任家嘴墓地和东阳墓地。总体文化面貌是，秦人葬俗是主流。表现在墓形制上，竖穴土圹占绝大多数，洞室墓占少数。随葬器种上比较齐全，仿铜陶簋、陶豆、附耳长颈方口陶壶、大喇叭口陶罐以及秦式鬲最为普遍，整体面貌继承了春秋以来的基本特征。

郭家崖类型包括建河墓地、李家崖墓地、西茅坡邮电学院墓地、咸阳塔儿坡墓地，总体文化面貌是，戎人葬俗占据上风，或完全姜戎化。墓葬形制上，洞室墓与壁龛占绝大多数。随葬器种比较单一，仿铜陶簋、陶豆、附耳长颈方口陶壶、大喇叭口陶罐以及秦式鬲始终不见出现。戎式铲足鬲比较多见，大约呈现了战国早期以后兴起的新风格。

店子类型与郭家崖类型墓地，虽然都反映的是平民阶层生活状况，墓主地位没有明显差别，但秦人墓地相对还是比较富有，随葬物多在10件以上。而姜戎墓地相对比较贫穷，随葬物多在2～3件。这种差异仅是一种葬俗区别的体现，还是有其他的原因，尚需进一步观察。

二、郭家崖秦墓的主要文化特征

（一）随葬品简单

郭家崖墓地南北两区共发掘115座战国秦墓，有随葬器物的105座，占墓葬总数的91.3%；无随葬器物的10座，占墓葬总数的8.97%。共计发现295件（组）各类型随葬器物，按材质可分为陶器、铜器、铁器、石器、骨料器等类。其中陶器数量最多，其次为小件铜器和铁器。陶器主要有陶鼎、陶罐（包括壶形罐、双耳罐）、陶釜、陶鬲、陶盂、陶盒、陶囷、陶纺轮等。特别需要关注的是，以往在秦墓考古中，战国时期最为常见的陶簋、陶甗、陶豆、大喇叭口陶罐、附耳长颈方口陶壶五种器种，在郭家崖墓地南、北二区始终未见。这种现象与关中地区同期规模较大的秦墓地形成了比较鲜明的对比，构成了有别于秦人墓葬的另一类葬俗文化的群体特征，说明使用这类墓地的群体可能不是正宗的秦人。经过对比，发现这种群体特征不光在郭家崖一个墓地有所体

① 陕西省考古研究所：《陕西铜川枣庙秦墓发掘简报》，《考古与文物》1986年第2期。

现，如宝鸡李家崖墓地、建河墓地，以及咸阳塔儿坡等墓地也是这种情况。

（二）铲足鬲

北区共出土了2件戎式鬲，还出土了1件秦式鬲。而南区共出土7件鬲，全是铲足鬲，不见秦式鬲。这种戎式铲足鬲，与秦式鬲的风格完全不同，包括夹砂双耳罐在内，都属于西戎文化的器物，与秦式鬲反映的完全是两种不同性质的文化。羌戎文化风格的铲足鬲，其发生地区虽然与西周中期以后秦人的生活区域高度重合，但迄今在春秋秦墓中还未见有发现报道，战国阶段的秦国墓葬中偶有发现，却不像郭家崖墓地这样突出，所以也就没有引起学界的广泛关注。

（三）框架结构棺椁

以往秦墓中的棺椁都是实木打造而成。进入战国以后的秦墓考古中，在咸阳塔儿坡秦墓地曾发现3座墓室有立柱，发掘报告认为这应当是由盖板、棚木、立柱共同组成的木椁的一部分①。西安茅坡邮电学院秦墓也有2座框架结构的棺椁形制②。郭家崖秦墓地共发现19座这类框架结构的棺椁形制。还有10座墓室边沿四周有框架，上面盖有棚木，也当属于这种框架结构的棺椁之类。这种特殊的墓制形式，在秦人墓葬中不多见。很可能是受戎人葬俗影响的结果。也就是说，这种在战国时期出现的框架结构的棺椁是秦文化与西戎文化结合的产物。

（四）偏洞室与洞室墓

郭家崖墓地共发掘秦墓115座，其中洞室墓共81座，包括偏洞室墓，占秦墓总数的70.4%。这个占比在关中地区还是比较高的。迄今学界多认为，关中地区最早出现洞室墓的年代是在战国中期以后。实际上这个观点不但不能准确反映考古发现的全部，而且更为重要的是，它割断了我们对秦国洞室墓的渊源与族属问题的联系和研究。早在20世纪30年代，苏秉琦先生在斗鸡台发掘时就认为洞室墓是一个外来文化。70年代俞伟超先生也曾指出，洞室墓是秦文化的一个特点，并认为它代表了秦文化和甘青羌戎文化的联系③。实际上，关中地区的许多考古发现已经显示这种洞室墓与姜戎部族的关系。如扶风刘家姜戎墓地就有15 座为偏洞式墓④。再如长安张家坡墓地1986年发掘了将近400 座西周墓，其中有21 座洞室墓⑤。再往前推，陇山东西两翼大西戎文化圈内的马家窑文化、齐家文化以及处于青铜时代的辛店文化墓葬中，就已出现了许多洞室墓。这些足以证明，早在新石器时代就已在西北地区出现了洞室墓，起码说明在西周

---

① 咸阳文物考古研究所：《塔儿坡秦墓》，三秦出版社，1998年，第15页，图版六。

② 西安市文物保护考古所：《西安南郊秦墓》，陕西人民出版社，2004年，第287页。

③ 俞伟超：《古代“西戎”和“羌”、“胡”考古学文化归属问题的探讨》，《先秦两汉考古学论文集》，文物出版社，1985年。

④ 尹盛平、王均显：《扶风刘家姜戎墓葬发掘简报》，《文物》1984年第7期。

⑤ 中国社会科学院考古研究所：《张家坡西周墓地》，中国大百科全书出版社，1999年，第66页。

时，洞室墓已经在关中地区出现了。不过，洞室墓的时间并不是我们所要刻意关注的，这里，我们所关注的依然是使用这些洞室墓的是什么族群？张家坡西周墓地的洞室墓分布集中，为一个家族墓地，其族属与周族不同，而与扶风刘家墓地有紧密联系。学界公认刘家墓地文化的族属当是羌人，更确切地说是宝鸡一带的土著——姜姓羌族人的墓地[①]。这就为我们认识郭家崖这类战国时期秦墓地中洞室墓的文化属性，提供了参考对象。秦文化考古中，洞室墓的出现，从西周到战国，中间有一个很长时间的缺环。也就是说，春秋时期的秦墓中为什么没有出现洞室墓，这倒是需要我们认真思考的。

（五）使用壁龛置放器物

郭家崖墓地的壁龛比较普遍，南区的78座秦墓带有壁龛的就有63座，占墓葬总数的81%。北区37座秦墓中带壁龛的就有27座，占墓葬总数的72.9%。对于秦墓壁龛的认识，有与洞室墓、戎式鬲相似的情况。因为秦人没有使用壁龛存放随葬器物的习俗，所以在陇山东西两翼地区春秋时期的秦墓葬中，迄今还没有发现有用壁龛存放随葬器物的现象。这个时期秦墓中有用壁龛殉人的情况。而进入战国以后的秦国墓中大量使用壁龛存放随葬品的现象，与戎人逐步融入秦社会有关。甘肃合水九站、庄浪徐家碾的寺洼文化西周时期墓葬中，普遍有壁龛放置随葬品的现象[②]。寺洼文化在西周甚至春秋时期正是和秦人并存发展的西戎文化[③]，其影响或融入后者而带来的葬俗特点，显然也不难想象。

三、郭家崖因素增添了对整个战国秦墓研究的新认识

对以往秦墓考古中一些诸如洞室墓与戎式鬲为什么在战国中晚期出现在秦墓地中的问题，由于看到的多是一些散在的、没有关联的，甚至个例的墓葬材料，缺少时空与数量的纵横比较，所以看得不那么清晰。比如说，洞室墓，壁龛为什么在时代相当的两处墓地占比却完全相反？秦式鬲在一处墓地始终占主流，在另一处墓地几乎不见出土，反而戎式鬲却比较常见？洞室墓与戎式鬲早在秦人享国以前就存在，为什么在春秋墓葬中不见，却在战国时期同时出现在秦国墓地中？大喇叭口陶罐、附耳长颈方口陶壶、陶豆一直是秦人墓葬的常用器物，却在诸如郭家崖这类墓地中始终不见出土？如此等等。随着这些大型墓地资料的不断增多，不得不让我们对以往秦墓地的一些考古学特征重新认识。

长期以来，考古中多把屈肢葬、铲形袋足鬲、洞室墓（或屈肢葬、东西向、洞室墓）作为

① 尹盛平、王均显：《扶风刘家姜戎墓葬发掘简报》，《文物》1984年第7期。

② 北京大学考古学系、甘肃省文物考古研究所：《甘肃合水九站遗址发掘报告》，《考古学研究（三）》，科学出版社，1997年；中国社会科学院考古研究所：《徐家碾寺洼文化墓地——1980年甘肃庄浪徐家碾考古发掘报告》，科学出版社，2006年。

③ 张天恩：《甘肃礼县秦文化调查的一些认识》，《考古与文物》2004年第6期；甘肃省文物考古研究所等：《西汉水上游考古调查报告》，文物出版社，2008年。

秦墓葬的三大特征。其实这并没有多大不妥之处。要说有问题的话，铲足鬲并不是秦墓考古中的常见器种，随着秦墓考古资料的不断丰富，这些特征恐怕很难适应秦墓葬研究的状况。

秦与西戎之间的关系纠葛由来已久，并且是困扰秦墓考古中族属文化特征确认的一个关键。

对屈肢葬的认识是从关中西部宝鸡地区的福临堡、秦家沟墓地发掘后才凸现出来的，随着秦墓发掘资料的不断增加，屈肢葬才逐渐成了秦墓葬考古的一大特点，并成了秦文化研究的热点。迄今，屈肢葬是不是秦人固有的葬式以及渊源一直存在争议。但多数学者认为秦人的屈肢葬式与西北地区西戎文化有关则是肯定的。然而，就目前的考古手段与研究结果，要对这种独特的葬式做出定论还是很困难的。也就是说，要用这种葬式判定秦文化与戎文化的区别尚有困难。然而，铲形袋足鬲、洞室墓不是秦人葬俗则是学界的共识。大量的考古发现和研究结果表明，铲足鬲、洞室墓都是戎人文化的特征。壁龛现象、框架结构的棺椁及墓道出现台阶，都应是与西戎相关墓葬的重要标志。

秦墓考古中在对随葬器物的研究中，关注点多在器物的演变上，如微型化的青铜器以及仿铜陶礼器的使用等（图二七四）。这些对墓葬属性及分期确实有意义，但在判别族属渊源关系上，或因资料不足还存在一定困难。这与有关联的大型墓地的资料不足而缺少纵横比较研究有关。上述诸如郭家崖墓地所反映出的器物组合上的群体特征，在零散的资料中是看不出来的。比如说一座墓不用附耳长颈方口陶壶和陶豆之类器种，我们或不以为然。但是几处上百座的墓葬在数百年里都不用这些器种，恐怕就不好用偶然来解释了。诚然，我们还不能十分肯定，战国时期姜戎化了的墓地是不用附耳长颈方口陶壶、陶簋、陶豆和大喇叭口陶罐之类器物。在秦人习俗占绝对优势的店子墓地，如以M26为代表的60多座带有此类器物组合的墓葬，没有一个是出自洞室墓的。反之，没有附耳长颈方口陶壶、陶豆和大喇叭口陶罐之类器物组合的情况全出在洞室墓中，如M33、M91、M257、M279、M281①。任家嘴墓地也是这种情况，凡有附耳长颈方口陶壶、陶豆和大喇叭口陶罐之类器物组合的墓葬，没有一个是出在洞室中。说明这种现象恐怕不是个例。店子类型的大型墓地，仿铜陶簋、附耳长颈方口陶壶、大喇叭口陶罐，以及秦式鬲非常普遍；而郭家崖类型的墓地，除北区出土1件秦式鬲外，这些器种始终不见出土。

因此，是否可以这么认为，东西向、屈肢葬、洞室墓是秦国墓葬考古的共同特征。而竖穴墓、东西向、直肢葬或屈肢葬、腰坑殉狗，以及秦式鬲、仿铜陶簋、附耳长颈方口陶壶、陶豆，是秦人墓葬的特征。洞室墓、壁龛、东西向、屈肢葬，以及戎式鬲、双耳绳纹罐，是戎人墓葬的主要特征。

另外，在郭家崖模式墓地中，戎式铲足鬲与洞室墓几乎同时出现的现象，既可相互印证彼此与西戎文化的紧密联系，而且为我们从历史的角度解读了秦人与姜戎族在西周晚期直至春秋战国时的关系演变情况。也就是说，春秋时期秦国墓葬中未出现洞室墓与戎式鬲，是因为那时秦戎还处在完全敌对状态之中，戎人还不可能融入秦的生活当中。

秦人长期与戎人杂居，生活区域与西戎重合。自西戎灭犬丘大骆之族、杀秦仲，秦与戎

① 陕西省考古研究所：《陇县店子秦墓》，三秦出版社，1998年。

墓地 \ 器物		鼎	无盖鼎	簋	豆	甗	方壶	大喇叭口罐	高领袋足鬲	秦式鬲	盂	釜	长颈壶	双耳罐
		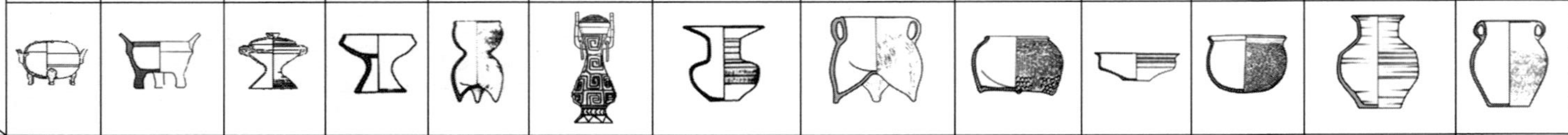												
郭家崖类型	郭家崖	√	—	—	—	—	—	—	√		√	√	√	√
	李家崖	√	—	—	—	—	—	—	√		√	√	√	√
	建河	—	—	—	—	—	—	—	√		√	√	√	√
	塔儿坡	√	—	—		—	—	—	√	√	√	√	√	
店子类型	店子	√	√	√	√	√	√	√		√	√	√		√
	高庄	√	√	√	√	√	√	√	—	√	√	√		
	邮电学院	√	—	—	—	—	—	—	—	—	√	√	√	
	张家嘴	√	√	√	√	√	√	√		√	√	√	√	

图二七四　战国秦墓地随葬器物比较图

就此结仇，势同水火，攻伐不休。西周末年，犬戎攻杀幽王，秦襄公送平王东迁，得以立国。《秦本纪》："戎无道，侵夺我岐、丰之地，秦能攻逐戎，即有其地。"于是襄公十二年，"伐戎而至岐"，被戎人杀死；文公十六年，"以兵伐戎，戎败走"，地才至岐。这些历史充分表明，西周直至春秋早期，秦人与戎人处在敌对状态之中，战争成为秦、戎关系的主旋律。秦受封立国初年，戎人势力还很强大，封地范围内的大部分地区还被戎人占领着。经过秦文公与秦武公近百年的拼打，到秦穆公时，才"益国十二，开地千里，遂霸西戎"。这以后，由于秦人的宽广包容政策，许多戎人逐步融入秦国的生活之中。《史记·秦本纪》述，"秦用由余谋伐戎王"，由余就是戎人，能够帮助秦人征服西戎，足见当时秦人影响力之强大。因之，也有更多的西戎族众归附为秦国治下之民，逐渐融入并迁徙于秦境各地，而出现了诸如宝鸡郭家崖、咸阳塔儿坡等这种类戎人特征较明显的秦国墓地，可能是某个西戎小部族在秦的大文化圈中相对独立生活情景的反映，它已算不上纯正的"戎狄"文化，而仅仅可称作融入秦文化当中、带有某种相对独立的"戎狄"文化特点的平民居住区域[①]。时代相当的高等级西戎文化墓葬，当然是以甘肃张家川马家塬墓地为代表，发现的是等级更高的洞室墓、数量不等的马车和殉牲、墓主和车辆的金银饰物和饰件，中原和戎式的青铜器并存等[②]。但在秦国这个共同体中，戎人墓地仍在一定时段内保存有某些自己独立的文化因素。从考古学角度看，即表现于墓葬形制与随葬品上的群体特征，并且通过与相邻墓群比较中的不同群体特征，看到不同族群文化因素相互融合的趋势。

郭家崖是战国时期关中西部秦国范围内戎人比较集中的居住区，墓地的特征表明，这是具有内在联系的族群，是在生产、生活中遗留下来的特殊遗存。由于他们彼此间生产、生活方式、风俗习惯、宗教信仰、思想观念与秦族的不同，所以在埋葬方式上，比较多地保留了其族群的习俗。尽管如此，"战国中期以后，西方戎人所在区域，皆为秦之郡县（道），这些戎人名义上都成为'秦人'，但真正的'秦人'认同却不一定建立起来，在一定程度上还被正宗的'秦人'看作'蛮夷'"[③]。尽管如此，郭家崖这类戎俗浓厚的墓地，在秦国政治版图中依然为秦人墓地。

---

① 田亚岐：《东周时期关中秦墓所见"戎狄"文化因素探讨》，《文博》2003年第3期。

② 甘肃省文物考古研究所：《西戎遗珍——马家塬战国墓地出土文物》，文物出版社，2014年。

③ 史党社：《秦关北望——秦与"戎狄"文化的关系研究》，复旦大学博士学位论文，2008年。

第五章　结　　语

一

宝鸡地区是秦人进入关中的崛起之地，有关秦的考古发现一直备受学界的关注。20世纪30年代苏秉琦先生在斗鸡台的发掘，开创了秦文化考古的先河，但秦文化考古资料的大量发现还是60年代以后，并且多集中在凤翔、陇县、陈仓区。市区范围内诸如郭家崖这么大规模的秦墓地迄今还是第一次遇到。春秋阶段较有影响的秦墓地有陇县边家庄，陈仓区西高泉、太公庙、南阳、秦家沟、洪塬，秦公一号大墓，孙家南头，以及市区的福临堡、姜城堡、益门、谭家村等处墓地。这些墓葬多出土有青铜器，在秦国早期文化研究中具有开创性意义，特别是1978年在太公庙发现的秦公乐器坑，器主比较明确，是迄今发现的春秋秦有铭器中，除景公大墓出土编磬及漆筒外，为数不多可以确定时代的标准器。135字的铭文不仅使我们从青铜器铭文自身中最先了解到秦公室自己对享国计世的起点，为考定自宋以来就聚讼不休的“十又二公”提供了有力的依据。同时还依据铭文记载，可以订正《史记·秦本纪》中的部分错字、脱文，从而澄清并纠正了各家在注解上的部分混乱和错误，补足了部分缺略的史实。起到了正史补史的作用。

战国时期的考古发现虽然与前述不可同日而语，但在区域性的研究中不可忽视。诸如郭家崖秦墓地处在汧渭之会大文化圈内，与秦文公营筑之陈仓城隔河相望，对于探讨秦都东迁后这个区域秦文化面貌的变化有着重要意义。秦进入关中后，是沿渭河两岸逐步东扩的。春秋时期较大规模的秦墓地还没有发现，当然这不能排除与秦人毕竟刚刚进入关中时间不长有关。20世纪50年代，国家三线建设时的许多大工厂迁建到渭河南岸的清姜台塬，文物工作者就曾在姜城堡一带发现了大片的秦战国时期的墓地，可惜限于当时文物考古工作还不健全，只在当时的《考古通讯》上做了简短的消息报道，无法了解更多的资料。前几年，考古工作者配合基本建设的随工清理，陆续在这一带发现了许多秦墓葬。虽然资料不够齐全，但可以肯定，如今清姜大坡上的台地上，是一处战国时期规模较大的墓地。从姜城堡向东，也就是郭家崖墓地以西，考古工作者前几年还在宝鸡文理学院老校区对面的龙山雅居园区建设中，清理了一批战国时期的秦墓葬（资料待发）。去年，在郭家崖以东的旭光村，宝鸡市考古研究所又清理出了几座战国时期的竖穴土圹屈肢葬秦墓。这些墓葬与郭家崖墓地一样同处在渭河南岸的台地上。虽然都是属于跟随基本建设的随工清理，加上各种条件的制约，不好弄清墓地的四至范围，但是相对而言，郭家崖墓地的清理还比较好。

在北区还发掘了5米×5米的探方12个，从探方的断面上可以看到东周时房址的痕迹残留面。在南区的北部还发掘出了8个灰坑，从这些灰坑的包含物看，主要是灰烬和少数战国以前的陶片，说明这是一处居址与墓葬同处的聚落型墓地。把这些联系起来，对较系统地研究从秦文公徙都汧渭之会到秦德公再徙都雍的80多年里，关中西部秦文化的发展和变化至关重要。

二

郭家崖墓地北区与南区二次发掘之间相隔7年，但是属于一个墓地。北区竖穴与偏洞室墓占绝大多数，南区直线洞室墓占绝大多数，反映出北区相对时代较早，多处在战国早期阶段，并与南区时间衔接，形成一个整体墓地。同时也反映出这个墓地的瘗埋是从北向南逐步展开，从战国早期一直延续到秦代。

郭家崖墓地是一处规模较大，但规格又很低的小型墓葬，按商周礼制，当为邦墓。邦墓是以小型，或中小型墓为主，埋葬密集，成组成群排列，但彼此间无打破关系。在邦墓地中，不同家族又各有自己的“私墓域”，并以尊长卑幼有序排列。《周礼·春官·墓大夫》：“掌凡邦墓之地域，为之图。”郑玄注：“凡邦中之墓地，万民所葬地。”说明“邦墓”是由墓大夫管理的，有着地域的区划，并按照一定规划进行墓地的排列。郭家崖墓地前后两次共清理秦墓115座，从战国早期一直延续到秦代，时间跨度300年上下。但整个墓地排列有序，没有发现有打破关系的墓葬（虽有一座汉墓NM70向下打破了秦墓NM43，没有分期意义），说明这是一处经过统一规划管理的墓地；也没有发现其他身份地位更高一点的墓葬。整个墓地随葬器物都很简单，但比较而言，凡有仿铜陶鼎随葬的墓葬，同时还有其他器物共出。如南区二期的NM67，共出土仿铜陶鼎、陶壶、陶盒和铜带钩、铁刀等9件器物；北区的BM31共出仿铜陶鼎、陶壶、陶盒和玉璧及鹿角器等6件器物，表明这些随葬有仿铜陶鼎墓葬的墓主可能是一些品级低下的士大夫。说明郭家崖墓地埋葬的都是平民百姓及中小贵族的邦墓。

三

郭家崖墓地的最大特点是群体特征的西戎化风格，对此我们也是在资料的整理中逐步认识的。特别是通过与宝鸡周边以及与咸阳和西安地区时代相当的一些较大规模的秦国墓地比较后，这个认识就更为清晰了。

秦人长期与戎人杂居，生活区域与西戎重合，这就是秦考古学文化所处的历史地理大环境。秦与西戎之间的关系纠葛由来已久，显而易见。并且是困扰秦墓考古中族属文化特征确认的一个关键，也是秦考古学文化研究中经常遇到又不容回避的问题。族属研究是考古学文化研究的重要内容[①]。问题是，如何对迄今已获得的秦文化考古资料进行族属方面的研究，克服只

① 李伯谦：《考古学文化的族属问题》，《考古学研究（七）》，科学出版社，2008年。

注重研究物，不注重研究人的偏向。类型学方面的器物分型分式固然是考古学的基本方法和基础，但这些研究的落脚点往往在分期与年代的断定上。而对于使用这些器物的是一群什么样的人，还是涉及不够。解决这些问题的关键还得从考古学方法论中去找钥匙。考古讲的是物质概念，如器物学。而器物学本身又很复杂，这个部族可以使用，另一个部族也可以使用。这些不同部族使用的陶器是有差异的，但这些差异在缺少数量、时空、区域条件的墓葬资料中，很难找出它们的外在规律，最终还是很难破解创造这些历史财富的人群之间有什么不同。上述不同墓地的比较中，我们是把它们放在同一个时间范围内，即战国这个时间段，各处墓地又都显示出了彼此有着明显区别的相同或不同的群体特征。这些群体特征又显示出了一定的规律。比如说，我们开始发现店子墓地秦墓中比较常见的仿铜陶簋、陶豆、附耳长颈方口陶壶、大喇叭口陶罐这类器种，在郭家崖墓地一件都看不到。这种现象在数百年里，数百座墓葬中，恐怕不能用偶然来解释。后来在比较中发现，这种现象在相邻的李家崖墓地、建河墓地，甚至咸阳的塔儿坡墓地、西安的西茅坡邮电学院墓地，也都是这样！不仅如此，与这些群体特征相伴随的洞室墓、壁龛的占比以及戎式鬲的出土情况，也与这些群体特征相一致。相反，店子墓地秦墓中比较常见的包括仿铜陶簋、陶豆、附耳长颈方口陶壶、大喇叭口陶罐在内的诸多随葬器物墓地，也不是店子墓地一处，如宝鸡的高庄墓地、西村墓地，以及咸阳任家咀墓地和华县东阳墓地。这几处墓地的洞室墓、壁龛的占比以及秦式鬲的出土情况，也与这些群体特征相一致。这就构成了相邻区域互有区别的两种不同文化内涵的群体特征，为我们进一步推断他们的部族关系，提供了物质上的支撑。

我们可以把这些群体特征概括为店子类型与郭家崖类型。店子类型是比较正宗的秦人墓地，郭家崖类型是已归顺了秦人的西戎墓地。

店子模式包括高庄和西村墓地，以及咸阳任家嘴墓地和东阳墓地。总体文化面貌是，秦人葬俗是主流。表现在墓形制上，竖穴土圹占绝大多数，洞室墓占少数。随葬器种上比较齐全，仿铜陶簋、陶豆、附耳长颈方口陶壶、大喇叭口陶罐以及秦式鬲最为普遍。

郭家崖模式包括建河、李家崖、西茅坡邮电学院墓地、咸阳塔儿坡墓地，总体文化面貌是，戎式葬俗占据上风。墓葬形制上，洞室墓与壁龛占绝大多数。随葬器种比较单一，仿铜陶簋、陶豆、附耳长颈方口陶壶、大喇叭口陶罐以及秦式鬲始终不见出现，戎式铲足鬲比较多见。

从郭家崖墓地的考古材料入手，经过与关中西部乃至西安和咸阳附近较大规模墓地的比较后，把这些群体特征归纳为两个类型，这两个类型之间是不是可以反映秦文化和与其关系密切的西戎文化之间的区别关系？其实这就是集中归结到对其族属的讨论问题上。

李伯谦先生在如何理解考古学文化的族属问题时说，在考古学上，构成某一考古学文化的具有共同特征的遗迹、遗物及遗迹现象，一般来说，是在特定时空范围内具有内在有机联系的人们共同体在生产、生活活动中遗留下来的。这些具有共同的生产、生活方式，共同的语言、风俗习惯和宗教信仰并通过某种交流方式联系在一起的人们共同体，在中国古代历史典籍中往往称为族（或族系）。所谓考古学文化族属问题，实际上是指通过对考古学文化遗迹、遗物及遗迹现象的研究，由物及人，由物见人，揭示创造和使用该考古学文化的人们共同体即族（或族系）的真实情况，从而尽可能地恢复其历史原貌。社会发展阶段上，该考古学文化和文献记载的该族要基本处在同一发展水平；在文化特征上，该考古学文化的特征和文献记载的该族在生产、生活方式、风俗习惯、宗教信仰、思想观念的某些方面能够互相印证；在文化关系上，该考古学文化与周邻文化的关系和该族与周邻诸族之间的关系要有相合之处，没有矛盾①。郭家崖类型与店子类型上述这些属于同一时代、分布于不同地区，但又具有共同群体特征的墓地表明，这是一群具有内在联系的族群，在生产、生活中遗留下来的。由于他们彼此间生产、生活方式、风俗习惯、宗教信仰、思想观念的不同，所以在埋葬方式上，比较独立地保留了本族群的习俗。通过对这些遗物遗迹的研究，弄清创造和使用这些考古学文化的是些什么族群？达到揭示创造和使用该考古学文化的族群的真实情况，从而尽可能地恢复其历史原貌。尽管考古学文化族属研究是一项复杂的系统工程，但郭家崖墓地的发掘为族属文化的探索提供了重要资料，起码在地域上和文献记载的秦与西戎族活动的地域完全重合；在年代上和文献记载的秦人与西戎在历史上活动的年代是契合的。并且与已知的相邻的秦人墓地构成了相同与区别的群体特征。因此，我们就可以认为，郭家崖战国墓地是一处有别于店子类的典型秦墓地的，而以姜戎人为主体的秦国墓地。

但是，郭家崖墓地的群体特征虽然鲜明地反映在地域性和时代性上，然而我们也要看到，考古学文化反映的是一个相互交织的、极其复杂的文化面貌，从传统的器物形制分析转向历史背景方面的族属研究，不仅要考虑其简单的形制与组合，更要去关注它们所处的整体环境，以及具有符号标识和观念、风俗、礼仪、制度等不同层面指向性的蛛丝马迹。不仅是随葬品的器物组合，与之相关的一切元素都应有效缀合，而成为立体的背景网络②。李伯谦先生提出“研究考古学文化的族属，必须在对考古学文化分期的基础上进行，必须在对考古学文化进行文化因素分析的基础上进行”。其中考古学领域的族属研究还是应当立足于考古学科自身的特点，否则便会成为无源之水，泛泛而谈。在这个意义上，李伯谦先生所提倡的文化因素分析方法和王巍先生提出的“层级视角”，其实都是考古学领域对于族属问题研究的一种思路。传统考古学方法在解决族属问题上确有其局限性，考古学文化与古代族群之间的关系也需要重新审视，在这样的不断尝试和坚持考古实证性的前提下，我们也有理由相信考古学在这一领域将取得新的突破。

四

郭家崖墓地的几个现象值得关注。

一是框架结构的棺椁形制，我们虽然已把这种现象当作戎人的文化特征，但是这种葬俗的归迹还是不大清楚。我们归纳的西姜戎文化类型中的建河墓地，其他姜戎文化群体特征都很突

① 李伯谦：《考古学文化的族属问题》，《考古学研究（七）》，科学出版社，2008年。

② 周杨：《族属的考古与中国考古学的族属研究》，《中国文物报》2019年3月6日第6版。

出，但却没有发现框架结构的棺椁形制。因此这种现象值得在以后的发掘中给予关注，并且希望能有更多的资料用于研究。

二是NM25的“｜”形排列放置的两具棺木与两具都是头西足东的屈肢葬的埋葬方式。从发掘清理现场看，这是一次性挖掘好的墓地与同时瘗埋的墓葬。两个壁龛，两套随葬器物数量与形状相似。这种二人合葬情况还是秦墓葬考古中第一次发现。

三是NM6的甬道（过洞）形制，NM14也是这种情况，墓圹与洞室之间有一段间隔，似为过洞。这种带有过洞现象的洞室墓也是秦墓考古中很少遇到的。这为我们认识秦国墓的发展演变增加了新的资料。

五

郭家崖墓地是以秦国墓葬为主的墓地，122座古墓中秦墓有115座，还有5座汉代墓葬与1座唐代墓，1座疑似明代墓葬。

5座汉代墓葬，北区分布2座、南区分布3座。

南区的3座属于小型带有斜坡墓道的洞室墓葬。从墓葬的形制与随葬器物看，应当是战国向汉代的过渡阶段。NM45为长斜坡墓道，洞室墓，坐西朝东，墓葬总体平面呈“中”字形，墓道位于前后墓室中间，通过过洞与墓室相连。这种墓的形制与本墓地战国晚期的洞室墓比较，主要是墓道变成了斜坡。在时间段上，其发展是前后衔接的。出土的陶灶与汉代墓出土的陶灶有很大区别，说明这种陶灶尚处在战国向汉代的过渡期。出土的陶猪、鸡的形象，与咸阳汉阳陵帝陵东侧外藏坑猪、鸡风格酷似。综合分析，NM45的随葬品呈现出战国晚期至西汉早期墓葬的器物风格。因此，埋葬年代的下限当在西汉早期阶段。NM63也是一座小型洞室墓葬，出土的器物也不多，且还有早期盗扰迹象，但出土的朱书陶瓶却很有时代特征。陶瓶上的朱红色字迹虽然模糊难以辨认，但底部的道符清晰可见。考古发现表明，东汉以来，盛行用朱书陶瓶作随葬品。说明这座墓的瘗埋时间已到东汉。

北区的2座属于大型的砖室墓。M15随葬的摇钱树，是四川汉墓的典型器物，在秦岭以北比较罕见，对了解与研究宝鸡在古代与巴蜀地区的文化交流传播途径至关重要。与摇钱树共出的五铢与剪轮五铢钱，可以隶定这座墓葬的年代在东汉。出土的随葬器物与宝鸡地区同期同规格的墓葬有所不同，主要是陶罐与陶盆，其他器种如东汉墓葬中常见的釉陶壶、陶钫、陶奁、陶仓、陶灶、陶盒、陶鼎以及家禽家猪一类动物陶俑不见出现，似乎又与墓主的身份地位不大相称。

汉墓数量虽然不多，但在时代上，大体可以与秦墓相衔接，说明郭家崖墓地从战国一直延续到了东汉。

唐墓属于小型墓葬，出土的开元通宝钱文中的“元”字第一笔特别短，多见于唐代早期墓葬中。因此可以隶定其年代在唐代早期。这座小型唐墓的上半部虽遭到先前平整场地的破坏，但基本部分得到了保存。形状基本具备了墓道、甬道、刀把形墓室三部分因素，特别是刀把形墓室较为明显，也可以说是这种墓葬形制的初始阶段，然而却极为简单。所谓的“墓道”，其实只是一个竖穴墓圹，似乎与后来唐墓的长斜坡墓道不大一致，但却与规格较高的带天井的唐墓有点相似。或许可以认为，天井就是在此理念基础上发展起来的。早期唐墓沿袭了北朝时期的传统，流行方形或长方形单室土洞室墓，等级较高的墓葬带有长斜坡墓道和天井。安史之乱后，墓葬的地下部分开始简化，竖井墓道基本取代了长斜坡多天井墓道。总之，这个小型唐墓年代处在唐代初期，对我们全面了解唐代墓葬形制的发展过程有着重要意义。

宝鸡是秦人进入关中后最先立足的地方，秦人在此先后建都近四百年，留下了丰富的文化遗存。相比之下，春秋阶段的比较多。战国时期除店子墓地规模比较大以外，当数高庄秦墓地了。其他多是零星发现。郭家崖秦墓地是宝鸡市区范围内一次较大规模的发现，时代贯穿了战国全过程，而且整体面貌与周边已知的秦墓有着较大的区别。这对于我们全面研究秦人进入关中以后的考古学文化及族属等相关问题提供了较为丰富的资料。

附表一　宝鸡郭家崖墓地（北区）墓葬登记表

（单位：米）

墓号	方向/（°）	墓葬形制	墓葬结构			葬具与葬式					随葬器物	分期	备注
			墓道（长×宽×深）	墓室（长×宽×高）	头龛（长×宽－高）	棺（长×宽）	立柱数	葬式	性别	头向			
BM1	287	直线洞室墓	上口3.90×2.24 下口3.50×1.98 －1.68	2.55×1.22－1.66		1.75×0.90－?		葬式不明	?	?	Ⅰ式陶鼎1、Ⅰ式铜带钩1	3	
BM2	284	偏洞室墓	上口3.06×2.00 下口2.88×1.76 －0.60	2.10×1.05－0.66		1.88×0.80－?		仰身屈肢	男?	西	Ⅰ式铜带钩1、贝壳1组2件	3	
BM3	295	偏洞室墓	上口2.86×2.45 下口2.60×2.25 －1.00	2.40×1.00－残1.00		1.88×0.80－?		仰身屈肢	女	西	Ⅰ式陶釜1、料器1、铁器1	2	
BM4	188	刀把形墓	北1.90×1.31－2.01 南1.90×1.47－1.52	2.47×（北2.15－南1.68－残1.31		2.05×（北0.75－南0.85－?		仰身直肢	不明	南	陶罐1、铜钱1	唐	
BM5	283	竖穴墓		2.00×0.93－残0.50		1.42×0.57－?		仰身屈肢	女	西			
BM6	280	偏洞室墓	上口2.48×1.55 下口2.39×1.48 －0.43	2.05×0.95－残0.41		1.70×0.82－?		仰身屈肢	女	西	Ⅰ式陶釜1	3	
BM7	284	偏洞室墓	上口2.5×1.81 下口2.36×1.58 －残0.26	2.03×1.10－残0.34		1.68×0.68－?		仰身屈肢	女	西	Ⅱ式陶釜1、Ⅰ式铜带钩1	3	
BM8	297	偏洞室墓	上口2.66×1.86 下口2.62×1.80 －残0.54	2.04×（东1.01－西0.84）－残0.46	0.40×0.30－残0.45	1.73×0.88－?		仰身屈肢	女	西	Ⅱ式陶鬲1、Ⅰ式铜带钩1、Ⅱ式陶壶1	1	
BM9	281	偏洞室墓	残0.35×1.82－1.15	残1.18×0.91－0.99	0.68×0.30－0.34	1.40×0.68－?		侧身屈肢	男	西	Ⅱ式陶釜1、Ⅱ式铜带钩1、Ⅱ式陶壶1、绿松石串饰2	3	
BM10	287	偏洞室墓	残宽1.80—1.12	1.88×（北1.82－南1.52）－残1.12		1.60×0.58－?		仰身屈肢	男	西	Ⅰ式陶釜1、Ⅰ式铜带钩1	3	

续表

墓号	方向/（°）	墓葬形制	墓葬结构			葬具与葬式					随葬器物	分期	备注
			墓道（长×宽×深）	墓室（长×宽×高）	头龛（长×宽－高）	棺（长×宽）	立柱数	葬式	性别	头向			
BM11	288	偏洞室墓	上口2.05×1.31 下口1.90×1.24－残0.45	2.00×1.13－残0.36		1.74×0.85－?		仰身屈肢	男	西	铜镞1	2	
BM12	286	偏洞室墓	上口3.85×2.54 下口3.74×2.38－残1.18	2.30×1.02－残1.10	0.20×0.38－0.45	1.90×0.60－?		仰身屈肢	男	西	Ⅲ式陶釜1、Ⅰ式铜带钩1	3	
BM13	280	偏洞室墓	2.90×2.28－残1.18	2.15×1.28－残1.10		1.75×0.90－?		仰身屈肢	男	西			
BM15	10	洞室墓	10.8×0.98－3.42	前室299×2.98－2.98 后室3.93×1.96－1.67 侧室1.88×1.74－1.6		两棺尺寸相同 2.20×0.79－?					陶罐25、陶盆4、陶甑1、铜釜1、铜镜1、摇钱树1铜钱3、铁釜1、铁刀1、银环1	汉	
BM16	275	偏洞室墓	上口3.02×1.96 下口2.72×1.62－残2.16	2.18×0.99－1.40		1.84×0.78－?		仰身屈肢	男	西			
BM17	281	偏洞室墓	上口3.44×2.24 下口2.32×2.05－残1.80	2.07×1.08－1.22	0.50×0.27－0.45	1.73×0.70－?		仰身屈肢	男	西	铁器1、陶釜1、陶壶1	2	
BM18	278	偏洞室墓	上口3.74×2.18 下口2.79×1.94－残1.72	2.18×1.22－1.35	0.56×0.25－0.51	1.66×0.66－?		仰身屈肢	女	西	陶釜1、陶壶1	2	
BM19	283	偏洞室墓	上口3.35×2.23 下口3.07×1.95－残0.85	2.06×1.00－残0.87	0.41×0.23－0.37	1.84×0.72－?		仰身屈肢	女	西	陶釜1、陶壶1	3	
BM20	283	偏洞室墓	上口3.38×2.35 下口2.87×1.78－残2.80	2.29×1.18－1.43	0.50×0.35－0.51	1.95×0.86－?		仰身屈肢	男	西	铜带钩1、陶罐2	2	
BM21	4	洞室墓	上口3.74×2.18 下口2.79×1.94－残1.72	8.2×0.93－2.42							铜钱1		
BM22	277	偏洞室墓	上口3.10×2.01 下口2.71×1.90－残1.39	2.18×1.22－1.35	0.50×0.28－0.31	1.62×0.71－?		侧身屈肢	女	西	陶釜1、陶壶1	2	
BM23	276	竖穴土圹墓		1.98×0.92－残1.18	0.35×0.25－0.35			仰身屈肢	男	西	陶釜1	1	

续表

墓号	方向/（°）	墓葬形制	墓葬结构			葬具与葬式					随葬器物	分期	备注
			墓道（长×宽×深）	墓室（长×宽×高）	头龛（长×宽－高）	棺（长×宽）	立柱数	葬式	性别	头向			
BM24	274	偏洞室墓	上口3.12×2.14 下口2.86×1.88－残1.23	2.04×0.90－1.22	0.45×0.36－0.49	1.64×0.71－？		侧身屈肢	男	西	陶釜1、陶壶1、铁器1	3	
BM25	275	直线洞室墓	上口3.26×2.24 下口2.88×1.98－残1.80	2.13×1.15－0.80	0.15×0.06－0.14	1.73×0.72－？		仰身屈肢	女	西	陶釜1、陶壶1	3	
BM26	295	竖穴土圹墓	上口3.62×2.56 下口3.42×2.40－1.62	2.18×1.17－0.99	0.66×0.44－0.54	1.73×0.83－？		仰身屈肢	女	西	陶鼎1、陶釜1、陶壶1、铁锸1	1	
BM27	6	竖穴土圹墓	上口3.14×2.06 下口2.93×1.87－0.78	2.06×1.05－0.97	0.40×0.30－0.52	1.70×0.70－？		仰身屈肢	女	北	陶釜1	2	
BM28	278	偏洞室墓	上口3.74×2.40 下口3.08×1.90－残1.55	2.00×0.90－残1.50	0.68×0.30－0.75	1.68×0.70－？		仰身屈肢	女	西	双耳陶罐1	1	
BM29	275	竖穴土圹墓	上口3.70×2.30 下口3.15×1.86－1.60	2.12×1.20－1.10	0.63×0.28－0.43	1.80×0.76－？	8	仰身屈肢	女	西	陶鼎1	2	
BM30	283	偏洞室墓	上口4.0×2.76 下口3.47×2.20－残2.71	2.17×1.06－残0.94	北0.53×0.30－0.39 西北0.33×0.10－0.30	1.74×0.70－？		仰身屈肢	男？	西	玉环1、铜带钩1、陶釜1、铜钱1	3	
BM31	281	竖穴土圹墓	上口4.01×2.68 下口3.79×2.48－1.34	2.54×1.32－1.09	0.65×0.41－0.42	1.92×0.76－？	6	仰身屈肢	？	西	陶鼎1、陶盒1、陶壶2、玉璧1、鹿角器1	2	
BM32	272	竖穴土圹墓	上口3.9×2.60 下口3.34×2.22－2.10	2.48×1.36－1.10	0.66×0.30－0.46	1.70×0.80－？	4	侧身屈肢	？	西	陶鍪1、陶罐1、铜带钩1	2	
BM33	282	竖穴土圹墓	上口3.62×2.12 下口3.38×1.94－0.94	2.14×1.00－1.04	0.36×0.24－0.35	1.70×0.74－？		仰身屈肢	女	西	陶釜1	2	
BM34	273	竖穴土圹墓	下口2.64×2.00－残0.26	1.95×1.05－1.05	西0.37×0.36－0.33 东0.45×0.35－0.80	1.73×0.70－？		仰身屈肢	女	西	铁器残片1	3	
BM35	269	偏洞室墓	上口3.47×2.19 下口3.02×1.80－残1.91	2.36×1.17－1.86	0.55×0.30－0.39	1.92×0.74－？		仰身屈肢	女	西		3	

续表

墓号	方向/（°）	墓葬形制	墓葬结构			葬具与葬式					随葬器物	分期	备注
			墓道（长×宽×深）	墓室（长×宽×高）	头龛（长×宽—高）	棺（长×宽）	立柱数	葬式	性别	头向			
BM36	284	瓮棺墓	上口2.59×1.95 下口2.34×1.74—残0.93	1.10×0.79—0.72	0.32×0.21—0.27	长0.78、口0.32、底0.34、最大腹径0.64					陶鬲1	1	
BM37	286	竖穴土扩墓	上口2.73×1.80 下口2.40×1.40—0.72	1.80×0.96—0.36	0.42×0.34—0.24	1.50×0.60—？		仰身屈肢	男	西	陶釜1	2	
BM38	288	竖穴土扩墓	上口3.66×2.54 下口3.50×2.38—0.72	2.42×1.15—1.25	0.60×0.36—0.40	2.14×0.70—？	4	仰身屈肢	？	西	陶釜1、陶壶1	2	
BM39	276	竖穴土扩墓	上口3.51×2.30 下口3.30×2.80—1.00	2.17×1.22—1.14	0.42×0.46—0.46	1.74×0.68—？	6				陶釜1、陶壶1	2	
BM40	273	竖穴土扩墓	口3.62×2.53—3.52	2.41×1.10—1.09	0.47×0.29—0.35	1.96×0.69—？	6	仰身屈肢	男	西	陶釜1	2	
BM41	270	竖穴土扩墓		2.32×1.30—1.19	0.45×0.39—0.42	1.90×0.80—？	6	仰身屈肢		西	陶鬲1、陶盆1、陶壶1、铜带钩1	1	

附表二　宝鸡郭家崖墓地（北区）出土人骨性别年龄表

墓号	性别	年龄	墓号	性别	年龄
M1	不明	不明	M22	女	40～45
M2	男?	20～25	M23	男	14～17
M3	女	60～70	M24	男	45±
M4	?	?	M25	女	成年个体
M5	女	45～50	M26	女	中老年
M6	女	20～25	M27	女	35～40
M7	女	27～29	M28	女	成年
M8	女	50±	M29	女	中老年
M9	女	50～60	M30	男?	成年
M10	男	40±	M31	?	40±
M11	男	20～23	M33	女	30～35
M12	男	30～35	M34	女	27～28
M13	女	30～40	M35	女	45±
M16	男	25～30	M36	?	3～5
M17	男	成年	M37	女	35～39
M18	女?	成年	M38	?	10～12
M19	女	成年	M40	男?	成年个体
M20	男	40～44	M32破坏严重未鉴定		

附表三　宝鸡郭家崖秦墓地（南区）墓葬登记表

（单位：米）

墓号	方向/（°）	墓葬形制	墓葬结构			葬具与葬式					随葬器物	分期	备注
			墓道（长×宽×深）	墓室（长×宽×高）	头龛（长×宽×高）	棺（长×宽）	立柱数	葬式	性别	头向			
NM1	150	直线洞室墓	1.90×0.85－3.20	1.75×0.63－残1.00								3	
NM2	190	直线洞室墓	上口2.80×2.61 下口2.40×2.19 －3.29	2.10×1.18－残1.19	0.48×0.30－0.30	1.20×0.51－?		仰屈		北	陶鼎1、陶罐1、陶壶1、陶盂2	2	
NM3	280	直线洞室墓	上口2.61×1.70 下口2.20×1.30 －3.19	1.99×0.89－残0.99	0.50×0.26－0.30	1.20×0.59－?		仰屈		西	陶鼎1、陶罐1	3	
NM4	288	竖穴土圹墓	上口3.90×3.00 下口3.50×2.61 －3.40	2.70×1.50－1.40	0.70×0.49－0.30	1.30×0.80－?	10	仰屈		西	陶鼎1、陶罐1、陶壶1、陶盂1、骨管1	1	
NM5	280	竖穴土圹墓	上口2.09×1.50 下口1.90×1.20 －2.00	1.86×0.82－0.70		1.49×0.70－?	8	仰屈		西		2	
NM6	260	直线洞室墓	上口2.40×1.99 下口2.01×1.59 －2.99	2.28×1.20－残0.90		1.70×0.59－?		仰屈		西	陶壶1、陶釜1、铁削1、料珠1	4	
NM7	260	直线洞室墓	上口3.70×2.09 下口3.30×1.69 －3.39	1.99×1.09－残0.99	0.49×0.25－0.40	1.18×0.51－?		仰屈		西	陶鼎1、陶壶1	3	
NM8	260	直线洞室墓	上口3.10×2.49 下口2.70×2.09 －2.78	2.10×1.01－残0.98	0.58×0 22	1.19×0.49－?		仰屈		西	陶鼎1、陶罐1	3	
NM9	190	直线洞室墓	上口3.49×2.60 下口3.10×2.20 －3.01	1.88×1.01－残1.01	0.50×0.21－0.30	1.20×0.50－?		仰屈		北	陶鼎1、陶壶1	2	
NM10	360	直线洞室墓	上口2.50×2.21 下口2.09×1.80 －2.72	2.20×1.01－残1.00	0.49×0 20	1.18×0.50－?		仰屈		北	陶鼎1、陶壶1	2	

续表

墓号	方向/（°）	墓葬形制	墓葬结构			葬具与葬式					随葬器物	分期	备注
			墓道（长×宽×深）	墓室（长×宽×高）	头龛（长×宽×高）	棺（长×宽）	立柱数	葬式	性别	头向			
NM11	90	竖穴土圹墓	3.00×1.20—3.20	2.60×0.80—0.50		2.10×0.50—?		仰直		东		1	
NM12	270	偏洞室墓	上口3.40×2.40 下口2.98×1.98 —2.99	2.20×1.20—残1.19	0.40×0.31—0.30	1.80×0.69—?		仰屈		西	陶釜1、陶罐1	2	
NM13	270	直线洞室墓	上口3.10×2.08 下口2.70×1.72 —2.68	1.98×1.08—残0.99		1.20×0.61—?		仰屈		西	陶釜1、陶壶1	3	
NM14	275	直线洞室墓	上口1.85×1.40 下口1.68×1.09 —2.99	1.72×1.50—残0.69							铜钱1组15枚	4	
NM15	270	直线洞室墓	上口4.08×3.07 下口3.70×2.68 —2.88	2.30×1.18—残1.12	0.51×0.35—0.28	1.31×0.61—?					陶釜1、陶壶1	3	
NM16	275	直线洞室墓	上口3.98×2.71 下口3.59×3.28 —3.01	2.20×0.98—残1.28	0.51×0.21—0.30	1.49×0.50—?		侧屈		西	陶釜1、陶壶1	3	
NM17	280	竖穴土圹墓	上口2.00×1.50 下口1.80×1.30 —1.20	1.49×0.83—0.40		1.49×0.83—?		侧屈		西	陶罐1	1	
NM18	330	竖穴土圹墓	口2.58×（西北1.00—东南0.80）—1.40			2.28×0.70—?		仰直		西北		1	
NM19	260	直线洞室墓	上口4.10×2.38 下口3.70×1.98 —3.19	2.01×1.09—残1.08	055×0.41—0.40	1.30×0.61—?		仰屈		西	陶鼎1、陶壶1、陶仓1	3	
NM20	260	直线洞室墓	上口3.00×2.30 下口2.61×1.88 —3.00	1.90×1.20—1.18	0.50×0.25—0.30	1.30×0.60—?		仰屈		西	陶双耳罐1、陶壶1	2	
NM21	275	直线洞室墓	上口3.40×2.00 下口3.01×1.59 —2.70	2.10×1.15—残1.10	0.40×0.23—0.35	1.40×0.60—?		仰屈		西	陶釜1、陶壶1	3	
NM22	275	直线洞室墓	上口3.80×2.50 下口3.39×2.09 —3.20	2.20×1.10—1.28	0.35×0.40—0.40	1.10×0.60—?		侧屈		西	陶釜1、陶罐1、陶壶1、陶纺轮1、陶仓1、铜带钩1	2	

续表

墓号	方向/（°）	墓葬形制	墓葬结构			葬具与葬式					随葬器物	分期	备注
			墓道（长×宽×深）	墓室（长×宽×高）	头龛（长×宽×高）	棺（长×宽）	立柱数	葬式	性别	头向			
NM23	275	竖穴土扩墓	上口4.10×2.68 下口3.69×2.30 —3.12	2.30×1.20—1.09	0.60×0.40—0.40	1.29×0.60—?	6	侧屈	?	西	陶鬲1、陶壶1	1	
NM24	275	竖穴土扩墓	上口3.60×2.30 下口3.20×1.90 —2.10	2.30×1.10—1.10		1.60×0.60—?	8	仰屈		西		2	
NM25	280	直线洞室墓	上口3.60×2.50 下口3.18×2.09 —2.50	4.30×1.10—残1.20	墓室0.58×0.59—0.56 洞室0.60×0.40—0.30	1.30×0.70—? 1.60×0.70—?		仰屈		西	陶釜2、陶壶2、铁带钩1	3	
NM26	275	偏洞室墓	上口3.60×2.60 下口3.20×2.18 —3.40	2.50×0.90—残1.14	0.38×0.40—0.26	1.80×0.70—?		仰屈		西	陶鼎1、陶壶1、陶仓1	2	
NM27	275	竖穴土扩墓	上口3.90×2.70 下口3.50×2.30 —3.00	2.30×1.20—1.19	0.45×0.49—0.50	1.30×0.70—?		仰屈		西	陶罐2	1	
NM28	10	直线洞室墓	上口4.00×3.00 下口3.59×2.59 —3.10	2.10×1.10—1.00	0.50×0.50—0.40	1.30×0.60		仰屈		北	陶釜1、陶罐1、铜钱1组	2	
NM29	280	竖穴土扩墓	上口5.10×3.60 下口4.70×3.20 —3.60	2.80×1.48—1.50	0.50×0.50—0.70	1.80×0.90—?	21	仰屈		西	陶鼎1、陶缶1、陶罐1、陶仓1、铜镜1、铜带钩1、铜印1、铜环1	4	
NM30	275	直线洞室墓	上口3.60×2.40 下口3.20×2.01 —3.00	1.80×1.00—1.05	0.40×0.50	1.40×0.60—?		仰屈		西	陶鬲1、陶壶1、铜环1组4件、铜铃1组6件、铁削1组2件、料珠1、铁器1	2	
NM31	275	直线洞室墓	上口3.50×2.30 下口3.10×1.90 —3.30	2.35×1.30—1.50	0.40×0.40—0.40	1.50×0.70—?					陶釜1、陶盂1、陶壶1、铜镜 1、铜铃1组3件、铜带钩1、串珠1组22件、骨环2、铜璜1、铁削1、铁器1	3	
NM32	280	直线洞室墓	上口4.80×3.40 下口4.40×3.01 —3.70	2.10×1.30—残1.20	0.80×0.25	1.60×0.70—?				西	陶鬲1、陶罐1、铜铃1组3件、铁带钩1、料珠1、铁削1	3	
NM33	90	直线洞室墓	上口3.00×2.50 下口2.60×2.10 —2.40	2.10×1.00—残0.90	0.50×0.30	1.60×0.60—?		仰屈		西	陶双耳罐1、陶罐1	4	

续表

墓号	方向/（°）	墓葬形制	墓葬结构			葬具与葬式					随葬器物	分期	备注
			墓道（长×宽×深）	墓室（长×宽×高）	头龛（长×宽×高）	棺（长×宽）	立柱数	葬式	性别	头向			
NM34	275	直线洞室墓	上口3.80×2.50 下口3.41×2.08 —3.50	2.10×1.10—1.10	0.50×0.40	1.30×0.60—?		侧屈		西	陶釜1、陶壶1、铜环1	3	
NM35	95	直线洞室墓	上口3.60×2.50 下口3.20×2.10 —2.70	2.00×（西1.54～东1.02）—残1.10		1.30×0.60—?		侧屈		东		3	
NM36	275	竖穴土圹墓	上口3.80×2.75 下口3.39×2.35 —2.35	2.40×1.22—0.24	0.40×0.40—0.36	1.50×0.70—?	2	仰屈		西	陶釜1、陶罐1、骨环1	2	
NM37	90	直线洞室墓	上口3.90×2.70 下口3.50×2.29 —3.10	2.30×1.10—残1.20	0.60×0.33—0.35	1.60×0.60—?		仰直		西	陶釜1、陶壶1	3	
NM38	190	直线洞室墓	上口3.30×2.20 下口2.90×1.80 —2.80	2.50×1.30—残1.00	0.70×0.25—0.30	1.80×0.60—?					陶釜1、陶壶1	2	
NM39	100	直线洞室墓	上口3.50×2.90 下口3.09×2.49 —2.60	2.00×1.10—残1.00	0.50×0.40—0.40	1.60×0.90—?		仰屈		西	陶釜1	3	
NM40	275	竖穴土圹墓	上口4.00×3.00 下口3.79×2.60 —2.90	2.50×1.40—1.09	0.50×0.40—0.40	1.30×0.60—?		仰屈		西	陶釜1	2	
NM41	180	直线洞室墓	上口3.70×2.70 下口3.29×2.30 —3.00	2.30×1.18—残1.20		1.90×0.70—?		仰直		北	陶壶1	2	
NM42	180	直线洞室墓	上口3.50×2.50 下口3.09×2.10 —2.80	1.80×1.00—残1.10	0.40×0.35	1.50×0.70—?					陶鼎1、陶壶1	2	
NM43	270	偏洞室墓	上口3.70×2.90 下口3.29×2.48 —3.90	2.20×1.00—残1.00	0.60×0.40—0.30	1.60×0.70—?		仰屈		西	陶釜1、陶壶1、陶盂1、铜带钩1、玉璧1、圆形玉饰2、料珠1组、铜铃2、玉柄形器1	3	
NM44	275	直线洞墓	上口3.50×2.70 下口3.08×3.28 —3.70	2.04×1.10—1.20	0.50×0.30—0.30	1.20×0.70—?		仰屈		西	陶釜1、陶壶1	3	

续表

墓号	方向/（°）	墓葬形制	墓葬结构			葬具与葬式					随葬器物	分期	备注
			墓道（长×宽×深）	墓室（长×宽×高）	头龛（长×宽×高）	棺（长×宽）	立柱数	葬式	性别	头向			
NM45	85	斜坡墓道洞室墓	上口2.20×0.90－6.30	前室3.00×2.9－2.40 后室3.59×1.90－1.80							陶罐2、陶钵6、陶耳杯2、陶井架1、陶鸡2、陶猪1、陶鸭1、陶灶1	汉	
NM46	275	直线洞墓	上口3.60×2.70 下口3.18×2.28－3.60	1.90×1.10－1.10	0.50×0.30－0.30	1.40×0.60－?		仰屈		西	陶双耳罐1	2	
NM47	280	偏洞室墓	上口3.70×2.70 下口3.29×2.30－3.60	2.00×1.10－残1.0	0.60×0.30－0.40	1.80×0.70		仰屈		西	陶釜1、陶壶1	3	
NM48	270	直线洞墓	上口3.90×2.70 下口3.50×2.29－3.40	2.10×（东1.28～西1.10）－1.20	0.60×0.30	1.90×0.70－?		仰屈		西	陶釜1、陶壶1、石纺轮2、料珠1组3件、骨器1、铁器1	3	
NM49	275	直线洞墓	上口3.60×2.50 下口3.20×2.08－3.50	2.10×1.20－1.10	0.50×0.25－0.30	1.50×0.60－?		仰屈		东	陶釜1、陶罐1	2	
NM50	275	直线洞墓	上口3.30×2.00 下口2.91×1.61－3.20	2.20×1.20－1.30	0.60×0.25－0.30	1.50×0.60－?					陶鼎1、陶壶1	2	
NM51	275	偏洞室墓	上口3.60×2.50 下口3.18×2.08－3.80	2.40×0.80－残1.10	0.50×0.40－0.34	1.28×0.60－?	6	仰屈		西	陶釜1、陶壶1	2	
NM52	275	竖穴土圹墓	上口4.28×3.00 下口3.89×2.60－3.09	2.50×1.40－1.29	0.50×0.40－0.30	2.00×0.80－?	8	仰屈		西南	陶釜1、铜印1、铁削1	3	
NM53	95	直线洞室墓	上口3.50×2.80 下口3.09×2.40－3.20	1.84×1.20－残1.10	0.50×0.30－0.30	1.50×0.80－?	6	仰屈		西	陶釜1、陶罐1	3	
NM54	90	直线洞室墓	上口3.70×2.80 下口3.29×2.40－2.90	2.10×1.20－残1.10	0.60×0.50－0.30	1.80×0.80－?		仰屈		西	陶釜1、陶罐1、陶盂2	3	
NM55	5	竖穴土圹墓	上口2.00×1.70 下口1.79×1.50－2.00	1.69×0.90－1.00				侧屈		北		1	
NM56	275	竖穴土圹墓	上口2.50×1.60 下口2.30×1.40－1.80	1.89×1.00－0.80	0.50×0.40－0.30	1.47×0.68－?	4	侧屈		西北	陶釜1	1	

续表

墓号	方向/（°）	墓葬形制	墓葬结构			葬具与葬式					随葬器物	分期	备注
			墓道（长×宽×深）	墓室（长×宽×高）	头龛（长×宽×高）	棺（长×宽）	立柱数	葬式	性别	头向			
NM57	275	竖穴土圹墓	上口4.20×2.90 下口3.80×2.50—3.50	2.60×1.30—1.20	0.60×0.50—0.40	1.47×0.68—?	8	仰屈		西北	陶釜1、陶壶1	1	
NM58	95	直线洞室墓	上口4.20×3.10 下口3.90×2.70—3.90	2.20×1.30—残1.40		1.70×0.70—?		仰屈		西	陶鼎1、陶壶1、陶仓1、铜带钩1、炭棒1	3	
NM59	270	偏洞室墓	上口3.80×2.40 下口2.64×1.99—4.00	2.20×0.90—残1.10	0.40×0.30—0.35	1.70×0.60—?		仰屈		西	陶釜1、陶壶1	2	
NM60	270	直线洞墓	上口2.90×2.00 下口2.68×1.80—2.50	1.94×1.00—1.10	0.50×0.30—0.30	1.50×0.70—?		仰屈		西	陶釜1、陶壶1	3	
NM61	275	直线洞墓	上口3.10×2.10 下口2.88×1.89—2.60	1.80×1.00—残1.00		1.20×0.70—?		仰屈		西		3	
NM62	95	直线洞室墓	上口3.80×2.70 下口3.38×2.30—3.30	2.20×1.20—残1.00	0.60×0.34—0.30	1.70×0.70—?		仰屈		西	陶鼎1、陶壶1	3	
NM63	185	斜坡墓道洞室墓	5.20×0.90—5.95	4.00×1.80—1.80							朱书陶瓶1、陶罐3、铜钱1组、铁刀1、铁钉1组	汉	
NM64	275	偏洞室墓	上口4.40×2.80 下口3.99×2.40—3.90	2.20×1.05—残1.20	0.55×0.40—0.40	1.50×0.70—?		仰屈		西	陶鬲1、陶罐1、铁带钩1	1	
NM65	280	直线洞室墓	上口2.80×1.80 下口2.60×1.60—1.55	2.00×1.00—1.55	0.40×0.50—0.36	1.60×0.85—?		仰屈		西	陶罐1	2	
NM66	275	偏洞室墓	上口3.60×2.50 下口3.19×2.09—3.20	2.30×1.15—残1.10	0.70×0.30—0.35	1.40×0.70—?		仰屈		西	陶釜1、陶壶1、铁带钩1、铁锛1	3	
NM67	280	偏洞室墓	上口4.20×2.60 下口3.79×2.20—3.80	2.20×（西1.00～东0.84）—残1.40	0.70×0.40—0.49	1.50×0.70—?		仰屈		西	陶鼎1、陶罐2、陶盒1、陶仓1、铜带钩1、环首铁刀1、铜环1、铜镜1	2	

续表

墓号	方向/（°）	墓葬形制	墓葬结构			葬具与葬式					随葬器物	分期	备注
			墓道（长×宽×深）	墓室（长×宽×高）	头龛（长×宽×高）	棺（长×宽）	立柱数	葬式	性别	头向			
NM68	280	直线洞墓	上口3.70×2.50 下口3.49×2.08 −3.10	2.00×1.10−1.40	0.60×0.40−0.50			仰屈		西	陶鬲1、铁带钩1	2	
NM69	100	直线洞室墓	上口3.10×2.40 下口2.69×2.00 −2.90	1.90×1.00−残1.10	0.50×0.35	1.20×0.70−?		仰屈		东	陶罐2	3	
NM70	95	斜坡墓道洞室墓	4.60×0.99−5.50	3.60×2.60−1.50							陶钵1、铜钱1枚	汉	
NM71	280	竖穴土圹墓	上口2.50×1.50 下口2.30×1.30 −1.70	1.90×0.90−0.90	0.30×0.40−0.30	1.40×0.70−?		仰屈		西	陶釜1	1	
NM72	280	竖穴土圹墓	上口3.70×2.60 下口3.29×2.20 −3.13	2.40×1.25−1.05	0.49×0.30−0.32	1.40×0.74−?	6	侧屈		西	陶釜1、陶壶1	1	
NM73	180	直线洞室墓	上口4.00×2.50 下口3.59×2.10 −3.40	2.00×（北1.80−南1.22）−残1.20	0.50×0.32	1.70×0.70−?		仰屈		北	陶鬲1、陶壶1、铁带钩1	3	
NM74	100	直线洞室墓	上口3.00×2.20 下口2.60×1.80 −3.50	2.10×1.10−残0.9	0.50×0.40−0.40	1.40×0.70−?		仰屈		西	陶釜2、陶壶2	3	
NM75	275	直线洞室墓	上口3.10×2.10 下口2.70×1.70 −2.50	2.24×1.10−残1.10	0.35×0.25−0.30	1.70×0.70−?		仰屈		西	陶双耳罐1、陶罐1、铜铃1组2件、铜带钩1、铁削1	3	
NM76	275	偏洞室墓	上口3.80×2.50 下口3.39×2.09 −3.50	2.30×1.34−1.20	0.70×0.30−0.35	1.50×0.80−?		仰屈		西	陶鼎1、陶壶1	2	
NM77	275	直线洞室墓	上口3.60×2.20 下口3.20×1.79 −3.10	2.14×1.40−残1.10	0.60×0.30−0.35	1.60×0.69−?		仰屈		西	陶鼎1、陶罐1、陶壶1、陶盒1	3	
NM78	275	直线洞室墓	上口3.90×2.50 下口3.50×2.11 −3.50	2.50×1.30−残1.30	0.60×0.10−0.50	1.40×0.70−?				西	陶鼎1、陶罐1、陶壶1、陶盒1、铜带钩1	3	

续表

墓号	方向/(°)	墓葬形制	墓葬结构			葬具与葬式					随葬器物	分期	备注
			墓道（长×宽×深）	墓室（长×宽×高）	头龛（长×宽×高）	棺（长×宽）	立柱数	葬式	性别	头向			
NM79	275	竖穴土圹墓	上口3.40×2.30 下口3.00×1.90—2.85	2.10×0.99—1.05	0.60×0.30—0.30	1.70×0.70—?		仰屈		西	陶鬲1、陶壶1	1	
NM80	270	直线洞室墓	上口3.10×2.20 下口2.71×1.80—2.98	2.30×1.20—残1.10	0.50×0.40—0.40	1.40×0.70—?		仰屈		西	陶鼎1、陶罐1	2	
NM81	280	直线洞室墓	上口4.00×2.50 下口3.61×2.09—3.60	2.00×1.10—残1.20	0.50×0.30—0.40	1.70×0.80—?	6	仰屈		西	陶双耳罐1、陶罐1、铜支架1、铜带钩1、铜鍱1	2	

附录一　战国秦墓姜戎文化群体特征之管窥
——以宝鸡郭家崖秦国墓地为例

王　颢

（宝鸡市考古研究所，陕西　宝鸡　721000）

宝鸡郭家崖墓地经过两次发掘，共发现秦国墓葬115座①。我们曾以北区BM36、BM41发现的姜戎文化风格的高领袋足鬲为线索，对秦文化与姜戎文化的特征以及两者之间的族群关系进行过探讨，提出了郭家崖墓地的文化多元性，认为该墓地虽然具有浓厚的、以高领袋足鬲为代表的姜戎文化因素，但秦文化仍是主流②。随后经过深入资料整理与研究，发现南区墓地姜戎文化的因素不仅表现在戎式鬲这种器种上，而是多方面的。包括墓葬形制、葬具、随葬器物等所反映出的葬俗，已经构成了群体特征。这些群体特征与关中地区发现的同时期规模较大的秦国墓地存在着较大差异，表明郭家崖墓地是一处完全姜戎化了的战国时期秦国墓地。郭家崖墓地的等级虽然不高，随葬器物比较单一，但墓葬数量大，墓地使用时间长。因此，体现出的这些姜戎文化特色不是单一的，而是群体的。与数量较少甚至孤例的秦墓考古发现相比，具有前瞻性的研究意义。

“戎，本是居于西垂古族的通称，又曰西戎。西戎种族复杂，其著者有氐羌族。姜与羌最早应是一个古族”③。本文所说的“姜戎”“羌戎”与“西戎”是同一区域的族属概念。这个区域与秦人早期活动区域高度重合，都属于考古学上的刘家文化范畴。刘家文化遗存中，最主要的特征是“姜戎式陶鬲”，即高领袋足鬲。迄今为止，考古学中还无法对诸如冀戎、邽戎、翟戎、绲戎以及义渠、大荔、乌氏之戎做出更具体的考古学特征的划分。俞伟超先生在古代西戎、羌、胡等考古学文化的归属问题探讨中，把刘家文化独有的高领袋足鬲称为“戎式鬲”，指出在关中西部发现的刘家文化陶器中的“双耳、高领、袋足乃至铲状足端的陶鬲，同‘周式鬲’是不同的，按其所属文化的主要族属性质来说，可称之为‘戎式鬲’”④。因此，本文仍

---

① a. 陕西省考古研究院、宝鸡市考古研究所：《宝鸡郭家崖秦国墓地（北区）发掘简报》，《文博》2018年第6期；b. 陕西省考古研究院、宝鸡市考古研究所：《宝鸡郭家崖秦国墓地（南区）发掘简报》，《文博》2019年第4期。

② 马金磊、王颢、田原曦：《郭家崖东周秦墓姜戎文化因素观察》，《文博》2018年第6期。

③ 邹衡：《漫谈姜炎文化》，《炎帝论》，陕西人民出版社，1996年，第1页。

④ 余伟超：《古代“西戎”和“羌”、“胡”等考古学文化的归属问题的探讨》，《先秦两汉考古学论集》，文物出版社，1985年，第188页。

沿用约定俗成的“姜戎文化”这个概念。

一、郭家崖南区秦墓地姜戎文化的群体特征

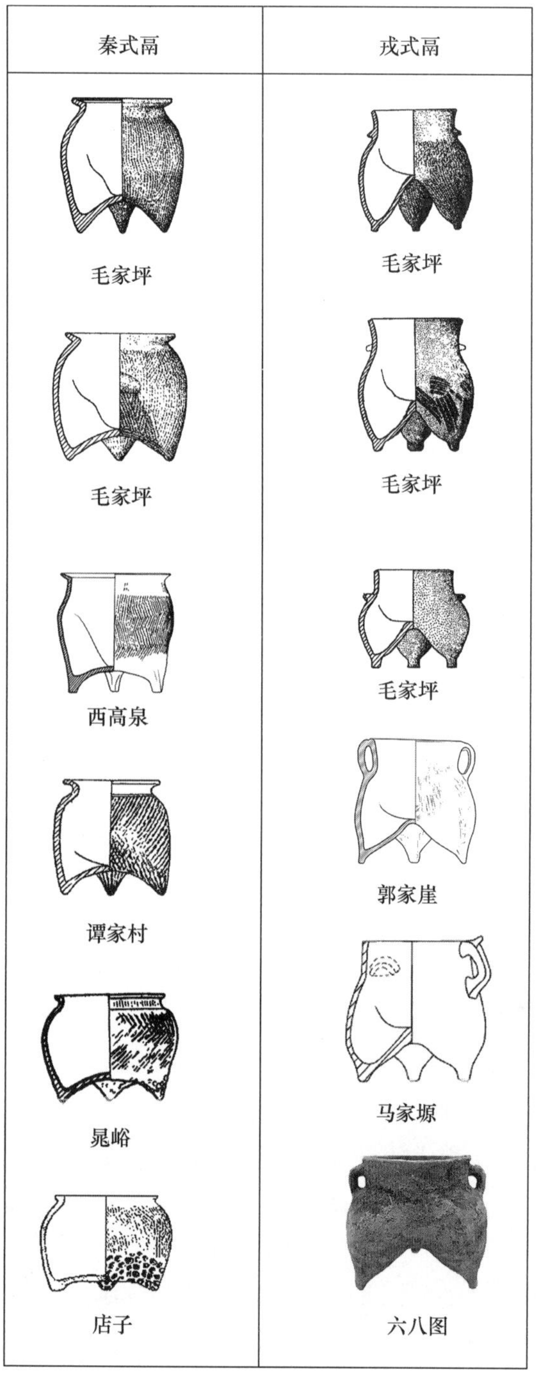

图一　秦式鬲与戎式鬲比较

在对宝鸡郭家崖北区墓地的研究中，就曾意识到这处墓地姜戎文化的因素。这次通览南北二区墓地资料，不但为深入认识这个问题增加了更多的资料，而且更加强化了对战国时期秦墓中秦文化与姜戎文化相互融合问题的认知。

（一）戎式高领袋足鬲依然是关注的热点

北区共出土了2件戎式鬲、1件秦式鬲。而南区共出土7件鬲，全是高领袋足鬲，未见秦式鬲。这种戎式高领袋足鬲与秦式鬲的风格完全不同，和夹砂双耳罐一样，都是属于姜戎文化序列的器物，与秦式鬲所反映的是不同性质的文化（图一）。姜戎文化风格的高领袋足鬲，最早可以追溯到先周时期，其发生地区虽然与西周中期以后秦人的生活区域高度重合，但迄今在春秋秦墓中还未见报道，战国阶段的秦国墓葬中偶有发现，却不像郭家崖墓地这样突出，所以未引起学界的广泛关注（图二）。高领袋足鬲是先周文化研究中姜戎文化的典型器物，使用这种鬲的人群是姜戎族群[①]。扶风刘家墓地发现后被冠以刘家文化，其姜戎文化特征除高领袋足鬲以外，还体现在墓葬形制多为长方竖穴墓道，偏洞室居多，墓口多用不规则的土块封堵。棺椁结构特殊，为长方框架形，无底无盖。仰身直肢葬为主，也有少数屈肢葬。随葬器物主要是高领袋足鬲、双耳高领罐、腹耳高领罐、单耳罐、折肩罐及圆肩罐，鬲、罐组合比较规律[②]。然而，由戎式高领袋足鬲而引出的这些考古学特征，迄今还

① 尹盛平、王均显：《扶风刘家姜戎墓地发掘简报》，《文物》1984年第7期。

② 刘军社：《先周文化研究》，三秦出版社，2003年，第133～142页。

很少被用来对秦墓考古中一些不太常见的现象进行解释。联系姜戎文化的这些特征，再来审视郭家崖南区秦墓地，其姜戎文化的表现不仅仅局限于高领袋足鬲这一个现象。

（二）框架结构的棺椁是受戎人框架结构木棺影响的结果

以往秦墓中的棺椁都是实木打造而成。战国以后的秦墓考古中，在咸阳塔儿坡秦墓地曾发现三座墓室有立柱，发掘报告认为这应当是由盖板、棚木、立柱共同组成的木椁的一部分，并把这类墓葬的年代隶定在战国晚期①。西安茅坡邮电学院秦墓也有2座框架结构的棺椁形制②。郭家崖南区共发现7座这类框架结构的棺椁形制，还有8座墓室边沿四周有框架，上面盖有棚木，也当属于这种框架结构的棺椁（图三，1、2）。这种特殊的墓制形式，在秦人墓葬中不多见。值得注意的是，扶风刘家姜戎墓地中，11座为框架结构的木棺，这种棺没有底与盖，只有边框③。由此看来，郭家崖秦墓地这种框架结构的木椁，很可能是受戎人框架结构木棺影响的结果。也就是说，这种在战国时期出现的框架结构的棺椁可能是秦文化与姜戎文

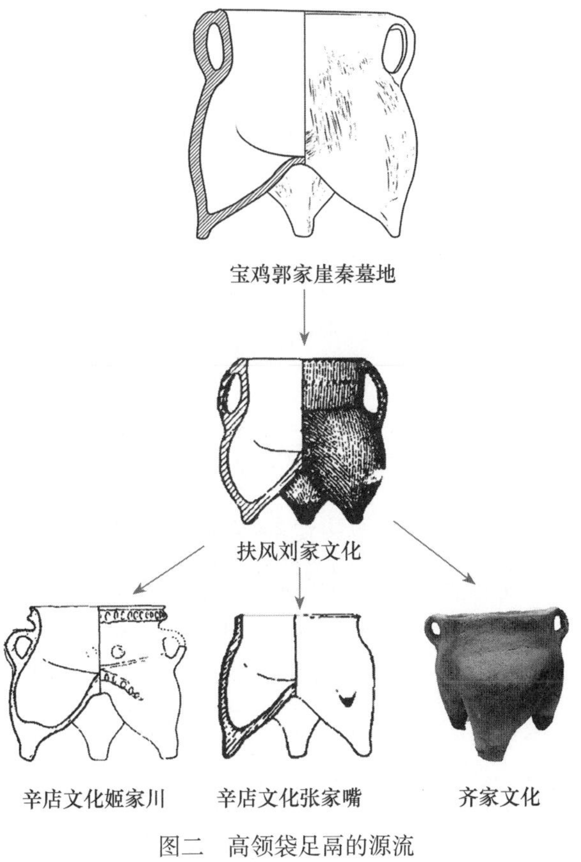

图二　高领袋足鬲的源流

图三　郭家崖战国秦墓框架式棺椁结构

1. NM40　2. NM29

① 咸阳文物考古研究所：《塔儿坡秦墓》，三秦出版社，1998年，第15页、图版六。

② 西安市文物保护考古所：《西安南郊秦墓》，陕西人民出版社，2004年，第287页。

③ 尹盛平、王均显：《扶风刘家姜戎墓地发掘简报》，《文物》1984年第7期。

化结合的产物。

（三）洞室墓不是秦人固有的墓葬形制

郭家崖南区共发掘秦墓78座，其中洞室墓59座（包括偏洞室墓10座），占秦墓总数的76%，这个占比在关中地区已经相当高了（图四，1、2）。迄今学界多认为，关中地区最早出现洞室墓的年代是在战国中期以后，实际上这个观点不但不能准确反映考古发现的全部，而且更为重要的是，它阻碍了我们对秦国洞室墓的渊源与族属联系的认识。早在20世纪30年代，苏秉琦先生在斗鸡台发掘时就认为，洞室墓是一个外来文化。70年代俞伟超先生曾指出，洞室墓代表了秦文化和甘青羌戎文化的联系①。实际上，关中地区的许多考古发现已经显示出这种洞室墓与姜戎部族的关系。如扶风刘家姜戎墓地就有15座为偏洞式墓②。再如长安张家坡墓地1986年发掘近400座西周墓，其中有21座洞室墓③。再往前推，陇山东西两翼大西戎文化圈内的马家窑文化、齐家文化以及处于青铜时代的辛店文化墓葬中，就已出现了许多洞室墓。这些足以证明，早在新石器时代西北地区就出现了洞室墓，起码说明在西周时，洞室墓已经在关中地区出现了。不过，洞室墓的时间并不是我们所要刻意关注的。这里，我们所关注的依然是使用这些洞室墓的是什么族群。张家坡西周墓地的洞室墓分布集中，为一个家族墓地，其族属与周族不同，而与扶风刘家墓地有紧密联系。学界公认刘家墓地文化的族属当是羌人，更确切地说是宝鸡一带的土著——姜姓羌族人④。这就为认识郭家崖这类战国时期秦墓地中洞室墓的文化属性，提供了比较有力的证明。只不过，从西周到战国，中间有一个很长的时间缺环，也就是说，春秋时期的秦墓中为

1

2

图四　郭家崖墓地洞室墓

1. BM24　2. NM44

① 余伟超：《古代“西戎”和“羌”、“胡”等考古学文化的归属问题的探讨》，《先秦两汉考古学论集》，文物出版社，1985年，第188页。

② 尹盛平、王均显：《扶风刘家姜戎墓地发掘简报》，《文物》1984年第7期。

③ 中国社会科学院考古研究所：《张家坡西周墓地》，中国大百科全书出版社，1999年，第66页。

④ 尹盛平、王均显：《扶风刘家姜戎墓地发掘简报》，《文物》1984年第7期。

什么没有出现洞室墓？这倒是值得认真思考的。

此外，还需要从综合的角度观察一个现象，这就是戎式高领袋足鬲与洞室墓在秦墓中出现的时间问题。即，它们是不是并行出现在战国时期的秦国墓地。其实，若细心观察就不难发现，洞室墓与高领袋足鬲差不多都是战国中期前段出现在秦国墓葬中的，这绝不是巧合。数百座墓葬，数百年的时间，也绝不是偶然。高领袋足鬲在先周时期就已经在姜戎文化圈广为使用，洞室墓起码在西周中期就已经在关中出现。可这两种文化现象为什么在秦人享国后的春秋墓葬中没有出现？这种现象与秦人和戎人的关系变化密切相关，恰恰印证了秦国墓葬中秦人葬俗与戎人葬俗的区别。这就从历史的角度证明，洞室墓不是秦人固有的葬俗，而竖穴土圹墓才是体现秦人葬俗的墓葬形制，进一步高领袋足鬲不是秦人习惯用器，而瘪裆锥足鬲才是秦式鬲。

（四）使用壁龛不是秦人习俗

郭家崖墓地的壁龛比较普遍，南区78座秦墓中设有壁龛的达58座，占墓葬总数的74%，北区37座秦墓中带壁龛的27座，占墓葬总数的73%。对于秦墓壁龛的认识，有与洞室墓、戎式鬲相似的情况。因为秦人没有使用壁龛存放随葬器物的习俗，所以在陇山东西两翼地区春秋时期的秦墓葬中，迄今还没有发现用壁龛存放随葬器物的现象，只有用壁龛殉人的情况。而进入战国以后的秦国墓中大量出现使用壁龛存放随葬品的现象，应与戎人逐步融入秦人社会有关。壁龛早在新石器时代中期裴李岗文化遗址中就已经出现，在姜戎大文化圈内的马家窑文化中亦有不少发现[①]。在考虑使用这些墓葬壁龛的族群属性时，特别需要提及的是，先周时期的扶风刘家墓地与长武碾子坡墓地中都发现有壁龛置随葬器物情况[②]。刘家墓地是学界公认的姜戎墓地，碾子坡墓地的总体面貌与附近已发现的戎狄文化均不尽相同，但它包含的某些因素却可能和戎狄有关[③]。因此，战国秦墓地的壁龛源头，可追溯到先周晚期刘家墓地与长武碾子坡墓地。总的来说，战国时期秦国墓地中使用壁龛的族群族属应当同为姜戎系统。

（五）石头铺地以及台阶是姜戎墓葬中比较常见的习俗

郭家崖墓地用卵石铺地以及在墓道中设置台阶的现象，虽然不是很普遍，但是整体观之，它也是姜戎墓葬中比较常见的习俗之一，因此不可忽视。NM29是一座比较典型的用卵石铺地的墓葬（图三，2）。刘家文化墓地普遍随葬石头，与文献中羌人崇拜白石的记载一致。崇尚石头是戎人普遍存在的生活习俗，如扶风刘家姜戎墓地与宝鸡高家村发现的戎人墓中，或是用

---

① 宁夏文物考古研究所、中国历史博物馆考古部：《宁夏菜园——新石器时代遗址、墓葬发掘报告》，科学出版社，2003年，第198～320页。

② 中国社会科学院考古研究所泾渭工作队：《陕西长武碾子坡先周文化遗址发掘纪略》，《考古学集刊（6）》，中国社会科学出版社，1989年，第123页。

③ 梁云：《碾子坡商代遗存族属探讨》，《中原文物》2015年第6期。

石头扣压罐口，或是墓中随葬石头[①]。NM81是一座比较典型的带有台阶的墓葬。近年张家川马家塬墓地先后发掘的37座墓葬中，绝大多数为带东西向竖穴墓道的偏洞室墓，墓道西端有3～9级台阶[②]。马家塬战国墓地是一处等级较高的戎人贵族墓地。显然，这些习俗都是姜戎文化的特征。

二、关中地区几处战国墓地群体特征的比较

宝鸡郭家崖秦国墓葬的发现，是宝鸡地区东周时期秦墓考古的一次重要收获。宝鸡地区是秦人进入关中的崛起之地，有关秦的考古发现一直备受学界的关注。宝鸡已发掘并公布的秦墓葬考古资料很多，但市区范围内这么大规模的秦墓地还是第一次发现。这比起一些分散的、零星的墓葬资料，更能体现出群体特征。这些群体特征往往能与规模和时代相当的墓地形成鲜明的对照，从而构成各自独特的群体特征。

与郭家崖墓地可做比较的大型墓地首推汧邑文化圈内的陇县店子秦墓地。这处墓地共发掘秦墓224座，涵盖了春秋战国时期秦墓葬考古的全部。两处墓地的葬式风俗区别不大。从墓葬形制上看，店子墓地与郭家崖墓地大体相当，秦墓考古中常见的竖穴墓、偏洞室墓、洞室墓都有发现。区别主要在于数量的多少。店子墓地224座墓葬中，长方竖穴土坑墓就有210座，占墓葬总数的93.7%；而郭家崖墓地长方竖穴土坑墓有34座，占墓葬总数的29.6%。与之相反，郭家崖墓地洞室墓所占比例比较大，115座墓葬中此类墓共81座，占墓葬总数的70.4%；而店子墓地洞室墓只有14座，占墓葬总数的6.3%。偏洞室墓在店子墓地只发现了4座，可在郭家崖墓地却比较多，南北两区共发现30座。特别需要关注的是，郭家崖墓地的壁龛比较普遍，南区的78座秦墓带有壁龛的有58座，占墓葬总数的74%，北区37座秦墓中带壁龛的有27座，占墓葬总数的72.9%。而店子墓地224座秦墓中带壁龛仅有18座，仅占墓葬总数的8%。郭家崖墓地立柱框架结构的棺椁组合形式比较普遍，而店子秦墓却不见这种棺椁结构形式。郭家崖墓地墓底铺设卵石的现象只发现一例，而店子墓地墓底铺设卵石的现象较多。

从器物上看，两处墓地风格差异较明显。店子224座墓葬所出土的仿铜陶礼器中有陶鼎、陶簋、陶甗、陶壶、陶豆、陶鬲、陶釜、陶盂、喇叭口罐等种类，几乎涵盖了秦墓考古常见器种的全部。随葬器物数量多，相当一部分墓葬都在10～20件，体现出墓主比较富有。郭家崖墓地与之相比，随葬器种比较单一，主要是陶鼎、陶鬲、陶釜、陶罐。随葬器物一般是2～3件，多者也仅是4件陶器再配以带钩之类小件，反映出墓主普遍比较贫穷。特别需要关注的是，店

① 高次若、刘明科：《陕西宝鸡高家村发现刘家文化陶器》，《考古与文物》1998年第4期。

② a. 甘肃省文物考古研究所、张家川回族自治县博物馆：《2006年度甘肃张家川回族自治县马家塬战国墓地发掘简报》，《文物》2008年第9期；b. 早期秦文化联合考古队、张家川回族自治县博物馆：《张家川马家塬战国墓地2007～2008年发掘简报》，《文物》2009年第10期；c. 早期秦文化联合考古队、张家川回族自治县博物馆：《张家川马家塬战国墓地2008～2009年发掘简报》，《文物》2010年第10期；d. 早期秦文化联合考古队、张家川回族自治县博物馆：《张家川马家塬战国墓地2010～2011年发掘简报》，《文物》2012年第8期。

子墓地的陶簋、陶甗、陶豆、大喇叭口陶罐、附耳长颈方口陶壶五种器种，在郭家崖墓地始终未见出土。店子墓地出土的陶鼎绝大部分无盖，仅有4件有盖，而且这4件的鼎盖各不相同。而郭家崖墓地出土的陶鼎全部是带盖的，且盖的形状都是半球形，风格比较一致。不仅如此，秦墓考古中最为常见的秦式鬲，仅在郭家崖北区出土了一件，南区未见出土。而秦墓考古中比较少见的戎式鬲（高领袋足鬲）却在郭家崖墓地中比较普遍。店子墓地出土的E型鬲与秦式鬲有相似之处，但不是一个序列，特别是M23：1这件鬲①，有比较明显的袋足特点，但也不属于戎式鬲，或可当作是受戎式鬲影响的一种鬲，或者是这两种鬲互相影响的一种过渡器形。店子墓地出土的陶罐也与郭家崖墓地出土的陶罐风格差异较大。

在汧邑文化圈内还有一处位于陇县以南渭河峡谷的建河墓地，共发掘战国秦墓39座，其中洞室墓33座，占85%。带壁龛的墓15座，占38.4%。这处墓地值得关注的是随葬器物的群体特征很典型，以绳纹陶罐，壶形罐、双耳夹砂绳纹罐为主，有少量陶釜，但是店子秦墓常见的仿铜陶鼎、簋、豆、附耳长颈方口壶、大喇叭口罐等未见出土。出土的3件陶鬲全是戎式鬲，2件出土在偏洞室墓中，1件出土在竖穴墓中②。显然，建河墓地是一处群体特征与店子墓地完全不同的墓地。

汧渭之会文化圈的李家崖墓地，与郭家崖墓地大体隔河相望。1954～1955年，陕西省文管会在此清理发掘战国时期秦墓41座，其中竖穴墓5座，洞室墓31座。此墓地的年代、形制、葬式葬俗、随葬器物的群体特征亦与郭家崖墓地一致。特别是高领袋足鬲以及双耳罐，还有仿铜带盖鼎的风格，与郭家崖墓地极为相似③。

雍城文化圈内可作比较的有高庄与西村两处战国墓地。高庄共发掘战国秦墓46座④，时代与郭家崖相当。随葬器物的群体风格与郭家崖墓地差异较大。值得注意的是，高庄与郭家崖竖穴墓与洞室墓的占比不一样。高庄竖穴墓占54%，郭家崖竖穴墓仅占29.6%。也就是说，高庄竖穴墓的数量大且多于洞室墓。西村发掘的42座墓中⑤，洞室墓仅一座，余皆为长方形竖穴墓。郭家崖墓地独特的群体特征在高庄和西村墓地都不是很突出。

关中地区较大型的战国时期秦墓地，与郭家崖墓地群体特征比较接近的首推咸阳塔儿坡墓地⑥，其相似性主要表现在随葬器物种类上，两处墓地都不见仿铜陶簋、陶豆、附耳长颈方口陶壶、大喇叭口陶罐这些器形。区别在于塔儿坡墓地秦式鬲比较多见。在墓葬形制方面，塔儿坡共发掘381座秦墓，其中洞室墓277座，占73%，与郭家崖墓葬比例基本接近。塔儿坡秦墓有壁龛者共151座，占40%，而郭家崖南北两区墓葬有壁龛的共85座，占74%。塔儿坡秦墓中框架

① 陕西省考古研究所：《陇县店子秦墓》，三秦出版社，1998年，图版五七。

② 陕西省考古研究所：《宝鸡建河墓地》，陕西科学技术出版社，2006年。

③ 何欣云：《宝鸡李家崖秦国墓葬清理简报》，《文博》1986年第4期。

④ 吴镇烽、尚志儒：《陕西凤翔高庄秦墓地发掘简报》，《考古与文物》1981年第1期。

⑤ 李自智、尚志儒：《陕西凤翔西村战国秦墓发掘简报》，《考古与文物》1986年第1期。

⑥ 咸阳文物考古研究所：《塔儿坡秦墓》，三秦出版社，1998年。

结构棺椁是目前所见除郭家崖以外发现最多的。

西茅坡邮电学院秦墓共发掘162座，时代从战国早期到晚期，与郭家崖相当。162座墓中仅2座为竖穴土圹墓，其他全为洞室墓。带壁龛者152座，无壁龛者仅10座。有2座框架结构的棺椁形制与郭家崖相同①。随葬器物种类与郭家崖几乎无异，以仿铜陶鼎和壶形罐、釜为大宗，不见仿铜陶簋、陶豆、附耳长颈方口陶壶、大喇叭口陶罐的出土。

咸阳任家咀秦墓地共发掘墓葬242座，时代从春秋到战国，中间没有缺环，与店子墓地情况相似。其中竖穴墓231座，占墓葬总数的95%，洞室墓仅11座，带壁龛的只有4座。随葬器物以陶器为大宗，以陶鼎、陶簋、陶豆、陶壶、陶钵、陶鬲、陶釜为主要器种，几乎涵盖了秦墓常见器物的全部。秦式鬲为随葬器物主流。墓地群体特征与郭家崖形成鲜明反差，与店子墓地一致②。

另外，华县东阳共发掘秦墓39座，其中竖穴墓就占38座，洞室墓仅1座，随葬器物情况与店子墓地和任家咀墓地相似③。

通过对上述几处大型墓地的比较，不难发现它们各自都有比较鲜明的群体特征，而这些特征在一般的单体或数量不多的墓葬考古中是显现不出来的。考古学中的器物学讲的是物质概念，而器物本身又很复杂，这个部族可以使用，另一个部族也可以使用。这些不同部族使用的陶器存在差异，但这些差异在缺少数量、时空、区域条件的墓葬资料中，很难找出它们的规律，最终还是很难破解创造这些历史财富的人群之间有什么不同。在对上述不同墓地的比较中，是将它们放在同一个时间范围内，即战国这个时间段，各处墓地都显示出明显的相同或不同的群体特征。这些群体特征又显示出一定的规律，为进一步推断他们的部族关系提供了物质上的支撑。

通过对这几处大型墓地的特征进行归纳和认识，大致可以看出两种不同文化内涵的群体特征，可以将其概括为店子模式与郭家崖模式。店子模式或可称为秦人模式，郭家崖模式或可称为姜戎模式（图五）。

店子模式包括陇县店子墓地、高庄墓地、西村墓地、咸阳任家咀墓地和华县东阳墓地等。总体文化面貌是秦人葬俗是主流。具体表现是，墓葬形制上以竖穴土圹墓占绝大多数，洞室墓占少数。随葬器种比较齐全，仿铜陶簋、陶豆、附耳长颈方口陶壶、大喇叭口陶罐以及秦式鬲最为普遍。

郭家崖模式包括宝鸡郭家崖墓地、建河墓地、李家崖墓地、西茅坡邮电学院墓地、咸阳塔儿坡墓地等，总体文化面貌是姜戎葬俗占据上风，或完全姜戎化。具体表现是，墓葬形制上以洞室墓与壁龛占绝大多数。随葬器种比较单一，仿铜陶簋、陶豆、附耳长颈方口陶壶、大喇叭口陶罐以及秦式鬲始终不见出现。戎式高领袋足鬲比较多见。

---

① 西安市文物保护考古所：《西安南郊秦墓》，陕西人民出版社，2004年，第287页。

② 咸阳市文物考古研究所：《任家咀秦墓》，科学出版社，2005年，第7页。

③ 陕西省考古研究所：《华县东阳》，科学出版社，2006年。

墓地	器物	鼎	无盖鼎	簋	豆	甗	方壶	大喇叭口罐	高领袋足鬲	秦式鬲	盂	釜	长颈壶	双耳罐
								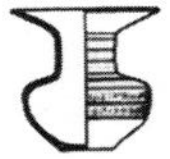	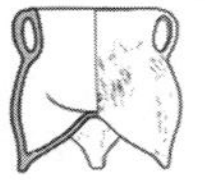	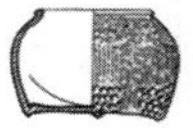			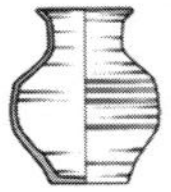	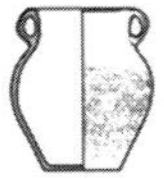
郭家崖类型	郭家崖	√	—	—	—	—	—	—	√		√	√	√	√
	李家崖	√	—	—	—	—	—	—	√		√	√	√	√
	建河	—	—	—	—	—	—	—	√		√	√	√	√
	塔儿坡	√	—	—		—	—	—	√	√	√	√	√	
店子类型	店子	√	√	√	√	√	√	√		√	√	√		√
	高庄	√	√	√	√	√	√	√	—	√	√	√		
	邮电学院	√	—	—	—	—	—	—	—	—	√	√	√	
	张家嘴	√	√	√	√	√	√	√		√	√	√	√	

图五　两类战国秦墓随葬器物比较

店子模式与郭家崖模式墓地的群体特征还体现出：虽然两种墓地都反映的是平民阶层生活状况，墓主地位没有明显差别，但秦人墓地相对较富有，随葬物多达10件以上。而姜戎墓地相对比较贫穷，随葬物多在2～3件。不过这种差异也可能仅仅是葬俗区别的体现。

三、对战国秦墓考古中秦与姜戎文化特征的再认识

以往对于洞室墓与戎式鬲为什么在战国中晚期才出现在秦墓地中等问题，由于看到的多是一些分散的、没有关联的，甚至是个例的墓葬材料，缺少时空与数量的纵横比较，所以也就看得不那么清晰。比如说，洞室墓、壁龛为什么在时代相当的两处墓地占比却完全相反？为什么秦式鬲在一处墓地始终占主流，在另一处墓地几乎不见出土，反而戎式鬲却比较常见？洞室墓与戎式鬲早在秦人享国以前就广泛存在，为什么在春秋墓中不见发现，却在战国时期同时出现在秦国墓地中？大喇叭口陶罐、附耳长颈方口陶壶、陶豆一直是秦人墓葬的常用器物，却在诸如郭家崖这类墓地中始终不见出土？如此种种，随着大型墓地资料的不断增多，不得不让我们对以往秦墓的考古学特征进行重新认识。

长期以来，考古学中多把屈肢葬、铲形袋足鬲、洞室墓（或屈肢葬、东西向、洞室墓）作为秦墓葬的三大特征。这并没有多大不妥之处。要说有问题的话，铲形袋足鬲并不是秦墓考古中的常见器种，这种认识多半是延续了苏秉琦先生对斗鸡台的研究。随着秦墓考古资料的不断丰富，这些特征恐怕不足以适应秦墓葬研究的现状。

王国维先生《秦都邑考》认为“秦之祖先，起于戎狄”[①]，蒙文通先生《周秦少数民族研究》认为“秦为戎族”[②]，翦伯赞先生《秦汉史》认为秦族是“从羌族中分化出来”的[③]。这些观点虽然多涉及秦人东来说还是西来说的聚讼，但秦与西戎之间的关系纠葛由来已久显而易见，并且是困扰秦墓考古中族属文化特征确认的一个关键。

对屈肢葬的认识是从关中西部宝鸡地区的福临堡、秦家沟墓地发掘后才突显出来的，随着秦墓发掘资料的不断增加，屈肢葬才逐渐被认为成秦墓葬的一大特点，并成为秦文化研究的热点。迄今，屈肢葬是不是秦人固有的葬式一直存在争议。但多数学者认为秦人的屈肢葬式与西北地区西戎文化圈内的姜戎有关则是肯定的。然而，就目前的考古手段与研究结果，要对这种独特的葬式做出定论还是很困难的。也就是说，要用这种葬式区分秦文化与姜戎文化尚有困难。然而，铲形袋足鬲、洞室墓不是秦人葬俗则是学界的共识。大量的考古发现和研究结果都表明，铲形袋足鬲、洞室墓都是姜戎文化的特征。以及后来逐渐成为姜戎文化特征的壁龛现象，还有框架结构的棺椁、墓道出现台阶，这些都是区别秦人墓葬与姜戎墓葬的重要标志。

秦墓考古对随葬器物的研究，关注点多在器物的演变上，如微型化的青铜器以及仿铜陶

① 王国维：《观堂集林（外二种）（上册）》，河北教育出版社，2001年，第335页。

② 蒙文通：《周秦少数民族研究》，龙门联合书局，1958年，第22～24页。

③ 翦伯赞：《秦汉史》，北京大学出版社，1999年，第1、2页。

礼器的使用等。这些对墓葬属性及分期确实有意义，但在判别族属渊源关系上，还存在一定困难，这与大型墓地的资料不足而缺少纵横比较研究有关。上述诸如郭家崖墓地所反映出器物组合的群体特征，在零散的资料中是看不出来的。若是一座墓不用附耳长颈方口陶壶和陶豆之类器种，或可不以为然。但是几处上百座的墓葬在数百年里都不用这些器类，恐怕就不能用偶然来解释了。诚然，目前还不能十分肯定，战国时期姜戎化了的墓地是不用附耳长颈方口陶壶、陶豆和大喇叭口陶罐之类器物，但在秦人习俗占绝对优势的店子墓地，以M26为代表的60多座带有此类器物组合的墓葬，没有一个是洞室墓。反之，没有附耳长颈陶方壶、陶豆和大喇叭口陶罐之类器物组合的情况全出在洞室墓中，如M33、M91、M257、M279、M281[①]。任家咀墓地也是这种情况，附耳长颈陶方壶、陶豆和大喇叭口陶罐之类的器物组合没有一个是出在洞室墓中，说明这种现象恐怕不是个例。店子模式的大型墓地，仿铜陶簋、附耳长颈陶方壶、大喇叭口陶罐，以及秦式鬲非常普遍；而郭家崖模式的墓地，除北区仅出土一件秦式鬲外，这些器种始终不见出土。因此，或可这样认为，东西向、屈肢葬、洞室墓是秦国墓葬考古的共同特征。而竖穴墓、东西向、直肢葬或屈肢葬、腰坑殉狗，以及随葬秦式鬲、仿铜陶簋、附耳长颈方口陶壶、陶豆，是秦人墓葬的特征。洞室墓、壁龛、东西向、屈肢葬，以及戎式鬲、小口束颈绳纹罐、双耳绳纹罐，是姜戎墓葬的主要特征。

另外，在郭家崖模式墓地中，戎式高领袋足鬲与洞室墓几乎同时出现的现象，既可相互印证彼此与姜戎文化的紧密联系，而且还为从历史的角度解读秦人与姜戎族在西周晚期直至春秋战国时的关系演变情况。也就是说，春秋时期秦国墓葬中未出现洞室墓与戎式鬲，是因为那时秦戎还处在完全敌对状态之中，戎人还不可能融入秦的生活当中，那么在墓葬的考古学观察上就十分迥异了。

秦人长期与戎人杂居，生活区域与西戎重合。自西戎灭犬丘大骆之族、杀秦仲，秦与戎就此结仇，势同水火，攻伐不休。西周末年，犬戎攻杀幽王，秦襄公护送平王东迁，得以立国。《史记·秦本纪》：“戎无道，侵夺我岐、丰之地，秦能攻逐戎，即有其地”，于是襄公十二年，“伐戎而至岐”，被戎人杀死，文公十六年，“以兵伐戎，戎败走”，地才至岐[②]。这些历史充分表明，西周直至战国早期，秦人与戎人处在敌对状态之中，战争成为秦、戎关系的主旋律。秦受封立国初年，戎人势力还很强大，封地范围内的大部分地区还被戎人占领着。经过秦文公与秦武公近百年的经营，到秦穆公时，才“益国十二，开地千里，遂霸西戎”。这以后，由于秦人的宽广包容政策，许多戎人逐步融入了秦国的生活之中。《史记·秦本纪》述，“秦用由余谋伐戎王”，由余就是戎人，能够帮助秦人征服西戎，足见当时秦人影响力之强大。诸如郭家崖这种姜戎化了的秦国墓地，可能是战国时期某个姜戎小部族在秦的大文化圈中相对独立的生活情景，它已不能算得上是纯正的“戎狄”文化，而仅仅可称作是融入秦文化当

---

① 陕西省考古研究所：《陇县店子秦墓》，三秦出版社，1998年。

② （西汉）司马迁：《史记》卷五《秦本纪》，中华书局，1999年，第129页。

中的带有某种相对独立的“戎狄”文化特点的居住区域①。而姜戎部族在诸如郭家崖模式的区域中居于领导地位，但在秦国这个共同体中，姜戎族群仍在一定时段内保留有某些自己独立的文化因素。从考古学角度，郭家崖模式墓地的群体特征与店子模式墓地的群体特征形成了鲜明的对照，从而体现出两种不同族群的文化面貌。

致谢：本文在写作过程中，承蒙刘明科、田亚岐先生的指导和帮助，谨此致谢！

（原载《文博》2019年第4期）

① 田亚岐：《东周时期关中秦墓所见“戎狄”文化因素探讨》，《文博》2003年第3期。

附录二　宝鸡郭家崖秦国墓地（北区）出土人骨研究

赵东月[1]　李　钊[2]　田亚岐[2]　王　颢[3]　穆艾嘉[1]　景雅琴[1]　李翰隆[1]
（1. 西北大学文化遗产学院、西北大学文化遗产研究与保护技术教育部重点实验室
2. 陕西省考古研究院　3. 宝鸡市考古研究所）

郭家崖墓地（北区）位于陕西省宝鸡市渭滨区高新大道以南，西宝南线以北，中华石鼓园宝鸡青铜器博物院东南1000米处。2017年11月23日至2018年2月10日，为了配合宝鸡市高新区小学新建项目，陕西省考古研究院与宝鸡市考古研究所联合对建设区域进行了抢救性发掘。此次发掘共发现墓葬41座，出土人骨32例；其中战国时期秦墓37座，出土人骨31例；汉代以降墓葬4座，出土人骨1例。

宝鸡作为秦人向东扩张的关键节点，考古学文化遗存非常丰富。与周边地区发现的多属春秋时期的秦人墓地相比，郭家崖墓地不仅规模更大，而且有相对应的居址，这在关中地区秦人考古学研究，尤其是聚落布局研究方面具有十分重要的意义。墓地主要使用年代为战国时期，为探讨秦人由春秋至战国墓葬制度和社会形态的演变，提供了重要的实物资料①。对郭家崖（北区）墓地出土人骨的研究，也为我们研究秦人的体质特征及其变迁、秦人的健康状况及生业模式等，提供了重要的线索。

一、性别与年龄

郭家崖墓地（北区）出土的31例战国时期秦人标本中，可判断性别的有27例，鉴定率为87.10%，其中男性（含疑似男性）个体10例，女性（含疑似女性）个体17例，男女性别比为58.82（表一）。人口性别比有两种表示方法：一种是男、女两性分别占总人口的百分比，一种是男性与女性之间的百分比②。本文采用的是比较常用的第二种方法，即性别比＝男性人口数/女性人口数×100。对现代人口的研究认为，自然出生的人口性别比并不是严格的100，而

① 陕西省考古研究院、宝鸡市考古研究所：《宝鸡郭家崖秦国墓地（北区）发掘简报》，《文博》2018年第6期。

② 王洪春、张占平、申越魁：《新人口学》，中国对外经济贸易出版社，2002年，第193页。

是在102～107之间浮动[①]，即每诞生100名女婴，就会诞生102～107名男婴。郭家崖墓地（北区）的性别比为58.82，远远超出了现代社会性别比的变化区间。

表一　郭家崖墓地（北区）战国时期秦人性别年龄分布统计

年龄阶段（岁）	男性N/（%）	女性N/（%）	性别不明N/（%）	合计N/（%）
婴儿期（0～2）	0（0.00）	0（0.00）	0（0.00）	0（0.000）
幼儿期（3～6）	0（0.00）	0（0.00）	1（33.33）	1（4.17）
少年期（7～14）	0（0.00）	0（0.00）	1（33.33）	1（4.17）
青年期（15～23）	2（25.00）	1（7.69）	0（0.00）	3（12.50）
壮年期（24～35）	3（37.50）	4（30.77）	0（0.00）	7（29.17）
中年期（36～55）	3（37.50）	7（53.85）	1（33.33）	11（4.17）
老年期（56～X）	0（0.00）	1（7.69）	0（0.00）	1（4.17）
合计	8（100.00）	13（100.00）	3（100.00*）	24（100.00†）
未成年（年龄不详）	0	0	0	0
成年（年龄不详）	2	4	1	7
无法判定（年龄不详）	0	0	0	0
总计	10	17	4	31

注：N表示个体数；*表示精确到小数点后两位之后百分比之和为99.99，此处取四舍五入之前百分比之和；†表示精确到小数点后两位之后百分比之和为100.01，此处取四舍五入之前百分比之和

从裴李岗时代到二里头时期，黄河中下游地区古代居民的性别比很高，浮动范围在158.55～200，男性个体明显多于女性个体[②]。到了先周及周代，性别比逐渐相对趋于合理，如碾子坡西周晚期组的性别比为103，碾子坡西周组的性别比为109[③]。及至战国时期，秦人遗址出土的人骨又以偏低的性别比为主，如华县东阳遗址秦人性别比为90[④]、临潼湾李组为90[⑤]、宝鸡建河组为90.91[⑥]、临潼新丰组为101.05[⑦]。即使性别比偏低，郭家崖墓地（北区）古代两性居民的比例如此失衡，也不是一种合理的现象。鉴定误差、人骨保存状况的不均衡、特定的埋葬习俗等[⑧]都有可能造成出土人骨性别比的异常，考虑到战国时代是一个特殊的时期，战争可能也是引起不同人群性别比失衡的一个因素。另外，在郭家崖墓地（北区）的南侧，还有早年发

① United Nations. Methods of Appraisal of Quality of Basic Data for Population Estimates, Manual Ⅱ. New York, 1955: 20.

② 王建华：《黄河中下游地区史前人口性别构成研究》，《考古学报》2008年第4期。

③ 潘其风：《碾子坡遗址墓葬出土人骨的研究》，《南邠州·碾子坡》附录三，世界图书出版公司北京公司，2007年，第423～489页。

④ 何嘉宁：《陕西华县东阳墓地2001年出土周—秦—汉人骨鉴定及研究》，《华县东阳》附录一，科学出版社，2006年，第438～461页。

⑤ 高小伟：《临潼湾李2009～2010年出土战国至秦代墓葬人骨研究》，西北大学硕士学位论文，2012年。

⑥ 陈靓：《宝鸡建河村墓地人骨的鉴定报告》，《宝鸡建河墓地》附录一，陕西科学技术出版社，2006年，第194～223页。

⑦ 邓普迎：《陕西临潼新丰镇秦文化墓葬人骨研究》，西北大学硕士学位论文，2010年。

⑧ 陈铁梅：《中国新石器墓葬成年人骨性比异常的问题》，《考古学报》1990年第4期。

掘的80余座战国时期墓葬（资料暂未发表），如果两片墓地关系密切，那么郭家崖北区墓地的性别比就需要重新讨论了。

可估计准确年龄阶段的个体有24例，鉴定率为77.42%。由图一可以看出，郭家崖墓地（北区）居民主要死亡年龄阶段为中年期，其次为壮年期和青年期，老年期个体与幼儿期及少年期持平，未见婴儿期个体。幼儿期个体发现于M36的瓮棺之中，是郭家崖墓地（北区）唯一的一座瓮棺葬。

在两性差异方面，由于未成年个体未能明确性别，因此没有列入比较范围。女性个体的死亡年龄分布与墓地居民整体死亡年龄分布基本一致，主要死亡年龄阶段为中年期，其次为壮年期，老年期与青年期持平，占比最小。而男性居民的表现则略有不同，主要死亡年龄阶段为中年期和壮年期，其次为青年期，未见老年期个体，并且死于青年期和壮年期的男性个体多于女性。另外，从平均死亡年龄来看，女性个体的平均死亡年龄为40.38岁，男性个体的平均死亡年龄为30.81岁。相对于男性居民，郭家崖墓地（北区）的女性居民有更长的寿命（图二）。

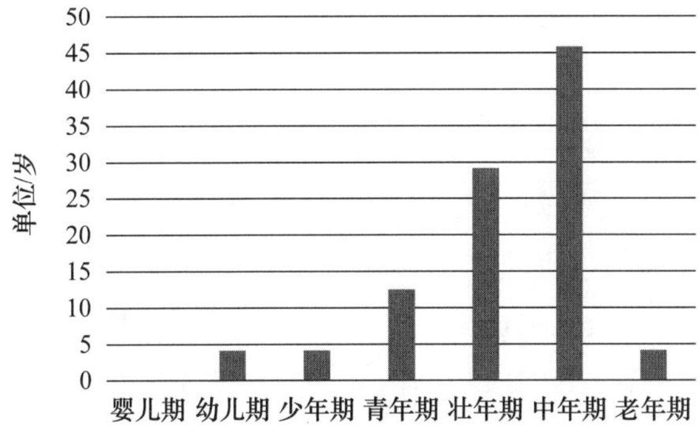

图一　郭家崖墓地（北区）战国时期秦人整体死亡年龄分布

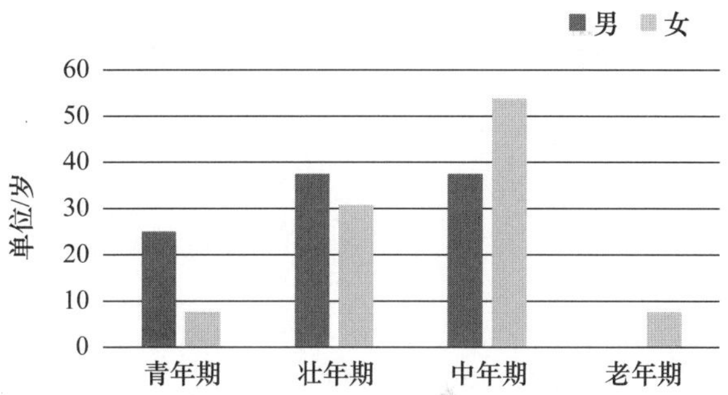

图二　郭家崖墓地（北区）战国时期秦人两性死亡年龄分布

二、颅骨观察与测量

由于人骨保存状况较差，仅有2例个体可进行少量颅骨项目的观察。M22，女性，40～45岁，眉弓突度弱，眉弓范围小于二分之一；前额倾斜，无额中缝；鼻根凹陷中等；乳突小；下颌角区平直，无下颌圆枕，非摇椅下颌，颏孔位置在第一前臼齿和第二前臼齿之间（P1P2位），颏型为圆形。M34，女性，27～28岁，颅顶缝前囟段微波型，顶段锯齿型。这两例女性颅骨较弱的眉弓和鼻根凹陷，简单的颅顶缝，表现了亚洲蒙古人种的特征。在颅骨测量方面，M22的最小额宽为92毫米，M34的最小额宽为93毫米，皆落入亚洲蒙古人种的数值范围之内。

三、肢骨测量与分析

郭家崖墓地（北区）出土的战国时期秦人标本，可供测量与分析的肢骨数量很少。其中肱骨8根，属于4例女性个体；胫骨2根，属于2例女性个体；左侧股骨1根，属于M16男性个体。

股骨粗壮指数，顾名思义，反映了股骨的粗壮程度。M16男性个体的左侧股骨粗壮指数为

13.03，扁平指数为87.22，属正型，表明该个体股骨上部扁平程度适中。股骨嵴指数为115.77，说明该个体股骨中部厚度大于宽度，股骨嵴发育程度很强。胫骨指数方面，M27女性个体左侧胫骨指数为71.71，M34女性个体左侧胫骨指数为84.10，右侧为82.24，皆为宽胫型。

关于出土人骨标本肢骨的研究数据发表不多，秦人的更是稀少，我们选择一些年代相近或相同的对比组来对郭家崖古代居民的肢骨指数进行分析，包括宝鸡建河组①、内蒙古和林格尔新店子组、内蒙古和林格尔将军沟组、内蒙古林西井沟子组、内蒙古凉城饮牛沟组②，所选数值皆为左侧（表二）。

表二　两周时期各组居民下肢指数及生业模式对比　　（单位：%）

项目	组别					
	郭家崖组	建河组	新店子组	将军沟组	井沟子组	饮牛沟组
股骨粗壮指数（男）	13.03	13.34	12.72	12.99	12.96	13.27
股骨扁平指数（男）	87.22	79.53	69.61	79.89	73.03	75.98
股骨嵴指数（男）	115.77	105.63	103.61	108.26	108.37	107.05
胫骨指数（女）	77.9	—	70.69	—	—	—
生业模式	?	农牧兼营③	游牧④	农业⑤	游牧⑥	农牧兼营⑦

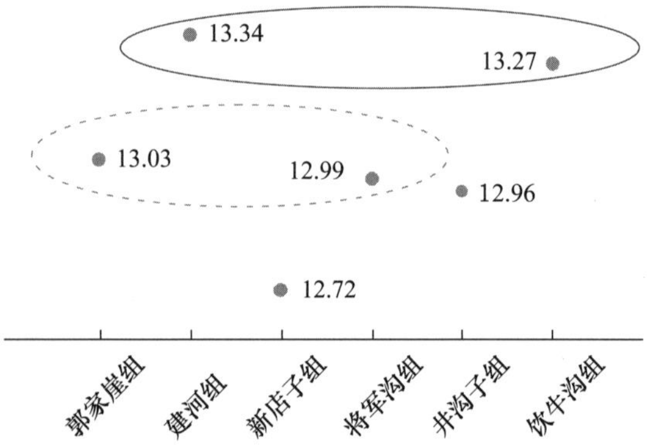

图三　两周时期各组居民股骨粗壮指数图（男性）

我们将表二的数据转换为比较直观的散点图，由图三可以看出，郭家崖男性的股骨粗壮指数小于农牧兼营的宝鸡建河组和凉城饮牛沟组，大于游牧的和林格尔新店子组和林西井沟子组，与经营农业的将军沟组最为接近。图四显示郭家崖男性的股骨扁平指数大于其他各对比组，为正型，最接近将军沟组。建河组、将军沟组和饮牛沟组为扁型，新店子组及井沟子组为超扁型，表明游牧人群与农业人群的股骨扁平指数还是有所区别的。各对比组的股骨嵴指数并没有明显的规

① 陈靓：《宝鸡建河村墓地人骨的鉴定报告》，《宝鸡建河墓地》附录一，陕西科学技术出版社，2006年，第194～223页。

② 张全超：《内蒙古和林格尔县新店子墓地人骨研究》，科学出版社，2010年，第11页。

③ 陕西省考古研究所：《宝鸡建河墓地》，陕西科学技术出版社，2006年；凌雪等：《宝鸡建河墓地出土战国时期秦人骨的稳定同位素分析》，《考古与文物》2010年第1期。

④ 内蒙古文物考古研究所：《内蒙古和林格尔县新店子墓地发掘简报》，《考古》2009年第3期。

⑤ 张全超、曹建恩、朱泓：《内蒙古和林格尔县将军沟墓地人骨研究》，《人类学学报》2006年第4期。

⑥ 朱泓、张全超：《内蒙古林西县井沟子遗址西区墓地人骨研究》，《人类学学报》2007年第2期。

⑦ 内蒙古自治区文物工作队：《凉城饮牛沟墓葬清理简报》，《内蒙古文物考古》1984年第 3 期；何嘉宁：《内蒙古凉城县饮牛沟墓地1997年发掘出土人骨研究》，《考古》2001年第11期。

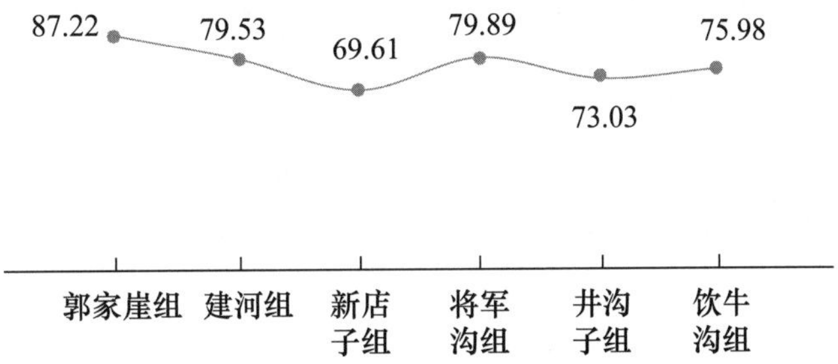

图四　两周时期各组居民股骨扁平指数图（男性）

律性，关于股骨骨干中部形态，郭家崖遗址男性居民相对其他各组男性居民，在矢状方向上更厚一些。郭家崖女性个体的胫骨指数与新店子组皆表现为宽胫型，但郭家崖组女性个体的指数值远大于新店子组，即比新店子组女性居民有更宽的胫骨。

关于郭家崖墓地（北区）战国时期秦人的身高，本文主要采用张继宗的计算方法①。根据股骨最大长，计算得知M16男性个体的身高为173.15厘米。根据肱骨最大长，计算得知4例女性个体的平均身高为152.31厘米。相比于同时期华县东阳秦人（男性170.03厘米，女性160.55厘米）②、临潼湾李秦人（男性167.90厘米，女性160.85厘米）③、宝鸡建河秦人（男性166.4厘米，女性161.19厘米）④，男性身高偏高，女性身高偏矮，但男性只有1例个体，可能并不能代表郭家崖墓地（北区）秦人男性的平均身高。

四、疾病与健康

（一）牙齿疾病

1. 龋齿

龋齿可能是古代人群中最常见的牙齿疾病（图五）。郭家崖墓地（北区）出土的秦人标本，患龋牙齿有7例，7颗患龋牙齿中，以下颌牙齿居多，占患病牙齿的85.71%（6/7）；以后部牙齿为主，前臼齿和臼齿占患病牙齿的71.43%（5/7），患病前部牙齿皆为犬齿；患龋部位以邻面龋和齿颈龋为主，占85.71%（6/7），咬合面龋仅有1例。

① 张继宗：《中国汉族女性长骨推断身高的研究》，《人类学学报》2001年第4期；张继宗：《法医人类学基础》，科学出版社，2007年，第381页。

② 何嘉宁：《陕西华县东阳墓地2001年出土周—秦—汉人骨鉴定及研究》，《华县东阳》附录一，科学出版社，2006年，第438～461页。本文男性个体采用M. Troter和G. C. Gleser的计算标准，女性个体采用张继宗的计算标准。

③ 高小伟：《临潼湾李2009～2010年出土战国至秦代墓葬人骨研究》，西北大学硕士学位论文，2012年，第16页。本文采用张继宗的计算标准。

④ 陈靓：《宝鸡建河村墓地人骨的鉴定报告》，《宝鸡建河墓地》附录一，陕西科学技术出版社，2006年，第194～223页。关于身高，本文采用张继宗的计算标准。

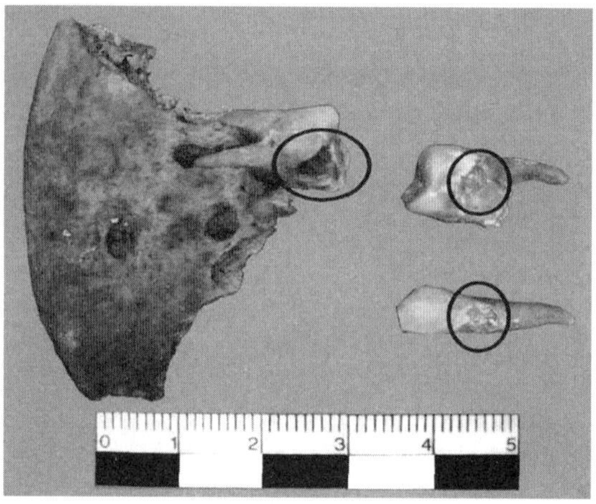

图五　郭家崖墓地（北区）M37个体龋齿

这7颗牙齿属于4例个体（表三），郭家崖墓地（北区）古代居民的患龋率为12.9%（4/31）。考虑到人骨标本的保存状况，有些个体的颅骨和牙齿并未保存下来，按照发现牙齿的个体数量计算，龋齿率上升至20%（4/20）。相比临潼湾李（9.21%）[①]和临潼新丰（4.71%）[②]，郭家崖秦人的患龋率较高，但又远低于毛家坪春秋战国时期秦人的患龋率（59.09%）[③]。年代相近的秦人标本患龋率差异如此之大，考虑不同的鉴定标准之外，可能也暗示了不同地区秦人饮食结构及饮食方式的不同。

表三　郭家崖墓地（北区）战国时期秦人标本龋齿情况

墓葬编号	性别	年龄（岁）	位置
M22	女	40～45	左侧下颌第一前臼齿远中面和第二前臼齿近中面皆龋；右侧下颌犬齿远中面浅龋
M27	女	35～40	右侧下颌第二臼齿颊侧中龋
M33	女	30～35	左侧下颌第二臼齿远中邻面龋齿
M37	女	35～40	左侧上颌第二臼齿近中颊侧中龋；右侧下颌犬齿齿颈中龋；右侧下颌第一前臼齿咬合面龋齿

在年龄结构方面，患龋居民皆为中年期个体。在性别差异方面，4例患病个体皆为女性，发现牙齿的男性个体有6例，但均未见龋齿。考虑到龋齿的获得与糖分及碳水化合物的摄取有关，患龋率的性别差异反映了两性间的饮食结构差异[④]，郭家崖墓地（北区）战国时期秦人男女两性居民在饮食结构方面可能也并不一致。

2. 根尖脓肿

根尖脓肿在考古出土人骨标本中的主要表现为齿槽表面洞或窦的形成，一般与龋齿及牙周病的出现有关[⑤]。郭家崖墓地（北区）有3例个体发现了根尖脓肿现象：M28，女性，成年，下颌右侧第二臼齿处有齿槽脓肿现象，伴随牙齿生前脱落；M29，女性，成年，下颌左右两侧门

① 高小伟：《临潼湾李2009～2010年出土战国至秦代墓葬人骨研究》，西北大学硕士学位论文，2012年，第18、19页。

② 邓普迎：《陕西临潼新丰镇秦文化墓葬人骨研究》，西北大学硕士学位论文，2010年，第33页。

③ 洪秀媛：《甘谷毛家坪沟东墓葬区出土人骨的研究》，西北大学硕士学位论文，2014年，第15页。

④ Larsen, Clark Spencer. Behavioral Implication of Temporal Change in Cariogenesis. Journal of Arhaeological Science, 1983, 10 (1): 1-8.

⑤ 〔英〕夏洛特·罗伯茨等著，张禅译：《疾病考古学》，山东画报出版社，2010年，第76、77页。

齿及犬齿处，伴随牙齿生前脱落；M37，女性，35—40岁，下颌右侧第二前臼齿处，伴有齿冠严重缺失及相邻臼齿龋齿（图六）。

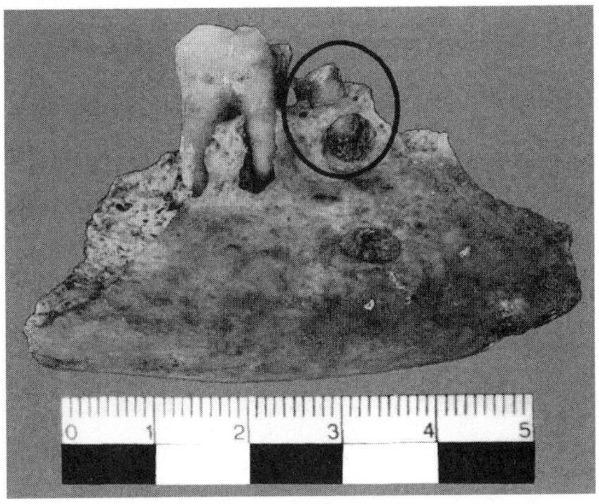

图六 郭家崖墓地（北区）M37个体根尖脓肿

3. 牙周病

牙周病的主要表现为齿槽骨质炎症、吸收，齿槽与牙齿釉质结合处的距离增大①。郭家崖墓地（北区）有4例个体出现牙周病（表四），皆为女性。其中M9个体年纪较大，牙齿磨耗严重，齿槽与牙齿釉质距离的增大，亦有可能是牙齿深度磨耗的代偿性反应，存疑。

表四 郭家崖墓地（北区）战国时期秦人标本牙周病情况

墓葬编号	性别	年龄（岁）	描述
M7	女	27～29	下颌所有牙齿齿槽
M9	女	50～60	右侧上颌
M27	女	35～40	上颌左侧犬齿、第一前臼齿处
M34	女	27～28	上颌所有牙齿齿槽

4. 牙齿生前脱落

创伤、长期咀嚼粗糙的食物或者牙齿使用工具化，都会造成牙齿的脱落，但其中最主要的原因还是牙周疾病。目前我们判断牙齿是否生前脱落的一个主要依据是齿槽的愈合与否。

郭家崖墓地（北区）共6例个体发现牙齿生前脱落现象（表五），占总人口的19.35%（6/31），其中女性个体5例，男性个体仅1例（图七）。牙齿脱落以下颌为主，占脱落个体的83.33%（5/6），仅M37一例个体为上颌，但是不能排除该墓地人骨标本上颌保存状况较差的影响。脱落的牙齿以前臼齿、臼齿等后部牙齿为主，少量个体门齿脱落，M28更是整个右侧下颌牙齿均生前脱落。

表五 郭家崖墓地（北区）战国时期秦人标本牙齿生前脱落情况

墓葬编号	性别	年龄（岁）	描述
M12	男	30～35	两侧下颌第一前臼齿、第二前臼齿、第一臼齿、第二臼齿，两侧下颌门齿，齿槽完全愈合，生前脱落
M13	女	30～40	左侧下颌第一前臼齿、第二前臼齿、第一臼齿、第二臼齿，齿槽完全愈合，生前脱落
M22	女	40～45	右侧下颌第一臼齿、第二臼齿，下颌左右两侧中门齿及侧门齿，齿槽完全愈合，生前脱落
M28	女	成年	右侧下颌牙齿均已生前脱落
M29	女	成年	下颌左右两侧前臼齿、臼齿齿槽均已愈合，生前脱落
M37	女	35～40	上颌右侧第一臼齿、第二臼齿，齿槽完全闭合，生前脱落

① 〔英〕夏洛特·罗伯茨等著，张桦译：《疾病考古学》，山东画报出版社，2010年，第80页。

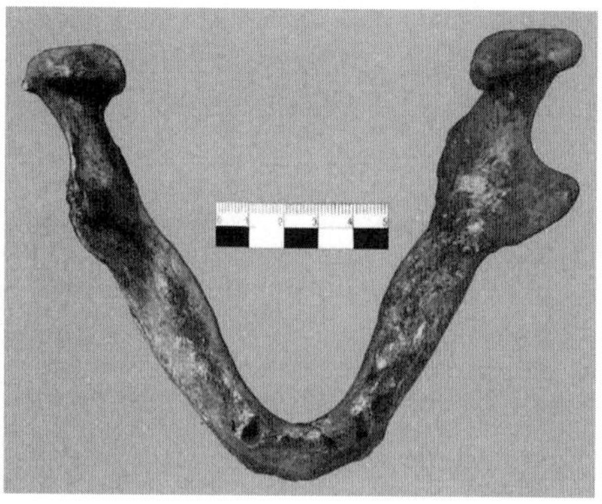

图七　郭家崖墓地（北区）M12个体生前牙齿脱落

5. 牙齿釉质发育不全

牙齿釉质发育不全一般表现为齿冠表面线状、点状、沟状的凹陷①，代表了个体在牙齿发育过程中的遗传、创伤、营养不良等原因所遭受到的成长压力②。郭家崖墓地（北区）居民中发现4例牙齿釉质发育不全的个体（表六），在年龄方面，以未成年及青年个体为主，在患病牙齿位置方面，主要以门齿及犬齿等前部牙齿为主（图八）。

表六　郭家崖墓地（北区）战国时期秦人标本牙齿釉质发育不全情况

墓葬编号	性别	年龄（岁）	位置
M6	女	20～25	上、下颌两侧中门齿、侧门齿及犬齿釉质发育不全
M23	男	14～17	下颌左右两侧侧门齿、大齿、第一前臼齿、第二前臼齿釉质发育不全
M37	女	35～40	右侧上颂右侧犬齿、第一前臼齿釉质发育不全
M38	?	10～12	上颌左侧侧门齿、中门齿，上颌右侧犬齿釉质发育不全

除了以上的牙齿疾病外，在郭家崖墓地（北区）古代居民的牙齿中，还发现了牙结石现象，比较明显的有2例：M7，女，27～29岁，上颌右侧第一前臼齿、第二前臼齿齿根唇侧牙结石附着，同时该个体伴有牙周炎；M23，男，14～17岁，下颌左右两侧中门齿、下颌右侧侧门齿及犬齿舌侧结石，上颌两侧中门齿、上颌右侧侧门齿及犬齿颊侧结石。另外，M23个体下颌右侧中门齿发育异常，有扭转现象（图八）。

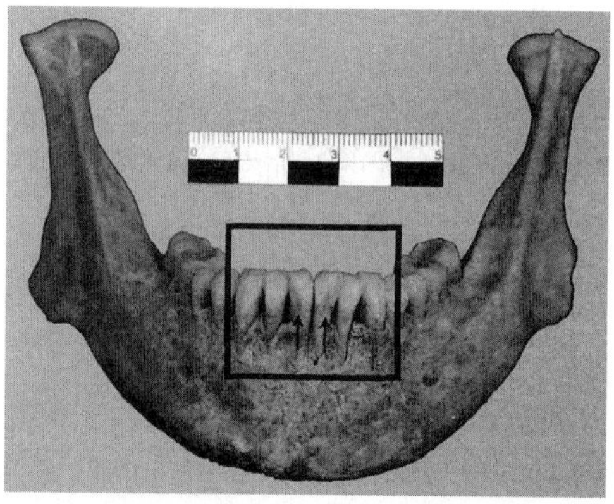

图八　郭家崖墓地M23（北区）个体下颌门齿齿扭及下颌前部牙齿釉质发育不全

（二）骨质增生

郭家崖墓地（北区）战国时期居民中，发现骨质增生现象的个体有7例（表七），占出土人口的25.81%（8/31），其中男性2例，占患病人口的25%（2/8）；女性6例，占患病人口的75%（6/8），女性多于男性。年龄方面，在M11青年男性个体的胸椎上就已经发现了少量的骨赘，其余基本都属于壮年期和中年期早段个体，相较于现代人群，骨质增生的出现偏年轻化。在发病部位方面，87.5%（7/8）的个体在脊椎上，颈椎、胸椎、腰椎皆有，以腰椎居多（图九、图一〇）。其次发现在足骨第一趾骨上，有1例个体发现在胫骨下端。

① T. D. White, Pieter A. Folkens . The HuMan Bone Manual. Academic Press, 2005: 329.

② 〔英〕夏洛特·罗伯茨等著，张禅译：《疾病考古学》，山东画报出版社，2010年，第82页。

表七　郭家崖墓地（北区）战国时期居民骨质增生个体情况

墓葬编号	性别	年龄（岁）	现象描述
M7	女	27～29	3节腰椎上保存有少量骨赘，且发生压缩性骨折
M11	男	20～23	胸椎椎体上有少量骨赘
M12	男	30～35	有7节椎体上下关节面唇样增生；左侧第一近节趾骨近端关节面骨质增生
M13	女	30～40	第3腰椎下关节面，第4腰椎上、下关节面，第5腰椎上关节面皆有骨赘，呈唇样增生
M27	女	35～40	左侧第一远节跖骨近、远端关节骨赘生成；胫骨下端关节内侧骨质增生
M28	女	成年	5节颈椎上伴有少量骨赘； 第2、3、4、5腰椎椎体纤维环周缘处有较多骨赘，且4、5椎体上有施莫尔结节
M33	女	30～35	第4腰椎椎体上关节面唇样增生，椎体下关节面左侧骨赘 第5腰椎椎体上关节面唇样增生
M37	女	35～40	3节腰椎椎体上关节面骨赘，呈唇样增生

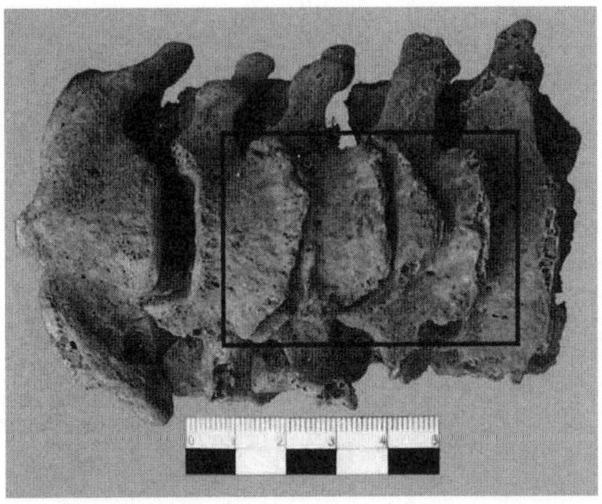

图九　郭家崖墓地（北区）M13个体颈椎骨质增生

图一〇　郭家崖墓地（北区）M33个体腰椎骨质增生

（三）骨膜炎

郭家崖战国时期墓地人骨标本中发现骨膜炎1例，M18，疑似女性，成年个体，在左侧胫骨远端残片上有点状凹陷和条状新骨，发病率仅为3.2%（1/31）。通过对其他同时期秦人标本的观察，骨膜炎的发病率远高于郭家崖古代居民，可能归结于郭家崖墓地（北区）的人骨保存状况，尤其是骨膜炎的易发部位胫骨、股骨的保存较差。

除了上述现象之外，郭家崖墓地（北区）人骨标本中，还发现“骑马人小平面”1例，M20，男性，40～44岁，左侧股骨颈前侧。枢椎和第3颈椎融合1例，M23，男性，14～17岁。动物啃咬痕迹1例，M24，男性，45岁左右，左侧股骨远端部分，我们一般将其称为假性病理现象。

五、小　　结

本文对郭家崖（北区）战国时期秦人墓地出土的31例人骨进行了初步的人口学分析。性别鉴定率为87.1%，鉴定率较高，性别比为58.82，明显异常。年龄鉴定率为77.42%，主要死亡年龄阶段为中年期，死于青年期和壮年期的男性个体多于女性，并且女性居民的寿命也长于男性。

因人骨保存状况所限，在颅面形态方面，仅有2例标本可以进行少量指标的观察和测量，目前也仅能推测郭家崖墓地（北区）居民具有与现代亚洲蒙古人种近似的特征。关于郭家崖北区墓地人群来源及其内部关系，我们还需要使用其他技术手段来对这些问题进行探讨。

郭家崖（北区）墓地的肢骨保存不多，通过对肢骨的测量，计算出郭家崖（北区）墓地古代居民的身高，男性为173.15厘米，女性为152.31厘米，可能是个体较少的缘故，与其他同时期秦人的身高相比有较大偏差。另外，对肢骨形态进行了分析，M16男性个体的股骨上部扁平度适中，中部扁平程度很弱，其股骨形态与代表游牧人群的和林格尔新店子组、林西井沟子组区别明显。与代表农业人群的和林格尔将军沟组最为相似，与代表农牧兼营人群的宝鸡建河组、凉城饮牛沟组也比较接近，为我们探讨郭家崖北区墓地古代人群的生业模式提供了线索。

郭家崖墓地（北区）古代居民中出现最多的疾病现象是口腔疾病和脊椎关节炎。发现龋齿、牙周病、根尖脓肿的个体全部为女性，牙齿生前脱落和牙齿釉质发育不全也以女性为主，两性差异明显。骨赘尤其是脊椎骨赘的生成以青年期和壮年期个体为主，同时在M22（女）、M33（女）个体骨骼中发现后纵韧带骨化现象，在M28（女）腰椎、M34（女）胸椎上发现因承受压力所致的施莫尔结节，M24（男）、M29（女）胸椎椎体有压缩性骨折现象发生。这些过早发生在脊椎上的病理现象，表明郭家崖墓地北区居民身体承受着很大的压力，可能承担着繁重的劳动，从个体的保存状况来看女性居民的表现尤为明显。

附记：本文是陕西省教育厅哲学社会科学重点研究基地项目（17JZ072），国家社会科学基金项目（18CKG027），陕西省社会科学基金项目（2017H001）的项目成果。

Abstract

Baoji, once named Chencang, has a time-honored history and culture. It is also known as the birthplace of Emperor Yan, one of the two forefat-her of Chinese civilisation, and the hometown of unearthed bronzewares, as well as a vital cradle of Qin culture: four out of nine capital cities in the history of Qin state had been in what is now called Baoji, which are Qianyi City, the City between Qianhe River and Weihe River, Pingyang City and Yongcheng City in time order. From the perspective of the development of Qin culture, it is in this land that Qin state had laid the foundation for transforming itself from a small and weak vassal into a large and powerful hegemon. Studying societal evolutions of Qin State via archaeological materials and wares, is a key subject in researching Qin culture by means of examining unearthed relics and wares in the recent years. The archaeological excavation in Guojiaya cemetery thus provides crucial support for related research.

Guojiaya cemetery, located at the village of Guojiaya in Weibin District, Baoji Municipal, Shaanxi Province, is a large-scale, longstanding and relatively well-preserved burial ground of tombs which range from Eastern Zhou and Qin to Han and Tang dynasties, as well as an important discovery of Eastern Zhou and Qin tombs at the beginning of this century. There are two phases in the process of the excavation: the first, including 81 mounds (among them, 78 from Warring States period or Qin dynasty, 3 from Han dynasty), which comes as a rescue excavation to make way for the construction of Tianxitai residential project, was carried out by Baoji Institute of Archaeology alone between March and May, 2011; the second, including 41 mounds (among them, 37 from Eastern Zhou or Qin dynasties, 4 from Han dynasty and beyond), which aims at making room for the new campus of High-tech Zone Primary School of Baoji Municipal, is carried out by the joint team of Shaanxi Provincial Institute of Archaeology and Baoji Institute of Archaeology. The area of the first stage is named south area in this paper, the one of the second named north area.

Although Guojiaya burial ground has been divided into two parts: the south and the north areas, still it can be deemed as as a whole cemetery of settlement type in terms of connotation and property. In addition to the discovery of a number of burial mounds, some remains of the matching residential site of the cemetery have also been found around there and this phenomenon is highly rare to see and of academic significance in the history of Qin tomb excavations in Baoji area.

In the vicinity of this excavation area, ancient cultural relics of Neolithic Age, Western Zhou dynasty, the Spring & Autumn period, Qin, Han, and Tang dynasties are densely distributed, indicating that there had been a relatively long evolutionary history. Among them, the past of Qin state during Eastern Zhou era is very much worthy of mentioning. From the late Weastern Zhou era on, Qin people had started to move east, crossing the Longshan Mountain Pass in What is now Lixian County in Gansu Province. Baoji is rightly the first station and base camp to enter Guanzhong Basin. After arriving in Baoji, Qin people builded the first capital city in the converging area of Qianhe River and Weihe River,and then the second in Pingyang area, both of cities serving as cpital for 85 years and leaving a great number of cultural relics. Around Guajiaya, there are many other Qin people's tombs which have been spotted, such as Doujitai, Jiangchengbu, Fulinbu, Xigaoquan, Taigongmiao, Qinjiagou, Yimen, Nanyang, Hongyuan, Lianhe village, Tanjia village and Rujiazhuang village. All of them are located either in the first capital city or in the second one above mentioned. And most of these tombs were builded during the Spring & Autumn era. Guojiaya burial ground, which is being excavated, has a large scale as well as matching residential sites. Most of these tombs in Guajiaya burial ground belong to the Warring States era, adding to the burial database of Baoji area during Eastern Zhou era and providing essential concrete materials for the research of settlement distribution and societal structure of Qin people in Qianhe River and Weihe River valleys in what is now Baoji area.

Qin people's tombs in Guojiaya burial ground tell much about the evelution of burial fashion of Qin people. By analysing the data collected during previous excavations carried out in the surrounding area of Guajiaya, after Qin people enetered Guanzhong Basin, they move east gradually along the tablelands flanking Weihe River. They tended to choose to live in the tablelands with rivers flowing nearby. With the growth of pupolation, limited arable land could not provide enough food any more. Meanwhile, military victories and ever expanded territory make it possible to march toward the vaster tableland area in the north bank of Weihe River. The time backgrounds of the Qin tombs in Guajiaya burial ground is highly identical and most of them belong to the Warring States era, which indicates that this burial ground is a well-planed clan or tribal cemetery, and that dispite of changes of the location of Qin's cipital cities from acncient Chencang to Pingyang and to Yongcheng, commoners' settlements had been being there and developed grudually all the time. It is widely accepted in academia that tomb with vertical pit and loess vault is a burial custom of Zhou people, but this tradition is carried on by Qin people and quite common thoughout the Spring & Autumn era. Meanwhile there are a great number of tombs with vault dug into one side of the shaft wall ,witch is of great referential significance for the research of evolution of Qin's tomb style.

Four or six pillars, being used to support the cellings of coffin chambers, can be found in corners or centers of the coffin chambers of the tombs in Qin tombs in Guajiaya burial ground. The pillars are not common in previously excavated Qin tombs during the Spring & Autumn era, indicating that Qin people living there had relatively special burial manners. Apart from the pillars, some round-shaped earthen coffins of distinct style, or Wengguan, have also been unearthed in Guojiaya. This kind of earthen coffin is unique: the coffin is placed into a perfectly-structured chamber. While the earthen coffins represents some characteristics of Qin culture, the shovel-shaped clay tripods with hollow feets, or li, unearthed with the earthen coffins, sgnify a barbarian (or Rong) style. Barbarian coffin chambers were often found in the previously excavated Qin tombs during Eastern Zhou era in Baoji area. From the late mid-Spring & Autumn era to the late mid-Warring States era, barbarian (or Rong) and Qin cultures were co-existed but they are relatively independent to eath other in the collocation of burial objects. And the Qin tombs in Guojiaya, with both round-shaped earthen coffins, or wengguan, and the shovel-shaped clay tripods with hollow feets, or li, found in one tomb, signify that Qin and barbarian (or Rong), had maintained a closer relationship between them during the late mid-Warring State era in and around Baoji area. Guojiaya burial ground has a large scale, internal similarity in time background, consistency in burial fashion and uniformity in burial object. But the rank is low. Thus, it can be easily concluded that the owners of the tombs are commoners.

Besides Qin tombs, tombs during Han and Tang dynasties in this burial ground have unique local characteristics of their own as well. Among some brick-vault tombs during Eastern Han excavated in the north area of the cemetery, for instance, one named M15 has preserved perfect structur-e to this day, and the clay vessels in it are identical in style with the burial objects in other tombs of the same time excavated in the rest of the Guanzhong Basin. But among the burial objects in this M15 tomb, a strangely-styled "money tree" (a legendary tree that sheds coins when shaken) has been unearthed. The same style of this "tree" is often seen in what is now Sichuan but rare in Baoji area previously. This discovery offers real materials for further learning of the vital role by Baoji area in the cultural exchanges between southweastern part of China and its northwestern one, as well as for the research of the cultural exchanges and communications between Ba & Shu and Zhongyuan regions after the open of the ancient road throughout Qinling Mountain.

后　　记

陕西宝鸡郭家崖墓群发掘后，陕西省考古研究院、宝鸡市考古研究所组成课题组，编写《宝鸡郭家崖考古发掘报告》。

郭家崖墓群南区是宝鸡市考古研究所2011年发掘，参加人员有刘军社、辛怡华、王颢、刘麟、李伸前、陈恩乾等，田野绘图陈恩乾，现场摄影王颢。郭家崖墓群北区是陕西省考古研究院、宝鸡市考古研究所联合组队2017年发掘，参加人员有田亚岐、王颢、胡望林、陈爱东、权西红、马金磊、文阳、贾蓉、宋国伟等，田野绘图贾蓉，现场摄影权西红。

本报告资料整理、编写工作由田亚岐研究员负责，西北大学硕士研究生文阳等同学参加了前期资料整理工作，南、北两区的墓葬图清绘贾蓉，器物线图绘制许新涛、符杰；器物摄影龙剑辉。陕西省考古研究院、宝鸡市考古研究所相关业务人员参加了报告的编写，具体分工为：第一章概况由刘明科、杨武站、陈爱东等完成；第二章北区墓地由马金磊、胡望林、冯丹、赵汗青等完成；第三章南区墓地由王颢、冯丹、赵汗青、马金磊等完成；第四章郭家崖墓地秦文化因素分析由田亚岐、王颢、冯丹、刘明科、马金磊等完成；第五章结语由田亚岐、刘明科完成。报告编务陈改侠，最后统稿田亚岐。本报告英文提要由陕西省考古研究院冯丹执笔。《宝鸡郭家崖秦国墓地（北区）出土人骨研究》由西北大学文化遗产学院赵东月、陕西省考古研究院李钊完成。

本报告初稿完成后，由西北大学梁云教授、咸阳市文物考古研究所谢高文研究员担任外审专家，详细审阅并提出修改意见。田亚岐、张天恩最后修改定稿。陕西省考古研究院孙周勇院长、宝鸡市考古研究所辛怡华所长统筹安排，给予了鼎力支持。科学出版社王琳玮编辑付出了艰辛的劳动。在此表示诚挚的感谢！

编　者

2020年9月20日

1. 发掘区及其周边地貌环境图

2. 北区墓葬发掘现场高空照

北区发掘区现场及周边环境

1. BM1

2. BM2

北区秦墓BM1和BM2

1. BM6

2. BM7

北区秦墓BM6和BM7

1. BM8

2. BM8葬式

北区秦墓BM8

1. BM11

2. BM12

北区秦墓BM11和BM12

1. BM13

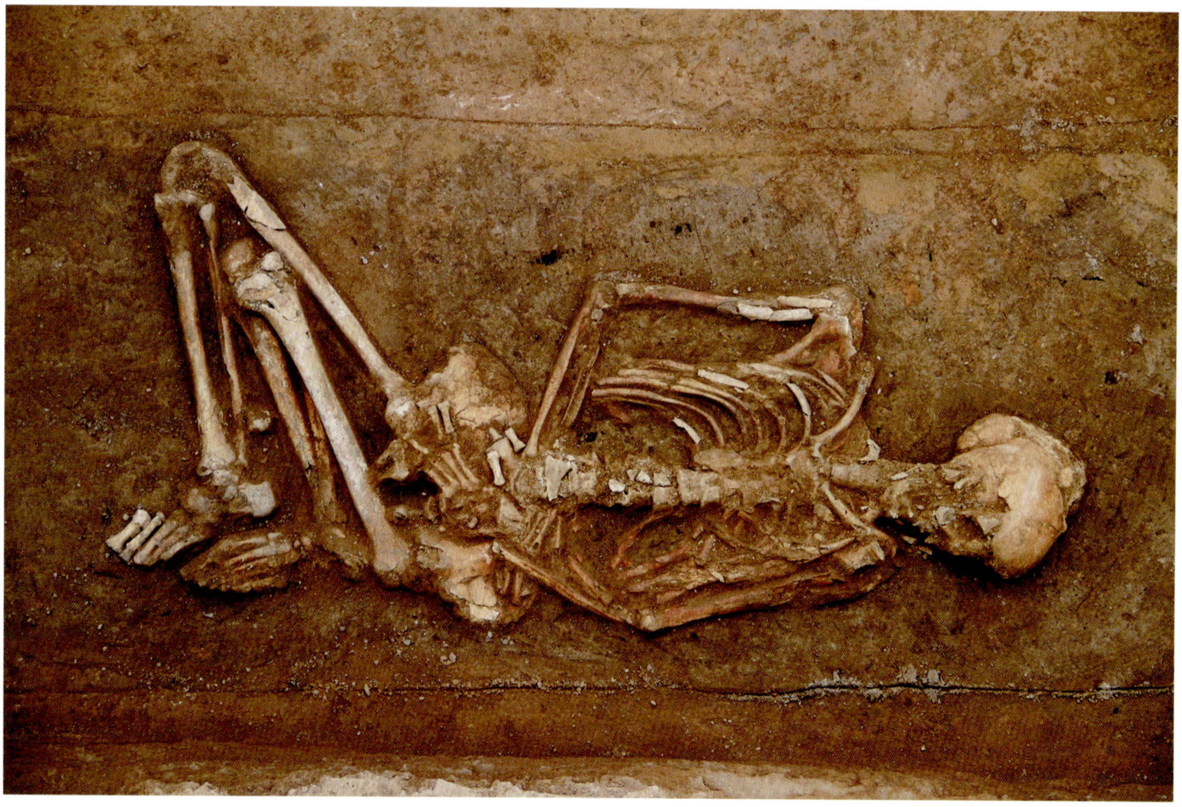

2. BM13葬式

北区秦墓BM13

1. BM16

2. BM17

北区秦墓BM16和BM17

1. BM19

2. BM20

北区秦墓BM19和BM20

1. BM22

2. BM23

北区秦墓BM22和BM23

1. BM24

2. BM25

北区秦墓BM24和BM25

1. BM26墓室结构

2. BM27

北区秦墓BM26和BM27

1. BM28

2. BM29

北区秦墓BM28和BM29

1. BM30

2. BM31

北区秦墓BM30和BM31

1. BM32

2. BM33

北区秦墓BM32和BM33

1. BM34

2. BM35

北区秦墓BM34和BM35

1. BM36

2. BM37

北区秦墓BM36和BM37

1. BM38

2. BM38葬式

北区秦墓BM38

1. BM40

2. BM41

北区秦墓BM40和BM41

1. NM3

2. NM6

3. NM6墓室

南区秦墓NM3和NM6

1. NM7

2. NM8

3. NM9

南区秦墓NM7、NM8和NM9

1. NM14

2. NM14墓室漆盒

南区秦墓NM14

彩版二二

1. NM17

2. NM16

3. NM20

南区秦墓NM17、NM16和NM20

1. NM23墓室

2. NM21

3. NM22

南区秦墓NM23、NM21和NM22

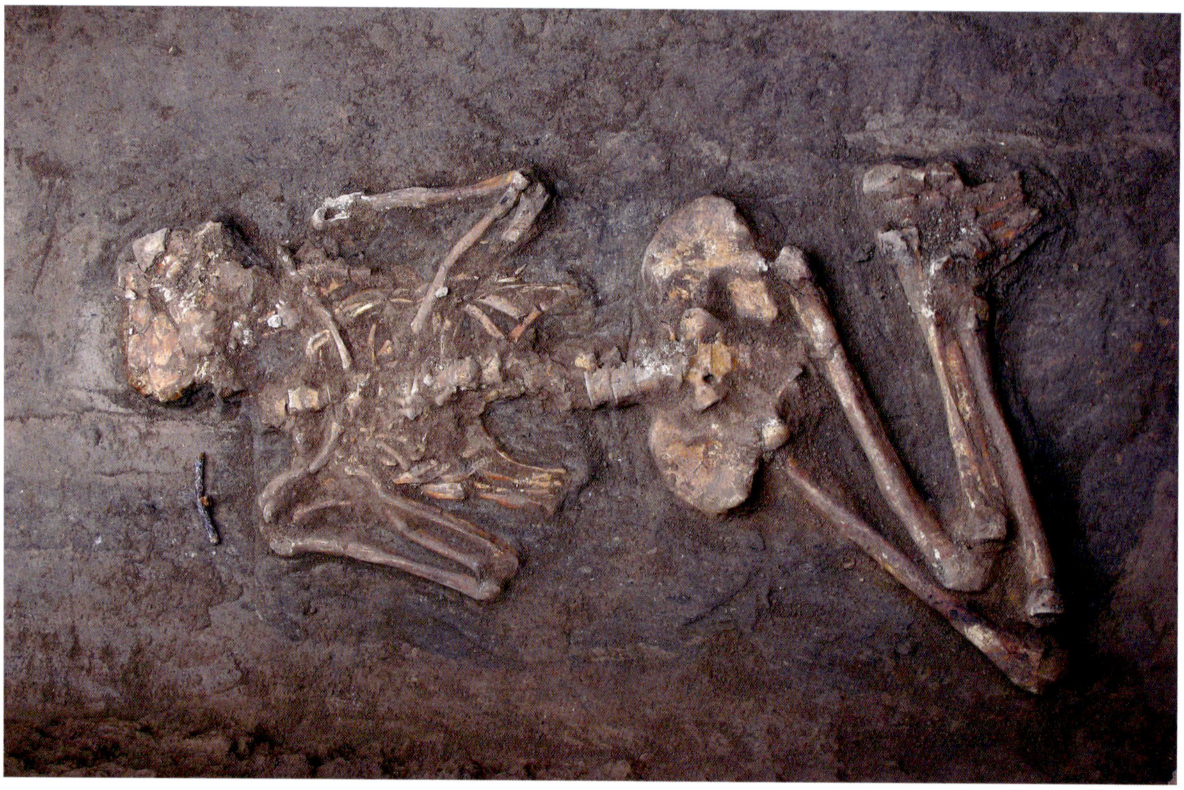

1. NM25葬式

2. NM25

3. NM25

南区秦墓NM25

1. NM27葬式

2. NM26

3. NM31

南区秦墓NM27、NM26和NM31

1. NM29墓室

2. NM29墓室底部卵石和葬式

南区秦墓NM29

1. NM29

2. NM29陶缶文字

南区秦墓NM29

1. NM30

2. NM28

南区秦墓NM30和NM28

1. NM19

2. NM33

3. NM36

南区秦墓NM19、NM33和NM36

1. NM43

2. NM37

3. NM39

南区秦墓NM43、NM37和NM39

1. NM44

2. NM40

3. NM41

南区秦墓NM44、NM40和NM41

1. NM47

2. NM48

3. NM49

南区秦墓NM47、NM48和NM49

1. NM50

2. NM52

3. NM54

南区秦墓NM50、NM52和NM54

1. NM51

2. NM57

3. NM60

南区秦墓NM51、NM57和NM60

1. NM53

2. NM62

3. NM65

南区秦墓NM53、NM62和NM65

1. NM56

2. NM58

南区秦墓NM56和NM58

1. NM66

2. NM66葬式

3. NM68

南区秦墓NM66和NM68

1. NM64

2. NM71

3. NM73葬式

南区秦墓NM64、NM71和NM73

1. NM67

2. NM77葬式

南区秦墓NM67和NM77

1. NM72

2. NM74

3. NM75

南区秦墓NM72、NM74和NM75

1. NM76

2. NM78

南区秦墓NM76和NM78

1. NM81葬式

2. NM79

3. NM80

南区秦墓NM81、NM79和NM80

1. BM15

2. BM15墓室砖结构（俯视）

北区汉墓BM15

1. BM15墓室随葬品

2. BM15出土摇钱树

北区汉墓BM15墓室及摇钱树

1. 鼎（BM26：2）

2. 鼎（BM1：2）

3. 鼎（BM29：1）

4. 鼎（BM31：1）

5. 釜（BM3：1）

6. 釜（BM40：1）

北区秦墓出土陶鼎和陶釜

彩版四六

1. BM7：2

2. BM9：1

3. BM10：2

4. BM12：2

5. BM17：2

6. BM18：2

北区秦墓出土陶釜

1. BM19：2

2. BM22：1

3. BM23：1

4. BM24：1

5. BM25：2

6. BM26：3

北区秦墓出土陶釜

1. BM27：1

2. BM30：3

3. BM33：1

4. BM37：1

5. BM38：1

6. BM39：1

北区秦墓出土陶釜

1. BM31：3

2. BM8：3

3. BM9：2

4. BM17：3

5. BM18：1

6. BM19：1

北区秦墓出土陶壶

1. BM22：2

2. BM25：1

3. BM26：4

4. BM31：2

5. BM38：2

6. BM39：2

北区秦墓出土陶壶

1. 壶（BM41：4）

2. 鬲（BM8：2）

3. 鬲（BM36：1）

4. 鬲（BM41：2）

5. 罐（BM20：2）

6. 双耳罐（BM28：1）

北区秦墓出土陶壶、陶鬲和陶罐

彩版五二

1. 壶（BM24：2）

2. 罐（BM20：3）

3. 罐（BM32：2）

4. 盒（BM31：4）

5. 鍪（BM32：1）

6. 盆（BM41：3）

北区秦墓出土陶罐、陶盒、陶鍪和陶盆

1. BM1：1

2. BM2：1

3. BM7：1

4. BM8：1

5. BM9：3

6. BM10：1

北区秦墓出土铜带钩

1. 铜带钩（BM12：1）

2. 铜带钩（BM20：1）

3. 铜带钩（BM30：2）

4. 铜带钩（BM32：3）

5. 铜带钩（BM41：1）

6. 铜钱（BM30：4）

北区秦墓出土铜带钩和铜钱

1. 铜镞（BM11：1）

2. 玉环（BM30：1）

3. 绿松石串饰（BM9：5）

4. 鹿角器（BM31：5）

5. 绿松石串饰（BM9：4）

6. 贝壳（BM2：2）

北区秦墓出土铜镞、玉饰、串饰、鹿角器和贝壳

1. NM7：1

2. NM8：1

3. NM9：1

4. NM10：1

5. NM19：1

6. NM26：1

南区秦墓出土陶鼎

1. NM29：1

2. NM42：1

3. NM50：1

4. NM58：1

5. NM62：1

6. NM67：1

南区秦墓出土陶鼎

1. NM76：1

2. NM77：1

3. NM78：1

4. NM80：1

5. NM2：1

6. NM4：1

南区秦墓出土陶鼎

1. 釜（NM22：1）

2. 釜（NM25：1）

3. 釜（NM25：3）

4. 釜（NM28：1）

5. 釜（NM31：1）

6. 双耳罐（NM33：1）

南区秦墓出土陶釜和陶双耳罐

1. NM34：1

2. NM36：1

3. NM37：1

4. NM38：1

5. NM39：1

6. NM40：1

南区秦墓出土陶釜

1. NM43：1

2. NM44：1

3. NM47：1

4. NM48：1

5. NM49：1

6. NM51：1

南区秦墓出土陶釜

1. NM52：1

2. NM53：1

3. NM54：1

4. NM56：1

5. NM57：1

6. NM59：1

南区秦墓出土陶釜

1. NM60：1

2. NM66：1

3. NM71：1

4. NM72：1

5. NM74：1

6. NM74：2

南区秦墓出土陶釜

1. NM6：2

2. NM12：1

3. NM13：1

4. NM15：1

5. NM16：1

6. NM21：1

南区秦墓出土陶釜

1. NM31：1

2. NM52：1

3. NM53：1

4. NM56：1

5. NM57：1

6. NM71：1

南区秦墓出土陶釜底部纹饰

1. NM6：1

2. NM7：2

3. NM9：2

4. NM10：2

5. NM13：2

6. NM15：2

南区秦墓出土陶壶

1. NM16：2

2. NM19：2

3. NM20：2

4. NM21：2

5. NM22：3

6. NM23：2

南区秦墓出土陶壶

1. 壶（NM25：2）

2. 壶（NM26：2）

3. 壶（NM30：2）

4. 壶（NM31：3）

5. 罐（NM33：2）

6. 壶（NM37：2）

南区秦墓出土陶壶和陶罐

1. NM38：2

2. NM41：1

3. NM42：2

4. NM43：2

5. NM44：2

6. NM48：2

南区秦墓出土陶壶

彩版七〇

1. NM50：2

2. NM51：2

3. NM57：2

4. NM58：3

5. NM59：2

6. NM60：2

南区秦墓出土陶壶

1. NM62：2

2. NM66：2

3. NM72：2

4. NM25：4

5. NM74：3

6. NM74：4

南区秦墓出土陶壶

1. NM76：2

2. NM77：3

3. NM78：3

4. NM79：2

5. NM2：3

6. NM4：3

南区秦墓出土陶壶

1. NM23：1

2. NM23：1（口部）

3. NM23：1（底部）

4. NM32：1

5. NM30：1

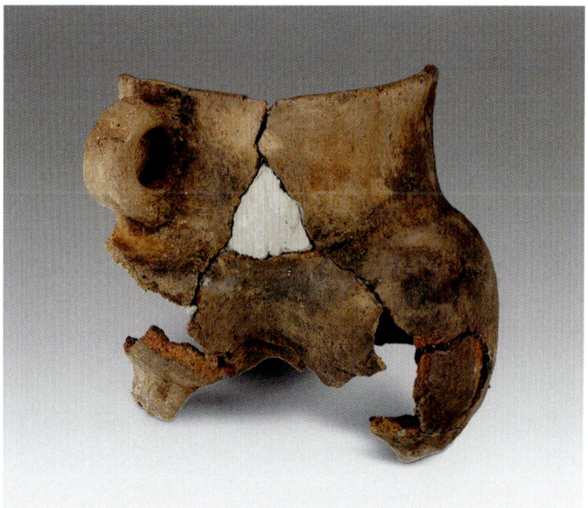

6. NM73：1

南区秦墓出土陶鬲

彩版七四

1. NM64：1

2. NM64：1（口部）

3. NM64：1（底部）

4. NM79：1

5. NM79：1（口部）

6. NM79：1（底部）

南区秦墓出土陶鬲

1. NM2：4

2. NM4：4

3. NM31：2

4. NM43：3

5. NM54：3

6. NM54：4

南区秦墓出土陶盂

彩版七六

1. 盂（NM2：5）

2. 钵（NM70：1）

3. 仓（NM22：6）

4. 仓（NM58：2）

5. 仓（NM19：3）

6. 缶（NM29：2）

南区秦墓出土陶盂、陶钵、陶仓和陶缶

1. 双耳罐（NM46：1）

2. 双耳罐（NM75：1）

3. 双耳罐（NM81：1）

4. 双耳罐（NM20：1）

5. 罐（NM2：2）

6. 罐（NM3：2）

南区秦墓出土陶罐

1. NM12：2

2. NM17：1

3. NM22：2

4. NM80：2

5. NM27：1

6. NM27：2

南区秦墓出土陶罐

1. NM28：2

2. NM81：2

3. NM36：2

4. NM49：2

5. NM53：2

6. NM54：2

南区秦墓出土陶罐

彩版八〇

1. NM64：2

2. NM65：1

3. NM67：2

4. NM67：3

5. NM69：1

6. NM69：2

南区秦墓出土陶罐

1. 罐（NM75：2）

2. 罐（NM77：2）

3. 罐（NM78：2）

4. 罐（NM4：2）

5. 罐（NM8：2）

6. 盒（NM78：4）

南区秦墓出土陶罐和陶盒

彩版八二

1. 陶盒（NM67：4）

2. 陶盒（NM77：4）

3. 陶纺轮（NM22：5）

4. 铜钱（NM28：3）

5. 铜璜（NM31：10）（正面）

6. 铜璜（NM31：10）（背面）

南区秦墓出土陶盒、陶纺轮、铜钱和铜璜

1. 铜镜（NM29：4）

2. 铜镜（NM31：5）

3. 铜镜（NM67：6）

4. 铜铃（NM30：4）

5. 铜铃（NM31：6）

6. 铜铃（NM32：3）

南区秦墓出土铜镜和铜铃

彩版八四

1. 铜铃（NM43：6、NM43：7）

2. 铜铃（NM75：3）

3. 铜印（NM29：6）

4. 铜印（NM29：6）（底部）

5. 铜印（NM52：2）

6. 铜印（NM52：2）（底部）

南区秦墓出土铜铃和铜印

1. 铜鞢（NM81：5）

2. 铜鞢（NM81：5）（侧面）

3. 铜环（NM29：7）

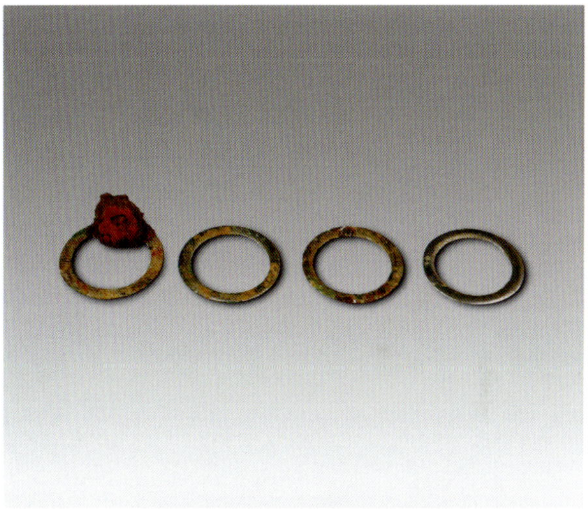

4. 铜环（NM30：3）

5. 铜环（NM34：3）

6. 铜环（NM67：9）

南区秦墓出土铜鞢和铜环

彩版八六

1. NM22 ∶ 4

2. NM29 ∶ 5

3. NM31 ∶ 7

4. NM43 ∶ 4

5. NM58 ∶ 4

6. NM67 ∶ 7

南区秦墓出土铜带钩

1. 铜带钩（NM81：4）

2. 铜带钩（NM75：4）

3. 铜带钩（NM78：5）

4. 铜支架（NM81：3）

5. 铁削（NM30：5）

6. 铜削（NM75：5）

南区秦墓出土铜带钩、铜支架、铜削和铁削

1. 铁削（NM32：5）

2. 铁削（NM32：5）（局部）

3. 铜刀（NM67：8）

4. 铜刀（NM67：8）（局部）

5. 铁带钩（NM4：6）

6. 铁带钩（NM25：5）

南区秦墓出土铁削、铁带钩和铜刀

1. 铁带钩（NM64：3）

2. 铁带钩（NM66：3）

3. 铁带钩（NM68：2）

4. 铁带钩（NM73：3）

5. 铁削（NM6：3）

6. 铁锛（NM66：4）

南区秦墓出土铁带钩、铁削和铁锛

1. 炭棒（NM58：5）

2. 玉璧（NM43：5）

3. 圆形玉饰（NM43：8、NM43：9）

4. 骨环（NM31：9）

5. 石纺轮（NM48：4、NM48：3）

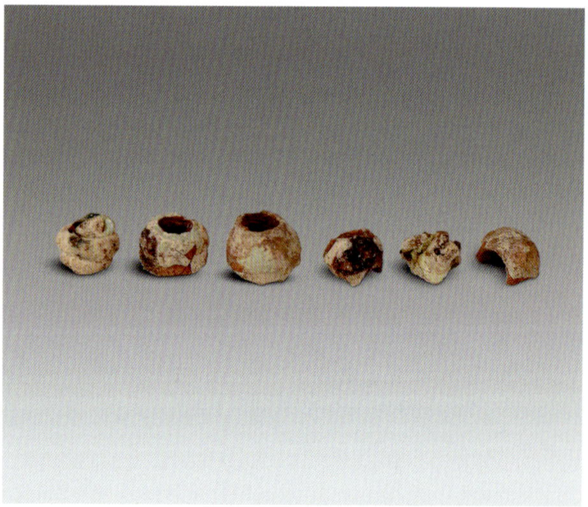

6. 料珠（NM48：5）

南区秦墓出土炭棒、玉器、骨器、石器和料器

1. 料珠（NM6：4）

2. 料珠（NM30：6）

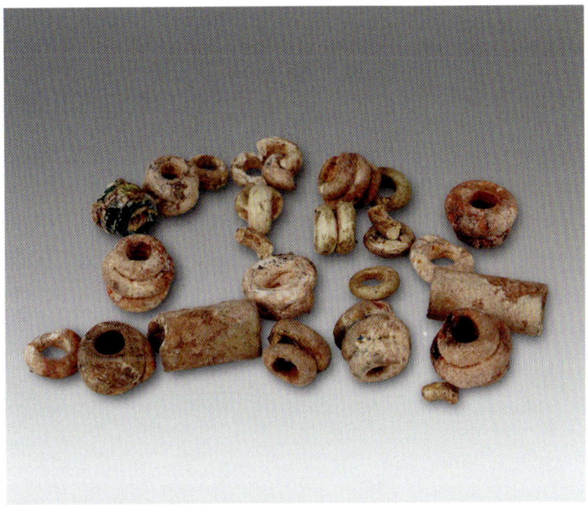

3. 串珠（NM31：8）

4. 料珠（NM32：6）

5. 骨环（NM36：3）

6. 骨器（NM48：6）

南区秦墓出土料器和骨器

1. BM15：2

2. BM15：3

3. BM15：4

4. BM15：5

5. BM15：6

6. BM15：8

北区汉墓出土陶罐

1. BM15：9

2. BM15：10

3. BM15：15

4. BM15：16

5. BM15：20

6. BM15：21

北区汉墓出土陶罐

彩版九四

1. BM15：22

2. BM15：28

3. BM15：29

4. BM15：30

5. BM15：31

6. BM15：32

北区汉墓出土陶罐

1. BM15：33

2. BM15：11

3. BM15：13

4. BM15：34

5. BM15：35

6. BM15：7

北区汉墓出土陶罐

1. 罐（BM15：14）

2. 盆（BM15：12）

3. 盆（BM15：17）

4. 盆（BM15：18）

5. 盆（BM15：19）

6. 甑（BM15：23）

北区汉墓出土陶罐、陶盆和陶甑

1. 铜釜（BM15：26）

2. 铜镜（BM15：25）

3. 银环（BM15：1）

4. 铜钱

5. 铜钱

6. 铜钱（BM21：1）

北区汉墓出土铜釜、铜镜、铜钱和银环

彩版九八

1. 罐（NM45：1）

2. 罐（NM63：2）

3. 朱书瓶（NM63：1）

4. 朱书瓶（NM63：1）（底部朱书）

5. 罐（NM63：4）

6. 井架（NM45：10）

南区汉墓出土陶罐、陶瓶和陶井架

1. 钵（NM45：7）

2. 钵（NM45：4）

3. 钵（NM45：14）

4. 耳杯（NM45：6）

5. 耳杯（NM45：8）

南区汉墓出土陶钵和陶耳杯

1. 鸡（NM45：11）

2. 鸡（NM45：13）

3. 鸭（NM45：15）

4. 猪（NM45：12）

5. 灶（NM45：16）

6. 灶（NM45：16）侧面

南区汉墓出土陶鸡、陶鸭、陶猪和陶灶